2015中国粮食年鉴

CHINA GRAIN YEARBOOK 2015

国家粮食局 主编

中国社会出版社
国家一级出版社·全国百佳图书出版单位

图书在版编目（CIP）数据

2015中国粮食年鉴/国家粮食局主编. —北京：中国社会出版社，2015.12
ISBN 978-7-5087-5215-0

Ⅰ.①2… Ⅱ.①国… Ⅲ.①粮食—工作—中国—2015—年鉴 Ⅳ.①F326.11-54

中国版本图书馆CIP数据核字（2015）第299424号

书　　名：2015中国粮食年鉴
主　　编：国家粮食局

出 版 人：浦善新
终 审 人：李　浩
责任编辑：李冬雁　　　　责任校对：张　从

出版发行：中国社会出版社　　邮政编码：100032
通联方法：北京市西城区二龙路甲33号新龙大厦
电　　话：编辑部：（010）58124823
　　　　　邮购部：（010）58124848
　　　　　销售部：（010）58124845
　　　　　传　真：（010）58124856
网　　址：www.shcbs.com.cn
　　　　　shcbs.mca.gov.cn
经　　销：各地新华书店

中国社会出版社天猫旗舰店

印刷装订：中国电影出版社印刷厂
开　　本：210mm×285mm　1/16
印　　张：37
字　　数：900千字
版　　次：2015年12月第1版
印　　次：2015年12月第1次印刷
定　　价：380.00元

中国社会出版社微信公众号

2014 年 8 月 5 日，国家粮食局局长任正晓在西藏自治区阿里地区札达县调研青稞生产情况

2014 年 9 月 11 日，国家粮食局局长任正晓在安徽省淮南市凤台县调研“粮食银行”发展情况

2014 年 7 月 22 日，国家粮食局副局长徐鸣在四川调研粮食工作

2014 年 8 月 15 日，国家粮食局副局长曾丽瑛接受中央电视台访谈：APEC 粮食安全路线图计划通过

2014 年 12 月 29 日，国家粮食局副局长吴子丹调研江苏省库存粮食识别代码试点应用情况

2014 年 7 月，中央纪委驻国家粮食局纪检组组长赵中权赴陕西省督导检查夏季粮油收购工作

2014 年 1 月 21 日，国家粮食局副局长卢景波赴天津市调研春节粮油市场供应工作

2015
中国粮食年鉴编辑委员会

委　员

夏吉贤	中国粮食经济杂志社社长兼主编
唐民强	国家粮食局粮食交易协调中心常务副主任
田雨军	中国粮食行业协会秘书长
胡承淼	中国粮油学会副理事长兼秘书长
李广禄	北京市粮食局局长
朱　军	天津市粮食局局长
张　宇	河北省粮食局局长
杨随亭	山西省粮食局局长
冯有恩	内蒙古自治区粮食局局长
关志鸥	辽宁省农村经济委员会主任、粮食局局长
韩福春	吉林省粮食局局长
胡东胜	黑龙江省粮食局局长
盖国平	上海市粮食局局长
陈　杰	江苏省粮食局局长
金汝斌	浙江省粮食局局长
牛向阳	安徽省粮食局局长
林锡能	福建省粮食局局长
黄　河	江西省粮食局局长
杨丽丽（女）	山东省粮食局局长
赵启林	河南省粮食局局长
张爱国	湖北省粮食局局长
张亦贤	湖南省粮食局局长
谢　端	广东省粮食局局长
吴宇雄	广西壮族自治区粮食局局长
杨树岷	海南省粮食局局长
孙华培	重庆市商业委员会（粮食局）主任助理
张书冬	四川省粮食局局长
沈　健	贵州省粮食局局长
马红跃	云南省粮食局局长
张　虹（女）	西藏自治区粮食局局长
吴新成	陕西省粮食局局长
张智军	甘肃省粮食局局长

委　员

撰稿人员
（按姓氏笔画为序）

丁兰婷　卜轶彪　于　涛　马文全　孔伟娟　孔晶晶　方　言　方　进
王　旭　王　江　王　强　王　辉　王　新　王　静　王世海　王永圣
王礼正　王仲涛　王国强　王建忠　王金云　王骄阳　王晓辉　王晓燕
王海林　王鸿鸣　王路平　王耀鹏　付　丹　付艳丽　史京华　玄红建
田　临　田　野　田雨军　白　鸥　边　增　仲爱华　伍佳丽　刘　韧
刘　武　刘小南　刘启波　刘妍杉　刘青青　刘莉华　刘绪斌　刘惠标
匡广忠　向玉旭　吕昱晨　孙　伟　孙洪波　孙绪良　成　军　曲贵强
朱　聪　朱　震　汤　璐　纪　展　许　策　许政生　闫鹭鹭　吴　杰
吴永顺　吴龙剑　宋丹丕　张　云　张　江　张　怡　张　艳　张　雪
张　雷　张　蕾　张永强　张永福　张亚奇　张延华　张成志　张杰刚
张显斌　张峻歌　张素萍　张继红　张瑞银　李　可　李　伟　李　红
李　玥　李　洵　李　涛　李　德　李亚莉　李金团　李桂萍　李寅铨
李鹏飞　杨　正　杨万生　杨忠山　杨凌志　杨雪丽　杨道兵　肖　玲
肖春阳　肖哲伟　邱　杰　陈　玲　陈　寅　陈书玉　陈玉中　陈军生
陈成云　陈志伟　陈秀玲　陈学坪　陈明全　周　波　周双喜　周冠华
周聪颖　孟昭虎　庞　盛　庞金辉　林风刚　林明亮　林善为　罗　杨
郁士祥　郑书峰　金　田　金　贤　侯　锐　姚　磊　姚秀敏　姚进房
柳　易　洪　荣　祝志光　胡小龙　胡水舟　胡承淼　胡瑶庆　胡耀芳
荒　萌　贺　伟　贺　娟　赵宇红　赵素丽　原海明　唐　平　唐　成
唐　茂　唐民强　唐继发　唐铁军　徐　刚　徐广超　徐利群　徐雪英
晁铭波　秦　健　秦玉云　耿晓頔　袁　彦　袁玉生　袁海波　贾　峰
贾　骞　郭　建　郭晓虹　陶　璐　寇　荣　曹颖君　梅　伟　阎豫桂
麻　婷　麻国杰　黄　敏　黄思思　龚娣群　傅仲民　喻晓叶　彭　扬
智振华　温朝晖　游　泳　程继伟　葛大强　葛建营　蒋例怡　蒋相梅
韩卫江　韩兆轩　韩继志　韩静涛　管伟举　谭大海　谭本刚　樊宗贤
潘祝明　颜　成　颜士国　黎　霆　魏　然

编审人员
（按姓氏笔画为序）

刘　力　严　涛　周冠华　夏吉贤　颜　波

编辑部

主　　任：邓亦武
副 主 任：刘　力
工作人员：刘珊珊　崔菲菲

编写说明

为全面、准确地反映国家和地方粮食工作，国家粮食局从2006年开始组织编撰《中国粮食年鉴》。《中国粮食年鉴》是经原国家新闻出版总署批准出版、由国家粮食局主办并委托中国粮食研究培训中心组编的政府部门年鉴，是粮食行业实用性、资料性工具书。

《中国粮食年鉴》全面、系统地记述了上一年度中国粮食工作的主要情况，刊载有重要的粮食政策法规文件和统计资料，与国家粮食局主办并委托中国粮食研究培训中心组编的《中国粮食发展报告》成为姊妹篇。本期年鉴由综述、专文、全国粮食工作、各地粮食工作、粮食政策与法规文件、附录六部分组成。年鉴收集的数据和资料均未包括我国香港特别行政区、澳门特别行政区和台湾省。各省（自治区、直辖市）的排列顺序，按照全国行政区划的统一规定排列。年鉴涉及的单位名称、姓名和职务均以截稿日期为准。

本期年鉴在编辑出版过程中得到了国家粮食局、国家发展和改革委员会、农业部、国家统计局以及各省（自治区、直辖市）、计划单列市及新疆生产建设兵团粮食行政管理部门的大力支持，在此，我们表示衷心的感谢！不足和疏漏之处，敬请读者批评指正。

《2015中国粮食年鉴》编辑委员会

中国粮食研究培训中心

2015年10月20日

123456

目录

1

第一篇

综　述

2014年全国粮食工作综述

2014年是粮食流通工作极不平凡的一年，粮食市场形势错综复杂，收储压力前所未有，改革发展任务极其繁重。一年来，在党中央、国务院的坚强领导下，各级粮食部门认真贯彻中央关于全面深化改革决定和国家粮食安全战略，认真落实国务院第52次常务会议部署，切实抓好粮食收储，积极推进“五项改革”，大力实施“两项工程”，为保障国家粮食安全，促进经济社会持续健康发展作出了新的贡献。

一 切实抓好粮食收购，保障粮食供给，粮食市场和价格基本稳定

2014年，国内粮食生产实现“十一连增”，而粮食需求增速放缓，粮食库存消费比大幅提升，尤其是主产区粮食收储压力大。各地粮食部门把粮食收储作为各项工作重中之重，积极采取促销减库、建仓扩容、跨省移库、产销衔接等多项措施，有效缓解粮食收储矛盾，避免发生农民“卖粮难”。全年各类粮食企业的粮食收购量首次突破35000万吨，总量达36490万吨，同比增加2045万吨，其中最低收购价和临时收储粮食12355万吨，同比增加4040万吨。各地认真落实国家粮食收购政策，通过提价托市、增加收购、优质优价、整晒提等、产后减损等措施，促进种粮农民增收550亿元以上。开展粮油库存清查和整治“转圈粮”专项行动，严格政策性粮食收购和销售出库监管，严肃查处涉粮案件，有效保护种粮农民利益，维护粮食库存安全。积极稳妥推进重金属超标稻谷处置工作，出台实施粮食质量安全事故应急处置预案。全年政策性粮食竞价成交5267万吨、跨省移库1165万吨，积极推进产销衔接，省际间粮食流通量达16500万吨。各地市场粮源充裕、供应充足，有效保证了军需民食，维护了粮食市场稳定。

二 着力深化粮食流通领域“五项改革”，取得阶段性成果

在粮食流通管理体制改革方面，2014年年底国务院出台了《关于建立健全粮食安全省长责任制的若干意见》，进一步明确了省级人民政府在粮食安全方面的事权和责任，实现了理顺粮食流通管理体制的新突破。各地把进一步落实粮食安全责任作为深化改革的中心任务，山西、云南、广东等省将粮食安全责任全面纳入各级政府目标责任考核体系，浙江、宁夏、广西、湖南、辽宁、江苏等省区分别采取逐级签订粮食安全责任书、建立粮食安全监督考核机制等办法，全面落实粮食安全责任。在粮食收储和储备管理机制改革方面，国家有关部门重新核定下达了地方粮食储备规模，进一步完善了管好用好地方储备粮的制度规定。积极探索政策性粮食收购“四共同”机制，中央和地方两个积极性得到有效发挥。中央储备粮的日常管理和监管工作得到加强。组建国家粮食局粮食交易协调中心，推进全国统一的竞价交易平台建设，进一步增强服务宏观调控的能力。在国有粮食企业改革方面，积极推

进基层国有粮食企业产权制度改革，“一县一企、一企多点”改革模式取得实效，安徽、湖北、黑龙江、四川等省粮食行业混合所有制经济发展势头良好，全年国有粮食企业统算盈利 65.5 亿元，连续 8 年保持盈利。农民社区粮食银行、大众主食厨房、放心粮油超市、粮油电商网购等新型产业模式和经营业态快速发展，吉林、河北、江苏、浙江、河南、重庆、陕西、青海、新疆等 17 个省（市、区）发展“粮食银行”350 家。在粮食行政管理机制改革方面，大幅减少并及时公布行政审批事项，深入推进机关工作制度和运行机制改革。北京、上海、浙江、安徽、山东省市粮食局制定公布行政权力清单，规范简化行政审批程序，湖北省全面解除粮食企业与各级粮食局的依附关系，各地粮食行政管理部门大力推进政企分开，职能转变取得实效。在粮食流通统计制度改革方面，出台了统计改革实施意见和新的统计制度，大幅精简统计指标，整合优化统计报表，推行“一企一表”和网上直报，提高统计质量和报送效率。在深化改革的同时，积极扩大对外开放，加强国际交流与合作。成功主办 APEC 粮食安全伙伴关系机制（PPFS）各项活动，与农业部共同主办 APEC 粮食安全部长级会议，取得了丰硕成果。

三 全面实施粮食收储供应安全保障工程，提升粮食安全保障能力

编制“粮安工程”建设规划。会同有关部门拟订新建千亿斤仓容建设方案，并已下达了 650 亿斤建设任务。中央财政“危仓老库”维修改造补助资金增加到 20 亿元，重点支持省份扩大到 12 个，已完成维修改造仓容 1108 亿斤。中央补助投资 8 亿元支持粮食现代物流项目和粮食质量安全检验监测能力建设。据统计，2014 年中央财政对粮食行业各类设施建设投资达 54.5 亿元，直接带动各地财政及社会投资 234 亿元，极大地促进了粮食仓储物流设施建设。粮食应急体系初步建成，在保证云南鲁甸、景谷和四川康定地震及海南“威马逊”台风等灾区粮食供应中发挥了关键作用。粮食信息化建设积极推进，库存粮食识别代码试点进展顺利，粮食储运监管物联网应用示范工程取得阶段性成果。2014 年共为农户配置科学储粮装具 140 万套，累计达到 817 万套，储粮新技术、散粮运输、适度加工积极推广，节粮减损取得新成效。成功举办“世界粮食日暨全国爱粮节粮宣传周”和“粮食科技周”活动，爱粮节粮进家庭、进学校、进企业、进机关、进军营取得实效，全社会爱惜粮食、反对浪费意识明显增强。

四 大力实施科技兴粮、人才兴粮工程，提升粮食安全保障软实力

召开全国粮食科技创新大会，认真贯彻国家创新驱动发展战略。中央财政安排粮食公益性行业科研专项经费 1.5 亿元，安全绿色储粮、粮食质量安全、粮食流通及信息技术、加工及节粮减损技术等 7 个重大项目研究进展顺利。加快推进粮食产后领域“国家工程实验室”建设，成功开发以横向通风为代表的粮食储藏成套新技术和小麦真菌毒素生物降解技术。发布实施粮油储藏技术规范、牡丹籽油等一批国家和行业标准，首次由我国组织修订的国际谷物标准“小麦规格”获得国家标准创新贡献一等奖。大力实施人才兴粮工程，制定实施人才体制改革实施意见，积极推进行业职业技术教育，加强校企联手培养专业技术人才，全行业培训干部职工 27 万人次，9171 人取得国家职业资格证书。

五 扎实推进党的建设和党风廉政建设，有力保障粮食流通事业发展

深入学习贯彻习近平总书记系列重要讲话，严格落实党要管党、从严治党的要求，扎实推进党的建设工作。深入贯彻落实十八届中央纪委第三、第四次全会精神，按照全国粮食系统党风廉政建设工作会议的部署，坚持党风廉政建设和反腐败工作与粮食流通工作“四同步”一起抓。认真落实党风廉政建设主体责任和监督责任，规章制度进一步健全。严格落实中央八项规定精神，持之以恒纠正“四风”，严肃查处少数党员领导干部违反中央八项规定精神的行为。以纪念“四无粮仓”创建60周年活动为契机，大力传承和弘扬粮食行业“创业、创新、节俭、奉献”精神和“宁流千滴汗、不坏一粒粮”的光荣传统。认真践行社会主义核心价值观，召开全国粮食系统文化建设座谈会，积极推进粮食文化建设。

2

第二篇

专　文

在全国粮食流通工作会议上的报告

国家粮食局党组书记、局长　任正晓
2014 年 1 月 16 日

同志们：

这次全国粮食流通工作会议是经国务院批准召开的一次重要会议。会议的主要任务是：深入贯彻党的十八大和十八届二中、三中全会精神，认真落实中央经济工作会议、中央城镇化工作会议和中央农村工作会议关于粮食工作的决策部署，传达贯彻国务院领导同志最近关于粮食流通工作的重要批示精神，总结交流 2013 年粮食流通工作，分析把握面临的新形势，研究部署 2014 年工作任务。刚才，国家发展改革委徐绍史主任作了重要讲话，我们要认真领会，切实抓好贯彻落实。下面，我讲三点意见：

一　2013 年粮食流通工作取得新的成绩

2013 年是粮食流通工作稳中有进、稳中有为的一年。一年来，全国粮食系统广大干部职工认真贯彻落实党的十八大关于确保国家粮食安全的战略部署，深入学习贯彻习近平总书记关于“把饭碗牢牢端在自己手上”、“把保障粮食供应能力牢靠地建立在自己身上”的重要指示和李克强总理 1 月 15 日到国家粮食局视察指导粮食工作发表的重要讲话，进一步坚定了端牢中国人自己的饭碗、守住管好天下粮仓的信心和决心，粮食流通工作思路更加清晰、重点更加突出、措施更加有力，各项工作扎实推进，取得新的成绩。

（一）抓收购、保供给、稳粮价取得实效，为保护种粮农民利益、稳定物价总水平作出积极贡献

全年各类粮食企业共收购粮食 34445 万吨，同比增加 2585 万吨，其中最低收购价和临时收储粮食 8245 万吨，同比增加 5120 万吨，通过提价托市、优质优价、帮助农户整粮减损等措施促进种粮农民增收 430 亿元以上。年末粮食库存总量继续保持历史较高水平，库存消费比继续处于安全合理的水平，国家库存粮食质量总体良好，宜存率达 95% 以上。市场粮源充裕、供应正常，全年投放政策性粮食 3480 万吨，组织跨省移库 1350 万吨，产销对接 1910 万吨，军粮供应保障水平继续提高，地震灾区粮食供应得到有效保障。粮食市场价格除小麦比上年有所上涨外，其他品种粮价保持基本稳定。

（二）完善和落实粮食安全省长负责制的工作取得进展，各地维护粮食安全的意识和责任增强

国家有关部门研究代拟的《国务院关于进一步完善和落实粮食安全省长负责制的意见》已上报国务院。各地粮食部门加大对完善和落实粮食安全行政首长负责制的推进力度，因地制宜地制定责任考核办法、完善具体措施。山西、浙江、广东、云南、贵州等省政府相继出台了粮食行政首长负责制的措施意见，黑龙江、辽宁、山东、江苏、安徽、江西、广西等省级政府还制定了促进国有粮食企业改革和粮食产业发展的政策措施。一些省份将粮食安全责任的落实情况列入党政部门年度目标责任考核范围。

（三）“粮安工程”启动实施，粮食流通能力建设得到明显加强

国家粮食局编制上报了《全国“粮安工程”建设规划》，各省级粮食局都高质量地完成了规划编制工作。江苏、河南、湖北、广西、重庆、西藏、陕西、宁夏、新疆等省级政府出台了推进“粮安工程”建设的意见。去年国家发展改革委安排投资近 35 亿元，用于粮油仓储、物流、质检、农户科学储粮项目建设和加工业技术改造升级；财政部在财力趋紧的情况下重点安排粮食统计信息体系、放心粮油工程、军粮供应网点、粮食科研专项等“粮安工程”建设资金，特别是将“危仓老库”维修改造资金由 4 亿元增加到 10 亿元，带动地方财政投入 40 多亿元。粮食储运监管物联网应用示范项目列入国家重点支持的 10 个物联网专项计划。全国粮食应急供应网络布点工作初步完成，应急网点由上年的 14987 个增加到 42656 个。试点开通了白城—蚌埠、松原—岳阳 2 条散粮铁路运输线路，集装箱散粮运输试点进展顺利。主食产业化快速推进，“放心粮油”工程取得新进展。各级粮食部门把节粮减损摆上粮食工作的重要日程，深入开展粮食行业带头爱粮节粮反对浪费的活动，积极推广应用新技术、新工艺，减少粮食产后损失损耗。农户科学储粮专项 2013 年新增 171 万户，累计达 677 万户，每年可减少粮食损失 75 万吨。国家粮食局分别与总后勤部、全国妇联、教育部、共青团中央联合开展爱粮节粮进军营、进家庭、进学校活动，举办“世界粮食日暨全国爱粮节粮宣传周”、“粮食科技活动周”等活动，加大爱粮节粮宣传，全社会爱粮节粮意识得到提高。

（四）粮食经济增长的质量和效益稳步提高，为全面深化改革、加快行业发展打下良好基础

各地继续推进县级国有粮食企业兼并重组，“一县一企、一企多点”的产权制度改革进程加快，“粮食银行”、“主食厨房”等经营模式得到推广，企业布局和结构进一步优化，可持续发展能力增强。2013 年全国国有粮食企业实现统算盈利 82.3 亿元，27 个省份实现统算盈利。全社会粮油加工业总产值实现 2.6 万亿元，同比增长 13%。湖北、四川、新疆等省区建立粮食产业化发展基金扶持龙头企业，河南、山东、陕西、天津、安徽等省市将“主食厨房”列为省级政府的民生工程，黑龙江、吉林、内蒙古、湖南、江西等省区多措并举促进粮食销售，河北、辽宁、福建、海南、甘肃、青海等省扎实推进军粮集约化保障，北京、上海市鼓励和支持粮食企业到主产区建立粮源基地，湖南、贵州等省大力发展特色粮油产业，都取得好的成效。

（五）科技兴粮和人才兴粮稳步推进，为粮食流通事业科学发展提供智力支撑

粮食公益性行业科研专项首次启动，中央财政首批安排专项资金 2.16 亿元，去年已下拨 9218 万元。粮食科研院所围绕产业发展需求开展创新研究和技术服务，特别是国家粮食局科研院在真菌毒素生物降解技术研发方面取得突破，为污染粮食的安全利用开辟了新途径。低温和气调储粮仓容增加到 6900 万吨，绿色储粮水平进一步提高。大力推进粮食行业“百千万”创新人才工程，继续举办行业高层次技术人才研修班和组织职业技能竞赛，启动实施了粮食院校与百强企业联手培养人才行动计划。

（六）党的群众路线教育实践活动取得明显成效，有力促进了行风政风的转变和服务群众能力的提高

根据中央统一部署，省级以上粮食部门深入开展党的群众路线教育实践活动，聚焦“四风”，边查边改，立说立行，为民务实清廉作风得到弘扬，行风政风进一步好转。紧紧围绕群众反映强烈的突出问题，加强监督检查、行政执法和库存检查，认真解决“卖粮难”问题，严肃查处“打白条”、“转圈粮”、“顶包油”等行为，切实维护农民利益和市场秩序。认真汲取中储粮林甸火灾事故的教训，开展粮食行业安全生产“百日行动”，全行业安全事故比上年下降 36%。及时核查处置重金属、真菌

毒素超标粮食，严防流入口粮市场，没有发生大的粮食质量安全事故，有效维护了人民群众“舌尖上的安全”。

过去的一年，党风廉政建设和反腐败工作进一步加强，“一把手”负总责、“一岗双责”责任制和廉政风险防控机制进一步落实，党风廉政建设的工作重心向基层企业单位延伸，促进了基层粮食干部职工廉洁从业。机关党的建设、干部队伍建设、粮食文化建设和老干部工作等方面都取得了新成绩，为推动粮食流通工作顺利开展提供了有力保障。

二 准确把握粮食流通工作面临的新形势，把思想和行动统一到中央关于全面深化改革、保障粮食安全的决策部署上来

党的十八届三中全会作出了全面深化改革的决定，为深化粮食流通领域改革指明了方向。中央经济工作会议、中央农村工作会议把确保国家粮食安全作为今年经济工作的首要任务，确立了“以我为主、立足国内、确保产能、适度进口、科技支撑”的国家粮食安全战略。确保国家粮食安全，粮食流通是必不可少的重要环节，责任重大。我们必须把思想和行动统一到中央关于全面深化改革和保障粮食安全的决策部署上来，切实增强“首要意识”和“守责意识”，更好地肩负起保障国家粮食安全的部门职责和行业使命。

第一，全面深化改革、保障粮食安全，必须深刻领会、认真贯彻中央关于粮食安全的战略思想和粮食工作决策部署。

习近平总书记反复强调，解决好吃饭问题始终是治国理政的头等大事，提出了“悠悠万事、吃饭为大”、“保障国家粮食安全是一个永恒课题，任何时候这根弦都不能松”、“中国人的饭碗任何时候都要牢牢端在自己手上”、“我们的饭碗应该主要装中国粮”等一系列重要战略思想，作出了“耕地红线要严防死守”、“调动和保护好‘两个积极性’”、“搞好粮食储备调节”、“中央和地方要共同负责”、“善于用好两个市场、两种资源”、“高度重视节约粮食” 等一系列重大战略部署。中央关于保障国家粮食安全的一系列新思想、新论断、新战略、新决策，是全面深化粮食改革、做好粮食流通工作的行动指南和基本遵循，我们一定要深入学习、深刻领会、入心入脑、融会贯通，紧密结合粮食流通工作的实际，坚定不移地贯彻好、落实好。

第二，全面深化改革、保障粮食安全，必须准确把握国内国际粮食供求形势和发展趋势。

当前，世情国情粮情正在发生深刻变化，粮食工作机遇与挑战并存。2013 年全球谷物和主要植物油料产量均创历史纪录，粮食供求总体上比较宽松，但也面临很多不稳定不确定的因素。在外部环境发生变化的同时，国内粮食市场也出现了一些趋势性变化：一是粮食生产能力持续增强，但粮食供求将长期处于紧平衡。粮食生产实现“十连增”，2013 年粮食产量突破 6.0 亿吨，粮食产能的稳步提升为保障粮食安全提供了坚实的物质基础。但是，这些年我国耕地、淡水等资源要素已经绷得很紧，而且粮食产量的增加赶不上需求的快速增长和结构的不断变化，随着人口增加、人民生活水平提高，特别是城镇化加快推进，吃商品粮的人口将越来越多，粮食需求将继续刚性增长，紧平衡将是我国粮食安全的长期态势。二是粮食适度进口将呈常态，但解决吃饭问题还得靠我们自己。据海关统计，2013 年我国谷物进口接近 1500 万吨，大豆进口突破 6000 万吨。全球每年谷物贸易量大约 3.0 亿吨，仅相当于我国谷物年消费量的一半左右，而全球还有 8 亿多人口处于饥饿状态，如果我国大量进口谷

物将带来严重的经济风险和政治风险。事实上，作为一个拥有13亿多人口的负责任大国，依赖进口保吃饭，既不现实也不可能，饭碗还得牢牢地端在我们自己的手上。三是国内粮价逐年提高，但价格提升的空间越来越小、进口带来的压力越来越大。近年来国家持续提高粮食最低收购价，有效保护了农民种粮利益，促进了粮食生产，但国内外粮食价差不断拉大，进口压力不断增加。近期粮食主产国普遍上调增产预期，全球期末库存有所增加，粮食价格呈下行趋势，去年8月份以来主要粮食品种到岸价格均低于国内粮价，年末配额内小麦、大米、玉米进口完税价格每吨比国内低300~500元。这些虽然有利于我们积极利用国际市场调剂国内余缺，但也将给国内粮食生产和市场稳定带来不可低估的冲击和影响。

第三，全面深化改革、保障粮食安全，必须正视粮食流通工作存在的突出矛盾和问题。

现行粮食流通体制和购销体系尚未经受严重自然灾害、粮食连续减产特别是国内粮食市场大幅波动的考验，粮食流通中还存在一些比较突出的矛盾和问题。一是政府掌控的粮源偏多，不利于发挥市场配置粮食资源的决定性作用。目前，中央和地方政府掌控的粮食库存高于企业自主经营的商品库存；主产区粮食库存占全国总库存的3/4，且多数是政策性粮食，这不利于市场粮食自由流通。同时，农户存粮普遍减少，一些基层粮食企业也出现不敢存粮、不愿存粮的现象。二是国有粮食企业改革不彻底。这些年来，虽然国有粮食企业产权制度改革一直在推进，但一些基层企业仍然依恋吃“政策饭”，没有完全摆脱“收原粮卖原粮”的传统经营模式，加上历史包袱尚未完全解除，难以面向市场搞活经营、发展自己。三是粮食质量安全存在一定隐患。一些地方粮食重金属、农药残留、真菌毒素超标，给收购现场检验、分类储存、无害化处置提出了新的要求，保障粮食质量安全面临较大压力。四是粮油加工产业结构不合理。加工企业“小、散、弱”，规模化、集约化水平低，市场竞争力不强，稻谷、小麦、食用油加工产能利用率不高。五是粮食产后损失浪费依然严重。由于烘干能力不足、农户储粮条件差、企业“危仓老库”多、散粮运输比例低、过度加工和粗放加工等原因，粮食在收打、储存、装卸、运输、加工过程中损失损耗还很严重，餐饮环节浪费十分惊人，全社会爱粮节粮意识有待进一步增强。

第四，全面深化改革、保障粮食安全，必须处理好四个方面的关系。

一是要处理好政府和市场的关系。既要尊重市场的一般规律和农民的市场主体地位，完善粮食价格形成机制，使市场在粮食资源配置中起决定性作用，又要考虑粮食作为特殊商品的公益属性和目前种粮农民在市场中尚处弱势地位，需要更好地发挥政府在粮食生产、流通中的管理和调控作用，有效弥补市场失灵。关键是要合理确定政府干预粮食市场的边界，切实转变政府职能，着力解决政府对市场价格和市场主体经营活动干预过多、监管不到位的问题。重点是要完善粮食市场体系，加强粮食市场监管，营造公平竞争的市场环境，确保粮食市场放而不乱、活而有序。二是要处理好中央和地方的关系。核心是要科学划分中央和地方政府的粮食事权。保障国家粮食安全，中央和地方要共同负责，中央承担首要责任，各级地方政府都要树立大局意识，自觉承担维护国家粮食安全的责任。关键是要切实落实好粮食安全省长负责制，上下联动，共同加强粮食生产能力、储备能力和流通能力建设。三是要处理好国有企业和其他市场主体的关系。国有粮食企业和其他成分粮食企业都是搞活粮食流通的经营主体，都是保障国家粮食安全的重要力量。要毫不动摇地支持、督促国有粮食企业在粮食流通中发挥主导和示范作用，毫不动摇地支持、引导其他市场主体加快发展。要打破企业所有制成分和行政隶属关系的限制，积极发展混合所有制经济，探索在政策性粮食业务中引入多元主体竞争机制，不断激发各类粮食企业的经营活力，共同搞活粮食流通，繁荣粮食市场。四是要处理好国内市场和国际市场的关系。要按照国家粮食安全战略关于以我为主、立足国内、适度进口的要求，善于用好国内国际两个市场、两种资源，在立足国内确保谷物基本自给、口粮绝对安全的前提下，适当进口国内短缺粮食品种，科学合理调节粮食供求，同时要把握好粮食进口的规模和节奏，防范和化解国际市场可能带来的风险和冲击。

综观国内国际大势，粮食流通工作正处于大有作为的机遇期和深化改革的攻坚期，我们要全面把握机遇，沉着应对挑战，以改革创新凝聚体制机制的整体合力、激发行业发展的内生动力，推动粮食流通事业科学发展，确保国家粮食安全。

三 认真贯彻国家粮食安全战略，全面深化粮食流通领域改革，扎实推进2014年粮食流通工作

2014年是改革年，是贯彻实施中央确立的国家粮食安全战略的第一年。全国粮食系统要深入贯彻落实党的十八大和十八届二中、三中全会精神，按照中央经济工作会议、中央农村工作会议的决策部署，立足经济社会发展和“三农”工作大局，以全面深化改革总揽粮食流通工作全局，认真贯彻国家粮食安全战略，进一步做好“广积粮、积好粮、好积粮”三篇文章，稳中求进、改革创新，守住底线、加快发展，切实保障国家粮食安全。2014年粮食流通工作的重点是：认真贯彻“一大战略”，着力深化“五项改革”，继续实施“两项工程”。

（一）认真贯彻国家粮食安全战略，切实履行好粮食部门抓收购、保供给、稳粮价的行业职责

中央确立的国家粮食安全战略，是我们做好当前和今后时期粮食流通工作的指导思想和行动纲领，必须贯彻到各级粮食部门和广大粮食干部职工，必须落实到抓收购、保供给、稳粮价的各环节，必须贯穿到粮食流通工作的全过程。抓收购、保供给、稳粮价是粮食部门的基本职责，是贯彻国家粮食安全战略的行业使命，各级粮食部门必须采取更加有力的措施抓好落实、抓出成效。

抓收购，就是要做到对农民的余粮应收尽收，兜住“种粮卖得出”的底线，保护农民利益和种粮积极性。要认真组织粮食收购，督促粮食企业严格执行国家粮食收购政策和“五要五不准”收购守则，确保不出现农民“卖粮难”，促进种粮农民增产增收。要积极创新收储方式，鼓励和支持符合条件的多元市场主体参与粮食政策性收储。要积极配合有关部门研究探索粮食目标价格改革，做好目标价格补贴试点工作。保供给，就是要组织配置好粮食资源，保证正常供应，守住“吃粮买得到”的底线，确保谷物基本自给、口粮绝对安全。要搞好粮食储备吞吐和进出口调节，加强储备粮轮换指导，强化粮食库存监管，抓好国家粮食交易平台建设，做好政策性粮油销售工作，促进粮食产销合作，完善粮食应急供应体系，提高应急管理能力，确保市场供应，推动军民融合发展，确保军粮供应安全可靠。要更加重视粮食质量安全，加强粮油质量监测监管，防止不符合食品安全标准的粮食流入口粮市场。稳粮价，就是要在掌握粮源、保证供应的前提下，善于运用两个市场、两种资源调节国内粮食供求，加强粮食价格监测和市场调控，搞好信息引导，稳定市场预期，确保市场粮价稳定在合理的区间。

（二）深化粮食流通管理体制改革，推动粮食安全省长负责制的全面落实

粮食安全省长负责制是保障国家粮食安全的一项基本制度，也是粮食流通管理体制改革的一项重要内容。推动这项体制的改革，就是要进一步明确中央和地方的粮食安全责任与分工，在中央承担首

要责任的同时，全面落实省级人民政府在粮食生产、流通、稳定区域市场和粮食质量安全方面的责任，真正建立起在国家宏观调控下省级人民政府对粮食安全全面负责的体制。

国务院关于完善和落实粮食安全省长负责制的文件正式下发后，国家有关部门将研究制定相关配套政策措施，拟定粮食安全责任考核办法，加强对各省级人民政府落实粮食安全责任情况的督察和考核。各地粮食部门要充分发挥行业职能作用，积极推进粮食安全省长负责制的全面落实。要按照国家粮食局的统一部署，及时抓好文件的学习宣传贯彻，落实好由粮食部门牵头负责的有关事项，确保粮食安全行政首长负责制在本地区得到层层落实。这次会议上推介了一些地方完善和落实粮食安全省长负责制的经验和做法，各地要相互交流借鉴。

（三）深化粮食储备管理机制改革，提升服务宏观调控和保障粮食安全的能力

要科学界定中央和地方两级储备的功能定位、调控责任。地方储备粮主要是用来保应急、控粮价、稳市场，是区域内应急保供的第一道防线；中央储备粮主要用于应大灾、守底线、稳预期，是保障国家粮食安全的“撒手锏”。要按照“规模适度、结构合理、责权清晰、监管到位、保障有力”的原则，深化储备粮管理机制改革，更好地服从和服务于政府宏观调控。

中央储备粮要完善管理体制，优化区域布局，强化外部监管，加强内部管理，堵塞漏洞，防范风险，确保管住管好。地方储备粮要适度扩大规模，产区和销区都要保持必要的储备规模，销区要适当多储。要调整优化地方储备的区域布局和品种结构，大中城市、敏感地区和灾害频发地区要适当多储当地需求量大的品种，特别是要储足必要的成品粮。要切实加强储备粮监管体系建设，严肃查处违法违纪案件。要鼓励和支持企业存粮，发挥好周转储备的市场调节作用，督促企业严格执行最低库存制度，依法承担社会责任。要倡导和支持农户存粮，引导农户存粮备荒互济、择价出售增收。

（四）深化国有粮食企业改革，构建国有企业和其他市场主体共同发展的新格局

要深化国有粮食企业产权制度改革，完善现代企业制度，创新企业经营方式。要因地制宜地推进以“一县一企、一企多点”为主要模式的基层国有粮食企业改革，引导企业着力转换经营机制，搞活生产经营，彻底改变坐站收粮、坐库守粮“吃政策饭”的经营方式，主动融入新型农业经营体系，加强与粮食专业合作社、种粮大户、家庭农场、粮食经纪人的合作，发展规模化生产、产业化经营。要积极发展混合所有制粮食经济，鼓励和推动国有资本、集体资本、非公有资本等交叉持股、相互融合，稳步推进股权多元化。要积极稳妥地推行“粮食银行”，扩大农民储粮用粮售粮的自主选择权，帮助农民增加收入。要支持有条件的企业以资产为纽带，组建跨区域、跨所有制的粮食企业集团。要引导和鼓励国内粮食企业“走出去”，开展粮食仓储、物流、加工、贸易等方面的国际合作，扶持培育具有国际竞争力的大粮商。

（五）深化粮食行政管理机制改革，切实转变粮食行政管理职能

要改变过去重国有粮食企业、轻其他市场主体，重企业经营管理、轻维护市场公平，重行政手段、轻依法管粮的行政管理模式，加强对全社会粮食流通的监管和服务。要切实做到政企分开，转变行政管理职能，创新管理方式，全面推进依法行政和依法管粮，使粮食行政管理部门真正成为公共服务的提供者、市场主体的监管者、公平竞争的维护者、市场秩序的执法者。

各级粮食行政管理部门要更好地发挥行政管理和公共服务作用，该管的一定要管住，不该管的要坚决放手，不直接干预企业的正常经营活动。省级以上粮食行政管理部门要加强规划、政策、标准的制定和实施，着重在市场调控、储备管理、行业建设、市场监管、依法行政等方面发挥重要作用；市、

县级粮食行政管理部门要突出服务“三农”，着重抓好粮食收储、储备管理、军粮供应、应急保供、流通统计、行政执法、监督检查和质量监管等工作。要严格按照法定权限和程序行使权力、履行职责，依法严肃查处违反国家粮食政策、坑害农民和消费者利益、损害国家利益的涉粮案件，维护粮食市场秩序。加强粮食法制建设，认真总结“两部条例”颁布实施以来的经验，积极推进《粮食法》立法进程。

（六）深化粮食流通统计制度改革，为政府决策和宏观调控提供可靠依据

粮食流通统计是粮食部门的重要职能和基础性工作，扩大粮食统计调查的社会覆盖面和提高粮食统计数据的真实性、准确性、时效性，是各级粮食部门一项重要而紧迫的任务。必须适应贯彻国家粮食安全战略和转变粮食行政管理职能的要求，进一步深化粮食流通统计制度改革，调整统计口径、归口统计管理、精简统计指标、优化统计报表、提高统计效率，构建统一、精简、准确、管用的粮食流通统计体系。

要按照国际通行方法调整现行“粮食”统计口径，以准确反映我国粮食安全实际状况。抓紧推进粮食流通统计职能整合，归并管理，避免力量分散、数出多门。要大力精简统计指标和报表，推行数据电子化和网络化，实现资源共享和信息互通。要加强粮油信息工作，强化粮情监测预警，适当增加监测点，健全粮油市场监测网络，加强对国际市场行情及境外流入粮油的跟踪监测，积极探索适合中国国情粮情的粮油市场预警模式，建立预警模型，实施先兆预警，做到“未涨先知、未抢先知”。要完善统计调查体系，灵活运用各种调查方法，拓宽信息来源渠道，改进全社会粮油供需平衡调查工作。粮食统计数字必须真实，玩虚的就会祸国害民，要确保粮油收购量、销售量、库存量等统计数据的准确可靠。要加强统计队伍建设，充实统计人员，保障必要工作经费，下大力气夯实统计工作基础。

（七）全面实施“粮安工程”，提升粮食收储供应安全保障能力

“实施粮食收储、供应安全保障工程”是今年中央1号文件部署的重要任务，要把“粮安工程”作为粮食安全的守底线工程，放到农业现代化大局中统筹布局、协调推进。要创新投资机制，管好用好中央的补助资金，积极争取地方政府加大投入，鼓励和引导粮食企业和社会资本投入“粮安工程”建设。

大力推进粮食仓储物流设施建设，力争再用3~4年的时间提前完成《粮油仓储设施建设方案（2009–2020）》提出的1000亿斤仓容建设任务。继续推进储粮罩棚建设，去年已安排的80亿斤建设任务要尽早完成。继续按照集中资金、突出重点、整省推进的原则，加快主产区“危仓老库”维修改造，同时做好其他地区的仓房维修工作。加快推进粮食现代物流项目建设，抓紧打通“北粮南运”物流通道，提高西南、西北通道的接卸能力。抓好粮油加工业技改专项，促进产业优化升级。进一步完善粮油质量检验监测体系，继续为一批质检机构配备仪器设备。大力推进粮食信息化建设，积极探索建立粮食标识制度和质量可追溯机制，加快“粮食储运监管物联网示范工程”、“数字化粮食物流关键技术研究与集成”等项目研发试点。进一步实施“放心粮油”、“主食厨房”工程，加速推进主食产业化，着力提升粮食行业“食”“粮”并进的创新能力。大力推进节粮减损，今年再为242万农户配置标准化储粮装具，启动种粮大户、家庭农场和专业合作社科学储粮专项试点，在粮食流通各环节推广节粮减损新设施、新技术。深入开展爱粮节粮进学校、进军营、进家庭、进企业、进机关专项行动，在全社会树立起爱惜节约粮食的新风尚。

（八）大力实施科技、人才兴粮工程，提升保障国家粮食安全的软实力

“科技支撑”是国家粮食安全战略的重要内容，也是促进粮食行业科学发展的重要保障。要加强

"国家工程实验室"等创新平台建设，充分发挥粮食公益性行业科研专项的引领带动作用，着力在攻尖端、应急需、夯基础等方面取得明显突破，攻克制约行业发展的科技瓶颈，多出成果，多出人才。科研机构、高等院校要与企业建立创新联盟，加快科研成果转化应用，扩大"四合一"、低温、气调储粮技术应用覆盖面，加快生物降解真菌毒素等新技术工业化应用试验。今年将召开全国粮食科技创新大会，专门研究部署科技兴粮工作。

要继续大力实施人才兴粮战略，扎实推进干部教育和职业技能培训工作，继续实施"百千万"创新人才工程。充分发挥企业培养技能人才的主体作用，发挥粮食院校、科研院所培养高端人才的骨干作用，在全行业形成重视人才、尊重人才的良好氛围。要深入贯彻落实《国家粮食局关于加强粮食文化建设的指导意见》，大力推进粮食文化建设，传承和弘扬传统优秀粮食文化，提高粮食行业的文化软实力。

同志们，做好 2014 年粮食流通工作，必须深入学习贯彻习近平总书记系列重要讲话精神，必须巩固和发展党的群众路线教育实践活动成果，建立起反对"四风"、转变作风、密切联系群众的长效机制。国家粮食局党组针对教育实践活动中查摆出的突出问题，制订了整改方案、专项整治方案和制度建设计划，由局党组同志分工负责抓好整改落实，请各地继续对我们加强监督和支持。要通过自上而下深入开展教育实践活动，促进粮食系统党风政风行风的根本好转。

各级粮食部门要高度重视党风廉政建设和反腐败工作，全面贯彻落实十八届中央纪委三次全会精神，切实抓好惩治和预防腐败体系规划的贯彻落实，深化党的作风建设，坚持以零容忍态度惩治腐败。要坚持"一把手"负总责、班子成员"一岗双责"，全面落实党风廉政责任制，建立健全改进作风的常态化制度，扎实抓好中央八项规定和《党政机关厉行节约反对浪费条例》的贯彻落实。关于今年全系统的党风廉政建设和反腐败工作，中权同志将作具体部署，各地要认真抓好落实。

同志们，2014 年粮食流通改革发展任务艰巨、责任重大，让我们更加紧密地团结在以习近平同志为总书记的党中央周围，扎实工作，锐意进取，守住管好"天下粮仓"，为保障国家粮食安全、全面建成小康社会、实现中华民族伟大复兴的中国梦作出新的更大的贡献！

在全国粮食科技创新大会上的讲话

国家粮食局党组书记、局长　任正晓
2014 年 11 月 16 日

这次全国粮食科技创新大会，是在全国上下认真贯彻落实党的十八届三中、四中全会精神，全面深化改革、全面推进依法治国的重要时期和新一轮国家科技体制改革即将全面启动的关键时期召开的。这次会议是全国粮食系统贯彻落实习近平总书记关于深化科技体制改革、实施创新驱动发展战略系列重要讲话精神，研究部署粮食科技创新工作，扎实推进"科技兴粮"、"人才兴粮"工程，为保障国家粮食安全提供强有力科技支撑的重要会议。刚才，中国工程院院士孙宝国教授一番感情深厚、道理深刻的致辞和科技部农村科技司陈传宏司长言简意赅、语重情长的讲话，既对这些年来全国粮食科技工作给予了充分肯定，也对进一步推进粮食科技改革发展提出了希望和要求，这充分体现了我国科学家们对粮食科技事业和粮食科研人员的关怀和期待，也充分体现了国家有关部委对粮食科研改革发展的重视与支持。借此机会，我们要向长期以来高度重视、全力支持粮食科研事业发展的国家发展改革委、科技部、财政部、教育部、中国科学院、中国工程院等有关部委和有关单位表示衷心的感谢！刚才吴子丹同志为会议作了很好的工作报告，总结了 2006 年全国粮食科技大会以来取得的成绩和经验，分析了粮食科技改革发展面临的新形势、新要求，安排部署了粮食科技工作的主要任务，请大家结合工作实际认真抓好落实。

下面，我想从粮食行业如何贯彻实施创新驱动发展战略、推进粮食科技改革创新的角度，讲三点意见。

一　实施科技兴粮工程、促进粮食科技创新发展是粮食流通工作一项十分重要、非常紧迫的任务

党的十八大提出了实施创新驱动发展战略的重大任务，习近平总书记对实施科技创新驱动发展发表了一系列重要讲话，李克强总理在视察粮食工作时对粮食科技事业改革发展提出了明确要求。我们要认真贯彻落实中央的决策部署，切实把促进粮食科技创新发展作为粮食流通工作一项十分重要、非常紧迫的任务。

（一）实施科技兴粮工程、促进粮食科技创新发展是粮食行业落实创新驱动发展战略的迫切要求

习近平总书记深刻指出，实施创新驱动发展刻不容缓，要推动以科技创新为核心的全面创新，并强调"实施创新驱动发展战略，最根本的是要增强自主创新能力，最紧迫的是要破除体制机制障碍，最大限度解放和激发科技作为第一生产力所蕴藏的巨大潜能"，这为我们推进粮食科技创新发展指明了方向、提供了遵循。当前，全球新一轮科技革命和产业变革正在兴起，呈现出新技术替代旧技术、智能型技术替代劳动密集型技术的新态势新特征。我国粮食科技创新发展赶上了好时期、好时代，但也面临基础研究薄弱、科研成果推广应用乏力、科技创新的激活机制尚未形成、培养造就科技人才特

别是高端科技人才的机制还不够健全、粮食产业整体科技水平还不高等一些突出问题，这种状况严重影响粮食行业贯彻落实创新驱动发展战略，必须尽快加以改变。要通过加快实施科技兴粮工程，促进粮食科技创新发展，努力实现理论创新、体制创新、技术创新、产品创新、管理创新的深度融合，激发广大科研人员的积极性和创造性，促进粮食经济发展方式从要素驱动、投资规模驱动为主向以科技创新驱动为主转变，加快粮食科技创新平台建设，促进科技成果转化，打造粮食科技产业集群，推动粮食行业创新发展。

（二）实施科技兴粮工程、促进粮食科技创新发展是贯彻国家粮食安全战略的根本要求

中央确定的“以我为主、立足国内、确保产能、适度进口、科技支撑”国家粮食安全战略，对科技在保障国家粮食安全中的支撑作用提出了新的更高的要求。确保谷物基本自给、口粮绝对安全，真正把 13 亿中国人的饭碗任何时候都牢牢端在自己手中，最大潜力在科技，根本出路在科技。科技创新既能稳定提高粮食综合生产能力，又能有力促进节粮减损、提高粮食质量安全水平。目前，我国粮食产后损失浪费非常严重，加上一些地方粮食重金属、农药残留、真菌毒素超标，对保障粮食数量和质量安全带来了严重威胁，严重影响国家粮食安全战略的贯彻实施。因此，必须加快实施科技兴粮工程，促进粮食科技创新发展，切实在农户储粮、企业仓储、粮食运输、粮油加工、粮食消费等环节全面推广应用新技术、新装备、新工艺、新方法，努力实现科学储粮、科学节粮、科学用粮，大力减少粮食的损失浪费。尤其要加快科研攻关，通过利用生物降解等技术，将被污染粮食“变废为宝”，实现粮食资源利用效率的最大化。目前我们通过科研攻关已经做到了变有毒粮食为安全的饲料资源，今后还要通过无害化处理将污染粮食变为安全的食品资源，从资源充分利用上支撑国家粮食安全。

（三）实施科技兴粮工程、促进粮食科技创新发展是实现粮食流通科学发展的根本途径

科技强则产业旺，产业旺则行业兴。经过几代粮食人的不懈努力，我国粮食流通整体发展水平有了显著提高，但是在粮食行业的整体科技水平、高附加值的粮食深加工和资源综合利用技术、粮食质量安全标准和检测技术，以及信息技术在粮食流通领域的广泛应用等方面，与发达国家水平和农业现代化发展要求相比还有不小的差距。我们在粮食储藏技术的很多方面已经处于国际一流水平，而按照绿色、健康、智能、环保的发展要求来衡量，则还有很大的提升空间。因此，必须加快实施科技兴粮工程，促进粮食科技创新发展，充分运用现代信息技术、生物技术、新材料技术等武装粮食流通产业，在粮食绿色储藏、现代物流、加工节粮、质量安全等环节大力提升科技创新水平，实现粮食流通科学发展。

从以上三个方面看，实施科技兴粮工程，促进粮食科技创新发展，是当前和今后一定时期粮食流通工作中一项十分重要、非常紧迫的任务。各级粮食行政管理部门必须切实把思想和行动统一到习近平总书记关于全面实施创新驱动发展的战略思想上来，统一到党中央、国务院关于科技强国、科技兴国的战略决策上来，从保障国家粮食安全的战略高度，深刻认识实施科技兴粮工程，促进粮食科技创新发展的重要性、紧迫性，切实增强抓好粮食科技工作的责任感、使命感。

二 高度重视和着力解决实施科技兴粮工程、促进粮食科技创新发展的几个重大问题

习近平总书记强调“科技是国家强盛之基，创新是民族进步之魂”。推动粮食科技创新发展，必须认真贯彻党中央、国务院关于实施创新驱动发展的战略，紧密结合粮食流通实际，科学把握粮食科

技创新发展的正确方向，着力破解影响科技兴粮工程实施和创新驱动发展的突出难题。这里，我提出五个值得重视的重大问题：

（一）关于粮食科技工作的方向与定位问题

粮食科技工作既要“上天”，又要“落地”。所谓“上天”，就是谋划和推进粮食科技事业发展，站位要高，视野要宽，立志要远，要按照中央关于“推动以科技创新为核心的全面创新”的战略部署，站在贯彻实施国家粮食安全战略的高度，胸怀国家，服务民众，把保障和支撑国家粮食安全作为粮食科技工作天大的责任和天高的使命。所谓“落地”，就是粮食科技要姓“粮”，粮食科研要紧扣我国国情粮情，紧贴粮食行业需求，就是要解决粮食行业最急需、最重要、最关键的科技难题，研发粮食行业创新发展的新技术、新装备、新方法。粮食科研成果要管用，要接地气、能推广、见实效，引领和推动粮食行业、产业、企业持续创新发展。广大科研人员要深入基层，深入一线，了解实情，攻坚克难，要多出帮助农民增产增收、支持企业提质增效、保障居民科学健康消费的科研成果。科技工作和科研人员要做到“四个服务”，即服务人民生活、服务企业发展、服务行业创新、服务国家粮食安全。

既要“上天”，也要“落地”，是粮食行业贯彻落实中央关于科技创新驱动发展战略的具体体现，是粮食科技事业发展的本质要求，也是推动粮食科技创新发展的根本出发点和落脚点，我们要以“上天”、“落地”的思路来准确把握粮食科研发展的方向，科学确定粮食科技工作的基本定位。

（二）关于粮食科技聚焦行业重大需求的问题

粮食科技要促进粮食流通科学发展，支撑国家粮食安全，就必须选准科研方向、聚焦行业重大需求。当前，粮食行业科技研究要紧贴国家粮食安全战略，聚焦保障粮食数量安全、粮食质量安全和粮食生态安全，重点攻克绿色生态储粮、粮食节约减损、质量卫生安全、粮情监测预警、信息技术运用等重大科技课题。比如在企业仓储环节，要下决心攻克平房仓粮食进仓出仓作业难的问题，加快粮食进出仓机械设备的研发；在农户储粮环节，要着力解决现有的农户科学储粮仓对家庭农场、合作组织、大农户不适用、不够用的问题，抓紧研制适合大户科学储粮的新装具，帮助他们减少产后损失，实现增产增收；在污染粮食的处理方面，要积极研究运用粮食毒素消减技术，彻底解决因恶劣气候和储藏条件差等原因导致粮食被污染的问题，使污染被降解的粮食资源绝对安全可靠；在生态储粮、生物技术应用方面，要紧贴节能减排、建设生态文明的要求，广泛应用非化学药剂杀虫技术；在粮食烘干环节，充分利用秸秆稻壳综合利用技术，减少秸秆燃烧和粮食烘干能源消耗带来的污染和排放，为国家生态文明建设作出贡献；在粮食加工环节，大力开展适度加工关键技术和资源综合利用技术研究，提高成品粮产出率，节约口粮资源；在粮情监测预警方面，积极运用信息技术的新成果，大力推进粮食信息化建设，建设智慧粮食；在粮食质量安全检测方面，着力研究粮食收购、售卖现场品质快速检验技术，把粮食质量安全隐患解决在购销活动的源头，等等。以上这些问题，是近些年我在基层调研从农民朋友、粮油企业职工和市民消费者那里听到的诉求和呼声，迫切需要广大粮食科技工作者去破解、去攻克。总而言之，人民群众最期待、基层企业最急需、对促进行业创新发展最关键、对支撑国家粮食安全最管用的科技难题，就都是粮食行业科技创新的重大需求，我们就要全面聚焦、全力攻关。同时，要加强国际粮食科技交流合作，用好国际国内两种科技资源，开拓国际国内两个科技市场，要积极融入全球粮食科技创新体系，在更高的起点上推进粮食科技自主创新。要积极跟踪并努力赶超国际前沿技术，占领粮食科技创新的制高点，在国际粮食科技市场竞争中赢得主动。

科技无边界，科研要开放。科学技术的研究和科研成果的推广不能搞“画地为牢”，我们提出“粮食科技要姓粮”不是说所有粮食科研项目都只能由“粮姓”机构和科研人员来实施，更不是排斥所有非“粮姓”机构参与甚至引领粮食重大科研项目的研发。只要有利于粮食科技创新发展，行业内外、国内外一切于我有利的科研资源、科研力量和科研成果我们都要善于分享、合理运用。要整合粮食科技资源，实现行业共享。同一个科研机构内要防止和克服科研力量和科研资源分散化、碎片化。全行业也要科学整合资源，比如，目前全国为数不多的粮食院校和其他涉粮院校，他们已经走出校门、深度融入粮食行业，各地区、全行业就应当把他们当作本地区、本企业自己的院校，充分分享这些宝贵的科研资源和科研实力。同时，粮食科技人员和粮食科学家都“姓粮”，固然是为国家粮食安全事业服务的，但他们的理论探索和涉猎领域也不可能仅仅固守在粮食流通这个“领地”里，因为学科是交融的，科研是延伸的，行业也是相互助长的。

（三）关于加快培养造就粮食科技人才的问题

科技的灵魂是创新，创新的关键是人才，创新驱动实质上是人才驱动。必须在创新活动中发现人才、在创新实践中培育人才、在创新事业中凝聚人才。创新实践的过程就是科研项目的实施过程，既要依靠人才实施项目，又要通过项目实施造就人才，要以“人才兴粮”促进“科技兴粮”。培养和造就科研人才的着力点就是要充分调动广大科研人员的积极性、主动性、创新性，通过充分激活和发挥广大科研人员的积极性、主动性和创造性，来实现创新驱动发展、促进粮食科技事业的不断进步，这也是各级粮食行政管理部门和所有科研管理机构全部科技管理服务工作的重中之重。我们要着力创新粮食行业人才成长的体制机制，实现人才数量快速增加、人才素质不断提升、人才结构日趋合理、人才环境持续优化、人才使用效能显著提高，在粮食流通领域打造一批人才高地，为实施科技兴粮工程提供坚实的人才保障。

要进一步在粮食行业形成发现、培养、催生优秀人才的气候和氛围，举全行业之力造就粮油科技高端人才和粮油科学家队伍。要依托国家工程中心、国家工程实验室、博士后科研流动站、国家粮食工程技术研究中心、国家粮食局重点实验室、粮食院校和其他涉粮院校等人才培养平台，通过科技项目实施、科技难题攻关等科技实践活动，在粮食行业培养选拔一大批有理论造诣、有独立成果、有重大贡献、有社会影响、品德高尚、众人信服的学科带头人、科研领军人，尽早实现粮食行业“两院”院士“零的突破”。这既是永续保障国家粮食安全的历史要求，也是实行粮食科研事业跨越发展的现实需要，更是全国数百万粮食干部职工的热切期盼。

要为科研人才的成长提供良好条件，创造宽松环境。要尊重、关心、支持科研人员，为他们开展科研提供及时、可靠、优质的服务保障，特别是要为年轻粮食科技人员成长成才提供成长舞台和发展空间。要鼓励和支持科研人员大胆创新、敢为人先。科学研究要宽容失误甚至是失败。粮食科技工作者要有敢为天下先的志向和信心，在攻坚克难中百折不挠、愈战愈勇，不断创造新成果、作出新贡献。

我觉得，在引导和鼓励科研人员成长成才的进程中，有一个问题需要引起我们广大科研人员和科研团队的关注和重视：那就是在粮食科研活动中要力戒“追求短平快成果”的急功近利思想。广大科研工作者要学习老一辈科学家“致力科研、矢志不渝、淡泊名利、毕生奉献”的优良品德，立志攻克那些短期内难出成果的重大科研课题，乐于从事基础研究和前沿研究、为他人和后人充当人梯和铺路石，脚踏实地、久久为功，树立起“功成不必在我”的高尚情怀。事实上，有些重大的科技攻关课题，往往需要几年、十几年、几十年甚至几代人的苦苦求索、接续奋斗才能取得成功，容不得急功近利，不可能一蹴而就，必须有长远的目标和坚毅的定力，必须建立长期稳定的科研团队，一步一步往前探索，一年一年接近目标，一代一代传承下去，最终成就造福人类的重大成果。

要加强对科研人员的思想政治教育和法律纪律约束。要教育和引导科研人员树立正确的人生观、世界观和价值观，增强法律意识，遵循职业操守，争当党和国家科技事业发展需要的优秀人才。粮食科研工作者要树立求真务实的作风，搞科研要脚踏实地，不摆花架子，不能哗众取宠，不能搞“好看好听不管用”的“忽悠成果”。粮食行业是“扛麻袋”起家的，装满粮食的麻袋扛在肩上、走在路上，那就是四平八稳、顶天立地，一步一个脚印地往前走，这也是老一辈粮食人传承下来的粮食创业精神。搞粮食科研也是如此，一定要脚踏实地，实打实，不“忽悠”。

（四）关于充分发挥粮食科研院所学校在科技创新中的引领作用问题

粮食科研院所学校是粮食行业神圣的科研殿堂，是创造重大科研成果的基地，是优秀科研人才成长的摇篮。在实施科技兴粮工程、促进科技创新发展的进程中，要充分发挥院所学校的引领作用、辐射作用、带动作用，使他们成为科技创新驱动发展的排头兵、主力军。

各类粮食科研院所要以科学研究为先，以科技攻关为要，以科研人员为本，一切要服从和服务于科研和创新。各级涉粮学校要实现教学科研两同步、双促进，多出原创性科研成果，多育科研后备人才。在粮食科技研究中要注重协调推进整合科研资源，集中力量办大事、出成果。要集中优秀人才、领军人才形成独具优势的粮食科研团队，创造独具特色的科研品牌。科研管理部门、后勤保障机构要淡化行政管理意识，增强服务观念，为科研人员提供便利可靠的服务保障，使科研人员一门心思倾注于科研事业。

各级粮食质量检测机构既是粮食质量安全的守护者，也是粮食科技创新、实施科技兴粮工程的重要力量，要高度重视和发挥这支队伍的重要作用。

这里还要特别强调一下充分发挥粮食企业推进科技创新的基础性作用问题。广大粮食企业特别是中央和省级大型粮食企业，是萌发创新原点、孵化科研成果、应用现代技术的基础平台和载体，它们既是科研成果的需求者，更是科技创新的原动力，要高度重视发挥广大粮食企业在科技成果创新、科研成果应用方面的主体作用。

（五）关于积极稳妥推进粮食科技体制改革的问题

刚才陈传宏司长给我们传达了国家正在酝酿、即将启动的科技体制改革的一些大思路、大政策，使我们对这场新一轮的改革有了比较全面准确地把握和了解。各级粮食部门要按照党中央、国务院的决策部署，按照科技部等有关部门的安排和要求，扎实稳妥地推进新一轮粮食科技体制改革。实施创新驱动发展战略必须深化改革，改革粮食科研体制必须遵循国家科技体制改革要求，坚持问题导向，紧扣行业科技发展的实际需要，统筹谋划，稳步推进，注重从三个方面发力：

深化粮食科技体制改革的着力点是改革科技管理体制，转变政府管理职能。行政部门不再管理具体的科研项目，行政领导不能干预更不能干扰科研活动，要淡化行政管控意识，增强为科技发展服务的能力和水平，加强战略规划、政策法规、标准规范和监督指导。改革攻关的时候最需要发挥各级粮食行政管理部门的推动作用，不要撂挑子、而要挑重担，不能像过去那样再事无巨细包办统揽，而是要切实做好我们该做的事情、坚决放下不该再由我们做的事情。

深化粮食科技体制改革的突破口是科研项目形成机制改革，要以科研创新能力、成果转化应用服务为导向，完善科研院所评价体系，鼓励院所和其他科研机构围绕粮食行业需求开展应用型研究和产业化开发，激励重大科技成果产出。要严格科研项目的申报审批制度，坚决杜绝“编造理由报项目、经费到手不科研、项目下达不监管、弄虚作假报成果”的“忽悠项目”。要着力解决科技成果推广“最后一公里”问题，不断提高行业技术研发和成果推广应用的成功率。

深化粮食科技体制改革的关键点是健全粮食科技创新人才激励机制，进一步完善人才选拔任用机制，激发广大粮食科技工作者的创新活力。要改革科研管理方式，优化项目、经费安排和审批手续，不能让科研人员特别是科研带头人从年头到年尾都忙碌于跑项目、争资金、批手续，而应当把更多的时间和精力真正用在科研上。

三 把实施科技兴粮工程、促进粮食科技创新发展作为粮食行政管理部门的重要职责落实好

实施科技兴粮工程促进粮食科技创新发展，既是贯彻落实国家粮食安全战略关于科技支撑要求的重要举措，又是实施创新驱动发展战略的重要任务，使命光荣，责任重大，我们一定要站在保障国家粮食安全的战略高度，切实履行好推进粮食科技创新发展的行业职责，加强组织领导，强化服务保障，确保粮食科技创新发展取得实实在在的成果。

（一）切实落实行业职责

实施科技兴粮工程，促进行业科技创新发展，不仅是各级粮食科研院所、学校、广大粮油企业的重要任务，更是各级粮食行政部门的重要职责。要把科技创新摆在粮食流通事业发展全局的核心位置，把实施科技兴粮工程，促进粮食科技创新，提到粮食流通工作更加突出的地位，将科技创新贯穿于粮食流通全过程、各方面，将粮食科技创新工作与粮食中心工作，一起部署，一起督查，一起落实。各地粮食部门要按照这次全国粮食科技创新大会的统一部署，结合本地实际，科学谋划中长期粮食科技发展战略，抓紧编制“十三五”粮食科技创新发展规划，抓紧制定推进科技兴粮、促进粮食科技创新发展的措施意见，并且认真组织实施，真正把粮食科技创新发展的行业职责落实好。

（二）切实强化服务保障

一是要强化促进粮食科技创新发展的政策措施。要认真落实好、充分利用好已有的政策，根据科技创新工作的需要，积极争取多方面的政策措施支持。今后国家对科技专项将实施动态管理，我认为这对粮食行业来讲是一个在公平环境下积极争取科研项目和投入的重大机遇，全行业上下要瞄准国家重大科研的方向，抓住行业最重要、最紧迫、最关键的科研难题，申报重大科研项目。要研究制定促进粮食科技发展的政策措施，努力营造推进科技创新的政策环境。二是要加强科技创新平台建设，改善科研条件，强化基础平台运行管理，促进资源共享。三是要加大科技创新投入，发挥政府投入的引领和带动作用，充分调动全社会的积极性，鼓励和引导企事业单位、民间组织和个人对粮食科技创新的投入。要建立以政府投资为引导，多元化、多渠道共同投入的粮食科技投入体系。四是要实行激励机制。对那些重视科技创新、为推广科研成果作出科技贡献的企业和单位要给予重点支持，对那些科研成果丰硕、为粮食科技发展作出重大贡献的科技工作人员，要给予重奖。与此同时，要着力解决在一些单位不同程度存在的“挂名获奖”问题。群众反映现在有的科研奖项，没有真正奖到为这个科研成果作出原创性研究、确有突出贡献的科研人员身上，而是被那些对研究没有实质参与、对成果形成没有实际贡献的居于领导地位、掌控科研资源的所谓“专家”贪功自傲。刚才子丹同志在讲话中将这种现象批评为“学术腐败”问题，我觉得批评得很中肯，希望各级领导同志都要引起高度重视！现在

我们一些年轻科研人员夜以继日苦心科研，搞出了科研成果，结果在署名时要把单位一批领导的名字排在自己的名字之前，这公平吗？这些被“名列前茅”的领导你就不感到羞愧吗？！一定要坚决杜绝这种坐享他人之功、严重挫伤科研人员积极性、创造性的现象。我们要充分发挥行业科技奖励、表彰的激励导向作用，努力营造激励创新、支持创新、尊重创新的良好环境，激发广大科技工作者的创新活力，让真正的创新创造者在神圣的科技殿堂里尽显荣光。

（三）切实加强组织领导

各地粮食行政管理部门要从保障国家粮食安全和实施创新驱动发展战略高度，加强对科技兴粮和粮食科技创新工作的领导，切实把科技创新工作摆上粮食流通工作的重要议事日程。各级粮食行政管理部门的主要负责同志要亲自具体抓科技兴粮，要重视科技工作，创新发展。党组班子里面一定要明确专人具体抓科技，要明确工作部门和责任单位，要把促进科技发展的责任落实到工作岗位和责任人。要建立督察考核机制，把科技创新工作纳入领导干部目标责任考核体系，要进一步转变工作作风，改进工作方法，充分发挥宏观协调和管理责任，推动建立并完善粮食科技协同创新的工作机制，统筹规划组织实施重大的科研项目。要积极争取当地政府和有关部门的重视和支持，形成合力共同推进粮食科技创新工作。

就在刚才，我收到了孙宝国院士给我写的几句话，孙院士将尽快建议中国工程院在其所在的学部增设一个粮油储藏与加工工程学科方向，这对促进粮食科研事业振兴和粮食行业创新发展是一大喜讯，我建议大家以最热烈的掌声向尊敬的孙院士表示感谢和敬意！

同志们，实施科技兴粮工程，促进粮食科技创新发展意义重大，任务艰巨。我们要认真学习贯彻习近平总书记关于实施创新驱动发展的重要讲话精神，在党中央、国务院的坚强领导下，在有关部门的鼎力支持下，全面深化粮食流通领域改革，加快推进粮食科技体制改革，为促进粮食科技创新驱动和粮食流通事业科学发展，保障国家粮食安全作出新的更大贡献。

在全国粮食流通工作会议上的总结讲话

国家粮食局党组成员、副局长 徐 鸣

2014 年 1 月 17 日

全国粮食流通工作会议就要结束了。下面，我对会议进行小结。讲三个问题。

一 2013 年粮食流通工作取得新的成绩

工作会议年年开，但今年的会有新意、效果好。

一是时机恰好。不久前召开的党的十八届三中全会吹响了我们国家新一轮改革的进军号，我们正站在改革进程的新起点上。上个月，中央连续召开的经济工作会议、城镇化工作会议和农村工作会议，都把粮食工作摆在了突出的位置，提出了国家粮食安全的战略。时隔一个月我们就召开会议学习贯彻中央这几个重要会议精神，学习贯彻这些战略和要求，可以说是恰逢其时。

二是领导重视。会前，李克强总理、张高丽副总理、汪洋副总理分别对会议作出了重要批示。国家发展改革委徐绍史主任、张晓强副主任两位领导参会，绍史主任传达了国务院领导批示、发表了重要讲话。晓强副主任也讲了话。

三是准备充分。为了开好这次会议，国家粮食局进行了充分的准备，正晓同志多次组织召开会议，认真学习领会中央关于粮食工作的一系列指示精神和重大部署，还专程赴江西等地调研并召开六省市座谈会，听取地方同志的意见，对会议的主题、内容、开法都作出了具体安排。

四是内容实在。正晓同志的报告总结工作实事求是，分析形势深刻透彻，对今年工作的安排全面系统、措施具体。中权同志的报告及时传达了中纪委会议精神，对全国粮食行业党风廉政工作的部署站得高，针对性强，非常务实。这两个报告必将对全年粮食流通工作起到重要指导和推动作用。

五是交流充分。刚才，8 个省市粮食局的领导从不同侧面介绍了经验。印发了 17 个省级政府推动粮食流通工作的文件。分组讨论中与会同志踊跃发言，谈了体会、介绍了经验，还对全国粮食行业改革发展提出了很好的意见和建议，会后我们将认真梳理、逐项研究，吸纳到今后的工作中。

总之，这次会议开的非常成功。但是，会议的成功不等于工作的成果，要让会议真正产生强大的物质推动力，关键还在于把会议的精神传达好、贯彻好，真正落到实处。

向大家介绍一下，35 年前党的十一届三中全会就是在这个会议厅召开的，这次会议使我们党和国家实现了伟大的历史性转折，开启了改革开放的历史进程。今年的粮食流通工作会议有幸在这个具有重要历史意义的会址召开，贯彻党的十八届三中全会精神，我们占宝地之优势，借强大的政治之气场，对于粮食行业的改革和发展是非同寻常的。从这个意义上说，我们没有理由不把党中央、国务院关于粮食行业改革和发展的战略部署贯彻好，没有理由不把这次会议精神贯彻好，没有理由不把粮食行业新一轮改革扎实地推向前进。

二 关于会议的传达贯彻

我们党历来重视粮食工作，新一届领导集体更是把保障国家粮食安全摆到了前所未有的高度，确立了国家粮食安全战略。十八大以来，习近平总书记先后12次在不同场合讲到国家粮食安全问题，中央经济工作会议上的讲话把粮食安全列在今年经济工作六项任务之首，中央农村工作会议上用了三分之一的篇幅讲粮食安全问题，一共讲了8条，其中有5条与粮食流通工作有关。告诫全党“洪范八政，食为政首”，“悠悠万事，吃饭为大”。李克强总理去年两次亲临粮食部门，1月15日到国家粮食局科学研究院进行视察调研，11月初又到最基层的黑龙江抚远县浓桥粮库，一年时间里两次到粮食部门，充分表明对粮食工作的重视，在中央经济工作会议和农村工作会议上对粮食工作提出了具体要求，还对我们这次会议作出了重要批示。所以，正晓同志在报告中要求我们粮食行业的同志要有“首要意识”和“守责意识”。

中央对粮食工作如此重视和关心，为进一步振兴粮食行业带来了强劲东风，粮食行业的改革和发展正面临着难得的历史机遇。粮食部门的同志如果只是沐浴在这温暖的春风里，不能乘势而为、乘风破浪，这个千载难逢的机遇就会稍纵即逝。同志们回去以后一定要及时学习传达、贯彻落实。

一要学深学透。过去每年的会议没有总书记、总理和副总理这么多的指示，没有国家发展改革委主任、副主任同时到会讲话，正晓、中权同志这次会议的报告非常深刻、非常丰富。所以，要组织干部职工认真地学习领会，准确把握其中的深刻内涵和精神实质。这次会议上我们印发了总书记、总理关于粮食工作的重要指示和讲话，会后将收回。这主要是从保密的角度考虑。大家回去以后，我们将通过机要及时给大家发过去，这样便于学习贯彻。

二要制订方案。学习的目的是为了落实，决不能兴奋一时就过去、传达一下就了事，要在深刻领会会议精神的基础上，按照绍史主任、晓强副主任重要讲话和正晓、中权同志报告的精神，从本地实际出发，拿出贯彻落实的工作方案，要有具体的载体和抓手，以及相应的政策措施。

三要及时汇报。今年会议背景不同、内容重要，希望不仅向主管领导汇报会议精神，还应向省区市党委、政府及主要负责同志汇报，如果能结合贯彻中央关于粮食安全的战略，促成党委常委会、政府常务会议专题研究一次粮食工作，并且能形成一个政策性文件，那将会对粮食工作起到非常重要的推动作用，粮食部门的工作就会更加主动，同志们在讨论中担心的在新一轮机构改革中地方粮食部门的定位问题、职能交叉重叠的问题也就容易解决了。去年12月9日，习近平总书记主持中央财经领导小组会议，专门听取粮食工作的汇报，专门研究国家粮食安全的战略。地方党委、政府与中央保持一致，专题听取一次汇报，专题研究一次粮食工作，是可能的，对保障粮食安全也是非常必要的。各地应积极争取，做好准备。

四要统一认识。以往对粮食安全重要性宣传不够，各方面对粮食安全的重要性认识还不是特别充分，支持的力度也不够大。要乘中央高度重视粮食工作的强劲东风，用中央的战略部署统一兄弟部门思想，把各方面的力量、资源都调动起来，形成强大合力，为粮食行业的改革和发展争取更多的政策、资金支持。还应抓好对中央精神的宣传，营造全社会重粮、抓粮的良好氛围。

大家在讨论中，对正晓同志的报告给予了很好的评价。落实好正晓同志报告中提出的处理好“四个关系”、贯彻“一大战略”、深化“五项改革”、实施“两项工程”，还要注意以下几点：

一是打开思路。粮食部门的同志要认识到我们的地位，马克思有个重要的观点：流通连接生产和消费，处于社会再生产活动的重要环节。在市场经济条件下，流通的作用非常关键，粮食流通工作也表现出这个特点，如果收购做不好，肯定会影响来年农民的种粮积极性。我们自己不能轻视粮食部门的地位和作用，党中央、国务院如此重视粮食，而目前以粮食冠名的行政管理部门只有我们一家。所以在工作中，我们的思路应当宽一些，不要被固有的东西束缚住手脚，要按照十八届三中全会关于发挥市场在资源配置中的决定性作用和更好发挥政府作用的要求，认真地理一理、对一对，整个粮食行业不符合这“两个发挥”要求的地方都可以改革。对于涉及粮食行业的改革，我们都应该认真研究，该参与的参与，该牵头的牵头，要勇于担当。如果只是单纯地守地盘，地盘就会越守越窄；如果在改革中缩手缩脚，我们自己就可能成为改革的对象。打开思路的另一个要求是，在推进改革和发展中要有措施、有办法。粮食收储非常重要，正晓同志说这是底线，一定要做好。同时还要深入研究用市场经济的办法深化粮食流通体系的改革，在财税手段、金融手段、土地政策等方面把思路打开。一定要下功夫认真研究，弄懂弄通了才能去推动，才能去说服相关部门加大对粮食流通工作的支持。如果我们不研究、搞不懂，不知道如何运用，那就只能望“钱”兴叹了。

二是有工作载体。党中央、国务院确立了国家粮食安全的战略，这非常重要。我们不能上下一般粗，不能是对中央精神的简单重复。要从实际出发设计出一些工作载体，找到一些工作平台，找到抓手，才能真真切切地让中央的决策、正晓同志的报告要求落地。

三是重点突破。正晓同志对今年的工作作了全面的部署，各省区市不能照本宣科、就事论事，要从本地的实际出发，找准突破口，带动全局的工作。“粮安工程”是一个系统性的工作，如果采取“蛇吞象”的办法，不知道哪年哪月才能推进得了。我们把总体目标树立好，找准重点进行突破，取得阶段性成果，就会增强信心，一步一个脚印地把“粮安工程”做好。“粮安工程”六项工作中，每一项都可以寻求一些眼下的突破口，去年是抓规划、抓顶层设计，今年就要抓重点突破。一年突破一两件事，积少成多，用上几年我们就把“粮安工程”完成了。工作报告中提出的“五项改革”，是从全国粮食流通领域当前急需且基本具备改革条件的突出方面、从国家局推进面上改革的角度而提出来的，各地要从本地实际情况出发，因地制宜、积极稳妥地推进，可以与国家局同步改，也可以重点抓住某一项或者是将某几项合并在一起改，还可以推出其他方面的改革。国家粮食局将对每一项改革，通过深入研究拿出一些具体的改革办法和措施，扎实而稳健地加以推进。

在传达贯彻会议精神过程中，千万不能忽视和淡化党风廉政建设。以往，不少同志认为粮食行业是弱势行业，滋生腐败的土壤不肥沃，犯案的几率小。其实不然，正如习近平总书记在农村工作会上所强调的，近年来，国家粮库里出的案子不少，要求对违法违纪案件要严肃查处，决不能任由“粮耗子”折腾糟蹋。实践表明，要保障国家粮食安全，必须先保证粮食队伍的清廉。所以粮食行业加强党风廉政建设非常重要。中权同志的报告对今年粮食行业的党风廉政建设作了具体部署，讨论中同志们也都发表了很好的意见和建议，各地要将这项工作作为粮食安全的保障之保障，认真贯彻落实好。回去以后，要及时传达中纪委三次全会精神，把粮食行业的党风廉政建设推向一个新的高度。

同志们，这些年来粮食部门的同志可以说是筚路蓝缕、以启山林，其中的酸甜苦辣只有我们自己知道。让我们200多万粮食行业干部职工振奋的是，面对国内外新形势，党中央、国务院提出了国家粮食安全战略，把粮食工作的重要性推向了一个新的高度。粮食行业的进一步振兴需要我们把握大势、善思苦干，踏石留印、抓铁有痕。如果这次不抓好，以后就再难有这样的机遇了。

三 关于近期的几项重点工作

正晓和中权同志分别在报告中对今年的粮食流通工作、党风廉政工作作了全面部署。这里，再强调一下近期需要特别抓好的几项工作。

一是继续做好粮食收购。目前，不少地方的秋粮收购任务还十分繁重，各级粮食部门一定要按正晓同志的要求，继续组织好粮食收购，做到应收尽收，特别是启动最低收购价和临时收储的地区，一定要善始善终地把收购工作做好，确保不出现农民“卖粮难”。年末岁首，农民正需要用钱的时候，要保证及时兑付，不能让农民的利益受到损失。

二是做好春节和“两会”期间的保供稳价。去年12月下旬以来，各地暖冬情况比较明显，未来存在遭遇雨雪冰冻的隐患，可能会对粮食生产、交通运输和粮油市场供应造成不利影响。各地要按照国家发展改革委、国家粮食局《关于做好2014年元旦和春节期间粮油市场供应等工作的通知》要求，采取有效措施组织好粮源，充实成品粮油的库存，畅通物流配送渠道，加强对相关粮油经营企业和承储企业的核查，确保满足应急所需。对可能出现的粮价波动、极端天气等突发情况，提前制定工作预案，做好应急加工和投放准备，保证粮油价格基本稳定。维护好粮油质量安全。

三是切实做好安全生产工作。前天，国务院召开“全国安全生产电视电话会议”，国务院3位领导同志出席了这次会议。马凯副总理在讲话中指出，当前安全生产形势十分严峻，总体上呈现出事故总量多、重特大事故多、中央企业事故多、安全生产新情况多等特征，并点名批评了包括粮食企业在内的多家央企。在电视电话会上，国务院领导同志对今年的安全生产工作作了部署，提出了严格要求。各级粮食部门要按照会议要求，认真学习习近平总书记、李克强总理关于安全生产工作的重要指示，按照“管行业必须管安全、管业务必须管安全、管生产经营必须管安全”的原则，进一步健全安全生产责任体系。按照“安全投入到位、安全培训到位、基础管理到位、应急救援到位”的基本要求，进一步落实企业主体责任，夯实安全生产基础。继续按照“四不两直”的方法开展暗查暗访。春节之前，请各地区、各单位组织一次安全生产检查。重点检查企业的各项安全制度是否得到执行，各类安全生产应急措施是否得到落实，安全生产大检查“回头看”工作是否到位。东北地区要尽快完成露天储粮囤垛的防火改造任务，加强安全保卫和火源管理，扎实做好节日期间的安全生产工作。

四是进一步巩固党的群众路线教育实践活动成果。第一批教育实践活动将陆续告一段落，各地粮食部门要认真搞好总结，并要按照绍史同志的要求，把粮食行业的专项整治和制度建设进一步抓到位，不能有丝毫懈怠。同时，要督促指导粮食部门第二批教育实践活动，严格按照中央的要求保质保量加以推进，务必通过教育实践活动，切实转变作风，把全国的粮食队伍建设得更好，战斗力、公信力更强。

同志们，这次会议的内容多、时间短，大家都比较辛苦。但是，回去以后贯彻落实会议精神的任务更重，让我们以更加饱满的热情，投入到进一步振兴粮食行业的实践中，负重前行，善作善成。春节就要到了，值此新年来临之际向各位与会同志，并通过你们向粮食行业的广大干部职工及其家属，致以新春的问候，祝大家新年快乐！

在全国粮食财会工作会议上的讲话

国家粮食局党组成员、副局长　曾丽瑛
2014 年 3 月 18 日

同志们：

这次全国粮食财会工作会议是经国家粮食局批准召开的。党中央、国务院一直高度重视粮食工作，去年又明确提出了一系列关于保障国家粮食安全的新思想、新论断、新战略。年初，全国粮食流通工作会议对今年的工作进行了全面部署。这次会议的主要任务，就是要围绕新时期粮食流通工作的新要求，贯彻落实今年全国粮食流通工作会议精神，总结交流去年以来的粮食财会工作，研究布置 2014 年工作任务。国家粮食局党组对这次会议高度重视，国家发展改革委党组成员、国家粮食局党组书记、局长任正晓同志会前亲自审阅了会议报告并作了重要批示，希望大家认真领会此次会议精神，结合实际抓好贯彻落实。下面，我讲几点意见，具体工作安排一会儿由贾骞同志作报告。

一　过去一年，粮食财会工作为推进粮食流通改革和发展作出了积极贡献

2013 年以来，全国粮食财会部门认真贯彻落实党的十八大和十八届三中全会精神，深入学习贯彻习近平总书记关于粮食工作的重要指示和李克强总理到国家粮食局视察指导工作发表的重要讲话精神，紧紧围绕粮食流通中心任务，深入扎实地开展党的群众路线教育实践活动，积极争取、协调和落实各项财税金融政策，深化国有粮食企业改革，加强部门预算管理，各项工作取得了良好成效。

一是服务粮食宏观调控的水平不断提高。各级粮食财会部门围绕财务政策协调和落实这个首要职责，迎难而上，积极争取和完善财税金融政策，有力地促进了粮食宏观调控的顺利进行。财务司积极协调财政部、国家税务总局，出台了有关税收政策的文件，对承担政策性粮油储备任务的企业减免房产税、城镇土地使用税等。各地按照文件精神，积极组织落实有关政策，切实减轻了企业税负，为粮食行业发展创造了良好条件。同时，协调农发行下发了文件，放宽了“双结零”政策，改善了企业信贷环境。对国有粮食企业附营业务占用贷款和其他经营性亏损挂账开展了清理工作并加快处置，提高了粮食企业资产质量和信用等级。粮食财会部门积极参与重大政策制定和调整，对小麦和稻谷最低收购价预案、玉米和大豆临储收购政策中涉及的信贷、补贴等提出可行建议。各地粮食财会部门还积极探索收购资金供应新渠道，与商业金融机构建立战略合作关系，促进银企对接合作，取得积极进展。财务司与中国农业产业发展基金合作，就设立粮食贷款担保公司等问题开展了可行性研究，不断探索粮食行业融资新途径。

二是深化企业改革的步伐加快。由财务司牵头，国家发改委、农发行、中储粮公司等部门参加的专题研究组对国有粮食企业改革进行了深入研究，系统梳理和总结了近年来改革工作取得的成效、问题和经验，完成了专题研究报告，提出了进一步推进国有粮食企业改革的政策建议并上报。各地在认真落实《国家粮食局中国农业发展银行关于进一步加强合作推进国有粮食企业改革发展的意见》中，

结合本地实际，充分发挥金融和财税政策对促进国有粮食企业改革和发展的支持作用，按照“一县一企、一企多点”的模式，加快推进国有粮食企业兼并重组，促进粮食流通改革发展。江苏、河北、河南、山西、湖北等地也采取有力措施，在积极推进国有粮食企业改革发展中提出了新举措，对其他省份有较强的借鉴意义。在去年召开的部分中央和地方粮食企业负责人座谈会上，来自中央、省、市、县及基层粮站的不同所有制性质的粮食企业，提出了企业改革发展的意见和建议，为进一步完善有关政策并做好相关工作提供了重要参考。各级粮食部门指导国有粮食企业加快转变发展方式，加大结构调整力度，发展新型粮食流通经营业态，拓展经营空间，提高了产业的发展质量和效益。2013 年全国国有粮食企业统算盈利 77.3 亿元，绝大部分省（区、市）实现统算盈利。

三是促进行业发展的能力不断增强。各级粮食财会部门积极协调落实行业发展资金，拓宽项目筹融资渠道，保障了“粮安工程”的顺利开展。财务司协调财政部落实 2013 年地方粮食仓库维修改造中央财政补助资金 16 亿元，其中黑龙江、江苏、江西、湖南 4 个重点支持省份补助总规模 12 亿元，河北等 22 个一般补助省份 4 亿元。各地也积极协调落实专项资金支持行业发展，一些地方还争取在产粮大县、产油大县等奖励中安排资金，重点支持粮油仓储、运输、加工等项目建设，有力地促进了地方粮食流通事业发展。

四是服务“三农”的手段不断创新。今年财务司以“粮食银行”为切入点，积极探索粮食企业创新经营机制、促农增收新模式。在深入开展“粮食银行”调研的基础上，认真总结了具有代表性的“粮食银行”发展方式，深入分析了“粮食银行”的积极意义、经营风险、创利渠道及监管机制。起草了《国家粮食局关于引导和规范“粮食银行”发展的通知》和《国家粮食局关于开展“粮食银行”试点的通知》，待文件下发后，择机选择企业开展试点，并给予政策支持，进一步提升农民的市场主体地位，促进粮食企业搞活经营，增强服务“三农”的能力和水平。

五是粮食财会行业建设得到加强。粮食行业信息化建设加快，全国粮食财会信息数据库进入应用阶段，实现了财务决算数据由原来仅收集省级汇总数据，拓展为同步采集省、市、县各级粮食行政管理部门和基层国有粮食企业的财会数据，提高了数据的全面性、时效性和准确性。粮食行业财会基础理论应用性研究取得新进展，由财务司组织编写的《粮食企业会计实务操作手册》已付梓印刷，《粮食企业财务管理操作手册》也正在编写中，将进一步促进粮食行业新旧会计制度接轨，规范粮食企业会计核算。各地积极加强队伍建设，组织各类行业财会培训，完善财务监管制度，优化预算管理模式，进一步夯实了粮食财会工作基础。

六是服务基层群众的行动落到实处。在处理基层群众反映的粮食储备库内制售假冒种子一案中，财务司和省市各级粮食部门进行了认真调查，提出了规范名称中含有“国家储备粮库”字样企业的管理，加强对国有粮食企业经营行为监管的政策建议。在雅安地震后，财务司积极协调民政部，将基层粮食部门的报灾、核灾和中央灾后恢复重建补助资金安排实行单列，有力地保障了灾区粮食部门灾后重建及粮食供应保障工作的资金需要。

二 今后一个时期，要坚定不移地以改革统领粮食财会工作

党的十八届三中全会作出了全面深化改革的重要决定，对改革的重点进行了全面部署。年初召开的全国粮食流通工作会议把 2014 年确定为改革年，明确了粮食流通工作的改革目标，也为粮食财会部门进一步深化改革指明了方向。

目前，粮食财会工作中面临的许多困难和问题都和陈旧的制度设计、僵化的思维模式有关，一些传统的工作方法沿用多年，已不适应新形势下粮食行业发展的需要，迫切需要用改革破解工作中的难题。粮食财会部门要认真领会中央关于深化改革的重要要求，深刻理解和把握“使市场在资源配置中起决定性作用”和“更好发挥政府作用”之间的辩证统一关系，把改革创新精神贯彻到粮食财会工作各环节，转化为实实在在的政策和措施。要通过改革破除粮食财务政策制定和执行中的体制机制弊端，促进企业加快产权制度改革，维护市场公平竞争环境，激发各类市场主体的经营活力，为保障国家粮食安全奠定坚实基础。具体来说，在深化改革中要重点把握好以下几个方向。

一是坚持制度创新，服务粮食流通工作大局。目前，粮食财务政策体系还不完善，政策执行保障措施还不能完全满足粮食流通发展的需要，随着粮食流通体制改革的不断深入，配套的粮食财务政策客观需要与时俱进、及时调整。粮食财会部门要立足服务粮食流通大局，以制度创新为动力，积极参与粮食财税金融、国有粮食企业改革等重大政策的研究和制定，切实抓好部门协调、整体推进、督促落实等工作。在制度创新和政策调整中，要破除部门利益、行业利益和地方利益对改革的掣肘，构建和完善符合粮食流通新形势、新要求的财务政策体系，提高政策的科学性，加强制度的执行力，切实保障粮食流通体制改革的顺利推进。

二是坚持以人为本，为改革创造良好条件。维护广大人民群众的根本利益是我们工作的出发点和落脚点，只有群众利益得到保障，社会稳定和谐，才能为改革发展创造良好的条件。近年来，国有粮食企业改革中基本没有出现大的群体事件，保证了改革整体上平稳有序进行，充分说明了只有贯彻落实以人为本的理念，尊重和维护职工合法权益，才能及时化解改革中的矛盾，促成和谐的改革氛围。在进一步推进企业产权制度改革和富余职工分流安置过程中，要切实把群众观点体现到工作中来，融入到改革中去，充分听取基层企业和职工的意见，努力筹集分流安置资金，切实维护职工合法权益，让改革的成果更多地惠及广大群众，有力地促进社会公平正义。

三是坚持多元主体共同发展，促进市场公平竞争。党的十八届三中全会提出，“公有制经济和非公有制经济都是社会主义市场经济的重要组成部分，都是我国经济社会发展的重要基础”。为此，粮食财会部门要转变长期以来围绕服务国有粮食企业的传统思维模式，在指导国有粮食企业改革和发展的同时，也要高度重视民营、外资企业的经营和发展，破除妨碍公平竞争的体制机制，建立和完善政策性业务准入制度，努力形成国有粮食企业和民营、外资等非国有粮食企业公平、有序竞争的市场环境。同时，在落实各项财税政策中，要坚决摒弃政策歧视，使企业公平享有同样优惠政策权利，只要是开展同样性质的粮食经营活动，不论企业规模大小、所有制差异，还是隶属关系和所在地区不同，都要争取同样的财税优惠。要按照发展普惠金融的原则，积极协调各类金融机构，让更多的中小粮食企业享受到信贷资金的支持，激发企业经营的生机和活力。

四是坚持推进企业经营方式转变，积极参与构建新型农业经营体系。构建新型农业经营体系，是全面深化农村改革的一项重大部署，也是加快农业现代化进程的必然要求。粮食企业扎根农村、为农服务，具有专业化、规模化的粮食经营组织能力，拥有仓储设施和场地资源优势，理应成为新型农业经营体系建设的参与者、推动者。粮食企业要因地制宜，积极主动与粮食专业合作社、种粮大户、家庭农场、粮食经纪人合作，参与组织生产、加工和销售等环节的经营活动，也可以从提供生产性服务入手，向粮食生产者提供产前、产中、产后服务，提高粮食生产经营的组织化、产业化和社会化程度，更好地对接市场，探索出一条粮食企业依托创新经营做大做强的新路径。

五是坚持预算管理公开透明，促进党风廉政建设。坚持预算管理制度在阳光下运行，既是规范财务支出，促进党风廉政建设的重要手段，也是提高资金使用效率，减少浪费的重要保障。各级粮食财会部门在加强财务管理工作中，要遵循公开透明、客观公正的原则，建立和完善规范、科学、具体的预算管理制度。对于可以公开的事项，要具体细化支出，及时主动接受社会监督。特别是“三公”经费支出要及时按要求通过网站等方式，向社会公开，保障群众的知情权、参与权和监督权，促进财务管理的科学化、精细化水平，切实降低公务活动成本。

三 紧紧围绕贯彻“一大战略”，深入推进“五项改革”，全力服务“两项工程”

今年的全国粮食流通工作会议上，任正晓同志的报告中确定了“一大战略”、“五项改革”和“两项工程”的工作重点。粮食财会部门要按照既定部署，不断完善体制机制，积极参与推进各项改革，确保中央确立的国家粮食安全战略全面实施。

（一）积极拓宽融资渠道，努力保障“一大战略”顺利实施

抓收购、保供给、稳粮价是粮食部门贯彻落实国家粮食安全战略的基本职责，其中，抓好收购、兜住“种粮卖得出”的底线是这一战略实施的首要条件。粮食财会部门承担着协调落实收购资金的重要任务，收购资金是否满足需要，直接关系到收购工作的进行和农民的切身利益。因此，粮食财会部门要下大力气抓好资金筹集工作，努力争取有利的信贷政策。近期，特别是要做好“分贷分还”新政策的指导和落实，积极参与、协调、督促好相关工作，完善工作细节，指导企业深入研究可能产生的影响及应对措施，决不能因为财务政策调整影响全局工作。同时，要加大融资方式创新，探索新型担保方式，加强与商业金融机构的合作，继续拓宽融资渠道，为粮食收购工作顺利开展创造良好条件。

（二）全面参与“五项改革”，更好地发挥粮食财会职能

全国粮食流通工作会议上确定的“五项改革”，是粮食行业政府职能转变的必然要求，也是更好发挥政府作用，促进粮食宏观调控的前提条件。粮食财会部门要紧紧围绕“五项改革”目标，有重点地找准切入点，主动参与其中，积极充当改革的践行者和推动者。

一是在深化粮食流通管理体制改革中，要结合十八届三中全会关于转变政府职能的要求，深刻理解新形势下改革粮食流通管理体制的重要性和紧迫性。在明确中央和地方的粮食安全责任与分工的基础上，深入贯彻粮食安全省长负责制的具体要求，结合粮食财会工作，认真研究落实有关任务。

二是在深化粮食储备管理机制改革中，要完善地方粮食储备财务政策，重点是要改革和完善粮食风险基金使用和管理制度。要在发挥粮食风险基金支持地方粮油储备建设的同时，充分利用节余资金支持粮食流通基础设施建设，促进国有粮食企业改革和发展。同时，要结合新形势的需要，积极理顺粮食风险基金的管理机制，使粮食部门更深入地参与到粮食风险基金监管中去，充分发挥粮食部门行业管理的优势，切实管好、用好粮食风险基金。

三是在深化国有粮食企业改革中，要在准确界定国有粮食企业功能的基础上，分类推进基层国有粮食企业改革。一方面，每个县（市、区）按照“一县一企、一企多点”模式，重点保留1个承担政策性收购及地方储备任务，服务区域粮食调控的国有粮食企业，并加大财税、金融、土地等政策支持力度，使其成为维护区域粮食市场稳定的重要抓手。另一方面，推动其他基层国有粮食企业通过自主经营走向市场，加大兼并重组力度，推动国有资本与集体资本、非公资本实现交叉持股、相互融合，

发展粮食企业混合所有制经济。

四是在深化粮食行政管理机制改革中，粮食财会部门要改进工作方式方法，充分发挥粮食财会"协调、指导、监督、服务"职能。要加强对重点财务政策的协调，努力筹集行业发展所需资金，支持粮食宏观调控顺利实施；利用市场化手段，加强对企业经营管理的指导，落实好有关政策，抓好行业队伍建设；做好财务监督工作，规范财会管理和会计核算，完善财会管理制度体系；增强为全社会各类市场主体服务的意识，做好信息统计和发布工作。积极争取财政部门支持，保障机构运转正常进行。

五是在深化粮食流通统计制度改革中，要扎实做好粮食财会信息统计工作。统计工作是开展粮食流通工作的基础，也是政府职能转变后的重要工作内容，将统计制度纳入粮食行业"五项改革"之中，足见粮食流通统计制度改革的重要性和紧迫性。财会信息统计作为粮食流通统计的重要组成部分，不仅可以为决策提供参考，而且还能为企业经营提供指导，同时也是发挥财会监督职能的重要保障。目前，粮食财会信息数据"直报系统"正在建设完善中，下一步要做好企业分户信息的统计、分析工作，在实践中完善粮食财会信息统计方式方法，不断提高统计质量，切实做到真实、准确，全覆盖、无遗漏。另外，今年国有粮食企业改革统计第一次纳入粮食财会信息数据"直报系统"，各级粮食财会部门要积极适应统计制度和方式的变革，优化统计方法，提高工作质量，为指导企业改革奠定基础。

（三）积极协助推进"两项工程"，保障建设目标顺利完成

"粮安工程"和"科技、人才兴粮工程"是保障国家粮食安全，促进粮食行业可持续发展的重要基础性工程。粮食财会部门有责任、有义务积极发挥职能，协调落实工程建设中的财税金融政策，通过多种方式加大资金投入，保障工程的全面实施。要发挥政府对资源配置的引导作用，调动全社会资源参与到工程建设之中，真正确立企业的投资主体地位，使有限的政府投入发挥"四两拨千斤"的作用，促进粮食流通产业发展内生机制的建立和完善。同时，要完善资金管理办法，加强专项资金使用的事前、事中监督，做好相关考核、审计等工作，提高资金使用效益，推进"两项工程"建设顺利进行。

同志们，党中央、国务院对粮食流通工作寄予了厚望，全国粮食流通战线肩负着贯彻落实国家粮食安全战略的重要使命。粮食财会队伍要紧密团结在以习近平同志为总书记的党中央周围，牢记嘱托、扎实工作，坚定不移地忠实履行行业使命，以实际行动守住管好"天下粮仓"，为加快粮食行业发展，促进粮食宏观调控作出更大的贡献！

在全国粮食流通监督检查工作会议上的讲话

国家粮食局党组成员、副局长　吴子丹
2014 年 3 月 13 日

同志们：

我讲三点意见，供会议讨论。

一　2013 年粮食流通监督检查工作取得了显著成绩

去年，粮食监督检查战线认真贯彻落实党的十八大关于确保国家粮食安全的战略部署，按照李克强总理“守住管好‘天下粮仓’，做好‘广积粮、积好粮、好积粮’三篇文章”的讲话要求，以全力保障“种粮卖得出、吃粮买得到”为底线目标，积极转变作风，强化监管措施，工作取得了显著成效。

——我们以落实粮食收购“五要五不准”为主要内容，认真组织了粮油收购专项检查，严防出现“卖粮难”问题，严查“打白条”、“转圈粮”、“顶包油”等违规行为，切实维护了种粮农民合法权益，确保国家涉粮惠农政策落到实处。

——我们综合运用多种手段，开展了政策性粮食竞拍销售专项整治活动，“出库难”顽疾得到了有效治理，加工企业投诉问题较往年大幅减少，承储企业遵规守法的自觉性进一步提高。

——我们深入开展中央事权粮食在地检查试点，创新粮油库存检查方式，强化问题的发现和整改力度，解决了一些长期积累的问题，惩治了一批违规企业和违规行为，监督检查权威性、威慑力、影响力得到增强，推动了库存管理水平大幅提高。

——我们以创建监督检查示范单位为契机，稳步推进监督检查体系建设。以库存检查专业人才库建设为抓手，努力提高监督检查队伍人员素质。这些工作，为做好新形势下的监督检查打下了扎实基础。

——我们着手开展了粮食监管信息化建设、粮食企业经营活动守法诚信评价试点、监管对象档案电子化等工作，强化科技力量在监管中的作用，提高了监管效率。

——我们抓住当前的焦点问题，就堵塞中储粮监管漏洞、加强中央和地方储备粮监管、治理“转圈粮”问题等进行调查研究，提出了措施意见，为今后革新体制机制，健全监管体系，完善政策措施，提供了重要的参考依据。

——我们深入开展了党的群众路线教育实践活动，聚焦“四风”，转变作风，边查边改，“为民、务实、清廉”作风得到弘扬，监督检查队伍的战斗力和凝聚力得到了较大提升。

可以说，过去的一年，监督检查工作作风建设抓得实、服务大局跟得紧、创新步子迈得大，各地亮点纷呈，涌现出不少叫得响、推得开的鲜活经验。这些成绩是各级党委、政府高度重视的结果，是各级粮食部门奋发进取、开拓创新的结果，更是监督检查战线各位同志恪尽职守、辛勤工作的结果。在此，我代表国家粮食局党组向大家表示衷心的感谢和崇高的敬意！

二 监督检查工作面临着新挑战、肩负着新使命

2014 年监督检查面临的形势是复杂的，既有前所未有的机遇，肩负着新的使命，也遇到了改革中出现的新情况、新挑战，监督检查的任务更加艰巨繁重。

（一）改革为粮食监督检查工作开辟了可以更有作为的大好机遇

党的十八届三中全会作出了全面深化改革的决定。改革的重点是经济体制，核心是处理好政府和市场的关系，使市场在资源配置中起决定性作用和更好发挥政府作用。要在进一步取消和下放行政审批权的同时，同步强化市场监管，着力解决市场体系不完善、政府干预过多和监管不到位的问题。在粮食流通领域，监督检查的作用和地位是要不断加强的，要在抓收购、管库存、保供给、稳粮价的所有业务环节发挥重要作用，有效弥补市场失灵，这既是国家改革赋予粮食部门的神圣职责，也是监督检查部门参与改善社会民生的重要使命。

党中央、国务院对粮食安全空前重视，中央经济工作会议、中央农村工作会议和中央一号文件，把确保国家粮食安全作为今年经济工作的首要任务，确立了“以我为主、立足国内、确保产能、适度进口、科技支撑”的国家粮食安全战略。习总书记在不同场合反复强调，保障国家粮食安全始终是治国理政的头等大事，提出了“依靠自己保口粮、集中资源保重点，严守耕地红线，调动和保护好两个积极性、搞好储备调剂、中央和地方共同负责、坚持数量与质量并重”等一系列重要论断。

为更好贯彻落实中央一系列重大决策部署，今年初，我局在全国粮食流通工作会议上，号召全国粮食系统把思想和行动统一到中央关于全面深化改革，保障国家粮食安全的决策部署上来。进一步做好“广积粮、积好粮、好积粮”三篇文章，稳中求进，改革创新，守住底线，加快发展，认真贯彻“一大战略”，着力深化“五项改革”，继续实施“两项工程”。这些重大工作任务的实施，为监督检查工作大有作为提供了广阔空间，监督检查部门要为完成这些重大工作任务站好岗、守好门、服好务，确保国家粮食安全战略和相关政策落地实施，勇担维护粮食安全的排头兵。

（二）粮食供求和市场形势变化对粮食监管提出了更高要求

粮食生产连续实现“十连增”，2013 年粮食产量突破 1.2 万亿斤，供给总体比较宽裕，在粮食丰收价格低迷形势下，最低收购价和国家临时收储全面启动，再加上关内企业采购东北地区粳稻和玉米费用补贴等政策的实施，有效地调动了农民和企业收粮的积极性，政策性粮食收购数量增加较多。但是，由于国际国内粮食供求宽松状况“双碰头”，加大了国内市场调控难度，库存粮食持续攀升，部分主产区可能出现“储不下、销不动、收不进”的困局，东北地区和南方籼稻产区收储矛盾突出，农民“卖粮难”的风险加大。同时，部分品种难以顺价销售，储备粮轮换面临亏损，政策性粮食调销难度大，进一步加剧了收储矛盾，容易出现“转圈粮”、“顶包油”和“低收高转”等违规套利问题。

粮食供求和市场形势的这些变化，需要各级监督检查部门切实转变职能作风，认真研判市场，及时分析市场主体可能违规的风险点，更好履行监督检查职责。在收购环节，督促市场主体严格执行“五要五不准”收购守则和各项涉粮惠农政策，成为种粮农民利益的维护者；在储存环节，切实加强库存数量、质量的监管，确保储存安全，成为国家粮食安全的维护者；在销售环节，加强出库监管，强化社会粮食流通的监督检查，维护市场公平，成为市场秩序的执法者；在粮食经济运行过程中，强化对执行主体严格落实国家政策的监督，确保政策执行不走样，成为国家利益的守护者。

（三）粮食收储政策的调整过程对监督检查工作形成新的挑战

从 2005 年开始执行的最低收购价政策至今 9 个年头，国家托市收购价格逐年提高，对保护农民利益、调动种粮积极性、扩大粮食总量供给、维护国家粮食安全发挥了重要作用。现在，价格提升空间越来越小，出现了国内粮食价格与国际倒挂的现象，进口压力越来越大。加上委托中央企业作为政策托市的唯一主体出现了不少问题，从去年开始，国家对中晚稻收购政策、东北地区玉米和大豆临时收储政策进行了调整，收储资金由中储粮统贷统还调整为分贷分还。收储政策调整以后，作为政策性粮食收储执行主体的中储粮总公司收储业务经营范围有所收缩，而地方国有粮食企业参与中央事权政策性粮食收储之后，任务加大，责任加大，一些地方粮食企业的政策法规意识和经营管理能力，尚难以快速适应政策调整步伐；一些基层粮食行政主管部门与所属企业政企没有分开，行政监管地位不独立，容易出现选择性执法；为解决地方企业信用能力不足、银行贷款困难问题，有的省为基层企业提供风险担保，以缓解收购资金的融资困难，但是如果监管不到位，由于条块分割、责权利不匹配，也容易出现新的库存不实和新的挂账风险。各级粮食部门务必要头脑清醒，强化监管，严防个别“硕鼠”损害粮食行业的社会形象。

今年，国家将选择棉花和大豆进行目标价格补贴改革试点，这需要我们对面临的监管形势和环境进行正确的预判和估计。这项政策的核心是解决政府补贴扭曲市场机制问题，但不能解决粮食总量不平衡问题，政府仍需通过组织临时收储，吞吐调节总量平衡，因此，对政策性粮食库存的监管任务并不因为实行了目标价格改革就会减少，相反，还需要增加监管力度，同时强化目标价格补贴政策、最低最高库存制度执行情况和粮食流通秩序的监管，为改革试点工作创造良好的环境。

（四）堵塞监管漏洞、强化监管手段的任务依然繁重

以库存检查为例，2012 年我局向中储粮总公司发出 9 类 62 项问题的整改通知，去年又发出 56 项 266 个问题的整改要求，还向地方粮食企业发出 109 项 787 个问题的整改意见，这在凸显检查工作成效的同时，也表明当前粮食库存管理还存在不少问题，堵塞监管漏洞的任务依然繁重。

分析这些问题的成因，突出表现在三个方面。一是监管体制机制和制度不健全，管理条块分割。部分地区和企业重经营、轻管理的问题普遍存在，对收储和轮换等重要环节缺乏必要的行政监管和违规惩戒制度，个别粮食企业执行政策不严格、不规范的现象还比较突出，给政策性粮食管理带来风险。二是监管机构、队伍素质还不适应监管形势的需要。处在行政执法一线的市、县机构比较薄弱。不少地区粮食部门面临被兼并或撤销、职能弱化和边缘化的倾向。有的地区虽然队伍有了，但思想观念还不完全适应形势发展的需要，行政执法必需的政策理论、业务技能以及执法经验还比较欠缺，开展有效监管的难度大。三是监管手段落后，监管的效率比较低。目前，粮食监管信息化方面还存在一些不可忽视的问题，如监管信息不敷需要、数据准确度和完整性有待改善、数据挖掘不充分、标准不统一、时效性不强，许多信息系统还处在办公自动化水平，远程监控多停留在汇报演示阶段，总体上看，粮食监管的“人防”水平还有待于进一步提高，“技防”能力更存在很大空白，这与习总书记提出的粮食安全战略关于“科技支撑”的要求还有很大差距。

三 用改革思维谋划和做好监管工作，大力开展“监管能力提升年”活动

2014 年全国粮食监督检查战线要大力开展“监管能力提升年”活动，主要内容是，健全监管体系、提升监管手段、强化队伍建设、提高监管工作质量，逐步推动监管工作从单纯人防到技防相结合的转

变，努力开创粮食流通监督检查工作新局面。

（一）力争监管体系有新突破

国务院正在研究进一步完善和落实粮食安全省长负责制的有关政策，对地方政府在稳定粮食生产、保护农民利益、调控区域市场和粮食质量安全监管等方面提出了更高要求。监督检查工作要紧跟改革步伐，适应新要求，力争在监管体系上有新突破，确保粮食安全行政首长负责制在本地区内得到层层落实。地方粮食部门要用改革的思维和维护市场秩序的担当，按照党的十八届三中全会关于加强市场监管和粮食安全省长负责制的要求，结合地方储备粮和国家临时存储粮食监管任务，充实监管机构和人员，强化监管保障，完善监管制度，落实监管责任。要强化上级粮食部门对下一级粮食部门的工作指导和层级监督，专项检查和案件查办等重点工作的组织和推进要以上一级粮食部门为主导。上一级粮食部门要对下级粮食部门的日常监督检查的绩效加强考核和检查，切实履行层级监督职责；按照事权和财权相统一的原则，加快推进粮食监管体系的改革，逐步构建权责一致、决策科学、执行顺畅、监督有力的粮食行政执法体系。继续配合国家有关部门做好中央储备粮库存委托检查工作，为加强政策性粮食的监管提供更多有价值的实践经验和支撑，希望各级粮食部门要开动脑筋，积极探索，争取新的突破。

在这方面，监督检查司责无旁贷，要继续通过搞好示范单位创建活动，推动更多的地方重视监督检查工作；要开展统一行政执法标识试点，提升监督检查的形象；要采取多种方式，宣传监督检查工作，创造有利于提升监督检查体系建设的社会氛围。

（二）力争监管手段有新提升

中央确定的国家粮食安全战略把科技支撑作为一项重要内容。从去年开始，国家粮食局积极争取资金支持，启动了粮食行业动态管理信息化建设、粮食公益性行业科技项目、粮食储运监管物联网应用示范项目、库存粮食识别代码建设等一系列工作，今年继续将这些项目列入重要日程，力争取得实质性进展。各地粮食监管机构要充分考虑到辖区内实际，及早动手，上下联动，在完善“人防”的基础上，加强技防措施，推动粮食监管信息化。要结合实际、分类分步推进，有条件的省份要先行先试，迅速启动粮食监管信息化建设。其他省份也要积极推进，将辖区内所有执法人员、执法活动、监管对象纳入信息化范围有效管理。加快推进粮食经营企业库存相关信息数据的电子化，业务处理程序的标准化，业务全流程的留痕化，为信息化建设奠定基础。在信息化推进过程中，监督检查部门不能袖手旁观，要主动融入，献计献策，真正当成自己的本职工作，协助制订实施方案，根据实际需要提出监管业务需求，发挥积极的作用。

这方面的工作，传秀同志还将在工作报告中具体部署。利用这个机会，我重点讲一下监管手段提升与提高监督检查工作能力的关系，希望同志们高度重视。

（三）力争人才队伍建设有新发展

要以保障国家粮食安全战略实施为主线，深入开展检查人员的业务培训工作。改变传统培训模式，将重点放在端正检查理念、完善政策业务知识结构、增强责任和纪律意识、提升监管实战技能、提高发现问题和处理问题能力等方面，为完成各项监管任务提供有力的能力支持和效果保障。还要通过完善规章制度、强化理论研究等方式，提高检查队伍勤学善思、能够主动分析判断和应对监管形势的能力，不仅仅把检查业务学透、搞精，而且要结合检查工作能够提出完善政策措施、推动改革的建设性意见，充分发挥检查工作的规范和建议功能。当前，要结合监管实际需要，重点解决地方粮食部门检查人员对中央事权粮食库存管理政策和业务不了解、不熟悉的突出矛盾。此外，各级粮食部门还要在库存检查专业人才库的基础上，建立“案件核查专业人才库”。

（四）力争监管质量有新提高

各地要创造性工作，努力提高粮食监督检查工作的效果和质量。要创新检查方式，根据重点工作安排和宏观调控需要，实现从单一运用大规模运动式检查向专项检查、日常突击检查相结合转变，始终保持高压态势，铁腕查处打击涉粮违法违规行为。

要按照李克强总理在去年全国粮食库存检查工作总结报告上“要突出对存在问题的切实整改”的批示要求，突出监督检查工作的问题导向，强化发现问题的处理和整改。下级粮食部门要原汁原味、客观准确反映检查发现问题。上级粮食部门要加强督促和指导，落实整改措施，评估整改效果，强化层级监督，建立查处问题的责任制和责任追究机制。

要提高粮食收储政策监管的质量和效果。结合收储形势发生变化，将地方国有企业执行国家收储任务作为重要监管对象，管好管住自己的企业，对违反国家粮食政策、坑害农民和消费者利益、损害国家利益的，一律严肃查处。

总之，各地粮食部门要高度重视“监管能力提升年”活动，结合本地实际，细化相关要求，切实做到认识到位，措施到位，考核到位，取得实效。

同志们，粮食监督检查会议年年开，面临的形势任务每年都不尽相同，这要求我们必须要用不断创新的精神、倍加热情的干劲、敢于担当的勇气，扎扎实实完成好国家交给的艰巨而神圣的监管任务。今年新一轮的全面改革已经启动，让我们继续深刻领会和坚决贯彻党中央、国务院确定的各项方针政策，转作风、抓实事，真正守住管好“天下粮仓”，为国家粮食安全作出新的更大贡献！

谢谢大家。

强化权力运行制约和监督 为确保国家粮食安全提供纪律保障

——在全国粮食系统党风廉政建设工作会议上的报告

国家粮食局党组成员、纪检组长 赵中权

2014 年 1 月 16 日

同志们：

这次会议的主要任务是：认真学习贯彻党的十八大、十八届三中全会和十八届中央纪委第三次全体会议精神，总结 2013 年全国粮食系统党风廉政建设工作，交流工作经验，研究部署 2014 年的工作任务。会上，国家发展和改革委员会主任徐绍史同志、副主任张晓强同志分别作了重要讲话，对粮食流通工作取得的成绩给予了充分肯定，对做好今年和今后一个时期粮食流通工作提出了希望和要求；国家粮食局党组书记、局长任正晓同志所作的工作报告，对全面深化粮食流通领域改革，确保国家粮食安全作了全面部署，对切实加强粮食系统党风廉政建设和反腐败工作提出了明确要求，各级粮食部门纪检监察机构要认真学习领会，坚决贯彻落实。

下面，我受局党组的委托讲几点具体意见。

一　一年来全国粮食系统党风廉政建设和反腐败工作的回顾

2013 年各级粮食部门党组织和纪检监察机构认真贯彻落实党的十八大和中央纪委二次全会精神，紧紧围绕守住管好“天下粮仓”，做好“广积粮、积好粮、好积粮”三篇文章的总目标和粮食中心工作，坚定不移转变作风，坚定不移执纪监督，坚定不移惩治腐败，党风廉政建设和反腐败工作取得了新进展。

（一）抓监督检查，切实保证中央重大决策部署在粮食系统的贯彻落实

认真开展粮油收购“五要五不准”守则执行情况的专项治理活动，帮助解决农民“卖粮难”问题，严肃查处“打白条”、“压级压价”、“克斤扣两”等行为，切实纠正损害种粮农民利益的不正之风。先后查处了江苏省盐城建湖、射阳等地个别委托收储库点不及时支付售粮款、给农民“打白条”问题，江西省新建县仓容准备不足、农民“卖粮难”问题，湖南省益阳个别收购人员向农民乱收费问题，责成当地对相关责任人作出了严肃处理。加强对粮食库存检查工作的纪律监督，对去年全国粮食库存检查中发现的 235 项问题，分别向中储粮总公司和有关地方粮食部门下达了书面整改意见，提出限期整改要求。广西、湖北、山东等省区对库存检查工作开展情况进行监督抽查，确保了粮食库存检查结果可靠。黑龙江、山东、辽宁、重庆等省市加强对粮食流通基础设施、农户科学储粮等项目的资金使用、招投标、工程进度、工程质量情况的全程监督，严肃查处项目建设中的违规违纪行为，确保中央和地方投资的使用安全。

（二）抓执纪监督，切实贯彻落实中央八项规定精神

加强对党员领导干部贯彻执行中央八项规定精神情况的监督检查，坚决刹风肃纪。驻国家粮食局

纪检组监察局制定了《关于加强对〈中共国家粮食局党组关于切实改进工作作风的具体措施〉执行情况的监督办法》，定期对局机关处级以上领导干部调研出差、文风会风、公务用车、公务接待、公务出国（境）和厉行节约等情况逐项进行监督检查。严格按照中央纪委的要求，抓好对“元旦、春节”，“五一、端午”，“中秋、国庆”等重要节点的监督检查，狠刹公款请客送礼等不正之风。北京、四川、河南、贵州、宁夏等省（区、市）粮食局纪检监察机构，通过教育引导、明察暗访、突击检查、整顿清退会员卡等方式，加强对落实中央八项规定精神的监督检查。在全国粮食系统党员领导干部中，没有发现因违反中央八项规定精神受到党纪政纪处理的问题。

（三）抓宣传教育，切实提高党风廉政教育的实效

首次举办“全国粮食行业反腐倡廉图片展”。这次图片展坚持以正面教育为主，集中展示了全国粮食行业党风廉政建设和反腐败工作取得的成果，推介粮食行业反腐倡廉的经验，剖析典型腐败案例，以身边的人、身边的事教育和警醒党员干部。各省（区、市）粮食局和中储粮总公司、中粮集团等中央粮食企业积极参展，共展出各类图片 408 幅。图片展在北京集中展出 7 天，组织 8 个专场，有 1200 人（次）参观了展览。集中展览结束后，将图片展的全部内容制成电子光盘，发送地方县级以上粮食部门和中央粮食企业组织粮食行业党员干部职工观看。通过举办“全国粮食行业反腐倡廉图片展”活动，营造了粮食行业风清气正的良好氛围。安徽、河南、贵州、山西、陕西等省宣传正反两方面典型、运用廉政文化创建活动等多种形式，开展理想信念、革命传统和党性党纪党风教育，取得良好效果。

（四）抓案件查处，切实发挥惩治腐败的治本功能

一年来，全国省级以上粮食部门纪检监察机构共受理举报 450 件，初核 314 件，立案 67 件，移交司法机关 6 件，给予党纪政纪处分 15 人。国家粮食局会同有关部门严肃查处了中纺农业湖北有限公司等 4 家企业用进口菜籽油和国产贸易菜籽油“顶包”的违规违纪案件，责成有关部门对相关责任单位和责任人作出了严肃处理。山西省粮食局严肃查处了信良粮食储备库主任常文瑞等严重违纪、涉嫌犯罪的案件。

（五）抓风险防控，切实加强对权力运行的制约和监督

在全面深化惩治和预防腐败体系建设中，重点抓好廉政风险防控工作机制制度的建立和延伸工作。国家粮食局在全面建立廉政风险防控机制的基础上，制定《国家粮食局党组关于加强廉政风险防控管理工作的实施办法》，对各类风险等级岗位职权的检查考核作出具体规定。在南京市召开全国粮食系统基层反腐倡廉工作座谈会，总结交流粮食系统基层党风廉政建设工作经验，充分发挥江苏省粮食局作为国家预防腐败局廉政风险防控联系点的示范作用。北京、湖南、河南等省市粮食局加大廉政（洁）风险防控机制延伸工作，针对不同单位的特点，有效实施重点防控。黑龙江省粮食局加强对企业国有资产及自主经营活动的监管，促进国有粮食购销企业稳步健康发展。

（六）抓自身建设，切实增强纪检监察干部队伍素质

以落实中央八项规定精神，改进工作作风为切入点，深入开展党的群众路线教育实践活动，切实解决自身存在的“四风”方面突出问题。各省级粮食部门纪检监察机构，既作为教育实践活动的参与者、推动者，又当好教育活动的监督者，执纪监督能力进一步提高。举办全国粮食系统纪检监察干部培训班，认真学习党的十八大和中央纪委二次全会精神，研究探讨转职能、转方式、转作风的途径，粮食纪检监察干部政治理论水平和履职能力进一步提高。按照中央纪委监察部的统一部署，在粮食纪

检监察干部中开展会员卡专项清退活动，切实做到了零持有、零报告。

过去一年，粮食系统党风廉政建设和反腐败工作取得了新的进展，但必须清醒地看到还存在一些问题和不足：一是少数粮食企业违规违纪，损害种粮农民利益和消费者利益的问题还时有发生。二是有的国有粮食企业内部管理混乱，外部监督缺失，腐败问题仍然多发。三是少数党员领导干部贯彻中央八项规定精神的自觉性还不强，“四风”方面的问题仍然不同程度存在。四是个别地方粮食纪检监察机构执纪监督不严，突破案件能力还不强。对此，我们要高度重视，增强责任担当，提高履职能力，采取有效措施，切实认真解决。

二　切实把思想和行动统一到中央对党风廉政建设和反腐败斗争的形势判断和重要部署上来

党的十八届三中全会和十八届中央纪委第三次全体会议对党风廉政建设和反腐败工作作出了新的部署，提出了一系列新论述、新要求、新举措，为我们做好纪检监察工作指明了方向。当前和今后一个时期各级粮食部门纪检监察机构的一项重要政治任务，就是要深入学习贯彻党的十八届三中全会和十八届中央纪委第三次全会精神，并转化为推进粮食系统党风廉政建设和反腐败工作的强大力量。学习贯彻中央精神，要着重把握以下几个方面：

第一，深刻领会、准确把握中央对党风廉政建设和反腐败斗争形势的新判断。党的十八大以来，以习近平同志为总书记的党中央高度重视党风廉政建设和反腐败工作，坚持党要管党，从严治党，坚定不移转变作风，坚定不移惩治腐败，从中央政治局做起，以上带下，制定实施关于密切联系群众、转变工作作风的八项规定，印发《建立健全惩治和预防腐败体系 2013–2017 年工作规划》，坚持“老虎”、“苍蝇”一起打，强化反腐败体制机制创新和制度保障，彰显了新的中央领导集体反对腐败的决心，受到了广大党员干部和人民群众的广泛拥护，党风廉政建设和反腐败斗争形势呈现新局面。习近平总书记在十八届中央纪委三次全会上指出：“我们也要看到，滋生腐败的土壤依然存在，反腐败形势依然严峻复杂，一些不正之风和腐败问题影响恶劣、亟待解决。”各级粮食部门及其纪检监察机构要深刻领会、准确把握党中央对当前党风廉政建设和反腐败斗争形势的新判断，更加清醒地认识党风廉政建设和反腐败斗争的长期性、复杂性、艰巨性，树立信心、坚定决心，做到有腐必反、有贪必肃，不断推进粮食系统党风廉政建设和反腐败工作，维护人民群众利益，确保国家粮食安全，以实际行动取信于民。

第二，深刻领会、准确把握中央对加强反腐败体制机制创新和制度保障作出的新部署。党的十八届三中全会在加强党风廉政建设和反腐败工作方面，形成了许多重要的新精神，提出了一系列新举措，对加强反腐败体制机制创新和制度保障作出了重要部署，对进一步推进党风廉政建设和反腐败斗争，具有重大而深远的意义。党的十八届三中全会《决定》，对加强反腐败的体制机制创新和制度保障，提出了明确要求：加强党对党风廉政建设和反腐败工作的统一领导，健全反腐败领导体制和工作机制，改革和完善各级反腐败协调小组职能；落实党风廉政责任制，明确党委负主体责任，纪委负监督责任，制定实施切实可行的责任追究制度；改革党的纪律检查体制，强化上级纪委对下级纪委的领导，规定查办腐败案件以上级纪委领导为主，线索处置和案件查办在向同级党委报告的同时必须向上级纪委报告；全面落实中央纪委向中央一级党和国家机关派驻纪检机构，实行统一名称、统一管理；派驻机构对派出机关负责，履行监督职责；改进中央和省区市巡视制度，做到对地方、部门、企事业单位全覆盖等。各级粮食部门及其纪检监察机构要深刻领会、准确把握这一系列重要部署，紧密结合粮食系统特点，研究贯彻落实具体措施，深入推动粮食系统党风廉政建设和反腐败工作的体制机制和制度创新。

第三，深刻领会、准确把握中央对党风廉政建设和反腐败工作提出的新任务。在刚刚闭幕的十八届中央纪委第三次全会上，习近平总书记站在党和国家全局高度，深刻阐述了事关党的建设重大理论和现实问题，明确指出了当前和今后一个时期党风廉政建设和反腐败斗争的总体思路和主要任务，他强调指出，要抓好惩治和预防腐败体系规划贯彻落实、深化党的作风建设、坚持零容忍态度惩治腐败。王岐山同志在工作报告中对今年党风廉政建设和反腐败工作从五个方面作出了部署：一是深入贯彻党的十八大和十八届三中全会精神，加强反腐败体制机制创新和制度保障；二是深入落实中央八项规定精神，强化纪律建设，持之以恒纠正“四风”；三是坚持以零容忍态度惩治腐败，坚决遏制腐败蔓延势头；四是强化对领导干部的监督、管理和教育；五是转职能、转方式、转作风，用铁的纪律打造纪检监察队伍。各级粮食部门及其纪检监察机构要深刻领会、准确把握这些新部署、新任务，紧密结合粮食流通工作实际，开拓进取、改革创新、扎实工作，把这些新部署新任务落实到粮食流通工作的各方面，为全面深化粮食流通领域改革，实施中央确立的国家粮食安全新战略的扎实开局提供纪律保障。

三　2014 年全国粮食系统党风廉政建设和反腐败工作的主要任务

2014 年是全面深化改革之年，也是贯彻实施中央确立的国家粮食安全新战略的头一年。全国粮食系统党风廉政建设和反腐败工作的总体要求是：深入贯彻落实党的十八大、十八届二中、三中全会和习近平总书记一系列重要讲话精神，按照十八届中央纪委第三次全会的重要部署，以加强党的纪律建设、深入落实中央八项规定精神、坚持不懈纠正“四风”，加强惩治和预防腐败体系建设、强化权力运行制约和监督，加强对领导干部的监督、管理和教育，加强对违反党纪政纪和涉嫌违法案件查办工作，加强纪检监察机关自身建设为重点，聚焦中心，突出主业，切实转变职能、转变方式、转变作风，提高履职能力，为全面深化粮食流通领域改革，确保国家粮食安全提供有力纪律保障。

（一）聚焦中心任务，加强对中央确立的国家粮食安全新战略的重大部署贯彻落实情况的监督检查

这次全国粮食流通工作会议，深入分析粮食流通工作面临的新形势，立足经济社会发展和“三农”工作大局，把切实保障国家粮食安全作为粮食流通工作的首要任务，作出了认真贯彻“一大战略”，着力深化“五项改革”，继续实施“两项工程”的工作部署，各级粮食部门纪检监察机构要深刻领会，全面把握，认真履职，强化执纪监督。

加强对贯彻落实全面深化粮食流通领域改革，保障国家粮食安全重大部署的执纪监督。要深刻认识推进党风廉政建设和反腐败斗争与全面深化粮食流通领域改革，保障国家粮食安全的关系，牢固树立首要意识、进取意识、机遇意识和责任意识，把加强反腐败体制机制创新和制度保障的各项措施落实到粮食流通工作的各个方面。在认真贯彻国家粮食安全战略、全面深化粮食流通领域改革中，各级粮食部门采取各项改革举措，都要体现惩治和预防腐败的要求，注意配套和衔接，从体制机制上堵住可能产生腐败的缝隙和漏洞。纪检监察机构要执好纪、问好责、把好关。对推进简政放权、转变政府职能、依法行政和粮食流通体制机制等各项改革，思想不解放、态度不坚决、责任不落实、执行不得

力的，甚至推诿阻挠改革的行为，要严肃纪律，追究责任，推动各项改革措施的落实。

继续开展专项治理，加强对国家涉粮政策贯彻落实的监督检查。加强对粮食收购政策落实情况的监督检查，继续开展粮油收购“五要五不准”守则执行情况的专项治理活动，确保不出现“卖粮难”，严肃查处“打白条”、“顶包油”等行为。加强对全国粮食库存检查工作的执纪监督，重点查处“转圈粮”、“出库难”等违规违纪问题，确保国家粮食数量真实、质量良好和储存安全。加强对粮食流通基础设施、农户科学储粮等中央与地方投资项目的监督检查，切实保障国家粮食安全和强农惠农富农的重要政策措施落到实处。

（二）强化纪律建设，加强对党员干部的监督、管理和教育

严明党的政治纪律，维护中央权威。教育和引导党员干部特别是党员领导干部，牢固树立党的纪律观念，增强党的纪律意识。严格遵守和执行党的政治纪律、组织纪律、财经纪律、工作纪律和生活纪律等各项纪律。把严明政治纪律放在首位，从思想上政治上行动上同以习近平同志为总书记的党中央保持高度一致，绝不允许有令不行、有禁不止，绝不允许各自为政、阳奉阴违，以铁的纪律，确保中央政令畅通。严明党的组织纪律，增强组织纪律性，切实解决有的党员干部组织纪律观念薄弱，组织纪律松弛的现象。各级粮食部门纪检监察机构要加强对党员干部党的纪律教育，强化纪律建设，坚持做到铁面执纪，坚决查处任何违反党纪党规的行为，保证党的纪律刚性运行，确保全面深化粮食流通领域改革，保障国家粮食安全的各项措施的贯彻落实。

坚持不懈地抓好作风建设，坚决纠正“四风”。紧紧扭住落实中央八项规定精神不放，抓住重要节庆时间节点，盯住重要部位、重点环节，加强对中央八项规定精神执行情况的监督检查，加大惩戒问责力度，对违纪违规的要严肃查处，并及时通报、点名道姓公开曝光。不断巩固和深化党的群众路线教育实践活动成果，以抓铁有痕、踏石留印的劲头，以“钉钉子”的精神，坚决纠正“四风”方面的突出问题，形成解决“四风”问题的长效机制。按照中央的统一部署，第二批党的群众路线教育实践活动即将全面开始，省级粮食纪检监察机构要协助部门党组加强对市、县级粮食部门和基层粮食企业开展党的群众路线教育实践活动的指导和督促，确保活动不走过场、取得实效。

加强党风廉政教育，筑牢拒腐防变的思想道德防线。深入开展中国特色社会主义和中国梦教育、理想信念和宗旨教育、社会主义核心价值体系教育。加强党纪国法、廉政法规、警示教育、从政道德和粮食部门老传统、老作风的教育，进一步深化和扩大“全国粮食行业反腐倡廉图片展”的成果。组织开展粮食行业劳模人物先进事迹、清正廉洁典型的宣传教育活动，学习廉洁榜样、强化示范教育，为进一步推动全行业党风作风行风建设聚集正能量。

严肃党内生活，认真落实党内监督各项制度。要充分运用党的群众路线教育实践活动专题民主生活会的经验做法，开展经常性的批评和自我批评，不断增强党员领导干部接受监督和自我约束的自觉性。严格执行民主集中制，完善领导班子议事规则和决策程序，反对特权思想和特权作风。严格执行领导干部述职述廉、诫勉谈话、函询和报告个人有关事项等制度。贯彻落实厉行节约、反对浪费、不允许公款送礼、不允许公款相互宴请、领导干部公众场合和工作中不允许抽烟等各项规定，重点纠正违规收送礼金、有价证券、会员卡、商业预付卡等问题，以及领导干部利用本人及家庭成员婚丧嫁娶、工作调动、乔迁、子女升学留学等名义，收受下属单位和个人及利益相关单位和个人的礼金礼品行为。

（三）完善监督机制，切实推动权力规范有序运行

抓紧制定《粮食系统惩治和预防腐败体系2013–2017年实施办法》。中央关于《建立健全惩治和

预防腐败体系 2013–2017 年工作规划》已颁布实施，我们要在去年调查研究的基础上，结合粮食系统的特点，制定实施贯彻落实的具体意见措施。从教育、制度、监督、改革、纠风、惩治等各方面，整体推进粮食系统党风廉政建设和反腐败工作。各级粮食部门要结合实际，制定具体措施，抓好贯彻落实工作。

探索建立对行使权力的制约和监督机制。在全面建立廉政风险防控机制的基础上，探索建立权力清单制度和公开权力运行流程工作，进一步强化各级粮食部门权力运行制约和监督，真正把权力关进制度的笼子里。各级粮食部门要严格依据有关法律法规的规定，按照简政放权、转变职能、创新管理的要求，制定并向社会公布权力清单。在此基础上，依法规范并公布权力运行流程，逐步实行决策公开、管理公开、服务公开、结果公开，让权力在阳光下运行。各级粮食纪检监察机构要围绕粮食行政审批、许可、行政处罚等环节开展监督，保障粮食行政管理部门依法依规行使职权。

全面推进粮食系统基层反腐倡廉建设。继续把加强基层党风廉政建设作为粮食系统党风廉政建设和反腐败工作的一项重要而又迫切的任务来抓，切实解决发生在人民群众身边的腐败问题。要认真汲取中储粮河南分公司腐败案件的教训，建立健全执行政策性任务粮食企业的廉洁风险防控机制，强化外部监管，加强内部管理，健全制度约束，堵塞监管漏洞，不断探索完善粮食系统基层反腐倡廉建设的体制机制。认真贯彻落实全国粮食系统基层反腐倡廉工作座谈会精神，加强对基层党风廉政建设的指导，推动和督促廉政风险防控机制向粮食基层企事业单位延伸，探索强化监督和保持企业经营活力有机结合的监督方式。

（四）加大惩治力度，严肃查处党员干部违反党纪政纪和涉嫌违法案件

进一步建立健全问题线索管理机制。加强对群众来信来访、电话、网络等举报受理工作，对各种渠道反映的党员领导干部问题线索都要认真核查。对反映问题的线索，要依据干部管理权限及时采取约谈、函询、个人书面说明等形式向干部本人和组织核实。对发现有问题苗头的党员领导干部要及时批评教育、诫勉谈话，做到抓早抓小，治病救人。

加大对涉粮案件的查处工作力度。抓住粮食收购重要时间节点、粮食库存检查和政策性业务监管等重点环节，坚决纠正损害农民群众和消费者利益的行为，对违反党纪政纪和涉嫌违法的案件，都要一查到底，决不姑息。要严肃查办领导干部贪污贿赂、权钱交易、腐化堕落、失职渎职的案件；严肃查办执法人员徇私舞弊、以案谋私的案件；严肃查办群体性事件、重大责任事故背后的腐败案件；严肃查办商业贿赂案件；加大对行贿行为的惩处力度。要以零容忍态度惩治腐败，真正对腐败分子形成震慑。

依法依纪、安全文明办案。纪检监察机构和纪检监察干部要牢固树立法纪意识，严明办案纪律，坚决纠正跑风漏气、违纪违法办案行为。

（五）切实转变职能，加强纪检监察机构的自身建设

各级粮食部门纪检监察机构担负既要为全面深化粮食流通领域改革提供纪律保障，又要不断全面深化反腐败体制机制和制度改革的双重任务。要依据党章和行政监察法规转职能。各级粮食部门纪检监察机构要聚焦中心任务、突出主业，把职能定位真正回归到党章和行政监察法规的规定上来，切实防止纪检监察机关职能泛化现象，真正做到不越位、不缺位、不错位，切实保证对派出机关负责，更好地履行派驻机构的监督职能。要以法治思维转方式。各级纪检监察机构作为国家治理体系的重要组成部门，要不断推进自身体制机制制度的改革和完善，以改革创新的精神推进反腐败体制机制创新，

运用法治化手段，更加有效地制约和监督权力，进一步提高党风廉政建设和反腐败工作的能力和水平。要以落实中央“八项规定”精神转作风。正人先正己。各级粮食部门纪检监察干部要牢固树立群众观点，多深入基层、多深入群众，察实情、接地气，以忠诚可靠、服务人民、刚正不阿、秉公执纪的良好形象取信于民。

同志们，做好粮食系统党风廉政建设和反腐败工作责任重大。我们要按照中央对党风廉政建设和反腐败斗争的新部署，牢固树立创新意识，求真务实、勇于探索、锐意进取，不断开创粮食系统党风廉政建设和反腐败斗争新局面，为全面深化粮食流通领域改革，确保国家粮食安全作出新的贡献！

在全国粮食调控与统计工作会议上的讲话

国家粮食局党组成员、副局长 卢景波
2014 年 2 月 26 日

同志们:

新春伊始，我们在美丽的天府之国成都召开全国粮食调控与统计工作会议，主要任务是贯彻落实全国粮食流通工作会议精神，总结交流 2013 年粮食调控与统计工作，研究分析当前粮食供求和市场形势，安排部署 2014 年的工作任务。国家粮食局非常重视这次会议，党组书记、局长任正晓同志认真审阅了我的讲话稿，并作出重要批示，我们要认真学习领会，抓好贯彻落实。下面，我讲三点意见。

一 2013 年粮食调控工作取得了新的成绩

2013 年，粮食调控战线认真贯彻落实党的十八大精神，按照习近平总书记“把饭碗牢牢端在自己手上”、“把保障粮食供应能力牢靠地建立在自己身上”的重要指示和李克强总理“守住管好天下粮仓，做好‘广积粮、积好粮、好积粮’三篇文章”的总要求，紧紧围绕“抓收购、保供给、稳粮价”的中心任务，着力完善粮食收储服务、储备管理、应急供应、监测预警四大体系，扎实做好粮食市场调控各项工作，有效保证了粮食市场供应和价格基本稳定，为保障国家粮食安全，促进经济社会持续健康发展作出了积极贡献。

（一）认真抓好粮食收购，农民利益得到有效保护

一是粮食收购大幅增加。近几年我国粮食生产连获丰收，商品率不断提高，2013 年粮食收购面临的矛盾较前些年更为突出。各地高度重视，按照全国夏季粮油、秋粮收购工作会议要求，以保护好农民利益为出发点和落脚点，科学研判粮油供求形势，及时安排部署，加强业务指导，积极督促企业严格执行国家粮食收购政策，充分发挥国有企业的主导作用和各类市场主体的积极作用，收购工作进展顺利，收购总量明显增加。全年全国各类粮食经营企业收购粮食 34445 万吨，同比增加 2585 万吨，其中国有粮食企业收购 18365 万吨，同比增加 4870 万吨。各地认真落实国家粮食收购政策，督促所有粮食企业严格执行“五要五不准”收购守则，确保中央涉粮惠农政策落实到农民身上。通过提价托市、优质优价、帮助农户整粮减损等措施，促进种粮农民增收 430 亿元以上。

二是政策性收购成效显著。2013 年粮食市场需求不旺，价格低迷，主产区农民卖粮变现面临较大困难。对此，我们和有关部门加大协调力度，积极完善相关政策，及早公布执行预案，大力简化启动程序，督促各地合理布设收购网点，强化督促检查，狠抓贯彻落实，较好地满足了农民售粮需要。早稻、小麦和中晚稻最低收购价执行预案全部启动。在新疆继续实施国家临时存储小麦收购。东北 4 省区适时启动大豆、玉米临时收储，实行分贷分还，进一步强化地方政府责任，有效调动了地方抓好收购的积极性，一些地区地方政府加大了粮食收储设施投入，有的地区恢复了专门的粮食行政管理机构和国有粮食企业。全年收购最低收购价、临时存储粮食数量均大幅增加，有效地发挥了托市稳价的

作用。

三是应对新情况新问题及时有效。延长2012年玉米临时收储期限，减轻了东北地区集中收储的压力。及时下达政策性粮食露天设施存储计划，缓解了部分主产区仓容不足的矛盾。在2013年粮食收购中，将部分地区不完善粒10%~20%的超标小麦纳入最低收购价收购范围；将东北地区临时收储玉米生霉粒标准从2%放宽到5%，同时把色变粒玉米纳入临储收购范围，帮助农民减少损失。内蒙古、黑龙江等省区积极指导农户整理粮食，促进提等进级，增加农民收益。黑龙江开展粮食收购攻坚月活动，满足农民节前售粮变现的需要；内蒙古、吉林、辽宁等省区加大促销力度，缓解仓储压力，确保了收购工作顺利开展。

（二）综合施策保障供给，粮油市场保持总体稳定

一是政策性粮食投放有效稳定了市场预期。全年共安排国家政策性粮油公开竞价销售90批次，累计成交政策性粮食3710万吨。根据市场走势和调控需要，适时调整竞价销售品种、数量和底价，保证了市场供应。青海等省加强储备吞吐，组织政府平价粮油投放，实现了稳定区域物价水平的调控目标，得到了当地政府的肯定。

二是重点时段和重点地区市场供应保障有力。提前安排部署“两节”和“两会”期间等重点时段，自然灾害易发地区、退耕还林地区、水库移民区等重点地区粮油供应工作，维护市场稳定。四川芦山、甘肃定西、吉林松原地震发生后，灾区各级粮食部门立即行动，全力做好救灾粮油粮源筹集、加工、调运、供应等工作，地震灾区民食军需和市场粮食供应得到有效保障。

三是产销协作取得新进展。安排政策性粮食跨省移库1350万吨，省内跨县移库70万吨，充实销区库存，为调控销区市场提前做好粮源保障准备。积极实施关内企业采购东北地区粳稻和玉米费用补贴政策，引导和促进主产区粮食资源向销区加快流通。截至年底东北粳稻和玉米补贴采购运抵当地325万吨。黑龙江金秋粮食交易洽谈会、福建粮食产销协作洽谈会、内蒙古玉米产销协作洽谈会等组织产销对接2000万吨。北京、上海等市加快推进到主产区建立粮源生产基地，四川、浙江、福建、云南等省地方政府拿出专项资金，补贴采购省外粮源，保障区域粮食市场供应和价格稳定。

（三）强化储备和应急管理，综合保障能力进一步提高

一是地方储备库存继续增加。各地积极充实地方粮油储备，年末全国地方粮食和食用油储备库存同比分别增长5.2%和6.2%，其中江苏、黑龙江、内蒙古、甘肃等省区增加较多，地方政府调控市场的能力继续增强。部分地区有针对性地增加了成品粮油储备，成品粮和成品油库存同比分别增长10.4%和7.2%，36个大中城市小包装成品粮油应急储备继续增加，应急应灾快速反应物质基础进一步增强。按照国务院领导同志指示精神，我们重新测算了各地地方粮油储备规模，拿出了初步方案，为进一步增加地方储备规模奠定了较好的基础。

二是储备粮油轮换总体顺利。及时下达2013年度中央储备粮、油轮换计划和进口转临时储备计划，中储粮公司和有关承储企业认真抓好落实，保障了中央储备粮质量良好、储存安全。各地积极应对市场形势变化对储备轮换带来的不利影响，探索实施订单收购、成品粮油滚动轮换等运作模式，认真抓好地方储备粮油轮换，较好地发挥了储备粮油吞吐调节作用，保障了储备粮油质量安全。

三是粮食应急供应体系取得阶段性成果。各地努力克服时间紧、任务重等困难，按时完成了年初确定的粮食应急供应、配送、加工网点的布局工作，应急网点由上年的不足1.5万个增加到约4.3万个，基本实现了城乡全面覆盖、辐射村屯社区的布局目标，应急供应体系建设取得阶段性成果。山

东、湖北、四川、广西等省区积极争取地方财政的资金支持，有力地推进了应急网点设施的建设和维护。各地采取措施，切实做好应对突发事件和市场异常波动的思想准备、组织准备、物质和技术准备，北京、天津、山东开展了应急培训，陕西、山西组织了市县级粮油应急演练，不断提高应急实战能力。

（四）切实做好统计工作，服务调控的能力进一步增强

一是日常统计和专项调查扎实开展。各级粮食部门以确保数据准确、及时为目标，较好地完成了购销存统计等日常工作，为粮食宏观调控提供了有力支撑。黑龙江实现了粮食统计职能整合，归口管理，运行情况良好。江苏、山东、黑龙江开拓性地实现了省内企业网上直报，在推进统计信息化中走在前列。山东部分地方与县统计局、乡镇农经站联合开展统计调查，有效利用社会资源获取相关数据。湖北、四川、云南、西藏等省级财政加大投入，有力保障了统计经费。安徽、黑龙江、江苏、湖北、青海等省统计工作基础扎实，报送及时，数据可靠，亮点较多，综合考核成绩突出。

二是社会粮油供需平衡调查工作如期完成。进一步完善调查方案，大幅提高调查费用补贴标准，较好地完成了社会粮油供需平衡调查工作，对社会粮油生产、库存、进出口、省间流通和口粮、饲料用粮、工业用粮等数据进行认真分析，并形成调查报告。调查结果作为重要决策依据，得到了各地和有关部门的广泛认可。

三是市场监测体系覆盖面进一步扩大。按照强化粮情监测预警的要求，调整补充国家局市场价格监测点，优化网点布局，2013 年市场监测直报点达到 569 个，比上年增加 231 个，覆盖范围进一步扩大，监测灵敏度和准确度进一步提高。及时向各级政府和相关部门报送监测数据，为政府决策服务；及时通过网站、杂志发布监测信息，为企业和社会服务。

二 准确把握粮食调控工作面临的新形势和新任务

党的十八届三中全会作出了全面深化改革的决定，中央经济工作会议、中央农村工作会议和中央一号文件把确保粮食安全作为今年经济工作的首要任务，确立了“以我为主，立足国内，确保产能，适度进口，科技支撑”的国家粮食安全战略。习近平总书记从全局和战略高度提出了“中国人的饭碗任何时候都要牢牢端在自己手上”、“我们的饭碗应该主要装中国粮”、“保障国家粮食安全是一个永恒课题，任何时候这根弦都不能松”等一系列重要战略思想，强调要“确保谷物基本自给，口粮绝对安全”、“搞好粮食储备调节”、“中央和地方要共同负责”、“善于用好两个市场、两个资源”。这些重要论断为我们做好粮食宏观调控工作指明了方向。确保国家粮食安全，粮食流通是必不可少的重要环节，责任重大。全国粮食流通工作会议明确了 2014 年粮食流通工作的总体思路和工作重点，对做好今年粮食宏观调控工作提出了具体要求。我们一定要深入学习领会，认真贯彻落实。加强和改进粮食宏观调控，既要观大势、明大局，又要察秋毫、重细节。只有切实做到心中有数，才能临阵不乱，应对自如。当前我国粮食形势总体良好，产需总量保持基本平衡，粮食库存处于历史高位，粮食市场总体平稳。但也必须看到，我国粮食安全基础仍不稳固，粮食安全和宏观调控还面临着诸多问题和挑战，我们必须加强首要意识和守责意识，认清形势，明确目标，把握先机，妥善应对。

一是新战略新目标对粮食宏观调控提出了新任务。国家粮食安全新战略立足当前，着眼长远，内涵丰富，明确了保障国家粮食安全的基本方略，是做好新时期粮食工作的指导思想和行动纲领，也对

当前和今后时期粮食宏观调控工作提出了更高的目标和要求。贯彻落实粮食安全新战略，要求我们在调控工作中善于运用战略思维，在全球视野下审视和思考国家粮食安全问题；要求我们统筹兼顾，审时度势，妥善处理好当前和长远、总量和结构、数量和质量、国内和国际市场等方面的关系；要求我们以更加积极、开放、包容的态度，以更加稳健、科学、有效的手段，妥善解决好调控工作中出现的新情况、新问题、新矛盾，进一步健全粮食宏观调控体系，切实增强宏观调控的前瞻性、针对性和协同性。

党的十八届三中全会作出了全面深化改革的决定，强调经济体制改革的核心问题是处理好政府和市场的关系，使市场在资源配置中起决定性作用和更好地发挥政府作用。这要求我们既要尊重市场的一般规律，使市场在粮食资源配置中起决定性作用，又要更好发挥粮食宏观调控作用，有效弥补市场失灵。近些年来，随着经济社会发展和粮食供求形势变化，粮食流通管理方式也在发生深刻变化，逐步从过去的部门管理向全社会流通管理转变，粮食宏观调控工作必须以改革创新的精神，主动适应这些新变化，更好地把充分发挥各类市场主体在粮食流通中的主体作用与加强改善宏观调控有机结合起来，切实发挥市场在配置资源中的决定性作用，着力解决政府干预过多的问题，合理确定政府干预粮食市场的边界，探索出一条适合中国国情粮情的宏观调控新路子。

二是品种结构和布局矛盾对粮食宏观调控带来了新挑战。我国粮食中长期供需是紧平衡态势，大家已经形成共识。但在连年丰收的背景下，当前我国粮食各主要品种产需表现出了不同的阶段性特征。前些年我国小麦基本是产大于需，但近三年产需逐步偏紧，已经连续挖库存，今年可能仍呈产需偏紧态势。稻谷总量略有盈余，但受质量安全问题和低价大米进口等因素影响，南方籼稻价格倒挂，销售不畅，库存积压严重。玉米由于连年增产，加上近两年深加工消费低迷，库存处于历史最高水平，阶段性供过于求特征明显，价格下行压力较大。大豆进口量突破 6000 万吨，对外依存度高。

当前我国粮食库存总量充裕，为我们加强和改善粮食调控提供了坚实的物质基础。但是这也导致粮食收储压力进一步加大，区域布局矛盾突出。从主产区看，粮食收储设施陈旧，基层收纳库仓容紧缺，本收购期结束后，东北地区政策性粮露天储存数量大幅增加。从销区和产销平衡区看，东南沿海等主销区仓容能力有限，难以再大规模接收移库粮；而部分省区虽然有仓容，但考虑到当地消费需求和储粮条件等，安排移库粮也存在困难。初步分析，今年东北地区玉米和南方籼稻收购可能面临“储不下、销不动、移不出、收不进”的困局，局部地区农民“卖粮难”的风险加大。同时，库存构成不尽合理，主要表现为政府直接掌控的粮源过多，市场自行调节的粮源过少；在政府掌控的粮源中，中央事权的粮源偏多，地方事权的粮源偏少。这种状况不利于粮食在市场中自由流通，削弱了市场配置资源的决定性作用。面对不同品种的阶段性供求特点以及库存布局和结构性矛盾，如何有效地引导和调控市场，是需要我们关注和解决的重要课题。

三是国内外粮食形势变化对粮食宏观调控提出了新要求。从国内看，我国粮食生产“十连增”之后，各种资源要素已经绷得很紧。中央一号文件提出要启动重金属污染耕地修复试点、继续实施退耕还林还草、开展华北地下水超采漏斗区综合治理等措施，这虽然有助于粮食生产可持续发展，但对近期粮食生产将产生一定影响。再加上农业气象条件、种粮比较效益等因素，今年粮食生产还存在较多的不确定性。预计 2014 年我国粮食需求将继续平稳增长，当年产需总量表现为产不足需，但部分品种却供过于求，对此必须心中有数。

从国际看，2013 年全球粮食供求比较宽松，国际粮食价格普遍低于国内。根据联合国粮农组织、美国农业部等数据分析，今年全球粮食供需仍将保持比较宽松的态势，粮食市场走高的可能性不大，这虽然有利于我们继续利用国际市场和资源保障国内市场供应，但也对国内市场的稳定带来了相当大的压力。中央提出要“更加有效利用国际国内两个市场、两种资源”、“适当扩大国内紧缺农产品进口”，今后国际国内两个市场的关联将更加紧密、融合更加深入，国际市场对国内市场的影响更加直接、更加明显。这对我们破解当前收储矛盾，做好今年的收购工作提出了巨大挑战和新的要求。对此，我们必须加强跟踪监测和分析研判，统筹兼顾，妥善应对，牢牢掌握粮食调控的主动权。

三 扎实做好2014年粮食调控和统计工作

做好2014年粮食宏观调控工作，要深入贯彻党的十八大和十八届三中全会及中央经济工作会议、中央农村工作会议精神，紧紧围绕全国粮食流通工作会议确定的目标任务，坚持稳中求进，改革创新，认真落实国家粮食安全新战略，聚焦“抓收购保供给稳粮价”的中心任务，扎实推进粮食收储机制改革、储备粮管理机制改革、粮食流通统计制度改革，扎实推进监测预警和应急体系建设，积极推动粮食宏观调控工作再上新台阶。

（一）聚焦中心任务，守住底线目标

抓收购、保供给、稳粮价始终是粮食部门的基本职责和行业使命，这既关系到广大种粮农民和消费者的切身利益，又关系到宏观调控目标的实现和社会和谐稳定，必须一以贯之地抓好抓实，任何时候都不能松懈。一方面，要切实抓好粮食收购工作，守住“种粮卖得出”的底线。要认真贯彻落实好最低收购价和临时收储等各项收购政策，积极鼓励和支持符合条件的各类市场主体参与收购，督促各类企业严守“五要五不准”收购守则，维护好收购市场秩序，确保国家惠农政策不打折、不缩水、不走样，原原本本落到实处，保护好种粮农民利益。另一方面，要认真做好保供稳价工作，守住“吃粮买得到”的底线。要密切关注市场动态，科学把握对市场波动的容忍度，保持粮油市场价格在合理区间，积极引导市场预期。要切实加强市场调控，组织好政策性粮油竞价销售，搞好储备吞吐调节，积极推动产销合作，扎实做好应急供应准备工作，积极利用好国际粮食资源，确保国内粮食市场供应和价格基本稳定。

（二）扎实推进粮食收储机制改革

一是要贯彻落实好中央一号文件的有关精神，按照粮食安全省长负责制的要求，积极探索完善政策性粮食收储政策措施、操作办法和运作模式，进一步加强地方的责任，调动好各方面的积极性，充分发挥政策性粮食托市收购保护农民利益的作用。二是要按照市场在资源配置中起决定性作用的要求，研究出台相关政策措施，鼓励和支持社会多元主体积极参与粮食收购，实现政府支持保护与发挥市场作用的功能互补，活跃收购市场，促进粮食流通。三是中央决定推进农产品价格形成机制与政府补贴脱钩的改革，逐步建立农产品目标价格制度，2014年启动东北和内蒙古大豆目标价格补贴试点，这将对粮食价格形成机制、收购模式和粮食流通等产生深远影响，粮食部门责无旁贷，要全力支持，积极参与。今年，相关地区要积极配合有关部门，做好大豆目标价格补贴试点的相关工作，探索目标价格机制下的粮食收购新模式。

（三）扎实推进储备粮管理机制改革

一是科学界定中央和地方储备的功能定位。中央和地方两级储备的功能定位和调控责任各有侧重。

中央储备主要用于应大灾、守底线、稳预期，是保障国家粮食安全的“撒手锏”，只有在关键时刻才能动用。地方储备主要用来保应急、控粮价、稳市场，是区域内应急保供的“第一道防线”，在农户存粮大幅减少、城镇居民存粮和用粮企业储粮下降的背景下，必须切实发挥好“第一道防线”的作用。各地要转变“等靠要”中央储备和“舍不得”动用地方储备的观念，根据市场形势和调控需要，切实用活用好地方储备，使地方储备真正成为地方政府应对自然灾害和突发事件，加强区域市场调控的有力武器。二是适度扩大地方储备规模。去年以来，中央领导同志多次强调，要搞好粮食流通储备，增加地方特别是主销区储备规模，保持足够的数量和合理的结构。国家局将尽快商有关部门确定并下达新形势下地方储备规模指导性计划。计划下达后，各地要按要求抓好落实，确保充实到位。三是调整优化储备布局和结构。中央储备粮布局要适当向主销区倾斜，重点保口粮品种。地方储备粮区域布局应重点考虑大中城市、敏感地区和灾害频发地区，适当多储当地需求量大、市场调控针对性强的品种。四是建立地方储备和中央储备协同运作机制。虽然地方储备粮和中央储备粮功能定位、调控责任、粮权归属、管理模式有所不同，但都是政府储备，都要服务于粮食宏观调控，服务于国家粮食安全。要切实增强全局观念和协作意识，加强沟通交流，建立健全协调合作机制，实现协同运作、功能互补，形成调控合力。

（四）扎实推进粮食流通统计制度改革

一是实行统计归口管理。按照全国粮食流通工作会议的安排部署，尽快整合粮食流通各项统计职能，归口管理，避免力量分散、数出多门。二是调整统计口径。贯彻落实中央 1 号文件的有关要求，调整形成准确反映“谷物”、“油料”的基本状况的统计口径。三是精简统计指标和报表。大力削减交叉重叠、实用性不强的统计指标，深度整合并大幅度减少基层统计报表，切实减轻基层负担，把基层统计人员从大量简单重复操作中解放出来，把更多的精力投入到提高统计数据质量上来。四是积极转变统计理念。着力推动统计手段向重点调查、抽样调查、定期调查为主转变，统计管理模式向扁平化转变，统计理念向服务型统计转变，构建统一、精简、准确、管用的粮食流通统计体系。五是大力推进统计信息化。构建以功能完备、操作简便、界面友好的统计软件为载体，以电脑、手机和手持电子设备为终端，以大型服务器为依托的网络数据平台，积极推行网上直报、在线审核、后台处理、综合发布，实现数据电子化、网络化。六是切实改进社会粮油供需平衡调查。重点调查全社会粮食消费情况，切实增强独立性和真实性。实现每年年初报告上年的消费总量和分项，切实增强时效性和实用性。探索每年年初预报当年消费总量预测数，切实增强前瞻性和预见性。抓好“农户存粮”和“跨省流通量”两个重点专项调查，以准确反映其真实状况和变动趋势。七是努力夯实统计工作基础。各地要积极加强统计机构和队伍建设，切实保障统计工作经费，关心统计人员的成长，激发基层统计人员工作积极性和责任感。

这次会上要对粮食统计改革方案进行研究讨论，大家要结合粮食流通工作实际，畅所欲言，提出有针对性和建设性的意见和建议，力争使改革方案更切合实际，更具有可操作性。国家粮食局粮食统计改革方案确定后，各地要抓好对接落实，确保统计改革顺利进行，共同推动粮食统计工作水平再上新台阶。

（五）扎实推进监测预警和应急体系建设

实施“粮安工程”是今年中央 1 号文件部署的重要任务之一，强化粮情监测预警和完善粮食应急供应体系是“粮安工程”的重要内容，这两项工作去年都取得了阶段性进展。要继续扎实推进粮食监测预警体系建设。继续稳步扩大国内粮情监测覆盖范围，优化监测网点布局，重点加强沿海沿边地区粮情监测，适当增加国家级直报点数量。要建立适合中国国情粮情的粮情监测预警模型，及时发现警源、分析警兆、研判警情、明确警度，实施先兆预警，做到“未涨先知、未抢先知”。积极开展国际粮油市场监测，及时把握国际粮食市场变化趋势。要建立专家会商机制，组建小麦、稻谷、玉米、大豆、油脂等主要品种专家组，定期研判国内外粮食市场走势，形成分析报告。要继续扎实推进粮食应急供应体系建设。当前应急网点布局已初步完成，在数量上初具规模，为做好应急供应工作奠定了较好基础。但要真正在应急应灾的关键时刻能够顶得住、用得上，还需要下大力气进一步抓好能力建设。各地要根据具体情况适时调整优化网点布局，实行动态管理，网点偏少的要继续抓紧补充完善。要进一步加强应急保证能力建设，促进应急粮油储存、加工、运输、供应等有效衔接，确保应急应灾时各环节协同运作、顺畅运行、高效运转。要做实小包装成品粮油应急储备，保证第一时间即可迅速投放，为后续供应赢得时间。要积极争取应急演练费用，适时组织开展应急演练，推动应急演练和培训常态化，及时发现问题、总结经验，提高应急意识和实战能力，做到需要时能够快速反应、有效应对，确保粮油市场稳定。

同志们，做好 2014 年粮食调控和统计工作任务艰巨，使命光荣，责任重大。让我们紧密团结在以习近平同志为总书记的党中央周围，扎实工作，锐意进取，奋力推动粮食调控工作再上新台阶，为保障国家粮食安全、全面建成小康社会、实现中华民族伟大复兴的中国梦作出新的更大贡献！

3

第三篇

全国粮食工作

粮油生产

一 粮油生产情况

2014 年是实施新形势下国家粮食安全战略的第一年，党中央、国务院着眼全局，出台了一系列强农富农惠农政策，各地坚决贯彻中央决策部署，牢牢把握“稳中求进、改革创新”的工作总基调，坚定信心促发展，攻坚克难求实效，务实创新抓落实，全年粮食生产实现“十一年增”，高位护盘取得突破，成为经济社会发展的突出亮点。2014 年油料播种面积略增，总产和单产略减，生产总体保持稳定。粮油生产稳定发展，为稳增长、调结构、促改革、惠民生作出了重要贡献。

（一）2014 年粮食生产特点

1. 粮食面积稳定增加。据统计，2014 年粮食播种面积 11272.3 万公顷，比上年增加 76.7 万公顷，增幅 0.7%，是新中国成立以来第一次连续十一年增加。

2. 粮食单产提高。2014 年粮食平均单产每公顷 5385 公斤，比上年提高 8 公斤，增幅 0.1%。

3. 粮食总产连续第十一年增产。2014 年粮食总产 60702.6 万吨，比上年增产 508.8 万吨，增幅 0.9%，实现新中国成立以来第一次连续十一年增产。

4. 三季粮食稳定发展。夏粮增产：2014 年夏粮播种面积 2758.2 万公顷，比上年减少 0.7 万公顷，持平略减；总产 13659.6 万吨，比上年增产 474.7 万吨，增幅 3.6%；单产每公顷 4952 公斤，比上年提高 173 公斤，增幅 3.6%。

早稻持平略减：2014 年早稻播种面积 579.5 万公顷，比上年减少 0.9 万公顷，持平略减；总产 3401.2 万吨，比上年减少 12.4 万吨，减幅 0.4%；单产每公顷 5869 公斤，比上年减少 12 公斤，持平略减。

秋粮增产：2014 年秋粮播种面积 7934.6 万公顷，比上年增加 78.3 万公顷，增幅 1%；总产 43641.9 万吨，比上年增产 46.4 万吨，增幅 0.1%；单产每公顷 5500 公斤，比上年减少 49 公斤，减幅 0.9%。

5. 主要粮食品种“三增一减”。稻谷增产：2014 年稻谷播种面积 3031 万公顷，比上年减少 0.2 万公顷，持平略减；总产 20650.7 万吨，比上年增加 289.5 万吨，增幅 1.4%；单产每公顷 6813 公斤，比上年增加 96 公斤，增幅 1.4%。

小麦增产：2014 年小麦播种面积 2406.9 万公顷，比上年减少 4.8 万公顷，减幅 0.2%；总产 12620.8 万吨，比上年增产 428.2 万吨，增幅 3.5%；单产每公顷 5244 公斤，比上年提高 188 公斤，增幅 3.7%。

玉米减产：2014 年玉米播种面积 3712.3 万公顷，比上年增加 80.5 万公顷，增幅 2.2%；总产 21564.6 万吨，比上年减少 284.3 万吨，减幅 1.3%；单产每公顷 5809 公斤，比上年减少 207 公斤，减幅 3.4%。

大豆增产：2014 年大豆播种面积 680 万公顷，比上年增加 0.9 万公顷，持平略增；总产 1215.4 万吨，比上年增加 20.3 万吨，增幅 1.7%；单产每公顷 1787 公斤，比上年提高 27 公斤，增幅 1.5%。

（二）2014 年油料生产特点

据统计，2014 年全国油料播种面积略增，总产和单产略减，生产总体保持稳定。主要有以下特点：

1. 面积稳步扩大。2014 年油料播种面积继续保持增长。全国油料播种面积 1404.3 万公顷，比上年增加 2 万公顷，增长 0.1%。五种油料作物面积"三增两减"，其中油菜面积 758.8 万公顷，比上年增加 5.7 万公顷；芝麻面积 42.9 万公顷，比上年增加 1.1 万公顷；向日葵面积 94.9 万公顷，比上年增加 2.6 万公顷；花生面积 460.4 万公顷，比上年减少 2.9 万公顷；胡麻面积 30.6 万公顷，比上年减少 0.7 万公顷。

2. 单产小幅下降。2014 年全国油料平均单产每公顷 2498 公斤，比上年减少 10 公斤，减幅 0.4%。五种油料作物单产"两增三减"，其中油菜籽单产每公顷 1947 公斤，比上年提高 27 公斤；向日葵单产每公顷 2627 公斤，比上年提高 3 公斤；花生单产每公顷 3580 公斤，比上年减少 83 公斤；芝麻单产每公顷 1468 公斤，比上年减少 22 公斤；胡麻单产每公顷 1263 公斤，比上年减少 12 公斤。

3. 总产持平略减。尽管油料播种面积小幅增加，但受单产降低影响，全国油料总产持平略减。2014 年全国油料总产 3507.4 万吨，比上年减少 9.6 万吨，减幅 0.3%。五种油料作物产量"三增两减"，其中油菜籽产量 1477.2 万吨，比上年增加 31.4 万吨；芝麻产量 63 万吨，比上年增加 0.7 万吨；向日葵产量 249.2 万吨，比上年增加 6.9 万吨；花生产量 1648.2 万吨，比上年减少 49 万吨；胡麻产量 38.7 万吨，比上年减少 1.2 万吨。

4. 主产省油料保持稳定。2014 年全国油料产量超过 100 万吨的省有 11 个，这 11 个省的油料总产占全国的 77.5%。与上年相比，内蒙古、安徽、江西、湖北、湖南、广东、四川 7 个省区增产，河北、江苏、山东、河南 4 省减产，增减相抵 11 个油料大省共增产 27 万吨。河南省油料产量最大，总产 584.3 万吨，占全国的 16.7%；内蒙古自治区产量增幅最大，增加 12.2 万吨，增幅 7.7%。

5. 生产总体保持稳定的主要因素。一是气候条件总体有利。总体看，2014 年农业气象灾害轻于上年，主产省油菜面积、单产、总产再次实现"三增"；西北地区雨水条件较好，有利于向日葵等作物生长；部分花生产区受灾害影响，单产和总产有所下降。二是油料高产栽培技术得到进一步普及推广。2014 年国家继续实施粮油高产创建，共建设 678 个油料万亩示范片，同时开展油菜增产模式攻关。各地以项目为抓手，大力开展技术培训，广泛开展现场观摩，在作物生长关键季节开展技术指导，推广普及油料高产栽培技术。三是国家加大政策支持和保护力度。在继续实施油菜、花生良种补贴和油料大县奖励政策的同时，夏收油菜籽临储政策保持稳定，对调动农民种植油料作物积极性发挥了重要作用，一些油料主产区地方政府也出台政策支持油料生产。

二　粮棉油糖高产创建

高产创建以万亩示范片为单元，依靠科技进步、通过示范带动，将专家的试验田产量转化为农民的大田产量，促进粮食稳定发展和农民持续增收，已成为农业部门推进粮棉油糖生产稳定发展的重要举措。继续推进粮食增产模式攻关，突破关键技术瓶颈，集成推广区域性、标准化高产高效技术模式，打造高产创建示范区和增产增效试验区，示范带动大面积均衡增产。

（一）基本情况

为进一步挖掘科技增产潜力，2014 年，国家组织开展“粮食高产创建与增产模式攻关提升年”活动。中央财政安排 20 亿元资金，在全国建设 11876 个粮棉油糖高产创建万亩示范片，并选择 60 个县开展增产模式攻关试点。通过高产创建与增产模式攻关双轮驱动，有效应对了局部地区严重自然灾害、多发的生物灾害、多变的市场环境等严峻考验，为粮食产量再创新高、实现“十一连增”提供了重要支撑。10436 个粮食万亩示范片平均亩产达到 610.4 公斤，比全国平均高 70%，充分显现了科技增产的巨大潜力。

（二）实施成效

1. 创建水平不断提高。各地以高产创建为平台，集成推广高产优质品种和配套栽培技术，率先在万亩示范片示范推广，涌现出一批万亩规模、集中连片的高产典型。据各地测产验收，2198 个小麦万亩示范片平均亩产 538.9 公斤，亩产超 600 公斤的 831 个。3619 个玉米万亩示范片平均亩产 693.5 公斤，亩产超 800 公斤的 870 个。2637 个单季稻万亩示范片平均亩产 653.3 公斤，亩产超 700 公斤的 860 个。1286 个双季稻万亩示范片两季平均亩产 1040.7 公斤。418 个油菜万亩示范片平均亩产 183.3 公斤，亩产超 200 公斤的 151 个。安徽省界首市陶庙镇小麦万亩示范片平均亩产 724.1 公斤，甘肃省张掖市甘州区沙井镇玉米万亩示范片平均亩产 1200.0 公斤，辽宁省大石桥市旗口镇单季稻万亩示范片平均亩产 836.5 公斤，青海省都兰县香日德镇油菜万亩示范片平均亩产 382.5 公斤，分别创今年万亩集中连片高产纪录。

2. 带动能力不断增强。在万亩高产创建的基础上，各地深化创建内涵、扩大创建规模、促进均衡增产。继续在 500 个乡（镇）、50 个县（市）、5 个市（地）开展粮油整建制推进试点，建设了一批几万亩、十几万亩、几十万亩的大方，打造了一批吨半粮乡、吨粮县、吨粮市。山东省德州市整市推进高产创建，实行市县乡“三级联创”，辐射带动全市小麦、玉米两季累计亩产达到 1138 公斤，连续 6 年过吨粮，其中 770 万亩小麦平均亩产 542 公斤，高于全国平均水平 50%，已接近或超过欧洲种植规模相当的高产国家水平。河北省邯郸市 200 个小麦万亩示范片平均亩产 596 公斤，带动全市 573 万亩小麦平均亩产提高 22.9 公斤。黑龙江农垦友谊农场开展整县（场）创建试点，建设 25 个万亩示范片，示范带动全场平均亩产比上年提高 20 公斤，增产粮食 6200 万斤，增加效益 6000 多万元。

3. 模式攻关不断深化。在抓好高产创建的同时，继续组织开展粮食增产模式攻关，统筹考虑不同区域作物布局、茬口安排、光温水等资源条件，选择 62 个基础条件好、增产潜力大的县，重点推广 58 个区域性、标准化的高产高效技术模式，打造了一批增产增效试验区。针对粮食生产中存在的突出问题，优化配置生产要素、项目资金和科技资源，实行农科教、产学研大联合、大协作，集中力量开展技术瓶颈攻关和集成技术攻关，进一步挖掘粮食增产潜力。

4. 农业技术不断突破。水稻在麻地膜育秧、降解膜育秧、钵苗机插等方面取得重大突破。江苏省兴化市 103.2 亩钵苗机插攻关田水稻平均单产 961.2 公斤，创稻麦两熟区水稻机插高产新纪录。小麦在山东招远、河南修武、安徽埇桥三地同时创出亩产 800 公斤以上的超高产典型，展示了黄淮海地区小麦高产的广阔前景。玉米在增密抗倒防衰高产技术攻关上取得重大进展。黑龙江省双城市重点试验玉米超密植平播丰产栽培技术，深耕深翻 60–65 厘米，平播垄管，亩保苗 6000 株左右，平均亩产接近吨粮。通过试验试点，探索形成了一批科学实用、可复制、能推广的高产高效技术模式。

三 基层农技推广体系建设

为深入贯彻落实新修订的《中华人民共和国农业技术推广法》和中央有关文件精神，加快推进基层农技推广体系改革与建设工作，2014 年中央财政安排 26 亿元，在全国 31 个省（区、市）、3 个计划单列市、2 个农业部直属垦区和新疆生产建设兵团共 37 个省级单位实施“全国基层农技推广体系改革与建设补助项目”，基本覆盖全国所有农业县。各省按照要求，围绕种植业、畜牧业、渔业等主导产业，遴选 23 万名农业技术指导员，建设 1 万多个农业科技试验示范基地，培育 208 万个科技示范户，辐射带动 3568 万个周边农户，培训基层农技推广人员 110 万人次，在 1400 个县建设农业科技网络书屋，建设 20 万个农民个人书屋，每年发布 160 个主导品种和 100 项主推技术，使主导品种和主推技术的入户率和到位率达到 95% 以上，农技人员入户率、农户对服务的满意度分别达 97% 和 90%。农业部以补助项目为抓手，加强监督管理，全面推进农业科技进村入户，有力支撑了现代农业发展，取得良好进展和明显成效。

（一）主要做法

1. 抓创新拓展，提升补助项目内涵。一是开展全国农技推广示范县创建工作。为突出项目实施县建设工作重点、亮点，创新农技推广机制，提升服务效能显示度，建立一批典型、标杆，农财两部在各地推荐的基础上，组织开展全国农技推广示范县创建工作，重点扶持一批示范县，在完成现有任务的基础上，积极探索农技推广新模式、新机制，发挥示范引领和辐射带动作用。二是将补助项目资金分配与绩效考评结果挂钩。根据上一年项目绩效考评情况，对下一年部分省市区的经费进行适当调整，调减后 10 名的资金，增加给前 10 名，实行奖优罚劣，极大地调动了各省（区、市）的积极性。三是利用现代化手段开展农技推广服务。项目实施过程中，积极推进农业信息化服务手段改进工作，在 1400 个县推广应用农业科技网络书屋，开通个人书屋近 20 万个，为农技人员学科技、用科技提供有效平台。

2. 抓关键环节，确保补助项目实施到位。一是加强科技示范体系建设，打通农业科技成果快速转化应用的通道。按照主导产业分布，每个项目县依托现有科研教学推广单位的试验示范基地、良种繁育场以及种养大户、涉农企业、农民专业合作组织，重点建设 2–3 个农技推广体系的试验示范基地，开展新品种、新技术、新机具引进、试验、示范、展示和技术培训等工作，为大面积推广提供成熟的技术模式。二是对技术指导员和科技示范户进行重点培育。各项目县农业行政主管部门按照公开、公平、公正和自愿的原则，按照主导产业分布，每个行政村遴选 3–5 个生产经营规模较大、种养水平较高的科技示范户，带动周边 30–100 个农户学习运用先进科学技术。同时，遴选一批技术指导员，按照包村联户的方式，对每个联户的科技示范户进行一户一策的技术指导。三是重点开展农技推广骨干人才队伍建设。实施万名农技推广骨干人才培养计划，按照各地农业主导产业及重点专业，从基层（以县为主）选拔 1 万名有较高知名度和专业技术权威的农技推广骨干，进行分层分类分批培训。同时建立了农技人员培训档案，出台了农技人员培训管理制度，为建立健全基层农技人员长效培训机制奠定了坚实基础。

3. 抓规范管理，确保项目实施效果。一是加强组织领导。各省和项目县结合工作实际，成立了协调机构，落实相关政策、制订实施方案、加强日常监督管理。各项目县均成立了以县领导为组长的补助项目领导小组，建立了部、省和项目县上下联动的行政工作体系。二是印发实施指导意见。2014

年农业部办公厅和财政部办公厅联合下发了《关于实施好2014年基层农技推广体系改革与建设补助项目的通知》，对项目实施目标、主要任务、工作重点等提出明确要求。三是实行2册3牌1网1库管理。统一编制了《技术指导员手册》和《科技示范户手册》，要求各地印发，用于记载项目实施过程中的情况。要求各地竖立农业科技试验示范基地标牌、技术指导员胸牌、科技示范户门牌。同时，开发了基层农技推广补助项目数据交流平台，对相关数据实行网上填报，实现信息化管理。

4. 抓绩效管理，充分发挥补助项目资金效益。2014年，为做好补助项目年终绩效考评工作，农业部制订了工作方案，作出了具体部署。在各省自评的基础上，组织考评小组深入各地，通过听取情况介绍、查阅有关材料、随机抽取项目县现场查看等方式进行核分和打分。在此基础上，组织有关专家对各省进行综合评价，形成最终的评估报告，在年中的全国农业厅局长会议上通报表扬绩效考评排名前10位的省，并协商财政部，将评估考核结果与下一年总体资金安排挂钩，奖优罚劣。同时，也要求各地将每个县的考核结果与资金安排挂钩，推动补助项目各项政策落实到位。

（二）主要成效

1. 促进了基层农技推广体系改革与建设工作不断深化。各地以实施补助项目为抓手，不断深化乡镇农技推广机构管理体制改革。一是明确了公益性定位，落实了公益性编制，稳定了基层农技推广队伍。二是落实了“一个衔接、两覆盖”政策，推动各地基层农技人员的工资待遇逐步与当地其他事业单位相衔接。三是加强了县级农业主管部门对乡镇农技推广机构的指导。截至2014年年底，全国乡镇级农技推广机构管理体制实行以县管为主的占60%以上，使农技推广人员真正回归主业，主要精力用于开展农技推广服务工作。四是引导地方加强对农技推广工作的投入。据初步统计，仅2014年，在中央财政投入的引导下，省级财政投入农技推广工作的经费达到8.8亿元，同时各市县也相应增加了对县乡农技推广机构条件建设和工作经费的投入。

2. 促进基层农技推广工作活力不断增强，效能不断提升。一是调动了农技人员下乡服务的积极性。通过补助项目，很大程度上解决了农技人员愿意下乡和能够下乡的问题，干多干少不一样，干好干坏不一样，充分调动农技推广人员下乡服务的积极性，农技人员年平均为科技示范户指导服务11.6次。二是提升了农技人员素质能力。通过补助项目支持基层农技人员开展知识更新培训，在干中学，在学中干，全年多渠道、分层次对基层农技人员进行培训，并通过集中培训、参观考察、学历提升等多种形式，对农技推广骨干人员进行强化培训，提升了服务能力，受到农技人员的普遍欢迎。三是强化绩效考核。通过项目实施，各地普遍实行了对农技推广的三方考核。在农业部延伸绩效考核的基础上，各地也对项目县、农技推广人员和科技示范户进行考核，实行奖优罚劣，末位淘汰。

3. 促进了粮食生产“十一连增”、农民收入增长“十一连快”。通过补助项目的实施，一方面实现了农技推广体系自身建设的目标，另一方面也有效促进区域主导产业的稳定发展。据初步统计，2014年各地主导产业产量（产值）较去年增长5%以上，特别是示范户增产增收效果显著。

四 农机购置补贴

2014年，中央财政共安排农机购置补贴资金237.548亿元，比上年增加20亿元。农业部、财政部认真贯彻落实党中央、国务院的决策部署和部领导的要求，将实施农机购置补贴政策作为落实党的强农惠农富农政策、加快农机化发展方式转变、促进农业综合生产能力提高的重大任务，及早启动政策实施，大力推进改革创新，认真开展督导检查，严厉惩处违法违规行为，全程全面公开信息，农机购置补贴政策实施成效显著。

（一）实施成效

2014 年，全国共补贴购置各类农业机械 465.8 万台（套），受益农户达到 327.9 万户。在农机购置补贴政策的推动下，农机装备水平和农机作业水平快速提高，农机化新技术加快推广使用，农民购机用机积极性高涨，为实现粮食生产“十一连增”、农民增收“十一连快”提供了有力的装备技术支撑。

1. 推动农机总量持续增长，进一步优化了农机装备结构和布局。农机购置补贴政策持续调动农民购机积极性，全国农机装备总量持续平稳较快增长。2014 年全国农机总动力达 10.81 亿千瓦，同比增长 3.99%。大中型拖拉机和配套农具保有量预计分别达 567.95 万台、889.64 万部，同比分别增长 7.77%、7.62%，增幅分别比小型拖拉机和配套农具高出 9.05 个、7.48 个百分点，拖拉机大型化、配套化的趋势更加明显。水稻插秧机、联合收获机分别达 67 万台、158.42 万台，同比分别增长 10.84%、11.49%，玉米收割机达到 36.04 万台，同比增长 25.67%，连续 6 年增幅超过 20%。

2. 促进农业机械推广使用，进一步提升了农机化作业水平。农机购置补贴持续激发农民用机积极性，农机作业面积持续增加，重要农时和薄弱环节农机化水平显著提高。全国农作物耕种收综合机械化水平达 61.60%，比上年提高 2.12 个百分点。小麦机收率达 95.08%，水稻机械种植、收获水平分别达 39.56%、84.63%，玉米机收水平达 57.78%，油菜、花生、马铃薯、棉花、甘蔗等作物机械化取得积极进展。

3. 引导农机化新技术应用，进一步促进了农业生产方式转变。农机购置补贴引导农民购置先进适用农机具，有力促进了增产增效型、资源节约型、环境友好型的农机化新技术推广使用。全年新增精少量播种、保护性耕作等农机化新技术推广面积达 7.50 亿亩。同时，全年累计完成深松整地作业面积 1.63 亿亩，超额完成《政府工作报告》提出的 1 亿亩目标任务。

4. 激发农村有效需求，进一步推动了农机工业稳步发展。农机购置呈现出以农民和农业生产经营组织投入为主、以财政补贴和社会投入为辅的多元化格局，继续拉动农机工业发展。2014 年全国规模以上农机企业主营业务收入达 4180.6 亿元，同比增加 8.79，农机工业持续健康发展。

（二）主要做法

坚持规范实施和改革创新并重，深入组织开展调研，广泛听取各方面意见，强化顶层设计，实化末端治理，狠抓贯彻落实，促进农机购置补贴政策规范廉洁实施。

1. 及早启动实施，满足各地农时作业需求。将政策早启动、农民早受益，作为检验党的群众路线教育实践活动成果的重要标志和以好的作风做好本职工作的重要体现。一是及时动员部署。2 月，农业部与财政部联合印发《2014 年农机购置补贴实施指导意见》，并召开全国农机购置补贴工作座谈会进行动员部署，加快启动实施。二是科学分类分档和确定补贴额。2014 年，农业部首次在全国范围内对 68 个非通用类农业机械开展统一分类分档及补贴定额的测算，将 11000 个农机产品归入相应档次，统一下发各省执行，有效避免了区域间补贴额差距过大，促进了农机产品市场公平竞争，得到各方普遍认可。三是大规模开展业务和警示教育培训。在上年培训 3000 多人次的基础上，今年又分 15 期培训约 3000 人次，基本完成了对全国所有实施县农机购置补贴工作人员的轮训。同时，向全系统梳理印发近年来农机购置补贴违法违规查处情况，以案说法，引以为戒。

2. 狠抓关键举措落实，大力推进改革创新。一是全面推行“全价购机、定额补贴、县级结算、直补到卡”的资金兑付方式。除北京、西藏和黑龙江垦区部分管局外，其他省份全部实行了全价购机。实践表明，全价购机能有效防范套补骗补行为，切断资金结算环节管理部门与经销企业的利益连接，使补贴实惠实实在在落实到农民手中，同时还能让农民更加直观地看到补贴金额，提高了农民满意度。二是缩小范围、突出重点，推进政策的普惠制。全国有21个省份围绕农业生产急需的农业机械确定补贴范围，并对重点机具实行敞开补贴，其中江苏省对补贴范围内的50个品目全部敞开补贴，补贴资金由省财政兜底。吉林以省政府名义印发农机购置补贴实施方案，将补贴范围压缩到35个品目，重点补贴粮食生产全程机械化所需机具。三是以市场化改革为导向，充分尊重企业和农民自主权。各级农机化主管部门不再规定补贴产品经销商的资质条件，由农机生产企业自主设定资质条件，并自主确定补贴产品经销商；省、县级农机化主管部门只负责汇总公布补贴产品经销商信息。农民自主选择农机销售商、自主议价，并允许跨县购机。选择部分省开展补贴产品市场化操作。四是以问题为导向开展政策改革专题调研。围绕当前农机购置补贴实施中遇到的突出问题，集中1个月的时间，在全国范围内开展专题调研，并派出8个组赴15个省实地调研。会同财务司和驻部纪检组监察局专门听取调研情况汇报，并就有关问题逐个深入座谈。在此基础上，经反复研究讨论，形成了《关于农机购置补贴政策改革情况的汇报》，并按照改革思路修订农机购置补贴资金管理办法和实施指导意见。

3. 着力强化信息公开，积极服务农民。各级农机化主管部门继续全方位推进信息公开，广泛宣传补贴政策信息。一是加强部级农机购置补贴信息公开专栏建设。对农业部农机购置补贴信息公开专栏进行升级改版，公布各级补贴政策咨询受理、投诉举报和补贴机具质量投诉电话超过10300个。二是督促省、县加大公开公示力度。目前，全国38个省级农机化主管部门和86%左右的县（市）均已在官方网站上开通了信息公开专栏，做到政策内容公开化、实施过程公开化、补贴结果公开化。山西省向社会实时公布所有补贴对象的受益情况。三是强化便民惠民服务措施。部分省份开展农民先购机后申请补贴试点，减少农民往返奔波；辽宁等省将农机购置补贴全程纳入乡镇政务大厅办理，一些县选择在农机大市场进行购机申请、补贴申领等一站式服务。配合财务司开展大型农机金融租赁试点，许多地方协调金融部门出台了农机具抵押贷款、小额信贷、低息贴息贷款等措施。

4. 有针对性开展督导检查，严厉惩处违法违规。一是利用现代化信息手段实行动态监管。升级开发2014版全国农机购置补贴管理软件系统，并规定软件管理规程，强化日常管理和维护，及时录入，定期分析，动态监管。二是提高督导检查的针对性。农业部组织6个督导检查组赴11个省份，带着日常投诉中的问题、带着软件中异常数据的线索进行督察，专题听取督导情况汇报。三是持续加大违规行为查处力度。开通网络举报投诉受理窗口，建立健全投诉举报渠道。对实名举报的问题和线索，做到凡报必查。直接组织查处了久保田、福田雷沃国际重工、江苏东洋、山西信联、江苏华鸿、河北顺平惠兴、山东武城志鑫、陕西汉中东方8家公司违反农机购置补贴政策的行为，全年共在全国范围内暂停或取消了27家违规农机生产企业的产品补贴资格，有力维护了农机购置补贴政策的严肃性，切实维护了广大农民群众和诚信经营企业合法权益。

五 测土配方施肥

2014年，在中央财政支持下，农业部依托测土配方施肥补贴项目，完善配方肥推广应用机制，大力推进技术服务个性化、施肥指导信息化、基础工作成果化，做到了产、学、研齐心协力，基础工作与成果应用齐头并进，技术普及与配方肥推广协同推进，有力促进了全国科学施肥技术进步和肥料产业转型发展。

（一）强化农企合作，深化“百千万”整建制推进

2014 年农业部继续选择 100 个县（场）、1000 个乡镇、10000 个村作为示范样板，实施整建制推进测土配方施肥，扩大配方肥推广应用，努力提高配方肥覆盖率和到位率。1000 个示范乡镇在 100 个示范县（场）以外的 1000 个测土配方施肥补贴项目县（场）中选择，每个项目县（场）有 1 个乡镇开展整建制推进；10000 个示范村在上述 1100 县(场)、镇以外的项目县中选择，保证每个项目县(场)至少有 1 个示范村实现整建制推进。继续加大农企合作力度，200 个全国农企合作推广配方肥供肥企业、省级和县级合作企业分别与示范县（场）、示范乡镇、示范村对接，确定供肥企业、实施区域和推广模式，年终进行绩效考评。任务层层分解，具体落实到县、乡镇和行政村，为企业生产供应的配方肥提供示范展示平台，实现辖区内耕地土壤类型、大多数农户、主要农作物测土配方施肥技术全覆盖。

（二）完善推广模式，切实推动配方肥下田

各地结合实际，健全完善配方肥推广应用的有效模式，有效促进配方肥的推广应用，大大方便了农民购肥用肥。主要有四大模式。一是农民为主体的市场“按方抓药”模式，根据农业部门发放的“施肥卡”或手机信息服务等，自行选购肥料在田间现混现用。二是以智能化配肥设备为依托的“中草药代煎”模式，农业部门支持企业建立智能化配方肥供应网点，为农民提供现配现混服务。三是以规模化经营主体为服务对象的“私人医生”模式，建立专业化服务组织，为农民提供“四统一”农化服务。四是以“大配方、小调整”为主要技术路线的“中成药”模式，肥料企业按照农业部门推荐的配方组织配方肥生产和销售。2014 年，农业部种植业管理司与中化化肥有限公司签署合作协议，合作推广配方肥。开展农企合作模式，充分发挥农业部门组织协调、技术指导优势和化肥企业配方肥生产、供应、农化服务优势，对种植大户、专业合作社等新型农业经营主体优先提供施肥指导服务，支持项目区域智能配肥服务。

（三）健全工作机制，提升服务水平

为确保工作顺利开展，各地从制度建设入手，在实践中探索建立了许多有效的工作机制，包括：肥料配方发布机制。农业部制定发布了小麦、玉米、水稻三大粮食作物的 32 个区域大配方，各省农业部门发布三大粮食作物配方 659 个，县级农业部门发布配方 5240 个，不仅为肥料企业“大配方制定、大规模生产、大区域推广”提供了便利，也为广大基层配肥服务网点因地制宜开展施肥“小调整”提供了技术支撑。新型经营主体示范推广服务机制。针对农民专业合作社、种植大户、家庭农场等新兴经营主体，开展个性化技术服务。按照“施肥结构合理、施肥总量控制、施肥方式恰当、施肥时期适宜”的施肥原则，组织实施推进配方肥应用和施肥方式转变示范工程，做到有专家指导、有示范对比、有简明标示牌。配方肥产品追溯机制。各地农业部门加强对配方肥生产销售的监督检查，内蒙古、广西、新疆等要求肥料生产企业、经销网点建立健全配方肥生产、入库和销售台账（电子档案），做到配方肥数量统计和质量的可追溯。工作绩效考评机制。各级农业部门按照农业部要求，建立“三定一评”制度，对农企合作推广配方肥工作情况进行考评。

（四）开展专题抽样检查，强化配方肥质量管理

2014 年，农业部委托全国农业技术推广服务中心牵头，由 6 家部级肥料质量监督检验测试中心承担对河北等 12 个省区的全国农企合作推广配方肥生产企业产品质量和标签标识进行监督抽查。此次抽查全国农企合作推广配方肥企业 33 家，其中 31 家企业的样品抽查结果合格，合格率为 93.9%；

抽查样品 62 个，检验结果和标签标识均合格的 59 个，合格率为 95.2%。对本次抽查产品不合格的农企合作推广配方肥企业，农业部责令其限期整改，对整改不力的，取消其农企合作推广配方肥企业资格。各地农业行政主管部门也依法加强肥料监督管理，进一步完善肥料登记管理制度，定期开展肥料监督抽查，加强对农企合作推广配方肥企业的监督管理，建立严格的质量追溯和全程监管机制，确保国家政策落到实处，农民用上放心肥料。

据统计，2014 年各级农业部门与肥料企业深入开展合作，推广应用配方肥 1100 万吨（折纯）以上，推广应用面积 7 亿亩。测土配方施肥技术推广面积超过 14 亿亩，累计减少不合理施肥近 200 万吨。同时，乡村智能化配肥供肥服务网点得到快速发展。

六 病虫害防治

2014 年粮食作物病虫为偏重发生年份。其中，小麦蚜虫、赤霉病、水稻“两迁”害虫、稻瘟病、玉米螟等重大病虫害发生面积大、对粮食安全生产造成严重威胁。据统计，全国粮食作物重大病虫害发生面积 2.46 亿公顷次，累计实施防治面积 3.17 亿公顷次。经有效防控，全面遏制了重大病虫暴发危害，有力保障了粮食 “十一连增”。

（一）主要病虫害发生情况

1. 小麦病虫害。总体偏重发生，累计发生 6221 万公顷次。其中，虫害发生 3617 万公顷次，病害发生 2604 万公顷次。小麦穗期蚜虫在大部麦区偏重发生，黄淮海部分麦区大发生，发生面积 1712 万公顷，明显高于 2001 年以来的平均值。小麦吸浆虫在黄淮麦区上升危害趋势得到一定程度遏制，发生面积 186 万公顷，低于 2001 年以来的平均值。小麦纹枯病在江淮和黄淮南部麦区偏重发生，发生面积 939 公顷，为 2001 年以来发生第二重的年份。小麦赤霉病在江淮、黄淮麦区偏重流行，江汉、长江流域麦区大流行，发生面积 453 万公顷，经有效防控，危害显著轻于 2009–2013 年。小麦条锈病除四川北部、湖北江汉平原等部分地区偏重发生外，大部麦区偏轻发生，发生面积 195 万公顷，低于 2001 年以来的平均值。

2. 水稻病虫害。总体偏重发生，累计发生 9377 万公顷次，同比减少 3.1%。其中，虫害发生 6383 万公顷次，病害发生 2994 万公顷次。稻飞虱经有效防控，呈“前重后轻”态势。华南、江南早稻偏重发生，江南、西南东部中稻偏重至大发生，华南、江南晚稻中等发生，长江中下游单季晚稻偏轻至中等发生，累计发生 2446 万公顷次。稻纵卷叶螟在江南早稻区偏重至大发生，江南、西南东部中稻偏重发生，其余稻区中等或偏轻发生，累计发生 1497 万公顷次。稻瘟病在长江中下游、江南单季稻区偏重至大发生，是近 20 年来发生最重的一年，华南、江南、西南稻区大部中等发生，东北稻区大部偏轻发生，累计发生面积 514 万公顷次。南方水稻黑条矮缩病大部稻区偏轻发生，累计发生面积 11 万公顷，为近 5 年发生程度最轻、危害损失最小的年份。

3. 玉米病虫害。总体中等发生，累计发生 7456 万公顷次，同比减少 8.6%。其中，虫害发生 5583 万公顷次，病害发生 1873 万公顷次。玉米螟在东北、黄淮、西北局部偏重发生，其余大部地区偏轻至中等发生，发生面积 2358 万公顷。粘虫在东北、华北和黄淮等地危害比前两年明显减轻，仅黄淮和华北局部出现高密度集中危害地块，发生面积 412 万公顷。二点委夜蛾在河北东南部、山东西北部、河南中北部等地偏重发生，局部造成缺苗断垄危害，发生面积 101 万公顷。地下害虫在华北、东北、黄淮、西北局部偏重发生，累计发生 750 万公顷次；棉铃虫在黄淮海夏玉米种植区呈发生面积扩大、危害程度上升态势，发生面积 502 万公顷。大斑病在东北、华北等部分地区病情较重，发生面积 556 万公顷。

4. 农区蝗虫。总体中等发生，与近年持平。飞蝗中等发生，累计发生 140 万公顷。其中，东亚飞蝗在环渤海湾、华北湖库和沿黄滩区发生 127 万公顷次（夏蝗发生 72 万公顷，秋蝗发生 55 万公顷）；西藏飞蝗在四川、西藏等金沙江、雅砻藏布江河谷地带发生 9.2 万公顷；亚洲飞蝗在新疆阿勒泰、阿克苏、塔城等地农区发生 3.9 万公顷。北方农牧区土蝗大部中等发生，河北和山西北部、内蒙古中西部、新疆北部等局部地区偏重发生，局部出现由草滩地集中向农田迁移危害，发生面积 195 万公顷。

另外，马铃薯晚疫病在西南主产区发生较重，西北、华北和东北主产区中等发生，累计发生面积 214 万公顷。

（二）主要措施和成效

农业部把农作物重大病虫防控作为保产增收、减损增效的重要措施，组织开展夏粮、秋粮防病治虫夺丰收行动，召开小麦穗期重大病虫、秋粮重大病虫防控现场会，及早部署防控工作。各级农业部门和植保机构立足抗灾夺丰收，明确目标任务，强化联合监测、信息共享、实时预警，突出主要作物、重大病虫、重点地区，全力以赴“虫口夺粮”保丰收。由于见势早、行动快、措施实，遏制了小麦赤霉病、稻瘟病等大流行态势，压低了小麦穗期蚜虫、水稻“两迁”害虫等发生基数，有效控制了危害。全国粮食作物重大病虫害实际发生面积同比下降 819 万公顷次，降幅达 3.2%，挽回粮食损失 7032 万吨，较好地保障了粮食生产安全。

1. 全面加强病虫监测预警工作。组织 1029 个全国重大病虫测报区域站，对重大病虫的源头区、迁飞流行过渡带、常年重发区，加大监测力度，全面掌握发生动态，及时组织会商分析，准确发布预报预警信息，为科学防控提供了依据，为有效防控赢得时间。2014 年累计发布病虫情报 34 期，在《中央电视台气象预报栏目》发布赤霉病、蚜虫等病虫发生流行警报 5 期，编发《防病治虫专刊》24 期。

2. 狠抓关键防控措施落实。针对小麦条锈病，落实秋播药剂拌种，以及秋冬和早春“带药侦查、打点保面”预防控制措施，有效降低了菌源基数、控制了流行扩散；针对小麦赤霉病、稻瘟病，落实“主动出击、见花（破口）打药”预防控制措施，有效遏制了大面积暴发流行；针对小麦蚜虫、水稻“两迁”害虫，落实“关口前移、压前控后”措施，有效降低了后期突发危害风险；针对玉米重大病虫，落实玉米螟“白僵菌封垛、放蜂治螟”等绿色防控措施和大喇叭口期“一防双减”措施，有效减轻了危害损失。

3. 大力推进专业化统防统治。深入开展专业化统防统治“百千万”行动，强化政策扶持、培训服务、宣传发动，大力推进专业化统防统治。建立 218 个专业化统防统治与绿色防控融合推进示范区，充分发挥专业化统防统治防治效果好、效率高的优势和病虫绿色防控生态、环保、安全优势，实施综合治理，全面带动面上工作开展，提高防控组织化程度和科学化水平，实现农药减量控害。统计表明，2014 年小麦、水稻等主要作物重大病虫统防统治覆盖率达 30%，同比提高 5 个百分点；融合推进示范区可减少化学农药使用量 20%~30%。

4. 强化督促检查和技术指导。在小麦、水稻、玉米病虫发生防治的关键时期，全面落实分片包干联系督导制度，组派 20 个督导组，采取日常联系督导和关键时期现场督导相结合形式，及时调度病虫发生和防控进展，督促检查补助政策落实情况，确保防控责任、应急物资和工作措施落到实处。同时，为落实防治关键技术，提高技术到位率，组织全国百名植保专家，深入重大病虫重发区，赶赴田间地头、生产一线，开展技术培训和现场指导，确保技术措施到位和安全用药到位。

七 农业防灾减灾

2014 年，我国农业气象灾害以干旱、洪涝为主，低温冻害、台风、风雹等灾害均有不同程度发生。总体看，2014 年农业气象灾害轻于上年，但局部地区的干旱、台风等灾害异常偏重。据核实，全国农作物受灾面积 3.73 亿亩，其中成灾 1.90 亿亩，绝收 4636 万亩，比上年分别减少 9693 万亩、2438 万亩和 1131 万亩；因灾损失粮食 630 亿斤，比上年减少 112 亿斤。

分灾种看，农作物因旱受灾面积 1.84 亿亩，其中成灾 8516 万亩，绝收 2227 万亩，分别减少 2743 万亩、262 万亩和增加 103 万亩。农作物因洪涝受灾面积 7163 万亩，其中成灾 4090 万亩，绝收 946 万亩，分别减少 6145 万亩、3255 万亩和 1372 万亩。农作物因台风受灾面积 3725 万亩，其中成灾 1723 万亩，绝收 523 万亩，分别增加 293 万亩、242 万亩和 89 万亩。农作物因风雹受灾面积 4838 万亩，其中成灾 3290 万亩，绝收 687 万亩，分别减少 243 万亩和增加 766 万亩、68 万亩。农作物因低温冻害受灾面积 3199 万亩，其中成灾 1399 万亩，绝收 252 万亩，分别减少 281 万亩、增加 71 万亩和减少 19 万亩。

针对 2014 年频繁发生的农业气象灾害，各级农业部门坚决贯彻中央的部署和要求，坚持抗灾夺丰收目标不动摇，扎实推进科学抗灾减灾，全力以赴夺取粮食丰收。

一是及早部署安排，强化责任落实。针对 2014 年的不确定气候因素和农业生产的严峻形势，农业部提前研究农业防灾减灾工作，提出应对方案措施，及早安排部署。春节上班后第二天召开全国春季田管暨春耕备耕工作视频会，对春季农业防灾减灾工作进行了部署。2 月份先后下发《关于切实做好低温雨雪冰冻天气防范工作的紧急通知》和《东北地区抗低温春涝保春播工作预案》，部署防低温冻害和东北低温春涝工作。组织开展汛前检查，在农业生产各关键时节召开专题会议，部署安排农业抗灾夺丰收工作。

二是加强监测预警，及时采取措施。密切关注天气变化，加强与有关部委的沟通会商，突出重点地区、主要作物、关键农时，加强气象条件对农业生产影响的预测研判，提早发布预警信息，及时调度和反映雨（雪）情、墒情、灾情及其对农业生产的影响等信息，确保各项防灾减灾措施落实到位。年初，与中国气象局就 2014 年气候年景和灾害预测预判进行专题会商，研究提出应对冬麦区春季干旱和“倒春寒”、东北地区春旱低温春涝、长江中下游地区干旱等灾害技术措施建议，并组织专家在《农民日报》就防灾减灾措施进行宣传。针对夏季可能发生的厄尔尼诺现象，制定、发布了《应对厄尔尼诺现象实现抗灾夺丰收预案》。

三是加强指导服务，推进科学抗灾。组织开展“加强指导服务再夺夏粮丰收”、“东北抗春旱春涝保春播”两大攻坚战和“强化服务科学抗灾夺取秋粮丰收行动”，分类指导、分区推进，切实抓好各项措施落实。组织专家根据不同区域受灾程度和不同作物生长发育进程，制定并下发了《黄淮海夏玉米抗伏旱保秋粮技术指导意见》、《东北受旱区玉米抗旱保丰收技术指导意见》、《东北玉米水稻大豆促早熟防早霜技术指导意见》和《南方水稻促早熟防寒露风技术指导意见》等 20 多个分区域、分作物的科技抗灾技术指导意见，先后下发 9 个抗旱抗低温防台风防干热风的通知，指导各地因地制宜地抓好抗灾措施落实。先后组派 70 多个抗灾调查组、专家组和督导组，深入粮食生产主产区、灾害发生地区，帮助和指导各地完善、落实抗灾技术措施。

四是加强宣传引导，积极争取支持。有步骤、有重点、有针对性地宣传农业防灾减灾技术措施。在关键农时季节，集中宣传各地落实农业减灾增产技术措施的好经验、好做法、好典型。在防范干旱、台风、洪涝的关键时期，广泛宣传基层防灾减灾工作和取得的良好效果。针对春耕生产中存在的突出问题，积极争取中央出台农业防灾减灾稳产增产关键技术补助政策，中央财政专项安排 42.58 亿元用于小麦“一喷三防”、集中育秧等防灾增产技术补助。积极协调财政部下拨 4.8 亿元农业生产防灾救灾资金，支持帮助灾区抗灾救灾和恢复农业生产。

全国新增 1000 亿斤粮食生产能力建设

2014 年，各地区、各部门按照《全国新增 1000 亿斤粮食生产能力规划（2009-2020 年）》（以下简称《规划》）要求，周密部署，精心组织，扎实工作，落实各项建设任务，强化科技支撑，着力抓好粮食生产能力建设，不断提高粮食生产水平，为实现全国粮食生产“十一连增”作出了重要贡献。

一 加强田间工程建设，夯实粮食生产基础

农田水利等基础设施是提升粮食生产能力的重要基础。2014 年，国家进一步加大投入力度，加快小型农田水利等田间工程建设。一是安排中央预算内投资 230 亿元左右，用于《规划》确定的大型灌区续建配套与节水改造、大型灌排泵站更新改造、田间工程、农业气象保障等项目建设。其中，安排中央投资 98 亿元，用于大型灌区续建配套和节水改造、新建灌区和大型灌排泵站改造工程建设；安排中央投资 119 亿元，用于 800 个产粮大县耕地平整、灌排渠道、小型提蓄水设施、机耕路等田间工程建设，建成高产稳产粮田 990 万亩左右。截至 2014 年年底，国家已累计安排中央投资 360 多亿元，用于《规划》田间工程及农技服务体系建设，建成高产稳产粮田 7000 万亩左右。此外，农业综合开发、国土等部门也分别安排投资 200 亿 ~300 亿元，用于中低产田改造、标准农田和土地整理等项目建设。二是针对近年建设成本上涨较多、原补助标准偏低的情况，根据《全国高标准农田总体规划》，为保持各部门同类建设项目投资标准的衔接，2014 年国家发展改革委将《规划》田间工程亩均投资标准由原来的 500 元提高到 1500 元，中央投资仍按 80% 的比例安排补助资金。农业综合开发部门将高标准农田（原中低产田改造）亩均中央投资标准由原来的 1090 元提高到 1200 元左右，提高 10% 左右。三是国家标准委会同有关部门制定和发布了《高标准农田建设通则》（GB/T30600-2014），首次明确了高标准农田建设的国家级标准规范，实现了全国技术标准和建设要求的统一，逐步构建了国家标准体系。四是加强工程建设管理，有关部门创新建管机制，抓好工程实施管理，开展了高产稳产农田上图入库工作，实行集中统一、全面动态监管。探索建立建后管护长效机制，将田间设施交由合作社、村民自治和种粮大户主体自建自管，确保长期发挥效益。吸引社会资本和市场主体参与高标准农田建设，拓宽投资渠道，妥善解决“最后一公里”问题。此外，各地也结合自身实施，努力增加地方投入，加强粮食生产基础设施建设。河南省整合相关项目资金，实施“百千万”工程，建设一批万亩方、千亩方、百亩方高标准粮田；河北省政府出台加强粮食生产能力建设的实施意见，明确了财政奖励、绩效考核等政策措施。

在各地区、各有关部门的共同努力下，《规划》实施取得了明显成效，800 个产粮大县灌排设施等农业生产条件明显改善，耕地产出能力、防灾减灾能力进一步增强，形成了一批田成方、渠相连、旱能灌、涝能排的粮食生产基地，粮食生产水平稳步提升，项目区平均亩产增加 60 公斤以上。

二 加强科研基础设施建设，增强农业科技支撑能力

加强粮食科研能力建设，依靠科技提高单产是提升粮食生产能力的重要途径。2014 年，国家继续积极支持公益性、基础性粮食科技支撑能力建设，加快水稻插秧机具装备研究创新，改善实验室、试验田和仪器设备等科研设施条件；批复启动甘肃省国家级玉米制种基地建设，编制海南省南繁育制种基地建设规划，推进四川国家级杂交水稻制种基地前期工作；继续实施种子工程建设，建成一批农作物品种改良中心、良种繁育基地、区域试验站等；实施生物育种能力建设与产业化专项，支持建设了一批种业龙头企业育种项目，布局建设了若干重大科技基础设施、工程实验室、工程研究中心和企业技术中心等农业科技创新平台。上述工程项目的实施，提升了粮食作物育种科研和良种生产能力，加快了高产、优质、广适、抗逆、抗病新品种和配套栽培技术研究，保障了粮食生产用种需要。

此外，有关部门结合相关科研计划，继续开展粮食生产重大科技攻关、粮油高产创建、现代农业产业技术体系建设，加快优良品种和先进栽培技术的推广应用。在各方面共同努力下，粮食生产的科技水平明显提升，全国粮食平均亩产达到 359 公斤，比上年略有增加，农业科技进步贡献率达到 55% 以上，耕种收综合机械化水平超过 60%。

粮食流通

一 粮食收购与销售

（一）粮食收购数量再创新高

2014 年各类粮食企业收购粮食 36490 万吨（原粮，下同），创历史新高，同比增加 2045 万吨。其中小麦 9320 万吨，同比增加 1625 万吨；稻谷 10620 万吨，同比减少 160 万吨；玉米 15495 万吨，同比增加 655 万吨；大豆 755 万吨，同比增加 10 万吨。收购量增加的原因：一是粮食继续增产、商品量增加。近年来，在政策的强力推动下，国内粮食产量实现了“十一连增”，持续创新高，农户可出售粮食增加，这是粮食收购量增加的物质基础。二是政策性粮食收购量大幅增加。国家有关部门积极完善收购政策，及时全面启动小麦、稻谷最低收购价收购预案，在东北地区和新疆继续实施临时存储玉米、小麦收购政策。在当前粮食市场价格出现“三个倒挂”的背景下，政策性粮食收购数量大幅增加。三是农户存粮数量趋降。随着粮食生产集约化发展和农村消费方式改变，粮食生产进一步向种植大户集中，农户卖原粮再买成品粮及其制品的情况越来越普遍，农户存粮数量逐年减少，更多粮食进入收购市场。

（二）国有粮食企业销售增加

2014 年国有粮食企业销售 22860 万吨，同比增加 2045 万吨。其中小麦 6125 万吨，同比减少 1500 万吨；稻谷 5585 万吨，同比增加 1150 万吨；玉米 8225 万吨，同比增加 2045 万吨；大豆 2620 万吨，同比增加 200 万吨。为保证市场供应、稳定市场价格，有效缓解粮食主产区收储压力，国家有关部门根据市场情况和调控需要，不断加大政策性粮食投放力度，全年竞价销售并组织出库最低收购价和国家临时存储等政策性粮食 5050 万吨，同比增加 1770 万吨。其中销售最低收购价小麦 1615 万吨，同比减少 790 万吨；稻谷 380 万吨，同比增加 375 万吨。销售国家临时存储小麦 10 万吨，同比减少 640 万吨；稻谷 5 万吨，同比增加 5 万吨；玉米 2805 万吨，同比增加 2805 万吨；大豆 235 万吨，同比增加 10 万吨。

二 粮食现货与期货市场发展状况

（一）粮食现货市场

2014 年，国家粮食局继续认真组织实施《全国粮食市场体系建设与发展“十二五”规划》，进一步加强对粮食收购、零售、批发市场发展的指导和支持，粮食现货市场建设取得了积极成效，实现了稳步发展。

1. 主要粮食品种现货市场运行基本平稳。2014 年，在生产成本增加以及最低收购价政策的带动下，国内稻米市场价格比上年上扬，品种间的走势略有不同，稻谷走势强于大米。国内小麦价格大致呈现

"V"字形走势，6月前，小麦行情整体稳中偏弱运行，波动幅度不大。6月后，在托市政策的带动下，新产小麦质量较好及多元主体入市抢收，小麦价格稳步上升。此外，在玉米价格的带动下，小麦价格不断上涨，8月和9月呈现阶段性供给偏紧的状态。10月后随着国家政策性小麦投放力度的加大，市场粮源有所增加，前期供给偏紧的局面得到改善。受饲料业相关替代品进口量大幅增加和深加工业利润低迷的影响，玉米饲料及工业消费呈现双双下降局面，玉米市场呈现供大于求。尽管玉米市场供大于求，但新玉米上市前大量库存掌握在国家手中，市场供应一度紧张，导致玉米价格波动幅度较大。大豆国内产需缺口较大。海关统计数据显示，2014年我国大豆进口量连续第10年增加，累计进口大豆7139.9万吨，较2013年的6337.5万吨增加802.4万吨，增幅为12.66%。由于2014年临储收购政策取消，大豆流通数量显著增加。

2. 粮食收购市场秩序良好。各级粮食部门加强粮食收购市场监管和巡查，依法严格办理粮食收购资格申请，督促收储企业严格执行质价标准和"五要五不准"收购守则，坚决防止出现农民"卖粮难"，绝不允许向售粮农民"打白条"，维护了良好的粮食收购市场秩序。截至2014年年底，全国取得粮食收购资格的经营者达92457个，其中国有及国有控股企业15163个，占16%；其他多元主体77294个，占84%。2014年，全国各类粮食企业的粮食收购量首次突破3.5亿吨，总量达36490万吨，其中最低收购价和临时收储粮食12355万吨。

3. 粮食零售业态继续稳步发展。随着城市大型购物超市、大卖场、社区便利店等新型粮油经营业态的发展，粮油产品连锁经营、物流配送向乡村不断延伸，满足了城镇居民多元消费的需求。"放心粮油"店等粮食零售供应终端网络体系进一步拓展，在粮食零售供应中发挥了重要作用。截至2014年年底，全国放心粮油示范企业总数1万余家，经中国粮食行业协会认定的示范企业1340家，其中示范加工企业1098家、示范销售店186家、示范配送中心27家、示范主食厨房9家、示范批发市场20家，这些示范企业在全行业食品安全工作中发挥了很好的示范引领作用。

4. 粮食批发市场继续保持较好发展态势。2014年，各类粮食批发市场在做好批发主营业务的同时，积极探索多元化经营模式，不断增强市场信息服务功能，取得了良好的社会效益。据初步统计，截至2014年年底，全国各类粮食批发市场数量达534家，其中商流市场97家，成品粮市场437家；粮食年批发交易量超过16500万吨，约占全社会商品流通量的42%，在组织粮食流通、保障市场粮食供应、服务国家粮食宏观调控、合理配置粮食资源、应急救灾、增加农民收入和满足居民消费等方面发挥了重要作用。商流市场发挥网上交易优势，积极组织不同地区、品种的贸易粮进场交易，不断拓展市场业务领域，逐步改变商流批发市场过多依赖政策粮交易的局面，努力实现政策性粮食交易与贸易粮交易的互补。截至2014年年底，商流市场共成交贸易粮437万吨，促进了粮食产销衔接、区域互补，为商流批发市场发展找到了一条新的路子。成品粮市场不断改进经营策略，积极调整粮食经营品种结构、拓宽粮食销售渠道、强化物流配送能力，充分发挥城市成品粮供给"蓄水池"和居民口粮"米袋子"作用，使成品粮市场呈现出稳定发展的态势。目前，国家粮食局重点联系的26家大中城市成品粮批发市场，年交易量均已占到了当地口粮的50%以上，成为当地粮油供应的主渠道。2014年，国家粮食局粮食交易协调中心正式组建，标志着规范的国家粮食交易中心系统架构基本搭建完成，全国统一粮食竞价交易平台日趋完善。通过全国统一的粮食竞价交易平台成交的政策性粮食达5267万吨，保障了粮食市场供应和价格的基本稳定，成为国家实施粮食宏观调控的有力抓手。

（二）粮食期货市场

2014 年全国粮食期货成交量 124904.79 万手，较 2013 年增长 10.77%，成交金额 420709.47 亿元，较 2013 年减少 4.34%。其中黄大豆一号期货成交比较活跃，成交量、成交金额分别比上年增加了 147.40% 和 141.31%。3 月中旬以来，菜籽粕期货市场出现了持续的震荡上涨行情，交易量不断扩大，成交量、成交金额分别比上年增加 89.58% 和 98.59%；菜籽油市场依旧弱势运行，价格震荡下滑，成交量比上年增加 9.41%，成交金额比上年减少 2.11%；其余品种则出现不同幅度下跌，其中油菜籽交易下跌幅度较大，成交量、成交金额分别比上年减少 98.53% 和 98.68%；早籼稻期货价格呈现震荡偏弱的行情走势，价格波动幅度较大，其成交量、成交金额分别比上年减少 61.91% 和 56.52%。强麦期货价格整体呈现弱势下行的走势，其成交量、成交金额分别比上年减少 64.68% 和 56.57%；普麦成交量、成交金额分别比上年减少 36.48% 和 34.33%。2014 年 7 月 8 日，晚籼稻在郑商所正式挂牌交易，2014 年晚籼稻成交量和成交金额为 10.42 万手和 59 亿元。玉米淀粉期货于 2014 年 12 月 19 日正式在大连商品交易所上市交易，玉米淀粉期货上市后，将和玉米品种形成玉米产业链品种体系，使玉米产品链品种从饲料领域进一步拓展到下游深加工领域，进一步拓展期货市场服务玉米产业和实体经济的范围和深度。

三 粮油竞价交易

（一）筹备组建国家粮食局粮食交易协调中心

为进一步规范我国粮食现货交易，更好地服务粮食宏观调控，国家粮食局党组决定将信息中心承担的竞价交易业务划入发展交流中心，申请中央编办将原国家粮食局发展交流中心更名为国家粮食局粮食交易协调中心（简称交易协调中心）。2014 年 2 月 14 日，中央编办复字〔2014〕11 号文件批复同意更名，明确交易协调中心主要负责搭建政策性粮交易网络平台、协调政策粮交易和出库、开展交易资金结算服务等工作。

设立交易协调中心是深化粮食流通体制改革的一项重要举措，旨在通过搭建以交易协调中心为龙头、各省级国家粮食交易中心为依托的全国统一粮食竞价交易体系，销售国家政策性粮食的同时，引导和鼓励社会贸易粮进场交易，可以促进粮食竞价交易工作制度化、规范化，充分发挥交易市场配置资源作用，稳定粮食市场价格，保障粮食市场供应，更好地服务国家粮食宏观调控。

（二）国家临时存储粮食竞价交易工作顺利开展，为稳定国内粮食价格发挥积极作用

全年成功举办 302 次国家政策性粮食竞价销售交易会，累计销售国家临时存储粮食 5267 万吨，其中：小麦 1630 万吨，大豆 249 万吨，稻谷 423 万吨，玉米 2965 万吨，约占我国大宗商品粮流通数量的 13%。统一平台可以快速传导出国内粮食现货价格的异常波动，有关部门通过竞价交易成交量及成交价的变化，能随时掌握现货行情，及时调整临储粮食的投放数量，有效改善市场供需状况，宏观调控意图短期内即可实现。

（三）大力开展地储竞价交易系统的推广应用

18 家统一平台联网市场先后开通了地方储备粮食竞价交易系统。2014 年共有 15 家市场应用系统先后成功举办了 358 次地方粮食电子竞价交易会，累计成交 368 万吨，其中 323 次竞价销售交易会累计成交 319 万吨，35 次竞价采购交易会累计成交 49 万吨。统一竞价交易系统与地储系统之间会员信息相通，提高了全国粮食统一竞价交易系统利用率，同时也极大地方便了交易商户，降低了交易成本。

（四）积极做好国家粮油交易中心网站维护和信息发布工作

以高度的责任心准确及时地发布交易相关信息，努力维护网站平稳运营，确保用户正常登录。全年累计发布各类粮油现货交易信息2605条，其中政策性粮油交易信息1436条；累计访问量311261次，浏览量1517026次，日均4256次。

（五）《粮食批发市场统一竞价交易管理规范》国标项目进入报批阶段

2014年4月，《粮食批发市场统一竞价交易管理规范》国家标准文本经多次讨论修改，形成最终报批稿，报送国家标准化管理委员会审批。该国家标准的制定将推动我国粮食现货电子竞价交易向前迈进一大步。

粮食调控

一 认真抓好粮食收购，农民利益得到有效保护

（一）粮食收购量创新高

近几年我国粮食生产连获丰收，商品率不断提高，2014 年部分主产区收储矛盾十分突出。各地高度重视，按照全国夏季粮油、秋粮收购工作会议要求，以保护好农民利益为出发点和落脚点，科学研判粮油供求形势，及时安排部署，加强业务指导，积极督促企业严格执行国家粮食收购政策，充分发挥国有粮食企业的主导作用和各类市场主体的积极作用，收购工作进展顺利。各地认真落实国家粮食收购政策，督促所有粮食企业严格执行“五要五不准”收购守则，确保中央涉粮惠农政策落实到农民身上。2014 年各类粮食企业共收购粮食 36490 万吨，再创历史新高。通过提价托市、优质优价、帮助农户整粮减损等措施，促进种粮农民增收 550 亿元以上。

（二）政策性粮食收购成效显著

国家粮食局会同有关部门修改完善并及时公布 2014 年小麦、早籼稻和中晚稻最低收购价执行预案，大力简化启动程序，督促各地合理布设收购网点，强化督促检查，狠抓贯彻落实，较好地满足了农民售粮需要。河南等 5 省、江西等 5 省区和湖南等 10 省分别启动了小麦、早籼稻和中晚稻最低收购价执行预案，新疆启动了小麦临储收购，湖北等 14 省区、黑龙江等 4 省区分别启动了油菜籽、玉米国家临时收储，新疆、浙江、福建等省区还组织开展了行政区内粮食托市收购。在中晚稻和玉米托市收购中实行“四共同”原则，探索尝试增加收储执行主体，明确生霉粒超标玉米收储操作原则和办法，确保收购工作顺利进行，促进了农民增产增收，保护了农民利益。

二 综合施策保障供给，粮油市场保持总体稳定

重点时段和重点地区粮食市场供应保障有力。提前安排部署“两节”和“两会”期间等重点时段，自然灾害易发地区、退耕还林地区、水库移民区等重点地区粮油供应工作，维护市场稳定。在“威马逊”台风，鲁甸、景谷、康定地震发生后，海南、云南、四川等地粮食部门响应迅速，应对及时，全力做好救灾粮油粮源筹集、加工、调运、供应等工作，有效保障了军需民食和市场供应。

三 强化储备和应急管理，综合保障能力进一步提高

（一）地方储备库存继续增加

国家有关部门研究提出了地方粮食储备增储方案，并经国务院批准后下达各地。各地积极落实地方储备粮增储计划，14 省（区、市）率先完成先期下达的地方储备粮增储计划，2014 年末全国地方

粮食和食用油储备库存同比分别增长 2.8% 和 3.7%，地方政府调控市场的能力继续增强。部分地区有针对性地增加了成品粮油储备，36 个大中城市小包装成品粮油应急储备进一步增加，应急应灾快速反应物质基础进一步增强。

（二）储备粮油轮换总体顺利

及时下达 2014 年度中央储备粮油轮换计划，安排中央储备粮跨省轮换和品种串换，优化了库存布局和品种结构，确保了中央储备粮质量良好、储存安全。各地积极应对市场形势变化对储备轮换带来的不利影响，探索实施订单收购、成品粮油滚动轮换等运作模式，认真抓好地方储备粮油轮换工作，较好地发挥了储备粮油吞吐调节作用，保障了储备粮油质量安全。

（三）粮食应急工作稳步推进

各地按照国家粮食局的统一要求，结合本地实际大力推进，粮食应急保障体系建设取得新的进展。天津、江苏、青海等省市修订完善了省级粮食应急预案；山东、福建、湖北、西藏等地积极争取财政资金支持，有力保障应急体系建设和培训演练各项工作开展；安徽等省突出好中选优、重点扶持，着力打造“堡垒型”应急骨干企业和网点，确保关键时刻靠得住、调得动、顶得上。

粮食流通体制改革

2014 年是我国全面深化改革元年。各级粮食部门深入贯彻落实党的十八大和十八届二中、三中全会精神以及中央关于粮食工作的重要战略决策，按照全国粮食流通工作会议的部署，凝心聚力，开拓创新，蹄疾步稳推进粮食流通领域各项改革。

一　贯彻中央精神，全面部署粮食流通改革工作

2014 年 1 月，国家粮食局召开全国粮食流通工作会议。会议强调要以全面深化改革总揽粮食流通工作全局，认真贯彻全国粮食安全战略，进一步做好“广积粮、积好粮、好积粮”三篇文章，稳中求进、改革创新，守住底线、加快发展，切实保障粮食安全，并对 2014 年粮食流通改革作了专题部署。

2 月，按照中央全面深化改革领导小组的要求，国家粮食局成立了由局党组书记、局长为组长的全面深化改革工作领导小组，制定了领导小组工作规则和 2014 年全面深化改革工作方案，决定全面启动和重点推进“5+1”改革。“5”是涉及全国粮食行业的“五项改革”，即深化粮食流通管理体制改革、粮食市场调控和储备管理机制改革、粮食行业发展机制和国有粮食企业改革、粮食行政管理机制改革和粮食流通统计制度改革，“1”是局机关工作制度和运行机制改革。

二　强化顶层设计，深入研究提出粮食流通改革举措

国家粮食局坚持问题导向，深入调查研究，加强沟通协调，积极稳妥推进“5+1”改革，取得了明显成效。一是关于深化粮食流通管理体制改革。经多次修改完善，2014 年年底，国务院印发实施了《关于建立健全粮食安全省长责任制的若干意见》，进一步明确了省级人民政府在粮食安全方面的事权和责任，实现了理顺粮食流通管理体制的新突破，为全面深化粮食流通体制改革奠定了重要的制度基础。二是关于粮食市场调控和储备管理机制改革。形成了包括政策性粮食购销机制、地方储备粮管理机制和中央储备粮监管体制机制改革三项内容的工作方案。其中地方储备粮管理机制改革方面，经国务院批准，印发了《关于进一步增加地方粮食储备规模的通知》，要求各地按照国务院第 52 次常务会议精神，落实地方粮食储备规模。三是关于深化粮食行业发展机制和国有粮食企业改革。印发了《深化粮食行业人才体制改革的实施意见》，明确了行业人才体制改革的目标、任务和具体措施。起草了《推进粮食科技改革和创新的意见》，并在全国粮食科技创新大会征求了意见。积极指导各地按照“一县一企、一企多点”为主的模式稳步推进国有粮食企业产权制度改革，积极发展粮食混合所有制经济。四是关于深化粮食行政管理机制改革。研究制订了改革工作方案，认真清理并及时向社会公布粮食行政审批事项。五是关于深化粮食流通统计制度改革。印发《粮食流通统计制度改革实施意见》和《国家粮食流通统计制度（2015–2016 年度）》，实行统计归口管理，大幅精简统计指标，整合优化统计报表，积极推进企业网上直报和“一企一表”。六是关于深化局机关工作制度和运行机制改革。印发了《关

于深化机关工作制度和运行机制改革的意见》，进一步创新和完善机关工作制度，改革机关工作运行机制，理顺内部职能，转变工作方式，改进工作作风，提高工作质量和效率。

三 坚持因地制宜，各地积极推进粮食流通改革

各地粮食部门认真贯彻落实党中央全面深化改革的战略决策和全国粮食流通工作会议精神，从实际出发创造性地开展工作，在实践粮食流通各项改革方面取得了实效。一是完善落实粮食安全责任。山西、云南、广东等省将粮食安全责任全面纳入各级政府目标责任考核体系，浙江、宁夏、广西、湖南、辽宁、江苏等地分别采取逐级签订粮食安全责任书、建立粮食安全监督考核机制等办法，全面落实粮食安全责任。二是积极探索粮食收储和储备管理机制改革。北京、上海、福建、广东等地加快域外粮源基地建设，加强与粮食主产区产销合作关系。山西、江西、重庆等地在继续发挥国有粮食企业主导作用的基础上，鼓励和引导符合条件的多元市场主体参与政策性粮食收储。江西、山东、云南等省积极探索建立动静态结合的地方储备粮管理制度。三是稳步推进国有粮食企业改革。基层国有粮食企业产权制度改革积极推进，“一县一企、一企多点”改革模式取得实效，安徽、湖北、黑龙江、四川等地粮食行业混合所有制经济发展势头良好，全年国有粮食企业统算盈利65.5亿元，连续8年保持盈利。农民社区粮行、大众主食厨房、放心粮油超市、粮油电商网购等新型产业模式和经营业态快速发展，吉林、河北、江苏、浙江、河南、重庆、陕西、青海、新疆等17个省（区、市）发展“粮食银行”350家。四是深入推进粮食行政管理机制改革。北京、上海、浙江、安徽、山东粮食局制定公布行政权力清单，规范简化行政审批程序，湖北省全面解除粮食企业与各级粮食局的依附关系，各地粮食行政管理部门大力推进政企分开，职能转变取得实效。五是扎实做好粮食流通统计制度改革。山东、四川等省加快信息技术的应用，开发统计监测软件，有效提高工作效率。贵州省进一步扩大统计覆盖面，把各市州较大的粮油批发市场全部纳入主要市场购销统计范围，做到应统尽统，切实提高统计数据的准确性。

国有粮食企业经营管理与改革

2014 年，面对错综复杂的粮食市场形势，各级粮食部门加强对国有粮食企业经营管理工作的指导，不断推进国有粮食企业改革，取得了良好成效。

一 积极协调落实财税金融政策

2014 年，各级粮食财会部门积极争取财税、金融等政策，增强了企业活力，支持行业发展。国家粮食局协调财税部门出台了《关于免征储备大豆增值税政策的通知》，减轻了企业税负，认真落实玉米深加工企业出口退税政策，提高了相关产品的国际竞争力。各地也积极跟踪了解企业财税政策执行中存在的困难和问题，主动与有关部门沟通协调并及时解决，较好地落实了对储备企业免征房产税和土地使用税等政策。同时，积极协调农发行，确保政策性收购资金正常供应，并探索多渠道筹集经营性收购资金，为企业经营发展创造了良好环境。

二 加强国有粮食企业经营管理指导

各地加强对国有粮食企业经营的指导力度，拓宽融资渠道，规范会计核算，加强经营管理，企业活力增强。国家粮食局印发了《粮食行业执行会计准则有关粮油业务会计处理的规定》，指导企业规范会计核算，并组织编写了《粮食企业会计实务操作手册》，举办了粮食财会人员培训班，培训省级粮食部门和企业会计主管人员 150 人。一些省份结合本地实际，制定了企业目标管理考核办法，把企业扭亏增盈任务目标层层分解并作为粮食省长负责制的考核内容，对提高企业经济效益发挥了积极作用。据统计，2014 年全国国有粮食企业统算盈利 65.5 亿元。

三 地方国有粮食企业改革不断深化

一些省份出台了目标明确、措施可行的改革文件，大力推进国有粮食企业兼并重组，积极实施“一县一企、一企多点”等产权制度改革模式，促进了企业资产集中度提高，国有粮食企业结构布局不断优化，竞争能力有所增强。同时，一些地方积极发展混合所有制粮食经济，通过实施股权多元化改革，进一步完善粮食企业公司治理结构，增强了企业活力。据统计，截至 2014 年年底，全国国有粮食企业总数 1.2 万个，国有粮食企业职工 41.1 万人。各级国有粮食企业积极服务粮食宏观调控，有力地促进了农民增收，维护了市场稳定。

四 国有粮食企业经营机制不断转换

国有粮食企业积极向粮食生产和深加工环节延伸产业链条，加强产业化经营，提高粮食经济效益和质量。一些地方还探索农民社区粮行、大众主食厨房、放心粮油超市、粮油电商网购等新型产业模式和经营业态。为指导各地转变粮食经营方式，更好地服务“三农”，国家粮食局下发了《国家粮食局关于积极稳妥推进“粮食银行”健康发展的意见》，提出了重视风险防控、加强指导和监管的有关措施，一些地方也结合当地实际，制订了配套实施方案。

粮食流通监管

一　中央储备粮代储资格认定

2014 年，国家粮食局对《中央储备粮代储资格认定办法实施细则》（2010 年第 8 号公告）进行了修订，以国家粮食局公告（2014 年第 1 号）形式向社会发布。此次主要修订内容：一是对中央储备粮代储资格认定受理实行“在地管理”，将中央企业代储资格申请受理工作纳入地方统一管理；二是将认定时间由原来每年 5 月、10 月两次调整为每年 5 月仅一次；三是在“中央储备粮代储资格认定审核标准”中增加了“安全生产”审核指标，以促进企业强化安全管理措施。

根据中央储备粮代储资格认定工作的有关规定，国家粮食局于 2014 年 5 月如期开展了第 19 批中央储备粮代储资格认定、资格延续及资格事项变更工作。同时，取消了部分违法违规企业的中央储备粮代储资格。

（一）2014 年中央储备粮代储资格认定情况

1. 新申请及补充申请情况。2014 年，共有 233 户企业提出了新申请或补充申请，通过审核 147 户，通过率为 63%。其中，粮食类通过审核企业 131 户，取得资格仓容 670 万吨；油脂类通过审核企业 16 户，取得资格罐容 31 万吨。

2. 资格延续情况。2014 年，共有 186 户企业提出了延续申请，通过审核 155 户，通过率 83%。其中，粮食类通过审核企业 135 户，延续资格仓容 1205 万吨；油脂类通过审核企业 20 户，延续资格罐容 39 万吨。

3. 资格企业变更情况。2014 年，共有 88 户企业提出了资格条件变更申请，73 户企业通过了审核，通过率 83%。变更的主要事项为企业名称、法定代表人、仓容、仓号等。

（二）全国中央储备粮代储资格企业及资格仓（罐）容情况

截至 2014 年年底，全国共有 2178 户企业取得代储资格。其中：粮食类企业 1973 户，资格仓容 1.06 亿吨；油脂类企业 205 户，资格罐容 358 万吨。与 2013 年相比，新增资格企业 92 户、资格仓容 670 万吨、资格罐容 31 万吨。

（三）取消部分企业中央储备粮代储资格情况

2014 年中央储备粮代储资格认定结果公示期间，有举报信反映安徽省“宿州市汇谷粮油储备有限公司”、黑龙江省“黑龙江象屿农业物产有限公司”和“佳木斯市大众粮油有限公司”申报材料弄虚作假。经现场核查，举报反映情况基本属实。国家粮食局按照有关规定，依法按程序注销了上述 3 户企业的中央储备粮代储资格。

二　粮食流通监督检查

2014 年，全国粮食监督检查工作深入贯彻党的十八大和十八届三中、四中全会精神，认真落实全国粮食流通工作会议决策部署，深入开展“监管能力提升年”活动，紧紧围绕粮食工作大局，依法开展监督检查，切实维护市场秩序，确保国家粮食宏观调控政策措施落实，各项工作取得了新进展、新成绩，为深化粮食流通领域改革、全面推进依法治粮、推动实施国家粮食安全新战略作出了积极贡献。

（一）围绕粮食收购狠抓督导检查，保护了种粮农民利益

在粮食产量“十一连增”、主产区粮食收储矛盾突出的情况下，各地粮食部门认真落实国务院第52次常务会议精神，围绕“抓收购”中心工作，狠抓督导检查，坚持检查与收购工作同时部署、同步开展。国家粮食局领导亲自带队赴10余省份，督导检查小麦、早籼稻最低收购价和油菜籽临储政策落实情况。秋粮上市后，又对10余省份秋粮收购检查进行督导。针对国家政策性粮食监管面临的一些问题，国家粮食局会同有关部门下发了《关于进一步加强2014年小麦和早籼稻最低收购价政策执行和监管工作的通知》，明确了地方粮食行政管理部门的监管责任，基本落实了监管经费来源，为夯实粮食安全省长责任制打下了扎实基础。

各地粮食部门和有关央企不断加大对粮食收储企业执行国家粮食收购政策和“五要五不准”收购守则情况的监督检查。安徽省开展了事前不打招呼的“飞行检查”，对发现的问题立查立改。江苏、广东等省粮食局联合工商、物价等部门开展了粮食收购市场专项督查。中储粮总公司对2013年国家临储玉米和大豆储粮安全隐患和资金管理风险进行全面排查。各地还对粮食收购中“打白条”、压级压价等行为进行了严肃查处，初步统计，全年共查处了39起拖欠种粮农民售粮款案件，涉及农户1352户，涉粮金额4837.5万元，涉案粮食数量2.1万吨。通过强化收购政策执行的检查力度，较好地保护了种粮农民利益，没有发生大范围的“打白条”和农民“卖粮难”问题。基本做到了应收尽收，库存充裕，为国家粮食安全打下了扎实的物质基础。

（二）坚持问题导向开展粮油库存检查，增强了以整改促管理的效果

针对政策性粮食库存大、管理任务重的实际状况，2014年上半年，国家有关部门组织各地扎实开展了全国粮食库存检查，其中10省（区、市）接受国家委托，对行政区内中央储备粮库存实行在地检查。河南采取现场抽签、安徽利用电脑程序随机确定复查地区和企业，提高了公信力和复查效果。下半年，国家又组织5省粮食局对区域内临储油库存进行了专项检查。通过检查，各地发现中央和地方事权粮食库存管理问题757个，临储油库存管理问题51个。对发现的问题，国家粮食局分别向中储粮总公司和地方粮食行政管理部门下达了书面整改通知，督促严肃整改，达到了“以检查促整改、以整改强管理”的目的。

（三）不断加大“出库难”问题治理力度，确保了市场粮食有效供给

各级粮食部门和有关央企顾全大局，把治理“出库难”问题作为稳定市场、保障供给的一件大事来抓。在国家粮食局的充分协调督促下，中储粮总公司合理安排政策性粮食竞价销售库点，及时公布销售标的，强化出库管理。各地粮食部门也严格督促粮食收储企业认真履行出库义务，严格执行国家粮食质量标准，积极协调妥善处理商务纠纷，加大监督检查力度，力争快出库、多腾仓。各级粮食部门针对问题突出地区和企业，加大督导力度，强化超标小麦销售出库难问题整治，坚决查处在粮食销售出库中设置障碍、阻挠出库、乱收费用等行为，确保成交粮食及时顺畅出库。河南省整治出库难问题力度空前。河北省对政策性粮食竞价销售出库实行全程监控，监管人员名单报省粮食局备案。安徽、湖北、湖南、江西等省分别对真菌毒素超标小麦、重金属超标稻谷的销售出库实施了严格监管，严防不达标粮食流入口粮市场。这些工作对净化市场，顺畅流通，保障供给发挥了重要作用。

（四）集中开展“转圈粮”专项整治行动，规范了政策性粮食收储行为

在粮食新陈价差不断拉大的情况下，“转圈粮”问题在一些地方死灰复燃。为坚决有力整治这一顽疾，按照国务院领导同志的批示要求，各级粮食部门集中开展了“转圈粮”专项治理。国家粮食局在深入剖析历年“转圈粮”典型案件基础上，梳理“转圈粮”的主要操作手法，提出有针对性的检查方法。不少地方粮食部门和中储粮系统精心组织，细化整治措施，落实检查责任，扎实有效检查。如安徽省对部分企业实施突击检查，对个别批次销售出库的陈粮实行重点跟踪，辽宁省建立“转圈粮”整治工作信息月度报告制度。各地还督促有关粮食批发市场加强竞买资格审核，加强竞价成交信息沟通，防止拍卖出库的陈粮“转圈”进入政策性粮食库存。通过半年时间集中整治，共检查粮食收储库点16000余个，对发现的趋势性、苗头性问题及时给予了纠正处理，“转圈粮”举报案件数量明显减少。在此基础上，各地进一步完善了“空仓验收”、“库存陈粮登记”、竞买企业签订诚信承诺书等制度，严格落实储备粮轮换台账制度，注重从源头上防止“转圈粮”问题的发生。

（五）开展社会粮食流通监督检查，维护了粮食市场正常秩序

各地粮食部门结合本地实际，围绕粮食收购资格、统计制度、粮食质量、最低最高库存制度、仓储设施及运输工具等内容积极开展监督检查，配合工商、质检、价格等部门开展粮食市场检查。天津市在核定全市粮食收购、销售和加工企业最低最高库存量的基础上，对具有进口配额的粮食经营企业执行最低库存量制度情况进行了核查。宁夏回族自治区在企业工商年检改为年报制度后，对全区粮食收购许可资格进行年审，审核结果在《宁夏日报》进行公告。河南省开展了军粮供应专项检查，确保军粮供应质量。上海市开展了本市帮困粮油质量卫生抽查，切实保障居民食用安全。据统计，2014年各地累计开展各类检查8.2万次，出动人员36万人次，检查企业27.8万个次，查处纠正违法违规问题1万余例，较好地维护了社会粮食流通的正常秩序。

（六）开展国家粮仓清查和地方储备粮规模调查，为宏观调控提供了重要的决策依据

按照国务院第52次常务会议要求，各地克服时间紧，清查粮仓数量大、范围广、情况复杂等困难，扎实开展清查，摸清了空置粮仓，特别是国家有关部门多年来一直未掌握的死角仓、需维修仓和待报废仓的仓容及使用情况，及时反映了部分地区“危仓老库”比例较高、粮仓管理制度滞后等突出问题，为国家实施粮食促销减库、建仓扩容、跨省移库、产销衔接等调控措施，建立粮食仓储设施保护制度提供了重要的参考依据，也为当前正在开展的粮食仓储设施全面清查积累了经验。此外，各地结合全国粮食库存检查，对地方储备粮规模进行了摸底调查，基本掌握了地方储备粮规模到位的实底，为分解落实国务院确定的新增500亿斤地方储备规模提供了参考依据。

（七）依法依规严厉查处涉粮案件，震慑了违规违纪行为

2014年各地高度关注网络舆情，畅通举报投诉渠道，及时受理群众举报，依法立案并组织查处10095例涉粮案件，国家粮食局受理和直接查办案件比2013年增加了1倍以上。这些涉粮案件反映的违规问题主要集中在粮食购销政策、粮食统计制度、托市粮销售出库、粮食库存管理、粮食质量等方面。对查实的举报案件，各地进行了严肃处理，其中责令改正6254例，警告1821例，暂停或取消粮食收购资格678户，罚款1164例。对查办过程中发现的有关粮食企业负责人违规违纪等问题线索，及时移交有关部门处理。总体看，涉粮案件办理的时效性进一步提高，直接查办力度进一步加大，案件管理工作进一步规范，案件查办的警示和震慑作用进一步发挥，有力地维护了流通秩序，规范了经营行为，推动了粮食政策措施的更好落实。

（八）组织开展“监管能力提升年”活动，促进了监督检查工作整体水平的提高

国家粮食局制定印发了《全国粮食系统“监管能力提升年”活动指引》，明确了工作目标和推进措施。各地结合本地实际，扎实有效开展工作。这项活动的开展，对巩固监管体系、创新监管手段、提升监管能力，都发挥了较好作用。

一是体系建设有了新发展，监督检查机构、人员保持稳定。截至 2014 年年底，市（地）级、县级粮食行政管理部门内设监督检查机构分别为 308 个、1913 个，比重分别占 90%、77%。成立粮食执法队 1680 个，其中市（地）级 159 个，县级 1521 个。粮食行政管理部门具有行政执法资格人员共计 24016 人，落实监督检查工作经费共计 10271 万元。各地继续开展全国粮食流通监督检查示范单位创建活动，确定了第四批全国粮食流通监督检查示范单位 57 个，累计 223 个。

二是监管手段有了新突破。在国家粮食局统一安排下，试点省份和地区、相关企业积极开展库存识别代码试点，探索建立粮食库存全程动态监管和追溯的信息平台。各地已对 6.6 万户粮食企业建立了监督检查信息档案，基本实现日常管理的电子化。河南、江西等省开通监督检查微信公众平台，接受群众举报投诉，发布相关执法信息。吉林省 80% 以上的县市都开通了粮食库存网络监管可视平台，新疆、广东等省区运用远程视频监控系统实时监控粮油库存。浙江省落实财政资金 1768 万元，为各市、县配置粮食重金属快速检测仪器 68 台。安徽省粮食局会同省工商局联合制定了《安徽省粮食经营活动守法诚信评价实施细则》；江苏省在信用体系建设中完成 5846 家粮食企业、70.15 万条信息的记录归集工作；江西省对全省 2201 家粮食企业和个体工商户开展了守法诚信经营评价并在政务网公布了评价结果。这些工作为今后建立粮食行业信用体系打下良好基础。

三是监管能力有了新提升。国家粮食局在充实粮油库存检查专业人才库的基础上，先后举办了两期培训，提高了库存检查专业人员的政治素质和业务能力，在年度粮油库存检查和重大案件核查中发挥了重要作用。山西、吉林、黑龙江、江苏等省建立了省级重点案件核查人才库，吉林省对全省 500 多名执法人员进行了年度综合执法培训及考核。浙江省实施“11528”人才兴粮培训工程，组织粮食行政执法培训班 6 批次，培训人员 667 人。苏鲁豫皖四省八市、黑吉辽冀蒙五省区建立了粮食监督检查协作机制，强化信息共享，开展联动协查，实现协防共管。此外，各地还开展粮食流通监督检查证件集中清理，进一步加强对执法人员的日常管理。

三　粮油标准化与质量安全监管

（一）粮油标准化工作

2014 年，国家粮食局紧紧围绕国家粮食安全中心工作，强化政策性粮食收购执行标准力度，不断完善粮油标准体系，进一步健全粮油标准化工作机制，国际标准化活动能力显著增强，粮油标准化工作水平得到全面提升。

1. 发挥标准的政策性和导向性作用，确保收购粮食质量安全

一是及时解决东北地区玉米生霉粒超标等质量异常问题。为东北地区玉米收购工作早做准备，2014 年 9 月，国家粮食局即下发通知，要求东北及内蒙古地区做好 2014 年玉米农户科学储粮、减少产后损失的宣传活动，减少“地趴粮”，增加农民种粮收入。11 月底，东北地区部分省份反映，受天气影响当年玉米生霉现象较为普遍，超标率较高，影响国家临储玉米收购的正常启动。国家粮食局

积极协调解决东北地区生霉玉米收购问题，与国家发展改革委等部门赴黑龙江省进行实地调研，会同有关部门向国务院上报了《国家发展改革委关于妥善解决东北地区生霉粒超标玉米收购有关问题的请示》（发改粮食〔2014〕2784 号），并起草了相关收购方案，经国务院同意，国家发展改革委、国家粮食局等五部门联合下发紧急通知，使东北生霉玉米收购问题得到及时解决，有效保护了农民的利益。

二是妥善解决新疆临储小麦收购问题。2014 年 8 月，中储粮总公司、新疆维吾尔自治区粮食局相继向国家粮食局反映，新疆高寒地区的新收获小麦中大麦、燕麦、青稞等异种粮粒较多，因无法清理达标，导致小麦杂质超标影响收购工作。对此，国家粮食局专门召集有关单位和专家召开研讨会，专题研讨和论证异种粮粒对小麦加工品质和销售的影响等有关问题。根据专家的论证结果，与财政部等有关部门沟通协调，合理调整了新疆高寒地区临储小麦收购标准。

三是做好标准宣贯工作，加强标准执行情况监督检查。各级粮食行政管理部门利用各种宣传手段，广泛宣传标准和质价政策，指导农民开展场院科学储粮，减少产后质量下降带来的损失。在粮食收购现场，做到“标准上墙，政策上榜，标准样品上台”，让农民切实了解国家粮食收购政策、质量标准和收购价格，避免压级压价等现象发生。与人大代表、管理部门和收储企业进行沟通交流，通过电视、广播等新闻媒体，广泛宣传国家标准和粮食收购政策。各级粮食行政管理部门，采取各种形式明察暗访，检查收购一线执行政策和国家标准情况，及时发现和纠正存在的问题，保证国家标准和政策的有效执行。

2. 以保障国家粮食安全需求为核心，进一步完善粮油标准体系

配合“粮安工程”、节粮减损等重点工作，统筹安排行业亟须的粮油标准制修订。2014 年共发布标准 37 项，其中《粮油储藏技术规范》等国家标准 6 项，《牡丹籽油》、《挂面》等行业标准 31 项。报批《玉米储存品质判定规则》等国家和行业标准 19 项。组织审定国家标准和行业标准 61 项。下达粮食收购、快检技术、粮食仓储、木本油料、适度加工等行业标准制修订计划 66 项，向国家标准委申报标准计划项目 83 项。全力推进木本油料、露天储粮技术规程、进口大米粒型分类等重点标准的制修订。积极参与涉及粮食的食品安全标准制修订工作。

同时，针对当前粮食收购中存在的突出问题，有针对性地开展标准研究和标准后评估工作。组织开展了适用于稻谷收购的重金属镉快速测定技术的标准适用性评估，X- 荧光、原子荧光、原子吸收、阳极溶出等新技术评估，为解决收购环节重金属检测把关提供了技术支撑。对玉米色变粒产生机理和归属检验、玉米生霉粒检验尺度、冰冻高水分玉米容重测定、真菌毒素快检技术等进行研究，较好地解决了粮食收购质量把关问题。

3. 创新工作体制机制，构建粮油标准科学管理框架

一是完成全国粮油标准化技术委员会换届工作。在第一届全国粮油标准化技术委员会框架下，国家粮食局根据当前粮油标准化工作的实际，结合换届积极扩大相关部门和行业的粮油标准参与程度，成立了第二届全国粮油标准化技术委员会。新一届委员由相关部委、科研院所、院校、粮食管理、质量检验、大型企业的 84 人组成，使粮油标准化专家队伍进一步壮大，人员、专业结构更加合理，为进一步提高粮油标准科技水平和工作效率提供了组织保障。

二是构建国家粮油标准研究验证测试体系。为改变粮油标准研究验证测试能力不足，力量分散，工作不系统不规范等问题，国家粮食局从现有科研、院校、质检机构和大型企业中，遴选公布了 77

家机构作为国家粮油标准研究验证测试机构。这些机构承担了大量标准制修订验证工作，对保证新标准的科学性和规范性，促进粮油标准制修订水平的提高起到了重要作用。

（二）粮食质量安全监管

2014 年，各级粮食部门紧紧围绕粮食流通工作中心任务，按照确定的粮食质量安全重点工作的部署，积极开展监管工作，认真履行监管职责，推进依法治粮，为确保粮食质量安全作出了新的贡献，圆满完成了各项任务。

1. 积极完善粮食质量安全制度体系

国家粮食局制定印发了《国家粮食局粮食质量安全事故（事件）应急处置预案》，旨在构建统一指挥、反应灵敏、保障有力、运转高效的粮食质量安全突发事故（事件）应急体系。完成《粮食质量监管实施办法（试行）》和《关于执行粮油质量国家标准有关问题的规定》的修订工作，已按程序报有关部门。完善粮食质量安全监管工作评估考核机制，对 2013 年全国粮食质量安全工作进行了全面考核。

各地进一步完善当地粮食质量安全管理规章制度。广东修订了《广东省粮食安全责任考核办法》，印发了《关于进一步加强粮食质量安全监督管理工作的通知》，将重大粮油质量安全事故、粮食质检体系建设、粮食质量抽检工作等纳入考核内容，明确各级政府及相关部门的监管职责。湖北出台了《湖北省地方储备粮质量管理办法》、《湖北省粮食流通监督检查实施细则》及《关于加强地方储备粮联合监管的意见》等文件，完善了储备粮管理制度，明确了各部门质量监管职责，加大了市场监管力度。河南印发了《2014 年全省粮食流通工作责任目标管理考评办法》，各级粮食部门与同级政府、直属粮食企业都签订了《目标责任书》，将粮食质量监管工作列为共性目标。安徽出台了《关于进一步落实省级储备粮监督管理责任的意见》，推动监管重心下移。青海制定了《青海省粮食质量安全检验监测体系管理实施细则》。北京编制了《关于加强本市原粮及政策性用粮质量监管工作的意见》。内蒙古制定了《内蒙古自治区地方储备粮巡查制度》。河北、黑龙江、安徽、宁夏等省区印发了省级应急预案。

2. 切实加大粮食质量安全监管力度

一是稳步推进粮食质量安全专项监测检查。2014 年，各级粮食部门切实抓好收获粮食质量安全监测和库存粮食质量安全检查专项工作。国家粮食局部署全国采集和检验新收获粮食和油料样品 1.2 万份，对小麦、稻谷、玉米、大豆和油菜籽的常规质量、内在品质、主要食品安全指标进行全面监测，监测结果通报有关部门，实现信息共享，共同保障粮食质量安全。部署在全国 31 个省份 645 个粮食存储企业抽检样品 2274 份，代表数量 444 万吨，获得库存粮食的质量、储存品质等检验数据 5.1 万个。通过专项检查，及时掌握了库存粮食质量总体情况，对个别库点存在的储粮安全隐患采取了有效措施进行消除，对存在质量安全问题的粮食进行了妥善处置，防止不符合食品安全标准的粮食流入口粮市场。

湖南、江苏、湖北、云南、辽宁、贵州、山东、黑龙江等省在完成国家粮食质量安全监测任务基础上，通过扩大采样量强化地方监测。据统计，各级粮食部门累计采集监测样品 8276 份，获得检验数据 11.6 万个，全面掌握 2014 年新收获粮食质量安全状况。

有关省份继续加强质量调查和品质测报工作，及时将调查测报结果通过媒体、网站等各种途径向农户、消费者、企业发布，促进优质粮食品种种植结构调整和产销衔接。辽宁、吉林、黑龙江、江苏、河南、广东、陕西等省粮食局及有关市粮食局专门编制了质量报告，发布公众信息。云南、重庆、贵州、西藏等省区，积极主动自行开展了质量调查和品质测报工作。

二是突出抓好政策性成品粮油质量安全监管。在做好原粮质量安全监管工作的同时，各地粮食部门对政策性成品粮油质量安全监管力度也明显加强，通过专项检查、随机抽查和日常抽检等多种方式，保障“放心粮油”及军供粮、救灾粮等政策性成品粮的质量安全。山东“放心粮油”工程列入省委、省政府一号文件，省财政投入专项资金，加强对放心粮油质量安全的监管；青岛市在粮油批发市场设立“驻场检验”，实现场站有机结合，每年检测市场粮油产品近万份，充分发挥了检验机构服务社会的作用。陕西省粮食局继续落实省政府放心粮油全覆盖工程要求，2014 年划拨专项经费 572 万元作为质量抽检费用，切实服务保障三秦人民；西安市粮食局还承担了“放心馒头”、“放心豆制品”等工程任务。湖北印发了《关于加强全省“放心粮油”产品质量控制的意见》，推行放心粮油、应急供应、军粮供应、粮情监测“四位一体”的放心粮油市场体系，地市粮食部门与当地相关部门联合执法，抽检市场样品 1000 余份；武汉市针对相关媒体报道，主动开展库存粮食转基因排查检测，并及时向社会通报了排查情况。福建省粮食局配合有关部门开展国家“餐桌污染”专项检查，对在售粮油产品质量安全进行了抽查监测，抽检市场米面油样品 2217 批次。江苏镇江市粮食行业协会与市质检所、消协、放心消费创建办等单位共同发起成立了镇江市放心粮油比较试验基地，首次对流通领域的大米进行了质量比较试验。吉林部分市县粮食局与当地食安办合作或作为食安办的承检机构，承担“放心粮油”检测工作。上海市开展“帮困粮油”指定供应点产品和较大规模粮食加工企业原粮的质量卫生抽查，检查结果全部合格。青海印发了《政府平价粮油投放实施方案》，对平价粮油的质量安全进行严格监管。广东探索创新监管方式，引入第三方力量强化粮食流通监管，惠州市联合有关部门开展了对院校食堂、医院食堂粮油质量安全专项检查工作。云南按照省食安办《关于加强大米及大米制品食品安全监管的通知》要求，对学生粮进行专项监督检查；在鲁甸“8・03”地震发生后，省市粮食检验机构专家冒着危险，深入灾区开展现场质量检验，确保灾区粮油供应质量。海南做好“威马逊”台风救灾粮油筹措工作，组织抽检 4 万多吨大米和 6 吨食用油，工作不分昼夜，确保粮食供应。

3. 全面推进粮食质量安全检验监测体系建设

国家粮食局申请 2014 年中央预算内投资 2 亿元，为 89 个国家粮食质量监测机构配置了仪器设备。“十二五”期间已完成投资 14 亿元，其中中央投资 7 亿元，地方配套 7 亿元，共有 279 个国家粮食质量监测机构硬件实现跨越式提升。黑龙江全省 16 个区域级国家监测站完成了新建和改造，面积均达到 1000 平方米，同时新建了 35 个县级中心检验室。湖北省粮食局向省政府、省编办上报了《省粮食局关于规范健全全省粮油质量安全检验监测机构设置的函》，积极争取支持，投资 5365 万元建设新的国家级粮食质量安全监测研究重点实验室；制定了《关于加强中心粮库粮食质检能力建设的意见》，推进站库结合，主动应对检验机构资源整合。江苏继续推行质检体系建设“1440”工程，有力促进了全省创建检测机构的积极性。上海多方协调，争取资金完成了检测中心实验室搬迁和设备升级。

2014 年，部分省份克服当地基础较为薄弱的困难，积极恢复或新建检验机构，网络覆盖有明显改观。山西 6 个市级质检机构编制获得了批准，并通过国家挂牌考核，11 家机构转为全额拨款单位；积极争取资金 1800 万元，建设山西粮食质量监测中心检验大楼，另外还为省级储备粮油承储企业配置了价值 1000 万元的检验仪器。四川新增 7 家检验机构，5 家机构转为全额拨款单位。广东各地利用财政资金 1199 万元进行仪器配备升级，省粮食局与韶关市政府多方沟通协调，成功保留韶关质检站。重庆争取市财政支持 2300 万元，完成了中心和区域站的办公和实验室整体搬迁工程。青海对全省市州检验机构情况进行了专题调研，起草了《关于申请解决全省粮食质量检验监测体系机构设立和人员编制的专报》报省编办，落实了海南藏族自治州的监测机构，加快了监测体系建设步伐。云南5家区域级监测机构通过国家挂牌考核，大理白族自治州粮食局通过积极争取，在新成立的大理白族自治州食品检验检测院，加挂“大理粮食质量检验中心”牌子，统一履行粮食质量检验检测任务。贵州下发了《关于进一步推进市州粮食质量监测机构建设工作的通知》，继续加大全省粮食质量监测体系建设的支持力度。宁夏出台了《关于加强粮食质量安全监管队伍装备配备标准化建设的意见》，调动各级粮食管理部门积极性，推动基层监管能力建设。甘肃新增3家区域级机构，并通过了国家挂牌审核。西藏6家粮食质量监测机构全部转为全额拨款事业单位。通过各地努力争取，全国2014年新增及恢复粮食检验机构38家，其中市级23家，县级15家，还有36家机构转为全额拨款事业单位，网络覆盖有明显改观。截至2014年年底，全国粮食系统共有专业检验机构800家，其中省级机构33家，市级机构293家，县级机构474家，已取得计量认证的456家；全国粮食质检机构在岗人员约6000人，其中专业技术人员4200余人，中级职称以上的近40%。各级检测机构全年检测样品近40万份，在保障国家粮食质量安全，保障消费者“舌尖上的安全”方面发挥了重要作用。

4. 全面开展粮油食品质量安全宣传

在全国范围内开展全国食品安全宣传周活动和放心粮油宣传活动。统一编写了科普宣传手册，在各地累计发放4万余份；在全国统一开展“放心粮油宣传日”活动，在哈尔滨设立了主会场，向消费者展示粮食行业在食品安全方面开展的工作；开展“放心粮油”粮食科普进社区、进校园、进军营等宣传活动，摆放粮油科普知识宣传展板，耐心解答百姓咨询；开展各类爱粮节粮专题讲座，举办粮油科研质检实验室开放活动，让群众了解粮油质量检验和品质鉴别等科学常识。配合做好2014年世界粮食日和全国爱粮节粮宣传周活动，发起了“标准进企业”行动，引导企业在生产中践行适度加工的理念。

四 放心粮油工程

2014年，在党中央、国务院及各级党政部门的亲切关怀和正确领导下，在各级粮食行政管理部门、粮食行业协会和广大粮油企业的共同努力下，全国放心粮油工程稳步推进，深入发展，取得良好成效，得到业内外的充分肯定和广大消费者的普遍欢迎。

（一）深入开展放心粮油示范企业创建工作

为贯彻落实国务院2009年15号文件精神，根据国家粮食局《深入推进放心粮油进农村进社区示范工程的实施意见》（国粮办发〔2009〕199号），中国粮食行业协会在总结前一阶段创建工作经验的基础上，经过严格审核，推出了第五批放心粮油示范企业，新认定放心粮油示范企业152家，其中示范加工企业134家、示范销售店18家。为进一步加强对示范企业监督管理，促进示范企业更加高效、科学地进行生产活动，对原有1239家放心粮油示范企业进行年审，通过年审企业1188家，通过率达到95.88%。

（二）不断加强粮食行业信用体系建设

为加强行业信用体系建设，促进企业健康发展，按照商务部和国资委关于开展行业信用评价试点工作的部署及中国粮食行业协会《粮油行业信用评价实施办法》规定，对2010~2013年所评价（含复评）的A级以上信用企业进行了年审工作，并开展了第四批信用评价试点企业申报审核工作。经省级粮食行业协会审核推荐，并经第三方评价机构和专家委员会严格评审，2010~2013年190家A级以上信用企业通过年审，第四批信用评价试点企业共有21家被确定为A级以上资格，其中AAA级10家，AA级8家，A级3家。

（三）大力开展节粮减损工作

开展节粮减损示范企业创建工作，确定102家企业为全国首批节粮减损示范企业。组织首批102家节粮减损示范企业向全社会发出庄严承诺，在行业内带头爱惜粮食、节约粮食，充分发挥示范带头作用，积极履行社会责任，切实提高节粮减损技术和管理水平。在第十三届中国国际粮油产品及设备技术展示交易会上为全国首批节粮减损示范企业代表授牌，并设立“节粮减损专题展区”，重点展示宣传节粮减损示范企业以及节粮减损科技成果。

（四）认真总结推广实施放心粮油工程的先进经验

2014年11月在江西省南昌市召开了全国放心粮油进农村进社区经验交流会，来自各省（区、市）粮食行业协会和示范企业的代表共200余人参加了会议。会议期间，与会代表听取了江西、湖南、西藏、上海、山东、辽宁、江苏、河南等省（区、市）粮食局、粮食行业协会及典型企业的经验介绍，并为第五批放心粮油示范企业、第四批信用评价试点企业以及首批节粮减损示范企业代表颁发了标牌。

（五）广泛开展放心粮油科普宣传

各级粮食行政管理部门、粮食行业协会和放心粮油示范企业积极参加全国“食品安全宣传周”、“诚信兴商宣传月”、“质量月”、“粮食科技周”等活动，积极组织开展“放心粮油宣传日”活动，通过街头宣传、媒体宣传、产品展销、科普讲座、专家咨询等多种形式，宣传食品安全法规，普及食品安全知识，增强了企业和消费者的质量意识、安全意识，树立了品牌形象和企业形象。2014年6月18日，国家粮食局、黑龙江省粮食局、哈尔滨市人民政府及中国粮食行业协会等单位在哈尔滨市联合举行以“尚德守法 确保粮油质量安全”为主题的全国“放心粮油宣传日”主会场活动。在活动中，黑龙江省76家放心粮油示范企业联合发出了保障食品安全承诺；30多家放心粮油示范企业在现场展示了品种丰富、质优物美的粮油产品；有关专家和专业技术人员为到场市民进行了食品安全知识讲解，现场发放了《粮油消费科学常识》等食品安全科普宣传材料，活动受到了到场市民的欢迎和好评。

通过实施放心粮油工程，增强了粮油企业的质量意识、安全意识、信用意识、服务意识、责任意识，改善了管理，提高了产品质量和服务质量。经过多年来坚持不懈的努力，放心粮油工程不断深入发展，越来越受到政府、企业、消费者等各方面的肯定和欢迎。放心粮油工程已不仅是全国粮食部门的一项重点工程，而且成为许多省、市、县的一项重要的“民生工程”，列入当地党委和政府工作计划。

五 粮食法治建设

2014年，全国粮食部门认真贯彻落实党的十八届三中、四中全会精神，坚持依法行政，加快建设法治粮食，取得积极成效。

（一）认真部署贯彻落实党的十八届四中全会精神

党的十八大和十八届三中、四中全会召开之后，国家粮食局举办全国粮食局长培训班，邀请中农办、全国人大法工委、财政部、科技部、国家食品药品监督管理总局、国家粮食局有关领导和专家，分 11 个专题，为全国各省（区、市）粮食局负责同志和国家粮食局有关同志进行了为期 5 天的授课培训，贯彻落实习近平总书记重要讲话和四中全会精神，部署粮食系统全面推进依法治粮、建设法治粮食各项工作。

（二）加快推进《粮食法》立法

国家粮食局积极与国务院法制办、全国人大有关委员会沟通，及时了解立法进展情况，提出加快立法的建议。做好向全国人大吉炳轩副委员长、全国人大农委关于《粮食法》立法进展情况专题汇报的有关工作。根据国务院法制办要求，会同有关部门，按照党的十八大以来党中央、国务院关于粮食工作的新政策、新部署，特别是习近平总书记关于确保国家粮食安全的一系列重要指示精神，对《粮食法（送审稿）》进行了认真修改和补充完善，经国家发展改革委主任办公会议审议通过后，于 2014 年 10 月份再次上报国务院。

（三）推进《中央储备粮管理条例》修订工作

国家粮食局根据条例修订立项情况，积极推进条例修订工作，已形成条例修订征求意见稿，书面征求了中央有关部门、企业意见，并对有关部门和单位反馈的意见进行了整理分析。

（四）深入开展粮食普法依法治理工作

按照中央的统一部署和要求，围绕粮食流通中心工作，组织全国粮食系统深入学习宣传宪法和社会主义法治理念，重点抓好两部《条例》以及与粮食工作密切相关的法律法规的学习宣传教育，顺利完成了粮食普法规划确定的目标任务。

（五）认真清理粮食行政审批事项

按照国务院的统一部署，各地粮食行政管理部门认真开展粮食行政审批事项清理工作，进一步简政放权，激发市场活力。保留的行政审批事项及时在政府网站向社会公布。国家粮食局配合国务院法制办根据行政审批改革情况，对《中央储备粮管理条例》、《粮食流通管理条例》进行修订。地方粮食行政管理部门按照国务院的统一部署和要求，研究制定政府权力清单，进一步明确权力边界。

（六）认真做好粮食行政许可工作

修订《中央储备粮代储资格认定办法实施细则》，将代储资格认定工作由每年 2 次改为每年 1 次，增加“安全生产”审核指标，完善违法违规行为处罚程序。截至 2014 年年底，全国共有 2178 户企业取得中央储备粮代储资格，其中粮食类企业 1973 户，资格仓容 1.06 亿吨；油脂类企业 205 户，资格罐容 358 万吨。全国取得粮食收购资格的粮食经营者达 9.25 万个。

（七）加强粮食市场监管

国家粮食局组织对 2013 年以来中央、地方储备粮油轮换和政策性粮油收储业务中以陈顶新、低收高转、就地划转等“转圈粮”问题进行重点专项整治。委托天津等 10 个省份地方粮食行政管理部门对中央储备粮库存进行在地检查。国家有关部门派出联合抽查组，对有关省的重点地区和重点企业进行了随机抽查。对库存检查中发现的各类问题，按照管理权限，向中储粮总公司和地方粮食管理部门下发了整改通知书。严肃查处涉粮违规案件，重点对粮食购销中“打白条”、压级压价、“转圈粮”、“出库难”，以及擅自动用储备粮等违规行为依法进行处罚，进一步规范了粮食流通秩序。

粮油统计与信息化

一 粮油统计信息

（一）大力推进粮食流通统计制度改革

2014 年，按照“归口统计管理、精简统计指标、优化统计报表、夯实统计基础、提高统计效率”的总体思路，加大统计制度改革和创新力度，修订《国家粮食流通统计制度》，着力构建统一、精简、准确、管用的粮食流通统计体系。进一步完善统计调查方法，精简统计指标，规范调查范围，建立统一信息报送平台，改变统计管理模式，由逐级汇总上报向多层级、扁平化管理模式转变，逐步实现企业联网直报。

（二）切实提高统计执行能力

各级粮食行政管理部门和统计人员切实履行全社会统计职责，认真贯彻执行《国家粮食流通统计制度》，较好地完成了各项统计调查任务，全面掌握和及时提供大量的统计信息和分析报告，增强国家粮食宏观调控的预见性、针对性和有效性，切实发挥统计咨询服务功能。认真做好粮食统计月报、季节性粮油收购进度五日报等常规统计工作，及时向国务院领导和有关部门报送全国粮食收购、销售、库存等信息。精心组织全社会粮食、食用植物油及油料供需平衡调查。通过调查，不但掌握了全国及分地区、分品种的粮油消费水平、消费结构、供需状况及发展趋势，也掌握了省际间粮食流通的数量、结构、流向及发展趋势。根据调查结果，及时完成粮食和食用植物油供需平衡调查报告等统计资料，呈报国务院领导同志参阅并提供给国家及地方有关部门参考，为研判我国粮油供求形势和发展趋势提供信息支撑。

（三）健全动态粮食市场监测预警机制

进一步完善了粮油市场信息监测点的布局，增加监测点数量。在东北三省一区建立了 86 个大豆市场价格监测直报点，作为大豆目标价格改革试点监测单位，在采价期内每周两次监测报送大豆市场价格信息。密切关注国际粮油市场动态，及时分析研判国内市场粮油价格走势，每周完成粮油市场监测分析报告。结合重点热点问题，邀请专家会商，分析研判市场形势，并提出有针对性的政策建议。

二 粮食行业信息化

开展“智慧粮食”建设研究，启动库存粮食识别代码试点

2014 年，国家粮食局重点围绕“智慧粮食”的建设思路进行了研究，并以库存粮食识别代码（以下简称“识别代码”）技术为先导和基础，在部分省份和企业开展试点工作，践行“科技兴粮”，推动粮食行业信息化创新升级，取得了阶段性进展。

1. 开展“智慧粮食”建设研究

2014 年初即组织相关专家对“智慧粮食”的整体构架进行研究设计，注重适用、好用、管用，促进技术与管理的结合。到江苏、山东等粮食行业信息化先行省份调研，组织座谈，听取意见，征询需求，为做好统一设计集思广益。针对大数据、云计算及物联网等信息技术在粮食行业的落地，及其对说全、说准、说清粮情的意义，进行了理论推演，初步提出了基本功能“1+3”的划分，即“供需平衡”、“库存监管”、“目标价格”、“质量追溯”；提出了以数据为核心，建设国家粮食局的数据资源处理中心和应用集中部署平台的构想，以促进互联互通和顶层示范。组织多次研讨，加强与中国气象局、中科院遥感所及高校、信息技术企业的沟通合作，为理清和最终形成“智慧粮食”建设思路作了探索和铺垫。

2. 在一定范围进行识别代码试点

2014 年，识别代码的工作设想逐步转向实践。国家粮食局组织到江苏、山东等省实地调研，多次在局内征求相关业务司（单位）、向外征求试点意向省份及信息技术企业的意见，不断完善识别代码的设计，提出了由根代码、当前码、来源码、代码标识和二维码组成的编码规则和“上传”、“下传”的工作原理。4 月，在识别代码试点工作方案和技术路线的基础上形成《库存粮食识别代码》标准草稿，并开发识别代码登统软件。5 月，在江苏、山东先行试点，试点企业采取外挂方式运行登统软件。试点生成了识别代码，初步验证了识别代码的运行机制。9 月，进一步完善识别代码的设计，并初步提出要关联的信息范围，对指标定义、格式等作了规范，以此推动数据标准化；编制了识别代码平台软件，将试点扩大到 13 个省份和 3 大央企的部分企业，在北京举办了专门动员和培训活动。扩大试点后，试点省份基于平台软件建设省级汇总平台，并按月通过库存统计上报渠道上传识别代码及其关联数据；部分试点企业在“下传”的同时，探索登统软件的嵌入运行。在此过程中，根据试点情况对《库存粮食识别代码》标准及关联信息不断调整、完善。

三 粮油市场信息体系建设

2014 年，在各级粮食行政管理部门和粮食信息系统广大干部职工共同努力下，我国粮油市场信息体系建设继续完善，粮油市场信息服务机构继续多元化发展，全方位多层次的粮食信息发布渠道开始构筑，信息基础设施建设得到强化，国内粮食市场动态监测工作进一步加强，中长期预测工作稳步推进，同时注重加强对国际粮油市场信息的采集工作，市场监测预测能力进一步提高。

国家粮油信息中心做好常规监测工作，通过各类定期信息报告按时反映市场情况，基本做到“实时监测市场变化，对市场行情波动及时报告，对重大问题和事件不错报、不漏报”，为粮食宏观调控提供了强有力的信息支持，同时为粮食生产者和经营者提供了及时的信息服务。

（一）认真做好国内外粮油市场日常监测工作，及时反映市场动态

国家粮油信息中心和各省（区、市）粮油市场信息机构认真做好市场监测工作。国家粮油信息中心编发《粮油市场报告》，及时向国家粮食局和有关部门报告最新粮油市场情况，2014 年全年编发 62 期，局办公室采用报出了 11 条，其中被中办采用了 4 条，被国办采用了 6 条。

（二）不断推进粮油市场信息体系建设，提升信息服务水平

为进一步提高信息工作质量，应对国内外粮油市场出现的新变化，国家粮油信息中心和各省级粮油市场信息机构积极开展信息工作，不断完善信息业务体系，加强队伍建设，提高工作效率和工作水

平。各级粮油市场信息机构通过粮油市场信息服务网站、专业媒体、广播和电视、微信平台编发专业性的市场报告等多种手段，面向社会提供了大量有价值的信息，提供了比较优质的信息服务。

北京市粮食局信息中心继续加强市区两级粮油市场信息监测预警体系建设，在元旦、春节、国庆、APEC等节假日前和“注水米”、“古船面粉含有增筋剂”等突发事件时，积极赴各大粮油批发和零售市场实地调研或电话咨询，掌握市场货源、购销状况和价格动态，将获取的第一手信息以《信息快报》和《信息专报》等方式报告市局，及时反映市场动态，顺利开展监测预警工作，并对北京真正起到市局“耳目”的作用。增加对电商经营的粮油价格进行监测，以便与粮油实体监测数据互相印证，同时为将来深入研究电商对首都粮油市场的影响做好数据积累。

黑龙江粮食批发市场针对农民热线自动应答系统收听效果不佳的问题，重新购买一套IRV语音自动应答系统，对农民热线软硬件的需求进行了详细的调查了解，完成了《农民热线需求说明书》及《农民热线语音系统更换申请报告》。同时为了更大地发挥语音系统的作用，真正为种植户提供科学、准确、详尽的粮食市场信息和相关粮食政策，有效指导种植户择机售粮，对语音系统中《价格板块》的设置和报价点重新进行了拟定，经过与各地信息员进行沟通后，2014年10月开始启动了全新的农民热线电话系统。新系统启动后，利用《惠农热线》重点宣传了农民热线服务电话。节目播出后，反响比较强烈，咨询电话明显增多，并对答复都较为满意。为了尽力满足农民对市场信息的了解并为农民择期售粮提供参考意见，每周至少更新一次自动语音系统的内容，随时根据市场变化而调整。通过电话反馈，自动语音系统的功能逐步发挥，已成为农民心目中的“自动热线姐姐”。

安徽省粮油信息中心围绕省粮食中心工作，贴近粮食市场，不断增强信息活力，开拓创新，扎实工作，以服务“三农”为己任，强化信息与市场的有机结合，积极开发信息资源，提高信息服务质量，拓展服务功能，不断加强粮油市场监测与预测预报工作体系建设，完善信息发布制度和市场信息服务功能，加强粮油市场调查、及时报送粮油市场变化，积极开展粮油市场重点和热点问题研究，价格监测和市场分析的数量和质量有了进一步提高。积极开辟信息渠道，与业内专业网站实现资源共享，信息内容更加丰富，信息来源更为广阔。进一步挖掘安徽粮食批发交易市场国家政策性粮食交易的资源优势，及时发布网上竞价交易信息，通过充分利用安徽粮食批发市场的信息资源和客户资源，掌握大量第一手翔实的资料，为市场分析预测积累重要的素材，实现了信息与市场的资源共享和紧密结合。

湖北省粮油信息中心围绕市场监测、调研分析和信息发布三个环节，建立健全粮油市场监测网络和预警机制，加强调研分析和信息咨询服务，为领导决策和企业经营管理提供参考。优化全省粮食监测系统价格监测点布局，加强对监测点的管理和考核。为扩大市场监测覆盖面，全面反映市场价格信息，新增10家监测点，调整了3家监测点，监测点总量增至55家，全省监测点报送率达到95%以上。每周通过“粮食宏观调控监测预警系统”向国家粮食局报送粮食价格信息，对各监测点上报的一周价格行情进行审核和分析，并形成周报及半月分析报告。同时，建立分品种粮食价格数据库，收集和积累基础数据，分品种形成表格和图表，为信息分析处理提供数据支撑。多次深入白沙洲农产品批发市场，积极主动联系市场内的大米协会和油脂协会，协商建立了批发数量和价格双报送机制，以利于及时了解批发走货情况和外省粮油占比情况；同时，突破粮食价格缺乏零售终端的限制，在中百超市监测点的基础上新增一家便民超市粮油店，增强了报价灵活性。

（三）积极开展面向社会服务，发挥信息引导作用

国家粮油信息中心2014年3月召开了玉米市场形势研讨会，4月召开了油脂油料市场形势分析会，

深入分析粮油市场变化情况，传递最新信息，引导市场预期，促进行业发展。

中国粮食行业协会每年举办“中国粮食论坛”，为粮油企业家、专家学者、政府官员以及业内相关人士搭建一个开放互动的交流平台。通过这一平台，研究产业政策，沟通行业信息，分析市场行情，发展经贸合作，从而更好地为粮油行业和企业的发展服务，为国家粮食安全和宏观调控服务。5 月 20 日，“第十七届中国粮食论坛”在北京举行，与会领导、专家和各企业围绕“谷物基本自给，确保口粮安全”这一论坛主题展开讨论和交流。来自全国各地粮食行政管理部门、粮食行业协会、粮经学会、粮油企业以及科研单位等 300 多名代表出席了会议。12 月 5 日，2014 中国粮油财富论坛暨第四届中国粮油榜颁奖盛典在北京举行，业内外知名专家、学者和全国各地的优秀粮企代表 200 余人共聚一堂，纵论粮食经济热点话题，共谋新常态下粮油产业发展之道。

除粮食系统信息机构之外，其他一些与粮食经营有关的部门和企业建立的信息服务网站也是“百花齐放、百家争鸣”，如中华粮网、面粉网、大米网、大豆网、玉米网等。这些网站从不同的视角，跟踪粮油市场变化，提供粮油市场信息服务，是全国粮油市场信息服务的重要组成部分。

（四）进一步开展市场重点与热点问题研究，参加重大课题研究工作

中国粮食经济学会、中国粮食行业协会紧紧围绕国家粮食安全这一重大课题，开展了一系列的调查研究，提交有分量的课题报告，对政府决策提出政策建议，受到国务院领导同志和有关部门的高度重视，有关部门都进行了认真研究、吸收采纳。

国家粮油信息中心 2014 年与国家开发银行、农业部、大连商品交易所、美国 Informa 经纪公司等多家单位展开课题研究合作，均取得很好成果。

四　粮食政务信息体系建设

2014 年是全面深化改革的第一年，是完成“十二五”规划的关键一年。国家粮食局紧密围绕粮食流通工作中心任务，全面推进粮食政务信息体系建设，取得了可喜的成绩。粮食信息报送工作进一步加强，政府信息公开力度进一步加大，政务信息网络和系统进一步完善，信息安全保护工作进一步推进。

（一）加强粮食政务信息报送工作

2014 年，国家粮食局围绕粮食流通工作重点和热点，切实加大政务信息工作力度，及时主动报送粮食政务信息。进一步健全政务信息工作制度，继续将局内各单位信息报送情况纳入年终实绩考核。全局各信息报送单位积极挖掘本单位政务信息资源，认真撰写信息材料，全年共向局办公室提供信息材料 253 条，经筛选、编辑并报领导审核后，向中央办公厅、国务院办公厅报送信息 125 条，其中被中办采用 27 条，同比增长 35%；被国办采用 49 条，同比增长 58.1%。国家粮食局被国办评为 2014 年度信息报送工作先进单位。粮食收购、竞价销售、质量安全和粮食库存等方面的信息被采用量居前，为领导决策提供了重要参考。

认真做好信息刊物的编印工作。全年共编印《情况通报》及增刊 74 期。联系、指导各地方政务信息报送单位进一步充分利用粮食系统纵向网平台，全年共向国家粮食局报送政务信息 5000 余条，信息质量明显提高，信息内容涉及粮食工作各个方面，为各级领导及时了解各地粮食流通情况、指导粮食工作和宏观调控决策发挥了重要作用。认真落实《国家粮食局精简简报方案》，协调做好简报编

印工作，全年共编印《粮食工作简报》23 期，充分发挥了简报沟通情况、交流经验、指导工作的作用。

（二）做好政府信息公开工作

2014 年，国家粮食局认真贯彻落实《中华人民共和国政府信息公开条例》，不断加大主动公开力度，完善工作制度，健全工作机制，拓宽信息公开渠道，扎实推进政府信息公开工作，在全局各单位的共同努力和配合下，取得了明显成效。

在主动公开政府信息方面，2014 年国家粮食局主动公开政府信息 458 条，其中通过政府网站公开 441 条，通过其他方式公开 17 条。同时，积极通过政府网站、新闻发布和出版物等途径，加强对党中央、国务院关于粮食安全和粮食流通工作重要决策的信息发布，围绕粮油保供稳价、粮食宏观调控、法治粮食建设、粮食流通基础设施建设、粮食监督检查、农户科学储粮、粮油质量安全及爱粮节粮等重点工作，积极开展新闻宣传，主动回应社会关切，进一步提升政府信息公开工作的透明度。在依申请公开政府信息方面，2014 年国家粮食局共收到政府信息公开申请 1 件，已在办理时限内办结。2014 年，国家粮食局主动公开、依申请公开政府信息均未收取任何检索、复制、邮寄等费用，没有发生因政府信息公开申请引起的行政复议或提起行政诉讼的情况。

针对国务院办公厅委托的第三方评估机构中国社会科学院法学研究所指出的国家粮食局政府信息公开工作存在的问题，国家粮食局进一步加大政府信息主动公开力度，结合工作实际，印发了《国家粮食局办公室关于进一步加强政府信息公开工作的通知》（国粮办发〔2014〕155 号），对国家粮食局信息公开工作进行了分解细化，明确了职责分工。同时，结合国家粮食局政府网站改版工作，对政府信息公开栏目进行了重新设计，进一步优化“信息公开”栏目功能，细化公开范围和目录，深入推进行政权力行使依据、过程、结果公开，方便公众查询和获取，重点解决了之前国家粮食局政府网站信息栏目设置不够合理、信息发布不够规范等问题。经政府信息公开第三方评估，国家粮食局 2014 年得分排名在 56 个国务院部门中由 2013 年的 49 位上升到 38 位。

（三）进一步完善政务信息网络和系统

一是进一步完善电子政务网络系统。配合国家发展改革委完成纵向网节点现场安全检查工作，指导省级节点落实安全整改措施；配合农业部做好“金农工程”项目竣工验收相关工作。二是加强向中央办公厅、国务院办公厅政务信息报送终端的维护管理，确保粮食信息报送的安全、顺畅、高效。国家粮食局近年先后建设和接入了“二邮”系统、政务信息专网和国家电子政务外网，电子政务信息报送网络基本完备。根据国办的统一安排，于 2014 年 7 月对国家粮食局政务信息报送二邮终端实施分级保护工作，在终端加装安全防护软硬件，并通过了国办组织的现场测评。

粮食流通体系建设

一 “粮安工程”建设规划编制

2014年1月,《粮食收储供应安全保障工程建设规划》经国家发展改革委主任办公会审议原则通过。8月，国家粮食局修改完善后，国家发展改革委正式将《粮食收储供应安全保障工程建设规划（送审稿）》上报国务院审批。10月，《粮食收储供应安全保障工程建设规划》进一步征求了各省（区、市）人民政府和有关部门意见修改完善。12月，国家发展改革委将《粮食收储供应安全保障工程建设规划》（送审稿）重新上报国务院审批。

二 粮食流通基础设施建设

2014年，各地认真贯彻落实党的十八届三中、四中全会精神，各级政府继续加强投资扶持力度，企业积极筹措资金，加强粮食流通基础设施建设。国家共安排中央补助投资56.5亿元用于支持粮油仓储设施、储粮罩棚、粮食现代物流设施建设、“危仓老库”维修改造、农户科学储粮专项和粮食质量安全检验监测能力建设项目建设，取得了显著成效。

（一）粮食仓储物流设施建设显著

按照国务院第52次常务会议关于加强粮食仓储设施建设的决策部署，积极推进2014–2015年完成新建1000亿斤仓容建设任务工作。其中，安排中央补助投资26.5亿元，建设粮食仓容130亿斤；下达与地方增产增储挂钩的400亿斤仓容建设任务；下达浙江、广东、山东、湖北和广西5省区竞争性建仓任务70亿斤；通过政策性粮食收储主体资格引导企业投资建仓，下达中粮集团有限公司和中国中纺集团公司仓容建设任务110亿斤（其中2015年底前完成50%建设任务）；下达中国储备粮管理总公司144亿斤市场竞争方式建仓任务。同时，为解决部分地区仓容不足的问题，切实做好国家政策性粮食收购工作，下达东北三省一区建设储粮罩棚350亿斤，安徽、江西、湖南3省建设仓间棚18亿斤。进一步加大“危仓老库”维修改造力度，安排20亿元中央补助投资，用于全国26个省（区、市）粮食收储库点的仓房维修改造。

国家安排中央补助投资6亿元，用于重点支持八大跨省流通通道和重要物流节点的粮食现代物流项目建设工作，建设中转仓容及相应的接发设施。

（二）农户科学储粮专项建设稳步推进

2014年国家安排中央投资补助2亿元，加上地方配套和农户自筹资金，总投资约6.6亿元，在河北、山西、内蒙古、吉林、黑龙江、安徽、福建、江西、山东、河南、湖北、湖南、广西、重庆、四川、贵州、云南、西藏、陕西、甘肃、宁夏和新疆22个省（区、市）为139.4万农户建设标准化储粮装具，其中在吉林和黑龙江省试点建设6000套解决“地趴粮”问题组合式储粮仓。初步测算，全部装具可存储粮食约151万吨，每年可减少储粮损失8万吨，为农户增收1.6亿元，减损增收效果显著。

（三）粮食质量安全检验监测能力建设继续推进

在2013年安排中央补助投资1亿元的基础上，2014年度国家再安排中央补助投资2亿元，为89个检验机构配置粮食检验检测仪器设备。项目建设当年共完成投资3.1亿元，新增检化验设备1331台套，有效提升了全国粮食质量安全检验监测能力和水平。

（四）粮食系统对口援助工作进展顺利

继续做好全国粮食系统对口支援西藏和新疆工作，组织在西藏召开粮食系统援藏工作座谈会，积极沟通协调各支援省（区、市）粮食局和中央企业加大工作力度，落实有关项目和资金援助，取得阶段性成果。

三 粮食仓储管理

2014年，粮食行业仓储管理工作扎实推进，行业规范化管理水平稳步提升。组织实施了粮油仓储设施专项调查工作，动态监控东北地区露天储粮防火改造进展情况，组织开展了“四无粮仓”创建60周年纪念活动。贯彻落实依法治国方略，扎实推进依法治粮和依法管仓能力建设，完善粮食仓储标准规范体系建设，启动《粮油仓储管理办法》修订和《粮食仓储设施保护办法》的起草工作。

（一）摸清家底，开展粮食仓储设施专项调查工作

为全面摸清我国粮食仓储设施基本情况，2014年8月，国家粮食局启动了全国粮食仓储设施专项调查工作。此次专项调查实行“在地原则”和“全覆盖原则”，将不同企业性质、不同业务类型和功能属性的涉粮企业全部纳入调查范围。通过调查，较全面地摸清了我国各类粮食企业仓储设施的总量、布局、结构和利用情况，各地基本建立起粮食仓储设施管理档案。

为提高专项调查的科学化水平，制订了《全国粮食仓储设施专项调查工作方案》，编制了专门的标准和调查软件，并到企业进行了实地测试。在统计过程中，提出了“5表1图加照片”的基础采集信息，并编制了工作底稿、图例及相关说明。这项工作的开展，为实施“粮安工程”、1000亿斤新仓容建设、“危仓老库”维修改造等重点工作提供了坚实的基础信息，有助于全面推进依法治粮和信息化管粮进程，更好地服务于国家粮食安全新战略。

（二）加强露天储粮监管力度，确保储粮安全

针对东北三省一区露天储粮数量多、安全监管压力大的状况，2014年3月和9月，国家粮食局两次赴东北地区开展露天储粮专项检查调研，指导相关地区及企业做好露天储粮安全管理工作。为加强露天储粮监管，督导东北三省一区加快完成老露天囤（垛）防火改造任务，2014年还建立了“露天储粮防护改造进展月度统计上报”制度。通过对每月统计上报的露天储粮数量、露天囤（垛）防火改造等情况的动态分析，对露天储粮情况实施动态跟踪监管，并协调有关方面加快露天储粮调销、移库力度。截至2014年12月，东北地区共有露天储粮2202万吨。其中，政策性粮食2168万吨，露天储粮数量呈逐月减少态势，露天囤（垛）防火改造取得了显著效果，有效保障了储粮安全。

（三）弘扬“四无粮仓”行业精神，不断提升仓储管理水平

2014年7月，国家粮食局在浙江杭州召开“四无粮仓”创建60周年纪念座谈会，将“创业、创新、

节俭、奉献”的“四无粮仓”精神和“宁流千滴汗，不坏一粒粮”的优良传统确立为粮食行业的核心价值观和行业精神。通过纪念座谈活动，传承“四无粮仓”精神，凝聚起“守住管好天下粮仓”的强大信心和力量，进一步促进粮食行业创新仓储管理模式，推动粮食行业仓储管理向规范化、标准化、精细化再迈新台阶。

粮油加工业发展

一 加强对粮油加工业发展的引导

2014 年 1 月，《中共中央、国务院关于全面深化农村改革加快推进农业现代化的若干意见》（中发〔2014〕1 号）提出实施“以我为主、立足国内、确保产能、适度进口、科技支撑”的国家粮食安全战略，明确了促进粮油加工业发展的系列纲领性意见。确保谷物基本自给、口粮绝对安全。增强全社会节粮意识，在生产流通消费全程推广节粮减损设施和技术；完善粮食等重要农产品价格形成机制。探索推进农产品价格形成机制与政府补贴脱钩的改革，建立农产品目标价格制度。继续执行稻谷、小麦最低收购价政策和玉米、油菜籽、食糖临时收储政策。合理利用国际农产品市场。加快实施农业走出去战略，培育具有国际竞争力的粮棉油等大型企业。加快建立利益补偿机制。支持粮食主产区发展粮食加工业。

2014 年 7 月，财政部、国家发展改革委、国家粮食局、中国农业发展银行关于印发《东北玉米深加工企业竞购加工国家临时收储玉米补贴管理办法》的通知（财建〔2014〕375 号）提出了支持东北玉米深加工业的措施，对内蒙古、黑龙江、吉林三省区纳入补贴范围的企业，在 2014 年 5 月至 10 月期间，参加国家有关部门组织的国家临时收储玉米竞价销售活动，并于 2014 年 12 月底前运回企业自用的玉米，超过其 2 个月加工能力（根据本地区有关部门核实的年加工能力按月平均）部分，中央财政按 100 元 / 吨标准给予补贴。

2014 年 12 月，《国务院办公厅关于加快木本油料产业发展的意见》（国办发〔2014〕68 号）要求，推进木本油料产业化经营。积极培育跨地区经营、产供销一体化的木本食用油龙头企业，鼓励企业通过联合、兼并和重组等方式做大做强。支持企业在主产区建立原料林基地和建设仓储物流设施，发展“企业 + 专业合作组织 + 基地 + 农户”等产业化经营模式，建立长期稳定的购销合作关系，引导农民开展标准化和专业化种植。鼓励木本油料林立体种植和综合开发，提高林地利用率和木本油料综合生产能力。支持专业合作组织和农户加强木本油料烘干、仓储等初加工设施设备建设。鼓励企业利用新技术、新工艺，开展精深加工和副产品开发，实现循环发展和综合利用。健全木本油料市场体系。制定木本油料种植、仓储、加工、销售等生产标准，完善油脂产品和相关副产品质量标准及其检测方法。

2014 年 12 月，《国务院关于建立健全粮食安全省长责任制的若干意见》（国发〔2014〕69 号）进一步强化了粮油加工业保障国家粮食安全的重要作用，着力推动粮食产业升级。培育壮大粮食类农业产业化龙头企业，促进生产要素向优势企业集聚。支持粮食企业推广应用先进技术装备，进行技术改造升级。开展现代粮仓科技应用示范。将主食产业化作为保障食品安全的重要民生工程，鼓励企业延伸粮食加工产业链，开发新型优质健康粮食产品。鼓励大中型主食加工企业发展仓储物流冷链设施，向乡镇和农村延伸生产营销网络。发挥加工转化对粮食供求的调节作用。按照企业自愿参与、政府适当补偿原则，选择一批骨干粮食加工转化企业纳入粮食市场调控体系，当粮食供大于求时，适当增加企业非食品用途的粮食加工转化；当粮食供应紧张时，相应减少或停止企业非食品用途的粮食加工转化。

2014 年国家通过产业振兴和技术改造专项资金继续扶持粮油加工业企业，对 8 个粮油加工企业技术改造升级项目进行了补助，总投资 10.7 亿元，中央补助投资 8748 万元。

2014 年，国家粮食局继续加强全社会粮油加工业产能监测工作，5 月完成了粮油加工业年报统计，8 月份完成了粮油加工业半年报统计工作。

二 推进主食产业化

2014 年，国家粮食局组织有关单位到新疆、海南等地区巡讲，对推进主食产业化理论和科技成套设备技术方案进行了透彻讲解，让有关省区加深了推进主食产业化的认识，取得了实效。安徽、广西等省区政府出台了推进主食厨房和米制主食品的指导意见。

2014 年，广西壮族自治区粮食局与食品药品监督管理、发展改革、工业和信息化、财政等部门联合成立广西主食（米粉）产业化工作领导小组，选择广西鑫粮粮食集团有限公司作为主食产业化试点企业，投资 1500 万元新建“年产 2 万吨米粉生产线项目”，安排科研开发和新产品推广工作补助经费 60 万元。广西鑫粮粮食集团有限公司采用 100% 糙米为原料，研制出糙米鲜湿米粉，2014 年 3 月起每天可供应南宁市场糙米米粉 10 吨，基本满足了自治区直属各单位机关食堂和南宁市 15 个菜市场的米粉需求。

2014 年，国家粮食局开展了湖北、河南、广西三省区“放心粮油工程”供应服务体系建设试点示范项目。按照推进供应网点规范化、标准化改造，发展“放心粮油”销售网络，提高应急配送能力，建立质量安全追溯体系试点等建设要求，及时审核了三省区试点方案，督促各地按照“四位一体”要求进行试点。到年底，这三个试点省份超额、保质保量完成了工程建设工作，完成投资 5722 万元，其中：中央补助投资 540 万元、地方投资补助 1539 万元、企业自筹资金 3634 万元，建设了 9 个地市级配送中心、107 个直营店（连锁店）、103 个加盟店（经销店）。试点地区有效提高了粮食质量检验监测能力，加强了可追溯体系和信息平台建设，并与成品粮批发市场紧密结合，取得了初步成效。

粮食科技进步与创新

◆国家粮食局

为贯彻实施创新驱动发展战略和“以我为主、立足国内、确保产能、适度进口、科技支撑”的国家粮食安全战略，国家粮食局以公益性行业科研专项为抓手，大力实施“科技兴粮”工程，迈出了粮食科技体制机制改革和创新发展的新步伐。

一 深入研究提出推进粮食科技体制改革和创新措施

2014 年 2 月，国家粮食局局长任正晓带队赴粮科院就筹备科技创新大会等专题考察调研，指出粮科院科研工作既要“上天”又要“落地”，谋划和推进粮食科技事业发展，站位要高，视野要宽，立志要远，粮食科研成果要管用，要接地气、能推广、见实效，引领和推动粮食行业、产业、企业持续创新发展；粮科院要以科研为先，以科研人员为本，要提高科研人员的积极性和创造性；大力推进科研、设计、产业一体化发展。

按照局深改组总体部署要求，落实《国务院关于改进加强中央财政科研项目和资金管理的若干意见》（国发〔2014〕11 号）精神，4 月，研究起草了《深化粮食科技体制机制改革方案》以及《关于深化粮食科研体制改革大力推进科技兴粮的意见（征求意见稿）》，广泛征求局内各司室、直属科研单位、共建大学、粮食科技创新平台、省级粮科所和部分省局意见。9 月，经局深改办领导小组会议审议，《深化粮食科技体制改革工作方案》获原则通过。11 月，在全国粮食科技创新大会上，征求了参会代表对《关于深化粮食科研体制改革大力推进科技兴粮的意见》的意见。

落实《国务院印发关于深化中央财政科技计划（专项、基金等）管理改革方案的通知》（国发〔2014〕64 号）等精神，3~9 月召开了粮食科技体制机制改革座谈会 12 次，分别听取转制院所、科技型企业、大学、管理部门等单位和资深专家以及学科带头人的意见，对《关于深化粮食科研体制改革大力推进科技兴粮的意见》进行了修改完善，明确了粮食科技体制机制改革的基本思路和五项科技体制改革任务。

2014 年 9 月，国家粮食局局长任正晓赴国家粮食局科学研究院小汤山科研基地就推进科技体制机制改革考察调研，强调要找准行业重大需求，要选准重大方向作为支撑科研事业持续发展的平台。要着力打造行业可持续成长的科研团队，要建立科学的团队形成机制。对促进行业发展和保障粮食安全具有重大意义的科研项目要全力攻关，持之以恒地推进。要鼓励和支持科研人员大胆创新，敢为人先。提出了加强粮科院内部改革，粮科院要姓“粮”，要淡化行政管控思维，强化服务引领意识。

二 召开全国粮食科技创新大会

11 月 16~17 日，国家粮食局在北京召开了全国粮食科技创新大会，会议总结了“十一五”以来粮食科技创新工作取得的成效，分析了粮食科技存在的问题和面临的形势，结合进一步推进粮食科技体制机制改革，部署了今后一个时期转变粮食科技管理工作，强调了“围绕一个中心，构建两个体系，实施三大工程”的粮食科技重点工作任务。即以“科技兴粮”为中心目标，深入推进粮食科技体制改革，提升行业自主创新能力，加快构建开放、科学、高效、实用的粮食科技创新平台体系和成果推广体系，大力实施“科技创新”、“科技示范”、“智慧粮食”工程。发布了粮食储藏“四合一”成套新技术新工艺集成创新、呕吐毒素超标小麦安全利用技术、库存粮食识别代码及物联网技术应用、食用植物油适度加工关键技术 4 项粮食科研重大成果和前沿技术，讨论了《国家粮食局关于推进粮食科技改革的意见》和《粮食科技项目督导评估管理暂行办法》，国家粮食局科学研究院、江苏牧羊集团、中国储备粮管理总公司、浙江省粮食局直属粮油储备库、江苏牧羊集团、湖南省粮食科学研究设计院 6 个单位作了典型经验发言。

11 月，国家粮食局印发《国家粮食科技兴粮示范单位遴选暂行办法的通知》（国粮办展〔2014〕254 号）以及《关于公布第 1 批“科技兴粮示范单位”名单的通知》（国粮展〔2014〕247 号），并在粮食科技创新大会上，为国家粮食局科学研究院、中储粮成都粮食储藏研究所、江苏牧羊集团、航天信息股份有限公司、浙江省粮食局直属粮油储备库、江苏省粮食局、湖南省粮食科学研究设计院、河南工业大学、中粮营养健康研究院、山东三星集团有限公司等 10 家科技兴粮示范单位授牌。

三　继续实施好粮食公益性行业科研专项

组织申报 2015 年粮食公益性行业科研专项。按照“目标导向、凝练需求、集中突破、强化应用”的工作思路，经向行业科研单位广泛征集需求，经专项管理咨询委员会讨论，形成了 2015 年粮食公益性行业科研专项实施方案。4 月，国家粮食局印发《关于组织申报 2015 年粮食公益性行业科研专项项目的通知》（国粮办展〔2014〕78 号），围绕“粮安工程”建设的科技需求，按照粮食绿色生态储藏、节粮减损、粮情监测与行业信息化、粮油质量安全、粮食现代物流五个领域，提出了“三大区域粮堆生态系统理论模型机理与新仓型工艺设计和新技术应用一体化研究”等 11 项研究项目任务申报指南。经过公开征集会议答辩遴选，最终确定了 11 个项目承担单位团队。按科技部查重意见，“粮堆多场耦合模型调控与区域标准化应用研究”等 9 个项目具备申报条件，9 月组织专家组对 9 个项目的实施方案和预算进行评审后，向财政部报送了 2015 年粮食公益性行业科研专项项目总预算。

粮食公益性行业科研专项启动实施。2014 年 2 月，财政部批复 2014 年度粮食公益性行业科研专项，中央财政经费 1.5 亿元，在研 2013~2014 年公益项目本年度预算 1.59 亿元。3~8 月，2013~2014 年粮食公益性行业科研专项 19 个项目陆续召开了项目启动会和中期检查会。项目组邀请行业专家，对建议研究任务细化情况、技术路线、创新思路进行指导，为做好公益性行业科研专项做好准备。

2014 年 3 月，为落实《国务院关于改进加强中央财政科研项目和资金管理的若干意见》（国发〔2014〕11 号）新要求，国家粮食局创新管理机制。一是完善细化公益性行业科研专项管理制度，探索粮食科技管理机制改革，编制了《粮食科技项目督导评估管理试行办法》（草稿），建立专家督导评估制，在项目启动、检查中要求参评的督导专家对粮食公益性行业科研项目的研究思路、预期成果、技术经济效益等提出意见，优化研究技术路线，把握、帮扶项目更好实施，充分发挥督导评估专家的作用，使粮食科技成果做到实用、可用、好用；二是向粮食公益性行业科研专项承担单位宣贯国家政策文件精神，邀请财政部教科文司有关同志解读国家政策，国家粮食局业务司室讲解了“十三五”粮食科技规划思路研究，粮食科技项目资金管理办法和措施，并就改进粮食科研项目资金管理、建立项目和资金管理长效机制等提出了工作要求。

四 支撑计划项目

2014 年 6 月，“十二五”支撑计划项目“粮食节能增效新技术研究开发与应用”已通过科技部组织的验收。项目研发的玉米保质节能烘干技术节能效果显著，建立了我国地下储粮新仓型实验模型，为我国节能增效绿色储粮领域提供了技术支撑。建立了小麦、稻谷、玉米储藏研究平台。对小麦、稻谷、玉米储藏中温度、水分、湿度、害虫、霉菌等关键生态因子的相互作用、临界关系和调节控制方法进行了研究，建立了相应的模拟调控平台；构建了多杀菌素高产菌株高通量筛选体系，合成了数种多杀菌素衍生物产品，研究了其施药方法。项目突破共性关键及重大装备技术 13 项，发表科技论文 65 篇，获得国内专利授权 19 项，行业标准 7 项。

2014 年 12 月，“十二五”国家科技支撑计划项目“数字化粮食物流关键技术研究与集成”项目承担单位报送了建设进展报告。项目实施进展顺利，已实现了区域应急供应模仿和粮食储藏生态理论模型构建。获批“一种游离脂肪酸快速测定装置与检测方法”专利 1 项；制定了粮食主要储运特性参数的数据格式和规范，完成了相应的研究技术报告；完成了粮食收储近红外检测设备及组网技术的研发工作，并顺利地将设备及网络交付给应用研究单位进行应用研究工作。完成了整套油料作物外观质量快速检测仪器的系统搭建与样机试制。提出了大米露点模型，研制了一种新型无线传感数据采集节点设备和一种多协议兼容的数传终端设备；完成了基于 GPS/ 北斗 /3G 的可视化成品粮应急保障的专业信息追踪设备的原型机研制。

2014 年 12 月，“玉米及其加工副产物中玉米赤霉烯酮和脱氧雪腐镰刀菌烯醇消减技术研究及示范”作为支撑计划候选项目已通过科技部组织的论证，该项目将开展玉米赤霉烯酮和脱氧雪腐镰刀菌烯醇（ZEN/DON）高效降解菌（酶）的规模化示范生产，玉米深加工污染副产物中真菌毒素消减技术与示范及燃料乙醇生产副产物 DDGS 中真菌毒素消减技术研究与示范等。

五 其他国家科技计划项目管理

2014 年 2 月，首批国家信息化试点示范项目“基于 RFID 的区域粮食流通管理试点应用”通过国家粮食局组织的验收。项目开创性在粮食流通领域应用 RFID、多传感器等物联网技术，研发了基于 RFID 的出入库粮食系统，粮食快速收纳系统，自动称重系统，粮食仓储作业执行系统（MES），自动称重系统（DCS），基于有源标签的库区，移动设备跟踪管理系统，低温储粮控制技术与系统，空调准低温储粮远程集中控制技术与系统，智能通风控制设备及系统，粮食仓储多传感器集成设备及系统，粮库三位可视化管理系统，粮库移动管理系统等一系列粮食仓储管理技术和应用系统，提高了粮库信息化应用水平。

2014 年 4 月，国家发展改革委印发《关于 2012 年国家物联网应用示范工程的复函》（发改办高技〔2014〕809 号），批复了 2014 年“国家粮食储运监管物联网示范工程”投资计划批复财政经费补助 4000 万元。9 月，组织专家对该示范工程进行了检查，项目已建成 47 个库点，15 个库点在建，建设工程进度总体过半，应用物联网技术企业已实现了公司内部信息互联互通，粮食数量、质量信息实时上传，不仅保证了粮食企业提高作业量，实现较好经营效益，更显著地提升了粮食流通监管效率。

2014 年 12 月，国家粮食局组织专家对 2012 年度立项的“固态发酵制备高效、安全菜籽蛋白肽生产技术中试”、“高纯度 α－亚麻酸乙酯制备工艺技术转化”、“留胚米高效节能生产技术装备的中试转化”、“粮食烘干设备在线水分测控系统优化及推广”、“油脂干式冷凝真空脱臭系统的转化”5 个项目进行了验收。

六　粮食科技创新体系建设

2014 年 5 月，国家粮食局向科技部报送了《关于推荐粮食行业中青年科技创新领军人才候选人的函》（国粮展〔2014〕88 号），推荐武汉轻工大学刘玉兰教授作为科技创新领军人才候选人，并成功获选科技创新中青年领军人才。

2014 年 6 月，粮食发酵工艺与技术国家工程实验室通过教育部组织的验收。粮食精深加工工程与技术方向主要研究粮食资源的食品化和高值化利用技术，开发发酵专用原料加工技术及其重大装备样机、关键部件，制定产业技术标准。目前已经形成了充分利用稻米内源性营养的主食加工关键技术——开发了具有我国特色米制品（速食营养米、米粉和方便米饭）的自主知识集成技术及其设备，实现产品复水快速（不超过 5min）、营养富集与强化、风味调控。酿造技术与工程方向已经形成了无醇啤酒生产技术、黄酒传统酿造技术升级、传统酿造乳酸菌的筛选及应用技术和低乙醛啤酒酵母菌株选育及发酵技术等重要的关键技术。

2014 年 7 月，配合科技部向国务院上报了“科技创新支撑现代粮仓建设的报告”，国务院领导作了重要批示，科技部表示将支持“四合一”等技术为代表的粮食储藏科技成果的推广应用，同时积极推进粮食储藏新技术的熟化、示范和推广应用。

2014 年 10 月，完成 2014 年粮食科技创新专项调查。编印《2014 年粮食科技专项调查资料》，对 171 家粮食科研单位（院所、院校、企业）的科研活动进行统计分析，明确了国家科研投入资金的引导力日益增强，企业科技创新和成果转化主体地位日益凸显的科技发展趋势，但也发现行业科研人员素质有待提高等问题。

七　粮食科技活动周

2014 年 5 月 17~24 日，国家粮食局联合教育部、全国妇联举办以“科学食粮，健康圆梦——粮食科普进社区进家庭”为主题 2014 年粮食科技活动周宣传活动，在全国 31 个省（区、市）及 200 多个地级市的相关部门，河南工业大学、南京财经大学、武汉轻工大学、南开大学、吉林农业大学、华南理工大学、陕西师范大学等多所大学积极开展宣传活动。会同有关部门深入开展爱粮节粮减损进学校、进军营、进家庭、进企业、进机关等专项行动。组织专家参加的“科技列车赣南行”科普小分队，深入赣南乡村、社区、企业和学校，开展粮油科普知识宣传。向赣州市火燃村农户捐赠了 200 套科学储粮仓，组织农户观看了由中央新闻纪录电影制片厂录制的《农户储粮实用技术》科普电影。活动期间共走进 1.7 万个社区，面向 3.8 万个家庭进行了科普宣传，开展了 310 多场粮油营养健康科普讲座，参加人数达 125 万人。中央电视台等全国 30 多家主流媒体刊载新闻报道 103 篇，网络转载 39.5 万条。

活动形式新颖，内容贴近大众，社会影响力大，深受社会各界好评。

2014 年 6~12 月，国家粮食局、中国科协印发《关于开展 2014 年“爱粮节粮优秀科普作品”推介活动的通知》（国粮办展〔2014〕194 号），广泛征集和宣传爱粮节粮科普作品，推荐一批关于营养健康科学消费的优秀粮食科普图书、科普微视频和科普期刊等。“爱粮节粮相约你我”等 13 项作品（2 项微信、1 项科普电影，9 项微视频，1 项图书）入选 2014 年爱粮节粮优秀科普推介作品。

◆国家粮食局科学研究院

2014 年，国家粮食局科学研究院围绕粮食中心工作积极发挥科技支撑作用，科技创新取得一系列重大成果，服务行业建设取得可喜成绩。

一 努力开展科技创新

2014 年，全院承担国家和省部级科技计划课题共 84 项，其中 973 计划课题 2 项，“十二五”支撑课题 15 项，863 计划课题 4 项，国家自然基金 5 项，国家重大科技工程 1 项，公益性行业专项 25 项，项目经费预算总计 9000 余万元。全年通过验收课题 25 项。获得国家及省部级科学技术奖励 4 项，获得授权专利 8 项，其中发明专利 7 项，制修订国家和行业标准 14 项，发表论文 96 篇，其中 SCI 12 篇，EI 4 篇，培养研究生 34 名。

（一）储藏研究领域

围绕 1000 亿斤新仓建设和危仓老库维修改造对储粮技术升级的需要，积极开展高效通风储粮、绿色虫霉防治、粮情信息化和安全生产事故防范等技术研究。

1. 成功开发了粮食储藏“四合一”升级新技术。在整合近年来储粮技术研究成果的基础上，采用产学研用合作模式联合攻关，开发出以负压横向通风、分体式谷物冷却机、多介质环流害虫防治、粮情多参数检测及云平台分析为核心的粮食储藏“四合一”升级新技术。该技术建立了全新的粮堆负压通风系统，将平房仓通风笼从地面移到了墙上，解决了平房仓实现机械化作业的难题，同时大幅提升了绿色生态储粮和粮情检测分析智能化水平，被国家有关部门列为新建粮库重点推广应用新技术。在全国粮食科技创新大会上作了重大科技成果发布，受到各地粮食部门的普遍关注和欢迎。

2. 研究搭建储粮害虫预测预警平台。开展我国粮库主要储粮害虫种类调查方法、储粮害虫智能检测终端专家决策系统开发等研究工作，在全国范围内，利用诱捕器定点开展储粮害虫种类调查和种群密度变化研究，已在广东、广西和西藏等省区选取了相关库点开展工作，建立了储粮害虫预测预报信息库，为我国储粮害虫综合治理、粮情信息化提供支持。

3. 大力开展粮食仓储安全保障技术研究。开展了粮库入仓作业安全、储藏作业安全、熏蒸作业安全、缺氧和磷化氢对实验动物危害等课题研究，编制了《粮食储藏进仓作业安全规程》等行业标准。积极开展粮食仓储安全技术服务，在吉林金粮粮油公司仓体坍塌、黑龙江海林粮库火灾等事故发生时，第一时间赶赴现场，开展事故救援技术指导。作为粮食仓储行业安全生产专家咨询组主要成员，积极参与国家和地方粮食部门安全生产培训和检查工作，为地方培训安全生产骨干。

（二）安全研究领域

重点开展粮油质量安全监测预警技术、分析检测与风险评价技术研究，粮油标准物质研制与推广应用等工作。

1. 粮食中污染物同步检测技术研究取得新进展。成功开发了适合批量粮食样品中多种毒素、多种污染元素同步检测技术，完成了不同厂家仪器及不同实验室的验证工作，形成了国家标准草案。通过参加国际检验能力验证试验，证明所建立的同步检测方法具有较高的可比性和准确度。

2. 标准物质研制取得新成果。新研制了 4 种粮食真菌毒素溶液标准物质，获得了国家标准物质证书，填补了国内空白，成果获得中国粮油学会科学技术奖二等奖。参与了国家标准物质资源共享平台建设，承担平台中粮油标准物质的维护任务，被科技部授予国家标准物质资源共享平台参建单位牌匾，为确保粮油质量安全检验量值统一发挥了作用。

3. 粮油质量安全监测调查与预警技术研究取得重要进展。在安徽、四川、湖北、湖南、吉林等省开展了小麦和玉米高密度监测采样试验，采集田间、农户和库点样品 10000 余份，全面开展污染物分布规律研究。开展了东北地区霉变玉米真菌毒素污染情况调查。采用同步检验技术开展我国粮食真菌毒素污染状况研究，取得了 1000 多份粮食样品真菌毒素污染集数据，填补了我国食品安全数据的重要空白，全部数据被国家食品安全风险评估中心收录，成为我国参与制订相关国际法典限量标准的重要依据。

（三）品质研究领域

围绕提高和改善我国粮食加工品质，减少收储加工环节粮食资源浪费，开展了粮油品质资源数据研究、大米适度加工研究、粮食品质为害机理和预警机制研究、粮食标准制修订等工作。

1. 粮食品质评价技术和粮食适度加工研究取得显著进展。组建了包括大米生产企业、科研院所、质检机构和育种机构等参加的大米食味品质评价团队，建立了国家层面的大米食味品质评价平台。在此基础上，筛选出中国粳稻食味品质评价基准米，建立了粳稻加工精度与品质的关系模型，提出了以美味和营养为基础的加工精度控制方案，为促进我国稻米加工过程中的节粮减损奠定基础。

2. 粮食品质为害机理研究获得突破性进展。从种植环节入手，深入研究了赤霉病及其毒素造成小麦品质降低的原因，系统研究了小麦穗发芽对小麦加工品质的影响，发现了色变玉米的差异性物质，初步研究提出了东北高水分玉米储存品质的预警模型。这些成果将为完善我国粮食收储标准，减少粮食资源浪费提供数据支撑。

（四）营养研究领域

重点围绕粮油营养品质与健康关系、粮油资源饲料生物高效转化开发利用技术进行研究。

1. 粮食营养品质数据库研究取得重要进展。开展了我国粮食营养品质和粮油产品健康消费模式等课题研究，完成小麦、稻谷、糜子、荞麦、燕麦、芸豆等不同样品的各种营养成分，多酚、黄酮等植物化学素及抗氧化特性的测定；开展了不同加工程度的小麦粉、大米营养品质评价，分析了加工精度与营养特性等因素的变化规律；开展了粮食品质与营养数据库系统设计，开展了居民粮油产品健康消费模式研究，探索粮油功能活性物质与人体慢性疾病的关系。利用细胞和 SPF 动物模型方法，研究不同品种、不同产区杂粮的营养健康功效，取得明显成效。

2. 推进发酵酶解饲料原料产业化取得重要进展。发酵棉籽蛋白研究完成小试和中试生产，产品粗蛋白含量增加 8%，游离棉酚降低 50% 以上，小肽含量增加 10%。发酵棉籽蛋白产品在肉鸡、蛋鸡中开展推广应用试验，取得良好的效果。发酵酶解小麦蛋白产品成本下降 50%。

3. 粮油功能活性物质开发利用取得新突破。开展了大豆可溶性膳食纤维、戊聚糖浆生物发酵转化低聚糖应用开发研究。其中，大豆可溶性膳食纤维开发实现了成果转化。小麦淀粉废水发酵生产低聚木糖研究完成小试，猪饲养试验取得较好结果。乳化凝胶化乳酸菌及动物细胞包被技术取得突破，乳酸菌生产成本大幅降低。

（五）粮食加工领域

围绕传统主食品产业技术升级及营养健康转型的共性技术需求，开展速食全谷物粉（粥）关键加工技术、食品加工技术路线战略研究以及高杂粮豆含量挂面加工技术的产业化示范。

1. 杂粮及全谷物方便食品加工关键技术取得突破。集成应用杂粮、杂豆物理改性、预混合复配技术，突破了添加杂粮含量高的面条在加工过程中成型难、食味差的难题，杂粮的添加量可达 60% 以上，并成功实现了批量工业化生产。集成应用高温、高压物理改性和二次 α 化加工技术，解决全谷物速食粉产品口感粗糙、冲调易结块等难题，开始在河北、陕西的两家企业进行产业化示范。承担的杂豆挂面加工中加国际合作项目实施顺利。主持制定的全麦粉行业标准完成报批稿，该标准对促进我国全谷物食品产业发展具有重要意义。

2. 承担的中国工程院重大咨询项目——农产品加工业发展的技术路线和战略选择研究专题实施顺利，形成了 2 项院士建议初稿。

3. 成果产业化推广取得好成绩。与山东等地企业签订了杂粮豆速食冲调粉、挂面加工技术等 5 项产业化合作开发协议，取得了较好的经济及社会效益。

（六）油脂加工领域

主要开展油脂适度加工、油脂加工过程危害因子防控以及油脂增值加工技术集成研究。

1. 新型制油技术研发取得重要进展。油茶籽、火麻籽、亚麻籽等特种油料水酶法制油技术取得重要突破，解决了酶法制油工艺油脂提取率低、水相中副产物回收困难及废水排放造成环境污染等技术难题，中试提油率超过 90%，副产物回收率超过 60%。

2. 植物油适度精炼工艺研究取得重要进展。分析研究了植物油精炼中游离脂肪酸、磷脂等非甘三酯物质对大豆油、菜籽油烟点与氧化稳定性的影响，建立了酸值对油脂氧化稳定性影响的预测模型。分析研究了油脂中有益成分保留量对储藏稳定性的影响，并提出了相应的剂量范围建议。

3. 油脂加工过程危害因子控制研究取得新进展。分析发现了影响油茶籽油等油品中苯并芘形成的主要环节与条件，开发了采用低成本材料精炼脱除苯并芘的有效技术方法。对市售十余大类油脂产品中缩水甘油酯和氯丙醇酯（致癌物前体物质）含量进行了调查分析，并开展了加工工艺、原料特性对危害物形成机制的研究。

（七）生物技术领域

重点围绕污染粮食合理利用，开展真菌毒素污染粮食的危害性评价、利用途径与处置措施，产毒真菌快速鉴别技术及产毒机制以及粮油转基因成分快速检测等研究。

1. 呕吐毒素超标小麦安全合理利用技术研究取得重大进展。一是全面跟踪分析了 4000 吨毒素超标小麦在加工和深加工过程中呕吐毒素分布迁移规律，用大量跟踪测试数据证明了不同加工产品中毒素的消减和富集规律，填补了重要食品安全数据空白，为完善食品安全法规和标准提供了重要依据。二是采用专用菌种和固态发酵法降解小麦麸皮中真菌毒素工业化试验取得成功，工艺过程简单，处置成本较低，毒素降解效果理想，为处置和利用毒素污染小麦开辟了重要技术途径。研究表明，通过发酵还改善了麸皮营养品质，提升了产品附加值，受到企业的欢迎。该成果在全国粮食科技创新大会上发布后，取得了很好的反响。

2. 玉米及其副产物中真菌毒素消减技术研究取得重要进展。结合山东某玉米深加工企业生产实际，完成 DDGS 脱毒实验室模拟生产试验，取得理想效果，近期将转入实际生产试验。开发了高效消减玉米油中 ZEN 的工艺技术，获得国家专利，可大幅消减玉米油中的 ZEN 含量，降低健康危害。

（八）发酵工程领域

重点开展新型高效生物杀虫防霉剂、储粮生物危害早期预警及在线监测、粮油副产物生物转化利用等研究。

1. 生物杀虫剂——多杀菌素生产技术研究取得新进展。首次建立了利用 ELISA 技术和靶向几丁质酶的杀虫和防霉活性物质高通量筛选方法，分别从 4000 多个放线菌中筛选出产多杀菌素和对粮食真菌有较高抑制活性的新菌株。采用先进技术手段筛选出一批多杀菌素高产菌株，不断改进发酵工艺，提高了多杀菌素产量。与合作企业开展了中试研究，使多杀菌素向工业化生产又迈进了一步。根据我国粮库和农户储粮特点，开发了兼具杀虫和防霉功效的多杀菌素微乳剂，实仓试验表明，新制剂对储粮害虫有很好的防治效果。

2. 储粮安全预警技术研究取得新进展。通过实仓跟踪试验，深入开展了我国主要储粮生态区小麦、稻谷、玉米安全储藏水分临界值研究，建立了粮食安全储藏水分评价方法，提出了我国南北方主要粮食品种安全储藏水分标准建议，建立了高水分粮食短期安全储存时间与温度的对应关系，为加强储粮安全管理、完善粮食储藏技术规范提供了重要依据。

3. 粮油副产物生物转化研究取得进展。开展棉粕固态发酵工艺研究和中试。筛选获得棉酚脱除率在 70% 以上的益生菌；优化固态发酵条件，提高了棉酚脱除率和营养利用率。与新疆企业合作开展棉粕发酵中试生产。开展微生物发酵转化米糠多糖的研究，优化了米糠多糖的提取方法，开发出新型功能性植物乳酸饮料和活性多糖粉等产品。

（九）战略研究领域

重点围绕粮安工程和智慧粮食建设对粮食经济战略研究的需要，开展全国粮情大数据挖掘与分析、粮食供求预测模型、粮食宏观调控、跨区域粮食物流成本收益、粮食支持政策等研究。

1. 现代粮食储备体系研究取得重要进展。通过挖掘和识别分析全国粮情大数据，初步建立了粮食供求平衡模型，整理和验证了粮食供求平衡数据，解决了现有数据逻辑不一致等难题。利用新建模型开展我国粮食储备体系推演测算。通过抽样统计调研，收集整理了跨区域粮食物流成本收益数据，弥补了国内数据的空白，为粮食跨省流通与区域规划布局提供了决策依据。

2. 开展粮食全产业链技术经济分析。围绕粮食全产业链，采用案例分析方法，系统开展了各类稻谷加工企业技术经济运行现状分析与发展趋势研究，从技术经济分析角度研究制定稻谷产业发展战略建议。

3. 参与 APEC 粮食安全部长级会议文件起草工作。作为项目专家组成员，参加起草了 APEC 粮食部长级会议《北京宣言》，圆满完成相关工作任务，作出重要贡献。

（十）粮油质量检测

重点围绕保障国家粮食质量安全的需求，开展粮油质量检测和相关标准制修订工作。

1. 粮油质量检测中心规范运行。严格执行国家相关法律法规和标准，严格遵守中心质量体系文件和相关制度，认真开展了标准更新、质量控制、检验监督、相关仪器检定与校准等工作，确保客观、公正、及时完成各项检验任务，未出现质量事故，实现了质量目标。

2. 粮油质量检测标准制修订取得好成绩。开展了食用油检验鉴定与评价方法及标准的研究，完成《植物油中甘油三酯的测定——高效液相色谱法》、《芝麻油真实性鉴定判别方法》等 5 项标准的征求意见稿。

3. 油料资源及加工数据库研究取得初步进展。完成大豆、芝麻资源及加工调研，确定五种油料中检测方案以及数据库构成框架，完成五种油料（大豆、油菜籽、花生、芝麻和油茶籽）900 多个油料样品的品质（粗蛋白、粗脂肪）和油脂的脂肪酸组成、甘油三酯结构的分析工作，完成了大豆油掺伪鉴别方法和花生油掺伪鉴别方法标准草案的起草。

二 积极服务行业现代化建设

（一）工程服务成绩显著，为支撑行业发展起到重要作用

1. 努力服务粮食行业中心工作。主持和参与了“四合一”升级新技术储粮通用图的编制、“粮安工程”规划、新建 1000 亿斤粮库仓容测算、八省危仓老库仓容核算、粮油仓储物流设施“十三五”建设规划等相关课题研究，为支撑粮食行业发展作出了重要贡献。

2. 积极创新工程咨询工作。全年完成咨询成果 160 余项，其中，江苏省粮食物流建设规划和苏州市“十三五”粮食安全保障规划等课题难度大、挑战性高，得到客户高度评价，提升了行业影响力。

3. 工业设计迈上新台阶。全年完成设计成果 106 项，产值再创新高，在时间紧、任务重的情况下，注重加强质量和进度管理，得到用户认可。

4. 工程监理克服困难，业绩稳中有升。在市场低迷的情况下，积极开拓业务，全年监理业绩取得好成绩。

5. 科研开发取得重要进展。基于物联网的“数字粮库”关键技术研究与示范等 3 个项目通过验收，积极推进 15 个在研科研项目的研究。

（二）科技产业稳步发展，产品研发取得新成绩

2014 年，所属北京东方孚德技术发展中心继续发挥专业技术优势，注重新产品研发，不断加强和改进售后服务，业务发展取得良好成绩。

1. 积极为粮食行业提供优质服务。围绕推广低温和准低温保质储粮技术和提高我国粮食品质检验能力，积极开展科技成果转化服务，谷冷机和仪器设备等机电产品用户达到 1100 余家，相关产品在国内具有较高影响力。2014 年，为近 200 家用户进行了技术培训和服务，用户满意度调查达 100%。

2. 加强新产品研发力度，提升持续发展能力。完成了大米品质检测仪、食味计的软硬件升级设计及测试，已在产品中应用；完成了稻谷出米率检测仪的产品改进，投入批量生产；开展了大米新鲜度检测仪的应用研究，通过全国新收获稻谷质量会检验证，取得了重要的阶段性成果；开展了大米粒型仪器检测方法研究、油料外观检测专用软件的开发及油菜籽整列压碎装置的设计；完成了 85 型负压分体式谷冷机样机试制，横向通风冷却实仓试验取得成功，控制和制冷性能优异；编制了横向谷冷通风技术要点；在前期研发和试验的基础上，开发了 55 型负压分体式谷冷机，已投入试制。

三 加强国内外交流合作

1. 加强国际粮油科技合作。与澳大利亚默多克大学、南十字星大学、粮食出口创新中心、美国农

业部农业研究局谷物和马铃薯实验室、阿肯色大学食品安全中心等国外大学、科研机构及企业签订了10 余项合作协议，开展了 20 余项国际学术交流等学术活动，接待了十余批来访进行学术交流的学者。派出 20 多人次，出访了 10 余个国家和地区，参加国际学术会议交流。对促进科研工作开展起到了重要作用。

2. 加强与地方粮食部门的合作。与四川、陕西、浙江、湖南、福建 5 个省级粮食部门签署了科技合作战略协议，与国内粮食科研院所、大学及粮油质量检验机构等建立了广泛合作关系，加强了与地方粮食部门和粮食企业的联系，促进了产学研用的有机结合。

3. 积极开展粮油科普宣传。配合国家粮食局有关部门办好粮食科技活动周、食品安全活动周、粮食科技成果展等系列宣传活动。编写了粮食科技周宣传手册，组织实施了粮食科普进社区、食品安全实验室开放日及科普讲座等活动。认真做好《粮油食品科技》杂志的编辑出版工作，全年共收录科技论文 500 余篇，刊发 180 篇，杂志影响因子比上年提高 12%，为促进行业科技进步起到了积极作用。

◆中国粮油学会

在国家奖励办和国家粮食局、中国科协等有关部门的大力支持和指导下，根据《中华人民共和国科学技术进步法》、《国家科学技术奖励条例》和科学技术部《社会力量设立科学技术奖管理办法》，并按《关于组织申报和推荐 2014 年度中国粮油学会科学技术奖的通知》（中粮油学发〔2014〕12 号）和《中国粮油学会科学技术奖管理办法》的要求，中国粮油学会（以下简称学会）本着认真扎实、客观公正、开拓创新的原则，较好地完成了 2014 年度中国粮油学会科学技术奖（以下简称粮油科技奖）的各项评审工作。评审委员按照评审程序规范进行评审，保证评审工作的科学性、公正性和权威性。评选出一批优秀的粮油科学技术成果以及为粮油科学技术进步作出突出贡献的科技人员和企事业单位，为加速粮油科技进步发挥了重要的作用。

中国粮油学会于 2014 年 3 月底至 7 月开展粮油科技奖的推荐与申报工作，截至 7 月初，共收到 33 个推荐单位的 65 个科研项目的申报材料，其中有 62 个项目通过了形式审查并于 2014 年 8 月 12~26 日在中国粮油学会网站上进行了受理项目的公示。根据本年度项目申报情况，共分为油脂、食品、储藏、信息与自动化、饲料、物流、米制品和质检 8 个专业评审组，分别由各相应分会组织成立专业评审委员会，从 9 月初至 10 月中旬共计 60 位评委参与完成专业评审工作。此次专业评审原则上是按不超过本组参评项目数的 60% 进行推荐，其中拟推荐一等奖项目数不超过本组参评项目数的 10%，个别超比例推荐的专业评审委员会也都提供了超比例推荐的理由和说明，最终共推荐综合评审项目 47 项，其中拟推荐一等奖项目 9 项。11 月 22~24 日在北京召开了评审会议，国家奖励办社会奖励处负责人、国家粮食局流通与科技发展司相关司领导到会指导工作。47 个项目按油脂、食品、信息与质检、储藏与物流、饲料与米制品 5 个评审组，逐个汇报专业评审情况。在仔细审阅项目材料的基础上，评委对项目进行充分讨论后，量化打分，最终以无记名投票表决，评选出推荐获奖项目 42 项，其中一等奖 6 项，二等奖 12 项，三等奖 24 项，一等奖由到会委员的 2/3 以上多数通过，二、三等奖由到会委员的 1/2 以上多数通过，表决结果真实有效。

自 2005 年学会设立粮油科技奖以来，学会一直努力加强宣传，不断扩大粮油科技奖在粮食行业的影响力，鉴于前几届成功经验，为进一步促进获奖成果的推广应用和粮食行业技术进步，加强粮油科技奖的宣传，学会继续编辑出版《2014 年度中国粮油学会科学技术奖获奖项目汇编》。图文并茂、系统全面地介绍本届粮油科技奖获奖项目、获奖者和获奖单位等情况，出版后赠送给相关单位、个人及社会各界，同期登载在中国粮油学会官网和成果展厅栏目中，便于大家及时了解行业科技创新的前沿和动态，加快科技成果的推广和应用，同时更好地展现获奖者的科研足迹，为现在的青年科技工作者树立楷模。学会作为政府和粮油科技工作者的桥梁，始终把粮油科技奖的评审工作作为学会的重要工作来抓，坚持公平、公正，宁缺毋滥的原则，每届评出的获奖项目都加强推广宣传，让这些获奖项目能起到榜样性作用，带动整个行业科技的发展，并得到粮油科技界和社会的广泛认可。特别是学会首次获得了国家科技奖励推荐资格，并成功推荐 2015 年度国家科技进步奖 1 项，这标志着粮油科技奖的评审工作得到了国家奖励办的认可，同时也将激励学会把这项工作做得更好。因此，在以后的工作中，学会将继续坚持“公开、公正、公平”的评审原则，严格各项评审程序，保证评审质量，加强奖励宣传和成果推广，使粮油科技奖在提升整体学术水平、促进学会发展、凝聚粮油科技工作者的力量等方面起到积极作用，并充分发挥粮油科技奖的导向作用，为粮油行业的科技进步和健康发展作出更大的贡献。

粮食行业人才队伍建设

一 行业教育培训

2014 年全国粮食系统积极开展教育培训工作，系统职工参加职业技能、学历教育、各类政治理论和业务培训共 282890 人次，参训率达 43.20%，参训人次同比增加 5.91%。全国各级粮食部门共举办培训班 30000 期，同比增加 4.33%；培训 439706 人次，同比增加 10.24%。其中，中央单位举办培训班 15745 期，同比增加 203.90%，培训 121718 人次，同比增加 0.93%；省（区、市）级粮食行政管理部门及下属机构举办培训班 2102 期，同比增加 23.5%，培训 80323 人次，同比增加 14.65%；市（区、地、州、盟）级粮食行政管理部门及下属机构举办培训班 3938 期，同比增加 27.03%，培训 84945 人次，同比增加 32.75%；县（市、区、旗）级粮食行政管理部门及下属机构举办培训班 8215 期，同比增加 7.55%，培训 152720 人次，同比增加 5.89%。

从培训时间上看，参加 12 天以内短期培训 249938 人次，参加 13 天以上 1 个月以内培训 17676 人次，参加 1 个月至 3 个月培训 7640 人次，参加 3 个月以上培训 7636 人次。职工参加培训以 12 天以内短期培训为主。

从人才结构上看，2014 年公务员参加培训 35121 人次，参训率为 113.4%；企事业管理人员参加培训 83972 人次，参训率为 66.31%；专业技术人员参加培训 54680 人次，参训率为 64.76%；工人参加培训 102124 人次，参训率为 32.12%。

从培训机构上看，粮食系统职工参加党校、行政学院培训 28112 人次，参加粮食系统教育培训机构培训 167511 人次，参加高校科研机构培训 6014 人次，参加其他培训机构培训 81253 人次。

从培训班类型来看，政治理论培训班 4310 期，同比增加 16.7%，培训 93650 人次，同比增加 24.25%；各种类型的公务员培训班 1683 期，同比减少 0.47%，培训 28444 人次，同比增加 19.31%；企事业管理人员培训班 7652 期，同比增加 167.09%，培训 72845 人次，同比增加 17.27%；专业技术人员培训班 5417 期，同比增加 82.21%，培训 70350 人次，同比增加 0.17%；职业技能培训班 8964 期，同比增加 100.58%，培训 127572 人次，同比增加 10.61%。

二 全国粮食系统先进集体、先进工作者和劳动模范评选表彰

为表彰先进、弘扬正气、振奋精神，增强粮食系统广大干部职工的荣誉感和责任感，进一步激发大家的积极性和创造性，2014 年 7 月 30 日，人力资源社会保障部、国家粮食局印发《关于评选全国粮食系统先进集体、先进工作者和劳动模范的通知》（人社部函〔2014〕129 号），组织开展全国粮食系统先进集体、先进工作者和劳动模范评选表彰（以下简称“双先”表彰）。

按照自下而上、逐级推荐的程序，经省级推荐，并报人力资源社会保障部核准后，2014 年 12 月

25日，人力资源社会保障部、国家粮食局印发《关于表彰全国粮食系统先进集体、先进工作者和劳动模范的决定》（人社部发〔2014〕99号），授予北京市大兴区粮食局等90个单位“全国粮食系统先进集体”荣誉称号，授予谭毅等43名同志“全国粮食系统先进工作者”荣誉称号，授予李金禄等87名同志“全国粮食系统劳动模范”荣誉称号。

在受表彰的90个“全国粮食系统先进集体”中，机关单位41个，事业单位19个，企业单位30个。受表彰的130名先进个人中，“全国粮食系统先进工作者”43名，占33.08%；“全国粮食系统劳动模范”87名，占66.92%。平均年龄49岁，其中最大的59岁，最小的30岁。女同志10名，占7.69%；少数民族7名，占5.38%；中共党员123名，占94.62%。从学历上看，研究生学历11名，占8.46%；大学学历58名，占44.62%；大专48名，占36.92%；中专及以下13名，占10.00%。

2015年1月，国家粮食局在北京召开全国粮食流通工作会议。会上，人力资源社会保障部、国家粮食局领导为“双先”代表颁发了奖牌、奖章和证书。1月8日下午，国家粮食局党组书记、局长任正晓主持召开了63名代表参加的全国粮食系统先进集体、先进工作者和劳动模范代表座谈会。代表们结合本单位和个人工作实际，就保障国家粮食安全、加强粮食行业干部职工队伍建设和文化建设等发表了很多建设性的意见和建议，纷纷表示要珍惜荣誉，鼓足干劲，切实肩负起保障粮食安全、创新粮食行业、造就粮食人才和传承粮食文化的使命。

三　高层次人才队伍建设

一是举办全国粮食局长培训班。为深入学习习近平总书记重要讲话和党的十八届四中全会精神，贯彻落实依法治国战略，全面推进依法治粮，促进粮食流通工作科学发展，提高粮食系统保障国家粮食安全的能力，2014年10月27日至31日在北京举办全国粮食局长培训班。共有37名各省（区、市）粮食行政管理部门负责同志参加培训。培训内容涵盖了依法治粮、“粮安工程”建设、粮食宏观调控、粮食监督检查、国有粮食企业改革与发展、粮食财政补贴政策、粮食系统的党风廉政建设、创新驱动发展、食品安全等内容。通过系统培训，参训省级粮食行政管理部门负责同志提升了理论素养，拓宽了业务知识，启迪了工作思路。同时，培训班成功举办，也有利于示范带动各省组织开展地市县级粮食局长培训，提升粮食系统党政人才队伍的整体素质。

二是继续加强粮食行业高层次专业技术人才培养工作。按照国家专业技术人才知识更新工程2014年高级研修项目安排，2014年10月26日至11月1日在湖北省武汉市举办1期全国粮食质量安全专业技术人才能力建设高级研修班。各省（区、市）粮食行政管理部门共推荐了67名学员参加，重点围绕粮食质量安全宏观形势与政策、粮食加工过程质量控制、粮食中有毒有害物质的分析检测等内容开展研修。

根据国家粮食局2014年面向行业举办培训班计划，2014年10月19日至25日在河南省郑州市举办1期全国粮食行业创新人才研修班，各省（区、市）粮食行政管理部门共推荐了62名学员，重点研修粮食宏观形势、技术创新、产业发展等内容。

截至2014年年底，相关高层次专业技术人才培养项目为粮食行业累计培训了280名科技创新领军人才。

三是稳步推进粮食行业高技能人才队伍建设。根据人力资源和社会保障部第十二届中华技能大奖、全国技术能手候选人和国家技能人才培育突出贡献奖候选单位候选个人评选表彰工作安排，在国家粮食局组织全国粮食行业遴选推荐的基础上，经人力资源和社会保障部评选，决定授予北京市西南郊粮食收储库高玉柱同志“全国技术能手”荣誉称号，授予安徽科技贸易学校“国家技能人才培育突出贡献奖”荣誉称号。

2014 年 4 月 16 至 17 日，中国粮食行业协会在北京举办了首届全国制粉工职业技能竞赛。来自全国 18 家大型面粉加工企业组队参赛，54 名制粉工同台比拼技能。竞赛的成功举办，充分调动起广大制粉工学习技术、钻研技能的积极性，提高了粮油加工企业对技能人才培养的重视程度，拓宽了粮食行业技能竞赛的职业范围，探索了粮油加工类职业技能竞赛的新方式，也营造出有利于粮油加工类技能人才成长的良好氛围。

2014 年全国共举办高级工及以上等级的高技能人才培训班 42 期，培训 1504 人。2014 年 1 月，中国储备粮管理总公司举办了首期 102 人的高级粮油质量检验师研修班。中国粮食行业协会，安徽、河南、浙江等省粮食局和中国储备粮管理总公司先后组织了 5 期粮食行业特有职业技师研修班，新增 200 余名技师。截至 2014 年年底，全国新增高技能人才约 1177 人，其中，高级工 936 人、技师 168 人、高级技师 73 人，粮食行业高技能人才队伍规模进一步扩大。

四　粮食行业特有工种职业技能鉴定

2014 年，全国共组织粮食行业特有工种职业技能鉴定 144 期，鉴定 9530 人次，涉及粮油保管员、粮油质量检验员、粮油竞价交易员、制米工、制粉工、制油工和粮食经纪人等职业。共有 7100 人考取了相应的国家职业资格证书，通过率 74.5%，同比上升 2.7%。

从职业（工种）上看，粮油保管员和粮油质量检验员职业仍是鉴定的主要职业，其中，参加粮油保管员职业鉴定 5284 人次，占鉴定总人数 55.4%；参加粮油质量检验员职业鉴定 3980 人次，占鉴定总人数的 41.8%；参加其他 6 个职业（工种）鉴定 266 人次，占鉴定总人数的 2.8%。

从资格等级上看，参加初级工鉴定 3818 人次，占鉴定总人数的 40.1%；参加中级工鉴定 4307 人次，占鉴定总人数的 45.2%；参加高级工鉴定 1129 人次，占鉴定总人数的 11.8%；参加技师、高级技师鉴定 276 人次，占鉴定总人数的 2.9%。

2014 年 9 月在湖北省武汉市举办粮食经纪人师资培训班，针对粮食经纪知识、储藏检验常用技能和培训技术等进行培训。经考核，来自全国各省（区、市）和有关中央企业的 70 名学员取得了粮食经纪人培训师资资格，为进一步推进粮食经纪人培训工作奠定了基础。

2014 年 10 月 13 日至 16 日，为支持西藏自治区粮食局举办第三期全区粮食行业职业技能鉴定培训班，国家粮食局按照“根据当地工作需要，培训所需实用技术”的思路，从全国选派了具有丰富培训经验的权威专家进藏授课，免费提供培训教程。“定制”针对性培训方案。培训班共有来自西藏全区的 86 名职工参加，其中粮油保管员 57 人，粮油质量检验员 29 人。

五　行业职业教育

一是粮食行业首次荣获国家级教学成果奖。教育部在 2014 年国家级教学成果奖评选中，首次组织行业部门推荐优秀教学成果。国家粮食局从全国粮食职业院校申报的 13 项教学成果中，择优向教育部推荐了沈阳师范大学粮食学院《高职粮食专业产教融合、工学交替教学模式改革与实践》和江西工业贸易职业技术学院《高职粮食工程专业工学结合一体化人才培养模式的构建和实践》两个项目。经过评审，以上成果双双荣获国家级教学成果二等奖，实现了粮食行业国家级教学成果奖零的突破。

二是颁布《中等职业学校粮食专业教学标准》。2014 年，教育部正式印发了由全国粮食职业教育教学指导委员会组织编制的《中等职业学校粮油饲料加工技术专业教学标准》和《中等职业学校粮油储运与检验技术专业教学标准》。《标准》编制工作严格遵循了工学结合一体化、中高职衔接的现代职业教育理论，体现了粮食行业特有职业发展规律，也为中等职业学校转变粮食专业人才培养模式，加快教学改革创新提供了可靠的技术支撑。

三是承担行业职业教育教学改革项目。为使职业教育教学改革贴近行业人才需求，不断提高专业人才培养质量，根据教育部试点委托行业承担教学改革项目的工作安排，粮食行业承担了《粮食行业人才需求预测和专业设置指导报告》、《中高职粮油加工类专业顶岗实习标准》和《中高职粮油储检专业企业生产实际教学案例库开发》三个项目的开发工作。

四是继续深化粮食专业建设。组织粮食专业教材质量调查，了解专业教材开发现状，分析现行教材存在的问题，研究提出更新知识内容、增加生产案例、应用信息化技术等教材开发建议。委托有关职业院校启动 12 本粮食专业中高职专业课教材开发工作。

五是大力推进粮食专业师资队伍建设。2014 年 9 月 21 日至 23 日在天津市举办全国粮食职业院校骨干教师培训班，组织 60 余名粮食专业教师系统学习现代职业教育理论，研修《中高职粮食专业教学标准》，并赴有关院校学习实训基地建设和教学管理经验，达到了开阔眼界、学习经验和方法的效果。继续开展专业教师实践锻炼活动，遴选 20 名粮食专业骨干教师，赴大型粮油储备库、粮油加工企业开展了为期 3 个月的实践锻炼，通过实践深入了解粮食业务，密切与企业的联系，提高解决生产实际问题的能力。

粮食行业安全生产

一 2014 年粮食行业安全生产概况

2014 年共发生 20 起安全生产事故，死亡 19 人。其中，中央企业 12 起，死亡 9 人。从事故类型看，作业事故 11 起，死亡 15 人；设施事故 1 起，无人员伤亡；火灾事故 2 起，无人员伤亡。

二 2014 年开展的相关工作

（一）部署开展安全生产大检查和专项整治行动

2014 年 7 月，国家粮食局在粮食行业全面部署开展了安全生产大检查。为深刻汲取“江苏省昆山市开发区中荣金属制品有限公司 8·2 特别重大粉尘爆炸事故”教训，防范和遏制粮食粉尘爆炸事故发生，2014 年 8 月至 10 月，部署开展了粉尘防爆专项整治工作。针对粮食行业消防薄弱环节，自 2014 年 10 月至 2015 年 2 月，再次部署开展粮油仓储企业消防安全专项整治行动。通过安全生产大检查及开展重点领域的专项治理行动，企业安全生产隐患得到排查整治，粮食行业安全生产基础进一步夯实。

（二）着重分析总结典型安全生产事故经验教训

2014 年，继续加大对粮食行业典型事故的调查分析和通报力度，分别对“吉林省金粮粮油有限公司 2·26 粮囤坍塌事故”、“辽宁省昌图县鸿盛商贸有限公司罩棚仓倒塌事故”、“中央储备粮海林直属库 10·8 火灾事故”等典型事故进行了现场调查分析，向全国通报了 16 起典型安全生产事故案例，警示各地举一反三、引以为戒。

（三）强化协同联动，形成监管合力

为加强对露天储粮安全生产监管和指导，2014 年 9 月，国家粮食局联合国家安监总局和国资委等部门赴东北地区开展联合检查督导。多次与国家安监总局、国资委及中储粮总公司沟通协商，共同研究探讨推进粮食行业安全生产工作的措施意见。11 月，相继约谈了中储粮总公司和中粮集团。粮食行业安全生产“齐抓共管”的沟通协调机制初步建立。

（四）完善制度标准，构建长效机制

2014 年 4 月，国家粮食局组织专家赴福建省调研安全生产标准化达标创建工作，研究起草了《粮食行业安全生产标准化基本规范》，拟协调国家安监总局以行业标准发布，以更有针对性地指导粮食仓储企业开展安全生产标准化达标创建工作。9 月，组织专家编制了《粮油仓储企业消防安全检查要点》，为粮食行政管理部门及粮油仓储企业开展消防安全检查提供指导。

（五）加强安全生产重要法规培训

2014 年 10 月，在辽宁省沈阳市举办了全国粮食安全生产培训班。对新颁布的《中华人民共和国安全生产法》进行了解读宣贯，对粮食行业安全生产重点领域及关键环节的安全生产管理、操作要点等进行了重点培训，并再次向各地发放了《粮食行业安全生产事故典型案例警示片》（第二辑），要求各地组织观看、开展分级培训，确保安全生产重要法律法规、安全操作规程等得到切实执行落实。

节粮减损

一 节粮减损行动

为营造全民节约良好氛围，反对食品损失浪费，国家粮食局积极组织开展了节粮减损专项行动。

（一）全面部署节粮减损有关工作

2014 年 5 月，国家粮食局、工业和信息化部、国家质量监督检验检疫总局联合印发《关于促进粮油加工业节粮减损的通知》（国粮展〔2014〕81 号），部署完善粮油加工标准体系、加大粮油加工业节粮技改支持力度、推进结构调整、加强节粮减损宣传等工作，采取更加有效的措施，减少粮油加工环节的损失浪费。

2014 年 7 月，国家粮食局印发《关于大力促进节粮减损反对粮食浪费的通知》（国粮发〔2014〕160 号）。对抓好粮食收购工作促进农民减损增收、加强粮食仓储设施建设和仓储管理、抓好粮食运输环节减损、解决成品粮过度加工、促进餐饮消费环节节粮减损、强化科技支撑、开展爱粮节粮宣传教育活动等工作进行了部署安排。

2014 年 12 月，国家粮食局召开促进稻谷和小麦加工业节粮减损座谈会，研究提出了促进加工业节粮措施，要加强行业管理人员和企业技术人才培训，加快完善成品粮技术标准体系，加强口粮加工节粮与营养科技创新，推广先进经验，加大宣传力度和政策支持。积极争取有关部门在“产业振兴与技术改造专项”中列入“大米加工业和食用油料节粮减损技改专题”，两次报送了专项方案建议。

（二）广泛开展爱粮节粮公益宣传活动

2014 年 4 月，国家粮食局会同教育部、全国妇联成功举办了 2014 年“科学食粮，健康圆梦——粮食科普进社区进家庭”主题粮食科技活动周活动，进一步扩大宣传范围。

2014 年 5 月，国家粮食局在北京举办了 2014 年粮食科技周启动仪式，中粮营养健康研究院、国家粮食局科学研究院组成的“粮油营养健康博士团”走进亚洲最大的社区—天通苑社区，宣讲了粮油营养与国民健康关系、大米和全麦粉知识、家庭食用油小常识等科普知识，解答了社区居民的提问。

2014 年 5 月，国家粮食局组织专家参加的“科技列车赣南行”科普小分队，深入赣南乡村、社区、企业和学校，开展粮油科普知识宣传，组织科技人员利用这次下基层的机会，联系企业，进仓房、进车间，了解粮油仓储、加工企业现状，与基层同志共同探讨粮食安全储存、绿色节能加工技术，为地方粮食流通产业的发展提出了建议。

2014年9月，国家粮食局办公室、中国科协办公厅印发《关于开展2014年“爱粮节粮优秀科普作品”推介活动的通知》（国粮办展〔2014〕194 号），评选和推荐了一批优秀粮食科普图书、科普微视频和科普期刊等。

二 爱粮节粮活动

2014年，为深入贯彻落实党的十八大、十八届三中、四中全会和全国粮食流通工作会议精神，按照国办函〔2014〕31号职责分工，科学策划，精心组织，爱粮节粮宣传报道的形式和内容进一步丰富，宣传效果比较显著。

（一）充分利用全国爱粮节粮宣传周等活动平台，深化节粮减损新闻宣传工作效果

广泛动员媒体，精心策划报道方案，宣传报道效果显著。新闻联播共播发9条相关报道。全国爱粮节粮宣传周期间，《人民日报》、《光明日报》、《经济日报》联合刊发国家粮食局等四部门联合发出的“节约一粒粮”倡议并配发深度报道，新华社推出爱粮节粮人物专访，中央人民广播电台中国乡村之声推出全天特别节目。10月26日，央视焦点访谈播出“节粮，我们在行动”专题报道，12月央视滚动播出“真诚沟通”爱粮节粮公益广告。12月22日，由中宣部主导开展的“节约之星”活动专门发布一期8位节粮减损“节约之星”。通过微信公众平台集中展示行业节粮减损工作情况、节粮减损与营养健康科普知识。通过中国移动、中国联通、中国电信向广大手机用户发送爱粮节粮公益短信。截至2014年12月9日，共组织中央级电视媒体发布节粮减损相关报道31条，合作制作发布专题节目1期、公益广告1期；组织中央级纸质媒体发布报道24篇；组织中央级电台发布报道8条，推出特别节目1期；组织新华社、中国新闻社等发布相关报道8条，推出人物专访1期；组织相关专家参加专题访谈、报告会、现场连线13人次。

（二）加大主动策划报道力度，提高节粮减损工作覆盖面

围绕节粮减损工作开展情况，全年共组织记者到基层采访报道6次，涉及26人次；7月26日、10月9日单独或会同农业部、共青团中央、全国妇联、联合国粮农组织驻华代表处等召开2次新闻发布（吹风）会，向社会主动通报纪念“四无粮仓”创建60周年纪念活动情况，以及世界粮食日和全国爱粮节粮宣传周活动开展情况等。组织开展“爱粮节粮”征文及主题动漫宣传片征集评审活动，共评选出40篇优秀文章（一等奖2名、二等奖5名、三等奖8名、优秀奖25名）和53个优秀动漫作品（一等奖2名、二等奖5名、三等奖8名、优秀奖38名）。12月23日、26至29日，中央电视台7套播出5集《中国人的饭碗》专题节目。通过公共交通工具（公交、地铁）、报纸、门户网站、展会等多种渠道加强优秀文章和动漫作品的应用，深化爱粮节粮宣传效果。

三 世界粮食日暨全国爱粮节粮宣传周

为贯彻习近平总书记关于“厉行勤俭节约 反对铺张浪费”的重要批示，落实中共中央办公厅、国务院办公厅《关于厉行节约反对食品浪费的意见》精神，国家粮食局会同农业部、共青团中央、全国妇联、联合国粮农组织驻华代表处，精心策划、全国联动、深入宣传、注重行动，2014年世界粮食日和全国爱粮节粮宣传周活动取得明显成效，营造了节约粮食反对浪费的浓厚社会氛围。

（一）全国联动，精心组织世界粮食日纪念活动

2014年10月16日是第34个世界粮食日，粮食日的主题是“家庭农业——供养世界”。粮食日前夕，国务院总理李克强受邀访问联合国粮农组织总部，并发表了题为《依托家庭经营推进农业现代化》的演讲，充分体现了我国政府对粮食安全的高度重视。为增强全民特别是广大青少年爱粮节粮意

识，今年世界粮食日的主会场设在清华大学，全国各地设分会场，以主会场、分会场相互联动的形式，整体推进。主会场活动首次采用主题人物推介形式，邀请中国“杂交水稻之父”、中国工程院院士袁隆平同大家分享超级稻增产成果和爱粮节粮故事。邀请部分国家驻华使节参加主会场活动，将活动办成国际性的纪念活动。现场还推介了“光盘行动”积极倡导者、基层粮库主任、种粮大户、家庭主妇等 5 位爱粮节粮先进代表典型事迹。工人、农民、解放军战士、学生及商业、体育、文艺等各界优秀代表向社会发出节约粮食寄语，活动现场反响热烈。同时，与安徽、山东、湖北、广东、四川、甘肃 6 个分会场进行现场互动，中央人民广播电台推出的爱粮节粮宣传周特别节目与河北、黑龙江、河南、安徽、湖南 5 省粮食部门进行了电话连线。部分省份还结合当地实际，组织开展小学生生态储粮体验、光盘行动创意作品微博投票、少年走进粮油质监站等特色活动。

（二）突出主题，深入开展全国爱粮节粮宣传

10 月 13~19 日是第 24 个全国爱粮节粮宣传周。根据中办、国办文件精神，结合中宣部、国家发展改革委关于开展节俭养德全民节约行动的部署，国家粮食局将 2014 年宣传周主题确定为“节约一粒粮，我们在行动”，把新闻宣传作为宣传周活动的重要抓手，精心策划宣传报道，积极争取中宣部、工信部等部门支持，深入开展“节约一粒粮”主题宣传。10 月 9 日，四部门联合召开新闻通气会，向《人民日报》、新华社、中央人民广播电台、中央电视台等 20 多家媒体通报宣传周活动有关情况。针对家庭、青少年、粮食仓储流通零售企业节粮减损等方面内容进行实地采访，为宣传周做了精心准备。10 月 16 日，《人民日报》、《光明日报》、《经济日报》刊发四部门联合发出的“节约一粒粮”倡议并配发深度报道，新华社推出爱粮节粮人物专访，中央电视台新闻联播播发相关报道，中央人民广播电台中国乡村之声推出全天特别节目，国家粮食局通过中国移动、联通、电信运营商向广大手机用户发出“节俭养德，节约每一粒粮食”的公益短信，将爱粮节粮宣传活动推向高潮。中央电视台 10 月 26 日焦点访谈播出“节粮，我们在行动”专题报道。《经济日报》、《工人日报》等媒体，以消息、综述、访谈、言论等形式，陆续推出爱粮节粮系列深度报道。在广泛动员中央媒体加强宣传的同时，各地也积极动员当地媒体开展宣传，基本形成了覆盖面较广、主题集中度较高、上下联动性较强的全国性爱粮节粮宣传阵势。

经统计，中央和省级电视媒体共报道爱粮节粮宣传周活动相关消息 69 条，时长 1 小时 42 分；纸质媒体共报道消息 120 条；电台报道消息 46 条，时长 2 小时 5 分；网站、微博、论坛等媒体报道消息 15000 余条，其中中国政府网抓取 3 条；市县级媒体报道消息 1683 条。截至 10 月 31 日，以 2014 年世界粮食日、全国爱粮节粮宣传周为关键词在百度搜索，可见消息链接约 579 万余条。“节约一粒粮”主题宣传，对增进全民节粮意识、引导公众积极参与节粮行动发挥了重要作用。

（三）注重实效，扎实推进“节约一粒粮”行动

围绕宣传周“节约一粒粮，我们在行动”主题，周密组织系列行动。一是家庭在行动。国家粮食局会同全国妇联组织开展了“节粮小窍门”征集活动，从全国 31 个省（区、市）筛选出便民、实用节粮小窍门 200 余条。组织开展爱粮节粮进社区活动，向居民发放节粮手册、器具 332805 件。二是青少年在行动。在各级共青团、少先队中开展“爱粮节粮，从我做起”征文活动，全国共收到征文 22565 篇。通过参观中小学爱粮节粮教育社会实践基地、专家讲授、到社区志愿服务等形式，组织开展爱粮节粮主题团队活动 1819 次。开展大学生“光盘标兵”评选活动，全国各高等院校共评选出大学生“光盘标兵”5000 名，开展爱粮节粮主题团队活动、校园活动 4874 次。三是企业在行动。结合

7月国家粮食局纪念“四无粮仓”创建60周年活动，粮食仓储企业大力弘扬粮食人“崇尚节约，惜粮如金”的节俭精神，让“宁流千滴汗、不坏一粒粮”精神得到传承。粮食加工和批发零售企业根据行业特色组织开展活动，共深入到2912家粮油加工企业进行粮油加工标准宣传贯彻活动，粮油零售企业共设立9025名节粮宣传员宣讲节粮知识，发放节粮宣传册361149本，邀请1119名专家讲解节粮营养常识。

粮食财政财务管理

2014 年，各级粮食财会部门围绕年初全国粮食流通工作会议总体部署，协调落实收购资金，促进种粮农民增收；完善粮食财务政策，服务粮食宏观调控；加强经营管理指导，推进企业改革发展；争取资金和政策支持，全力服务“粮安工程”建设，为维护国家粮食安全作出了积极贡献。

一 保障收购资金，促进种粮农民增收

积极协调农业发展银行落实收购资金。在夏粮和秋粮收购前，国家粮食局及时下发了通知，对加强与农发行的协调，科学研判粮食市场走势，落实粮食收购资金，方便农民交售粮食，防止出现“卖粮难”和“打白条”作出了具体安排。各地积极探索以农发行为主体、商业金融为补充，多渠道筹集收购资金，加强资金管理，有力促进了农民增收和企业增效。

二 完善财务政策，服务粮食宏观调控

一是完善粮食购销财务政策。国家粮食局对收购、拍卖临储和最低收购价等政策性粮食涉及的财务政策、核算办法进行了修订完善，对收购质价政策涉及的会计处理方法作出具体规定，有利于基层加强政策性粮食收购核算和管理。

二是积极推动“粮安工程”实施。认真落实国务院第 52 次常务会议精神，积极争取财政部支持，2014 年“危仓老库”维修改造中央财政补助资金增加到 20 亿元，重点补助 8 个主产省。国家粮食局协调财政部、农发行等部门和单位研究提出了东北地区新建罩棚的实施方案。向财政部争取资金支持新疆粮食仓储设施建设和维修改造。落实“高边岛特”军供网点维修资金，中央财政对 5 省区军供网点维修改造进行了补助。对“智慧粮食”建设中涉及粮食财务的指标进行了论证和研究。印发了《国家粮食局关于切实加强“粮安工程”建设项目资金管理工作的通知》，指导各地管好用好资金。

三是积极争取税收优惠政策。指导各地落实政策性粮食利息和价差补贴收入不征收营业税，储备企业免征房产税、城镇土地使用税、印花税，储备大豆免征增值税等优惠政策，对玉米深加工企业实行出口退税政策。按照财政部的要求，对粮食行业税式支出进行了测算。各地积极争取和落实税收优惠政策，有效助推了企业发展。

三 推进国有粮食企业改革发展，提高经营管理水平

一是推进“一县一企、一企多点”模式改革。对各地改革加强指导，加大县级国有粮食企业兼并重组力度。各地也因地制宜，加快推进国有粮食企业兼并重组，深化产权制度改革，妥善解决经营性挂账等历史遗留问题，国有粮食企业改革有了新的进展。

二是积极稳妥推进“粮食银行”健康发展。认真调研总结具有代表性的“粮食银行”发展模式，印发了《国家粮食局关于积极稳妥推进“粮食银行”健康发展的意见》。各地积极稳妥开展粮食银行试点，在方便农民的同时，丰富了企业经营形式。

三是加强国有粮食企业经营管理指导。审核汇总编制粮食财务月报和决算报告，撰写分析说明，报送国家粮食局领导和有关部门参阅。专项分析了政策性粮食收购量增加对粮食经济和企业经营的影响。印发了《粮食行业执行会计准则有关粮油业务会计处理的规定》，指导企业规范会计核算。组织编写了《粮食企业会计实务操作手册》，举办了粮食财会人员培训班，培训省级粮食部门和企业会计主管人员150人。

四 夯实基础工作，加强财务预算管理

按照财政部的要求，开展了粮食流通领域中央、地方事权和支出责任划分的研究。争取公益性行业科研专项资金，落实APEC粮食安全伙伴关系机制（PPFS）活动经费。严格落实中央八项规定，厉行节约反对浪费，制定了《国家粮食局贯彻落实〈党政机关厉行节约反对浪费条例〉实施细则》、《2014年度“高边岛特”军供网点维修资金管理办法》等规章制度，有效提高了财政资金使用效益。在各级粮食管理部门和企业干部职工的共同努力下，2014年，全国国有及国有控股粮食企业继续保持了稳定发展态势，全年实现统算盈利65.5亿元。

软科学研究

2014年，国家粮食局围绕粮食流通中心工作和全国粮食流通工作会议上的重要部署，认真组织开展政策性课题研究。年初，研究确定了《深化机关运行机制改革的若干思考》、《关于加强粮食行业人才工作政策措施的研究》、《全球植物油供需趋势与我国对策研究》、《国家政策性粮食购销机制改革研究》、《粮食安全省长负责制考核机制研究》、《建好用好中央事权粮食监管体系破解中央事权粮食监管难题》、《新形势下国有粮食企业改革研究》、《科技兴粮和创新驱动机制及政策研究》、《我国目前“结构性腐败”问题浅析》、《粮食行业廉政文化建设研究》、《关于做好国家粮食局机关后勤服务保障工作的若干思考》、《我国新型城镇化与保障粮食安全研究》、《我国粮油加工业转型升级问题研究》等13个研究题目，分别由局机关业务司室、中心承担。年底，各承担单位完成了课题研究报告。同时，加强对研究成果的转化运用，课题成果按用途分为三类：一是已形成或拟形成政策性文件的课题有6个；二是对实际工作具有指导推动作用的课题有4个；三是作为工作建议和政策储备的课题有3个。这些研究成果对制定粮食政策、指导粮食实际工作具有重要参考作用。

新闻宣传

◆国家粮食局

2014 年，粮食新闻宣传工作深入贯彻落实党的十八大、十八届三中、四中全会和全国粮食流通工作会议精神，围绕全局中心工作，坚持正确舆论导向，夯实基础，精心组织，新闻宣传、舆情监测、网站管理等各项工作取得新进展，特别是粮食流通宣传报道工作的质量和效果明显提升，粮食流通工作、粮食部门的社会影响力和认知度得到明显提高。

一 加强基础建设，注重服务群众，增强涉粮宣传报道效果

2014 年，共组织中央级电视媒体发布粮食流通相关报道 67 条，制作发布专题节目 3 期、公益广告 1 期；组织中央级纸质媒体发布报道 57 篇；组织中央级电台发布报道 19 条，推出特别节目 6 期；组织新华社、中国新闻社等发布相关报道 16 条，推出人物专访 3 期；组织相关专家参加专题访谈、报告会、现场连线 13 人次。

（一）加强制度建设，建立媒体资源库，夯实新闻宣传工作基础

一是组织修订《国家粮食局新闻宣传工作制度》，对局机关各司室及参公管理事业单位的新闻发布、接受媒体采访、会议及活动报道、新闻稿件起草与审核、涉粮舆情监测与突发事件新闻应对、局政府网站运行管理、保障措施等内容作了规定，新闻宣传工作的制度化、规范化水平得到加强。二是积极加强与主流媒体的协调合作，为主动宣传报道和应急反应提供媒体资源支撑。与《人民日报》、新华社、《光明日报》、《经济日报》、中央人民广播电台、中央电视台、中国国际广播电台、《中国日报》、中国新闻社等 20 余家中央级主流媒体建立长效联系合作机制，其中，与中央人民广播电台中国乡村之声栏目建立战略合作伙伴关系。

（二）充分利用全国爱粮节粮宣传周等活动平台，深化涉粮新闻宣传工作效果

围绕粮食科技周、世界粮食日、全国爱粮节粮宣传周、“四无粮仓”纪念座谈会、APEC-PPFS、全国粮食科技创新大会等主题活动，广泛动员媒体，精心策划报道方案，宣传报道效果显著。

（三）加大主动策划报道力度，有效增强粮食部门影响力

围绕全国粮食系统贯彻落实党的十八大、十八届三中、四中全会精神，全面深化改革有关情况，粮安工程，粮食收购、促农增收等中心工作，全年共组织记者到基层采访报道 13 次，涉及 97 人次；于 7 月 26 日、8 月 22 日、10 月 9 日单独或会同发展改革委、财政部、农业部、共青团中央、全国妇联、联合国粮农组织驻华代表处等召开 3 次专题新闻发布（吹风）会，向社会主动通报发展改革委、粮食局等部门和单位贯彻落实国务院第 52 次常务会议精神工作等有关情况；在局政府网站发布相关信息 2000 余条，设置全国粮食系统纪念“四无粮仓”创建 60 周年等 7 个专题专栏。组织开展“爱粮节粮”征文及主题动漫宣传片征集评审活动，通过公共交通工具（公交、地铁）、报纸、门户网站、展会等多种渠道加强优秀文章和动漫作品的应用，深化爱粮节粮宣传效果。

二 搞好局政府网站管理，充分发挥政府信息公开和为民服务的重要平台作用

2014 年，局政府网共发布各类信息 2745 条；中国政府网抓取转载 89 条，其中要闻板块 11 条；开设各类专题专栏 7 个。

（一）把好信息发布关，有效保证网站发布的及时性、权威性

一是加强局内拟发布信息审核，确保信息质量。重点宣传报道局领导深入基层调研和解决种粮农民、消费者、粮食企业普遍关心的问题等活动，避免程序性、罗列性宣传报道。二是密切上下联动，按照国办要求及时转发国务院重要新闻，及时抓取发布行业重点工作动态。三是转载主流媒体相关报道信息，丰富网站内容。

（二）以网站等级保护测评为抓手，加强网站信息安全管理

根据等保测评阶段性评估结果，有针对性地进行技术检测与安全整改加固，采用加密协议对服务器进行远程管理，分离操作系统、数据库管理权限，升级政务信息发布、搜索等应用系统，完善网站管理制度规定等。制订中长期整改加固计划，将增加专用备份设备、购买运维安全审计平台（堡垒机）等列入 2015 年工作计划。

（三）科学设置板块，做好网站改版工作

以“重点突出、布局科学、层次明晰、使用便捷、页面美观”为目标，组织开展网站改版工作，科学规划版面设计，适当裁撤、归并原有栏目，注重贴近基层、服务群众，建设更加及时、准确、公开透明的政府信息发布平台。改版后的网站于 2015 年 1 月份开始试运行。

三 组织开展常态化涉粮舆情监测，提高舆情跟踪研判、应急反应能力

利用专业平台实时监测抓取粮食流通重点舆情。围绕粮食流通中心工作，设置 286 个监测关键词，对覆盖面广、影响力大的主流电视频道、报刊、网站、论坛、微博等进行全媒体监测，全天自动抓取特定舆情。监测范围包括中央电视台、地方卫视等 160 余个重点电视频道；中央、地方、行业、新闻类、财经类、科技、法制报刊等，共 900 余家；各类门户网站、政府网站、专业网站、企业网站等，共 9000 余家；新华网发展论坛、京华论坛、搜狐社区等论坛，共 150 余家；新浪、腾讯、网易、搜狐等主流微博。委托公司人员根据预设条件对监测抓取的舆情资料进行人工全天定点定时筛选报送（7 天 ×16 小时，手机短信、QQ），特定时期、特定事项加大监测频次。加强舆情分析研判。及时筛选、整理、编辑社会关注度较高的涉粮信息，以《粮食舆情摘编》的形式第一时间报送局领导。全年共编印《摘编》信息 33 期。

◆ 中国粮食经济杂志社

一 《中国粮食经济》围绕粮食安全新战略，紧贴粮食中心工作开展宣传

2014 年，《中国粮食经济》深入贯彻全国宣传思想工作会议精神，围绕中央出台的重大方针政策，紧贴粮食行业改革发展重点问题做好粮食新闻宣传和舆论引导工作，充分发挥了国家粮食局机关刊物和粮食行业主流媒体作用。2014 年，《中国粮食经济》共刊发稿件 300 余篇，信息 200 余条，共计

120余万字。

（一）大力宣传国家粮食安全新战略

党中央、国务院对粮食工作高度重视，2013年底召开的中央经济工作会议、中央农村工作会议、中央一号文件等都把粮食安全提到了战略高度，并作出一系列重要部署。对此，2014年《中国粮食经济》加以持续重点关注，在“粮食论坛”、“视点”等栏目予以大力宣传，为粮食部门贯彻国家粮食安全新战略营造有力的舆论氛围。

（二）紧贴粮食流通中心工作重点开展宣传

2014年，《中国粮食经济》继续准确把握其国家粮食局机关刊物定位，宣传工作始终紧贴粮食流通中心工作展开。以“专题”形式重点对粮食系统学习贯彻落实党的十八届三中全会精神情况、全国粮食流通工作会议精神及其部署的“一大战略、五项改革、两项工程”落实情况、全国粮食科技创新大会、纪念“四无粮仓”创建60周年活动、“粮安工程”实施情况、夏粮收购、国有粮食企业转型发展等主题进行集中、深入地宣传，受到了读者的好评。同时，加强约稿力度，邀请粮食行业知名专家作为《中国粮食经济》特约撰稿人，定期为杂志撰写紧跟形势、观点鲜明、可读性强且较具权威性的稿件，受到广大读者的关注。

（三）大力宣传节粮减损

为贯彻落实中办、国办《关于厉行节约反对食品浪费的意见》精神，《中国粮食经济》将爱粮节粮作为2014年宣传的重中之重，采用多种形式加以大力宣传。一是新设了“爱粮节粮”栏目，每期固定刊登2篇文章，并以“专题”或“特别报道”的形式对全国农户科学储粮工程实施情况、粮食科技活动周等有关节粮减损重点宣传主题进行多角度、全方位宣传。在封面位置连续刊登由杂志社自主设计的“节约一粒粮”系列公益宣传广告。出版了2014年《中国粮食经济》爱粮节粮增刊。增刊采用彩色印刷，以世界粮食日、爱粮节粮宣传周期间开展的主要活动，各地粮食系统在节粮减损方面取得的成绩，爱粮节粮示范企业典型经验以及节粮减损小窍门等为主要内容，向粮食系统内广大读者赠阅。

（四）关注基层，践行群众路线

为切实践行党的群众路线，《中国粮食经济》在2014年继续开设“调查”栏目，刊登接地气、有深度的调查报告，引导粮食行业大兴调查研究之风。在“专题”、“放心粮油”、“交流”、“区域粮食”等栏目刊登各地基层部门先进做法，树立推广典型经验。

（五）美化形式，树立独特风格

在保持《中国粮食经济》整体风格不变的前提下，2014年对杂志编排进行了新的设计，尤其是对“专题”栏目加以封面设计，使其更加突出。印刷方面也由胶版纸改用环保轻型纸，装订方式由骑马钉改为胶订，杂志整体更加庄重大气。

二　地方粮食期刊扎根粮食基层，服务粮食职工，办出风格特色

2014年，各地粮食经济类期刊围绕各地粮食流通工作重点热点，贴近粮食基层，服务粮食职工，努力办出风格，办出特色。一些期刊如《贵州粮食》、《黑龙江粮食》、《安徽粮食》无论是栏目设置、内容编排，还是外在形式、印刷质量均有了新的提高，可读性大大增强。

一是深入宣传第二批党的群众路线教育实践活动。各地粮食期刊均对本地第二批党的群众路线教

育实践活动开展情况进行了重点关注，有的期刊刊发了卷首语，有的期刊如《齐鲁粮食》、《冀粮经济》、《云南粮食经济》等还开辟了专栏。

二是深入宣传本地粮食流通工作重点热点。各地粮食期刊对本地区重要会议、重要活动和粮食收购等重点工作均采取“专题”、“特别报道”等形式进行全面报道，服务基层粮食部门和粮食职工。

三是大兴调查研究之风。党的群众路线教育实践活动开展以后，各地粮食期刊积极践行群众路线，刊登了大量深入基层、扎根基层的调查研究类文章。大部分期刊如《江苏粮食研究》、《安徽粮食》、《陕西粮食》、《江西粮食》等都开设了调查研究类栏目。此外，各地粮食期刊对基层粮食部门、先进企业典型经验等利用多种形式开展了宣传报道。

四是深入宣传依法治粮。《齐鲁粮食》、《广西粮食》、《安徽粮食》、《陕西粮食》等设立了“依法管粮”、“依法行政”、“监督检查”、“法制粮食”栏目，交流各地在依法治粮方面的经验做法，服务于推动依法治粮进程。

五是大力推广粮油科技。许多期刊如《云南粮食经济》、《黑龙江粮食》、《福建粮食》开设了“科学储粮”、“粮油科技”、“绿色储粮”等栏目，积极推广先进储粮技术。

六是大力弘扬粮食文化。各地粮食期刊均开设了粮食文化类栏目，如《粮食问题研究》的“粮友文苑”、《浙江粮食经济》的“幸福粮食人”、《江西粮食》的“爱粮节粮”、《黑龙江粮食》的“文苑荟萃”等，为基层粮食职工发表所感所悟、为凝聚粮食行业正能量搭建广阔平台。

粮食文化建设

2014年，全国粮食系统认真学习宣传贯彻习近平总书记关于“建设社会主义文化强国”的系列重要讲话精神，自觉把粮食文化建设与机关党的建设紧密结合，与深入开展党的群众路线教育实践活动紧密结合，与粮食流通中心工作紧密结合，把粮食文化建设融入到落实国家粮食安全战略的全局工作中认真谋划，精心组织，一体推进，坚持以文育人、以文化人，做了大量卓有成效的工作，为推动粮食流通事业科学发展发挥了积极作用。

一　各级粮食部门对粮食文化建设重视程度进一步提高

各级粮食部门认真贯彻落实《国家粮食局关于粮食文化建设的指导意见》，普遍将粮食文化建设作为一项重要任务，列入年度工作计划和重要议事日程，成立领导小组，分工领导负责、指定部门牵头，加大经费投入，积极予以推动，形成了牵头部门负责、有关部门配合，齐抓共管的工作格局。黑龙江、吉林、山西、浙江、江西、广东、广西、宁夏、甘肃、青海、陕西等省区粮食局制定了加强粮食文化建设的实施意见，拟定了分年度工作计划安排。江苏省粮食局与南京财经大学合作，把粮食文化研究课题列入了科研专项；江西、广西等省区粮食局加大了对粮食文化建设的投入，浙江、广西等省区年内分别召开了粮食系统文化建设现场经验交流会、座谈会，初步形成了重视粮食文化建设的浓厚氛围。

二　切实加强社会主义核心价值体系教育

2014年，各级粮食部门坚持用习近平总书记系列重要讲话精神武装头脑、指导实践、推动工作，坚持不懈开展理想信念教育、中国特色社会主义理论体系教育和社会主义荣辱观教育，不断坚定党员干部理想信念，增强“三个自信”。

9月以来，国家粮食局在全国粮食系统组织开展行业核心价值理念大讨论活动，得到了各级粮食行政管理部门、粮食企业以及广大粮食工作者的热烈响应。在各省初步归纳的基础上，共收到来自北京等25个省、自治区、直辖市提交的核心价值理念关键词及阐释说明200余条，约650个关键词。11月份，在河北石家庄召开的全国粮食系统文化建设座谈会上，组织与会代表对粮食行业核心价值理念进行了深入讨论。积极组织各基层党组织和党员干部参加“创建文明机关争做人民满意公务员”活动，国家粮食局机关第9次荣获中央国家机关文明单位称号，流通与科技发展司设施处荣获“创建文明机关活动先进集体”称号；积极参加五一劳动奖状、奖章评选活动，调控司荣获“五一劳动奖状”，财务司王耀鹏同志荣获“全国五一劳动奖章”；积极参加“家庭建设好经验”评选和“五好文明家庭”创建活动，4名同志总结提炼的家庭建设经验入选中央国家机关家庭建设300篇“最佳经验”；6名同志总结提炼的家庭建设经验获得“好经验奖”，国家粮食局党组成员、副局长曾丽瑛同志家庭获第九届“全国五好文明家庭”称号。

各地粮食局积极参与粮食行业核心价值理念大讨论，组织开展了一系列具有鲜明特色的活动。北京市粮食局在干部职工中深入开展了职业道德大讨论活动，山东、辽宁等省粮食局在行政区内粮食部门和企业开展了诚信教育，取得了良好效果。湖南省粮食局对基层党组织和广大党员干部对社会主义核心价值观的认知和践行情况开展了专项调查，了解掌握了基本情况，有针对性地进行了教育引导；天津市、甘肃省粮食局在干部职工中组织开展了“中国梦、粮食梦、我的梦”主题演讲活动；云南省粮食局开展了“爱读书、读好书、善读书”读书交流活动，进一步弘扬正能量，唱响主旋律。

三 大力弘扬粮食行业优良传统

7 月，国家粮食局在浙江余杭召开了全国粮食系统纪念“四无粮仓”创建 60 周年座谈会，开展了一系列纪念宣传活动，授予了邢福河、汪柏铭两位老同志“新中国‘四无粮仓’创建者优秀代表”光荣称号，组织各省（区、市）粮食局长参观了余杭“四无粮仓”陈列馆。国家粮食局党组书记、局长任正晓在座谈会上作了重要讲话，全面总结了“四无粮仓”精神及其蕴含的“宁流千滴汗、不坏一粒粮”精神的科学内涵，将“四无粮仓”精神概括为艰苦奋斗、埋头苦干的创业精神，锐意改革、敢为人先的创新精神，崇尚节约、惜粮如金的节俭精神和心系国家、爱岗敬业的奉献精神，要求在新的历史条件下赋予“四无粮仓”精神新的时代内涵，在全面推动粮食流通领域改革、全面落实国家粮食安全战略的过程中继承和弘扬“四无粮仓”精神。国家粮食局直属机关团委请原国家粮食储备局局长、中国粮食行业协会名誉会长白美清为全局青年干部作了题为“钻研粮食科学，传承优良传统”的报告，在青年干部中大力弘扬传承“遵法、守德、尚智、为民”的行业优良作风。

四 切实加强粮食文化载体建设

加大对粮食文化遗产旧址的保护力度。陕西大荔丰图义仓等一批具有文物保护价值的旧址，得到了大力保护。积极推动建设粮油主题博物馆、粮食史陈列馆、展览馆。据不完全统计，截至2014年年底，全国已建成河北蔚州常平仓博物馆，浙江余杭四无粮仓陈列馆、江南粮食文化陈列馆，山东枣庄市粮食博物馆、淄博市粮仓博物馆，江苏宿迁粮食博物馆，广东中山粮食文化遗产陈列馆、广东江门粮食工作展览馆等 30 余家较为成熟的粮食文化展示馆所。挖掘整理粮食文化，编辑出版粮食文化专著。北京市粮食局编辑印制了《北京市粮食流通工作回顾与展望》画册；山西省粮食局编写了“粮票、粮仓、粮人”系列宣传画册；天津市粮食局编辑出版《天津粮食志》，筹备建立粮食局文物室；河南省粮食局启动编纂《河南粮食志》，开展粮仓记忆大型摄影活动；无锡市粮食局整理出版了《中国无锡米市史话》。积极运用信息化手段加强粮食文化建设。积极探索运用政府网站、行业报纸杂志、手机短信平台、公众微信等载体，为粮食文化建设和传播提供平台和阵地。

五 大力加强粮食行业廉政文化建设

各地粮食部门把廉政文化纳入粮食文化建设之中，结合深入开展党的群众路线教育实践活动，认真贯彻落实中央八项规定精神和《关于完善党员干部直接联系群众制度的意见》，出台了一系列改进作风建设的办法、措施。国家粮食局开展了“党的纪律教育月”活动，组织干部职工参观反腐倡廉图片展、廉政主题漫画展，着力营造“以廉为荣、以贪为耻”的廉政环境和文化氛围。北京市粮食局组织开展了征集廉政格言警句、参观廉政教育基地等活动；四川省粮食局在机关开辟了廉政文化走廊，编印发放了《廉政风险防控机制建设实用手册》和《廉政格言警句作品集》；贵州省粮食局修订完善了 50 余项机关工作制度，进一步加强反腐倡廉制度建设。

六 积极开展群众性文体活动

各级粮食部门积极组织开展各种形式的群众性文体活动，基层干部职工参与经常性文化体育活动的热情持续高涨，积极创作书法、绘画、摄影、诗歌等文艺作品，有的达到了较高的艺术水准。国家粮食局书画协会组织全系统美术书法爱好者参加全国“安全生产月”书画展、国家发展改革系统干部职工书画展、中央国家机关“清风”廉政书画展等活动，取得良好成绩。青海粮食局加强粮食文化带头人和文艺骨干队伍建设，成立文学艺术联合会，吸引 78 名文艺骨干参加，推动了文艺作品创作；广东江门市新会区粮食局拍摄了《粮路漫漫》纪录片在地方电视台播放；黑龙江、四川省粮食局，湖北粮油储备公司，浙江路桥、黄岩粮食储备库的干部职工主动创作并广泛传唱《粮食人之歌》，海南南澳军供站创作了《军粮人之歌》，极大地增强了干部职工的认同感、归属感和自豪感。

七 召开全国粮食系统文化建设座谈会

11 月 27~28 日，国家粮食局在河北省石家庄市召开全国粮食系统文化建设座谈会，深入贯彻落实党的十八大、十八届三中、四中全会精神和习近平总书记在文艺工作座谈会上的重要讲话精神，总结交流粮食系统近年来培育和践行社会主义核心价值观、加强粮食文化建设的经验做法，研究部署下一步工作。会议汇编了全国 31 个省（区、市）粮食局提交的文化建设经验总结材料，河北等 8 个省区粮食局的负责同志作了大会典型发言，尚金锁、白喜明、贾合义、黄志军、徐建华 5 位同志作了践行社会主义核心价值观先进事迹报告，现场参观学习了河北柏粮集团加强粮食文化建设的经验做法。

国际交流与合作

2014 年，是国家粮食局国际交流与合作最有亮点和最有收获的一年。国家粮食局首次承办亚太经济合作组织（APEC）粮食安全政策伙伴关系（PPFS）有关会议，并通过多项成果文件；成功举办“首届 APEC 粮食技术、设施和资源展览会”；采取多种措施帮助粮油企业“走出去”。这一年也是国家粮食局接待外国政府高级代表团最多的一年。

一 成功承办了 APEC 有关粮食安全的会议

2014 年，根据外交部的部署，国家粮食局负责承办了 APEC-PPFS 有关会议，还与农业部共同承办了 APEC 第三次粮食安全部长级会议。在有关单位大力支持和积极配合下，在参加承办人员周密安排和勤奋工作下，国家粮食局组织承办的 PPFS 有关会议，以及与农业部共同承办 APEC 第三次粮食安全部长级会议都取得了圆满成功，受到各经济体参会代表的高度评价和赞赏，也受到外交部的充分肯定和表扬。

国家粮食局于 2 月 21 日至 23 日在宁波组织召开了 PPFS 政府与企业粮食安全与贸易对话会议和 PPFS 第一次管理委员会会议，并组织与会代表参观了浙江舟山粮食中转港口、庄桥粮油批发市场和鄞州粮食储备库。5 月 11 日在青岛组织召开了 APEC-PPFS 粮食安全商业计划研讨会；8 月 14 日至 16 日在北京组织召开了 PPFS 高级别对话会议、PPFS 全体会议和 APEC 粮食技术、设施和资源展览会，组织与会代表参观了中粮集团营养健康研究院和古船面粉和食品加工厂；9 月 17 日在北京组织召开了 PPFS 第二次管理委员会会议。这几次会议，澳大利亚、加拿大、智利、中国、中国香港、印度尼西亚、日本、韩国、墨西哥、马来西亚、新西兰、巴布亚新几内亚、秘鲁、菲律宾、俄罗斯、新加坡、中国台北、泰国、美国、越南 20 个 APEC 经济体的 PPFS 政府代表、私营部门代表，以及粮食协会代表、APEC 工商咨询理事会的代表、联合国粮农组织、世界粮食计划署等机构的代表参加了以上会议，与会代表约 500 人。在 PPFS 全体会议上审议通过了 APEC 粮食安全面向 2020 年路线图（2014 年版）、APEC 粮食安全商业计划（2014-2020）、APEC 减少粮食损失和浪费行动计划和 APEC 增强粮食质量安全与标准互通行动计划。向 APEC《领导人宣言》和《部长联合声明》提交了 PPFS 关于促进亚太地区粮食安全的建议，并被采纳。

9 月 19 日在北京与农业部一起承办了 APEC 第三届农业与粮食部长会议，18 个经济体的农业部长或副部长及代表参加了会议，并通过了《北京宣言》。国家粮食局举办的“首届 APEC 粮食技术、设施和资源展览会”，搭建了政府推动、企业参与、成果展示、项目合作的交流平台，接待参观近 2000 多人次。除了 APEC 20 个经济体，还邀请了部分国家驻华使馆外交官参观，阿富汗、尼泊尔、肯尼亚、索马里、苏里南驻华大使及贝宁使馆代办亲临展馆。这些外交官非常关注 APEC 经济体保障粮食安全的举措和经验，对中国在保障粮食安全方面所作出的贡献给予充分肯定，对中国现代化粮食储藏科技水平、实施粮安工程表示赞赏。

二 热情接待国外来访的团组

2014 年是国家粮食局接待外国政府高级代表团最多的一年，国家粮食局领导分别会见和接待了澳大利亚农业部部长，加拿大农业与农业食品部部长，阿根廷农牧渔业部部长和副部长，塞内加尔农业和农村装备部部长，俄罗斯农业部副部长，坦桑尼亚农业、粮食安全与合作部常务副部长，菲律宾农业部副部长，印度尼西亚粮食安全署署长，联合国粮农组织（FAO）驻中国、朝鲜及蒙古国总代表，国际谷物理事会理事长等率领的外国政府和国际组织高级代表团，还接待了美国谷物协会董事会主席、加拿大谷物委员会副主任、法国粮食出口协会主席，以及由美国、阿根廷、巴西、巴拉圭和乌拉圭大豆协会领导组成的国际大豆种植者联盟（ISGA）等外国粮油协会和跨国企业高级代表团，2014 年国家粮食局共接待国外来访团组近 30 个，来访外宾 300 多人次，通过接待和交流，使来宾对中国粮食生产、消费、贸易、储藏、质检和科技等情况，以及深化粮食流通体制改革的情况等有了清晰的了解，进一步加强了国家粮食局与国外粮食主管部门、协会和大企业的合作。

三 采取多种措施帮助粮油企业“走出去”

为了积极实施国家农业“走出去”战略，落实国家发展改革委和商务部《关于鼓励开展境外农业投资合作的指导意见》的精神，国家粮食局采取多种措施帮助粮油企业“走出去”。一是召开粮油企业“走出去”座谈会，邀请中粮集团、江苏牧羊集团等十多家已“走出去”的粮油企业参会，了解他们“走出去”的情况、目前遇到的困难，以及希望有关部门帮助解决的问题。经过汇总和分析这些问题，分别走访有关部门，与他们协商帮助企业解决这些问题。二是将帮助“走出去”的粮油企业解决问题作为国家粮食局领导出访的一项重要内容。国家粮食局有关领导分别深入到重庆粮食集团在巴西的大豆种植基地和天津聚龙集团在印度尼西亚的棕榈园、棕榈油厂调研；实地了解江苏牧羊集团将与白俄罗斯密切合作的企业；与牧羊集团派驻俄罗斯和白俄罗斯的员工座谈，了解他们在国外投资和经营的情况，以及存在的问题；在与国外有关政府部门会谈时，提出这些问题，希望他们能帮助解决这些问题。三是帮助已“走出去”的粮油企业牵线搭桥，寻找合作伙伴，共同开发在国外的项目。

四 促进粮食领域的对外交流与合作

2014 年，国家粮食局科学研究院分别与澳大利亚粮食出口创新中心和澳大利亚默多克大学签署了合作备忘录，促进双方在粮食科技、粮油加工、生态储粮、绿色储粮和节粮减损等领域开展交流与合作。

国家粮食局接待了泰国农业与合作社部 127 位高级官员来访，有关领导向他们介绍了我国粮食基本概况和为保障国家粮食安全采取的政策与措施，以及我国粮食科学技术发展现状、粮食行业对外交流与合作等情况。还安排他们参观了粮科院粮食加工、脂质技术、食品品质、粮油仓储技术等实验室。通过介绍和参观，泰国来宾对我国粮油科技发展水平及取得的成绩表示赞赏，并希望进一步加强与我国在粮食流通领域和粮油科技方面的交流与合作。

国家粮食局有关单位还分别选派人员赴法国参加欧盟脂质科技联盟第 12 届年会，赴奥地利参加世界真菌毒素论坛第8次会议，赴亚太地区参加农业与粮食市场营销联合协会会议，赴日本参加全球最新粮油质检技术及粮油质检仪器研发研讨会，赴新西兰参加APEC-PPFS农村发展研讨会，赴柬埔寨参加国际稻米会议，赴荷兰参加FAO/WTO第八届国际污染物法典委员会会议，赴泰国参加国际标准化组织食品技术委员会会议，赴加拿大参加中加杂豆项目技术交流会，赴越南参加APTERR理事会第二次会议任务，赴葡萄牙参加ISO/TC34/SC4第37次会议，赴泰国参加第11届国际储藏物保护大会等。国家粮食局有关单位的一些科技人员还分别赴美国、德国、捷克、奥地利、马来西亚等国进行粮油科技合作研究和交流。国家粮食局派出参加国际会议的代表，在会上介绍我国的粮食情况，阐明我们对世界粮食形势的看法和对有关问题的立场，扩大了我国在国际粮食领域的影响。

2014年，经国家外国专家局批准，国家粮食局组织部分省市粮食局的领导和技术人员，分别赴美国进行“减少粮食产后损失和浪费管理”培训、赴法国进行“保障国家粮食安全的政策措施和法律规定”培训。在执行培训项目过程中，要求各单位严格遵守国家有关出国（境）培训项目的规定，认真研究和设计培训内容，合理安排培训计划，严格选拔培训人员。通过赴国外培训，使地方粮食管理部门的干部及技术人员，了解了国外的先进技术和经验，开阔了眼界，增长了知识，为提高粮食管理与储粮技术水平起到了积极的促进作用。

五　积极借鉴国外粮食科学技术和管理经验

2014年，为提高我国粮食质量和标准化工作水平、解决粮食综合加工利用、油脂技术开发以及粮食储藏先进技术等方面的问题，国家粮食局积极帮助局粮科院、中粮集团营养健康研究院向国家外国专家局申请引进国外智力项目。经过多方努力，共获批引进国外技术、管理人才项目7项，合计聘请外国专家33人次，资助项目经费68万元。在实施引智项目过程中，项目单位严格执行国家外专局的有关规定，缜密策划，精心组织，实施好这些项目，取得了较好的成效。

比如，国家粮食局科学研究院在实施“链霉菌遗传操作与抗生素调控及真菌毒素降解菌降解机理研究”项目时，邀请了两位美国专家来华进行科研指导。外国专家围绕稀有放线菌的筛选、微生物活性物质的筛选对粮科院相关科研人员进行了系统讲解，还对整个放线菌及具有活性物质的次级代谢产物筛选的国际发展情况及趋势作了报告，对我国有关科技人员及早了解和掌握国际最新技术，开发新型、高效、绿色储粮虫霉防治药剂具有推动作用。通过与国外专家的交流，进一步拓宽了相关领域研究人员的学术视野、丰富了研究方法，对提高粮科院粮油营养研究的水平有促进作用，也为以后与国际一流学术单位合作申请国际科研项目、培养科技人才以及科研项目的应用等奠定了基础。

通过这些引智项目的执行，项目单位与国外粮油科研机构建立起了良好的合作关系，及时了解和掌握国外最新的粮油科技成果与动态，有效地解决了当前我国粮油产业和科研中面临的一些问题，促进了我国粮油科技水平的提高。

机关党建

2014 年，国家粮食局各级党组织和广大党员干部认真学习贯彻习近平总书记系列重要讲话精神，落实党中央全面从严治党要求，紧紧围绕“服务中心、建设队伍”两大任务，切实加强思想、组织、作风、制度和反腐倡廉建设，狠抓党的群众路线教育实践活动整改落实，积极发挥工青妇等群团组织的独特优势和作用，为全面落实国家粮食安全战略，全面推动粮食流通领域改革，全面推进依法治粮，提供了有力政治保障。

一 加强思想政治建设，提高党员干部思想理论水平

（一）深入学习习近平总书记系列重要讲话精神

根据形势任务发展需要，印发了《关于认真学习习近平总书记系列重要讲话读本的安排意见》和《学习宣传贯彻党的十八届四中全会精神的安排意见》，结合粮食流通工作实际，对深入学习习近平总书记系列重要讲话精神作出总体安排。切实发挥局党组中心组示范带头作用，修订《关于加强和改进国家粮食局党组中心组学习的意见》，进一步明确了党组中心组学习的总体要求、学习内容和学习制度。4 月份、9 月份和 11 月份，分别以“学习贯彻习近平总书记系列重要讲话精神”、“深入学习习近平总书记关于全面深化改革重要讲话精神加快推进粮食流通领域改革”和“全面深化粮食流通领域改革推进法治粮食建设”为主题，组织局党组中心集体学习；组织党员干部读原文、学原著、悟原理，采取个人精读与领导解读相结合，读书学习与集体讨论交流相结合等方式进行深入学习，切实把握讲话精神实质，努力以习近平总书记系列重要讲话精神武装头脑、指导实践、推动工作，在思想上、政治上、行动上与党中央保持高度一致，坚决维护中央权威，确保中央政令畅通。

（二）切实加强理想信念教育

通过参观爱国主义教育基地、走基层实地调研等方式，组织开展形式灵活、内容充实的主题党日教育活动，增强党员党性观念。各直属党委、党支部结合自身实际，组织开展了青年演讲比赛、主题征文、辅导报告、读书交流、座谈会等活动，切实加强对党员干部的理念信念教育，引导党员干部进一步坚定共产党人精神追求，坚定对马克思主义的信仰，坚定对中国特色社会主义的理论自信、道路自信和制度自信，树立正确的世界观，人生观、价值观，进而确立正确的权力观、地位观、利益观。

（三）加强社会主义核心价值体系教育

根据中央相关通知精神，印发了《国家粮食局直属机关党委关于培育和践行社会主义核心价值观的实施意见》，提出了弘扬社会主义核心价值观的具体措施和办法。积极组织各基层党组织和党员干部参加“创建文明机关争做人民满意公务员”活动，国家粮食局机关第 9 次荣获中央国家机关文明单位称号，流通与科技发展司设施处荣获“创建文明机关活动先进集体”称号；积极参加五一劳动奖状、奖章评选活动，调控司荣获“五一劳动奖状”，财务司王耀鹏同志荣获“全国五一劳动奖章”；积极参加“家庭建设好经验”评选和“五好文明家庭”创建活动，4 名同志总结提炼的家庭建设经验入选

中央国家机关家庭建设 300 篇“最佳经验”；6 名同志总结提炼的家庭建设经验获得“好经验奖”，国家粮食局党组成员、副局长曾丽瑛同志家庭获第九届“全国五好文明家庭”称号。组织全局 70 余名女职工参与“百万家庭亲情一线牵”公益活动，为西部贫困家庭捐织毛衣，积极宣传弘扬正能量，践行社会主义核心价值观。

二 不断巩固和拓展党的群众路线教育实践活动成果

（一）狠抓整改落实

组织各级党组织对照党的群众路线教育实践活动整改任务台账，按照“整改一个销号一个，没有整改或整改不彻底的决不放过”的原则，采取有力措施，切实加强整改，先后于 6 月份和 12 月份，组织开展了两次整改落实“回头看”。按照中央党的群众路线领导小组及办公室的要求，开展了“干部兼职、天价培训、清理裸官”等专项整治工作，进一步加强党员干部队伍管理，取得了预期效果。

（二）推动上下联动

制定出台了《国家粮食局党员干部直接联系群众制度实施办法》，制定了调查研究、基层联系点、基层挂职任职、接待群众来访、与干部群众谈心、征集群众意见、党员承诺践诺、党代会代表直接联系群众以及落实责任、监督考评等十项联系服务群众制度。每位局领导分别确定了 1 到 2 个基层联系点，通过多种形式加强了对基层联系点的服务指导。6 月底，在陕西省西安市召开了部分市、县粮食部门党的群众路线教育实践活动座谈会，对推动粮食行业教育实践活动以上带下、以下促上、上下联动提出了具体意见和措施。

三 切实加强粮食文化建设，弘扬粮食行业优良传统

（一）召开纪念“四无粮仓”创建 60 周年座谈会

7 月，国家粮食局在浙江余杭召开了全国粮食系统纪念“四无粮仓”创建 60 周年座谈会，开展了一系列纪念宣传活动，授予了邢福河、汪柏铭两位老同志“新中国‘四无粮仓’创建者优秀代表”光荣称号，组织各省区市粮食局长参观了余杭“四无粮仓”陈列馆。国家粮食局党组书记、局长任正晓在座谈会上作了重要讲话，全面总结了“四无粮仓”精神及其蕴含的“宁流千滴汗、不坏一粒粮”精神的科学内涵，将“四无粮仓”精神概括为艰苦奋斗、埋头苦干的创业精神，锐意改革、敢为人先的创新精神，崇尚节约、惜粮如金的节俭精神和心系国家、爱岗敬业的奉献精神，要求在新的历史条件下赋予“四无粮仓”精神新的时代内涵，在全面推动粮食流通领域改革、全面加强依法治粮、全面落实国家粮食安全战略的过程中继承和弘扬“四无粮仓”精神。

（二）深入开展粮食行业核心价值理念大讨论活动

自 9 月开始，在全国粮食系统开展了粮食行业核心价值理念大讨论活动，初步形成了粮食行业核心价值理念，进一步凝聚了行业共识，为行业发展集聚了强大精神力量。11 月份，在河北省石家庄市组织召开了粮食系统践行社会主义核心价值观先进事迹报告会，尚金锁、白喜明、贾合义、黄志军、徐建华 5 名同志作了典型事迹报告，取得了良好宣传效果。

（三）组织召开全国粮食系统文化建设座谈会

11 月 27~28 日，国家粮食局在河北省石家庄市召开全国粮食系统文化建设座谈会，深入贯彻落

实党的十八大、十八届三中、四中全会精神和习近平总书记在文艺工作座谈会上的重要讲话精神，总结交流粮食系统近年来培育和践行社会主义核心价值观、加强粮食文化建设的经验做法，研究部署下一步工作。会议汇编了全国 31 个省、区、市粮食局提交了文化建设经验总结材料，河北等 8 个省区粮食局的负责同志、尚金锁等 5 名粮食系统践行社会主义核心价值观先进代表作了大会典型发言，现场参观学习了河北柏粮集团加强粮食文化建设的经验做法，对进一步促进粮食文化建设发挥了积极作用。

四 切实加强基层党组织建设

（一）认真贯彻落实《中国共产党党和国家机关基层组织工作条例》

9 月按照中央国家机关工委的统一部署，对国家粮食局各基层党组织贯彻落实《中国共产党党和国家机关基层组织工作条例》，加强党组织建设的情况进行了专项检查。各直属党委（支部）按照要求进行了认真自查，向直属机关党委提交了自查报告；直属机关党委派出 2 个小组，通过听取汇报、组织党员座谈、查阅党建工作档案资料、进行《条例》知识问卷测验等方式，对办公室党支部等 6 个单位贯彻落实《条例》的情况进行了抽查，掌握了全局基层党组织贯彻落实《条例》的基本情况，并进行认真总结分析，形成自查情况报告，并按时上报中央国家机关工委。

（二）切实加强服务型党组织建设

深入宣传贯彻中央《关于加强基层服务型党组织建设的意见》，认真落实中央国家机关工委和国家发展改革委《关于加强基层服务型党组织建设的实施办法》，各直属党委、党支部按相关规定，按期进行了换届、改选和增补，进一步健全了组织。认真总结法规司等 5 个党支部加强基层服务型党组织建设的成功经验，总结、提炼、推广和运用支部工作法并汇编成册，积极参与中央国家机关工委组织的服务型党组织典型案例推荐宣传活动，提高基层党组织的服务意识、服务本领和服务水平。

（三）严肃党内政治生活，扎实开好 2014 年度局党组及司局级单位领导班子民主生活会和党员组织生活会

根据中央关于开好 2014 年度党员领导干部民主生活会的有关要求，结合国家粮食局实际，局党组充分发挥示范带头作用，认真做好组织学习讨论、全面梳理党的群众路线教育实践活动整改方案落实情况、广泛征求意见建议、逐一深入谈心谈话、认真撰写对照检查材料等环节的工作，深入开展批评和自我批评，高标准、高质量召开了局党组 2014 年度民主生活会。局人事司、机关党委、驻局纪检组监察局切实加强对司局级单位民主生活会和党员组织生活会的指导，按照中央督导组的相关要求，对照检查材料逐一进行审核把关，确保问题查摆深入、原因分析深刻到位、整改措施有的放矢，使党员领导干部受到了一次严肃的党内政治生活锻炼。

（四）积极探索开展党建述职评议考核

为督促各基层党组织书记认真履行抓党建“第一责任人”职责，印发了《中共国家粮食局党组关于开展基层党组织书记抓党建工作述职评议考核的通知》，制定了对基层党组织书记进行述职评议考核的具体实施办法，结合年终工作总结和考核，对基层党组织书记抓党建工作情况进行考核，有力增强了基层党组织书记抓党建的责任意识，促进了党建工作责任制的落实。

（五）从严做好党员发展工作

切实做好新形势下党员发展工作，严把党员发展质量关，对各直属党委、党支部组织委员进行了

《中国共产党发展党员工作细则》专题培训，切实加强对入党积极分子和发展对象的教育，组织5名入党积极分子和发展对象参加国家发展改革委机关党委组织的集中教育培训，全年发展4名预备党员，7名预备党员转为正式党员。

五 加强党风廉政建设和反腐败工作，持之以恒反对“四风”，转变作风

（一）全面落实“两个责任”

及时召开直属机关党委扩大会议，传达学习王岐山同志关于落实党风廉政建设“两个责任”的重要讲话精神，编印《国家粮食局落实党风廉政建设主体责任和监督责任学习资料汇编》，组织党支部书记和纪检委员进行专题学习。制定出台了《中共国家粮食局党组关于全面落实党风廉政建设主体责任的措施意见》，明确了党组书记、党委书记、支部书记的第一责任和局党组成员，各司室、单位班子成员的“一岗双责”责任，把党风廉政建设和反腐败工作的责任细化明确到了每个支部和个人，做到了责任层层分解、层层落实。进一步充实加强机关纪委力量，配齐各直属党委、党支部纪检委员；10月份召开机关纪委扩大会议，对纪委委员、纪检委员进行监督执纪问责专题培训，明确工作职责和要求，交流各单位落实“两个责任”的情况，分析党风廉政建设形势，研判党员干部思想动态并研究提出有针对性的意见措施。

（二）切实加强党的纪律教育

4月开始，在全局广大党员干部中深入开展党的纪律学习教育月活动，通过学习相关纪律规定，深入查摆问题，开展批评和自我批评，制定整改措施并及时进行整改，解决党员干部知纪不多、守纪不够、执纪不严的问题，使广大党员受到了一次深刻的党的纪律观念教育，守纪意识明显增强，精神面貌大有改变。7月份，参加国家发改委开展的反腐倡廉教育月活动，参与了“加强权力监督，建设廉洁机关”征文以及参观廉政主题漫画展览等活动。组织书画爱好者创作以廉政为主题的扇面书画，积极参加中央国家机关工委组织的“清风”扇面书画展，组织党员干部进行参观，不断加强廉政文化建设，形成浓厚的廉洁从政氛围。

（三）持之以恒反对“四风”、改进作风

采取多种形式，及时了解掌握党员干部遵守中央八项规定精神和局党组二十条措施的情况，对发现的苗头性、倾向性问题，做到及时提醒、及时解决，切实做到抓常、抓细、抓长；加强监督检查，抓住重要节点，集中整治“节日病”，针对“五一”、“中秋”、“国庆”等重要节点专门提醒，严明纪律；严格落实每月报告制度，每月自下而上报送党员干部落实中央八项规定精神、遵守党的纪律的情况；及时通报党员干部违反中央八项规定精神的相关案例，切实加强警示教育。

六 充分发挥群团组织作用

（一）围绕粮食流通中心工作，组织开展爱粮节粮宣传活动

直属机关工会、妇委会在“三八节”期间，面向全局广大妇女发出了“爱粮节粮进家庭”倡议，并先后在粮食科技宣传周、世界粮食日和全国爱粮节粮宣传周活动期间，会同全国妇联，组织开展征集节粮小窍门活动，共征集小窍门220余条，经专家评审，评选出实用小窍门30条；组织近2000人次参观爱粮节粮教育实践基地；发放节粮宣传册10万册，实用节粮器具6万个，营养平衡膳食宝塔

冰箱贴2万个；组织开展科普讲座进社区、专题展览等丰富多彩的宣传教育活动，全国31个省区市粮食部门、妇联组织同步组织开展了相关活动，取得了良好宣传效果。

（二）支持工会、妇委会、共青团组织开展丰富多彩的岗位建功和文体娱乐活动

顺利完成了直属机关工会和妇委会的换届选举工作，选举产生了第三届工会委员会、经费审查委员会和第三届妇女委员会。组织干部职工积极参与“中国梦、公仆情、劳动美”中央国家机关第二届公文写作技能大赛，提高干部职工业务工作水平和能力；支持团委组织开展青年课堂、青年读书季、接地气、察实情专题调研等品牌活动，组织召开2次青年干部座谈会，切实加强青年干部培养工作；支持工会组织开展健步走、团体广播操、动漫急救进家庭等特色文体活动，支持书画、摄影、篮球、乒乓球、羽毛球、游泳、太极拳等文体协会，开展各种形式灵活、便于参与的群众性文体娱乐活动，提高干部职工身心健康水平；组织机关干部职工和子女开展“欢庆六一”联欢活动，积极协调帮助4位干部职工解决了子女入学问题，为5位职工争取了1.7万元困难职工子女助学金，面向58位困难党员、职工发放18.6万元慰问金，安排3位享受全国劳模待遇的职工参加疗养，帮助职工解决实际生活困难。

廉政建设

2014 年各级粮食部门纪检监察机构认真贯彻落实党的十八届三中、四中全会、十八届中央纪委第三、四次全会和国务院第二次廉政工作会议精神，在各级粮食部门党组的关心支持下，按照转职能、转方式、转作风的要求，切实履行监督、执纪、问责职责，积极推动各级粮食部门落实党风廉政建设“两个责任”，加强对执行中央八项规定精神情况的监督，驰而不息纠正“四风”，党风廉政建设和反腐败工作取得了新进展。

（一）严明党的纪律，党员干部遵纪守纪意识进一步增强

各级粮食部门纪检监察机构深入落实习近平总书记和中央纪委第三次全会关于严明政治纪律、组织纪律的要求，严肃查处上有政策、下有对策和有令不行、有禁不止的行为，确保政令畅通。强化党员干部组织意识和纪律观念，坚决纠正组织涣散、纪律松弛现象，为纪律刚性运行提供了有力保证。一是加强党的纪律教育。各级粮食部门坚持把党的纪律作为对党员干部教育的重中之重，采取多种形式，教育引导党员干部提升党的纪律观念，提高遵守纪律的自觉性。4 月，国家粮食局在全局党员干部中开展了以知纪、守纪、执纪为主题的“党的纪律学习教育月”活动，着重解决党员干部中知纪不深、守纪不够、执纪不严的问题，巩固了党的群众路线教育实践活动成果，有效推动了机关作风转变。湖南省粮食局开展“党纪条规教育年”活动，通过一堂党纪党课、一轮警示教育、一场专题辅导报告、一组专题讲座、一套学习资料、一次知识测试，切实筑牢党员干部党纪条规防线。青海省粮食局集中 3 个月时间，开展了严肃政治纪律、工作纪律专项整治活动。新疆维吾尔自治区粮食局结合民族团结教育月活动，开展以“自我查找、自我提高”为主题的政治纪律教育，切实增强了党员干部的政治敏锐性、政治鉴别力、政治执行力和维护祖国统一、维护社会稳定的政治责任感。二是加强制度建设。福建省粮食局制定了领导干部述职述廉制度、廉政法规考试制度、廉政谈话制度等廉洁从政“三项制度”，督促领导干部依法行政，提高廉洁从政意识。广东省粮食局狠抓制度完善，结合党风廉政建设新形势，修订制定 16 项廉政制度，党风廉政建设制度体系进一步完备。

（二）积极推动各级粮食部门党风廉政建设“两个责任”的落实

各级粮食部门纪检监察机构严格按照党中央和中央纪委的部署要求，把推动和督促粮食部门各级党组织落实党风廉政建设“两个责任”作为一项重要的政治任务和全年的工作重点来抓。一是积极推动各级党组织落实党风廉政建设主体责任。组织党员领导干部深入学习党中央和中央纪委关于反腐倡廉工作的重要决策部署，深刻领会落实党风廉政建设“两个责任”的极端重要性。协助各级粮食部门党组（党委）制定贯彻落实中央关于《建立健全惩治和预防腐败体系 2013–2017 年工作规划》的实施办法和具体措施，对本地区本部门的反腐倡廉工作进行整体谋划。福建、甘肃等省粮食部门纪检监察机构积极推动驻在部门制定落实党风廉政建设主体责任的意见措施。北京、天津、河北、浙江、广西、青海、云南、贵州、辽宁等省（区、市）粮食部门纪检监察机构，协助本部门党组（党委）与各级党组织和党员领导干部签订党风廉政建设责任制承诺书，并对落实情况进行跟踪检查，层层分解责任，传导压力，充分发挥基层党组织在落实党风廉政建设主体责任中的“第一阵地”作用，把党风廉

政建设主体责任压到每一位党员领导干部的肩上。二是认真落实党风廉政建设监督责任。各级粮食部门纪检监察机构对参与的议事协调机构和纪检组长、纪委书记兼职情况进行清理，集中精力、聚焦主责主业。黑龙江、河南、四川、湖北、内蒙古、福建等省区粮食部门，在制定落实党风廉政建设主体责任的措施意见同时，制定了落实党风廉政建设监督责任的具体措施，进一步理清责任，明确分工。驻山西省粮食局纪检组监察室加强对机关纪委和专职纪检专员办案工作的督促和指导，提升了战斗合力。驻宁夏回族自治区粮食局纪检组监察室督促 5 市粮食局配备了纪检组长，纪检监察队伍力量进一步增强。

（三）加强对中央八项规定精神执行情况的监督检查，严防“四风”反弹回潮

各级粮食部门纪检监察机构高度重视对中央八项规定精神执行情况的监督检查，切实防止“四风”问题反弹回潮。一是强化日常检查，实现监督常态化。定期对各级领导干部落实中央八项规定精神情况进行了解检查，及时掌握党员干部遵守八项规定精神的动态情况，对发现的苗头性、倾向性问题，及时提醒、及时解决。江西省粮食局开展拒收“红包”警示教育活动。驻湖北省粮食局纪检组监察室对机关工作纪律和工作作风进行 7 次明察暗访，书面通报 16 名违纪工作人员。驻山东省粮食局纪检组监察室认真抓好正风肃纪工作，开展了“庸懒散”和“厉行勤俭节约、反对铺张浪费”专项治理。二是抓住重要节点，集中整治“节日病”。坚持一个一个节点下通知、发信号、早提醒、出重拳、用狠劲，下大力气正风肃纪。针对“五一”、“中秋”、“国庆”、“元旦”、“春节”等重要节点，专门提醒，严明纪律、强化监督，组织力量对节庆期间的中央八项规定精神执行情况进行抽查，对顶风违纪行为，发现一起严肃查处一起，点名道姓公开曝光。陕西省粮食局组织开展“五个一批”廉洁过节专项行动，对党员干部廉洁过节和节日值班情况进行抽查暗访。驻湖北省局纪检组监察室在端午节前，紧急约谈 1 名准备在节日期间违规操办女儿婚宴的处级领导干部，防止了违规问题的发生。驻河南省局纪检组监察室通过局域网信息平台发送节日廉政提醒短信 620 余人次，并在国庆期间组织暗访组，对省局周边餐饮场所进行明察暗访，有效防范了节日期间不廉洁行为的发生。

（四）强化监督执纪，为全面深化粮食流通领域改革、确保国家粮食安全提供有力保证

各级粮食部门纪检监察机构围绕落实中央和国家重要决策部署、遵守党的政治纪律、执行民主集中制、选拔任用干部、“三重一大”事项等情况，开展了监督检查。一是对国家涉粮政策执行情况进行监督。会同粮食部门监督检查机构严肃查处了“打白条”、“压级压价”、“克斤扣两”等行为，切实保护种粮农民利益；开展了“转圈粮”专项整治行动，全国共检查政策性粮食委托收储库点 10313 个，中央储备粮承储企业 1530 个，地方储备粮承储企业数 4510 个，出动检查人员 44340 人次，严肃查处了黑龙江虎林市迎春双盈储运有限公司虚假收购骗取补贴等 6 起违规违纪案件，确保了国家的粮食库存安全。二是加强对选人用人工作的监督。驻国家粮食局组局约请 2014 年以来的 33 名新任司处级领导干部进行集体廉政谈话，局党组书记、局长任正晓出席，并对新任职干部提出了廉政要求。驻吉林省局纪检组监察室严把考核任用廉政关，分别对 1 名拟提拔干部、拟推荐为全国粮食系统先进集体和个人的 1 个市级粮食局、2 个县级粮食局和 1 名个人，实行了“一票否决”。三是加强对廉政风险防控措施执行情况的监督。各级粮食部门纪检监察机构加强对廉政风险防控机制运行和防控措施执行情况的跟踪检查，并把整治公款送礼、公款吃喝、奢侈浪费等问题，作为廉政风险防控检查考核工作的一项重要内容。四是加强对工程项目的监督。驻国家粮食局组局对河北、甘肃、陕西等省农户科学储粮项目落实情况进行了检查调研。驻辽宁省农委纪检组监察室对全省惠农资金使用情况

进行专项检查。驻甘肃省局纪检组监察室对在省储轮换和仓储设施建设项目招投标中，存在问题的单位负责人进行了约谈，对7个方面33个问题进行了集中整改。驻黑龙江省局纪检组监察室对粮食流通基础设施建设项目进行了专项督察，发现问题168个，下发督察建议书29份，追回项目建设专项资金384万元。

（五）转职能、转方式、转作风，强化监督执纪问责

各级粮食部门纪检监察机构认真贯彻落实王岐山同志在纪检监察机关“三转”专题研讨班上的重要讲话精神和《党的纪律检查体制改革实施方案》，结合自身实际，突出重点做好“三转”工作。去年7月，在青岛市召开了全国粮食系统纪检监察机构转职能、转方式、转作风专题研讨会，交流研究思想上如何转、工作上如何转、机制上如何转等重点问题，进一步明确了方向，开拓了思路。会后，各级粮食部门纪检监察机构充分运用会议成果，转变监督理念、创新监督方式，监督实效进一步提升。驻国家粮食局组局协助局党组制定下发《关于印发局党组成员廉政风险防控措施的通知》，公布了局党组6名成员的34项工作职权，确定其中23项为高风险，10项为中风险，1项为低风险，并根据不同风险级别，制定90条风险防控措施，进一步强化对领导班子成员权力运行的制约。对11家直属、联系单位党风廉政建设情况进行普遍巡查，了解领导班子廉政情况，对重点项目开支、监管等进行检查。驻江苏省局纪检组监察室对危仓老库改造工作进行专题调研，要求相关业务处室对资金使用情况、工程建设情况等，明确专人负责跟踪了解，做到廉政风险防控关口前移。驻重庆市商委纪检组监察室创新建立统计、报告、通报、述廉、督察“五项制度”，采取明察暗访、个别谈话、随机抽查等方式对各处室制度落实情况进行督促检查，取得明显成效。

（六）严肃查办案件，保持高压态势

各级粮食部门纪检监察机构聚焦主责主业，完善线索处置和案件查办制度，集中力量不断加大案件查办力度，案件突破能力有了新的提高。据不完全统计，2014年，全国省级以上粮食部门纪检监察机构共受理举报390件，初核159件，查处违反中央八项规定精神问题4件。驻国家粮食局组局对反映3名司级干部违反中央八项规定精神违规收受礼品的问题进行认真核查，并给予作出书面检查、按时价退还收受礼品价款、进行诫勉谈话和点名通报的处理。驻宁夏自治区局纪检组监察室对某市粮食局违纪发放津补贴问题进行严肃查处，给予4名责任人党纪政纪处分。驻贵州省局纪检组监察室加大对涉粮案件的查处力度，对省储公司某库法人违规违纪问题进行严肃查处。驻山西省局纪检组监察室统筹系统纪检监察干部力量，实行制定办案和联合办案制度，去年以来累计成立调查组3个，抽调系统内纪检监察专员人员13人次，较好地解决了办案力量薄弱的问题。

老干部工作

2014年，在局党组和局离退休干部工作领导小组的正确领导下，离退办深入学习贯彻党的十八大、十八届三中、四中全会和习近平总书记系列重要讲话精神，认真贯彻落实全国老干部局长会议要求，把为党的事业增添和传递正能量作为老干部工作的价值取向，紧紧围绕粮食流通工作大局，坚持稳中求进、改革创新，积极推动粮食老干部工作转型发展、科学发展，在服务和发挥离退休干部重要作用方面取得了新的成绩。

一 突出抓好政治学习，确保离退休干部始终与党中央同心同德

把学习贯彻党的十八大和十八届三中、四中全会及习近平总书记系列重要讲话精神作为离退办工作的首要政治任务，加强离退休干部的“两项”建设，确保广大离退休干部在政治上、思想上、行动上自觉同以习近平为总书记的党中央保持高度一致。

一是抓好政治理论学习。召开传达学习党的十八届四中全会精神暨粮食系统党风廉政建设、粮食工作情况通报会。集中时间组织学习习近平总书记系列重要讲话，开展习近平总书记讲话精神学习成果征文活动。向中央国家机关工委报送12篇学习体会，其中离退办退休干部、原国家粮食储备局副局长赵凌云荣获一等奖，中管干部服务处吴传文荣获三等奖。召开传达学习贯彻全国离退休干部“双先”表彰大会精神座谈会。在学习方式上，主要采取自学、党员登台导读和畅谈体会等，并将各支部的学习座谈情况编发《工作动态》供老同志参阅和交流。组织离退休干部和在职人员219人参加庆祝建国65周年知识竞赛活动。

二是加强党的建设。健全组织机构，完成离退办党委班子调整和西单、马连道离退休干部支部及在职人员支部补选副书记、委员等工作。经组织培养和上级党委批准，两位同志从预备党员转为中国共产党正式党员。开展“党的纪律学习教育月”及培育和践行社会主义核心价值观活动，使党组织的凝聚力和战斗力得到了进一步提升。认真做好党的群众路线教育实践活动整改落实“回头看”，进一步落实整改措施，建立长效机制。召开2014年党务工作会和举办历届党务工作人员学习交流班。修改完善离退办党务工作制度，并对相关制度作了汇编。通过离退休干部先进个人的评选推荐活动，尚广明等8名同志被授予离退办离退休干部先进个人荣誉称号，其中由离退办推荐的退休干部张厚银被授予全国离退休干部先进个人荣誉称号。

二 注重办实事解难事，充分体现党和政府对广大老同志的关心爱护

截至 2014 年 12 月 31 日，离退办服务管理的离退休干部 294 人，其中：离休 90 人、退休 204 人，80 岁以上老干部占总人数的 60%；独居、空巢、失能的老干部占总人数的 54%。离退办针对“双高期”老干部工作特点，及时调整工作思路，加强预算管理，统筹安排资金，努力解决老同志的实际困难。

一是加大慰问帮扶力度。圆满完成元旦、春节、七一、国庆、重阳节等重要节日走访慰问老干部工作。用“夕阳红”困难救助配套资金，对 11 位生活完全不能自理的退休人员进行生活救助。扩大老同志享受春节特困补助人员的范围，帮助 48 位老同志克服生活困难。取消 80 岁以下退休人员在医务室取药个人负担 5% 药费的内部规定，并对因不可替代自费药负担过重造成生活困难的离退休干部进行了帮扶。增加了对退休失能人员和困难遗属的救助。同时，为 93 位离休干部调整了护理费，先后两次为 16 位遗属调整了遗属费，为 96 位离休干部发放健康休养费。为 296 个老干部家庭安装生活辅具（折叠式卫生间助力架）。坚持开展健康长寿评比活动，为 173 位 80 岁以上的高龄老人发放了健康长寿奖。为报国寺、西单、马尾沟、马连道 4 个老干部活动站添置轮椅，方便老同志参加活动时临时使用。

二是突出日常服务重点。有序开展医疗服务，门诊量共计 4200 余人次，处方 3860 余张，为失能离退休干部做好康复护理工作。积极完成局机关临时安排的医疗保障工作。认真对门诊和急诊费、住院费、护理费、“夕阳红”计划等项目进行审核，完成离退休干部医疗费用的审核报销工作。完善离退休干部体检流程，安排好每一位老同志的健康体检。安全顺利完成老干部学习、参观、体检、丧葬等大型集体活动车辆保障任务。

三是创新服务管理方式。以购买社会服务的方式为老同志购买“社区小时工服务卡”，邀请中日友好医院原门诊部主任为老同志做老年常见病防治专题讲座。为罹患阿尔茨海默病症状的 5 名老干部配发了具有出行定位、摔倒报警、不良习惯提醒的健康导航仪，依托社会服务器对老人进行 24 小时监护，做好走失预防工作。为 6 名符合条件的老干部申报国管局“一键通”居家养老呼叫系统。组织 17 位老同志参加自费旅游活动。

三 加强文化阵地建设，引导离退休干部为党的事业增添传递正能量

依托 5 个老干部活动场所和社会教育机构，组织开展适合老年人特点的文体活动，让广大离退休人员快快乐乐、健健康康地享受老年生活，并坚持自觉自愿、量力而行的原则，组织引导他们发挥经验智慧和独特优势，为全面深化粮食流通领域改革积极建言献策。

一是开展丰富多彩的文体活动。筹备召开了离退办的春节团拜会，举行“庆国庆、迎重阳”离退休干部表彰暨联欢活动，举办“庆祝建国 65 周年离退休干部书画展”。借助社会教育资源继续开办“幸福养老大课堂”，利用现有活动场所就近安排“养生保健”、“书画讲座”等远程教育课程，满足老同志们对养老知识和文化学习的需求。组织退休局领导参观 APEC 粮食技术、设施和资源展览，组织离退休人员春游、秋游和扑克、麻将比赛。以“畅谈改革发展成果、享受美好晚年生活”为主题，召开庆“三八”座谈会并参观中国紫檀博物馆。

二是搭建增添和传递正能量平台。配合局机关工作，邀请原国家粮食储备局局长、中国粮食行业协会名誉会长白美清为全局青年干部作“钻研粮食科学，传承优良传统”的专题报告；在“四无粮仓”

创建60周年之际，采访部分老干部讲述当年艰辛的创业史，弘扬传承“四无粮仓”精神。邀请调控司原巡视员、退休干部陈家积为离退办在职人员进行“国家粮食安全形势与宏观调控”粮食业务辅导。组织离退休干部参观节粮爱粮教育基地，积极响应“节约一粒粮”倡议，身体力行践行节约。举办离退休干部“老有所为”成果展，展示了老同志撰写的粮食流通方面专著、专业文章、个人回忆录、剪报作品集以及亲手制作的手工艺品。组织参加“同心共筑中国梦——老干部忆传统”全国征文活动。注重老干部工作网络阵地建设，部分工作处已开通老干部及子女手机联系QQ群、微信群，并协助安装中组部“共产党员”微信教育平台，引导老干部在网上积极发声，增添和传递正能量。

四 围绕中心服务大局，以求真务实的工作作风提升老干部工作水平

以提升离退办工作人员队伍的理论素养、责任意识、业务素质为重点，不断提升老干部工作水平。

一是提升工作人员的责任意识。以开展党的群众路线教育实践活动整改落实“回头看”为契机，加强队伍建设，进一步转变工作作风，教育引导离退办工作人员加强政治理论学习，进一步增强宗旨意识和全心全意为离退休干部服务的责任意识，以老干部优良传统和作风做好老干部工作，真正做到用心用情服务老干部。开展老干部工作“大调研”活动，9个处室根据各自工作实际，深入研究老干部工作转型发展和如何利用社会资源做好离退休干部服务工作问题，提出了多项具体措施，为进一步做好老干部工作打下了新的基础。

二是提升工作人员的理论素养。坚持每周四为学习日的制度，组织学习《习近平总书记系列重要讲话》读本和十八届四中全会文件，结合关于加强国防和军队建设的学习专题开展军事日活动，到解放军北京某部学习体验。认真组织传达全国离退休干部“双先”表彰大会精神，深刻领会习近平总书记关于“认真做好新形势下老干部工作，传承党的光荣传统和优良作风”的讲话精神，领会和落实会议提出的新要求，自觉把思想和行动统一到中央精神上来。开展“学习焦裕禄精神，践行党的群众路线”主题党日活动，组织全体党员干部分批到焦裕禄同志纪念馆和史来贺同志纪念馆参观学习。

三是提升工作人员的业务素质。积极开展学习型机关创建活动，在时间紧、任务重的情况下，做好工作统筹。安排离退办班子成员、业务处长、业务骨干共5人分别参加延安学院司局级干部培训班、中央党校处级干部进修班、中组部中青年处长培训班、局机关青年干部“接地气、察实情”调研实践活动。组织8名在职人员参加人社部离退休人员待遇政策及管理服务学习班。邀请《中国老年报》新闻中心主任为全办人员进行了“新闻写作与技巧”专题讲座。安排交流3名年轻同志到老干部活动站工作，在直接为老同志服务中增长才干。鼓励工作人员在做好本职工作的前提下参加继续教育，立足岗位成才。

四是提升老干部工作的宣传水平。重视老干部工作宣传，做好老干部工作信息报送和网络宣传工作。12月17日《中国老年报》一版头条位置刊登了《国家粮食局：以人为本 创新服务》的工作通讯，任正晓局长作出重要批示：“《中国老年报》的专文报道，是对国家粮食局老干部工作的激励和鞭策，局离退休干部工作领导小组和离退办全体同志要再接再厉，巩固和扩大工作成果，为老同志们提供更优更实的服务，老干部工作没有最好，只有更好。” 2014年，离退办在《中国老年报》一版刊登6篇稿件，局政府网“老干部园地”栏目登载37条工作动态信息，向局办报送信息22条。配合局新闻办做好“老干部工作”网页改版工作，增加了老干部喜爱的栏目，增强了网页的可读性、趣味性，吸引老同志们经常浏览离退办的门户网站。

4

第四篇

各地粮食工作

北京市粮食工作

基本情况

北京市位于华北平原西北边缘，东南距渤海约 150 公里，西、北和东北群山环绕，东南是缓缓向渤海倾斜的大平原，地势西北高、东南低。全市土地面积 16410 平方公里，其中平原面积占 38.6%，山区面积占 61.4%。北京市常住人口 2114.8 万人。其中：户籍人口 1316.3 万人，外来人口 802.7 万人；城镇人口 1825.1 万人，乡村人口 289.7 万人。2013 年，北京市粮食播种面积 15.9 万公顷，比上年减少 3.5 万公顷；粮食产量 96.1 万吨，比上年减产 15.6%。

从 2014 年粮食供需平衡调查情况看，北京市粮食消费 586 万吨，同比增长 0.6%。其中口粮消费 358.5 万吨，同比增长 0.9%；饲料用粮 182.2 万吨，同比增长 1.4%；工业用粮 43.8 万吨，同比增长 3.7%，人口增加促进了粮食消费的刚性增长。粮食总供给 610.6 万吨，其中自产粮食占 10.5%，其余全部依靠外省购进和进口，外省购进 476.5 万吨，进口 70.2 万吨。市储备粮年末库存较年初增加 2.6%，储备品种结构进一步优化。食用油消费 56.3 万吨，比上年增加 0.8 万吨。

2014 年粮食工作

2014 年，全市粮食行业深入贯彻国家粮食安全战略，认真落实市委市政府工作部署，自觉承担维护国家粮食安全责任，全面深化粮食流通领域改革，落实“米袋子”重点工程，按照“抓粮源、保供给、稳市场”的要求，增加粮食储备，拓展粮源渠道，深化粮食产销合作，粮食购销顺畅，市场货源充足，价格保持基本稳定。完善应急保障机制，强化质量监管，加强物流体系建设，提高应急保障能力。推进依法治粮，加强行业监管，开展爱粮节粮宣传，提高社会化服务水平。加强基础设施建设，推进“粮安工程”，推广新技术的应用，全面提升粮食流通产业实力，为首都经济社会发展作出了新的贡献。

一 粮价涨幅低于全国平均水平

发挥北京国家粮油交易中心的带动作用，全年举办交易会 27 场，粮油交易量 114.3 万吨，促进了大宗粮油贸易。落实粮食运费补贴政策，27 家企业申领中央财政补贴 1.24 亿元，充分调动各类市场主体的积极性。择优选定 6 家企业承储 5 万吨市储备小麦，促进企业提高管理水平。坚持利用市储备粮轮换购销机制，全年购入粮油 62.4 万吨，销售粮油 52.9 万吨，有效调节了粮食市场供求和价格。1~12 月，本市粮价上涨 2.2%，低于全国 3.1% 的平均水平。

二 制定《粮食仓库仓储管理规范》地方标准

总结推广储备粮仓储管理经验，在“千分制”考评体系的基础上，制定了《粮食仓库仓储管理规范》，引导各类粮食仓库加快发展，为储粮安全提供了重要保障。该标准详细规定了粮食仓库的仓储设施及设备管理、粮食存储技术和管理及安全生产管理相关内容。有效解决了粮食仓储管理中存在的实际问题，完善了行业标准体系，标志着粮食行政管理部门在转变管理职能和方式方面迈出了坚实步伐。

三 稳步推进“粮安工程”

“粮安工程” 3 个粮库的改扩建项目获得市发展改革委批复；申报国家“2014~2015 新建千亿斤仓容”项目 8 个，拟建仓容 31 万吨。粮食安全监测管理信息系统（一期工程）项目完成投资 814 万元，进入初步验收阶段。大兴产业园区 5.8 万吨油罐主体工程完工。4 年累计完成粮食质量安全检验监测能力项目建设投资 435 万元，提高检化验设备现代化水平。

四 开展全市粮食库存检查工作

按照企业自查、区县商务委核查、市粮食局复查的步骤，对所有中央储备粮、国家临时存储粮、地方储备粮，以及国有粮食企业的商品粮库存的数量、质量、储存安全等情况进行了全面检查。从检查结果看，北京市粮食库存数量真实，账实相符，储存安全；粮食补贴拨补情况良好，库贷对应，资金占用合理，库存管理较为规范。

五 梳理行政处罚职权 25 项

根据市委全面深化改革领导小组转变政府职能改革专项小组要求，开展行政处罚权力梳理工作。涉及行政法规 2 部、政府规章 1 部、部门规章 1 部；涉及行政处罚职权 25 项，涵盖粮食流通领域的收购、运输、仓储、出入库、加工等多个环节，最终形成了《行政处罚依据和主体汇总表》、《行政处罚职权汇总表》、《行政处罚权力运行流程图》。结合行政处罚权力事项梳理工作，对行政处罚裁量权基准相关规定进行调整，对尚未制定行政处罚裁量权基准的事项确定裁量基准。

六 加强行政执法监管和行业安全生产监管

市和区县两级粮食行政管理部门加大监督检查工作，共出动执法 712 次，出动执法人员 2134 人次，检查企业 1085 家，为维护粮食市场秩序作出积极贡献。开展全市粮食行业安全生产大检查专项行动和全市粮食行业粉尘防爆专项整治工作。

七 应急网点建设和应急演练工作成果显著

市粮食局与 19 家粮油加工企业签订了粮食应急加工协议。粮油应急投放网点由 673 个增加到 709 个，网点布局进一步优化。落实《北京市粮食供给应急预案》各环节的工作要求，制定了市储备成品粮动用方案和投放流程图，修订了重要节假日期间粮食应急供应方案。加强市与区县两级应急预案的衔接，7 个区县完成了应急预案修订工作。密云、大兴开展了应急演练，并将演练资料编成示范教材，促进全市应急管理水平的提高。

八 开展储粮新技术研究和推广

加快成熟储粮技术推广应用，应用准低温储粮、惰性粉或硅藻土防虫等绿色储粮技术的市储备粮比例提高到 63%，稻谷连续三年全部实现准低温储藏。推进《食用油脂绿色安全储存技术研究与示范》等课题研究，完善储备粮实时监测管理信息系统，启动“数字粮库”建设相关工作。加大对储备粮仓储科技应用服务和指导，进一步提高科技应用效果。

九 核销国有粮食企业经营性历史挂账 4.0139 亿元

积极推进本市国有粮食企业经营性历史挂账的消化处理工作，农发行核销了本市国有粮食企业经营性历史挂账 4.0139 亿元。经营性历史挂账的认定核销，减轻了企业历史包袱，促进企业改革与发展。

十 国有粮食企业实现盈利 5.65 亿元

全市国有粮食企业连续 8 年保持盈利。京粮集团按照“改革、调整、创新、规范、高效”的工作要求，以提高发展质量和效益为中心，坚持“做资本、做品牌、做市场”，改革调整迈出新步伐，转型升级取得新成效，粮油产业链不断延伸，不动产经营增效明显，实力跃居省级国有粮食集团前列。

十一 首次将电商价格纳入市场价格监测范围

针对粮油产品网上交易量明显增长态势，市粮食局信息中心启动了粮油产品电商询价工作。主要采集 7 家著名电商 5 类市场占有率高的成品粮产品价格，每周发布价格及变化情况。

十二 68 人取得职业技能鉴定证书

根据市人力社保局《关于开展 2014 年度北京市机关技术工人职业技能培训与鉴定有关工作的通知》，组织开展机关、事业单位汽车驾驶员技师职业技能申报工作。举办初级粮油保管员和初级粮油质量检验员培训班，共有 87 人参加鉴定，68 人合格并取得证书。

十三 针对京津冀粮油信息监测合作开展调研

市粮食局信息中心分赴河北省粮油信息中心、天津市粮油信息中心，就粮油信息监测工作现状及京津冀三地今后合作发展开展调研工作，为搭建首都经济圈粮油信息监测服务平台，共享圈内粮油信息资源，迈出重要一步。

十四 粮食宣传活动丰富

开展以“尚德守法 提升食品安全治理能力”为主题的食品安全宣传周活动；举办“放心粮油宣传日”主题活动，结合行业特点，普及粮食质量安全知识，增强全社会的粮食质量安全意识和监督意识；会同农委、共青团和妇联等部门，围绕全国爱粮节粮宣传周活动主题“节约一粒粮 我们在行动”，举办 10 月 16 日世界粮食日宣传活动，组织开展“家庭在行动”、“青少年在行动”、“企业在行动”等系列活动。

十五 完成退耕还林补助粮供应任务

根据国家和市级林业部门验收确认，2013 年度全市退耕还林工程二轮核定面积 48.6 万亩，涉及昌平等 7 个区县。截至 2014 年 12 月 12 日，全市退耕还林补助粮供应任务全部完成，累计供应小麦 59.3 吨，玉米 1.78 吨，面粉 1.29 万吨，大米 0.25 万吨，折合原粮共计 2.23 万吨。

十六 落实粮食质量安全监管责任

制定并实施粮食质量和原粮卫生抽查、监测计划，加强对收购、储存环节的粮食质量和原粮卫生监管。试行市储备小麦入库索取卫生检测报告制度，强化卫生指标管控，提高了发现粮食质量安全风险隐患的能力。

十七 党的建设和党风廉政建设扎实推进

市与区县粮食部门深入学习贯彻习近平总书记系列重要讲话精神，严格落实党要管党、从严治党的要求，扎实推进党的建设。认真落实党风廉政建设主体责任和监督责任，规章制度进一步健全。严格落实中央八项规定和市委十五条实施意见，持之以恒纠正“四风”，严肃查处少数党员领导干部违规行为。认真落实群众路线教育实践活动整改方案，巩固和拓展教育实践活动成果。市粮食局制定了职业道德行为规范，大力弘扬粮食行业优秀文化，进一步增强了行业文化软实力。

◆北京市粮食局领导班子成员

李广禄　　党组书记、局长
张　强　　党组副书记、副局长
杨　牧　　党组成员、副局长
徐志坚　　党组成员、副局长（2014 年 2 月退休）
阎维洪　　党组成员、副局长（2014 年 4 月任职）
任昌坤　　党组成员、副局长（2014 年 4 月任职）
刘　军　　局长助理（2014 年 11 月挂职结束）

“八一”前夕，国家粮食局、北京市粮食局领导慰问驻京武警部队。

北京市粮食局局长李广禄在 APEC 高官会上作“保障粮食有效供给，提高粮食安全水平”主题演讲。

天津市粮食工作

基本情况

天津市地处华北平原的东北部，海河流域下游，东临渤海，北依燕山，西靠首都北京，背靠华北、西北、东北地区，面向东北亚，是中国北方对外交往的重要通道，也是中国北方最大的港口城市，还是拱卫京畿的要地和门户。天津市行政区域总面积 11760 平方公里，现辖 13 个区、3 个县。

2014 年年末，全市常住人口 1516.8 万，同比增加 44.6 万。年末全市户籍人口 1016.7 万，其中农业人口 371.6 万、非农业人口 645.1 万。全年实现地区生产总值（GDP）15722.5 亿元，按可比价格计算，比上年增长 10.0%。城镇常住居民人均可支配收入 31506 元，增长 8.7%；农村常住居民人均可支配收入 17014 元，增长 10.8%。

全市粮食播种面积 34.6 万公顷，比上年增加 1.3 万公顷；粮食总产量 176.0 万吨，比上年增加 0.7%；粮食商品量 165 万吨，比上年增加 5 万吨，粮食商品率达 94%。

小麦、稻谷、玉米等主要粮食作物全年产量分别为 60 万吨、10 万吨和 100 万吨，大豆 1.0 万吨，其他 5 万吨；全年粮食消费量 650 万吨，比上年增加 30.3 万吨，增长 5%；粮食产消缺口 475 万吨，比上年增加 30 万吨。

2014 年，社会粮食收储企业完成地产新粮收购入库 46.4 万吨，其中小麦 29.4 万吨、稻谷 7.9 万吨、玉米 9.1 万吨。全市进口粮食 425 万吨，比上年减少 90 万吨。

2014 年粮食工作

2014 年，天津市粮食系统在市委、市政府正确领导下，在市发展改革委指导下，认真学习贯彻中央领导有关粮食流通工作的重要讲话、重要批示精神，深入落实市委、市政府和国家粮食局各项工作部署，大力组织实施“粮安工程”等基础设施建设，不断完善粮食安全措施，努力提高粮食宏观调控能力，强化储备粮管理，加强粮食流通监督检查和法制建设，确保了全市粮食安全。

一 加快推进“粮安工程”建设，夯实全市粮食安全基础

《天津市“粮安工程”建设规划（2013–2020 年）》获得市政府批准。局负责同志先后 3 次向崔

津渡常务副市长进行了专题汇报，并按市领导“进一步整合粮库”的指示，多次召集区、县粮食局（粮办室）负责人进行专题研究，本着“一个农业区县具备一个10万吨以上粮库”的原则，提升完善《规划》内容，按照现代化的要求对现有规模小、设施差库点进行整合。经不懈努力，市政府第43次常务会议审议通过了市发展改革委、市粮食局上报的《规划》。大力推动规划项目实施。经过积极努力，市发改委同意对个别困难区县的粮库建设给予补助，国粮局对符合条件的新增储备规模粮库给予一定补助。同时，局领导带队深入有关区、县政府及相关企业，就项目组织实施、资金筹集等问题进行深入调研，争取大力支持。目前，2013年开工的4个项目已经竣工，2014年新开工的3个项目正在顺利推进。

二　加强粮食安全体系建设，进一步提高宏观调控能力

积极抓好粮源供给，增强宏观调控物质基础。2014年社会粮食收储企业完成地产新粮收购入库46.4万吨，其中小麦29.4万吨、稻谷7.9万吨、玉米9.1万吨。深化粮食产销合作。局领导带队与河北、山东、吉林、黑龙江四省签订《粮食产销战略合作协议》，实现“引粮入津”56万吨；以采购东北粳稻（米）入关、中央财政给予运费补贴政策为契机，累计运津入库粳稻（米）64.3万吨，申报中央财政补贴9017.1万元。搞好“保供稳价”。重大节日期间及“两会”等重要时段，提前谋划方案，加强货源调度，加大投放力度，确保了全市粮食市场供应平稳有序。强化粮情监测预警和应急供应保障体系建设，确保粮食宏观调控及时有效。修订了《天津市成品粮油应急供应预案》，调整了应急响应和应急供应实施层级，细化了应急时期供应、投放、运输等保障环节；组织修订了区县级粮食应急子预案；核查了已确定的14家定点粮油加工企业，复核规范了新确定的473家粮食应急供应网点，全部重新签订了应急供应保障协议（承诺书）并统一授牌，实现了规范化管理。科学开展粮食供需平衡调查。通过完善调查方案、培训调查人员、采取“三上三下”和“两级汇总两级平衡”的方法，使调查结果更加真实，为粮食宏观调控提供准确数据，得到黄兴国市长等市领导的充分肯定。

三　加强储备粮规范化管理，确保全市储备粮安全储存

充实了粮油储备。经反复测算，多方协调，并报市政府批准，认真落实了国家下达天津市的首批调增地方储备粮规模计划，进一步夯实了粮食宏观调控物质基础。适时组织储备粮轮换。全年共轮换储备粮62.7万吨、油1.6万吨，保证了储备粮油常储常新。开展了储备粮油安全和安全生产大检查。共出动693人次，累计检查库点63个，查粮215万吨，查油6万吨，确保了全市地方储备粮油数量真实、质量良好、储存安全。加强了粮食质量安全管理。开展了地方储备粮油质量强检，所有判定指标全部合格；开展了2014年天津库存粮食质量安全专项检查，所扦样品全部合格；完成了2014年收获环节夏、秋粮质量和军粮质量安全监测工作，监测结果已报国家粮食局及市有关部门。强化了政策性粮食销售出库检查。在所查全市竞价销售的9个批次，69.5万吨政策性粮食中，未发生人为设置障碍阻挠、拖延出库和额外收取费用等违规违法行为。

四　深入开展粮食流通监督检查，切实维护粮食流通秩序

2014年，全市开展各类监督检查行政执法活动550次，出动监督检查人员2097人次，检查单位

1472个次，检查项目同比增加20%，检查政策性粮食库存量同比增加近60万吨。认真开展了粮食库存检查。会同有关部门对全市68家储备粮承储企业的政策性粮食及国有粮食企业商品粮库存进行了全面检查，对发现的63个粮食库存管理问题进行了集中整改落实并及时上报相关情况。开展粮食仓库空置情况清查工作。对市域内纳入粮食流通统计范围内国有及国有控股粮食企业进行了检查，进一步规范了粮食仓库使用程序。开展夏秋两季粮食收购市场专项检查。督促各类收购主体严格执行“五要五不准”收购守则，严防“打白条”现象出现，维护了种粮农民合法权益。开展“转圈粮”专项整治行动。对市、区（县）两级储备粮轮换情况进行了专项检查，严防了通过虚购虚销、未轮报轮等手段获取不当利益的违规违纪行为。检查指导粮食经营者履行最低最高库存量义务。对纳入粮食流通统计范围的311家粮食收购、销售和加工企业的最低最高库存量标准进行了核定。开展粮食收购资格核查，规范了全市393家粮食收购企业的收购行为，保证了多元化的粮食收购市场活而有序。

五 多措并举，积极推动粮食经济健康发展

建立起了粮食流通设施维修改造长效机制。经多方沟通，按照企业自筹40%，财政投资60%的比例进行补贴，用于天津市老旧仓房维修改造，补贴资金由粮食风险基金列支。在深入调研、实地考察和专家论证的基础上，确定了3个粮库17个仓房的维修任务，改造面积3.56万平方米，总投资3184万元，其中财政补贴1910万元。积极协调争取财税支持政策。落实了2012年度质检建设专项经费地方配套资金223万元；免征了天津市国有粮食购销企业房产税、土地使用税和印花税。落实了粮食储备采用政府购买服务要求，将2014年至2016年市级储备粮储存项目纳入了政府购买服务试点，并通过政府采购确定具体承办单位。认真做好受理中央储备粮代储资格申请认定工作，全年共受理新申请中储粮代储资格企业6家，2家粮食类企业获批，仓容合计12万吨；受理延续申请中储粮代储资格企业8家，仓容合计132.6万吨，全部获批。

六 坚持规范化管理，努力提升军粮供应管理水平

坚持每季度对军粮销售补贴结算，及时发现隐患，有效堵塞漏洞。加强年度审核检查工作，全面、系统地掌握基层军供企业经营状况和管理水平，促进军供企业健康发展。开展了军粮财务监督检查，强化了军粮财务有效监督，保证了国家军粮资金的安全。加强日常军粮质量跟踪调查与监督，强化了军粮加工企业质量意识和安全意识。开展了军供系统密码设备和密钥管理保密检查，落实了各项安全保密管理规定。

七 推动粮食法制和依法行政建设，努力提高行政效能

制定了《各处室2014年依法行政考核提供的书面材料目录》，印发了《天津市粮食局2014年依法行政工作方案》，确保了粮食依法行政工作稳步推进；对全市粮食管理行政处罚情况进行梳理，编制了粮食流通行政处罚目录；遴选充实天津市14名粮食行政执法骨干和粮食库存管理专家进入国家粮食库存检查人才库，扩大粮食行政执法人员队伍；组织参加了2014年行政执法人员执法证申领及注册培训考试，对局机关新提任处级干部进行了提任前法律知识考试；组织开展2014年度课题调研，

《天津市粮食应急供应体系建设研究》调研课题获市发展改革委系统优秀调研成果鼓励奖。组织开展2014年世界粮食日和全国爱粮节粮宣传周活动。确定了对国有粮食购销企业不再进行资格认定年检工作，取消了陈化粮购买资格认定，进一步减少了粮食行政审批事项。

八 着力加强领导班子建设，不断提高领导干部廉政建设水平

（一）加强理论学习，确保正确政治方向

修订了《局党组中心组学习制度》，制定了《2014年粮食局党组中心组学习计划》，坚持每月组织一次集中学习，做到了每次学习有考勤、有记录、有落实，切实做到理论联系实际，学习推动工作。圆满完成了第一批“党的群众路线教育实践活动”各项工作，组织班子成员参加了在市委党校举办的学习习近平总书记重要讲话精神培训班，组织局机关及所属单位34名处级干部，参加了市发改委系统学习习近平总书记系列讲话专题培训班。

（二）强化民主集中，坚持党组集体领导

修订完善了《天津市粮食局会议制度》，进一步明确了决策程序和议事规则，有效杜绝了“一言堂”，坚持做到会前充分酝酿，会中充分发表意见，形成决议后，班子成员能够坚决贯彻落实，不打折扣，保证了决策的民主化、科学化、制度化。坚持党内组织生活，认真落实民主生活会制度，班子成员坚持过好双重组织生活，发挥引领作用，接受党内监督。严格按照规定程序和要求，召开了高质量的局班子民主生活会，取得了较好的效果。

（三）严格执行条例，做好干部选拔任用和管理工作

组织局党组成员认真学习《党政领导干部选拔任用工作条例》及《党政领导干部选拔任用工作责任追究办法》（试行）等文件和规定，不断增强班子成员对选拔任用工作有关规定的理解和把握。严格按照条例规定的标准，规范干部选拔任用工作程序。重点把好“推荐关”、“考察关”、“决定关”，确保选准用好干部。通过干部岗位调整、选拔任用，天津市粮食局干部梯队初步形成。核查了局机关及所属单位超职数配备干部情况；排查了局机关及所属单位领导干部兼职（任职）情况，并完成了违规兼职的清理工作；完成了领导干部个人有关事项报告填报、补充完善、录入、上报及抽查核查工作；完成了局机关及所属单位2013年度选拔任用干部“一报告两评议”工作；完成了市局及所属单位配偶已移居国（境）外的处级干部甄别审核工作。

（四）强化领导责任，班子成员实行“一岗双责”

局党组认真贯彻落实中纪委十八届三次全会、市纪委十届三次全会精神，研究确定2014年市粮食系统反腐倡廉工作任务，并扎实推动系统党风廉政建设主体责任和监督责任的落实。严格落实党风廉政建设和反腐败工作责任制要求，制定下发了《局级领导干部党风廉政建设责任制实施方案》，实行落实了“一把手”负总责、党组成员“一岗双责”责任制。以处级以上领导干部为重点，不断强化党风廉政建设，党组书记、局长杨振江分别与局机关各处室负责人、所属单位主要负责同志签订了党风廉政建设责任书，全体处级干部签订了党风廉政建设承诺书。印发了《市粮食局党组关于2014年加强党风廉政建设和反腐败工作的通知》，从制度上、体系上要求各级领导做好党风廉政建设和反腐败工作。

◆天津市粮食局领导班子成员

杨振江　　党组书记、局长
李久彦　　党组成员、副局长（副巡视员）
周　海　　党组成员、副局长（副巡视员）
吴维吉　　党组成员、中国天津粮油批发交易市场总裁
王忠玉　　党组成员、办公室主任（2014 年 5 月任职）

2014 年 9 月 26 日，天津市粮食局局长杨振江、副局长李久彦带领市粮油集团有限公司、中国天津粮油批发交易市场、市粮食储备有限公司等粮食加工、经营企业代表 30 余人赴黑龙江省调研粮食生产与流通情况，探讨粮食产销合作事宜，并参加了“2014・黑龙江金秋粮食交易合作洽谈会”。天津市粮食局局长杨振江（签约台左侧）与黑龙江省粮食局局长胡东胜（签约台右侧）签订《关于建立长期稳定粮食产销合作关系框架协议》。

天津市滨海新区发改委主任陈春江深入新区储粮企业及大型超市，在塘沽乐购超市查看春节期间超市粮油销售、库存及货源供应情况。

2014 年 7 月 28 日，由塘沽、汉沽、大港粮食购销有限公司及大港粮食经营公司整合而成的天津市滨海新区粮食购销有限公司在塘沽国家粮食储备库举行成立揭牌仪式。

2014 年 10 月 24 日，天津市档案局副局长杨文杰带领天津市机关档案工作评估组对市粮食局机关档案工作进行了评估，授予市粮食局“天津市机关档案工作评估一级单位”荣誉称号并授牌。

河北省粮食工作

基本情况

河北省环抱首都北京，东与天津市毗连并紧傍渤海，东南部、南部衔山东、河南两省，西倚太行山与山西省为邻，西北部、北部与内蒙古自治区交界，东北部与辽宁省接壤。全省总面积 18.8 万平方公里，占全国土地总面积的 2%。河北省的地势有三大地貌单元，其中坝上高原平均海拔 1200~1500 米，占全省总面积的 8.5%；燕山和太行山地，其中包括丘陵和盆地，海拔多在 2000 米以下，占全省总面积的 48.1%；河北平原是华北大平原的一部分，海拔多在 50 米以下，占全省总面积的 43.4%。河北省属温带大陆性季风气候，大部分地区四季分明。

2014 年，全省生产总值实现 29421.2 亿元，比上年增长 6.5%。河北省是全国 13 个粮食主产省之一。2014 年，粮食播种面积 633.2 万公顷，比上年增加 1.6 万公顷，增长 0.3%。主要生产小麦、玉米。正常年景粮食产需总量平衡有余，油脂油料缺口较大，主要靠省外购入和进口弥补。2014 年，全省粮食总产量 3360.2 万吨，比上年减少 4.8 万吨，其中小麦 1429.9 万吨，玉米 1670.7 万吨，稻谷 54.2 万吨，大豆 25 万吨。全省各类粮食企业累计收购粮食 2443 万吨，销售粮食 3164 万吨，其中国有粮食经营企业收购粮食 650 万吨，销售粮食 1015 万吨。

2014 年粮食工作

2014 年，全省粮食系统在各级党委、政府的坚强领导下，认真贯彻落实十八届三中、四中全会精神和中央、省关于粮食流通工作的重要战略部署，坚持稳中求进、改革创新，切实抓好粮食收储保供，扎实推进改革发展，大力实施“粮安工程”建设，较好地完成了各项工作任务，促进了粮食流通稳步健康发展。

一　粮食收储取得新成效

2014 年，小麦最低收购价执行预案没有在河北省启动。粮食价格稳中有升，粮食收购数量增加，有效地保护了种粮农民利益。全省各级粮食部门坚持把粮食收储作为重中之重，认真落实国家粮食政策，拓宽融资渠道，积极组织引导企业入市收购。在夏粮、秋粮上市前，对生产情况进行了全面调查，对收购形势进行了分析，组织指导各级粮食部门和收购企业积极开展人员培训、维修仓房、购置检修收购器材等准备工作，提前摸清了底数。2014 年，全社会各类企业累计收购粮食 2443 万吨，比上年增加 125 万吨，其中：小麦 1198.5 万吨，比上年增加 225 万吨；玉米 1165 万吨，比上年减少 143 万吨。完成政策性粮食交易 57.05 万吨，军粮供应连续 15 年超额完成国家下达计划，保证了军需民用。严格粮食库存检查，根据国家粮食局等有关部门的部署，研究制定了《2014 年河北省粮食库存检查工作方案》，对区域内所有政策性粮食以及国有粮食企业的商品粮库存进行了全面检查。制定了《2014 年河北省粮食库存检查省级复查及质量抽查工作方案》，明确了复查时间、范围、内容和方法，提出了具体工作要求。4 月 20 日至 30 日，在组织企业认真开展自查的基础上，河北省抽调精干力量，组成 6 个省级复查工作组，由处级干部带队，分赴全省 11 个设区市和定州、辛集两个省直管县进行了复查。经过各级粮食部门的精心组织，圆满完成了国有粮食企业库存检查任务，河北省粮食库存账实相符、质量良好。积极推进跨区域产销衔接，在京津冀协同发展的背景下，举办了“京津冀粮食产销合作推进会”，研究了京津冀粮食安全形势，就区域粮食储备、粮食应急、粮食批发交易市场建设、探索粮食调控联动机制等方面加强合作交流达成了共识。与黑龙江、山西签署了省际间粮食产销合作协议，促进了企业之间的深化合作。

二　粮食流通改革取得重要进展

粮食储备调节机制进一步改善，2014 年国家重新核定下达了河北省地方粮食储备规模，比 2008 年大幅增加。为落实国家新增地方储备计划，省粮食局主动与省有关部门沟通，提出了落实国家有关部门下达给河北省的新增地方储备粮计划的办法，积极与省有关部门协调，联合下发了《关于下达 2014 年新增省级粮食储备计划的通知》，新增省储小麦计划及时下达到承储企业，并完成了第一次招标采购，地方粮食储备规模达到历史新高。国有粮食企业改革深入推进，石家庄、保定、衡水、廊坊、邯郸加快市直企业整合，各地“一县一企、一企多点”改革模式运转良好，区域粮食宏观调控能力明显提升。在做好传统粮食购销业务的同时，多地粮食企业积极转变发展理念，双向延伸产业链条。向上延伸到粮食生产环节，通过订单收购实行农企联手，精心打造优质粮源基地。通过培育发展粮食经纪人队伍，延伸收购触角，稳定收购渠道。向下延伸到农产品加工环节，与大型加工企业合作，拓展了销售渠道，实现了上下游联动、共赢发展。全省经营性粮食财务挂账全额核销，财政补贴及时足额到位，企业效益实现大幅增长。全省国有粮食企业利润总额 1.29 亿元，同比增长 33%，连续 5 年保持盈利。邢台、保定、秦皇岛、衡水 4 市国有粮食企业利润统算达到 1000 万元以上。认真执行国家粮食统计制度，围绕提升统计工作质量，加强统计报表、专项调查的审核力度，不断提高粮食流通统计分析的准确性和时效性。组织完成了粮油供需平衡调查，入户走访了 9700 余家城乡住户，重点调查了 2000 余家粮食经营和转化企业，取得了大量基础数据，并及时上报，纳入了《全国粮食供需平衡调查报告》。同时完成了粮油加工业统计、省统计局 2013 年度农村统计年鉴统计资料、发改委 2014~2015 年粮食供需平衡测算、河北省粮食供需平衡调查预算申请、国家粮食供需平衡调查经费拨付等任务，统计质量和效率显著提高。积极推进统计制度改革，组织了新的国家粮食流通统计制度培训班 11 期。

三 “粮安工程”建设全面铺开

物流节点建设上，完善优化粮食物流节点布局，全省由粮食部门主导、吸引社会资本参与的总投资达 10 多亿元，张家口、沧州、衡水、承德、定州等市一批项目已经启用，国家投资 2500 万元重点支持的 6 个粮食现代物流重点项目进展顺利。仓房维修改造上，在省政府和有关部门的大力支持下，经过努力争取，河北省被确定为全国第二批粮食仓储设施维修改造重点省份，争取国家专项资金 2.05 亿元，省政府配套资金 3.8 亿元。到 2014 年年底，省级补助维修改造任务的市、县（市、区）137 个、省属企业 9 家，规划维修仓容量 676.65 万吨，落实改造资金 13.99 亿元，其中省以上补助资金已拨付 4.1 亿元，占总补助额的 80% 以上。应急保障体系上，完成了粮食应急网点布局调整，建立各类应急网点 3033 个，形成了以河北军粮服务有限公司为中心、11+2 区域性配送中心为支柱、182 家站点为基础的应急保障主框架体系。各市应急保障能力有较大提升，尤其是以石家庄市为试点的武警饮食综合保障工作取得突出成绩，得到了总后、武警总部、北京军区联勤部的充分肯定，为在全省积极推进综合保障，提供了有益借鉴。粮油质量检测上，首次将市级监测计划纳入全省收获粮食质量安全监测范围，各地加强原粮品质和卫生检测，落实粮食出入库检验、建立质量档案等追溯制度。全省粮食质量检验机构达到 14 家，其中 8 家纳入了国家粮食质量安全检验监测体系。粮情监测预警上，省局启动了新一轮粮食信息化建设，顺利完成了项目咨询、总体设计和招标工作，投资预算 3000 多万元。粮食价格监测预警机制进一步完善，在各地设立的主要品种监测点达到 283 个。节粮减损上，深入推进农户科学储粮专项，落实了 4 万套农户储粮装具，开展了“节约一粒粮”行动等系列活动，取得良好效果。沧州市已经累计发放小粮仓近 15 万套，是全国最多的地级市，仅此一项每年助农增收 2600 多万元。

四 粮食行政执法有力推进

2014 年，全省各级粮食部门积极推进依法行政，清理健全粮食流通依法行政各项制度。省粮食局制定了《河北省粮食局粮食行政执法公开制度》，修订了《河北省粮食行政复议工作规则》、《河北省粮食局行政执法责任制》等制度 6 件，建立健全了各项配套制度。继续开展立法调研，在石家庄和承德分别组织了座谈会，深入了解市、县级粮食部门和粮食经营者在执行粮食流通政策法规时遇到的困难、问题及立法建议。严格规范行政审批事项，提高工作效率，各级粮食部门共办理粮食收购资格审批事项 906 件，全省现行有效的《粮食收购许可证》有 4056 个。加强依法管粮，认真组织开展了政策性粮食竞价销售出库、省级储备粮轮换、夏粮收购等专项监督检查工作，开展了“转圈粮”整治行动。截至 11 月底，全省共开展检查 5041 次，出动 16903 人次，检查企业 15559 个次，查处涉粮违法案件 257 起。推进区域执法协作，签署了《黑吉辽冀蒙五省区粮食流通监督检查区域联合执法协作框架协议》，共同维护粮食市场秩序。积极开展全国粮食流通监督检查示范单位的创建活动，鹿泉区、乐亭县、宁晋县粮食局被命名为第四批全国粮食流通监督检查示范单位。开展了以县级粮食部门为重点的行政执法监督工作，促进粮食行政执法规范有力。石家庄、衡水、唐山、辛集等市粮食行政执法工作得到了当地政府的肯定。

五　粮食企业运转安全规范

狠抓安全生产，落实“一岗双责”，严格落实安全生产目标管理责任制。在省局直属库开展安全生产承诺制试点，制订覆盖全员共 48 个岗位类别的安全生产岗位承诺书，并印发各地供全省粮食企业参考借鉴。根据行业特点，举办安全生产培训，开展了“打非治违”专项行动。制订了《河北省粮食行业安全生产“打非治违”专项行动方案》，组织全省粮食行业对粉尘防爆、消防安全、储粮药剂使用、作业现场管理等方面开展了安全生产大检查，及时发现问题隐患，认真整改解决。着重加强了关键环节和特殊时段的检查，强化防汛、防火、防盗等重点工作，对全省 76 个低洼库站 19 万吨粮食采取销售、转移等方式进行了妥善处置。2014 年，全省粮食系统没有发生安全生产责任事故。开展了中央储备粮代储资格认定工作，共受理了 16 家企业的认定申请，其中 10 家通过了国家粮食局审核。全省粮油仓储企业备案单位达到 714 个。

六　党的建设、廉政建设、队伍建设取得新进展

坚持与粮食流通工作同步抓、同落实，大力加强党的建设和党风廉政建设，各级粮食部门深入开展了第二批党的群众路线教育实践活动，严格落实中央八项规定，持之以恒纠正“四风”，明确整改措施，建立长效工作机制，取得了实实在在的效果。同时，大力推进科技兴粮、人才兴粮工程建设，加强科技创新成果的引进和应用，扎实做好职工教育培训和人才培养工作。全省举办粮食仓储管理培训、执法监督培训、仓储专项调查培训等 10 余次，举办粮食行业特有工种职业技能培训鉴定 4 期，共 300 人。全省粮食系统认真践行社会主义核心价值观，传承和弘扬粮食行业优良传统，涌现出一批爱岗敬业的先进典型。在全国粮食流通工作会议上，河北省柏乡国家粮食储备集团等 3 个单位被授予“全国粮食系统先进集体”荣誉称号，怀安县粮食局局长杜宏林等 3 名同志被授予“全国粮食系统先进工作者”荣誉称号，邯郸康丰粮油公司董事长张永强等 4 名同志被授予“全国粮食系统劳动模范”荣誉称号。

◆河北省粮食局领导班子成员

张　宇　党组书记、局长
卢瑞卿　党组副书记、副局长
赵学敏　巡视员（2014 年 11 月 10 日退休）
伍　林　党组成员、省纪委驻粮食局纪检组长
杨洲群　党组成员、副局长
佟军亭　党组成员、副局长
刘志勇　副巡视员

2014 年 3 月 27 日，河北省粮食流通工作会议在石家庄市召开。

2014 年 4 月 23 日，河北省粮油批发交易中心和中华粮网在石家庄市共同举办全国小麦、玉米市场峰会。

2014年5月22日，京津冀三省市粮食局共同主办的“2014・京津冀粮食产销合作推进会”在石家庄市召开。河北省粮食局副局长杨洲群（左一）、北京市粮食局副局长杨牧（左二）、天津市粮食局局长杨振江（左三）、河北省人民政府副秘书长那书晨（左四）、北京市粮食局局长李广禄（右四）、河北省粮食局局长张宇（右三）、天津市粮食局副局长李久彦（右二）和中国天津粮油批发交易市场总裁吴维吉（右一）参加会议。

2014年6月26~27日，河北省粮食局党组书记、局长张宇（前排右二）到沧州市调研粮食流通工作。

山西省粮食工作

基本情况

山西省位于黄河中游，黄土高原东部，因位于太行山之西而得名。全省总面积为15.66万平方千米，地形多为山地丘陵，辖11个设区市，119个县、市、区。据2014年人口抽样调查，年末全省常住人口为3648万人。山西属于典型的温带大陆性气候，干旱少雨，晋南和晋中盆地是重要的商品粮基地。山西素有“小杂粮王国”之称，品种有120多种，是我国重要的杂粮生产基地。山西的小杂粮种植分布广泛，品种齐全，极具开发潜力。山西省委、省政府高度重视粮食深加工、小杂粮开发，把发展特色农业确定为山西经济发展的重要战略。

2014年，山西农作物种植面积有384.05万公顷，比上年减少5.78万公顷。其中，粮食种植面积328.64万公顷，增加1.21万公顷；油料种植面积12.97万公顷，减少1.06万公顷；棉花种植面积1.87万公顷，减少0.47万公顷。在粮食种植面积中，玉米种植面积167.65万公顷，增加0.65万公顷；小麦种植面积67.39万公顷，减少0.36万公顷。2014年全省粮食总产量1330.8万吨，比上年增加15万吨，增产1.4%。其中，夏粮总产260.3万吨，减产12.3%；秋粮总产1070.5万吨，减产1.0%。其中玉米产量938.1万吨，比上年减少1.8%；小麦产量259.1万吨，比上年增长12.3%；谷子产量38.9万吨，增长5.9%。年消费粮食1335万吨左右，小麦缺口290万吨，稻谷缺口110万吨，全部靠调入，玉米需销往省外370万吨。总体上看，总量不足，结构不平衡，产粗吃细，小麦不足，玉米有余。

2014年，全省各类粮食企业收购粮食730万吨，比上年减少135万吨，减少23%。其中，国有粮食经营企业收购175万吨，占总收购量的24%。全年销售粮食838.5万吨，比上年减少1.7%。其中，国有粮食经营企业销售205万吨，占总销售量的24%。

截至2014年年末，全省共有国有粮食企业556户，年末职工人数20403人。山西国有粮食企业总仓容730万吨，符合储粮要求的仓房容量510万吨。

2014年粮食工作

2014年，山西省粮食局从山西基本粮情出发，按照国家粮食安全新战略的总要求，认真贯彻落实省委、省政府工作部署，掌握确保粮食安全的主动权，围绕保障粮食安全这一中心任务，抓班子带队伍、抓改革促发展，以目标责任考核为抓手，层层落实目标责任制，党风廉政建设和粮食流通工作各项任务取得新进展。

一 做好粮油保供稳价工作

2014 年，山西省粮食局按照山西省委省政府《关于全面深化农村改革加快推进农业现代化的实施意见》（晋发〔2014〕13 号）精神，加强对市场动态的监测、预警，积极充实储备规模，做好供需平衡，向国家粮食局争取从省外调入中央储备粮计划，健全粮食应急体系。

（一）强化粮油市场监测预警

2014 年，省粮食局及时掌握市场粮油动态，重点做好春节、中秋、国庆等节假日期间全省粮食保供稳价工作，组织开展了对粮食加工、销售企业、粮油市场供应等情况进行专项检查。全年全省粮源充足，市场基本稳定，未出现粮价暴涨、断供和大范围抢购粮食等现象。目前，省粮食局对 80 个省级粮油市场价格直报点进行信息采集和监测预警，全省建立粮食应急供应网点 1517 个，覆盖 11 个市、119 个县的乡镇、社区。

（二）积极抓好粮食收购工作

山西省粮食局始终把做好夏粮和秋粮收购工作作为重中之重，严守“种粮卖得出”的底线，保护农民种粮积极性。严格落实国家“五要五不准”收购守则和省八项规定，敞开收购农民余粮。夏粮、秋粮收购前，省粮食局领导带队深入小麦和玉米主产县，开展生产、价格、收购准备等情况调研，适时召开夏粮和秋粮收购工作会议，与农发行省分行联合下发做好 2014 年夏粮、秋粮收购工作通知，并组织粮食主产市、县的粮食部门和种粮大户、粮食经纪人同省内粮食轮换和用粮企业开展点对点产销对接。2014 年实际完成粮食收购任务 720.2 万吨。

（三）充实省级粮油储备

根据国家发展改革委、国家粮食局、财政部、中国农业发展银行《关于先期下达部分地方储备粮新增规模的通知》精神，省粮食局会同省发展改革委、省财政厅、农发行山西省分行下达了《关于新增地方储备粮规模的通知》，对新增地方储备粮规模作出安排部署，并要求省、市抓紧落实新增地方储备规模，优化粮食储备布局和品种结构，着力加强地方储备粮管理。同时，对 2009 年省政府下达的省级储备粮未到位部分进行充实，截至年底前省级储备小麦和稻谷已完成入库任务，完成了省级储备食油入库任务。2014 年安排新增地方储备粮和省级储备食油增储计划，政府掌控的地方储备粮食和食油规模分别增长 26% 和 24%。

（四）开展粮食产销衔接工作

为贯彻国家安全新战略，创新和发展省际间长期稳定的粮食产销合作机制，2014 年 11 月 27 日，山西省粮食局和中国粮食行业协会、中华粮网在太原共同举办了“2014 山西粮食（玉米、小杂粮）产销衔接会”，创新了会议形式和对接方式，提高了对接的精准性和履约率，突出了市场配置资源的导向性，共达成粮油产销合作协议 372 份，签约总量 855 万吨，保证了全省粮食总量平衡和品种平衡。2014 年，实际销售粮食 838.5 万吨，实际调入 510 万吨。

（五）加强军粮供应工作

2014 年，省粮食局高度重视军粮质量管理，根据《山西省军粮统筹采购暂行办法》，对军粮进行招标采购。并建立供应厂家军粮质量档案，对中标厂家资质、中标价格等信息进行管理。合理安排了供应计划，严格执行准入制度，确保按时、按质、按量、按品种供应部队。与驻晋部队开展了军地联合调研，随机抽取军粮进行检测，并组织力量对承担省级军供应急成品粮代储单位进行抽查，确保了全省的军粮库存数量真实、质量良好。为提升服务水平，每逢重大节日，省粮食局根据要求对驻晋部队调剂优质粮油，并创新服务方式，实行电话预约、送粮上门等服务，为干休所代购生活用品等。全年军粮送货上门率达 96.46%，受到了驻晋官兵的好评。

二 建立“米袋子”省长负责制考核体系

2011 年以来，在山西省粮食局积极建议和推动下，初步形成了省、市、县政府和有关部门齐抓共管、上下联动，落实粮食安全省长责任制的工作机制。2014 年，省政府首次将粮食安全目标责任考核纳入各级政府目标责任考核体系，进一步巩固和落实粮食省长责任制。山西省的做法，国家粮食局给予“走在全国前列”的高度评价，在全国推广。

三 狠抓创新转型，推进仓储技术建设

2014 年，省粮食局积极与省财政厅沟通协调，落实专项资金，着力提升科学储粮能力和现代化水平。

一是省财政投资 3000 万元对承储省级储备粮的 34 个省、市级粮油储备库配置粮油出入库设施设备、粮油检化验仪器等，大幅提升仓储技术能力。

二是多渠道融资 1850 万元，引进美国充气模型技术，在太原新城国家粮食储备库建成全国首座“钢筋混凝土整体球形粮仓”2 栋，填补了国内空白，节能、节地、高效等效果显著。

三是积极探索石洞仓储粮技术，牵头制定《石洞仓原粮储藏技术规范》作为省级标准颁布实施，填补了国内空白。国家粮食局对山西省给予“在科技创新上取得了突出成绩，走在全国前列”的高度评价。此外，为消除安全隐患，保障储粮安全，全省完成 69 个“危仓老库”维修改造项目建设任务。

四是加快仓储物流建设步伐，向国家争取到 2014-2015 年粮库建设计划 40 万吨仓容，总投资 2.4 亿元，列入国务院重大工程项目清单。中央和省级当年安排投资 4889 万元，新启动实施一批骨干粮库提升功能项目和危仓老库维修改造项目。启动实施储备粮管理信息化和库存粮食识别代码试点项目。国家投资 1500 万元，推进 5 个粮食现代物流项目建设。

四 实施惠民工程，服务城乡群众

一是推进农户科学储粮工程。在近年来为全省 18.5 万户农户配置标准化储粮装具基础上，2014 年总投资 2150 万元，再为全省农户配置 5 万套标准化储粮装具，累计为 23.5 万户农户配置标准化储粮装具，每年可减少粮食产后损失 700 多万公斤，助农减损增收 1700 余万元。

二是实施“放心主食”工程。为推动主食产业化发展，提高口粮供应保障能力，2014 年省级安排 1000 万元扶持资金，按照重点推进、扶优扶强的原则，重点培育 9 家主食产业化示范企业。

三是开展“世界粮食日”宣传活动。建立 1 个省级爱粮节粮教育实践基地。省粮食局会同省农业厅、团省委、省妇联组织参加全国爱粮节粮动漫大赛和征文活动，其中临汾、晋城、阳泉市粮食局和

省贸易学校的8件作品获奖，成绩全国领先。

四是开展“粮食科技周”活动。省粮食局与省教育厅、省妇联、省科技厅、省科协等单位联合举办“粮食科技周”活动，进校园、进社区、进住户，宣传健康、卫生、安全、营养的粮食消费理念，受到广大群众好评。

五 着力深化改革，完善体制机制

（一）大力推进国有粮食企业改革

2014年，省粮食局向各市粮食局下达改革重组的目标任务，并督促各市粮食局落实到改革任务县。截至年底，30个县的“一县一企、一企多点”改革重组任务全面完成，累计完成改革任务的县达到76个，占全省县（市、区）的69%。国有粮食企业经济效益持续向好，全省国有粮食企业统算盈利1689万元，实现“三连盈”。

（二）推进粮食收购制度改革

比照国家政策，通过调研，省粮食局制定了《山西省2014年新产玉米省级临时收储预案》；按照中央和省提出的鼓励符合条件的多元市场主体参与大宗农产品政策性收储要求，制定了《山西省多元市场主体参与政策性粮食收储指导意见》、《省级储备粮轮换改革和加强管理工作方案》等。

（三）开展“管理提升年”活动，完善管理机制

2014年，省粮食局重点加强了对省级储备库经营管理和运行情况的监督。在省级储备库建立了主要财务指标、自主经营、清欠工作月考核制度，并实行省级储备粮油轮换报告和审核备案制度，推进落实粮食统计制度改革工作。太原市对市级储备粮轮换率先采取市场公开竞价、新粮新价的办法，防止承储企业自储自轮，难以监管的弊端，形成保管与轮换分开，交易中心、承储企业、行政管理部门三方制约的新型轮换机制；朔州市政府出台了深化国有粮食企业改革文件；临汾市推出了财政解决政策性挂账利息和消化本金的做法。

六 加强监督管理，维护质量安全

一是开展了新收获小麦、玉米原粮卫生调查和品质测报工作，完成11个市57个县440份样品的扦样、检验和送检工作，扦样率和检验率达100%。

二是严格执行省级储备粮油入库质量检查验收制度，开展了全省粮食质量抽查和省级储备粮质量普查，共计抽查省级储备粮油储存企业13个，抽查率36%。省级储备粮质量普查中共扦取样品324份。

三是加强粮食质量检测检验能力建设，指导各市健全检化验机构，推进“四落实”及资质申报工作，努力实现“机构成体系、监测全覆盖、监管无盲区”，新建5个市级粮食质监站，其中晋中市粮油质检站已取得计量认证资格。为承储省级储备粮油的34个储备库配置900余万元粮油检化验仪器。协调省财政投资1800万元开工建设省粮食质量监测中心检验大楼，并责成专人协调指导建设工作。

七 依法监管粮食市场，维护流通秩序

（一）强化粮食收购市场监管

2014年，省粮食局在夏粮和秋粮收购中，检查粮食收购企业3078个，累计出动检查人员8501人次，依法查处违规行为493例，有效地规范了粮食市场秩序，保护了种粮农民利益。

（二）抓好政策性粮食购销活动监督检查

为地方企业减少粮食损失763.46吨。开展了储备粮油自查自纠专项行动和整改落实及“回头看”工作，自查自纠发现问题84个，整改67个，限期整改17个。

（三）开展粮食库存检查

对537家粮食经营企业的库存进行了全面清查，涉及粮食529.77万吨，检查中发现143个问题，经过督导，截至2014年年底，已完成整改125个，整改率87.4%，是历年库存检查发现问题整改进度最快的一年。

（四）开展联合执法行动

节日期间，组织全省各级粮食行政管理单位，联合工商、质监、卫生等部门，共检查粮油经营企业4471个，查处违规行为237件，重点加强了粮油销售市场、超市等群众关注的流通场所的监督检查，减少或杜绝不符合质量标准的粮油流入消费市场。

八 学习贯彻习总书记系列重要讲话精神，扎实开展“两个活动”

2014年，山西省粮食系统把学习贯彻习近平总书记系列重要讲话作为首要政治任务，把讲话精神作为根本遵循和行动指南，从政治上、思想上、行动上与党中央保持高度一致。扎实开展好了“两个活动”：一是认真开展教育实践活动整改落实及“回头看”。活动中梳理出的问题、两次库存检查发现的问题、三次审计发现的问题以及“回头看”发现的问题逐一落实整改，历年形成的省级储备粮油短库问题全部解决，促进了全系统党风廉政建设、干部作风转变。二是扎实推进学习讨论落实活动。着力抓思想认识、抓组织领导、抓学习讨论、抓反思剖析、抓边学边改，取得可喜进展。

九 强化思想教育，加强党风廉政建设和粮食文化建设

（一）加强党风廉政建设

落实“两个主体”责任，分解落实党风廉政建设责任制。省粮食局党组制定了党风廉政建设主体责任实施意见，驻局纪检组制定了党风廉政建设监督责任实施意见。以支部书记、纪检书记（专员）联述联评为手段，推进基层服务型党组织建设；以清理党费、清理不合格党员为契机，进一步纯洁了党员队伍；以“粮票、粮仓、粮人”为载体，在全系统积极构建“管粮、爱粮、节粮”为核心的粮食文化。

（二）开展社会主义核心价值观教育

省粮食局总结了原局机关党委专职副书记白喜明同志的先进事迹。省直工委作出《关于在省直机关开展向白喜明同志学习的决定》。一年来，白喜明同志先后作报告30余次，对净化全系统政治生

态起到了积极作用。广泛开展警示教育活动，特别是将历年粮食系统发生的5起案件编辑成《警示录》，组织全系统学习，收到良好效果。

（三）“四风”问题得到治理

通过10个专项整治，省局机关会议费比上年减少18.75%，办公用房严格按规定执行，违规公务用车一律清退，局机关公车费用、公务接待费同比分别下降20.9%、72.1%；省级储备企业公车费用、公务接待费同比分别下降35.4 %、58.8%，清收外欠款810万元。

◆山西省粮食局领导班子成员

杨随亭　　党组书记、局长
马　珩　　党组成员、副局长
吕苛青（女）　党组成员、副局长
薛愿兵　　党组成员、副局长
李春泽　　党组成员、纪检组长
梁　政　　巡视员
武京运　　副巡视员

2014年8月13日，山西省粮食局举办全省粮食系统提升政务能力培训。

2014 年 8 月 26 日，山西省粮食局在太原召开粮食仓储技术创新新闻发布会。

2014 年 10 月 16 日，山西省粮食局与太原市粮食局联合开展“爱粮节粮进社区”宣传活动。

2014 年 11 月 27 日，山西省粮食局在太原举办“2014 山西粮食（玉米、小杂粮）产销衔接会”。

2014 年，山西省粮食局多渠道融资 1850 万元，引进美国充气模型技术，在太原新城粮食储备库建设全国首座“钢筋混凝土整体球形粮仓”，填补了国内空白，节能、节地、高效等效果显著。

内蒙古自治区粮食工作

基本情况

2014年年末，全区常住人口2504.8万人，比上年增加7.2万人。其中城镇人口1490.6万人，乡村人口1014.2万人。城镇化率59.5%，比上年提高0.8个百分点。

全区实现生产总值17769.5亿元，按可比价格计算，增长7.8%。其中，第一产业增加值1627.2亿元，增长3.1%；第二产业增加值9219.8亿元，增长9.1%；第三产业增加值6922.6亿元，增长6.7%。公共财政预算收入1843.2亿元，公共财政预算支出3884.2亿元，分别增长7.1%和5.4%。

全年农作物播种面积735.6万公顷，增长2%。其中粮食作物565.1万公顷，增长0.6%。粮食总产量达2753万吨，下降0.7%；油料产量170.3万吨，增长7.7%。

2014年粮食工作

2014年，内蒙古自治区粮食流通工作按照国家的统一部署，认真贯彻落实全国粮食流通工作会议、全区经济工作会议和农村牧区工作会议精神，紧紧围绕全区粮食流通工作会议提出的工作任务和重点工作，主动适应经济发展新常态，牢牢把握稳中求进的工作总基调，积极有效应对秋粮收储任务重、政策调整快、仓储设施建设规模大、项目多带来的压力与挑战，在各级党委政府的正确领导下，在各有关部门的有力支持和密切配合下，经过全区上下的共同努力，粮食流通业结构调整迈出坚实步伐，全面深化改革实现良好开局，依法治粮取得积极成效，企业效益明显好转，职工收入有所增加，全区粮食流通保持了总体平稳、稳中有进。

一 粮食生产

2014年，全区粮食总产量2753万吨，同比减少0.7%。其中玉米2186.1万吨，同比增加5.6%；小麦153.9万吨，同比减少14.7%；大豆81.9万吨，同比减少31.6%；稻谷52.4万吨，同比减少6.5%；油料170.3万吨，同比增加7.7%。

二 粮食流通

2014年，商品粮收购2055万吨。其中玉米1810万吨，同比减少8%；小麦105万吨，同比增加38%；大豆75万吨，同比增加67%；稻谷30万吨，同比增加20%。油料收购24.7万吨，同比增加3.3%。区外调入小麦120万吨，同比减少25%；调入稻谷125万吨，同比增长4%。全区共启动临储玉米收购库点392个，其中地方企业163家。4月30日完成临储粮收购。6月底完成验收任务，验收结果显示：全区临储粮质量全部符合国家质量标准，做到了农民增收，企业增效。

针对内蒙古自治区部分生霉粒玉米超标，不能进入国家临储收购，农民既得利益受损的问题，自治区粮食局及时向国家粮食局反映，要求将生霉粒玉米控制标准从2%放宽到5%，建议对超过5%的出台专门收购政策。经过积极反映，国家把玉米生霉粒控制标准放宽到5%，全区300多万吨生霉粒超标玉米顺利进入临储收购，由此增加农民收入约20亿元。对生霉粒超过5%的玉米，根据国家发改委、粮食局等8部门《关于做好东北等部分地区生霉粒超标玉米收购工作的通知》精神，自治区动用粮食风险基金2100万元，为东部盟市48家企业补贴购置60台色选机，经色选合格后进入国家临储收购的玉米约25万吨，由此又增加农民收入约2亿元，把农民的损失降到了最低。同时，经过积极争取，国家将只针对黑龙江和吉林的玉米深加工企业补贴政策延伸到了内蒙古自治区，为企业增效5亿元。

配合中储粮内蒙古分公司积极申请临储粮拍卖和跨省移库140万吨，为2014至2015年度秋粮收购腾仓泄库打下了基础。积极配合发改委开展了大豆目标价格改革试点工作，改革试点工作进展顺利。

2014年，商品粮销售1051.1万吨。其中玉米814.4万吨，同比增加24%；小麦106.8万吨，同比减少0.9%；大豆26.3万吨，同比减少20%；稻谷69.7万吨，同比增加48%。油料销售21.3万吨，同比增加7.3%。调出区外玉米164万吨，同比增加75.6%。出口0.5万吨，同比增加635%。

三 粮食调控

全面完成了自治区级新增储备粮入库任务，2013年区级储备粮轮换任务基本完成。及时下达了2014年2.6万多吨自治区级储备小麦、4.5万多吨玉米、4.3万吨稻谷和1万吨食用植物油储备轮换计划，4月底前完成轮换。制定了《内蒙古自治区地方储备粮巡查制度》，进一步规范了地储粮日常监管。通过巡查，有效指导盟市旗县储备粮管理工作。完成了中储粮代储资格年度认定初审工作，13户粮食企业、1户油脂企业取得中央储备粮油代储资格。

全区粮食企业发挥近年来新建烘干设施和硬化地面的作用，完成了1120万吨当年高水分粮处理工作，为国家临储粮收购任务顺利完成和库存粮食安全度夏创造了有利条件。

四 粮食流通监管

完成了粮食库存检查。在企业自查、旗县普查、盟市抽查的基础上，自治区按照“统一抽调、混合编组、集中培训、综合交叉、本地回避”的原则，从自治区粮食局、农发行内蒙古分行、中储粮内蒙古分公司、自治区粮油质量检测中心和库存检查专家库抽调人员，组成联合抽查组，分东、西两个组，按照不低于纳入检查范围粮食总量15%的比例、兼顾库存品种和性质、适当增加中央和地方事权粮食扦样比例的要求，进行了重点抽查。抽查结果显示：粮食库存数量真实，账账相符，并实行了分账管理，分仓储存，基础工作扎实，企业管理比较规范。开展了秋粮收购、政策性粮食收购、销售、“转圈粮”等专项检查，以及国家惠农政策落实情况检查。对检查中发现的问题，及时下达了整改通知，要求限期整改，并对严重违规行为依法依规进行了查处。内蒙古自治区连续九年被国家粮食局评为“全国粮食流通监督检查工作先进单位”。

首次发起建立了粮食行政执法黑、吉、辽、冀、蒙协调机制，并由内蒙古自治区组织召开了首届年会，为查处跨省区违规行为，有效解决毗邻地区粮食购销矛盾奠定了机制保障。

五 粮油信息

6月底全面完成了全区粮食价格监测预警系统测试，8月份正式启用。积累了区内100多个信息点的价格数据，在相邻的8个省区设立了11个区外信息监测点，拓宽了自治区粮油市场价格信息采集渠道，基本掌握了相邻省（区、市）粮油市场价格变动信息。完成了储备粮管理监测系统软件开发调试，全区12个地级盟市及满洲里市第一批纳入系统的17家储备粮承储企业硬件设备招标、施工基本完成。储备粮轮换管理交易系统完成了内部测试。7月，“内蒙古自治区粮油信息网”正式上线运行，网页内容丰富，面向社会，提供信息服务，年内浏览量近3万次，社会反映良好。《粮油信息周刊》在2013年发行的基础上，通过优化内容，2014年扩大了发送范围，增发了政府机关和相关部门单位，受到了广泛好评。

六 粮食流通基础设施建设

抓住国家大力实施“粮安工程”建设的机遇，从自治区实际出发，配合发改委、财政厅等部门，重点进行了成品粮储备应急低温仓储设施、农户科学储粮专项、粮食质量安全检验监测能力、危仓老库维修改造、储粮罩棚和国家2014至2015年粮食仓储设施第一批2000万吨项目建设工作。

低温成品库建设从2011年开始到2014年年底，分四批在12个盟市所在地和满洲里、二连浩特市已经全面建成或启动，总投资1.5亿元，总仓容8万吨，成为全国唯一全面推进低温成品粮库项目建设的省区。

完成了2013年呼伦贝尔市1万套、鄂尔多斯市3.1万套农户科学储粮专项建设和验收工作。特别是在国家已经取消了三省一区农户科学储粮2014年度专项建设投资计划的情况下，为解决呼伦贝尔市已经将该项目纳入市政府当年工作报告的实际情况，经过积极汇报，国家粮食局破例安排了呼伦贝尔市6000套小粮仓投资计划，2014年年底完成了建设任务。

全力推进2011年度320万元、2012年度1750万元自治区粮食质量安全检验监测能力项目建设任务，两年投资计划均完成了88%以上。同时，积极申报2015年全区质检能力建设项目10个，总投资5745万多元，其中申报中央补助资金2169万元。

危仓老库维修改造方案经过财政部、国家粮食局评审，列入了2014年国家“粮安工程”危仓老库维修改造重点支持省份，国家下达了投资计划。全区确认了国有及国有控股粮食企业危仓老库维修改造项目169个，占国有及国有控股粮食企业的74%，涉及79个旗县（市、区），计划总投资近7

亿元，其中：中央财政补助1亿元，约占17%；自治区财政筹集2亿元，占33%；盟市财政和企业负责筹集3.5亿元，占50%。这些项目的实施将维修改造仓容335万多吨，计划投资4亿元；功能提升仓容680万吨，包括新增粮情检测、新增环流熏蒸、配置机械通风、新增机械设备、信息系统改造、配置检验检测设备等，计划投资近3亿元。自治区粮食局与自治区财政厅联合制定的2014年"粮安工程"危仓老库维修改造实施方案，经自治区政府同意，配合自治区财政厅拨付了危仓老库维修改造专项资金。

会同自治区财政厅、农发行、中储粮内蒙古分公司下达的100万吨储粮罩棚建设任务，2014年年底完成了80%。

国家明确了内蒙古自治区2014至2015年粮食仓储设施第一批2000万吨项目建设规模和补助资金比例，配合自治区发改委组织相关前期工作。

2014年，全区粮食流通基础设施项目建设资金达到16亿元，其中：中央补助资金3亿元，自治区配套资金3亿元，盟市、企业、农户自筹资金10亿元。粮食基础设施建设项目多、投入大、覆盖面广，创历史年度新高。

七 粮食质量和安全生产

开展了粮食质量安全监测和会检，对粮食质量安全进行专项整治和综合治理。利用"世界粮食日"、"粮食科技活动周"、"爱粮节粮宣传周"等专题活动，全面开展粮食质量安全宣传。粮油质量检测机构建设步伐加快，呼伦贝尔市、锡林郭勒盟、巴彦淖尔市、扎赉特旗4家粮油质量检测中心，顺利通过国家粮食局验收，被授权挂牌为国家级检验机构。截至2014年年底，全区授权挂牌国家级粮油检验机构达到12家。进一步开展安全生产"回头看"，对全区重点库点进行了安全生产隐患大排查，10月29至30日举办了全区粮食行业安全生产培训。在质量安全事故、生产安全事故多发的形势下，全区粮食流通业没有发生大的质量和生产安全事故。

八 行业管理

落实粮食行业统计制度改革，统计数据准确性、及时性、可用性明显加强。截至2015年4月15日，仓储设施调查统计工作全面完成。粮食收购许可证审核、换发、清理工作更加规范。粮食应急供应、加工网点进一步健全，"放心粮油"工程稳步推进。军粮供应更加严谨，军粮保障更加有力，军需民食更加融合。同时，创立了具有自治区特色的军供优质粮油品牌，积极探索品牌走出去战略。指导企业全面深化改革效果明显，积极主动协调落实企业用地、房产等税收优惠政策，推动各类企业税赋均等化。稳步推进"粮食银行"试点工作，核销企业停息挂账贷款5亿多元，为企业营造了宽松的经营环境。2014年全区国有及国有控股粮食企业盈利2156万元，实现了扭亏为盈，这是1960年以来50多年的首次盈利，是历史性突破。大力宣传节约粮食，反对浪费，倡导"光盘行动"，指导农户和部队伙食单位科学储粮。专业技术人员资格培训成效显著，行业人才发展规划稳步推进，行业队伍素质有所提高，凭证从业，持证上岗成为常态。调研工作更加务实，更加注重将调研成果转化为指导实际工作的具体政策措施。各地行业管理工作不断加强，而且有所创新，比如，鄂尔多斯市加大"粮安工程"建设地方投资力度，巴彦淖尔市、锡林郭勒盟增加了地方储备，包头市地储粮轮换实行网上交易，阿盟“放心粮油”工程有效推进，呼伦贝尔市实施“三位一体”执法体系，兴安盟推行绿色农畜产品走向世界战略。帮扶工作借助行业优势在农户科学储粮、粮食仓储设施建设和维修改造、色选机购置补贴等项目和资金方面，向扶贫点倾斜，“三到村三到户”工作得到切实落实。

九 党风、政风、行风、机关作风建设

基层党组织建设进一步加强，完成了局机关党委换届，成立了机关纪律委员会。教育实践活动整改落实扎实有效，有针对性的各项规章制度逐步健全，“四风”问题得到有效遏制，抓工作、干工作、干好工作的正能量越来越浓，为民着想，替政府分忧，服务基层，服务企业的行业风气和机关作风明显加强。

◆内蒙古自治区粮食局领导班子成员

冯有恩	党组书记、局长
王斯琴（女，蒙古族）	党组成员、副局长
刘永旺	党组成员、副局长
张天喜	党组成员、总经济师
赵长青	党组成员、副局长
高　晗	党组成员、纪检组长
张忠何	巡视员（2014 年 5 月任职）
柯　克	副巡视员

2014 年 8 月 10 日，内蒙古自治区人民政府副主席王玉明同志（前排右三）在兴安盟粮食企业调研。

2014 年 8 月 20 日，内蒙古自治区粮食局局长冯有恩同志在全区粮食流通工作座谈会议上讲话。

辽宁省粮食工作

基本情况

辽宁是东北地区唯一的既沿海又沿边的省份，也是东北及内蒙古自治区东部地区对外开放的门户。辽宁属温带大陆性季风气候区，年平均气温 5~11 摄氏度，年降水量 450~1100 毫米，无霜期 125~215 天，年日照数 2100~3000 小时，四季分明，适合多种农作物生长。全省地形概貌大致是“六山一水三分田”，地势北高南低，山地丘陵分列东西。全省国土面积 14.8 万平方公里，现有耕地 408.5 万公顷，其中基本农田 358.6 万公顷。大陆海岸线长 2292 公里，近海水域面积 6.4 万平方公里。

辽宁是国家粮食主产区和畜牧业、渔业、优质水果及多种特产品的重点产区。全省有 36 个全国粮食生产基地县和 34 个全国蔬菜生产重点县。玉米、大豆、水果产业被列入国家优势农产品区域布局规划。辽宁省地处全国黄金玉米带，是春玉米生产的主要省份之一，单产水平居全国前列。2014 年，全省粮食播种面积达到 313.4 万公顷，农作物耕种收综合机械化水平达到 75%，超出全国 14 个百分点；农业科技进步贡献率达到 59%，比全国水平高 3.5 个百分点；设施农业达到 73.3 万公顷，日光温室面积全国第一。

2014 年粮食工作

2014 年，在辽宁省委、省政府的正确领导下，在国家粮食局的精心指导下，辽宁省粮食系统广大干部职工认真贯彻落实国家粮食安全新战略，以实施粮安工程为抓手，以改革创新为动力，以项目建设为载体，扎实推进粮食流通体制改革，较好地完成了各项工作任务，为全省经济社会发展作出了积极贡献。

一 抗旱措施科学有效，大灾之年粮食生产获得较好收成

全省粮食春播任务超额完成，粮食作物种植面积稳中有升，高产作物种植比例扩大，粮食作物前期长势良好。全省粮食作物春播面积达到 313.4 万公顷，比 2013 年增加 0.75 万公顷，其中：玉米 224.3 万公顷，同比增加 2.5 万公顷；水稻 57.8 万公顷，同比减少 3 万公顷。粮食作物全部播种在适

宜期内。发生严重的夏秋连旱后，为有效应对旱情，减少旱灾损失，全省各地科学开展抗旱救灾工作。各级农业部门共组成380个技术服务组，实施增施肥促早熟面积65.4万公顷，病虫害防治面积126.6万公顷，为减少粮食因灾损失发挥了重要作用。同时，全省农业综合生产能力稳步提高、综合增产技术集成推广步伐加快和其他自然灾害相对较少，且未受旱和轻旱地区仍保持增产态势，保证了粮食生产在大灾之年仍获丰收。全省粮食总产量为1753.9万吨，比历史最高水平的2013年减少441.7万吨，低于近10年平均水平（1811.6万吨）107.2万吨。全省完成种植业保险面积211.4万公顷，其中大田作物211万公顷，占投保作物播种面积的62.6%，全省受灾农户获得保险理赔款9.64亿元以上，保障了受灾地区农民利益。汪洋副总理来辽指导抗旱工作时，充分肯定了辽宁省农业保险工作取得的成绩。

二 抓收购、保供给、稳市场，宏观调控取得新成绩

一是粮食市场平稳有序。全年收购粮食2100万吨，同比增加270万吨；销售粮食1475万吨，同比增加100万吨。收购国家临储玉米787万吨，最低收购价收购稻谷35万吨，配合国家完成500万吨政策性粮食拍卖，有效缓解了农民卖粮难的问题，较好地维护了种粮农民利益。

二是地方储备粮管理再上新台阶。全省地方储备粮轮换有序开展。新增10万吨省级储备粮任务圆满完成。地方储备粮油账实相符，质量良好。68家企业获中储粮代储资格。67家获省级储备粮承储资格。

三是成品粮应急体系进一步完善。在选定1600个成品粮油应急网点的基础上，在省政府应急办的指导下，完成了《全省成品粮油应急供应预案》的修订和评估工作。

四是军粮供应保障有力。主动适应部队多样化军事任务新需要，实现军粮供应计划完成率、质量合格率、部队满意率、伴随性保障服务到位率四个100%。

五是质量安全监管力度加大。做好质量调查、品质测报、卫生安全监测和风险评估工作。加大对国家临储玉米和最低收购价稻谷的质量验收，共验收349个收储库点，扦取样品5251份。主持完成了《大豆储存品质判定规则》、《谷物与豆类千粒重测定方法》、《进口大米粒型分类》等国家标准和行业标准的修订工作。

六是监督检查工作圆满完成。全年出动检查人员23926人次，检查各类收购主体9869个，对382个企业提出了整改意见，并限期整改。先后创建了省级示范单位18家，国家级示范单位11家。

三 开拓创新，求发展，粮食流通工作实现新突破

一是在储备粮规范管理方面。会同省政府督察室，对全省121个承储库点进行实地检查，确保地方储备粮油库存真实，账实相符，质量良好。与各市签订《辽宁省市级储备粮油安全目标责任状》，将市级储备粮管理纳入省政府对各市政府的绩效考核。

二是在粮食执法能力建设方面。全省市级执法大队覆盖率达到87.5%，县级达75%。全省567名粮食监督检查执法人员，全部统一佩戴执法标识，持证上岗，实现执法人员网上查询。调整建立161名专家组成的专家库。

三是国有粮食企业改革方面。积极推进国有粮食企业改革，拓宽融资渠道，推进股权多元化发展。诸如沈阳粮油集团的重组、省储备粮公司盘锦新开粮库与大洼粮食集团股权多元化改革，辽阳宏伟粮

库国有、民营和国有企业职工间相互参股等新型产业模式和经营业态快速发展。全省国有粮食企业统算盈利 4000 万元以上，连续三年保持盈利。

四是粮食流通统计制度改革方面。实施了统计改革实施意见和新的统计制度，大幅精简统计指标，整合统计报表，大大提高了统计质量和报送效率。

五是粮食流通对外宣传方面。中央电视台《焦点访谈》、《农民日报》、《中国粮食经济》等新闻媒体先后对辽宁省农户科学储粮仓建设、粮食流通产业化发展、北粮南运物流通道建设等情况进行报道，充分展示了辽宁粮食人的精神风貌，展示了辽宁粮食流通工作取得的新成绩。

六是省政府领导关心支持方面。李希省长针对地方储备粮管理工作和“两节”、“两会”期间辽宁省粮油市场供应情况两次作出批示，对粮食工作给予肯定。赵化明副省长多次对粮食工作作出批示，提出工作要求，并亲自深入辽粮集团昌图粮食储备库，实地检查指导粮食收购工作。

四 夯实粮食基础设施建设，粮安工程取得新成效

一是积极推进粮食流通产业发展。组织编制《辽宁省粮食流通产业化发展规划（2014–2020）》，省财政安排专项资金 1.5 亿元，重点支持 18 个国有粮食流通产业化项目，连续三年累计投入资金 3.9 亿元，带动地方企业及社会资金 8 亿元投向国有粮食产业化项目。全省 14 个市从政府层面编制了粮食流通产业发展规划。

二是危仓老库维修改造稳步推进。危仓老库改造和地方粮食仓储设施维修改造项目全面启动，124 个粮食仓储设施维修改造项目纳入项目库。省级以上财政投入资金达 9000 万元。粮食企业收储能力大幅提升。

三是粮食罩棚仓建设规范运行。依据三个优先的原则，会同省直有关部门对 33 个粮食企业下达了 50 万吨的储粮罩棚仓建设计划，有效缓解了产粮大县仓容紧张的难题。

四是农户科学储粮专项建设任务全面完成。2014 年全省新建农户科学储粮仓 58881 座。截至 2014 年年底，全省实际完成农户储粮仓 47 万户，项目总投资 14.1 亿元，每年减少粮食损失近 20 万吨，农民年均可实现减损增收 9 亿元以上。

五是现代物流建设和粮食质量安全检验监测能力得到加强。国家投资 2000 万元用于粮食物流建设。各级发改、财政共投入资金 3665 万元，重点支持 58 个质检机构建设。10 家企业获全国放心粮油示范企业，8 家企业获全国节粮减损示范企业称号。

五 科技兴粮和人才队伍建设取得新成果

一是重大科研项目取得新进展。辽宁地区种粮大户高水分粮食储藏自然通风工艺技术及工艺研究课题进入储粮试验阶段。大豆保水储藏技术研究开发与集成示范课题通过验收。粮食干燥系统脱硫尘工艺技术集成研究取得阶段性成果。

二是粮食行业人才队伍建设成效显著。2014 年全省共有 143 人取得粮油检验员资格，145 人获保管员资格。到年底，全省有 2420 人取得国家职业资格证书，29 人荣获高级技师和技师资格。

三是技能培训工作力度加大。先后举办粮食检测、粮食流通监督检查、绿色储粮、军粮供应信息和国有企业财务人员培训 43 期，培训业务骨干 3725 人。

六 党的群众路线教育实践活动取得明显成效，有力促进粮食系统行风政风转变和服务群众能力的提高

根据省委统一部署，省直企事业单位和各市、县（区）粮食行政管理部门深入开展第二批党的群众路线教育实践活动，聚焦“四风”，边查边改，为民务实清廉的作风得到弘扬，行风政风进一步好转。紧紧围绕群众反映强烈的突出问题，加强监督检查、行政执法和库存检查，认真解决卖粮难问题，严肃查处“打白条”、“转圈粮”等行为，切实维护农民利益和市场秩序。认真汲取火灾等安全生产事故教训，开展粮食行业安全生产“百日行动”，及时核查重金属、真菌毒素超标粮食，严防流入口粮市场，确保了粮食质量安全。

◆辽宁省农村经济委员会（省粮食局）领导班子成员

刘长江	党组书记、主任、省农办主任、粮食局局长（兼）
杨　军	党组副书记、副主任、省农办专职副主任（正厅级）
高　伟	党组副书记、副主任
王长宏	副主任
陈　健	副主任
于　衡	副主任
王　洪	纪检组长
滕增泰	副主任（副局长）
李　军	扶贫办主任

辽宁省政府副省长赵化明同志（左四）视察秋粮收购现场。

质检人员进行稻谷质量调查品质测报。

辽宁省盘锦市新开粮库稻米生产车间。

辽宁省秋粮收购现场。

吉林省粮食工作

基本情况

吉林省位于中国东北地区中部，东界俄罗斯，东南隔图们江、鸭绿江与朝鲜民主主义人民共和国相望，南连辽宁省，西接内蒙古自治区，北邻黑龙江省。总面积 187400 平方公里，约占全国总土地面积的 2%，居全国第 14 位，省会长春市。现辖 1 个副省级市、7 个地级市、延边朝鲜族自治州和长白山管委会，60 个县（市、区），其中 21 个县级市、16 个县、3 个少数民族自治县、20 个市辖区，418 个镇、5 个少数民族镇、170 个乡、28 个少数民族乡。全省耕地面积 696.4 万公顷，其中粮食作物面积 500 万公顷。截至 2014 年年末，全省常住人口为 2572.38 万人，其中，城镇人口 1508.58 万人。2014 年，全省实现地区生产总值 13803.81 亿元，增长 6.5%。全省城镇居民人均可支配收入达到 23217.8 元，同比增长 8.8%；农村居民人均可支配收入达到 10780.1 元，增长 10.21%。

吉林省是国家重要的商品粮基地。主要粮食作物有玉米、水稻和大豆三大品种，常年玉米播种面积在 328.4 万公顷，稻谷面积 7.0 万公顷，大豆面积 2.3 万公顷。2014 年，全省粮食系统紧紧围绕“富农强企，惠民兴业”主题，认真抓收购、保增收，打基础、活流通，强产业、促发展，保供给、惠民生，粮食事业不断取得新进展，为全省经济社会发展提供了有力支撑。全省有效仓容 1950 万吨，粮食产量为 3532.8 万吨，主要品种为水稻、玉米和大豆，其中水稻产量 587.5 万吨、玉米产量 2733.5 万吨、大豆及杂粮产量 211.8 万吨。全省粮食收购量为 3743 万吨、销售量（含加工）2400 万吨。全年粮食消费总量为 2020 万吨，其中，口粮消费 550 万吨（城镇口粮 250 万吨，农村口粮 300 万吨），饲料用粮 450 万吨，工业用粮 995 万吨，种子用粮 25 万吨。分品种消费情况是：小麦 150 万吨，稻谷 335 万吨，玉米 1315 万吨，大豆 155 万吨，其他 65 万吨。

2014 年粮食工作

一 粮食收购任务圆满完成

2013/2014 年度，全省粮食获得特大丰收，市场需求不足、粮价低迷，加之库存居高不下、收购政策调整，政策性粮食收购压力增大、矛盾突出，严峻形势多年少有。各级粮食部门认真落实省委省政府决策部署，突出抓好政策落实、组织协调、库点布设和“地趴粮”专项整治，确保了应收尽收、增效增收，没有出现“卖粮难”和“打白条”问题。全省收购粮食 3680 万吨，其中临储玉米 2527 万吨，农民售粮收入 854 亿元，比上年增加 101 亿元；企业收购费用补贴收入 70 亿元。

二 粮食调销成效显著

积极争取国家政策支持，坚持省内省外同步推进，省间移库、竞价销售、就地转化同步实施，加快腾仓泄库，化解收储矛盾。各级粮食部门积极密切产销协作，加强产销衔接，成功举办 17 省、15 市粮食产销协作洽谈推介会，拓宽贸易粮销售渠道。全省累计调销粮食 2343 万吨，其中竞价销售 905 万吨，省间调拨 380 万吨，市场粮销售 500 万吨，省内加工转化 925 万吨（含竞价销售深加工用粮 367 万吨），为新粮收购创造了有利条件。

三 “粮安工程”加快实施

紧紧抓住国家启动实施“粮安工程”、支持主产区仓储物流设施建设的有利时机，积极争取国家支持，危仓老库维修改造列入国家重点支持省份，新建仓容项目、物流节点建设和农户科学储粮专项工程扎实推进，粮食仓储设施条件明显改善。各级粮食部门积极发挥项目主导作用，加大招商引资、资金配套和项目建设力度，全省完成投资 18 亿元，新增仓容 565 万吨，新建农户科学储粮仓 9 万套，带动农民自建储粮设施 144 万套，项目数量、建设规模、投资总额均创历史最高水平。

四 “健康米”工程扎实推进

各级粮食部门切实发挥牵头作用，坚持上下联动、横向互动、品牌带动，突出抓好品牌培育整合，加大宣传推介力度，创新营销方式，吉林大米品牌影响力和知名度显著提升，产品附加值和产业整体效益明显提高。地理标识产品和证明商标达到 15 个，以品牌为纽带的企业重组、资源整合取得实质性进展。品牌宣传推介实现了“电视有影、广播有声、报纸有字、路场有标”。电商销售取得重大突破，借助淘宝网“挑食吉林鲜米”和“秋收新米香”促销活动，推动吉林大米网上排名迅猛提升。吉林省普通大米每市斤平均价格由上年的 2.3 元提高到 2.8 元，中高端大米价格提高 2 元钱以上，综合测算全省大米增值 56 亿元。

五 玉米深加工产业经营困难有效缓解

针对深加工企业成本上升、粮源紧张的实际困难，积极争取国家和省里政策支持，允许深加工企业参与政策性粮食收购，对企业竞购加工临储玉米给予补贴，采取借用和定向销售省级储备玉米的方式解决企业粮源紧缺问题，为玉米深加工企业转型升级赢得时间，争取主动。全省 6 户深加工企业参与政策性粮食收购，得到收购费用补贴 5 亿元。全省 17 户企业竞购临储玉米 367 万吨，获得加工补贴 2.62 亿元。截至 2014 年年末，全省玉米深加工盈利企业增加到 11 户，盈利企业盈利额 9.41 亿元，同比增加 20% 以上。

六 重点改革任务取得新突破

全面推进地方粮食收储保障体系建设，统筹规划布局，整合收储资源，按照“一县一企，一企多点”框架，选定 885 户企业纳入收储保障体系，目前，80% 以上的企业已经作为政策性粮食收购的执行主体和“粮安工程”的承载主体。扩大“粮食银行”试点，探索开展代储、代烘干等收储服务，全省参与试点的企业达到 35 户，代农储粮 63.8 万吨，惠及农户 5.4 万户，户均增收 2500 元。

七 安全管理进一步加强

各级粮食部门高度重视安全生产工作，紧紧把握行业安全生产特点，不断强化红线意识、责任意识、危机意识，主动作为，靠前指挥，加强监管，行业安全生产保持较好势头，全省粮食安全生产工作被省政府评为优胜奖。黑龙江海林事故后，全省粮食部门迅速行动，分片包保，开展专项行动，得到省委省政府主要领导和分管领导的充分肯定并作出重要批示。巴音朝鲁书记批示：“省粮食局反应迅速，立即开展安全生产检查，这很好。要引以为戒，确保安全。”

◆吉林省粮食局领导班子成员

韩福春　　党组书记、局长
李毅勇　　党组成员、副局长
冯春梅（女）　　党组成员、纪检组长、监察专员
张宏明　　党组成员、副局长
张卿槐　　党组成员、副局长
沈启地　　副巡视员
杨　光　　副巡视员

2014 年 12 月 30 日，吉林省副省长隋忠诚（中）、省粮食局局长韩福春（左）赴长春市松原市调研粮食收购工作。

2014 年 9 月 4 日，吉林省粮食局局长韩福春（中）参加在北京举行的“2014 品牌农业发展国际研讨会”。

黑龙江省粮食工作

基本情况

黑龙江省位于中国的东北边陲，北部和东部与俄罗斯相邻，边境线长 3045 公里，是亚洲与太平洋地区陆路通往俄罗斯和欧洲大陆的重要通道。全省土地总面积 47.3 万平方公里，居全国第 6 位，总耕地面积和可开发的土地后备资源均占全国 1/10 以上，土壤有机质含量高，是世界著名的三大黑土带之一，寒地黑土已成为发展绿色食品的最佳宝地，绿色食品认证数量和产量均居全国首位，盛产大豆、水稻、玉米、小麦、马铃薯等粮食作物及甜菜、亚麻、烤烟等经济作物。

黑龙江省是我国重要的商品粮基地，粮食产量、商品量和净调出量均居全国第一位。2014 年，黑龙江省粮食产量再创新高，达到 6242.2 万吨，同比增加 4%。2013 年 10 月至 2014 年 9 月末，全省各类粮食经营企业自主收购的新粮 4822 万吨，销售及转化 4134.5 万吨。全年工业用粮 730 万吨、种子用粮 92 万吨、饲料用粮 758 万吨，城镇口粮 371 万吨、农村口粮 338 万吨，销往省外粮食 2123 万吨、出口量达到 72 万吨。

2014 年粮食工作

2014 年，针对秋粮收储矛盾突出、项目建设任务艰巨、加工企业经营困难、安全储粮和市场监管压力加大等严峻形势，全省各级粮食行政管理部门在各级党委和政府的坚强领导下，认真落实国家和省对粮食流通工作的总体部署，围绕科学发展主题和加快转变经济发展方式主线，坚持“稳中求进”工作总基调，实施“八个创新”攻坚行动，开拓创新，真抓实干，全面搞活粮食流通，深化国有粮食购销企业改革，全力推进产业项目建设，加强企业经营管理，强化市场调控和监管，促进农民卖粮持续增收，提升粮食流通综合能力，提高发展质量和效益，确保了市场粮油供给充足、价格稳定，为全省经济社会发展和保障国家粮食安全作出了积极贡献。

一 粮食生产

2014 年，黑龙江省认真落实中央关于实施粮食稳定增产行动的重大部署，抓住水利、农机、科技三条主线，进一步增强农业综合生产能力，粮食生产实现了“十一连增”。全省粮食作物播种面积

1169.6 万公顷，同比增加 13.2 万公顷。其中：玉米播种面积 544 万公顷，同比减少 0.7 万公顷；水稻播种面积 320.5 万公顷，同比增加 8.9 万公顷；大豆播种面积 254.3 万公顷，同比增加 11.4 万公顷；小麦播种面积 14.6 万公顷，同比增加 1.3 万公顷。全省粮食总产量 6242.2 万吨，比上年增加 238 万吨；商品量 5142 万吨，同比增加 246 万吨。四大粮食作物产量均有所增加。其中：水稻产量 2251 万吨，同比增加 30.5 万吨；玉米产量 3343.5 万吨，同比增加 127 万吨；大豆产量 454 万吨，同比增加 67.5 万吨；小麦产量 46.5 万吨，同比增加 7.5 万吨。粮食的成熟度和等级指标等质量状况为近三年最好，但从 10 月末开始因温度骤升骤降及雨雪天气，部分地区玉米出现生霉现象。

二　粮食流通

针对全国粮食市场复杂多变和全省粮食产量、收购量、库存量“三增叠加”和收购、储存、销售“三难并存”的严峻形势，各级粮食行政管理部门认真贯彻落实国家和省关于粮食流通工作的重大部署，早谋划、早部署、早准备、早动手，全面搞活粮食流通，确保了农民丰产增收。积极争取并认真落实国家水稻最低收购价、玉米临储收购、大豆目标价格试点以及政策性粮食调销等支持政策，指导国有粮食购销企业坚持政策性收购和市场化经营齐抓并举，引导农民适时适价销售余粮；进一步完善粮食收购工作措施，在全省全面推广使用粮食收购公开可视系统、电子验水设备和钢结构“千吨囤”，提高粮食收购检验结果透明度，规范企业收购行为，让农民卖“明白粮”、“放心粮”、“舒心粮”；积极开展代烘代储服务业务，并有效解决部分地区玉米生霉粒超标等问题，促进了农民余粮顺畅销售，持续增收。按三大品种粮食商品量和平均出售价格计算，因产量增加和价格提高因素，预计 2014~2015 年收购期全省农民卖粮可比上年增收 92.2 亿元（黑龙江省大豆目标价格为每市斤 2.40 元，每亩补贴种粮农民 60.50 元）。针对粮食收购量、库存量及露天储存量大的实际，严格执行《粮油仓储管理办法》和《粮油储藏技术规范》，切实落实三级保粮制度，加强库存粮情监测，取消了席茓苫露天坐囤传统储粮方式，对存在的隐患及时进行整改，实现了粮食安全度汛度夏，确保了储粮安全。进一步规范企业仓储管理，不断提高管理水平，全省地方国有粮食购销企业规范化管理平均达标率 82%。深入推进粮食产销合作，与西藏、四川签订粮食产销合作关系，建立长期稳定粮食产销合作关系省份达到 17 个；成功举办“2014・金秋粮食交易合作洽谈会”（省政府主办的绿博会重要组成部分），共达成粮食购销合同及意向性协议 732 万吨，引进项目资金 9.3 亿元。通过深化产销合作、创新商业模式、拓展营销网络等措施，积极开拓市场，各类企业自主经营粮食实现了当年购销基本平衡，有效缓解了粮食收储能力不足的压力。按全省粮食流通统计口径计算，2013 年 10 月至 2014 年 9 月末，全省各类粮食经营企业自主收购的新粮 4822 万吨，销售及转化 4134.5 万吨，实现了当年购销基本平衡。全年通过铁路发运粮食 1843.8 万吨，同比减少 755.4 万吨。

三　粮食调控

认真落实国家保供稳价总体部署和相关调控政策，加强了市场调控和应急措施，保证了市场粮油盐有效供应和价格基本稳定。一是加强保供稳价政策执行工作。督促政策性粮食承储企业完成国家政策性粮油销售和调拨出库任务近 1500 万吨，确保国家调控政策落实到位；严格落实军粮供应管理政策和食盐调拨计划，确保了军粮和食盐供应。二是强化地方粮食储备粮管理。不断完善储备粮管理制度及措施，加强储备粮质量检测、台账建设、轮换工作等管理，省市级储备油全部实储到位，储备粮实储率达到 86%，保证了数量真实、质量良好。三是加强粮食应急体系建设和价格监测预警工作。完善了应急供应保障体系，确定市场监测直报点 270 个，应急供应网点 1638 家、加工企业 235 家、配送中心 94 家、储运企业 228 家。加强了粮油市场供求、价格和库存等情况动态监测，做到市场异常时早预警、早决策、早应对，确保了当地粮食市场和价格基本稳定。四是强化粮食流通统计工作。加强统计队伍建设，扩大统计覆盖面，提高统计数据质量，全面完成了供需平衡调查和各项统计工作任务。

四 粮食企业改革

认真贯彻国家和省关于深化粮食流通体制改革的总体部署，因地、因企制宜采取有效措施，大力推进国有粮食购销企业改革。年初确定的 13 个县（市）完成了年度企业改革任务，整合企业 39 个，2 个任务县实现了“一县一企、一企多库”模式改革。通过 3 年持续攻坚克难，国有粮食购销企业布局调整和资源整合任务全面完成，全省累计退出国有粮食购销企业序列的规模小、实力弱、地处偏远、难以生存发展的粮库 149 个，整合粮库 131 个，企业总数整合重组到 319 个；9 个县形成了“一县一企、一企多库”企业经营管理架构。齐齐哈尔等地结合探索发展混合所有制经济，借助外力搞活国有粮食购销企业取得成效。鹤岗、虎林等地打造优势骨干企业迈出坚实步伐。按照现代企业制度要求，建立完善法人治理结构，转换经营机制，增强经营活力。企业主体进一步精干，组织化程度和规模实力明显提高，形成了一批优良国有资产和资源，新型企业群体和现代粮食仓储物流网络体系框架基本形成，为加快实现由拥有企业数量向拥有优势企业的改革发展目标奠定了基础。

五 行政执法

依据《粮食管理条例》赋予的职能，全面推进落实依法行政、依法治粮工作，规范了粮食经营行为，有效维护了粮食流通秩序。实施依法治粮重点推进行动，深入落实依法行政和行政执法责任制，加快了部门职能转变和行政管理方式创新步伐，清理和规范粮食、食盐行政许可审批事项，推进了审批网上运行，提高了公共服务质量和效率。加强市场监管，持续开展秋粮收购“监督检查，护农增收”重点推进行动和“转圈粮”专项整治行动，加大监督检查力度，全省共核查处理涉粮案件 249 起。规范了企业经营行为，维护了粮食市场秩序，为保证国家粮食购销政策规范落实和保护农民利益提供了支撑。完成了粮食库存检查任务，全面检查企业 1535 个，发现和整改重点问题 433 个，督导企业加强了库存管理。开展了国家粮仓清查，对 634 户企业完好仓容利用情况进行了彻底排查，挖掘了收储潜力。加强了市场监管执法体系和能力建设，组织开展了监督检查示范单位创建活动，为深入实施依法治粮奠定了基础。

六 行业发展

抓住全省启动新一轮 3 年重点产业项目建设攻坚和大力发展粮食加工业的新机遇，进一步落实项目建设责任，加大工作推进力度，粮食流通产业取得了健康发展。启动实施仓储设施维修改造和建设工程，建立政府牵头组织、粮食部门直接负责、有关部门密切配合的集中攻坚推进机制，采取争取国家和省政府支持资金与政策、组织企业挖潜自筹、支持多元主体投资建仓和确定阶段目标、强化跟踪检查和专项督查等措施，克服项目建设施工期短、任务紧迫等实际困难，坚持新老项目齐推进、建设与监管同落实，加快了进度，规范了管理，保证了质量。全年累计投入资金46.4亿元，新增仓容能力1395万吨、烘干能力345万吨，推广使用钢结构“千吨囤”增加收储能力750万吨，2014年年底全省有效仓容达到6015万吨。较好完成农户科学储粮仓年度建设任务，争取和落实国家专项资金1050万元，完善了粮食质量安全体系服务功能。全面强化规划引导、协调指导、争取政策、招商引资、行业运行监测和优质产品宣传推介等服务措施。完善已有稻米加工园区功能，全力支持加工龙头企业开工生产和重点大项目落地发展，扩大了精深加工产能、提高发展质量、增加了经济效益。积极争取和落实国家对深加工企业竞买临储玉米定向补贴优惠支持政策，预计全省玉米深加工企业可获补贴9400万元。全省粮食加工企业产品销售收入实现1134亿元，全系统引进到位涉粮项目资金23.8亿元。全省现代粮食加工产业体系不断健全，产业整体实力持续增强。按照市场需求配置资源的总体思路，推进完善了黑龙江粮食交易市场和哈尔滨、大庆等区域性批发市场服务功能。全省地方国有粮食购销企业统算实现利润28396万元，同比增加17135万元，经济效益再创历史新高；82个县（市、区）全部实现盈利，企业盈利面达到97.2%。加强人才队伍建设，全省共举办技能培训与鉴定12期，其中粮油保管员和粮油质量检验员各5期，粮油竞价交易员2期，2041人参与了技能培训与鉴定，其中粮油质量检验员1175人，粮油保管员828人，粮油竞价交易员38人，通过率均达85%以上。

七 党群工作

认真贯彻落实中央和省委、省政府关于党风廉政建设工作部署，聚焦中心任务，突出执纪监督重点，切实增强履职能力，为全面完成各项工作任务提供了有力保障。全面推进党的建设，以深入开展“党的群众路线教育实践活动”和“学习型党组织创建活动”为契机，不断强化党员干部思想政治建设；认真贯彻民主集中制原则，对粮食流通产业发展重大事项、重大资金使用、干部选拔任用等，都按规定程序集体讨论研究，做到民主科学决策；加强党的纪律建设，坚守政治纪律和政治规矩，强化对基层党组织政治纪律、组织纪律、财经纪律的监督检查，对有令不行、有禁不止的行为坚决纠正；认真整改党的群众路线教育实践活动查摆出的问题，制定完善了机关经费、公务车管理等14项制度，从体制机制上为发展党内民主，改进作风，促进和谐机关建设奠定了基础。严格落实党风廉政建设主体责任和监督责任，认真履行班子成员一岗双责，坚持集体领导与个人分工负责相结合，做到层层抓落实；注重机制体制建设，严格执行组织人事纪律，坚持正确用人导向，深化源头治腐成效，加大对违法违纪案件的惩治力度；突出执纪监督重点，开展了国有粮食购销及盐业等企业专项治理、粮食流通基础设施建设项目专项督查工作，确保中心工作有效开展；积极组织参与“行风热线”节目，对群众反映和咨询的问题作出详细解答和处理，维护了农民的利益，树立了粮食行业良好形象。

◆黑龙江省粮食局领导班子成员

胡东胜　　党组书记、局长
金　辉　　党组副书记、副局长
王乃巨　　党组成员、副局长
谢功臣　　党组成员、纪检组长
吴久英　　党组成员、副局长
陈立祥　　副巡视员

2014 年 2 月 26 日，黑龙江省委副书记陈润儿（右四）赴绥化调研玉米收购工作。

2014 年 10 月 30 日，黑龙江省政府召开全省粮食收购电视电话会议，副省长吕维峰（中）出席会议并作重要讲话。

2014 年 7 月 7 日，黑龙江省粮食局局长胡东胜（中）深入哈尔滨市木兰县专项调研仓储设施建设项目。

上海市粮食工作

基本情况

全年粮食播种面积16.49万公顷，比上年减少0.36万公顷，减幅2.1%；粮食总产量112.9万吨，比上年减少1.1%；单产为每公顷6847公斤，比上年增加1.1%。夏粮播种面积5.73万公顷，比上年减少0.17万公顷，降幅2.9%；总产24.02万吨，比上年增加0.76万吨，增幅3.3%，其中：小麦播种面积4.39万公顷，比上年减少0.05万公顷，降幅1.1%；产量18.64万吨，比上年增加1万吨，增幅5.7%。秋粮播种面积10.75万公顷，比上年减少0.2万公顷，降幅1.8%；总产88.87万吨，比上年减少2.02万吨，降幅2.2%，其中：水稻播种面积9.84万公顷，比上年减少0.35万公顷，降幅3.4%；产量84.1万吨，比上年减少2.73万吨，降幅3.1%。

上海市年粮食需求量638.5万吨左右，其中口粮439.9万吨，饲料用粮137万吨，工业用粮59.5万吨，种子2.1万吨；全市食用油年消费量在49.9万吨左右。上海市郊区提供粮源约18%，80%以上粮源从国内采购和国外进口。全市累计收购小麦16.9万吨，同比增加61%，其中国有购销企业收购12.6万吨，同比增加63.6%；收购粳稻55万吨，同比减少2%，其中国有购销企业收购39.1万吨，同比增加15.3%。9个大中型粮食批发市场全年粮食交易总量104万吨，其中粳米100.3万吨、食用油3.6万吨，上海粮食交易中心批发市场网上交易粮食59.5万吨，发挥了吸纳粮源、活跃流通、保障供应的重要作用。

2014年粮食工作

一年来，全市各级粮食行政管理部门和企业深入学习贯彻党中央、国务院关于保障国家粮食安全的决策部署，认真贯彻落实新形势下国家粮食安全战略，按照市委、市政府工作要求，紧紧围绕全市发展大局，扎实做好粮食收储、市场供应、流通监管、“粮安工程”建设等重点工作，全力确保上海市粮食安全。

一 衔接产销，拓宽粮源组织渠道

上海市以良友集团、光明米业等骨干企业为主体，在东北、苏北、安徽等地建有9个粮源基地，可控粮源200多万吨。全市16家企业根据国家北粮南运运输补贴政策，在保持原有采购渠道的基础上，采购东北地区粮食31.2万吨。同时，调研并推进了与河南的小麦产销合作。

二 抓好收储，增强粮食调控基础

有关区县强化为农服务措施，抓好粮食收购，全市各类粮食企业收购小麦16.9万吨、粳稻约55万吨，维护了收购市场稳定，保护了种粮农民利益。有序组织地方储备粮轮换，保持常储常新，发挥了稳定和调节市场的作用。根据国家有关部门要求，研究部署新增地方储备粮工作，与市有关部门研究制订了增储工作方案，并部署落实第一批增储任务。

三 健全市场，保障粮油市场供应稳定

中心批发市场获批组建“上海国家粮食交易中心”，全年竞价交易储备粮52.6万吨。9家重点成品粮批发市场进一步规范管理，全年成交粮食100多万吨。全市设立粮情监测点220个、粮食应急供应零售网点906家、应急加工企业24家、应急运输企业3家、应急配送中心16家，各区县粮食行政管理部门及购销企业不断加强流通统计，强化市场监测和应急管理，有效保证了军需民食，维护了市场稳定。

四 完善仓储，提升粮食安全保障基础能力

2014年度，全市有4个粮食流通基础设施建设项目获得中央或地方财政支持，总投资4.4亿元，年度内完成投资1.69亿元，新增仓容38.3万吨。其中：外高桥粮食储备库新建16万吨立筒仓项目、郊桥粮库改建散粮仓项目年内完工，新增仓容28万吨；金山区粮食储备库项目二期建设完工并投入使用，新增仓容4万吨。同时，结合地方储备粮增储工作，开展上海市粮库建设专项调研，为加快推进粮库建设改造、提升仓储能力打下基础。

五 深化改革，增强体制合力和行业活力

根据全市国资国企改革整体部署，良友集团积极推进转型发展，提升了企业经营活力；光明米业、垠海贸易等企业加大市场化运作力度，粮食经营规模和效益进一步提升；部分区县粮食购销企业推进改制转制，不断探索和拓展市场化经营。同时，在市有关部门指导和支持下，积极推进储备粮轮换市场化运作，主要品种轮出全部实行竞价销售。根据国家粮食局部署，开展上海市粮食流通统计改革调研，研究提出统计改革基本思路。

六 依法行政，维护粮食流通秩序

组织开展一年一度的全市粮食和油脂库存检查，强化库存监管。加大原粮质量卫生监管和检查力度，全年抽检各类粮油样品近800份，并根据市商务委要求，协同推进粮食质量安全追溯，确保粮食

质量安全，特别是口粮消费安全。根据国家粮食局和市政府要求，对全市粮食行业安全生产进行调查，并深入开展安全生产检查、粉尘防爆专项整治等，确保储粮安全。

七 转变职能，提高粮食行政管理效能

会商有关部门，明确自贸区负面清单和进一步扩大开放措施（2014 年版）有关涉粮事项。开展市级粮食行政权力清理，全面摸清底数，推动建立权力清单制度。深化上海市粮食行政审批制度改革，注重加强事中事后监管，落实行政审批责任制。深化上海市完善和落实粮食安全省长责任制政策研究，启动上海市粮食行业“十三五”规划编制前期工作。

一年来，上海市粮食系统在加强信息化建设和应用，推进粮食流通监督检查信息系统建设和“副补”发放管理系统改造；加强干部队伍、党风廉政和作风建设，提高履职能力等方面都取得了新的成绩，为做好粮食流通工作提供了坚强保障。

◆ 上海市粮食局领导班子成员

盖国平　市商务委副主任，市粮食局党组书记、局长
夏伯锦　党组成员、副局长
王建忠　党组成员、副局长
陈士豪　党组纪检组长（2014 年 2 月离任）
高黎萍　党组纪检组长（2014 年 6 月任职）
洪文明　党组成员、副巡视员

2014 年 3 月 5 日，上海市召开粮食流通工作会议，副市长周波（主席台居中）出席会议并作重要讲话，市商务委主任尚玉英（主席台右一）主持会议，市商务委副主任、市粮食局局长盖国平（主席台左一）作上海市粮食流通工作报告。

2014 年 10 月 23 日，上海市商务委副主任、市粮食局局长盖国平（右一）到有关企业调研生态农业发展和秋粮收购等情况。

江苏省粮食工作

基本情况

江苏是全国粮食生产大省、流通大省、产业大省，2014年全省粮食总产量达3490.6万吨，同比增长2.0%，实现“十一连增”。全省各类粮食企业收购粮食2452万吨，销售2175万吨，促进农民增收22亿元。总投入15亿元的全省粮库维修改造工作圆满完成，共维修仓库627个、改造仓容681万吨。建成数字粮库43家，551家基层国有收储粮库建设可视化信息系统。2014年粮油工业生产总值和销售收入分别为2355.1亿元和2361.1亿元。制定出台《全面深化粮食行业改革的意见》，深化地方国有粮食企业改革。2014年全省国有粮食购销企业效益达2.9亿元，居全国前列。全省64个市县建立了粮食专职执法队伍，试点推广粮食移动执法，推进行业信用体系建设，创建全国粮食流通监督检查示范单位3家、省级示范单位10家。开展库存粮食识别代码试点工作，推进粮食质量追溯体系建设。加大科技研发推广，全省粮食行业成立国家级研发中心4家，省级研发中心34家，共获得专利365件。开展党的群众路线教育实践活动“回头看”，持之以恒纠正“四风”，深入推进勤廉文化进机关、进粮库、进军供站活动，打造廉洁粮食品牌。

2014年粮食工作

2014年，江苏省粮食行业紧紧围绕打造安全粮食、智慧粮食、品牌粮食、法治粮食、廉洁粮食的“江苏五粮”，以保障粮食安全和促进农民增收为中心，在粮食收储、粮库建设、科技兴粮、流通监管、行业改革等方面取得了明显成效。

一　粮食生产

2014年，全省粮食播种面积537.6万公顷，同比增加1.5万公顷；粮食总产量达3490.6万吨，同比增加67.6万吨，增幅2.0%，连续11年增产。其中，夏粮1254.7万吨，增长4.9%；秋粮2235.9万吨，增长0.4%。玉米总产239.0万吨，同比增产22.6万吨，增幅10.4%。油料总产146.6万吨，同比减产3.8万吨，减幅2.5%。其中：油菜籽总产110.1万吨，同比减产3.2万吨，减幅2.8%；花生产量

34.8 万吨，同比减产 0.5 万吨，减幅 1.4%。粮食单产 6493.5 公斤 / 公顷，同比增加 108 公斤 / 公顷，增幅 1.7%。

二 粮食流通

2014 年，全省各类企业收购粮食 2452 万吨，同比增加 100 万吨。国有粮食企业收购粮食 1755 万吨，同比增加 198 万吨，占社会收购总量 71.6%。其中，收购小麦 1026 万吨，稻谷 630 万吨。全省收购最低价粮食 861.9 万吨，同比增加 383 万吨，占国有粮食企业收购总量 51.4%。其中：收购最低价小麦 671 万吨，同比增加 309.5 万吨；收购最低价稻谷 191 万吨，同比增加 73.9 万吨。收购油菜籽 52.6 万吨，其中临储油菜籽 44.9 万吨，同比减少 17.6 万吨。全省国有粮食企业全年粮食销售 2175 万吨，同比减少 75 万吨。其中，小麦 1065 万吨，同比减少 100 万吨；稻谷 505 万吨，同比增加 40 万吨。全省粮食进口总量 2063 万吨，其中，大豆 1267 万吨、大麦 170 万吨、玉米 10 万吨、稻米 11 万吨、小麦 7 万吨。全省粮食出口总量 1 万吨，全省食用油进口总量 218.1 万吨，出口总量 0.2 万吨。

三 粮食调控

2014 年，启动小麦、粳稻托市收购，确定和增设小麦委托收储库点 952 个，同比增加 101 个；布设中晚稻委托收储库点 686 个，同比增加 133 个。落实省政府丰产增储行动计划，提前完成地方粮食储备规模。实施省级储备竞争承储试点。贯彻实施《江苏省粮食应急预案》，全省落实应急加工企业 394 家，应急供应网点 1998 个，无锡、连云港、淮安、扬州、泰州等地修订完善了粮食应急预案，提高应急处置能力。制定出台《江苏省军粮供应军民融合式发展指导意见》，推进军粮供应军民融合式发展。建立并试运行江苏粮食价格指数，服务政府市场调控和企业经营决策。适时安排轮出省级储备轮换，指导地方把握地方储备轮换节奏，增加供给、稳定市场。安排销售托市小麦 395 万吨、稻谷 62 万吨，引导企业采购东北粳稻（米）、玉米 52.7 万吨。推进省内粮食产销合作，签订购销合同（协议）120 万吨，建立生产基地 5 万公顷以上。发展省际间产销合作，省粮食局和上海市、浙江省粮食局分别签订产销合作战略协议，签订合同 46 万吨。省粮食局先后与苏州、无锡、镇江市政府以及省农垦集团签订战略合作协议，推进粮食产业发展，共保地方粮食安全。

四 粮食流通改革

2014 年，制定出台《全面深化粮食行业改革的意见》，重点建立五大体系，推进六项改革，激发行业发展活力。粮食收储现代化水平指标纳入全省农业现代化考核体系，苏州市被国家粮食局授予“国家粮安工程建设试点示范市”。深入推进国有粮食企业改革，全省 13 个市级国有粮食企业建立和完善现代企业制度，向集团化、规模化方向发展。60% 县（市、区）基本形成集团总公司或购销总公司 + 分公司（子公司）等法人治理结构。全省 45 个县（市、区）出台改革方案。2014 年，全省国有粮食企业实现利润 3.8 亿元，同比增长 13.6%，全省国有粮食购销企业 787 个，同比减少 60 个；资产总额 476.5 亿元，同比增长 2.1%；净资产 103 亿元。

五 粮食流通监管

开展全省粮食库存检查和国家临储油库存检查，检查结果数量真实、质量总体良好、储存安全。2014年，全省共开展监督检查4928次，出动检查人员31334人（次），检查各类收购主体23923个（次），查处670起违反粮食流通管理的案例，有效维护了粮食流通市场秩序。制定出台《关于深入推进“放心粮油工程”建设的实施意见》，2014年全省新增“放心粮油店（柜）”1065个，总数达到2484个，实现全省放心粮油工程乡镇覆盖率100%。全省64个市、县（市、区）建立了粮食行政执法支（大）队。建立移动执法系统，完成5846家粮食企业、70多万条信息的记录归集工作。开展粮食行业信用评价工作，修订《江苏省粮食行业信用评价实施办法（暂行）》评价指标，全省3673家粮食企事业单位、个体工商户全部纳入守法诚信评价范围，评出AA和A级2079家、B级1103家、C级460家、D级31家，依据不同等级，实行分类监管。加强粮油质量监测检验，2014年共扦取各类样品9359份。建立不合格粮食处置长效机制，制定出台《关于下发2013年江苏省重金属粮食检测及处置工作实施方案的通知》，加大粮食收购前后质量把控和在库粮食质量检查，开展收购前质量调查、品质测报和原粮卫生监测，严格入库粮食质量标准，确保安全。举办各类检验机构技术人员培训班4批，培训各类技术人员200余人；培训、鉴定检验员362人次，鉴定合格率达到85%。

六 粮食信息化

省粮食局与航天信息股份公司签署智慧粮库建设战略合作协议，智慧粮库纳入智慧江苏建设总体规划。编制《江苏省智慧粮食三年建设方案》，实施“1210”信息化工程，构建基础设施比较先进、行业应用基本覆盖、主要业务可视可控、相关信息互联共享、系统运转安全稳定的智慧粮食体系。发布《江苏省粮库信息化技术规范》、《粮食流通信息基础数据元规范》、《储备粮可视化管理系统功能规范》三项省级信息化行业标准。在省级储备库和物流产业园建成物联网智慧粮库43家，在550家基层国有收储粮库建设可视化信息系统，实现与省级平台的业务数据互联互通和视频信息实时监管。推进全省粮库识别代码试点，80家省级储备库和无锡市涉粮企业生成识别代码，成功实现试运行。无锡市智慧粮食被国家发展改革委列为国家信息化试点工程。

七 粮食流通体系建设

2014年，全省（包括中央企业）粮食仓储企业共1358户，全省（包括中央企业）粮食总仓容2886万吨，油罐总罐容225.84万吨；从业人员28275人；粮食铁路专用线总长度26.5公里，粮食专用码头泊位数1382个；粮食仓储企业烘干设备905套，烘干能力9224吨/小时；粮食设施接收能力16.9万吨/小时，发放能力15.9万吨/小时；2014年度各类粮食流通基础设施建设项目803个，完成投资26.35亿元。

总投入15亿元的粮库维修改造工程圆满完成，维修改造粮库627个、仓容681万吨，建成551个粮库建设可视化系统。通过维修改造，新增或更新了机械通风仓容515.9万吨、环流熏蒸仓容270万吨、粮情检测仓容442万吨；共新添置输送设备2547台、装卸设备955台（套）、清理设备445

台（套）、计量设备 385 台（套）、信息化设备 592 台（套），粮库收储机械化水平、储粮科学化水平和管理信息化水平得到全面提升。

八 行业发展

2014 年，全省粮油工业生产总值 2355.1 亿元，销售收入 2361.1 亿元，利润 39 亿元，同比分别增长 5.5%、6%，利润同比减少 18.3%。其中，粮机制造业工业总产值和销售收入占全国总量的 70.3% 和 69.3%，米、面、油加工总量在全国名列前茅。全省销售收入超亿元企业 363 家，超 20 亿元以上企业 17 家。无锡粮宝宝商务有限公司打造集智慧粮库、网上拍卖交易、电子政务、电子监察、质量追溯等于一体的粮食物联网应用示范工程，探索出江苏粮食电子商务的新模式。

2014 年，省粮食局获得全国首批科技兴粮示范单位，全省粮食行业成立国家级研发中心 4 家，省级研发中心 34 家。2014 年粮油加工业科技研发总投入 4.8 亿元，获得专利 365 件，其中发明专利 60 件，生物柴油、饼粕提取功能多肽、小麦胚芽凝聚素等多项成果填补了市场的空白。编制《全省"粮安工程"建设实施规划》、《全省粮食仓储物流设施体系建设规划》等，推动全省粮食基础性研究应用。2014 年年底，全省有各类粮食批发市场 35 个，交易量约 1123.5 万吨，交易额约 405.9 亿元，年成交量 40 万吨以上的粮食批发市场有 7 家。连锁配送、"粮食银行"、"网上粮店"等新型粮食零售业态涌现。

开展粮食专业教育培训和学历培训，组织实施市县粮食局长、购销公司经理、粮库主任轮训工作，加强干部上下挂职锻炼。开展粮油质量检验员、粮油保管员职业技能鉴定 7 批次。开展全国和全省"双先"评选工作，5 个单位被评为全国先进集体，7 名个人被评为全国先进工作者（劳动模范），35 个单位被评为全省先进集体，50 名个人被评为全省先进工作者（劳动模范）。

九 党群工作

落实党风廉政建设主体责任和监督责任，开展党的群众路线教育实践活动"回头看"，持之以恒纠正"四风"，全面落实整改事项。贯彻落实中央《建立健全惩治和预防腐败体系 2013–2017 年工作规划》，整体推进粮食系统党风廉政建设和反腐败工作。深入推进勤廉文化进机关、进粮库、进军供站活动，完善行政权力内控机制和国有粮食储备企业廉洁风险防控机制。开展全省粮食系统纪检干部培训，强化对危仓老库维修改造、粮食物流项目等工程监管，着力打造廉洁粮食。

◆江苏省粮食局领导班子成员

陈　杰	党组书记、局 长
于国民	党组成员、副局长
朱新华	党组成员、副局长
张生彬	党组成员、副局长
陈一兵	党组成员、副局长
蒋云峰	党组成员、省纪委驻省粮食局纪检组长
韩　峰	副巡视员

2014 年 10 月 16 日，江苏省 2014 年世界粮食日和爱粮节粮宣传周活动在镇江启动。

2014 年 11 月 30 日，江苏省粮食局与航天科工集团所属航天信息股份公司在北京签署江苏省智慧粮库建设战略合作框架协议。陈杰局长（前排左）和时旸董事长（前排右）在协议上签字，李学勇省长（后排左二）、史和平副省长（后排左一）、高红卫董事长（后排左三）见证签字仪式。

维修改造后的江苏金湖县陈桥粮库。

浙江省粮食工作

基本情况

2014年，浙江认真贯彻中央和省委、省政府的决策部署，突出转型升级主线，着力抓改革、促转型、治环境、惠民生，全省经济运行平稳健康，转型升级扎实推进，发展质量效益向好，民生保障进一步改善。

全省粮食播种面积为126.7万公顷，比上年增长1.0%；粮食单产和总产量分别为5979公斤/公顷和757.4万吨，分别比上年增长2.1%和3.2%。其中，春粮产量为67.9万吨，比上年增加6.4%；早稻产量为71.5万吨，比上年减少0.3%；秋粮产量为618万吨，比上年增加3.3%。油菜籽播种面积15.5万公顷，比上年减少2.9%。油菜籽产量为31.3万吨，比上年减少1.1%。

全省新建成粮食生产功能区1457个，面积7.1万公顷，累计建成6441个、面积38.1万公顷的粮食生产功能区。全省已有农业龙头企业7621家，新登记家庭农场5000多家。

全省国有粮食企业累计收购农民粮食114万吨，其中“订单粮食”84.6万吨，粮食收购量同比增长7.4%。

全省共销售粮食2173万吨；进口粮食240.6万吨，出口粮食0.5万吨；粮食商品量为350万吨，流通量达1879万吨。

全省30家粮食批发市场全年成交粮食700万吨，比上年增长1.4%，其中省外粮源占88.7%。丰富了省内市场的粮食供应，满足了城乡居民的粮食消费需求。

全省报送粮油加工业统计报表的粮油加工企业（简称入统企业）358个（包括粮油机械制造企业2个），在全部入统企业中，国有企业17个，占4.7%；外商及港澳台商投资企业11个，占3.1%；民营企业330个，占92.2%。

入统企业全年完成工业总产值403.6亿元，产品销售收入413.2亿元，主营业务成本356.5亿元，利税总额17.0亿元，利润总额7.5亿元，资产总计248.4亿元，当年固定资产投资3.7亿元，负债合计161.3亿元，长期负债10.5亿元。

2014 年粮食工作

2014 年，在省委、省政府的正确领导下，全省各级粮食部门认真贯彻党的十八届三中、四中全会精神和习近平总书记系列重要讲话精神，认真贯彻国家粮食安全新战略，按照“守住管好‘天下粮仓’，做好‘广积粮、积好粮、好积粮’三篇文章”的总要求和决策部署，抓改革、促发展，切实履行粮食部门抓收购、管储备、保供给、稳粮价的行业职责，着力加强“五种能力”建设，较好地完成了各项工作任务，为确保全省粮食安全作出了新的贡献，为建设“两富”、“两美”浙江提供了有力保障。

一 抓好粮食收购，保护粮农利益

落实“订单粮食”政策，充分发挥政策性粮食收购的调控功能，坚决守住“农民种粮卖得出”的底线，帮助粮农增效。省级出台新增订单小麦 1 万吨、订单晚稻 4 万吨奖励政策，各市、县根据当地储备轮换补库需要，出台相应的“订单粮食”政策，积极主动满足种粮农民对“订单粮食”的需求。制定出台早稻和中晚稻最低收购价执行预案，对农民余粮做到应收尽收。进一步优化收购服务，为种粮农民排忧解难。深入开展“五送”为农服务活动，全省平均收购服务满意率为 96.4%。继续对种粮大户发放“粮食订单”预购定金，全省共向 983 户种粮农户发放预购定金 7091 万元；在全省推广粮食收购“一站式”机械化服务，目前已有 10 个市 30 个县（市、区）共 101 个收购库点实行“一站式”收购服务，最大限度地降低农户售粮的劳动强度和时间，为农户节省大量人工成本和费用，深得农户好评。

二 积极统筹谋划，落实新增储备

国家有关部门重新核定下达的各省地方储备粮规模，浙江省新增储备规模近 1 倍。副省长黄旭明多次组织研究、亲赴国家有关部门协调争取政策支持和资金保障。浙江省认真研究新增储备规模的落实方案，对新增规模进行分解测算，并于 9 月 3 日下达了先期 83 万吨增储计划。对全省储备粮仓容情况进行摸底。按照统筹考虑、科学布局、合理分解的原则，形成较为完善的全省新增储备粮规模分解方案，经省政府常务会议研究同意，已下达各市。积极研究省级新增储备代储、省外异地储粮等政策，加快落实省级增储任务。截至 2015 年 3 月底，国家先期下达浙江省的新增地方粮食储备计划已经全部落实到位。

三 深化粮食产销合作，拓展省外粮源

进一步扩大与黑龙江等粮食主产省的产销合作。黑龙江金秋粮交会期间，浙江省 12 家粮食购销企业与黑龙江有关企业达成粮食购销合同和意向性协议 13 项，总交易量 17.5 万吨。10 月下旬，吉林省联合省局首次在杭州举办了吉林大米推介会和展销会。11 月下旬，在苏沪浙粮油产销合作洽谈会

上，与江苏省粮食局签订了推进粮食战略合作框架协议，浙江省 9 家粮食经营企业与江苏粮食企业签订了 30.33 万吨原粮和成品粮购销协议。积极鼓励省内各类粮食经营主体到粮食主产区建基地、搞订单，多渠道组织粮源，有效满足省内城乡居民的粮食消费需求。目前已在 13 个粮食主产省建立粮源基地 23.5 万公顷。认真实施国家采购东北粮食运费补贴政策，有 74 家企业获得了 1.7 亿元国家采购东北粮食运费补贴，调运粮食 121.18 万吨；继续实施东北粮食生产基地自产粳稻费用补贴政策，8 家经营主体共调运稻米 1.12 万吨。在省政府直接领导下，浙江省在东北粮源基地建设取得突破性进展。省农发集团重组黑龙江新良集团全面完成。杭州、宁波等地在巩固国有粮食购销企业粮食产销合作项目的同时，积极推进民营企业建设东北粮源基地。杭州富义仓米业已在哈尔滨开工建设 30 万吨现代化稻米园区；宁波小青河粮油有限公司已在黑龙江省双鸭山市八五三农场建成 8 万吨粮食收储仓库，后续 16 万吨项目正在建设中。

四　推进“粮安工程”建设，提升粮食保供能力

一是全省粮食仓储物流设施建设不断加强。省属中穗粮库迁建项目、德清粮库扩建项目进展良好。17 个市县中心粮库新（改、扩）建项目和台州、金华等地区域性粮食物流中心建设进展顺利。2014 年全省国有粮食企业新建 26.1 万吨储备仓容。二是粮食质量监测能力逐步提高。积极争取省政府及有关部门支持，下达检验监测设备省级奖励补助资金 513 万元，安排专项资金 1768 万元为各地配置粮食重金属快速检测仪 68 台，已有 30 台投入使用，并对 2013 年收购的稻谷全部进行了重金属元素含量检测。三是粮食信息化建设积极推进。编制完成《浙江省粮食行业信息化建设发展规划（2014–2020 年）》，出台《全省粮食仓储信息化建设指导意见（试行）》，开展库存粮食识别代码试点工作。2014 年全省粮食行业信息化项目共有 67 个，实际总投入 3841 万元。四是粮食应急网络进一步健全。2014 年全省确定粮油应急加工企业 281 家，日应急加工能力 2.7 万吨；应急供应企业 2063 家，日应急供应能力 3.1 万吨。五是继续落实农户科学储粮专项。下达农户科学储粮彩钢板小粮仓专项计划 2.45 万户，拨付中央和省级补助资金 735 万元，全部完成国家粮食局下达的 6.7 万套总任务，每年可为农户减损粮食 3000 余吨。

五　加快改革创新，转变粮食管理方式

在粮食行政管理机制改革方面，全省粮食系统开展了“四张清单一张网”建设，完成了权力清单、责任清单的制作，并按照统一要求建设“网上政务大厅”，积极推进权力公开、透明运行，切实承担起法定责任。在加强为农服务方面，推广“粮食订单”质押贷款和“粮食银行”，积极帮助解决种粮农民特别是种粮大户融资难问题。在落实地方储备方面，积极探索社会化储粮方式，省级与部分地区试行储备粮省外异地代储模式。在科技储粮创新方面，大力推进“智慧粮库”、“生态粮库”建设，科技兴粮、绿色储粮等改革创新工作走在全国前列。省直属库“建筑太阳能光伏发电”项目被国家住建部列为“专项示范工程”，“四合一”储粮升级新技术在全国推广应用，并在全国粮食科技创新大会上获得首批“科技兴粮示范单位”称号，是全国唯一获此殊荣的粮库。

六 强化队伍素质，提升粮食行业发展软实力

完成《浙江省粮食行业中长期人才发展规划纲要（2014–2020 年）》编制，启动实施“11528”人才兴粮培训工程。2014 年举办了各类培训班 15 个，共培训各类人员 1672 人次；共鉴定合格粮油保管员 217 人、粮油质量检验员 102 人。拓展在职教育和全日制教育，与河南工业大学合作开办在职学历教育，2014 年分别招收一个大专班和一个本科班。依托省粮食干部学校，与浙江农林大学合作开设食品科学与工程（粮油储检方向）专业，专业课申请已报省教育厅备案，计划于 2015 年开始招生。

积极推进粮食文化建设。7 月份承办了全国粮食系统纪念“四无粮仓”创建 60 周年座谈会，浙江省粮食文化建设的做法在全国粮食系统引起了热烈反响；制定出台了《关于加强粮食文化建设的指导意见》，并于 9 月底在台州召开了全省粮食系统粮食文化建设现场会。加强爱粮节粮宣传。筹划编印《爱粮节粮教育读本》、《粮食安全干部读本》和《科学用粮知识读本》，结合纪念“世界粮食日”开展了系列爱粮节粮宣传活动。各地都开展了各种形式的宣传活动，取得了较好的成效。

此外，进一步健全省、市军粮供应管理机构，省粮食局和宁波市军粮供应服务中心正式挂牌运行。认真履行粮食安全责任制考核牵头组织工作的职责，完成了对各市 2014 年度的粮食安全责任制考核。积极开展粮食监管能力提升年活动，完成粮油库存清查和“转圈粮”专项整治，开展粮食仓库专项清查。市、县粮食部门按照中央和省委的统一部署，认真开展党的群众路线教育实践活动，聚焦“四风”，边查边改，立说立行，努力打造为民务实清廉的服务型机关，促进了行风政风的进一步好转。同时，在党建、党风廉政建设、行业社团组织管理、机关后勤服务和老干部工作等方面都取得了新成绩。

◆浙江省粮食局领导班子成员

金汝斌　党组书记、局长
韩鹤忠　党组成员、副局长
李立民　党组成员、副局长
李益敏　党组成员、副局长（2014 年 12 月任职）
叶晓云　党组成员、总工程师
龚震源　副巡视员
何　震　党组成员、人事处处长

2014 年 3 月 10 日至 11 日，浙江省粮食工作会议在杭州举行，要求全面实施“粮安工程”进一步强化粮食安全保障工作。

2014 年 7 月 27 日，国家粮食局党组书记、局长任正晓（前排中）在浙江省粮食局党组书记、局长金汝斌（前排左）的陪同下参观浙江余杭“四无粮仓”陈列馆。

2014年7月27日，国家粮食局在浙江召开全国粮食系统纪念“四无粮仓”创建60周年座谈会。

2014年8月12日，浙江省委副书记、省长李强（中）在浙江省粮食局党组书记、局长金汝斌的陪同下考察浙江省粮食局直属粮油储备库，了解“建筑太阳能光伏发电专项示范工程”、“膜下横向通风技术”、“富氮气调”等绿色储粮新技术的开发应用情况。

安徽省粮食工作

基本情况

安徽地处长江、淮河中下游，长江三角洲腹地，居中靠东、沿江通海，土地面积13.94万平方公里，占全国的1.45%，居第22位。长江、淮河横贯东西，将全省分为淮北平原、江淮丘陵、皖南山区三大自然区域。

全年生产总值（GDP）20848.8亿元，按可比价格计算，比上年增长9.2%。其中，第一产业增加值2392.4亿元，增长4.6%；第二产业增加值11204亿元，增长10.3%；第三产业增加值7252.4亿元，增长8.8%。

农业生产形势较好，粮食产量创历史新高。全年粮食作物种植面积662.89万公顷，比上年扩大0.36万公顷，其中优质专用小麦面积214.2万公顷，扩大3.52万公顷。油料种植面积78.84万公顷，减少1.36万公顷。全年粮食产量3415.8万吨，居全国位次由上年的第8位提升到第6位，比上年增产136.2万吨，增长4.2%，增幅居全国第2位。其中，夏粮1400万吨，增产61.5万吨，增长4.6%；秋粮1887.5万吨，增产77.2万吨，增长4.3%。油料产量228.8万吨，增长1.5%。

2014年，全省共有粮食行业单位1943个，其中行政管理部门89个、事业单位86个（含参公事业单位11个）、企业1768个（其中国有及国有控股企业636个）。粮食系统从业人员103095人，其中在岗职工23483人。

2014年粮食工作

2014年，面对形势错综复杂的粮食市场、前所未有的收储压力、艰巨繁重的改革发展任务，全省粮食系统坚定不移贯彻落实国家粮食安全战略和省委省政府的决策部署，始终坚持以改革创新为统领，做到谋在深处、抓在实处、突出主业、延伸超越、强力推进、协调发展，较好地完成了各项工作任务，粮食流通工作保持全国领先的良好态势，为促进全省经济社会持续稳步发展作出了新的贡献。

一 全力抓好粮食收购，有效保护种粮农民利益

加强粮食收购政策的学习、宣传力度，主动会同物价部门加强市场价格监测，统筹确定收购库点，

方便农民售粮。督促企业加快粮食销售出库，加快危仓老库维修改造和新库建设进度，千方百计扩大收储能力，确保不出现局部“卖粮难”。提前做好收购一线人员培训，抓紧做好收购的场地、清仓、计量器具、检化验仪器等收购准备。严格按照“五要五不准”的收购守则及“四坚持四确保”的收购准则，严格执行收购质价标准，坚持以质论价，优质优价，公开公平公正。把“一手粮、一手钱、不打白条”作为铁的纪律，贯穿于收购工作全过程。主动加强与中储粮直属企业和农发行的沟通协调，细致做好收购资金的需求测算，统筹安排，科学调度，特别是确保节假日期间的资金供应充足，绝不允许“打白条”；同时严格粮食收购资金的监管，严禁挤占挪用收购资金，严禁虚报进度和收购数量，严禁低收高报，套取收购资金。在全国率先启动小麦、稻谷最低收购价执行预案，创新制定收购工作“一图一册”。主动与新型农业经营主体对接，积极开展订单收购、预约收购、上门收购。提升“粮行”的服务功能，最大限度促进农民增收。凤台、太和等地“粮行”创新实践，得到省政府和国家粮食局的充分肯定和推介。新粮收购量近2000万吨，再创历史新高，托市收购突破1000万吨，中晚籼稻、小麦和油菜籽托市收购量分别居全国第一、第三、第四。通过严格执行托市政策、敞开收购、优质优价和减少产后损失等措施促农增收40亿元以上。

二　增强调控能力，保障粮食市场和价格稳定

通过直接收购、轮换收购等方式，确保地方粮食储备充实，国家新增首批储备计划基本落实。压实市级对省储粮的监管责任，确保管理规范，轮换有序，进一步夯实粮食调控的物质基础。重点打造“堡垒型”应急企业30家、骨干网点654个，应急保障网点建设逐步规范化、法制化。合肥国家粮食交易中心成交政策性粮食4660万吨，成交额1126亿元，稳盘作用凸显。大力推动军粮供应市级统筹，军民融合发展初显成效。巩固和拓展产销衔接，全省累计外销粮食1068万吨，为国家粮食安全作出新贡献。

三　加大资金投入，“粮安工程”建设取得新突破

以综合第二名获得国家危仓老库维修改造重点支持省，省政府与财政部、国家粮食局签订《危仓老库维修改造目标责任书》。经省政府常务会议批准省粮食局、财政厅提出的“324”工程实施方案和重新布局仓储库点计划。整合中央和地方配套资金22.58亿元，将恢复、新建有效仓容900万吨。已完成投资3.95亿元，维修、新建仓容170万吨。同时争取中央粮油仓储、物流项目补助4832万元，国家千亿斤仓储项目60万吨。新增农户科学储粮仓7万套，提前一年完成“十二五”农户科学储粮专项建设任务。与公安消防部门建立协作机制，地方国有粮食企业安全生产保持“零”事故。

四　大力推进“两项工程”，开启产业转型发展新途径

把“放心粮油”和“主食厨房”工程作为拓展产业发展的主抓手，出台《放心粮油工程实施意见》、《主食厨房工程实施意见》等9项配套制度。全省认定放心粮油配送中心14个、示范店128个；培育“主食厨房”示范企业8家、主食加工配送中心16个，备受社会关注和肯定。全省实现粮油加工产值2035亿元，利税76亿元，同比分别增长9%、2%，提前跨越2000亿大关。新增“中国驰名商标”9

个、省"著名商标"51个，美亚光电、燕之坊稳居全国同行业之首。先后与合肥工业大学、中电38所、省气象局签订战略合作协议，科技支撑作用进一步彰显。

五 深化企业改革，方式方法展现新亮点

以土地变性确权为重点，大力推进"一县一企、一企多点"改革，激发企业内生活力。全省国有粮食企业实际使用土地面积3533公顷，已办理出让土地使用证的土地面积1446公顷，同比增加800公顷。来安县等8个县（市区、区）土地出让确权率达100%，寿县等9个县（市区、市、区）土地出让确权率达80%以上。截至2014年年底，全省实行独立核算的国有粮食购销企业整合到492家，同比减少53个，企业布局持续优化。至2014年年底，全部消化完毕第二轮挂账余额3.1亿元。全年地方国有粮食购销企业实现盈利1.94亿元，同比增加6400万元；资产负债率75.7%，同比下降2个百分点；所有者权益50.5亿元，同比增加4.8亿元。

六 强化依法管粮，市场环境有新改善

充分利用媒体，加大粮食法制宣传力度，营造依法管粮氛围。特别是夏、秋粮收购期间，全方位宣传国家收购政策。2014年法制宣传工作成绩显著，省局荣获全国粮食系统唯一的"六五"普法中期先进单位称号。清理简化粮食行政审批项目，制定并公布实施行政权力清单和责任清单制度，出台行政处罚自由裁量权实施办法和细化标准，进一步规范粮食行政执法行为。粮食收购期间，各级粮食行政管理部门联合相关部门按照在地原则履行监督检查职责，主动向社会公布举报电话，积极受理群众举报、投诉，强化监督检查力度。重点推进联合检查、"飞行检查"、检查结果移交等七个方面创新，重拳治理政策性粮食出库难、"转圈粮"和"顶包油"等违规行为，中央和省主流媒体予以报道。全省累计检查企业（经营户）17517个次，立案503例，罚款155例。粮食诚信体系建设和依法监管创新经验在全国粮食流通大会作典型发言。

七 狠抓党风廉政建设，保障粮食流通健康发展

深入开展党的群众路线教育实践活动。领导班子成员带头严格执行中央"八项规定"、省委30条和省局党组18条规定，向组织作出书面公开承诺，自觉接受监督。坚持从完善制度入手，加强对局机关"三公"经费等项目支出情况的监督。扎实开展局属单位吃喝风、"红包"风、职务消费等督查和专项整治活动。认真贯彻执行民主集中制度，确保实现决策民主化、程序化、规范化、科学化。按期召开民主生活会，对照中央和省委的要求，积极开展健康的批评和自我批评。深化干部人事制度改革。研究制定《处级干部选拔任用初始提名办法（试行）》、《干部交流轮岗办法》、《干部在企业兼职（任职）暂行办法》等6项人事制度。坚持德才兼备、以德为先的用人导向，择优选拔干部。认真落实党风廉政建设主体责任。在省直单位率先出台省局党组落实主体责任的意见，被《江淮风纪》等推介。深入推进反腐倡廉建设。坚持标本兼治，以重点领域和关键环节为聚焦点和突破口，强化源头反腐、制度治腐，不断把粮食系统反腐倡廉工作推向深入。加强机关效能建设，行风明显好转，有5家单位、8位同志被人社部和国家粮食局授予全国粮食行业先进集体、先进个人（劳动模范）称号。

◆安徽省粮食局领导班子成员

牛向阳　　党组书记、局长
刘　惠　　党组成员、巡视员
戴绍勤　　党组成员、巡视员
陈学东　　党组成员、副局长（任职至2014年10月）
王用华　　党组成员、纪检组长
杨增权　　副局长
马三九　　党组成员、副局长
许维彬　　副巡视员

2014 年 9 月 16 日，安徽省粮食局在铜陵市召开全省“放心粮油”和“主食厨房”工程现场会。

2014 年 9 月 17 日，安徽省副省长梁卫国（左二）出席全省“粮安工程”危仓老库维修改造暨秋粮收购工作电视电话会议并讲话。

2014 年 10 月 16 日，安徽省人大副主任宋卫平（右七）、省政协副主席李卫华（右六）出席世界粮食日和全国爱粮节粮宣传周安徽分会场活动。

2014 年 10 月 22 日，安徽省粮食局局长牛向阳率队上线《政风行风热线》。

福建省粮食工作

基本情况

福建地处东南沿海，全省海域面积 13.6 万平方公里，陆地面积 12.4 万平方公里，山海资源丰富，森林覆盖率 65.95%，山地、丘陵占全省陆地总面积的 80% 以上，素有“八山一水一分田”之称。2014 年年末，常住人口 3806 万人，同比增加 32 万人，实现地区生产总值 24055.76 亿元，增长 9.9%。全社会固定资产投资 18449.48 亿元，增长 18.8%，外贸出口 1134.6 亿美元，增长 6.6%。城镇居民人均可支配收入 30722 元，增长 9%；农民人均纯收入 12650 元，增长 10.9%。

福建是粮食主销区，2014 年粮食种植面积 119.77 万公顷，比上年减少 0.43 万公顷，其中稻谷面积 80.45 万公顷，同比减少 1.3 万公顷；粮食总产量 667.03 万吨（另外水产品产量 695 万吨），同比增加 2.68 万吨，其中稻谷产量 497.06 万吨，减产 4.95 万吨。粮食消费总量 1825 万吨，包括口粮消费 815 万吨、饲料用粮 760 万吨、工业用粮 235 万吨。粮食调入总量 1560 万吨，从外省调入 1045 万吨、进口 515 万吨，省内粮食自给率 36.44%。2014 年年末，全省国有及国有控股粮食企业 438 家，企业从业人员 6279 人，地方粮食仓容总量为 714 万吨，其中国有粮食仓储企业 203 个，仓容 481 万吨，比上年减少 87 万吨。油罐仓容 58 万吨。铁路专用线 11243 米，专用码头泊位 6 个。全年粮油市场供应和价格基本稳定。

2014 年粮食工作

2014 年，福建省粮食行业深入学习贯彻习近平总书记系列重要讲话特别是来闽考察重要讲话精神，主动融入福建省“行动计划”，突出抓好粮食增储和粮库建设，粮食生产、收购、调运、加工、销售、储备等各环节加强粮食安全保障能力建设，为福建科学发展、跨越发展提供粮食安全保障。

一 粮食收购

继续实施惠农强农富农粮食政策措施，保护和调动农民种粮、售粮积极性。2014 年，福建省早、中晚籼稻最低收购价参照国家标准执行，分别为每 50 公斤 135 元、138 元，均比上年提高 3 元。制定出台全省早、中晚籼稻最低收购价执行预案，鉴于早、中晚籼稻市场收购价均高于最低收购价，年内未启动预案。福建省粮食局、省财政厅、农发行联合制定《2014 年福建省储备订单粮食实行直接补贴的实施意见》，经省政府同意后执行，即省级储备订单粮食收购计划继续保持 30 万吨，直接补贴标准为每 50 公斤 12 元。各市、县根据新增储备、轮换需要下达市、县储备订单收购计划。2014 年年末，全省国有粮食企业收购籼稻 45.56 万吨，其中省市县三级完成储备粮订单收购 43.5 万吨，比上年多收 1.1 万吨。

二 产销协作

6 月 18 日，福建省粮食局在福州举办第十三届省内产销区粮食购销协作洽谈会（以下简称省内粮洽会），省内产销区 78 家粮食企业共签订合同、协议 63 项，粮食购销数量 93.3 万吨。同期粮食行业首次参加“第十二届中国·海峡项目成果交易会”（以下简称“6·18”展会），设立“粮油科技展馆”。省内粮洽会代表、粮食从业人员参观“粮油科技展馆”，科研院校、专家学者在省内粮洽会上推介粮油科技项目成果，对接项目成果或达成对接意向共 14 项，协议投资 2 亿多元。7 月 16 日，第十届九省粮食产销协作福建洽谈会在厦门举办，国家粮食局副局长卢景波、福建省政府副省长陈荣凯、河南省副省长王铁、安徽省副省长梁卫国等出席会议，福建、山东、江西、吉林、安徽、河南、黑龙江、江苏、湖南九省政府代表团和 1000 余家粮食企业参加会议，福建省与产粮省企业签订粮食购销合同、协议 284 项，粮食购销数量 587.93 万吨。至 6 月 30 日国家北粮南运补贴政策执行截至日，福建省粮食企业采购入闽东北玉米 294.2 万吨、粳稻（大米）13.58 万吨，合计 307.78 万吨，获得中央财政补贴 4.31 亿元。

三 储备管理

根据国家粮食局《关于开展 2014 年全国粮食库存检查工作的通知》要求，福建省有序开展粮食库存检查准备、自查、普查、复查、抽查及整改各阶段工作。检查结果：各地严格执行储备粮管理规章制度，做到“一符三专四落实”，全省粮情稳定，粮食库存数量账实相符、品质良好、储存安全、管理比较规范。根据国家粮食局《关于对国家粮食仓库进行清查的紧急通知》要求，福建省在开展县级自查、市级普查基础上，省粮食局联合中储粮福建分公司分组对三明、南平、泉州和漳州等地进行复查。复查结果：全省粮食仓库基本用于储粮。福建省粮食局组织力量对 2003 年制定的《福建省地方储备粮油管理办法》进行修改完善，该办法经省政府同意后由省粮食局会同相关部门印发执行。根据国家发改委、财政部、国家粮食局、中国农业发展银行《关于先期下达部分地方储备粮新增规模的通知》精神，福建省在落实现有粮食储备规模的基础上，先期下达 2014 年储备粮增储计划 38.5 万吨，2014 年年底已增储到位。

四 粮库建设

省级粮库项目建设机制进一步理顺，明确省储备粮管理公司为责任主体单位。举办全省推进粮库项目建设前期工作培训班，提升建库工作相关人员的业务素质。省建库办及时协调解决省级粮库项目推进中存在的困难和问题，按序时节点强力推进。全省最大单库仓容达 20.6 万吨的松下粮库和安溪粮库（扩建工程 2.5 万吨）通过项目竣工预验收并投入使用；光泽粮库（9 万吨）建安工程 9 月动工；永安粮库（7 万吨）“三通一平”完成；漳平粮库（7.5 万吨）旧库资产置换迁建项目可研报批。宁德蕉城省级粮库（11 万吨）和宁德市、蕉城区粮库联合建设，省市区三方签署合作协议。7 月，省政府办公厅下发《关于加快市县储备粮库建设的通知》（闽政办〔2014〕96 号），要求推进 108 万吨标准化储备仓容建设，2015 年年底 53 个仓容不足的市、县（区）粮库建设项目全部开工。至 2014 年年末，马尾、连江、尤溪、沙县、荔城、南安、南平、建阳、武夷山、浦城、泉港、福鼎等 15 个粮库项目（共 50.81 万吨）已动工建设。福建省争取到危仓老库维修改造中央补助资金 1555 万元，比上年增加 735 万元，维修改造了 58 个市、县粮库。福建省农户科学储粮专项建设全年投资 7700 多万元，在南平、三明、龙岩建设储粮罐 18.7 万套，提前一年并超额完成国家和省“十二五”规划要求建成 30 万套农户储粮罐计划（实际建成 33.4 万套）。

五 产业发展

5 月 14 日，福建省省长苏树林到省粮食局调研，听取省粮食局局长林锡能粮食工作情况汇报后，提出粮食部门要优化服务、推动粮食产业集聚和发展等要求。省粮食局即着手开展全省粮食企业发展专题调研，其间副省长陈荣凯两次带领省直有关单位到泉州、福州等地现场调研。在前期调研的基础上，8 月 14 日，陈荣凯副省长主持召开全省粮食企业座谈会，20 家民营粮食企业代表围绕粮食产业发展的主题积极建言献策，建议从加强产业引导、加大金融支持、培育龙头企业、促进引粮入闽、拓宽投资渠道、完善流通市场六个方面出台相关扶持政策，会议取得成效。2014 年，福建省 70 家粮食产业化经营企业建设粮食生产收购基地 25 万公顷（省内 10.8 万公顷、省外 14.2 万公顷），带动农户 90.5 万户。全省 53 家企业获得国家粮食局、中国农业发展银行重点支持的粮油产业化龙头企业称号，6 家粮油加工企业进入全国 50 强，其中老知青集团有限公司进入全国油茶加工企业 10 强。

六 质量监管

2014 年，通过布局调整、资源整合，福建省确定 17 家粮油质量监测机构承担全省粮油质量监测任务，形成以省粮油质量监测所为龙头，市、县级粮油质量监测机构为骨干，覆盖全省经济区域的多层次粮油质量监测体系。根据《全国粮食质量安全检验监测能力“十二五”发展规划》，全省 10 家国家粮食质量监测机构纳入建设规划，项目规划总投资 5940 万元，主要用于购置检测仪器和必要的实验室基础设施改造，第一批检测仪器设备的招标采购已到位，完成投资 1840 万元。建立健全粮食流通监督检查配套制度，开展执法资格和执法能力培训，提高执法人员素质。继续开展治理“餐桌污染”专项检查等质量监管工作，重点抽查粮食批发市场、骨干粮食加工企业、销售企业、军供网点，检查大米、小麦粉、食用油等共 7000 多批次，检查结果：全省粮食质量状况总体良好。

七 保供稳价

继续推进粮食批发市场建设，累计完成投资 24.82 亿元，当年新增投资 1.15 亿元。福州市粮食批发市场、泉州·中国粮食城、漳州浦口粮食批发市场、龙岩闽西粮油饲料批发市场 4 个省级粮食批发市场和三明、南平 2 个区域性粮食批发市场以及福鼎、上杭粮食边贸批发市场均完成建设任务。全省 13 家粮食批发市场吸纳会员或商户 1632 家，年粮食交易量 617 万吨，成交额 184.18 亿元。全省确认骨干粮油加工企业 131 家（其中油脂加工企业 9 家）、骨干粮店 299 家，形成日加工能力 3.4 万吨、日供应 7568 吨的粮食应急加工供应体系。福建省粮食局加强对涉粮企业的统计基础管理，建立和完善基本调查样本专用统计台账，建立和完善入统企业数据库，加强重点市场和区域的市场行情监测，掌握全省粮油市场价格动态情况。军粮供应企业做好粮油品种的调剂和串换，做好节日部队食用油优惠价供应，落实军粮供应政策，满足部队多方面多层次的需求。通过加强对粮食收购资格的定期核查，开展对政策性粮食销售出库监督检查，加强"两节"和"两会"期间粮油市场监管，粮食保供稳价措施落实，全省粮油市场供应和价格基本稳定。

◆福建省粮食局领导班子成员

林锡能　　党组书记、局长
冯利辉　　党组成员、副局长
吴添富　　党组成员、副局长（任职至 2014 年 11 月）
赖应辉　　副局长（2014 年 11 月任职）
郑小蕊　　党组成员、纪检组长
黄敬和　　党组成员、副局长（2014 年 4 月任职）

2014 年 6 月 17 日晚，福建省省长苏树林（中）到省粮食局设立的粮油科技馆巡馆。

2014 年 7 月 16 日，国家粮食局副局长卢景波（右二）、福建省副省长陈荣凯（左一）等出席在厦门举办的第十届粮食产销协作福建洽谈会。

2014 年 7 月 31 日，福建省粮食局局长林锡能主持召开全省设区市粮食局长座谈会。

江西省粮食工作

基本情况

江西简称“赣”，以山地、丘陵为主，地处中亚热带，季风气候显著，四季变化分明。全省面积16.69万平方公里，总人口4500余万，辖11个设区市、100个县（市、区）。江西生态良好，河网密集，河流总长约18400公里，有全国最大的淡水湖——鄱阳湖。全省现有世界文化遗产4处、世界地质公园4个、国家级风景名胜区14个、国家级林业自然保护区11个、国家级森林公园45个、国家级湿地公园51个。

2014年，全省生产总值15708.6亿元，增长9.7%。财政总收入2680.5亿元，增长13.7%，其中一般公共预算收入1881.5亿元，增长16.1%。城镇居民人均可支配收入24309元，增长9.9%，农村居民人均可支配收入10117元，增长11.3%，连续五年实现两位数增长。全省粮食种植面积369.7万公顷，粮食总产2144万吨，同比增加27.5万吨，粮食产量再创新高。

2014年粮食工作

2014年，江西省粮食部门在省委、省政府的正确领导和国家粮食局指导下，全面落实国家粮食安全战略，认真执行国家粮食政策，抓改革、转方式、活流通、保粮安，努力推进粮食流通事业改革发展，各项工作取得新成效。

一 粮食收购量再创新高

2014年，全省粮食产量实现历史性的“十一连丰”，因籼稻市场价格持续低迷，购销价格倒挂，库存压力增大，收购仓容形势严峻。为有效缓解收购仓容压力，江西省多措并举，积极促销腾库、扩容升级，有效化解了仓容不足困难，确保了收购工作圆满完成，维护了农民利益。全省共收购粮食1235万吨，其中收购早稻460.4万吨，最低收购价早稻214.5万吨，位居全国第一。

一是强化生产和市场形势分析，全面摸清仓容需求及底数。开展了早稻种植面积、产量、质量及可提供的商品量等情况调研。同时加强市场监测，及时跟踪市场价格走势，预测全年收购数量，估算仓容缺口。

二是千方百计筹措收购仓容。一方面加快“危仓老库”维修改造和新仓建设进度，增加收购仓容。另一方面通过采取拍卖、移库、租赁和降低库点条件等措施，积极促销腾库、扩容升级，并通过协调财政部门争取了省级储备粮轮换亏损补贴政策，加快了储备粮轮换销售。协调落实中央和省财政各1.6亿元费用补贴，加大对不合格粮食处置力度，全省腾出收购仓容150万吨。制定了《江西省2014年执行国家最低收购价仓容应急工作预案》，部分县市及时启动了应急预案，租借社会仓容缓解收购仓容压力。

三是加强收购服务和监管。会同有关部门尽量增加委托收购库点，保证了产粮区每个乡（镇）都有1个以上的收储库点。全面推行收购资金非现金结算方式，采取预约卖粮、错峰卖粮等方式，并增加收粮机械设施，加快收购进度，避免了农民卖粮“排长龙”、卖“隔夜粮”等现象。严格收购纪律，会同省发改委、省财政厅和省农发行等部门组成督导组，对各地粮食收储企业执行“五要五不准”收购守则及相关政策情况进行督查，确保国家粮食政策落实。

二　粮食流通基础设施建设加快

一是加大仓储设施维修改造支持力度。落实江西省政府《关于做好全省地方国有粮食企业危仓老库维修改造工作的通知》要求，各级政府对区域内的危仓老库维修改造工作负总责，并在项目实施、资金筹措等方面予以政策支持。为确保企业自筹资金到位，允许企业将现有划拨土地依法转为商业用地，盘活资产，土地处置后的出让金全额用于“危仓老库”维修改造。

二是落实维修改造责任。江西省粮食局、江西省财政厅与各地政府签订了危仓老库维修改造目标责任书。明确要求各市、县（区）政府要做好维修改造资金筹集，加强检查考核及资金监管。

三是加强维修改造工作的督导。实行维修改造进展情况半月报制度，定期汇总“危仓老库”维修改造的仓房座数、仓容、具体维修改造项目进展、资金落实到位等情况，实行对进度滞后或未按照标准实施维修的市县通报制度。江西省粮食局、江西省财政厅联合印发了《关于加快推进“危仓老库”维修改造工作的紧急通知》，并组成督导组深入项目点检查“危仓老库”维修改造情况，督促各地抓进度、保质量，全省“危仓老库”维修改造任务基本完成。

三　宏观调控能力得到提升

一是督促实物储备落实到位。2008年国家下达江西省地方储备粮指导性计划已经全部到位，并落实了新增的2.5万吨动态储备。督促各地在完善本地粮食储备规模的基础上，落实10~15天满足口粮需求的成品粮储备。

二是加强储备粮管理。认真开展了粮食库存检查和省级储备粮春季、秋季普查，结合检查中发现的问题，集中开展了加强地方储备粮管理整治活动，促进地方储备粮管理规范化、制度化。

三是切实加强应急能力建设。按照“合理布点、全面覆盖、平时自营、急时应急”原则，调整充实应急粮源供应、加工、运输企业和供应网点，提高粮食应急能力，全省共建粮食应急供应网点1226个，粮食应急配送中心100个，确定粮食应急加工企业235家。

四是积极推动粮食产销协作。加强与广东、福建、浙江等省外消费市场联系，先后组织省内各类涉粮企业参加厦门、黑龙江等地粮食交易合作洽谈会等，共签订粮食购销项目50余项，购销合同数量约 80 万吨。2014 年泛珠三角区域合作与发展论坛暨经贸洽谈会期间，江西省与广东省就加强两省间粮食产销协作签署框架协议，两省粮食产销合作关系进一步巩固。

四 粮食市场监管进一步加强

一是加强粮食库存检查。江西省粮食局会同发改委、财政厅和农发行等部门从 3 月上旬至 5 月底，共派出督导组和检查组 126 个，检查人员 611 人次，对全省 1704 个库点 1170.5 万吨所有中央储备粮、国家临时存储粮、地方储备粮，以及国有粮食企业的商品粮库存进行了全面检查，摸清了全省各种性质粮食的库存数量、质量、安全管理以及企业执行相关政策等情况。

二是开展原粮质量检测。做好了 2013 年政策性粮食质量检测工作，共完成 6303 个最低收购价粮的卫生（重金属）检测任务。2014 年库存检查期间，结合落实粮食质量安全属地管理责任，对区域内中央储备粮、国家临时存储粮、地方储备粮的主要质量指标、储存品质指标和食品安全指标进行了重点检查，并对企业质量检验人员和检化验设施配置、执行粮食定期质量检验及出入库质量检验制度、质量档案管理等方面情况进行检查。

三是强化重金属超标粮处置监管。国家将重金属超标粮划转为省临时储备粮后，江西省粮食局及时与财政部门协商并制订处置方案，经省政府同意，明确实行包干与定向销售处置办法，并加强处置过程的监管，确保不合格粮食不流入口粮市场。

四是加强粮油质量监测能力建设。落实检验监测能力建设项目，完成了国家粮食局当年下达的粮食质量安全检验监测能力建设“十二五”规划 10 家单位的项目设备招投标、采购合同签署。协调有关部门做好了 6 家县级粮油质监站的实验室资质认证复评审工作。做好了国家“十二五”规划挂牌的江西省 16 家国家监测站点项目实施、推进工作。积极向国家粮食局申报了新余、萍乡等地为国家粮油质监站点，并顺利通过国家粮食局评审。为省粮油质监中心等一批质检机构配备了仪器设备。

五 国有粮食企业改革有序推进

一是深入调研。成立了全面深化改革工作领导小组，落实了责任分工。针对行业发展中存在的体制机制障碍，以问题为导向，广泛深入开展调查研究。江西省粮食局党组书记、局长黄河同志亲自带队先后赴宜春、赣州、抚州、九江及上海、广东、浙江等地调研，其他局领导也亲力亲为参与调研，带队调研 60 余人次。

二是明确了改革基本思路。结合该省粮食行业实际，重点抓好三方面的改革：第一，推进国有粮食企业改革，按照“一县一企、一企多点”模式，调整仓储企业布局，整合存量资源，加快实施“危仓老库”维修改造和新库建设。积极发展混合所有制粮食经济，推动股权多元化、主食产业化、产业一体化、企业集团化的产业转型升级。第二，推进省级储备粮管理机制改革，探索建立规模相对集中、静态与动态结合、多元主体参与，适应市场形势发展的费用管理机制。第三，加快省局直属企业改革，创新体制机制，激活企业内生动力。

三是深化改革取得初步成效。“危仓老库”维修改造工作在全省全面铺开，宜春等地抓住当前新型城镇化建设的有利时机，通过退城（镇）进郊盘活资产，改善了库区环境，增加了有效仓容，提升了仓库功能。初步统计，全省计划实施“退城进郊”的库点近 100 个，其中有 5 个库点已完成新仓建设，12 个库点正在施工。进一步明确直属企业市场定位，推动对省局直属企业资产整合和重组，促进省局直属企业的差异化发展。协调省财政增加了储备粮的轮换补贴，缓解承储企业经营困难。收回了部分基层库点的省级储备粮承储计划，推进了省级储备粮集中管理。

◆江西省粮食局领导班子成员

黄　河　　党组书记、局长（2014 年 2 月任职）
熊根泉　　党组书记、局长（任职至 2014 年 2 月）
罗　洪　　党组成员、副局长
刘福元　　党组成员、副局长
赵　国　　党组成员、纪检组长（2014 年 10 月任职）
蔡厚勇　　党组成员、纪检组长（任职至 2014 年 5 月）
路　线　　巡视员（2014 年 3 月退休）
杜晓林　　副巡视员（2014 年 7 月任职）

2014 年 6 月 4 日，江西省粮食局局长黄河（右二）到赣州市调研仓储设施建设情况。

2014 年 7 月 3 日，江西省召开早稻收购工作电视电话会议，省政府常务副省长莫建成（主席台左三）出席会议并讲话。

2014年9月14日，国家粮食局局长任正晓（左二）在江西省调研粮食流通工作，江西省省长助理、公安厅厅长郑为文（右二）陪同调研。

2014年11月13日，江西省副省长李炳军（左三）调研中晚稻收购工作。

山东省粮食工作

基本情况

2014 年，全省生产总值 5.94 万亿元，比上年增长 8.7%。固定资产投资增长 15.8%，社会消费品零售总额增长 12.6%，进出口总额增长 4%。居民消费价格上涨 1.9%。城镇和农村居民人均可支配收入分别增长 8.7% 和 11.2%，收入比缩小到 2.5:1。

2014 年，全省粮食播种面积 744 万公顷，比上年增长 2%。全省粮食总产达到 4596.6 万吨，实现"十二连增"，其中小麦 2263.8 万吨，稻谷 101 万吨，玉米 1988.3 万吨，大豆 36.7 万吨，其他杂粮 206.8 万吨。

2014 年，全省各类粮食企业收购粮食 2644 万吨，其中小麦 1204 万吨，稻谷 57.6 万吨，玉米 1291.2 万吨。全省各类粮食经营企业销售粮食 4493.2 万吨，同比增加 114.6 万吨。其中小麦 2771.8 万吨，玉米 500 万吨。

2014 年粮食工作

一　认真履行保供稳价职责，粮食市场保持基本稳定

全省粮食经营企业收购粮食 2644 万吨，销售粮食 4493 万吨，转化用粮 3176 万吨，同比分别增加 281 万吨、115 万吨、78 万吨。枣庄启动最低收购价预案，收购小麦 2.4 万吨。加大政策性粮食投放力度，接收中央政策性移库粮 160 万吨，拍卖政策性粮食 26.5 万吨。全省规模以上批发市场年成交量 500 吨，成交额 199 亿元。与天津、山西签订长期产销合作协议，与福建、黑龙江签订省际购销协议 74 万吨，采购东北粳稻 129 万吨。认定应急加工企业 371 个、供应网点 2840 个，基本实现供应网点城乡全覆盖。完善粮油价格监测系统，全省建立监测点 1000 个。粮食价格保持基本稳定。强化军粮供应工作规范化管理，军粮供应综合保障能力进一步增强。

二　认真履行粮食流通监管职责，依法管粮迈上新台阶

深入开展粮食执法效能提升深化年活动，全省新增执法示范县 10 个，总数达到 103 个。7 市、

84县（市、区）建立起部门联合执法机制，107个县（市、区）建立起跨区域联合执法机制。圆满完成粮食清仓查库、夏粮收购、“转圈粮”等专项检查任务。全年开展监督检查5015次，检查粮食经营企业18069户次，查处纠正收购类案件511例，暂停或取消收购资格38例。加强粮食质量监管，省及16市成立事业单位粮食质检机构，12家检测机构纳入国家粮食质量安全检验监测体系，3家纳入国家粮油标准研究验证测试体系。当年获得中央项目建设资金1180万元，四年累计2840万元。加大粮食质量监测密度，积极开展质检社会化服务，全年检测粮油样品2万多个、获取检测数据10万多个。

三　积极推进粮食流通体制机制改革，行业发展能力进一步增强

各地积极稳妥推进国有粮食企业改革，济南等市加快推进市属企业退城进郊，向园区集中。枣庄、济宁等市以“一县一企、一企多点”为主要模式，基层国有粮食企业改革不断完善。仓储规范化管理水平不断加强。全年轮换地方储备粮油100万吨，确保了数量真实、质量良好。认真落实简政放权改革要求，省、市粮食局对照“三定”规定，编制公布了行政权力清单。深化粮食流通统计制度改革，推进“统一、精简、准确、管用”的统计体系建设，修订实施《山东省粮食流通统计制度》。

四　积极推进“粮安工程”建设，粮食收储供应能力进一步提升

全省投资1.6亿元，首批“危仓老库”维修改造任务基本完成，维修改造库区141处，仓容101万吨。山东省被列入国家“危仓老库”维修改造重点支持省份，计划投资8.9亿元，其中中央及省财政投入4.3亿元，维修改造和功能提升仓容570万吨。中央财政下达与增产增储挂钩55万吨和竞争性建库50万吨计划已分解到市。落实粮食现代物流项目11个，争取中央专项建设资金2500万元，撬动企业投资5.5亿元。沿京杭大运河主要节点粮食物流园区建设稳步推进。作为国家首批库存粮食识别代码试点省，全省203家企业参与试点，是数量最多的省份。全省投资3600万元，推广农户科学储粮仓9万个，科学储粮示范户累计72万户，占全省种粮农户总数的5%，居全国前列。积极推广储粮新技术，具备环流熏蒸、机械通风、计算机粮情检测储粮新技术仓容占到总量的60%。全社会爱粮节粮氛围进一步浓厚。

五　大力发展粮食产业，粮食经济实力显著提升

全省纳入统计范围的粮油加工企业1300多家，规模、产值、利税继续保持全国第一。全省省级以上龙头企业44家，年科研投入9亿元，拥有中国名牌42个、中国驰名商标55个、山东名牌87个、山东著名商标119个。坚持“食粮”并举，积极发展主食工业化生产，全省规模以上馒头生产企业37家，年产馒头4.2万吨；挂面加工企业71家，年产挂面42.2万吨。放心粮油工程建设上了新台阶。落实省级财政补助资金6372万元，在东营召开全省放心粮油暨居民厨房工程建设现场会，印发加快放心粮油工程建设的实施意见，通过规范、改造、提升，政府认定的放心粮油和居民厨房服务网点分别达到2054个、1529个。全省粮食经济稳中有进，国有粮食企业实现销售收入307亿元，利润3.9亿元，位居全国第二，连续10年盈利。认真落实财务政策，争取收购资金和产业化龙头企业贷款126亿元，核销附营业务停息财务挂账近30亿元，减免储备企业税费9000多万元。

六 大力加强党风廉政建设，正风肃纪取得明显成效

按照中央、省委部署，省粮食局认真抓好群众路线教育实践活动查摆问题整改，各市县扎实开展教育实践活动，严格执行中央八项规定要求，厉行勤俭节约反对铺张浪费，全行业党风政风行风明显好转。认真履行党风廉政建设主体责任，全力支持监督责任落实，抓班子、抓机关、抓系统，始终做到党风廉政建设与业务工作齐抓共管，协同推进。严格落实安全生产责任，健全管理制度，全行业未发生大的安全责任事故。

◆山东省粮食局领导班子成员

杨丽丽（女）	省发改委党组成员，省粮食局党组书记、局长
乔延亭	党组成员、副局长
丁兆石	党组成员、副局长
王传民	党组成员、副局长
崔秀顺	党组成员、纪检组长、监察专员
李　伟	副巡视员

2014 年 2 月 7 日，山东省省委常委、常务副省长孙伟（右三）到省粮食局看望干部职工并调研指导工作。

2014 年 9 月 25 日，山东省放心粮油暨居民厨房工程建设现场会在东营召开，省粮食局局长杨丽丽（主席台左二）出席会议并作重要讲话。

2014 年 10 月 16 日，山东省粮食局联合省农业厅、团省委、省妇联和省粮食行业协会，在济南举办 2014 年世界粮食日和全国爱粮节粮宣传周（10 月 13~19 日）集中宣传活动，省粮食局局长杨丽丽（前排）致辞。

河南省粮食工作

基本情况

河南省位于我国中东部、黄河中下游、黄淮海大平原的西南部。周边与山东、安徽、湖北、陕西、山西和河北6省毗邻。界于北纬31° 23'~36° 22'、东经110° 21'~116° 39'，南北纵跨550余公里，东西横亘580余公里。全省处于暖温带和亚热带气候交错的边缘地区，多年年均气温为12.8~15.5摄氏度。年降水量从北到南大致在600~1200毫米，全省无霜期在190~230天，一般可满足农作物一年两熟，盛产小麦、玉米、稻谷、大豆、红薯和棉花、芝麻、花生、油菜籽等农产品。河南省古代辖区位于黄河之南，故称河南；因居九州之中，又称“中州”、“中原”；为九州之豫州，故简称为“豫”。河南省现辖18个省辖市和10个省直管县（市）及148个县市区，总面积16.7万平方公里，居全国省区市第17位，占全国面积的1.73%。其中，耕地面积820万公顷。2014年，全省生产总值34939.38亿元，全国排名第五，比上年增长8.9%，高出全国1.5个百分点。年末总人口10662万人，常住人口9436万人，为全国第一人口大省。城镇化率为45.2%，比上年提高1.4个百分点。全省粮食产量5772.3万吨，实现“十一连增”，占全国粮食总产量的9.51%，居全国第二位。全年居民消费价格比上年上涨1.9%，其中粮食上涨5.2%。

2014年粮食工作

一 粮食生产

2014年，河南省遭遇63年来最严重夏秋旱灾，局部地区出现绝收现象。为维护国家粮食安全，全省以确保粮食持续稳定增产为目标，以推进高标准粮田建设为抓手，立足抗灾减灾夺丰收，实现了高起点上再夺丰收。全年共建设完善高标准粮田245.8万公顷，全省小麦、玉米等优势粮食作物良种覆盖率达到98%。全年粮食种植面积1020.98万公顷，比上年增长1.3%，其中：夏收面积543.33万公顷、增长0.7%（小麦收获面积540.67万公顷、增长0.7%），秋粮收获面积477.65万公顷、增长1.9%（玉米328.39万公顷，增长2.5%）；油料种植面积159.82万公顷，增长0.5%。全省粮食产量达到

5772.3 万吨，比上年增长 1.0%，高出全国 0.1 个百分点，实现连续 9 年超 5000 万吨、4 年超 5500 万吨。其中夏粮产量 3339 万吨，增产 3.2%（小麦 3329 万吨，比上年增加 102.5 万吨，占全国小麦产量的 27%，继续保持全国第一的位次，实现“十二连增”）；秋粮产量 2433.3 万吨，减产 1.8%；其中玉米产量 1732 万吨、减产 3.6%，稻谷 529 万吨、增产 8.1%，豆类 59 万吨、减产 25.2%，薯类 109 万吨、减产 3%；油料产量 584.3 万吨，占全国的 14.1%，下降 0.8%。在农业部对 2014 年发展粮食生产中成绩突出的先进单位予以表扬的名单中，全国 34 个产粮大市，河南省周口等 5 个省辖市位列其中；全国 311 个产粮大县，河南省滑县等 41 个县荣登金榜。李克强总理在河南省委省政府《关于今年小麦再获丰收的报告》上批示：河南保粮有力，成绩应予肯定。汪洋副总理批示：更可贵的是，建立了保丰收的制度、技术和实施条件，感谢河南为中国人的“饭碗”作出的贡献。

二 粮食流通

据统计调查，2014 年全省粮食商品量 4285 万吨，商品率 74% 左右。其中小麦商品量 2350 万吨左右，商品率 70% 左右；玉米商品量 1415 万吨左右，商品率 81% 左右；稻谷商品量 370 万吨左右，商品率 70% 左右；豆类、薯类等其他杂粮商品量 150 万吨左右，商品率在 81% 以上。全年全省全社会粮食经营企业完成粮食收购 4049 万吨（含中储粮、中粮系统），其中小麦 2992 万吨，秋粮 460 万吨；全省全社会粮食经营企业共销售及调销省外粮食 3660 万吨。其中调销省外粮食及其制品折合粮食 1500 多万吨。由于国家政策性粮食收储增幅较大和粮食销售保持稳定，致使河南省国有粮食企业粮食库存量与往年相比，止减为增，而且增幅明显。

三 粮食调控

（一）粮食收购

一是加强粮食收购政策宣传工作。河南省粮食局与中储粮河南分公司、农发行河南省分行共同制定了《2014 年最低收购价小麦、稻谷收购质价政策公告牌》、《2014 年小麦、稻谷最低收购价政策宣传提纲》。充分利用广播、电视、网络、报刊等各种媒体，广泛宣传国家粮食收购政策、收购措施、收购进展等情况，做到家喻户晓。开展《粮食流通管理条例》的宣传工作，使广大粮食经营者依法依规收购粮食。二是做好粮食购销企业摸底调查工作。在小麦收获之前，河南省粮食局下发通知，对 2014 年小麦生产、收购情况进行了调查预测，并且要求积极备仓，购置、配备和维修各种收购物资器材，对质检、保管、司磅、统计等人员进行专业培训。全省共准备输送机 11819 台、检测仪器 7182 台、清理筛 4571 台、通风机 12994 台、汽车衡 2857 台、塑料布 1753 吨、油毡 43512 捆、麻袋 2052 万条、篷布 9053 块，共备仓 3000 多万吨，奠定了收购工作基础。三是省局召开豫南、豫北两片区夏粮收购工作座谈会。研究分析了小麦市场形势和收购工作中存在的问题，对做好全省夏粮收购工作进行安排部署。四是河南省粮食局与中储粮河南分公司、农发行河南省分行三部门建立联席会议制度，共同做好夏秋粮的收购、验收、监管等工作，共同确定了小麦 1091 个收购库点、稻谷 132 个收储库点。为解决信阳部分地区仓容不足和农民卖粮难问题，对信阳、固始市托市收购的 2014 年中晚稻执行跨县集并 14 万吨。五是加强监督检查，组成 9 个由局领导带队的粮食收购工作组，分赴各市县进行督导。对外公布 3 部投诉举报电话，24 小时接听群众来电，积极受理农民群众的举报、投诉，促进了收购工作的顺利进行。六是做好托市小麦的验收工作。出台了托市小麦和稻谷验收办法，验收工作已基本结束。夏粮收购期间全省累计收购小麦 2227 万吨，比上年同期增加 1013 万吨。其中：按最低收购价收购 1042 万吨，按市场价收购 1185 万吨。秋粮收购期间，收购秋粮 345.8 万吨，其中收购托市稻谷 95 万吨，市场化收购 250.8 万吨。

（二）地方粮食储备

一是落实新增储备粮计划。根据国家发改委、国家粮食局等部门核定河南省地方储备规模及其增储比例，河南省粮食局与省发改委、财政厅、农发行共同研究，报请省政府同意，确定对先期下达的储备粮指标由省级建立，并确定了 11 家省直企业作为新增省级储备粮承储单位，要求在年内完成。随后，省粮食局等单位组成检查组承储企业进行了调查，并且下达文件，组织招标采购，督促入库进度，保证粮食质量。新增省级储备粮招标采购工作已完成。二是组织河南省承储东北跨省移库玉米。确定了由省直粮食企业 15 个库点承储，安排 3 个工作组对承储的企业库点空仓情况及仓房条件进行检查，确保移库玉米在河南储存安全。截至年底，基本完成了入库任务。三是合理安排 2014 年度省级储备粮轮换计划，精心组织轮换验收工作。采取现场督导检查的方式，重点检查轮换备仓、出入库等情况，并且进行了核查验收。截至年底，轮出轮入数量分别占计划的 98%，食用油轮出、轮入分别占计划的 100%。四是严格落实《河南省省级储备粮管理办法》，完善对省级储备粮的统一管理。同时，督促薄弱地区适当增加应急成品粮油储备，增强调控粮油市场的物质基础。五是认真做好包括代储企业重大变更事项管理在内的各项代储资格企业管理工作，确保中央储备粮代储资格企业质量。全省共受理中央储备粮代储资格新申请企业 2 家，延续申请企业 32 家，上报中央储备粮代储资格重大变更 9 家。

（三）粮油应急保障

一是认真指导各地分级确定粮食预警调控指标、责任单位和应急保障单位。按照国家要求，对全省粮食应急体系建设进行了规划，确定了全省 1557 个应急供应网点。河南省粮食应急保障体系基本形成。二是建立粮油预警机制，认真做好粮油市场监测。积极发挥省粮食局粮油信息直报点作用，加强对全省主要粮油品种市场价格进行监测，提高监测的频率和密度，同时加强粮油市场信息的收集、分析、监测、预测，提高信息服务能力。三是坚持执行价格监测周报制度，定期发布粮食供求及市场价格信息，推动建立面向社会的市场信息发布制度，正确引导粮食生产和流通。

（四）粮食销售

一是积极组织国家政策性粮油在河南省销售工作。1~12 月，全省共组织和通过粮食批发市场拍卖 48 场次，成交政策性粮食 1712 万吨，增加了市场有效供应。二是做好 2010 年中央事权真菌毒素超标小麦的销售处理工作，严防流入口粮市场。三是做好河南省粮食企业赴东北采购稻谷（大米）的补贴审核申领工作。财政部专员办已审核通过，企业可申领补贴费用 3250 万元。

（五）粮食产销衔接

一是组织河南省企业参加第十届福建 9 省粮食产销合作洽谈会，共有 31 家企业在洽谈会上成交粮油产品 16 万吨。积极组织河南省企业参加黑龙江“金秋”粮食产销和山西小杂粮合作洽谈会，签订了一定数量的粮食产销协议。二是豫宁两省区签订小麦产销合作协议。协议的主要内容是：宁夏回族自治区粮食局根据本地市场调控需要，每年组织本地企业在河南省采购小麦 20 万吨，河南省粮食局根据当地小麦生产情况协调落实宁夏粮食企业的需求。三是利用国家新增地方储备之际，先后与青海、山西、福建、浙江、广西等省份签订了粮食产销合作协议，巩固了与全国 18 个省（区、市）建立的长期稳定的粮食产销合作关系。四是与北京市粮食局续签了 2014 年在河南省 5 家企业代储地方储备粮的协议，合同涉及粮食 6 万吨。

（六）军粮供应

一是坚持实行“统筹粮源、联购分销”的筹措供应机制，抓好军粮统筹采购竞价工作，逐步实现市场化经营、企业化运作、规模化供应的军粮供应管理模式。二是加强军粮质量管理，落实“一批一检一存档”制度和出入库检验制度，对每批调入的军粮要求送货方必须出具合格的质量检验报告，确保官兵吃上安全放心粮油。三是根据济南军区在确山举行的“确山 -2014”自主对抗实兵演习，省粮食局立即启动应急预案，指导豫南野战军供站积极开展参演部队主、副食供应，得到了济南军区联勤部的充分肯定。四是加强军供网点建设，健全军粮供应服务体系，军粮供应质量和服务水平不断提高，驻豫部队官兵比较满意。

四　粮食流通改革

（一）贯彻中央和省粮食工作方针及改革措施

2014 年年初，省粮食局召开全省粮食流通工作会议，认真贯彻中央和省关于粮食工作的方针政策。强调要按照中央和省关于“切实保障国家粮食安全”的总要求，立足全省经济社会发展和“三农”工作大局，以推进粮食流通产业发展为主线，全面深化粮食流通体制改革，落实“粮安工程”建设，抓好粮食收购、促进农民增收，加强宏观调控、保证市场供应，转变发展方式、推动产业发展，加强市场监管、确保口粮安全，守住管好“天下粮仓”，为服务粮食核心区建设作出积极贡献。7 月，又召开各市县粮食局长会议，要求全面落实国家粮食安全战略，切实抓好宏观调控，推动建立与粮食核心区建设相适应的粮食收储体系和粮食市场体系；加快粮食流通管理体制改革，推进依法行政，加强依法管粮和粮食行业监督检查体系建设；深化粮食流通质检体系改革，推动建立粮食质量安全防控长效机制，完善河南省粮食质检体系建设。

（二）粮食流通体制改革

国务院 69 号文件发布后，省粮食局迅速传达文件精神，及时向省政府汇报并提出贯彻落实的具体建议。省政府高度重视，谢伏瞻省长作出批示，要求抓好工作落实。按照省领导批示，河南省粮食局协调有关部门，代拟了《河南省人民政府关于贯彻落实国务院关于建立粮食安全省长责任制的若干意见的实施意见》。

（三）地方国有粮食企业改革

一是落实省委 2 号文件精神，全面推进组建河南粮食集团工作。河南粮食集团组建方案按照省政府要求，正在征求有关部门意见。二是重点推进地方国有粮食企业改革，建立进展情况台账，定期向省政府报告。代拟了《河南省人民政府办公厅关于深化地方国有粮食企业改革的指导意见》，征求省直有关部门意见后下发执行。三是加大对全省国有及国有控股粮食企业的经营管理工作，积极推进“粮食银行”健康发展。印发了《河南省粮食局关于推进“粮食银行”发展的意见》。同时做好省财政、金融部门资金的争取、协调和粮食企业免税工作，创造良好的政策环境。积极引导推动银企对接活动，帮助企业引资、融资，搞活经营。河南省粮食局已与中国银行河南省分行正式签订了全面战略合作协议，河南粮食产业投资担保有限公司已经运营，为解决粮油食品产业发展担保难、融资难问题发挥了较好作用。

五 粮食流通监管

（一）粮食法治建设

一是推进“六五”普法和依法行政工作。在《粮食流通管理条例》颁布十周年宣传日，大力宣传贯彻《行政许可法》、《行政强制法》和《粮食流通管理条例》等法律法规，同时认真开展“服务型行政执法学习宣传月”活动。二是切实做好粮食部门下发的规范性文件法律审核和备案工作，报备率达到了100%。三是组织启动《河南省省级储备粮管理办法》修订工作，省政府法制办已向省直有关部门和省辖市征求了意见。四是认真落实粮食收购资格核查制度，依法暂停收购资格143家，取消、注销收购资格352家，进一步规范粮食收购市场秩序。截至年底，全省具有粮食收购许可证的经营者共有7027家，非国有主体占68%。五是省粮食局48名领导干部和公务员学法用法无纸化考试工作圆满结束，参考人员平均成绩96.96分，优秀率达到了100%。

（二）粮食流通监督检查

一是圆满完成了全省粮食库存检查工作。按照国家发改委等四部门要求，河南省粮食局联合省发改委、财政厅、农发行印发了开展全省粮食库存检查工作的通知，进行安排布置。特别在省级复查阶段，共抽调72名检查人员，组成6个小组进行复查。共检查粮食存储库点44个，复查粮食数量占全省库存粮食总量的8.2%。并对发现存在的安全生产、仓储管理、账务处理等5大类56个问题，全部整改到位。二是大力开展专项检查。按照国家粮食局通知要求，河南省制订具体实施方案，组织开展夏秋粮收购、出库、转圈粮以及军粮专项检查整治工作，较好完成了全省清查任务。据不完全统计，全省各级粮食行政管理部门共开展各种形式的监督检查行政执法活动5245次，出动人员29398人次，检查企业18855个次，全省共查处各种涉粮案件1119例，其中责令整改697例，发出警告270例，罚款287例，暂停粮食收购资格47例，取消粮食收购资格53例，移交有关部门处理13例。三是加大案件查办力度，维护了正常的粮食流通秩序。全省始终把加大案件查办力度作为强化监督检查工作的重要抓手，坚持对国家粮食局转办、省政府交办案件由省局直接查办，及时跟踪省局转办地市案件，切实做到不推诿、不敷衍、不拖延，扎扎实实地做好案件查办工作。出台了《河南省粮食局关于进一步落实粮食行政处罚案件回访制度》，积极推行案件回访，及时向举报人反馈查处结果，征求举报人对案件处理的满意程度。据统计，监督检查处接受国家局转办和受理举报案件8起，已办结8起，办结率达100%。四是结合国家粮食局开展的“监管能力提升年”活动，河南省与山东、江苏、安徽省建立联合执法协作机制，签订了《苏鲁豫皖毗邻地区粮食流通监督检查联合执法协作协议书》，就加强毗邻地区粮食执法工作形成了有效协议，取得了很大成效。五是继续推进第四批全省暨全国粮食流通监督检查示范单位创建工作，河南省清丰县、西平县、登封市、宝丰县4个县级粮食局被国家粮食局命名为国家级示范单位。

（三）粮油质检

一是妥善做好2013年全省问题玉米处置工作。由河南省粮食局牵头，着重抓好问题玉米收购、质量检测、过程监管等重点环节，确保整个处置工作有效有序进行和圆满结束。同时，较好完成了中晚稻重金属含量检测工作。二是漯河市、南阳市、信阳市粮油质量检验机构，经国家粮食局考核，拟被授予第六批“国家粮食质量检测机构”，河南省市级被授权挂牌的机构达到16家，奠定了粮食质量安全检验监测体系建设基础。三是争取中央、省财政分别投入质检体系建设和设备购置资金1150

万元、1350万元，提升了河南省质检应急能力。四是全面完成了2014年全省收获粮食质量调查、品质测报、质量会检和安全监测工作，采集、检验样品5600多份。编制并会同省农业厅联合发布了《2014年河南省收获小麦质量品质报告》，有效指导河南省种植结构调整，有利于推动主食产业化和粮油精深加工业的发展。

六 粮油统计与信息化

（一）粮油统计信息

一是建立了覆盖全社会的粮食流通统计制度，实现了粮食部门管理全社会粮食流通的转变。2014年，认真做好粮食流通统计制度贯彻实施工作，切实履行管理全社会粮食流通统计的职能，将重点非国有粮食经营、加工和转化企业纳入统计范围，确保了统计数据的完整性。纳入统计范围的规模企业数量达3860家，社会统计覆盖率逐年提高。同时，根据形势变化和调控需要，修订完善统计制度，增加了粮食仓储设施、粮油加工业和粮食行业机构人员等统计内容。二是按照认真做好参与政策性粮油竞买企业资格审核工作，严把统计报送情况审核关，促进企业认真履行统计义务。三是坚持实行收购进度五日报制度。夏粮和秋粮收购期间，为及时准确地提供粮食收购进度和市场价格变化信息，省局专门发出实行收购进度五日报制度的通知，对统计范围、统计内容、报送时点等作出明确规定，为确保各级领导和部门科学决策、有效指导、促进收购工作顺利进行提供依据。四是圆满完成了2013年年度社会粮食供需平衡调查数据生成工作。分别对5151户农户、1597户城镇居民、2400家企业的收入、支出及库存情况进行调查。调查结果得到了国家粮食局和省有关部门认可。

（二）粮食行业信息化建设

一是印发了《全省粮食行业信息化建设实施意见》。从9月份起，实施了部分企业开展河南省库存粮食识别代码试点工作。目前，41家省级储备粮代储企业、郑州市48家粮食仓储企业按时上报数据，库存识别代码运行正常。二是创新管理模式，积极推进省级储备粮粮库智能化监管平台建设。2014年年初，省信息化和信息安全工作领导小组办公室研究通过了《河南省省级储备粮粮库智能化监管平台项目可行性研究报告》评审。目前，该项目正在审批中。三是抓好省粮油信息中心启动运转工作。初步制定了《河南省粮食行业信息化建设“十三五”发展规划》，正在研究开发“河南小麦质量品质分析系统”，逐步形成全国领先的并且独具特色的小麦质量品质数据分析系统数据库。

七 粮食流通体系建设

（一）“粮安工程”建设

一是强化对2013年度397个维修改造项目监管。与省财政厅组成联合检查组对各市县和省直粮油企业维修项目进行抽查，目前多数项目已完成验收并投入使用。二是加快危仓老库维修改造。河南省积极申报并成功列入2014年“粮安工程”危仓老库维修改造国家重点支持省份，中央财政补助2亿元，省财政配套4亿元。省人民政府与财政部、国家粮食局签订了《危仓老库维修改造目标责任书》。省有关部门联合印发了《“粮安工程”危仓老库维修改造项目申报指南》、《“粮安工程”危仓老库维修改造专项资金使用管理办法》、《“粮安工程”危仓老库维修改造工程技术指南》、《工作流程指南》。目前已确定改造项目688个，重点维修仓容840万吨，原址改造仓容65万吨。三是成功争取建仓指标。国家第一批2000万吨建仓计划，分配给河南省95万吨高标准储粮仓建设指标。省政府已经确定了41个项目，并且召开了专门会议，进行了建仓动员和部署。

（二）仓储设施建设

一是按照《国家粮油仓库仓储设施管理试行办法》要求，全省严格控制国有粮食流通基础设施的处理，提高国有粮食企业对粮食流通基础设施的掌控能力。二是对全省粮食仓储设施专项调查进行了安排。河南省粮食局印发了通知，召开了会议，对专项调查的总体目标、专项调查的原则、专项调查的方法步骤等提出了具体要求。这项工作基本完成。

（三）粮油仓储管理

一是严格按照《粮油储藏技术规范》、《河南省露天储粮技术管理规范》和《全省一符四无粮油率考核办法》，对库存粮油进行规范管理。组织开展了春季和冬季粮油安全普查，确保全省“一符四无”粮油率达到95%以上，储备粮实现“一符、三专、四落实”100%的目标。二是抓好安全生产工作，确保粮食安全度夏度汛。汛期到来之前，印发了《关于认真做好粮油安全度夏度汛工作的通知》，及早安排部署，强化检查、督察，尤其对滞洪区和低洼易涝区的存粮，及早组织转移，消除安全隐患。三是认真执行《河南省粮食行业储粮化学药剂管理办法》，加强对各地中心药库的管理，保证粮食熏蒸化学药剂规范管理，没有出现安全问题。

八 行业发展

（一）粮油加工业持续发展

全省粮油加工企业整体实力进一步增强。到2014年年底，河南省粮油加工企业共有1213家，总加工能力超过9000万吨，其中：面粉加工企业728家，年处理小麦能力达5970.6万吨，同比增长5.8%，面粉产量达2665.4万吨，实际消耗小麦3555.4万吨。全省粮油加工企业中日处理原料能力在200吨以上企业数量进一步增加，达664家，占全部企业的54.7%。全省粮油加工业企业共实现利润总额46.7亿元。加工业产品结构调整态势良好，小麦粉产量中，特制粉、标准粉、专用粉所占比重分别为74.0%、17.3%和4.5%，其中：全麦面粉、专用粉以及营养强化粉的产量越来越高。在统计企业中的大米产量中，优质大米加工量达到81.6万吨。在统计企业中食用植物油产量中，一级油的加工量增至108.0万吨，比重增至64.1%。特等米、特制粉、专用粉和一级油产量持续增产，进一步优化粮油加工企业的产品结构，使得企业产品的附加值得到有效提高。2014年，全省粮油加工转化率由三年前的70%提高到78%。

（二）主食产业化积极推进

2014年，推动实施主食产业化和粮油深加工项目119个，完成总投资127亿元。在建项目85个，总投资额76亿元。全省主食产业化率由15%提高到26%。根据《放心粮油、放心主食示范企业验收方案》，开展了放心主食企业达标示范活动，共认定放心主食工程示范企业23家。强化主食产业化连锁经营试点工作。开封已经建成“放心主食（馒头）”销售网点446家，实现了产品销售网点无缝衔接。

（三）粮食科技进步与创新

一是加大科技成果的推广应用力度，向国家发改委和国粮局成功争取了2014年度追加河南省农户科学储粮专项8万户的建设计划，分别在驻马店平舆县、巩义市和永城市组织实施。二是编报的《2014年度河南省粮油质检体系中央预算内投资计划》10个项目中，5个项目已获得国家粮食局有关部门认定，其余5个项目可望在2015年实施。三是开展以“科学食粮、健康圆梦——粮食科普进社区进家庭进校园”为主题的科技宣传周活动，制作发放了《城乡居民营养健康知识手册》、科普宣传提纲、节粮器皿、小贴士等宣传物品5000套；组织开展了全省粮油化验室和质检站的开放日；组织相关高校1000名师生，组成科技周宣传活动代表队，分赴全省60多个社区宣传点及其相关居民家庭开展科学膳食科普宣传活动。四是在世界粮食日组织开展了以“节约一粒粮，我们在行动”为主题的爱粮节粮进社区、进家庭、进校园主题宣传活动，受到社区居民的高度评价。

（四）人才队伍建设

一是认真执行中央新修订的干部选拔任用条例。按照全省统一安排，组织了公开考录8名公务员工作。做好挂职锻炼干部的协调、沟通、慰问、服务工作。二是圆满完成了上级安排的干部培训任务。全年16名处级以上干部参加了上级部门和相关业务部门的培训。局机关47名公务员全部完成网络学习任务。三是组织460名业务人员参加省粮食行业特有工种职业技能培训和技术等级鉴定考试，10名同志参加了机关事业单位工勤人员技术等级鉴定考试，鉴定合格率均达到90%。四是局直属院校的办学能力和办学水平不断提高。河南工贸职业学院被省政府确定为河南省特色院校，河南省经济管理学校和河南经贸技校被评为省高技能人才培养示范基地。三所学校实际招生8908人，超额完成了招生计划，毕业生年终就业率达到95%以上。建立了由学科带头人、骨干教师和行业学会、企业专家组成的职业教育专家库。校企合作和产教融合不断深化，成立了河南省粮食行业职业教育校企合作指导委员会。五是注重高层次人才队伍建设，进一步提高了专业技术人员引领创新发展的作用。25名中高级专业技术职称评审和申报工作已经完成，对599名专业技术人员继续教育实行学分制和证书登记管理。

（五）新闻宣传

一是加大新闻宣传力度，树立粮食行业形象。组织新闻媒体在《河南日报》、河南广播电台、新闻网站及其他新闻媒体上发布有关新闻稿件60多篇，为全社会了解、支持粮食工作营造了良好的舆论氛围。二是坚持政务公开制度。全年共编发《河南粮食信息》136期，159条。通过网络、机要交换向国家粮食局、省委省政府及省直各部门累计报送信息126条。向国家粮食局政府网上报88条，采用81条；向省委、省政府上报信息126条，采用28条。其中《立足河南粮食设施现状，确保国家粮食储存安全》受到省政府领导高度重视并被省委办公厅上报中办。省粮食局门户网站全年累计公开发布各类信息267条。

（六）文化建设

一是搞好粮食经济研究和史志编纂。按照河南省粮食局关于贯彻落实国家粮食局加强粮食文化建设的实施意见，全面启动粮食史志编纂工作，连续两年被省政府史志办公室评为先进单位。2014年组织编印了《粮食工作史料汇编》（400多万字），全面、系统地载录了2002~2013年国家和省粮食工作法规政策、领导同志讲话、粮食机构改革、重大活动，以及粮油科技等方面的内容，是研究粮食经济的工具书。二是编辑出版粮仓画册，促进粮食文化建设。2014年，编写了《河南粮仓记忆》画册，由河南人民出版社出版发行。画册载入清代以来至2014年的粮仓图片近300幅，展示了各个历史阶段河南粮仓建设取得的丰硕成果，再现了粮食行业广大干部职工为发展壮大河南粮食事业所作出的巨大贡献，为新时期粮仓建设提供历史的借鉴，已成为河南粮食系统对外宣传的一张金名片。

（七）对外交流

一是鼓励河南省粮食企业实施“走出去”战略。利用国家优惠贷款实施柬埔寨国家稻米公共收储体系项目进展顺利。柬埔寨财经部有关负责人于8月份组成联合工作组对河南省的仓储设施、仓储体系以及仓储运营机制等进行考察。河南省粮食局就该项目进展情况与国家相关部门进行了有效沟通。国家进出口银行相关负责同志表示，将该项目作为中国进出口银行2014年最优先支持项目向柬埔寨推介，并给予重点关注。二是继续落实“河南·永城—台湾粮食产业合作会议”成果，永城永粉投资管理有限公司和台湾丰盟、三叔公食品联合投资6亿元的富硒小麦种植及小麦产业链加工食品园项目顺利开工，并被省政府对外开放办列为河南省2014年度重点招商引资项目，该项目一、二车间已经建设完毕，计划2015年5月投产。三是组织全省22家粮油加工企业，共计69人，分4批次赴台开展招商引资活动，达成合作意向6个。四是与塞内加尔开展两国间花生产业的技术合作洽谈。2014年2月，塞内加尔总统玛奇·萨勒访问中国期间，会见了河南省粮食局主要负责同志，提出希望中国企业到塞内加尔去，开展两国间花生产业的技术合作，利用中国技术方面的优势，提高塞内加尔花生种植技术，带动该国花生产业的迅速发展。并指定塞内加尔速耐尔农业公司总经理阿贝斯·杰珐先生在会谈结束后与河南省相关企业进行磋商。会见以后，河南省粮食局协调相关企业加强与塞内加尔方面的沟通交流。

九 党群工作

（一）强化党建工作

一是把抓好党建作为最大的政绩。建立局党组书记负总责、分管领导具体抓、机关党委抓落实的党建工作责任制。加强制度机制建设，进一步推动了党建工作制度化、规范化。突出“服务中心、建设队伍”两大核心任务，着力治理机关“庸懒散奢”等消极现象。充分发挥局直各级党组织的战斗堡垒作用和党员的先锋模范作用，努力提高机关党建工作科学化水平。2014年，全局共民主评议表彰优秀共产党员81名，先进党支部12个，发展新党员22人。二是认真组织学习政治理论。特别是党的十八届三中、四中全会和习近平总书记系列重要讲话精神，学习型、服务型、创新型党组织建设有新的进步。组织开展社会主义核心价值观、法治和道德教育活动，局党组中心组学习12次。三是强力推进精神文明建设，省局顺利通过了省级文明单位年度审核。四是工青妇工作有序开展，完成了局机关工会换届工作。离退休干部、共青团、妇委会等工作，均取得了良好成效。

（二）党风廉政建设和反腐败工作

一是认真落实党风廉政建设主体责任。制定了《关于落实党风廉政建设主体责任和监督责任的实施意见》，厘清局党组的主体责任和纪检组的监督责任。签订了《党风廉政建设目标管理责任书》，对全年党风廉政建设和反腐败工作进行安排部署。坚持“一岗双责”，强化半年督促检查、年终统一考核制度。持续落实中央八项规定精神和省委省政府若干意见，加强省局机关和粮食行业作风建设，严防“四风”问题反弹。局机关全年“三公”经费支出、发文数量和召开会议次数分别较上年下降了8%、1%和36%。加强政风行风建设，认真纠正不正之风。针对暗访检查情况及时下发通报，督促问题单位进行整改，7名责任人受到组织处理，1人受到党纪处分。二是认真履行纪检监察监督责任。组织领导干部到兰考学习弘扬焦裕禄精神、到豫中监狱接受“现身说法”教育、廉政法规知识测试等“七个一”系列活动。落实廉政谈话制度，年内分别约谈了8个重点单位主要负责人，及时教育提醒，敦促改进工作。对新提拔的 15 名处级干部进行了任职前廉政法规知识测试，并开展了任前廉政谈话。全局 119 名副处级以上干部按时报告了个人有关事项。三是加强制度建设。先后出台了《贯彻实施〈行政事业单位内部控制规范〉工作方案》、《领导干部廉政档案制度》等制度。重视信访举报，严肃查办违法违纪案件，强化沟通联系，建立了信访联络员制度，加强组织协调，形成办案合力，严格依纪依法、安全文明廉洁办案，始终保持着严惩腐败的强劲势头。

十 其他情况

河南省粮食局机构：2014 年 6 月 24 日河南省人民政府办公厅印发《河南省粮食局主要职责内设机构和人员编制规定》，明确河南省粮食局为省政府直属机构，主要职责有 8 项，内设 9 个处室，机关行政编制为 72 名。

◆河南省粮食局领导班子成员

赵启林　党组书记、局长
杨天义　党组成员、副局长
于前锋　党组成员、省纪委驻粮食局纪检组长
刘大贵　党组成员、副局长
李国范　党组成员、副局长
乔心冰　党组成员、副局长
葛巧红（女）党组成员、副局长
李志强　党组成员、副局长

2014 年 1 月 2 日，河南省委副书记邓凯（右一）考察河南工业贸易职业学院实验室。

2014 年 1 月 3 日，河南省副省长王铁（右二）视察郑州食品加工企业。

2014 年 10 月 22 日，河南省粮食局赵启林局长（右）到河南金地集团调研。

湖北省粮食工作

基本情况

2014年末，全省常住人口5816万人（指常住本省半年以上人口），其中：城镇3237.8万人，乡村2578.2万人。城镇化率达到55.67%。城镇常住居民人均可支配收入24852元，比上年增长9.6%；农村常住居民人均可支配收入10849元，比上年增长11.9%。全年全省完成财政总收入4095.80亿元，比上年增长14.8%，其中地方公共财政预算收入2566.90亿元，增长17.1%。在地方公共财政预算收入中，税收收入1873.11亿元，增长16.7%。全年财政支出5008.85亿元，增长14.6%。

湖北省是粮食主产省和全国重要的商品粮生产基地，粮食作物主要有水稻、小麦、油菜籽。全年粮食种植面积437.03万公顷，比上年增加16.79万公顷；油料种植面积154.25万公顷，增加2.56万公顷。粮食总产量2584.16万吨，比上年增产82.86万吨，增长3.3%；油料产量341.9万吨，增产8.73万吨，增长2.6%。2014年，全省纳入统计的各类粮食企业共收购粮食1538万吨，其中按最低收购价收购粮食335万吨，占总收购量的21.78%。累计收购油菜籽107.21万吨，其中临时收储72.53万吨。

2014年粮食工作

一 粮食生产

2014年，湖北省粮食生产实现“十一连增”，总产量2584.16万吨，其中夏粮505.6万吨，秋粮2078.56万吨。全年油料总产量341.9万吨，其中油菜籽257.16万吨，花生果69.06万吨。

二 粮食流通

2014年，全省共收购粮食1538万吨，其中国有粮食企业收购576万吨，重点非国有企业收购907万吨，转化企业收购55万吨，分别占总收购量的37.5%、59%、3.5%。全省各类粮食经营主体销售粮食2171.6万吨，同比增加178.15万吨，其中国有粮食经营企业销售592.85万吨，占总销售量的

27.3%。全年省外购进粮食 355 万吨，主要为玉米、大豆、小麦。销往省外 56 万吨，主要为中晚籼稻。进口粮食 20 万吨，主要为大豆。省外购进油料 63.3 万吨，主要为油菜籽。

三 粮食调控

2014 年，受国内外粮价倒挂、国外粮油持续进口等诸多因素影响，湖北省粮油市场持续偏弱运行，给粮油购销带来不利。省粮食局会同相关部门及时争取国家批准，湖北省分别于 5 月 27 日、7 月 22 日、9 月 28 日、6 月 4 日在全国率先启动了小麦、早籼稻和中晚籼稻最低收购价执行预案和油菜籽临时收储政策，确保湖北省预案启动时间与品种整体上市基本同步，为农民增加卖粮收入 20 多亿元。提请省政府专门召开中晚稻收购工作联席会议和电视电话会议，有序推进粮油收购工作，引导各类粮油经营企业克难攻坚，促进粮食销售，搞活市场流通。2014 年，全省累计收购粮食 1538 万吨，其中收购当年新产粮食 1205 万吨，比 2013 年多购 110 万吨；小麦、早籼稻、中晚籼稻等主要品种全面启动托市收购，共收购最低收购价粮食 335 万吨；累计收购油菜籽 107 万吨，其中国家临时收储 73 万吨。

2014 年，全省累计轮换省、市、县三级储备粮 57.3 万吨、储备油 21270 吨，全面完成年度计划。推动地方储备粮公开竞价交易，武汉国家粮食交易中心成交各类粮油 225 万吨。协助国家累计组织竞价销售在鄂政策性粮食 188.5 万吨，比上年增加 85 万吨。其中最低收购价小麦 67.4 万吨，最低收购价稻谷 76.7 吨，进口及移库玉米 33.8 万吨。湖北省粮食高库存压力得到缓解。全省各类粮食经营主体销售粮食 2170 万吨，同比增加 180 万吨。

四 粮食流通改革

2014 年，全省粮食流通改革深入推进。4 月省粮食局报请省政府批转了《关于全面深化粮食流通改革的意见》，从五个方面提出了 19 条改革措施，并列入省委省政府农业农村改革、商贸流通改革两个专项统筹推进。省政府召开流通改革座谈会进行部署，2014 年年底以省政府名义组织督导检查，推动粮食流通改革取得实效。一是在坚持政府对地方储备粮所有权、动用权和监管权不变的前提下，改革创新经营方式，全省粮食储备企业与粮油加工龙头企业合作、与“放心粮油”供应结合的达到 39 家。支持省储备粮管理公司整合荆州区川店粮库、钟祥双堰粮库。二是深化国有粮食企业改革，全省有 69 个县市完成了“一县一企、一企多点”整合组建任务，39 个县市粮食收储企业明晰了产权。三是引入外部监督，联合省审计厅、财政厅、农发行选择 2 个储备企业开展审计检查试点。加强项目资金监管，创新项目资金竞争性分配和绩效评价工作，得到财政部门的大力支持。2014 年度，省级财政支持粮食流通产业发展项目资金 4.68 亿元，比 2013 年增加 1.97 亿元。四是加快粮食行政管理体制机制改革，理顺军粮供应管理体制，推进管、供分开；整合信息资源，成立湖北省粮油信息中心，统筹粮食信息化、粮油市场分析预警监测、粮油流通统计等工作，打造统一、高效的粮食信息监测预警公共服务平台。

五 粮食流通监管

省粮食局组织库存清查，对全省中央储备粮、国家临时存储粮、地方储备粮、国有粮食企业商品粮库存以及国家临储油库存进行了全面检查。指导和督促各地认真查处各类涉粮违法违规案件，推动规范执法和文明执法进程，维护粮食市场秩序。2014 年，全省共开展检查 2686 次，出动人员 11843 人（次），检查企业 14259 个（次），共查处各类涉粮案件 344 例，其中：责令改正 227 例，警告 50 例，罚款 29 例，金额 22 万元，暂停粮食收购资格 25 例，取消粮食收购资格 8 例，移交其他部门处理 5 例。省粮食局受理的网上投诉、领导批办的来信举报投诉 13 起，重点查办了宜城市最低收购价违规案、樊城区小麦“出库难”等案件，对涉案企业和人员进行了严肃处理，并及时向相关单位和个人反馈了情况，做到了案件查处率 100%。同时，强化质量监管，组织开展收获粮食品质测报、粮食质量安全抽检和重金属含量检测，为省政府提供决策参考；对少数真菌毒素超标粮食及时进行了定向处理；出台加强“放心粮油”质量安全内部控制的意见，保障“放心粮油”和军粮供应质量安全。加强质检能力建设，加快省粮油质检中心重点实验室装修配置，出台加强中心骨干粮库质检能力建设意见，加强原粮质量安全管控。

六 粮食流通体系建设

2014 年，省粮食局争取国家危仓老库维修改造、新库建设和竞争性建库试点、粮食识别代码试点等政策支持，加快推进湖北省粮食流通基础设施建设步伐。

一是推进“危仓老库”维修改造。2014 年，湖北省共安排危仓老库维修改造项目 352 个，仓容 367.26 万吨，维修资金概算 7.3 亿元，其中维修中心粮库 66 个，总投资 2.2 亿元，收纳库 286 个，总投资 5.1 亿元，共安排中央和省级补助资金 39657 万元。

二是按照“集中资金，突出重点，滚动支持”的原则，对物流特性明显、粮食加工规模较大，且已落实土地、完成规划设计并开工建设的 9 家企业予以 2000 万元补助，部分项目已完工投入使用。

三是加快新库项目建设，争取中央安排湖北省 2014 年中央预算内投资 2332 万元，建设标准化粮食仓库 10.5 万吨，投资分解落实到武汉市新洲区中心骨干粮库等 4 个项目，已装粮发挥功能。

四是国家发改委、国家粮食局下达湖北省 60 万吨粮食仓储设施建设任务和 50 万吨竞争性建仓计划后，省粮食局会同省发改委根据项目申报地辖区粮食产量、商品量、仓容总量、中心粮库规模以及地方储备粮计划指标等因素确定 60 万吨建仓任务的分解计划，并扎实推进项目建设。

五是支持新型粮食生产经营主体仓储基础设施建设，对全省新型粮食生产经营主体当年新建的粮食收纳中转库、粮食烘干整理设备、粮食晒场等项目采取“以奖代补”的方式给予补助。2014 年，全省共安排新型粮食生产经营主体收纳中转库项目 42 个，安排省级财政补助资金 2307 万元；烘干整理设施项目 42 个，安排省级财政补助资金 1809 万元；粮食晒场项目 62 个，安排省级财政补助资金 884 万元。三项合计共安排资金 5000 万元。

七 行业发展

2014 年，省粮食局履行工作职责，以新思路新举措着力打造粮油产业体系，推进“放心粮油”市场体系、粮油加工产业持续发展。2014 年，全省粮油工业总产值达 2702 亿元，同比增加 14.1%。

一是强化政策引导和服务指导，推动资源整合和转型升级，全省粮油工业加工能力和实际加工量均实现了较大幅度增长，龙头企业的综合实力、辐射带动力和核心竞争力显著增强。全省粮油工业拥有国家级农业产业化龙头企业 18 个，省级农业产业化龙头企业 170 个，争创了 16 个中国驰名商标、71 个湖北名牌、84 个湖北著名商标。

二是联合大专院校、科研院所和粮油加工龙头企业，加大粮油科技成果转化推广力度。全省粮油加工业科企合作项目库已汇总全省 90 家企业、40 家科研院所以及 122 个科企合作项目。组织省内 29 家粮油加工龙头企业与渤海银行股份有限公司武汉分行进行对接，促成粮油企业与银行深化合作、共赢发展。成立全省富硒粮食产业发展工作领导小组，对接省委农办、省地矿局，为制定富硒粮食标准和编制全省富硒粮食产业发展规划做好相关基础工作。

三是推进“放心粮油”市场体系建设，推动湖北荆楚粮油股份有限公司与全省各地开展经济合作，采用“1+X”模式，建设市县“放心粮油”配送中心，发展连锁经营，打造湖北放心粮油“一张网”。截至 2014 年年底，全省累计补贴完成建设和改造了 2 家成品粮油批发市场、88 家放心粮油配送中心、736 家放心粮油连锁店。“放心粮油”市场体系建设取得初步成效。

四是推进湖北粮油企业及粮油精品“走出去”。5 月 28~29 日，省粮食局局与广东省粮食局在广州联合举办 2014 鄂粤粮食产销合作洽谈暨湖北粮油精品展示推介活动，湖北省 44 家骨干粮油企业、200 余种湖北粮油精品参与现场展示。鄂粤两省粮食局和 28 家龙头企业举行现场签约仪式，136 家企业签署合作协议。签约粮食数量达 80 万吨、签约金额超过 44.49 亿元。11 月 13~15 日，第十六届湖北荆楚粮油精品展示交易会在武汉洪山体育馆举办，131 家企业和单位、518 多种粮油产品参展，三天展期内现场交易额 4600 万元。

五是按照扶大扶强扶优的原则，重点支持利用碎米生产大米蛋白和高果糖等粮油精深加工项目 40 个，完成 2000 万元粮油精深加工贴息项目资金竞争性分配实施工作。2014 年争取中央财政扩大对湖北省产粮、产油大县新增奖励资金范围，由上年的 36 个县市增加到 48 个县市，共 5000 万元，部分资金用于所在县市区发展壮大粮油工业。

八 党群工作

2014 年，省粮食局围绕“服务中心、建强队伍、活跃机关”三大任务，加强理论学习和组织建设，扎实开展“三抓一促”和党的群众路线教育实践活动。组织了“书香机关 · 践行梦想”读书演讲竞赛、年轻干部“返乡走村”、“粮食健身日”等一系列文化体育活动，弘扬传统文化，营造节日氛围，维护和谐稳定，展示了粮食部门的良好形象，集中体现了粮食干部职工克难奋进、创先争优的价值追求。据统计，2014 年共获得上级及有关部门表彰奖励和荣誉称号 42 项，其中：局机关 37 项、局直单位 5 项；集体 28 项、个人 14 人次；属国家粮食局及有关部门表彰奖励的 9 项，属省委、省政府及其办公厅表彰奖励的 11 项。

◆湖北省粮食局领导班子成员

张爱国　　党组书记、局长
姜卫新　　党组成员、纪检组长
马木炎　　巡视员（2014 年 2 月任职）
邹海森　　党组成员、副局长
费仁平　　党组成员、副局长
胡新明　　党组成员、副局长
熊贵斌　　党组成员、副局长（2014 年 8 月任职）
刘海涛　　党组成员、武汉国家粮食交易中心主任（2014 年 2 月任职）
齐　明　　副巡视员（2014 年 1 月任职）
邱建均　　副巡视员
陈唐林　　副巡视员（2014 年 8 月任职）

2014 年 4 月 11 日，湖北放心粮油武汉市江岸区麟趾路店开业，市民争相购买粮油商品。

2014 年 5 月 29 日，2014 鄂粤粮食产销合作洽谈会暨湖北粮油精品展示推介会在广州举行。

2014 年 6 月 10 日，在食品安全宣传周活动中，湖北省粮食局工作人员为市民解答粮油质量安全问题。

湖南省粮食工作

基本情况

湖南省位于长江中下游，省境绝大部分在洞庭湖以南，故称湖南；湘江贯穿省境南北，故简称湘。地处东经 108° 47'~114° 15'，北纬 24° 38'~30° 08'，东西宽 667 公里，南北长 774 公里。全省土地总面积 211829 平方公里，占全国土地总面积的 2.21%，在全国各省市区中居第 10 位。全省辖 13 个市、1 个自治州，下辖 122 个县（市、区），2014 年末常住人口 6737.2 万，居全国第 7 位。2014 年，全省地区生产总值 27048.5 亿元，比上年增长 9.5%；全省一般公共预算收入 3629.7 亿元，比上年增长 9.5%。

湖南素有“鱼米之乡”的美誉，是全国 13 个粮食主产省之一，稻谷和油茶产量常年居全国第一，常年以种植水稻为主，亦有部分小麦、玉米及杂粮杂豆。2014 年全省粮食播种面积 497.5 万公顷，比上年增长 0.8%。2014 年全省粮食总产量为 3001 万吨，比上年增长 2.6%；粮食商品量 1348 万吨，比上年增长 5.3%。

2014 年粮食工作

2014 年，在国家粮食局的宏观指导下，在湖南省委、省政府的坚强领导下，湖南粮食系统围绕打造“千亿产业”升级版、“粮安工程”湖南版、“粮油经济”增长版，坚持把服务粮食生产能力建设、回暖湘米湘油市场信心、夯实储备调控基础和提升粮食经济效能摆在突出位置，实现了“逆中求进，弱中向好”。

一 粮食生产与流通

（一）粮食生产

2014 年，全省粮食总产量为 3001 万吨，其中：稻谷 2634 万吨，玉米 189 万吨，大豆 21 万吨，小麦 10 万吨，其他 147 万吨。

（二）粮食流通情况

2014 年，全省收购量为 1538 万吨（原粮，下同），销售量为 2722 万吨；进口 40 万吨；商品量为 1350 万吨，省外购进 685 万吨，销往省外 455 万吨（收购量、销售量根据粮食流通统计年报统计，进出口量、商品量、流通量根据社会粮食供需平衡调查统计）。

二 粮食调控

（一）严格执行国家最低价收购政策，切实保护粮农利益

2014 年，国家继续实施稻谷最低收购价政策，根据当年市场行情，为保护种粮农民利益和切实维护国家粮食安全，湖南省分别于 7 月 28 日启动早稻托市收购，10 月 30 日启动中晚稻托市收购。全年共收购粮食 963.7 万吨，其中最低价收购稻谷 312.2 万吨，直接为农民带来增收近 16 亿元。全省收购工作做到了“五有”、实现了“三没有”。“五有”即有仓收粮、有钱收粮、有序收粮、有情收粮、有质收粮。“三没有”即一是没有出现扎堆交粮、交“隔夜粮”的现象，基本上做到了当天交粮当天归仓；二是没有接到一起因政策执行不到位而引发的举报；三是没有发生一例因执行政策有问题而引发的矛盾冲突。

（二）积极做好中央划转湖南省 2013 年最低收购价稻谷销售处理工作

根据国家文件精神，结合湖南省实际，制定了中央划转湖南省 2013 年最低收购价稻谷销售处理实施方案。各级粮食行政主管部门积极协调，稳妥有序，依法合规，做好了该批粮食的处置工作。

（三）在抓好收购的同时，坚持把保供给、稳粮价作为行业职责放在突出位置

全省应急加工、供应、成品粮油储备、应急储运等保障体系建设取得新进展，全省应急加工企业 422 个，应急供应网点 2182 个，价格信息直报点 96 个，应急保障能力进一步提升。全年全省粮食市场供应平稳有序，价格基本稳定。

（四）切实加强指导，规范管理，扎扎实实做好地方储备粮管理工作

一是下发《关于进一步加强地方储备粮油管理的通知》，强调按照“规模适度、结构合理、责权清晰、监管到位、保障有力”的原则，深化地方储备粮油管理机制改革，严格落实地方粮油储备规模计划，切实加强地方储备粮油库存管理，加强监督检查。二是继续将地方粮食储备规模落实与市州政府所在城市成品粮储备的落实纳入省人民政府对市州政府绩效考核指标，严格考核。三是与有关部门沟通并积极向省政府汇报，落实了部分新增地方储备粮计划。四是基本完成当年地方储备粮油轮换任务，轮入新粮新油质量安全。

三 行业发展

（一）实施“五扶工程”，全力打造千亿产业工程升级版

为进一步促进企业转方式、调结构，提升粮食产业整体实力和核心竞争力，实现可持续发展，2014 年，湖南省粮食局提出了在全省实施“扶大扶强扶优扶特扶品牌”（五扶工程）的粮油千亿产业升级版工程，提出在全省米、面、油、粮油食品、特色粮油加工、粮机制造和粮油电子商务企业中选择 30 家左右生产规模大、带动能力强、成长速度快、品牌竞争力强、特色加工优势明显的龙头企业进行重点扶持。通过三年的努力，培育年销售收入过 100 亿元的综合性加工企业 1 家，过 50 亿元的 1 家，过 20 亿元的 2 家，过 10 亿元的企业 10 家，过 5 亿的 20 家。在 30 家重点扶持企业中打造知名品牌 20 个，其中大米 12 个、植物油 4 个、粮油食品 2 个、特色粮油产品 2 个。力争到 2016 年，全省粮油加工总产值在 2013 年的基础上增长 25%，利税增长 20%，副产品综合利用率达到 80% 以上。

2014年，通过企业申报，市州推荐、项目初选、专家评审，确定支持“五扶工程”项目25个，粮油加工一般项目54个，粮食物流及产业园区建设项目7个，资产并购重组1个，国家粮食局授权挂牌的粮油质量检验监测机构9个，教育培训及科研基地建设项目4个，电子商务新型服务业态项目3个，千亿产业扶持资金总计1亿元。

（二）切实提高生产能力，粮油加工业蓬勃发展

截至2014年年底，全省入统的粮油加工企业1508家，其中：大米加工企业1082家，年稻谷处理能力3014.8万吨；小麦粉加工企业5家，年生产能力47.3万吨；食用植物油加工企业105家，年油料处理能力553.9万吨，精炼能力206.1万吨。粮油食品加工企业96家，年生产能力233.1万吨，其中挂面生产企业38家，年加工能力66.3万吨；饲料加工企业172家，年生产能力1622.8万吨；粮油机械制造企业3家，年生产能力8064台（套）。2014年，全省粮油加工企业加工大米904.5万吨，面粉22.7万吨，食用植物油159.5万吨，粮食食品134.8万吨，挂面55万吨，饲料1154.8万吨，粮油机械6233台（套）。2014年，全省粮油加工业实现工业总产值1193.3亿元，利税51.4亿元，其中利润35.9亿元。

（三）统筹规划、项目带动，狠抓基础设施建设

据统计，2014年，湖南省共完成粮食流通基础设施项目271个，其中国有及国有控股企业项目223个，民营项目48个。按项目进展来看，前期项目25个，在建项目67个，竣工项目179个。项目规划总投资63.5亿元，本年度完成投资23.1亿元，其中国有及国有控股企业完成投资13.6亿元，民营企业完成投资9.4亿元。全年完成中央财政投资3.1亿元，地方财政投资5.6亿元，银行贷款4亿元，企业自有资金9.6亿元。总建设规模309.56万吨，全年共完成仓库建设146.86万吨，新增油罐8.39万吨，维修改造仓容582.4万吨，其中大修仓容275.3万吨，建设办公业务用房8.1万平方米，购置设备2736台套，建设完成信息系统209套，农户科学储粮仓14万套。

（四）加强粮食质量监管，严防质量不合格粮食进入口粮市场

全面落实粮食质量安全监管责任，加强粮油质量监测体系建设和粮油质检人才队伍建设，重点抓好粮食收购、储存、出库、加工等环节的质量检验监测，加强出入库粮食质量安全监督抽查，继续实行出省粮食免费检镉，严防质量不合格粮食进入口粮市场。做好2014年重金属超标稻谷收购检测及收储工作要求，对2014年入库的最低收购价早籼稻进行了分库点扦样，开展重金属含量检验。

四 行政执法

（一）创新检查工作方法，全省粮油库存检查扎实有效

结合湖南省实际，以3月25日为检查时点，自4月1日开始，通过企业自查、市县局督察和省级复查等对全省所有中央储备粮、国家临时存储粮、地方储备粮以及国有粮食企业的商品粮库存进行检查，并选择长沙、衡阳、邵阳、岳阳、益阳、常德六个市州的14个企业147个库点共808个仓廒进行了复查，特别是在复查阶段，坚持问题导向，抓住省级复查这一关键环节，打破以往常规，创新检查方式，按照“统一抽调、混合编组、结合交叉、本地回避”的原则，从全省库存检查人才库抽调专业人员组织三个复查工作组，同时组织粮食质检机构扦取检验各类政策性用粮和成品粮样品216份，全面掌握了当前湖南省粮食各项质量指标，为保证粮食质量安全提供了数字化依据。下半年，选择岳阳、长沙、衡阳、常德、益阳、怀化6个市内存有国家临时存储油的13个租罐企业和1个承储库点

进行了临储油库存抽查。

（二）集中开展“转圈粮”、“顶包油”专项整治和国家粮食仓库清查工作

根据国家发改委等5部门《国家粮食局关于对国家粮食仓库进行清查的紧急通知》要求，结合“转圈粮”、“顶包油”治理专项行动，8月5日至28日，成立8个督察组，分别由局领导带队赴各市州对早稻收购、粮仓清查、“转圈粮”、“顶包油”专项治理和库存检查问题回头看等一并开展督查。一是“转圈粮”、“顶包油”专项整治行动迅速。严格按照要求，各级粮食部门制订了专项整治方案，明确了责任分工。市级粮食部门成立了专案组，设立了举报电话和举报信箱，突出检查工作的问题导向，建立健全专项整治工作责任制和责任追究制，采取专项检查、结合粮食库存检查、随机抽查等多种方式，加大监控力度。全省共开展专项检查732次，出动检查人员2947人次，检查政策性粮食委托收储库点766个次，其中中央储备粮企业27个，地方储备粮承储企业103个，对发现的趋势性、苗头性问题及时给予了纠正处理。经过集中整治，“转圈粮”举报案件数量明显减少。二是库存检查问题整改到位。粮食库存检查工作结束后，对检查中发现的问题逐一下达了整改交办函，各地对照粮食库存检查中发现的有关问题，进行了及时的督办整改，对相关问题落实情况进行了实地走访和了解，所有问题均全部整改到位。

（三）全面开展社会粮食流通监管，维护粮食市场正常秩序

全省各级粮食监督检查部门结合本地实际，围绕粮食收购资格、统计制度、粮食质量、最低最高库存制度、仓储设施及运输工具等内容积极开展监督检查，配合工商、质检、价格等部门开展粮食市场检查。粮食企业经营活动守法诚信评价工作稳步推进，粮食监督检查对象信息库和工作日志建设进度加快。全省粮油经营企业3036家，其中国有粮食企业285家、外资企业12家、民营企业2732家，有2855家建立了信息档案，占94%。全年共查处各类涉粮油案件754例，这些涉粮案件反映的违规问题主要集中在粮食购销政策、粮食统计制度、托市粮销售出库、粮食库存管理、粮食质量等方面。

五 党群工作

（一）党风廉政建设呈良好态势

一是健全履职尽责新机制。将年度党风廉政建设责任制任务细化为51项，逐项分解落实到党组成员、机关处室和直属单位。“签字背书”力促责任落地。党组成员与党组书记、机关处室和直属单位主要负责人与分管领导层层签订责任书，确保责任落实不留“盲区”。局党组着手建立责任清单等分责保障机制，述责述廉等履责保障机制，目标绩效考核等评责保障机制，“一案双查”等追责保障机制。

二是构建廉政教育新格局。开展“党纪条规教育年”活动。开讲一堂党纪条规党课，开展一轮党纪条规警示教育，组织一场党纪条规专题辅导报告，聆听一组《廉政大讲堂》专题讲座，印发一套党纪条规学习资料，开展一次党纪条规知识测试，通过“六个一”系列教育活动，筑牢粮食党员干部思想道德和党纪条规防线。拓展廉政文化宣传。

三是建立作风建设新常态。深入贯彻落实中央八项、省委九项规定精神，全面完成了教育实践活动《整改方案》中27项整改任务，全面开展了公车私用、公款送礼、违规职务消费等专项整治工作，促进党员干部作风的持续向好。“法制化”扎紧制度笼子。把解决当前问题与建立健全长效机制结合起来，制定了《中共湖南省粮食局党组贯彻落实〈建立健全惩治和预防腐败体系2013–2017年工作规

划〉的实施办法》等规章制度40个，围绕粮食流通工作全局，推进具有粮食特色的反腐倡廉制度建设。

（二）积极拓宽党建工作领域

一是积极创建“省直模范职工之家”。严格按组织程序，顺利完成局机关工会换届选举；对原有的机关活动室补充书籍资料、完善管理制度等，面貌焕然一新，首次获得“省直模范职工之家”荣誉称号。

二是切实维护职工合法权益。各级工会开展了生日慰问、病丧慰问、大病救助、困难救助、女职工体检、购买补充医疗保险和落实干部职工的合理福利待遇等“送温暖”工程。

三是确保稳定大局，创建“平安单位”。2014年，局直属系统各级党组织担负起信访维稳重任，保持了大局稳定，实现了“无群体性事件、无干部职工违法犯罪、无大小安全事故、无刑事治安案件、无邪教泄密事件、无进京上访、无危害国家安全案事件”的“七无”目标，信访量一年少于一年，全年局信访办共接待来信来访70件106人次，较上年分别下降了35.2％和43.0%，连续6年（2009~2014年）被省委省政府授予“平安单位”称号。党组高度重视信访维稳工作，要求新录机关公务员和复员转业军人必须到信访办锻炼一年、安排维稳专项经费、年终对局直单位进行“平安单位”专项评比，并兑现奖罚，有力地保障和支持了信访维稳工作。

◆湖南省粮食局领导班子成员

张亦贤　党组书记、局长

向才昂　党组副书记、副局长

焦小毅　党组成员、副局长

邓德林　党组成员、副局长

石少龙　党组成员、副局长

彭利萍　党组成员、纪检组长

周　辉　党组成员、副局长

田力民　副巡视员

胡检生　副巡视员

2014 年 6 月 29 日，湖南省粮食局举行“湖南粮油健康生态行”启动仪式。

2014 年 7 月 28 日，湖南省粮食收储工作座谈会在长沙召开。

2014 年 8 月 19 日，湖南省委副书记孙金龙（右二）在省粮食局党组书记、局长张亦贤（右三）等人的陪同下，在早稻收购一线视察指导。

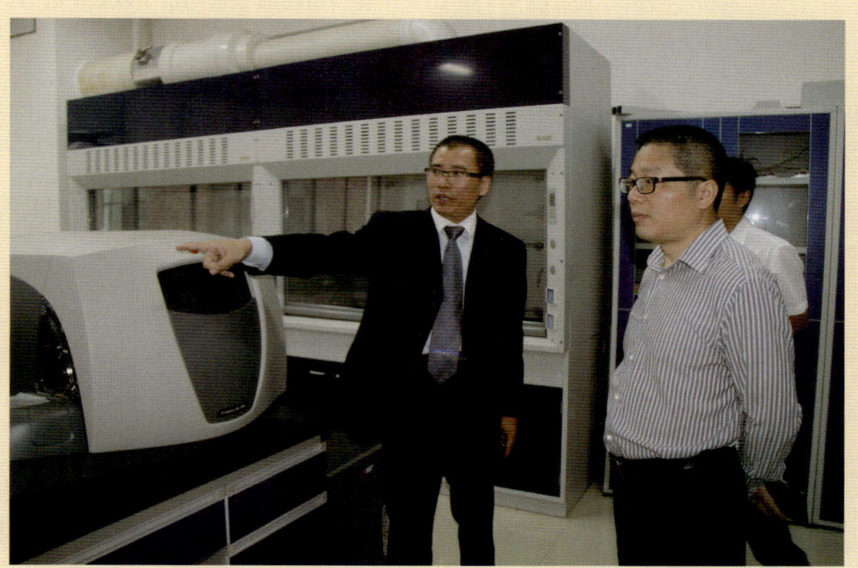

2014 年 9 月 19 日，湖南省粮食局党组书记、局长张亦贤（右一）在中南林科大“稻谷及副产物深加工国家工程实验室”考察调研。

广东省粮食工作

基本情况

广东是我国大陆最南端的省份，北枕南岭，南临南海，全境共辖 2 个副省级市、19 个地级市、23 个县级市、58 个市辖区、37 个县、3 个自治县。全省陆地面积 18 万平方公里，约占全国陆地面积的 1.9%。2014 年末广东常住人口 10724 万人。2014 年，全省实现地区生产总值（GDP）67792.2 亿元，比上年增长 7.8%；全年城镇常住居民人均可支配收入 32148 元，比上年增长 8.8%，扣除价格因素，实际增长 6.4%；农村常住居民人均纯收入 12246 元，比上年增长 10.6%，扣除价格因素，实际增长 8.3%。

广东是全国最大的粮食主销区。2014 年，广东粮食作物播种面积 250.7 万公顷，比上年减少 0.02%；粮食产量 1357.3 万吨，比上年增长 3.1%，其中：稻谷 1091.6 万吨、大豆 16.3 万吨、小麦 0.3 万吨、玉米 76.9 万吨、薯类及其他 172.2 万吨；全省粮食消费量约 4220 万吨；粮食自给率 32%。2014 年，广东外购粮食约 2860 万吨，实现了粮食供需平衡。

全年粮食消费价格指数累计涨幅 2.7%，涨幅比全国低 0.4 个百分点。年末与年初相比，稻谷批发价上涨 5%，大米零售价上涨 4%；玉米批发价下跌 2.5%；小麦批发价和小麦粉零售价分别上涨 4% 和 1.7%；食用植物油零售均价下跌 2.8%，其中：花生油价格下跌 2.3%，豆油价格下跌 4.7%。

2014 年粮食工作

2014 年，广东省粮食系统积极服务稳增长、促改革、调结构、惠民生、防风险中心工作，应对日益严峻的全省粮食安全形势，从守好责、绘好图、装好碗、建好仓、管好粮、育好链 6 个方面，启动实施“南粤粮安工程”，确保了全国第一人口大省、第一粮食销区的粮食安全，为经济社会发展提供了基础支撑。

一 守好责，粮食安全保障责任得到强化

修订后的《广东省粮食安全责任考核办法》经广东省政府同意印发实施。全省粮食安全责任届中

考核工作完成，21 个地级以上市和顺德区政府考核均合格，粮食安全各级政府责任制得到落实。党的群众路线教育实践活动、“争做有理想、守本分、会作为的纯粹粮食人”讨论活动以及“践行‘三严三实’要求，更主动作为、更科学作为、更有效作为，推动全省粮食工作创新发展”学习实践活动在全省粮食系统开展，全面推进粮食系统科学建设和粮食工作创新发展。依法行政、行政执法、粮油库存检查、粮食流通统计、职业技能鉴定等培训开展，全省粮食系统干部职工的履职能力得到提升。

二　绘好图，重大政策部署和规划编制工作有效开展

广东省粮食系统从守好责、绘好图、装好碗、建好仓、管好粮、育好链 6 个方面启动实施“南粤粮安工程”，确保经济发展新常态下全省粮食安全。省粮食局机关开展了“我为推进全省粮食工作创新发展献一策”活动，提出关于推进全省粮食工作创新发展的措施 22 项。《关于推进全省粮食工作创新发展的行动方案》印发实施，推进粮食安全保障合力形成机制等 8 个方面工作创新。《广东省粮食局关于贯彻落实党的十八届四中全会精神 全面推进全省依法治粮工作的意见》印发实施，推动提升全省粮食工作法治化水平。《广东省粮食安全保障“十三五”规划》被广东省政府确定为重点专项规划。开展“粮安工程”建设规划编制工作，提出 2015~2020 年全省“粮安工程”建设目标、任务和保障措施。

三　装好碗，全国最大销区军需民食得到保障

粮油市场调控能力和军粮供应保障能力不断增强，全省军需民食得到保障。一是粮油市场保供稳价目标实现。推进《广东省籼稻谷最低收购价执行预案》修订工作。加强与粮食产区的产销合作，2014 鄂粤粮食购销合作洽谈会签约粮食约 20 万吨、金额近 10 亿元；在朱小丹省长、徐少华常务副省长的见证下，《赣粤两省进一步加强粮食产销合作框架协议》签署，江西省向广东省提供的商品粮数量将逐步达到每年 350 万吨。国家东北粳稻和玉米采购费用补贴政策得到落实，广东省内企业采购东北粮食 660 多万吨。二是粮油储备体系建设得到加强。根据国务院部署和广东省实际，推进落实现有和新增地方储备粮规模相关工作。结合市场粮价变化情况，适当调增了省级储备小麦规模，省级储备粮品种结构得到优化。全省各级粮食部门积极与财政、税务等部门沟通协调，审核确认了承担政策性粮油储备任务的企业及其直属库名单，帮助 500 多家企业享受税收优惠。惠州市引入民营企业代储地方储备粮，储备粮库有效仓容不足问题得以解决。三是粮食应急能力得到增强。省级粮食应急预案操作手册以及 13 个地级以上市和顺德区本级粮食应急预案重新修订，8 个地级以上市和顺德区开展了粮食应急演练。全省新建粮食应急供应网点 300 多个，累计建成 2300 多个，提前实现规划目标。各地加大粮食应急体系建设投入，汕头、佛山、惠州、潮州等市对粮食应急保障企业给予专项资金扶持。四是驻粤部队军粮供应得到保障。广东省军粮供应应急预案印发实施，军粮应急保障水平得到提升。《军粮供应网点维修改造三年规划（2014–2016）》编制完成，《广东省军粮供应网点使用中央财政补助资金管理实施细则》印发实施，军供网点建设得到加强。全省军粮财务专项检查开展，军粮供应财务管理得到规范。各地按照国家粮食局要求，推进军粮供应工作军民深度融合发展，驻粤部队军粮供应得到全天候确保。

四 建好仓，粮食流通基础设施建设不断推进

继续推进实施《广东省粮食流通基础设施建设“十二五”规划》，积极组织广东省国家千亿斤粮食仓储工程建设，创新投融资方式，探索引导社会资本参与粮食仓储设施建设。广东省被国家粮食局列为全国5个竞争性建仓试点省份之一。省储备粮东莞直属库5万吨海港码头和2千吨内河码头建设任务完成并试运行，汕头直属库通过预验收，广东华南粮食交易中心华南粮食配送服务项目4.2万吨筒仓工程已动工。作为全国首批成品粮库试点项目之一，总投资12亿元的广州市粮食储备加工中心投入使用。深圳市粮食集团联合有关民营企业建设的东莞粮食物流节点项目开工，在探索投融资新模式方面迈出重要一步。在省以及广州、深圳、佛山、汕头、韶关等地粮食质检机构已被国家粮食局授权为“国家粮食质量监测站（中心）”基础上，湛江粮食质量监测站申报国家粮食质量监测站工作有序推进。

五 管好粮，粮食流通监督检查得到加强

广东省粮食流通监督检查工作水平得到提升。一是“粮食流通监管能力提升年”活动取得成效。全省有9个地级以上市和14个县（市、区）粮食部门设立粮食流通监管机构，比上年增加4个；15个县（市、区）成立粮食行政执法队。惠州市粮食局、梅州市丰顺县粮食局被国家粮食局评为第四批全国粮食流通监督检查示范单位。广东省粮食局和多个市粮食部门实现了行政审批事项网上办理。全省粮食行政执法装备标准化配备参考标准出台。粮食经营者行政处罚、表彰奖励、粮食收购许可等信息已纳入全省社会信用系统。各地粮食部门对辖区内粮食企业实行一户一档造册管理。广州、深圳、惠州、中山、湛江、江门等市建成或在建远程视频监控系统，对在库粮油储备实现全天候实时监控。二是粮食流通专项检查不断加强。全省粮食库存专项检查结果表明，广东省库存粮食账实、账账基本相符，质量情况总体良好。夏、秋粮收购期间，全省粮食部门共出动监督检查人员2600余人次，检查收购主体1500余个，粮食收购秩序得到维护。“转圈粮”专项整治取得实效，实现从单一采用大规模运动式检查向专项检查、突击检查相结合转变。国有粮库清查结果表明，全省国有及国有控股粮仓基本用于粮食储存，储粮仓容占总有效仓容（919万吨）的93%。粮食行业安全生产大检查、以粉尘防爆隐患排查为重点的专项整治以及消防安全专项整治顺利开展，粮食行业安全生产保持零事故的良好势头。三是粮食质量安全监管能力不断提升。“省粮食质量安全中心实验室开放日”活动成功举办，向社会公众普及粮油质量安全鉴定评价知识。全省有15个地级以上市和顺德区实行了政策性粮食入库专项质量检测制度。广州、深圳、佛山、惠州、潮州等市建立了委托第三方定期开展粮食质量抽检工作制度。惠州市开发应用粮油“二维码”溯源系统。中山市在市中心粮库配置了专项质量检测设备，免费为成品粮承储企业以及粮食应急加工定点企业提供检测服务。

六 育好链，粮食产业发展势头良好

广东省粮食系统积极推进粮食流通产业化发展并取得明显成效。一是粮食流通产业发展氛围进一步培育。广东省粮食局联合东莞市政府举办了2014广东粮食安全·粮食科技周现场宣传活动，联合广东省农业厅、团省委、省妇联等部门举办了2014年“世界粮食日”和全国爱粮节粮宣传周广东省宣传活动，2014年粮食科普进社区进学校宣讲活动成功举办。广东省粮食局门户网站建成，常态化

宣传机制形成。《南方日报》、《广州日报》、《羊城晚报》、《粮油市场报》、南方网、新浪网以及省内各地媒体等，均对广东省粮食工作进行了广泛报道。二是粮食产业发展力度加大。根据省府办公厅转发省发展改革委、粮食局《关于加快发展粮食流通产业的意见》，汕头、韶关市出台了当地粮食流通产业发展实施意见；中山、潮州市出台有关文件，每年安排粮食流通产业发展专项资金。全省国有粮食企业经营保持良好发展势头，2014 年统算盈利约 3 亿元，同比增长 38.9%，实现 2007 年以来连续 8 年盈利。

广东省粮食局被国家粮食局评为 2014 年度全国粮食质量安全监管工作优秀单位、全国粮食流通监督检查工作先进单位、全国粮食系统会计报表工作考核优胜单位。人力资源和社会保障部、国家粮食局表彰了广东省全国粮食系统先进集体 3 个、先进工作者 1 名、劳动模范 3 名。

◆广东省粮食局领导班子成员

余云州　广东省发展和改革委员会党组成员、副主任，省粮食局党组书记（2014 年 4 月任党组书记）

谢　端　广东省粮食局局长（2014 年 4 月任现职）

张　军　广东省发展和改革委员会党组副书记、副主任，广东省粮食局局长（正厅级）（2014 年 5 月免职）

冯晓光　广东省发展和改革委员会巡视员（2014 年 5 月退休）

吴津伟　广东省粮食局党组成员、副局长（2014 年 8 月任现职）

林善为　广东省粮食局党组成员、副局长（2014 年 8 月任现职）

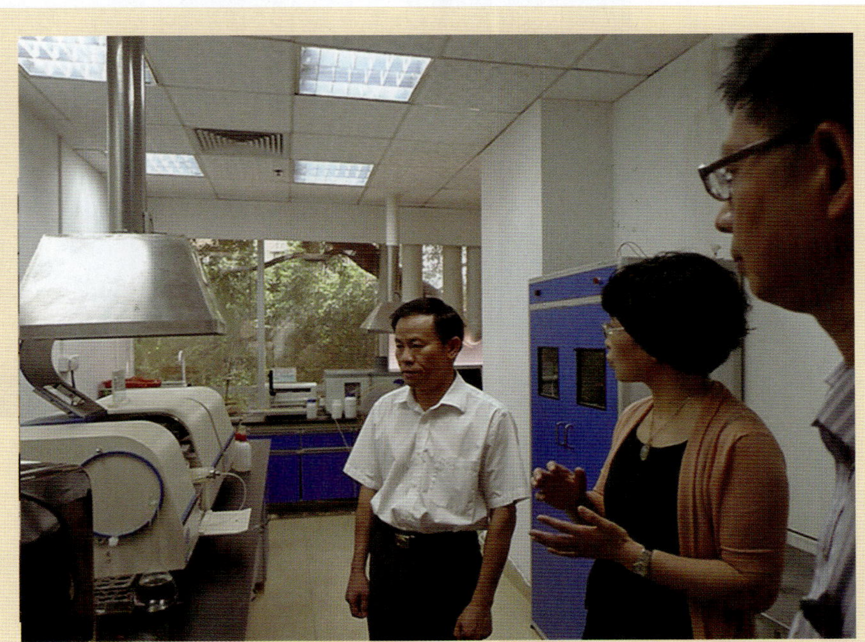

2014 年 7 月 14 日，广东省发展和改革委员会副主任、省粮食局党组书记余云州（左一）到省粮食科学研究所（省粮食质量安全中心）调研。

2014 年 10 月 13 日，在广州举行的第十届泛珠三角区域合作与发展论坛暨经贸洽谈会上，广东省粮食局局长谢端（前排左）与江西省粮食局局长黄河（前排右）签署《赣粤两省进一步加强粮食产销合作框架协议》，广东省省长朱小丹（后排左三）、常务副省长徐少华（后排左二）、江西省省长鹿心社（后排右三）出席并见证签字仪式。

2014 年 11 月 7~9 日，广东省粮食行业协会、东莞市粮食行业协会在东莞常平粮油批发市场举办 2014 年东莞（常平）粮油产品展示交易会。

广西壮族自治区粮食工作

基本情况

2014 年，广西全区生产总值（GDP）15672.97 亿元，比上年增长 8.5%。其中，第一产业增加值 2412.21 亿元，增长 3.8%；第二产业增加值 7335.60 亿元，增长 10.1%；第三产业增加值 5925.16 亿元，增长 8.1%。按常住人口计算，人均地区生产总值 33090 元。全年全社会固定资产投资 13843.21 亿元，比上年增长 16.3%，扣除价格因素，实际增长 14.5%。全区粮食种植面积 306.8 万公顷，比上年减少 0.8 万公顷。油料种植面积 23.7 万公顷，比上年增加 1.5 万公顷。全年粮食产量 1534.4 万吨，比上年增加 12.6 万吨，增长 0.8%。其中，夏粮产量 36.9 万吨，增长 2.5%；早稻产量 543.3 万吨，下降 2.1%；秋粮产量 954.2 万吨，增长 2.5%。油料产量 61.30 万吨，增长 7.2%。全年全区国有和重点非国有粮食经营转化企业共购进粮食约 289 万吨，比上年增加 21 万吨；共销售粮食 982 万吨。2014 年全区粮食消费量 2090 万吨，其中农村口粮 695 万吨，城镇口粮 365 万吨，饲料用粮 840 万吨，工业用粮 170 万吨，种子用粮 20 万吨。2014 年末，广西国有粮食企业共 599 家，从业人员 6486 人。全行业实现利润总额 7211 万元。

2014 年，广西粮食系统在各级党委政府的领导下，坚持稳中求进，努力克服经济增长下行压力加大的影响，开拓进取，扎实做好各项工作，为保障广西粮食安全、促进全区经济持续健康发展、维护社会和谐稳定作出了积极贡献。

2014 年粮食工作

一　粮食流通和调控

2014 年，广西粮食安全行政首长责任制得到进一步落实。年初自治区人民政府与各市人民政府签订的《粮食安全责任书》，在明确粮食生产责任的基础上，首次增加了包括粮食购销、保供稳价、粮食储备、修仓建库等粮食流通方面的责任内容和量化指标，并列入了政府绩效考评范围，进一步完善了粮食安全行政首长责任制，切实增强了各级政府保障粮食安全的责任感。全年全区粮食企业总购进粮食 1854 万吨，总销售 982 万吨，比上年分别增加 5.0% 和 11.3%，继续刷新纪录；安排轮换出库储备粮 50 万吨投放市场。军粮供应稳定有序，全区军粮统一配送量达到供应量的 89%。2014 年，全区继续在 64 个粮食主产县实行粮食直补与储备粮订单粮食收购挂钩政策，全年计划收购订单粮 80 万吨，直补标准 0.24 元 / 公斤，安排直补资金 2 亿元，带动农民增收 12 亿元以上。至 2014 年 12 月 31 日，全区直补订单粮食收购累计完成 79.35 万吨，占全年任务的 99.2%，是实行粮食直补订单收购政策以来完成最好的一年。

二 粮食流通改革

2014 年，全区粮食系统按照自治区和国家粮食局的部署，稳步推进各级国有粮食企业改革，成效进一步显现。2014 年 1~12 月，全区国有粮食购销企业实现销售收入 65.64 亿元，同比增加 10.99 亿元，增幅 20.11%，完成自治区绩效目标的 145.87%；实现盈利 0.87 亿元，增幅 53%；实现利税总额 1.14 亿元，增幅 34.3%，完成自治区绩效目标的 259.09%，创下粮食流通市场化改革以来的历史新高。直属企业通过进行产权制度改革，大力发展混合型经济，形成了广西五丰粮食集团、广西国泰粮食集团、广西鑫粮粮食集团、广西金茶王油脂等民营控股、国有参股的四大混合所有制粮食产业集团，2014 年总计实现销售收入 37 亿元，利税 1.67 亿元。

三 粮食流通监管

积极推进依法行政工作，认真做好规范性文件合法性审查工作，对《广西壮族自治区粮油仓储设施项目建设管理暂行办法》、《广西壮族自治区粮油仓储单位备案管理办法》及多份规范性文件的合法性进行了审查；完善重大行政决策机制，制定并实施《广西壮族自治区粮食局重大行政决策规则》；开展对粮食行政执法的监督检查，并制定印发了《广西壮族自治区粮食局行政执法监督制度》；积极组织参加自治区依法行政示范点创建活动，被命名为自治区级依法行政示范点。大力开展广西粮食系统“监管能力提升年”活动，进一步加强粮食流通监督检查工作，提高粮食流通依法行政能力，健全监管长效机制。扎实开展粮食库存检查、对种粮农民实行直接补贴与储备粮直补订单粮食收购挂购政策专项检查、国家粮食仓库清查工作、“转圈粮”专项整治行动、国家政策性粮食销售出库专项检查、全区“粮食监督检查证”清理等专项检查。加强粮食质量安全监管，强化库存粮食质量监督抽检和收获粮食卫生风险监测，2014 年抽检库存粮油样品 600 个、采集收获粮食样本 1000 份进行检测，覆盖了全区的各级储备库。积极创建国家粮食局挂牌的粮食质量监测机构，进一步完善粮食质量安全监管监测体系。

四 粮食流通体系建设

（一）粮食仓储设施建设

2014 年，全区完成粮食仓储设施建设项目 17 个，完成投资 2.85 亿元，新增完好仓容 19.8 万吨，另有在建项目 47 个。落实 1012 万元财政资金，推进全区军粮供应基础设施建设。南宁、黎塘、柳州、防城港、贺州等一批集粮食储备、粮油加工、批发交易、仓储物流功能于一体的粮食产业园区正在加紧建设，其中南宁粮食物流园、柳州粮食物流园、东兴跨国粮食物流园等项目已落实建设资金超 6 亿元。

（二）农户科学储粮工程建设

继续按照中央补助、自治区配套和农户投入 3:5:2 的比例组织实施农户科学储粮工程。2014 年投资 2925 万元完成农户科学储粮建设专项 6.5 万户。

（三）放心粮油工程建设

2014 年，自治区人民政府将“放心粮油”工程列为全区为民办十项实事的子项目，国家粮食局也将广西壮族自治区作为“放心粮油”工程服务体系建设试点的 3 个省区之一。2014 年，自治区财政安排“放心粮油”工程建设专项补助资金 1200 万元，全区完成建设和完善“放心粮油”经营网点 153 个，使全区累计建成的“放心粮油”经营网点达到 1506 个，超额完成了自治区人民政府为民办实事工程的子项任务。全区“放心粮油”网点共销售各品种粮食 50.73 万吨、食用油 7.36 万吨，销售额达 32.35 亿元，实现盈利 1.09 亿元，安置就业人员 3227 人，创造了良好的社会效益和经济效益。

五　行业发展

（一）创新发展糙米米粉主食产业化

按照国务院和农业部、国家粮食局关于发展主食产业化的意见要求，根据自治区党委、政府领导的指示精神和“安全、营养、可口、节约”的总要求，结合广西城镇居民饮食消费特点，自治区粮食局将发展糙米米粉产业作为全区实施主食产业化、加快粮食产业发展方式转变的主要抓手，并牵头建立了广西糙米米粉产业化发展联席会议制度，积极组织实施糙米米粉产业化工作。及时组建专业攻关团队，通过技术创新和工艺改良，解决了仅使用纯糙米原料、不需任何添加剂生产米粉及其保鲜等难题，创新研发了以 100% 糙米为原料的糙米鲜湿米粉和干条米粉，生产全程实现原料基地化、生产机械化、工艺标准化、管理规范化、配送安全化。广西鑫粮粮食集团有限公司作为主食产业化实施企业，投资 6000 多万元在南宁、柳州、桂林建设 3 个糙米米粉加工厂。南宁和柳州加工厂已分别于 7 月份和 10 月份竣工投产，形成年产 8 万吨糙米米粉的生产能力。

（二）粮油科研成果丰硕

2014 年，“太阳能低温储粮新技术研究与示范”项目新立项为自治区的科技计划课题；完成“茶油绿色高效加工技术成果转化与产业化示范”课题的科技成果转化；完成科技部创新基金项目“食品安全检测免疫亲和色谱柱的制备技术研究及产品开发”项目验收和科技成果鉴定，取得了国内技术领先水平；自治区科技计划课题“巴马火麻仁系列功能营养食品合作研究与开发”和“充氮气调储粮技术及农村储粮技术设施的研究与示范”完成了验收和科技成果鉴定，分别取得了国内领先和国内先进的技术成果，并继续组织开展一系列粮油食品储藏、加工、检测等科研课题的研究工作。

六　党群工作

在党的群众路线教育实践活动中通过整改整治、建章立制，促进了机关作风改进，提高了机关行政效能，取得了实实在在的成效，群众满意率达到 98.6%。同时，重视抓好本单位的廉洁从政工作，抓好廉政预防教育，2014 年本局机关及直属单位没有发生严重违法违纪现象。通过完善制度监督、加强教育培训来强化干部职工的工作执行力，党员干部队伍作风有了明显转变，综合素质有了明显提高。积极举办和参加丰富多彩的文化体育活动，加强机关精神文明建设。举办全区粮食系统“天地粮人”

摄影展，展示自治区粮食工作取得的成就；组织排球队参加广西区直机关运动会、组织拔河队参加广西体育节万人拔河比赛，分别夺得第一、第二名的好成绩。协调落实 60 多万元投入帮扶贫困村改善基础设施；整合各类资金 280 万元投入“美丽广西·清洁乡村”工作，联系点村容村貌得到极大改观。

◆广西壮族自治区粮食局领导班子成员

黄显阳　　党组书记、局长
秦全贵　　副局长
谢　俊　　党组成员、副局长
林愈溪　　党组成员、副局长
杨　斌　　党组成员、副局长
欧泽馨　　党组成员、驻自治区粮食局纪检组组长（2014 年 3 月任职）
刘文志　　巡视员（2014 年 1 月任职，2014 年 11 月免职退休）
冯俊英　　党组成员、副巡视员（2014 年 3 月任党组成员）

2014 年 1 月 27 日，广西壮族自治区粮食局党的群众路线教育实践活动总结大会在南宁召开，自治区教育实践活动第十二督导组副组长汪春伟到会指导。

2014 年 3 月 6 日，广西壮族自治区粮食流通工作会议在南宁召开，图为大会向荣获全区粮食工作集体二等功的单位颁发奖牌。

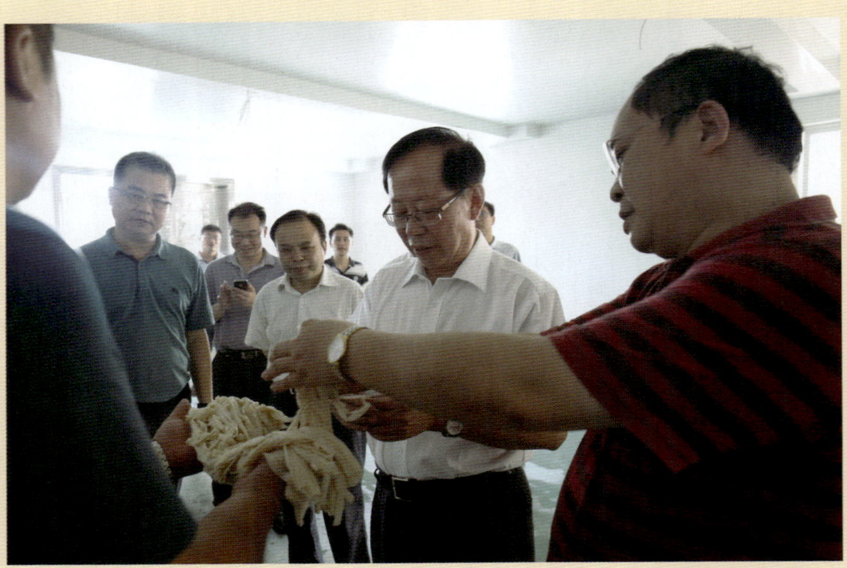

2014 年 7 月 8 日，广西壮族自治区党委副书记危朝安（右二）到广西鑫粮集团南宁糙米米粉生产厂视察糙米米粉生产情况。

2014 年 12 月 2 日，时任广西壮族自治区党委常委、自治区副主席，现任自治区党委常委、自治区常务副主席唐仁健（左三）在南宁视察粮食工作，图为唐仁健副主席在自治区粮食局直属企业广西南宁粮食储备库大米加工车间视察。

海南省粮食工作

基本情况

海南省位于我国最南端，是唯一的热带海岛省份，全省陆地面积约3.54万平方公里，海域面积约200万平方公里。2014年年末，常住人口903.48万人。2014年，全省地区生产总值3500.7亿元，比上年增长8.5%。海南省入春早、升温快、稻可三熟、菜满四季，风景秀丽，气侯宜人，是中国南繁育种的理想基地，是中国最重要的热带旅游胜地。

2014年，全省粮食种植面积42.2万公顷，其中，稻谷种植面积31.2万公顷；粮食总产量186.6万吨，减产2.2%，其中，稻谷产量155.5万吨，增产3.8%。粮食商品率为19%，可提供商品粮35万吨。由于粮食需求量的增加，粮食自给率由44.3%降到42.5%。全省粮食总消费446万吨，居民消费口粮的中高档籼、粳米、小麦粉和饲料用粮玉米基本依靠省外市场供给，全年省外购进和进口粮食270万吨。当年城乡居民口粮消费190万吨，食品及工业用粮5万吨，饲料用粮250万吨，种子用粮1.0万吨。

2014年粮食工作

2014年，在省委、省政府的坚强领导下，全省粮食系统广大干部职工认真贯彻落实全国粮食流通工作会议精神，认真落实好省委、省政府粮食工作重大决策，加强领导、明确责任，精心组织、真抓实干，实现确保全省粮食供应和价格基本稳定的总体工作目标，为海南全面深化改革提供了坚实的物质保障。

一　着力抓好粮食调控，粮食市场供应和价格基本稳定

切实把抓收购、保供应、稳市场作为各项工作的重中之重抓好抓实。认真落实国家粮食收购政策和“五要五不准”收购守则，在充分发挥国有粮食购销企业主体作用的同时，积极鼓励和引导多元粮食经营主体入市收购，提高售粮服务水平，全年收购粮食13.6万吨，做到对农民的余粮应收尽收，切实掌握市场调控的基本粮源。搞活流通，抓好购销，鼓励企业积极开展省际间粮食购销业务，与广西壮族自治区签署粮食协作战略协议，联合召开广西优质粮油产品推介暨琼桂粮油购销洽谈会，签订

粮油购销合同 20 万吨，利用好国家运费补贴政策购进东北粮食 19.2 万吨，全年省外购进粮食 248 万吨，满足市场需求。加强对国有粮食购销企业储备轮换工作的指导，适时适度轮换储备粮 9 万吨调节市场。认真贯彻执行军粮供应政策，加强军粮质量管理，规范军粮财务管理，推广应用新的军粮供应管理信息系统，履行好《军粮供应服务公约》，保证驻琼“三军”、“四警”粮食正常供应。进一步做好粮食价格监测和市场调查工作，坚持不定期组织粮食市场供应和价格会商，因市施策稳定市场粮价，确保全省市场粮食价格稳定在合理的区间，与年初对比，各个品种市场价格基本持平。积极应对 60 年一遇强风灾对粮食市场供应的影响，配合民政部门，做好市县粮食调拨工作，组织供应救灾大米 3134 吨和食用植物油 2500 桶，保证重灾区海口、文昌市“威马逊”强风灾后的粮食供应。

二 加强储备体系建设，粮食调控基础进一步夯实

2014 年，海南省粮食局在储备管理体系建设上取得了新的进展，根据国家四部委新增地方粮食储备规模计划，着手制定落实地方粮食储备规模布局和品种结构调整方案；组织对《海南省储备粮管理办法》及其配套的仓储、轮换、财务和成品粮管理办法的重新修订进行调研，拟征求相关部门的意见后上报省政府批准后实施；组织修订和实施《海南省省级储备粮承储管理年度考核暂行办法》，强化省级储备粮承储企业的管理和考核。加强省直国有粮食企业资产管理，完成了原关闭企业海南面粉厂、湛江粮食中转站、省粮贸公司三亚分公司、省八所粮食储备经营公司和海南省饲料厂等 5 家存量资产的核查清理、核销和产权划转工作，进一步优化盘活存量资产，确保国有资产保值增值。指导市县粮食部门整合盘活国有粮食购销企业存量资产，提高国有资产运行质量。组织开展春冬两季粮食库存普查、“四无粮仓”建设活动和粮食安全生产专项治理工作；组织做好 27 家省级储备粮承储企业 2013 年度考评和 7 家省直国有粮食企业绩效考核，有效地推动仓储管理规范化。

三 实施“粮安工程”，粮食收储供应安全保障能力得到提升

积极争取国家和地方财政支持，成立项目推进工作领导小组，多措并举，实施“粮安工程”，不断提升粮食收储供应安全保障能力。加快推进粮食仓储设施建设和“危仓老库”的维修改造，落实项目建设资金 8870 万元，推进海南洋浦粮食储备库二、三期项目和海南丘海成品粮储备库一期项目的建设；积极推进省直国有粮食企业库区“退城进郊”项目，三亚公司项目经省政府批准同意实施；积极推进海南金马粮食物流园区项目和海南美安粮食储备库项目建设工作，已与当地政府就项目用地问题达成共识；利用中央财政补助粮库维修资金 489 万元和国家军供网点维修资金 1008 万元，对 22 家省级储备粮承储企业粮库和三沙市军供站进行维修改造。加强对储备粮的质量监管，保证粮食储存品质，海南省地方储备粮宜存率和卫生达标率均为 100%，质量合格率为 99%；积极开展对新收获粮食监测监控，从源头上把住粮油食品质量安全关，监测质量安全样本 95 份经检验符合粮食卫生标准和农药残留标准；严把军粮采购、加工、入库和销售质量关，杜绝不符合国家粮食质量和卫生标准的粮食进入军供渠道。推进“放心粮油”工程建设，结合海南省粮油质量现状及广大人民群众对“放心粮油”的迫切需要，海南省粮食局研究制定“放心粮油”工程建设意见并上报省政府。加强粮食市场应急体系建设，及时更新应急数据，完善应急情况下储备粮油投放的具体预案，加强对 263 个粮食应急销售网点和 77 个粮食应急加工网点的统计与核实工作，切实提高应急管理能力。启动海南省粮食行

业“十三五”发展规划编制工作，按照国家粮食局的部署，拟分 9 个粮食流通工作领域组织对粮食行业“十三五”期间的建设发展进行全面科学规划。抓好节粮减损工作，组织开展“世界粮食日”、全省“爱粮节粮宣传周”和全省“食品安全宣传周”活动，广泛宣传粮食政策和科普知识，全社会爱惜粮食、反对浪费意识得到普遍提高。

四 扎实推进依法管粮，进一步维护粮食流通秩序

认真开展粮食收购许可管理，加强对 190 家取得收购资格企业的指导、监管和服务；加强对 486 家粮油重点企业监管，指导市县粮食部门与全省粮油重点企业签订市场保供稳价责任书；加强社会粮食库存标准管理，核定粮油经营者最低最高库存量，对储备企业商品周转库存和具有粮食进口关税配额的粮食经营企业纳入最低和最高库存量管理；推进海南省粮食流通统计改革，不断提高统计覆盖面和准确率，抓好粮食流通、财务信息统计、仓储设施统计、流通设施投资统计和加工业统计工作，组织开展 2013 年度全省粮食和食用植物油及油料供需平衡专项调查，为粮食调控决策服务。认真开展监督检查工作，组织开展全省粮食库存检查、粮食收购和“转圈粮”专项检查。落实粮食质量安全监管责任，加强对粮食收购、储存、运输和政策性用粮购销活动中原粮质量的监管，军粮质量合格率达 100%，省级储备粮质量合格率、宜存率均达 90% 以上。协同质监、工商、物价等相关部门开展监督检查和行政执法，严禁不符合国家质量标准的粮食流入市场，维护粮食流通正常秩序。

五 加强机关党建和队伍建设，为粮食事业提供组织保障

加强机关党的建设，健全局机关党委，组织开展习近平总书记系列重要讲话精神辅导讲座和社会主义核心价值观学习，开展“七一”党日活动和国防教育活动，召开表彰大会，进一步凝聚党员的向心力；成立粮食系统工会，激发职工参与管理事务的积极性；加强粮食行业教育培训工作，积极派员参加国家粮食局、省有关部门举办的各类业务培训班，组织开展库存检查、军粮供应、监督检查、企业财务等 8 次业务培训，参加人员 379 人次；组织开展 49 名企业职工参加的初级保管员职业技能培训和鉴定，进一步提高粮食队伍素质和履行职责的能力。

六 加强廉政建设和作风建设，巩固教育实践活动成果

认真落实党风廉政建设责任制，落实好“一岗双责”，强化党委主体责任和纪委的监督责任，围绕粮食流通中心工作，年初研究部署党风廉政建设和反腐败工作，做到党风廉政建设有计划、有部署、有检查、抓落实。加强廉政教育，组织全体党员干部学习中纪委、省纪委有关廉政制度和规定，加强对党员干部的监督管理，同时将党风廉政建设工作重心向国有粮食企事业单位延伸，加强对直属单位班子及成员的考核和管理。

从严从实，持续推进党的群众路线教育实践活动整改工作，持之以恒纠正“四风”，为企业和职工解决一些实际问题。按照中央要求完成“10+7”专项整改，严格落实中央八项规定和省委省政府二十条规定，深入开展“庸懒散贪奢”专项活动，着力整治责任心不强，不干事、不担事的突出问题，在一定程度上推动行风政风和工作作风转变。加强调查研究，组织开展粮食仓储建设、粮食收购、

"十三五"行业发展规划等多项重点工作调研，有力推进各项工作的落实。按照中央和省委部署，各市县粮食部门全面完成第二批党的群众路线教育实践活动，干部队伍精神风貌有了较大改观，工作作风有了明显转变。

◆海南省粮食局领导班子成员

杨树岷　　党组书记、局长，省发改委党组成员

李志杰　　党组成员、副局长、纪检组长

杨卫星　　副巡视员、机关党委书记（2014 年 10 月任职）

海南省人民政府副省长陈志荣（前排右一）视察秀英粮库，省粮食局局长杨树岷（前排左一）陪同。

海南省粮食局举行世界粮食日主场启动仪式。

海南省粮食局召开七一表彰先进大会。

重庆市粮食工作

基本情况

重庆地处中国西南部，长江上游地区，辖区总面积 8.24 万平方千米，是中国面积最大的直辖市。全市共辖 38 个行政区，有 21 个区、13 个县、4 个自治县。

2014 年，重庆市粮食播种面积 224.37 万公顷，粮食总产量 1144.5 万吨，其中稻谷 503.2 万吨、玉米 256.0 万吨、小麦 27.0 万吨。按照全市 2991.4 万常住人口计算，人均粮食占有量 382.6 公斤。全市油料播种面积 30.01 万公顷，总产量 56.9 万吨，其中油菜籽播种面积 23.26 万公顷，油菜籽产量 44 万吨，比上年增产 3.9 万吨。粮食供需平衡调查显示，由于工业、饲料用粮的增长，粮食供需缺口不断扩大，全年需从市外净购入 320 万 ~360 万吨，进口粮食 45 万 ~60 万吨。其中：稻谷需求量 505 万吨左右，自给率为 99% 左右，市外购进 65 万吨；玉米需求量在 355 万吨左右，自给率 72% 左右，市外购进 115 万吨；小麦需求量 130 万吨左右，自给率 19%，市外购入 85 万吨左右；由于榨油、饲料、养殖行业的需要，每年需进口大豆 40 万吨左右、购进豆饼豆粕 25 万吨左右。2014 年重庆市食用油总消费约 62 万吨，本地油料折油 18 万吨左右，食用油自给率约为 29%，缺口达 40 万吨以上。

2014 年，全市入统规模以上企业原粮总购进 447.8 万吨，全市粮食总销售 525.7 万吨，其中市内销售 401.4 万吨，销往市外 124.3 万吨。食用植物油（含油料折油）全市购进 50.6 万吨（另外大豆直接榨油收回豆油 20.6 万吨，进口 1.0 万吨）；全市销售 134.6 万吨。

2014 年粮食工作

2014 年，重庆市粮食局深入贯彻落实全国粮食流通工作会议精神，根据 2014 年粮油流通工作目标，以抓收购、保供给、稳粮价为核心，以种粮卖得出、吃粮买得到为工作底线，以实施“粮安工程”为抓手，保证了重庆市粮油的供需平衡，为重庆市经济发展和社会稳定作出了积极贡献。

一 狠抓粮油购销工作，保持粮食供求平衡

（一）加强基地建设

充分利用好加价收购补贴政策，大力发展订单农业，通过土地流转建立粮源基地和与专业大户、

专业合作社合作，建立稳定的粮食购销关系；支持和鼓励市内粮食企业走出去，到粮食主产区建基地、建仓库、建加工厂、建立产销合作关系等多种方式掌握更多的粮源。

（二）狠抓粮食收购

在收购主体上，支持和鼓励具备粮食收购资格的多元经营主体参与粮食收购，搞活市内粮食流通，促进农民增收；在收购方式上，大力培育和发展粮食贩运户和粮食经纪人，繁荣粮食市场；充分利用“万村千乡市场”网络体系和农村电子商务平台，搞好信息发布和开展网上收购，方便农民交售。从市外购进粮食300万吨以上（主要是玉米、小麦和优质稻谷），购进食用油50万吨以上，保证了市场供应，保障了粮油市场的稳定和有效供给。

（三）发挥粮食交易中心作用

支持重庆国家粮食交易中心的搬迁建设，依托粮食交易中心，开发大宗粮油网上交易系统，开展政策性粮食和经营性粮食的网上采购和销售，发挥粮食交易中心在粮油交易、价格发现、信息汇集的作用，提高粮食交易信息化化水平。

（四）加强粮食收购质量监管

粮食质量好坏，收购是第一关，运用先进的检测设备和方法，在收购环节增加卫生指标检验，把好粮食收购质量关，为消费者提供放心的粮油产品。

二 加强粮油管理工作，持续扩大储备规模

（一）改革完善储备方式

从重庆的消费习惯和储备粮源的实际出发，与时俱进，创新管理。在品种上调整稻谷、小麦的储备比重，小麦不超过总规模的30%；在轮换时间上，根据稻谷、小麦不同品种的特点，缩短轮换周期，确保常储常新；在储备资格主体上打破储备垄断局面，逐步放开储备资格限制，允许符合条件的中央和地方国有企业和民营企业存储市级储备粮油。

（二）加大储备粮油管理力度

成立市级储备粮管理公司，结合新形势对储备粮管理的要求，改革和完善储备粮管理体制。构建产权明晰、权责明确、政企分开、调控有力、管理规范的粮食储备制度，成为垂直管理、独立核算、自负盈亏的法人实体，确保了市级储备粮油数量真实、质量良好、管理规范。

三 加强粮食仓储设施建设，实现科学储粮

（一）加强粮油基础设施建设

抓住国家新建1000亿斤粮仓的契机，改变重庆市仓储设施落后、有效仓容不足的现状。认真开展粮仓使用情况清查，摸清情况，分类处置；抓好已批复的9个直属库的改扩建工作，实现新增仓容50万吨；结合五大功能区划分和《粮安工程建设规划（2013-2020）》的实施，在垫江、忠县、丰都、大足、涪陵、黔江等地规划新建一批仓容，新增仓容60万吨；推进上桥粮库搬迁项目建设，打通北粮南运的粮食物流通道。采取股权基金、合资、合作等多种方式，引导社会资本参与仓储设施建设，改变单一的投资模式。

（二）大力实施农户科学储粮工程

四年来，累计向农户推广发放储粮彩钢仓 43.6 万套，推广示范区县达到 31 个，示范乡镇 612 个，示范村 4102 个。7 个乡镇、64 个行政村实现全覆盖，每年可为农户减少粮食损失 3.5 万吨，相应增收 9600 万元。

四 狠抓粮油流通监管，维护粮油市场秩序

（一）开展粮食收购资格清理

重新审核发放许可证，收回已过期和办证后未从事粮食收购的许可证。

（二）狠抓执法队伍建设

成立了全市 500 多人的市区（县）两级综合执法队伍，配备了执法车辆和设施，加强粮油市场执法监督检查，打击违法经营行为，规范了市场秩序。仅 2014 年就出动执法人员 3500 余人次，检查粮食经营主体 3800 余户，查处违法涉粮案件 223 件，维护了粮油市场秩序和粮油消费安全。

（三）推进“放心粮油”示范工程

创建“放心粮油”示范加工企业 30 个、配送中心 20 个、示范超市 80 个、示范销售店 530 个。推进百强军供站建设，万州、黔江、沙坪坝和直属军供站进入全国“百强军粮供应站”行列，其中黔江站位列全国 20 个“百强军粮供应站示范站”第 6 位。

五 加快平台建设，助力粮情监测和应急保供工作

（一）加快平台建设

完成了 100 个监测网点的布局和建设，开发新的软件和数据收集、分析系统；做好重庆 12 个国家粮食市场监测点的直报工作和 1 个重点粮油批发市场监测，着力做好粮情监测和预警预报。充分利用“万村千乡”网络、放心粮油店和军粮供应店，整合资源，切实做到每个乡镇和主城每 3 万人的社区中有一个应急网点和每个区县有一个粮油配送中心，实现全覆盖。

（二）强化应急保供工作

修订完善粮油应急保供预案，综合利用配送中心、批发市场、大型超市、农贸市场、社区商店和“万村千乡市场工程”网络，合理布局应急配送中心、应急供应网点，力争到 2020 年实现每区县有应急配送中心，每个乡镇和大的社区有应急供应网点的目标。开展经常性应急保供演练，提高应对突发事件的组织能力、指挥能力和保供能力。

（三）深化军供体制改革

积极探索军粮供应中心的管理体制和模式，按照“少站点、大网络、宽辐射”的要求搞好网络体系建设，通过公开竞争方式搞好军粮定点加工、配送工作，要加强军粮质量监管，确保军粮质量，要不断拓宽经营范围和服务领域，为部队提供全方位、全天候、系列化的服务。

六 加强机关党建工作，反腐败力度不断加大

（一）党建工作规范化

建立健全了党组织生活制度，落实了党员“三会一课”和“一岗双责”制度。机关各级党组织按照服务发展、服务基层、服务群众的要求，改进机关工作作风，组织党员干部深入基层，调查研究，解决问题，推动工作。以深入开展创先争优，党员先锋岗等活动为载体，切实加强了机关党组织建设和党员队伍建设，党员的服务意识、学习意识、廉洁意识、发展意识明显增强。

（二）党风廉政建设制度化

学习贯彻习近平总书记系列重要讲话精神及市委重大决策部署，坚决执行党的政治纪律和中央八项规定、市委七条意见，严格执行重庆市党员干部政治纪律“八严禁”，严格遵守《廉政准则》“52个不准”、重庆市党员干部生活作风“十二不准”和各项制度，在政治上、思想上、行动上与党中央保持高度一致。以完善惩治和预防腐败体系为重点，大力加强机关党风建设和反腐倡廉工作，运用勤政廉政建设典型和违纪违法案例，深化党风廉政宣传教育，进一步促进了领导干部和党员干部的廉洁自律。

（三）服务型党组常态化

加强机关服务型党组织建设，深入开展“助推五大功能区建设”先锋行动情况。根据市直机关工委印发的《关于在市直机关深入开展“固本强基创建基层服务型党组织行动”的实施意见》，始终坚持围绕中心、服务大局，把“助推五大功能区建设先锋行动”作为推进创建机关服务型党组织专项行动的工作重点，组织、引导、激励机关党组织和广大党员干部充分发挥战斗堡垒作用和先锋模范作用，为加快建设五大功能区、促进全市商贸服务业的快速发展，推进“科学发展、富民兴渝”提供坚强组织支撑保障。

◆重庆市商业委员会（重庆市粮食局）领导班子成员

周克勤	党组书记、主任（局长）
陈国华	党组成员、副主任
刘天高	党组成员、副主任
蒋寿光	党组成员、副主任
廖红军	党组成员、副主任
付灿忠	党组成员、纪检组长、监察专员
尤祖才	党组成员、主任助理
孙华陪	党组成员、主任助理
黄　伟	巡视员
王　伶（女）	副巡视员

2014 年 1 月，重庆市商贸流通工作电视电话会议现场，重庆市政府副市长刘伟（主席台中）出席会议。

2014 年 8 月，重庆市商贸（粮食）流通体制改革工作会议现场。

2014 年 10 月，重庆市举行世界粮食日和爱粮节粮宣传周活动启动仪式，市民在爱粮节粮承诺墙上签名。

重庆市商业委员会主任周克勤（右四）陪同重庆市政协主席徐敬业（右三）调研粮食流通工作。

四川省粮食工作

基本情况

四川地处中国西南腹地和长江上游，东连重庆，南邻滇、黔，西接西藏，北界青、甘、陕三省，可分为四川盆地、川西北高原和川西南山地三大部分，辖区面积48.6万平方公里，居全国第5位，辖21个市（州），183个县（市、区）。2014年末，全省常住人口8140.2万人，比上年末增加33.2万人。其中，城镇人口3768.9万人，乡村人口4371.3万人，城镇化率46.3%，比上年提高1.4个百分点。2014年，全省实现地区生产总值（GDP）28536.7亿元，比上年增长8.5%。全省人均地区生产总值35128元，比上年增长8.1%。全年城镇居民人均可支配收入24381元，比上年增长9.0%。全年农村居民人均纯收入8803元，比上年增加908元，比上年增长11.5%。

四川省有粮食行业机构1528个，其中行政管理部门及各级粮食行政管理部门所属事业单位284个，全社会粮食经营企业1244户（国有及国有控股企业523户）。粮食行业从业人员42742人，其中行政管理部门1433人、事业单位2350人、国有及国有控股企业13695人。全省国有及国有控股粮食购销企业总资产207.66亿元，其中固定资产54.68亿元、固定资产净值37.95亿元、流动资产140.28亿元。2014年，实现营收118.13亿元，盈利2092.73万元。

2014年粮食工作

2014年，四川省粮食系统努力克服经济增长下行压力的影响，积极应对粮价持续低迷的冲击，主动适应机构改革的变化，攻坚克难，扎实工作，切实保障了全省粮食安全。

一 粮食生产

2014年，全年粮食作物播种面积646.7万公顷，与上年持平，全年粮食总产量3374.9万吨，比上年下降0.4%，其中小春粮食增产2.6%，大春粮食减产1.0%。稻谷产量1526.5万吨，小麦产量423.2万吨，玉米产量751.9万吨，大豆产量51.9万吨，其他621.4万吨（含马铃薯产量292万吨）。油料作物播种面积128.5万公顷，增长1.6%，油料产量300.8万吨，增产3.6%，其中油菜籽总产223.1万吨，比上年减产0.4%。

2014 年 8 月 6 日，四川省粮食局与黑龙江省粮食局在成都举行粮食产销战略合作洽谈会。图为双方签署粮食产销战略合作协议后握手致意。

2014 年新建的都江堰粮缘商贸有限责任公司主库区，总仓容达 2.9964 万吨。

贵州省粮食工作

基本情况

2014年，贵州省粮食生产总量1138.5万吨，比2013年增长10.5%，其中谷物816万吨，谷物中含稻谷403.2万吨、小麦61.5万吨、玉米313.8万吨、高粱24.1万吨，其他13.1万吨；豆类32.6万吨；薯类289.9万吨。油料作物980471吨。

随着全省工业化、城镇化加快发展以及经济结构调整，粮食消费呈刚性增长，贵州省已经从产销基本平衡省份逐渐转变为产不足需的省份，粮食产需缺口不断扩大。2014年，贵州省粮食消费量为1450万吨，比上年增加10万吨，粮食自给率为79%左右，对外依存度达到21%，需要从省外调入大量粮食才能实现输入性平衡。近年从省外购进的粮食每年保持在400万吨以上，维护省内粮食安全的任务非常艰巨。

2014年，全省粮食系统独立核算单位2746个，较上年减少66个；在职职工15058人，较上年减少1287人。其中，粮食行政机构90个，在职职工785人；事业机构56个，在职职工621人；流通企业737个，在职职工6881人；加工企业391个，在职职工4436人；多种经营企业1472个，在职职工2335人。

2014年粮食工作

2014年，面对错综复杂的国内外经济形势，贵州省各级粮食行政管理部门认真贯彻落实国家粮食安全战略和粮食行政首长负责制，以全面深化改革为总揽，认真做好“广积粮、积好粮、好积粮”三篇文章，守住管好贵州粮仓，加强粮食供给、流通、调控三个能力建设，加快粮食行业转型发展，确保了省内粮食总量平衡、口粮绝对安全和价格基本稳定，为保障省内粮食安全、促进经济社会平稳持续健康发展作出了积极贡献。

一 “保供稳价”成效明显

2014年，全省入统粮食企业累计购进粮食471.09万吨，同比增加44.5万吨，累计销售412.2万吨，同比增加54.7万吨；累计购进食用油29.9万吨，同比减少3.7万吨，销售食用油31.69万吨，同比减少3.26万吨。截至12月，全省已建成1834个粮食应急供应网点，建成地方粮食应急配送中心110个，明确了206家粮食应急加工企业，明确了139个粮食应急储运企业。全年粮食市场价格水平总体保持基本稳定。

推动粮食产销衔接，43家省内粮食企业到东北地区采购新产粳稻和玉米，购进量达14.7万吨。9月召开贵州省首届粮油精品展示交易会，会上24家企业、12对合作伙伴进行了签约，其中投资签约2对，产销合作10对。展交会期间，合同交易量达26.3万吨，交易额18.3亿元，现场零售904.76吨，金额1650.3万元。与黑龙江省粮食局签订了《粮食产销合作协议》，明确贵州根据需要每年组织粮食企业从黑龙江采购粮食100万吨。

二 粮食流通体系建设推进顺利

2014年末，全省地方粮食储备库存超过了国家2008年下达计划，地方食用油库存占国家2009年下达计划的67.01%。全省粮食仓储物流设施在建项目为41个，其中：仓房建设项目38个，油罐建设项目3个；项目概算总投资15.91亿元，落实资金8.37亿元。累计完成投资5.29亿元。已建成粮食仓容10.19万吨，油罐罐容1.5万吨，并投入使用。8月20日，国家粮食局批复同意设立“贵阳国家粮食交易中心”。9月5日，贵阳国家粮食交易中心正式成立，省人民政府副省长刘远坤同志出席挂牌仪式并授牌。12月22日，被省委常委会列为重点督办项目和纳入省政府重点项目的“西南粮食城”举行开工仪式，标志贵州未来粮食安全的大型物流平台建设取得突破进展。2014年，“危仓老库”计划维修改造仓容25万吨，概算总投资5300万元，争取中央补助1033万元。截至2014年12月31日，累计完成投资1961.65万元，完成维修改造仓容14.78万吨。2014年8月，国家发改委、国家粮食局下发《关于做好2014~2015年粮食仓储设施第一批（400亿斤）项目建设工作的通知》（发改经贸〔2014〕2241号），下达贵州省粮食仓容建设任务25万吨。

三 特色粮油产业加快发展

充分利用贵州省粮食品质好、杂粮品种全的优势，重点发展有机米、特色米、香禾糯、薏仁米、苦荞、芸豆、酿酒高粱、茶油、菜籽油、特色食品“十大”特色粮油产业，着力在培育龙头、打造品牌、扩能技改、发展基地等方面下功夫，做强做大绿色、有机“贵州粮油”品牌，推进产业集聚发展。2014年，特色优质粮油订单33.8万公顷，同比增长26.75%，订单产量达166万吨，助农增收10亿元以上，同比增长66.6%。全省特色粮油加工产值达到123亿元，同比增长22%，连续3年保持两位数以上增长速度。加大对省局重点联系的20家粮油龙头企业的扶持力度，大力培育和推介贵州特色粮油名牌产品，全省有7个特色粮油品牌获得贵州省名牌产品称号，佳禾米业“琊贡源”白果生态米，君惠园“老锄头”红稗羹、兴伟食品“精麦汇”挂面、黔兴油脂“天然花”菜籽油在第十三届中国国际粮油产品及设备技术展示交易会上获金奖。2014年9月，举办了贵州省首届粮油精品展示交易会，来自省内外130多家企业、近600个粮油产品参加展示交易，向社会各界展示了贵州省粮食行业在粮油产业化、特色化、品牌化方面发展的成果，提升了特色粮油产品的市场竞争力和影响力。

四 民生工程建设水平进一步提升

2014 年，建成放心粮店（含配送中心）387 个，全省累计建成经营网点 2000 个，其中区域性配送中心 10 个、县级配送中心 88 个、连锁中心店 175 个、经营店及加盟店 1727 个。全年销售“放心粮油”35 万吨，实现利润 1.2 亿元。2014 年，贵州省获国家农户科学储粮专项投资计划 9 万户，在全省 47 个县（市）实施，为农户发放科学储粮小粮仓 90003 套，完成计划的 100.01%，概算总投资 4050 万元，累计完成总投资 3600 万元，其中中央补助资金 1215 万元、省粮食流通资金 270 万元、市县财政配套 715.45 万元、农户自筹 1399.55 万元。通过实施农户科学储粮专项，受益农户储粮损失率由 8% 降至 2%，每年减少储粮损失 0.65 万吨，增收 1944 万元。截至 2014 年年底，贵州省农户科学储粮专项累计投资 2.37 亿元，累计为农户发放科学储粮仓 55.71 万套，助农增收 1.2 亿元以上。

五 军粮供应保障有力

5 至 7 月，对各市州军粮供应站军粮财务情况、网点维修改造资金落实使用情况进行专项检查，无违纪违规行为发生。8 至 10 月，对各市州军粮供应站进行军粮质量专项检查，全省军粮质量管理制度完善、部队满意。加强军供部门基础设施建设，分期分批对 14 个军粮供应站基础设施进行维修改造；遵义市军粮供应站投资 1000 多万元，建成了集军粮超市、小包装粮油储备、军粮餐厅、军人休息室、办公用房等为一体的示范军粮供应站。黔南州军粮供应站投入了 35 万元，建成了日产 30 吨大米生产分装车间。黔南州、遵义及六盘水市军供站成立了“军粮供应集约化保障中心”；黔南州军供站四次承担了驻军部队野外野战训练期间的粮油、蛋等副食品供应；黔东南州军供站完成了凯里市龙场镇鱼洞村山体滑坡事件、三穗县维稳部队军粮应急保障任务。打造“贵州军粮”品牌，2014 年全省军供系统“四统一”工作全部完成（统一“贵州军粮”标识、统一军供站门头、统一工作服装、统一军粮文化）。黔南和黔西南州军供站创建了“军匀”、“金州”牌等“贵州军粮”品牌系列粮油产品。

六 依法管粮卓有成效

开展 2014 年粮食库存检查。3 月 25 日至 4 月 25 日，对全省库存粮食数量、库存粮食质量和卫生安全等情况进行了全面检查。开展国家粮食仓库清查。7 月 8 日至 8 月 10 日，对国有粮食仓库闲置情况进行了摸底调查。开展“转圈粮”专项整治行动。5 月到 10 月，检查了中央承储企业 50 个和地方承储企业 128 个，从事最低收购价粮、临时收储粮等政策性收储业务企业 32 个，未发现违纪违规行为。开展节假日市场检查、“放心粮油”工程检查、粮油库存质量安全检查等，全年全省各级粮食行政管理部门共组织或联合开展各类检查 1621 次，出动检查人员 5340 人次，检查粮食经营企业 5588 个次，查处案例 65 件，有效维护了粮食流通正常秩序。开展全省粮食流通监督检查示范单位评比及全国粮食流通监督检查示范单位申报工作。评出西秀区粮食局等 4 家省级示范单位，贵阳市粮食局获得国家级粮食流通监督检查示范单位称号。8 月，举办了全省粮食行政执法培训班，83 名学员全体通过考试，取得省法制办颁发的行政执法证。

七　积极推进粮食信息化建设

2014 年，《粮食仓储安全智能管理系统》经省科学技术厅批准，作为 2014 工业攻关项目实施，课题经费为 20 万元。此立项拉开贵州省粮油信息化建设序幕。省粮食局与贵州新天睿科贸有限公司签订粮食仓储安全智能管理系统软件合作开发协议，以龙里库为研究试点，推进信息化粮库建设，争取 2015 年建成数字化粮库省级示范点。

八　粮食流通改革稳步推进

紧紧围绕战略导向、问题导向和民生导向统筹谋划改革工作，研究制定了《关于深化贵州省粮食流通改革的意见》和《省粮食局领导班子成员领题调研、推动改革工作方案》，确立了 8 个改革课题，分别由局党组成员及厅级干部领题推动，并列入年度绩效考核目标。在推动改革过程中，各课题组深入基层调研，广泛征求意见建议，集思广益，凝心聚力，共同破解发展难题，于第三季度出台了 8 个改革课题的指导意见。全省各级粮食行政管理部门上下联动，积极推动各项改革措施落实，在落实粮食行政首长负责制、创新储备粮油轮换管理办法、加强粮食产销衔接、推动行业加快发展等诸多方面取得了突破进展。遵义市深化国有粮食企业改革，组建了遵义粮油集团，企业集聚发展迈出了坚实步伐。

九　加强党的建设

提升党员干部能力素质。通过组织专题讲座、读书会等形式加强学习，利用局域网、《贵州粮食》杂志等宣传平台，开展政策宣传和学习。10 月 13~17 日，在上海华东理工大学举办贵州省粮食企业经营管理高级研修班，共 53 名同志参加了培训。开展践行社会主义核心价值观活动。举办了省直粮食系统迎国庆“我的粮食梦”演讲比赛。开展党员公开承诺活动，各党员以一句话为内容进行承诺，并进行公示。做好同步小康驻村工作暨党建扶贫工作。派出了由党组成员、副局长吴青春为队长，4 名干部为成员的工作队到点开展工作，落实帮扶项目十余个、帮扶资金 200 多万元。落实“一支部一项目”，开展党员活动室共建、垃圾焚烧池建设等多个项目，资助资金 5 万元。切实抓好党风廉政建设，切实担负起“两个责任”，确保了各级党员领导干部能干事、干成事、不出事。

◆贵州省粮食局领导班子成员

张沈健　党组书记、局长
章　萍　党组成员、机关党委书记
何武林　党组成员、总经济师
吴青春　党组成员、副局长
龙　林　党组成员、副局长
蒋兴勇　党组成员、纪检组长（2014 年 1 月调任毕节市委常委、市纪委书记）
孙　伟　党组成员、纪检组长（2014 年 8 月任职）

2014 年 2 月 11 日，贵州省政府副省长刘远坤同志（右五）出席 2014 年全省粮食流通工作会议。

2014 年 9 月 5 日，贵州省政府副省长刘远坤同志（右一）出席贵阳国家粮食交易中心挂牌仪式。

2014 年 12 月 22 日，贵州省委常委、省政法委书记、副省长秦如培同志（右六）出席贵州西南粮食城项目开工仪式。

云南省粮食工作

基本情况

云南省是中国通往东南亚、南亚的门户，地处中国、东南亚、南亚三大市场结合部，与越南、老挝、缅甸接壤，国境线长4060公里。全省土地面积39.4万平方公里，占全国陆地总面积的4.1%。全省设16个州（市），129个县（市、区），是全国少数民族最多的省份，世代居住有26个民族。2014年，全省人口总数4713.9万人，完成生产总值12793亿元，农牧渔业总产值3261亿元，财政总收入3160亿元，城镇居民人均可支配收入24299元，农村常住居民可支配收入7456元。

云南是全国重要粮食生产省份，也是粮食消费的重要省份，在连续五年遭受严重旱灾的情况下，2014年粮食生产实现了“十二连增”，打破产量长期位居全国第14位的局面，跃居全国第13位。2014年，全省粮食总产量1860万吨，其中稻谷660万吨，小麦84万吨，玉米745万吨，大豆35万吨，薯类和其他杂粮335万吨。从生产者购进粮食261.5万吨，粮食总销售695.8万吨。粮食商品量560.31万吨，进口粮食35万吨。粮食消费量2275万吨，其中城镇口粮300万吨，农村口粮685万吨，饲料用粮960万吨，工业用粮275万吨，种子用粮55万吨。据铁路部门统计，全年调入粮食401万吨，调出粮食345万吨。

2014年粮食工作

2014年，云南省粮食系统深入学习贯彻习近平总书记关于保障国家粮食安全的一系列重要讲话精神，认真贯彻落实国务院第52次常务会议和省政府第38次常务会议的决策部署，按照省委、省政府关于粮食安全和流通工作的一系列决策部署，贯彻落实粮食行政首长负责制，构建全省现代粮油加工、粮食现代物流、粮食宏观调控、现代粮食市场、粮食流通市场监管、粮食安全分级负责六大体系，形成上面有体系、中间有骨架、下面有网点的符合云南实际的粮食安全保障体系，全省抓收购、保供给、稳粮价再上新水平，全年各类粮食企业从生产者购进粮食279.3万吨，同比增加10.2万吨，增长3.77%，销售粮食695.8万吨，同比增加77.2万吨，增长12.48%。在经济下行压力大、储备粮轮换价差大的情况下，全省国有粮食企业实现盈利6572万元。全省粮油市场基本稳定，为确保全省军需民食、粮油质量安全，促进全省经济社会持续稳步发展作出了新的贡献。

一 省政府常务会议专题研究粮食流通工作

5 月 20 日，省政府第 38 次常务会议专题研究粮食流通工作，时任省长的李纪恒同志指出：“仓廪实，天下安。粮食是安天下之本，粮食流通是粮食安全的重要组成部分。云南作为一个农业大省，要坚决贯彻落实党中央、国务院的部署要求，进一步加强粮食流通工作，守住管好天下粮仓，做好‘广积粮、积好粮、好积粮’三篇文章，把饭碗牢牢端在自己手中，绝对保证云南省粮食安全，为保障国家粮食安全作出云南应有的贡献。”会议讨论通过《云南省人民政府关于加快发展现代粮食流通产业的意见》（送审稿），并以云政发〔2014〕30 号文件印发各地执行，明确了指导思想、发展方向，提出建立六大体系，实现粮食流通千亿产业的目标，确定了工作职责和政策支持措施。

二 省人大常委会议听取粮食安全情况报告

7 月 25 日，受省政府委托，省粮食局主要领导向云南省第十二届人民代表大会常务委员会第十次会议专题报告全省粮食安全工作。报告肯定了全省粮食安全工作取得的成效，分析了全省粮食安全面临的新形势，提出了确保云南粮食安全的思路、目标和措施。针对云南省粮食流通产业集约化程度不高、流通效率较低、基础设施滞后、应急保障功能不全、粮食安全基础不牢等实际，提出了十个方面的对策建议，一是切实提高粮食综合生产能力，二是坚持完善粮食行政首长负责制，三是加强与主产区的产销合作，四是积极实施“走出去”战略，五是加强粮食基础设施建设，六是完善粮食应急供应体系，七是建立粮油市场监测预警体系，八是培育粮油骨干龙头企业，九是加强粮油质量监管体系建设，十是稳定粮食流通行政管理机构。粮食安全问题引起各级党委、政府和领导的关心重视。

三 粮食收购工作

经省政府批准同意，2014 年云南省中晚籼稻和粳稻最低收购价执行国家价格水平，中晚籼稻最低收购价为 2.76 元 / 公斤，粳稻最低收购价为 3.10 元 / 公斤。为贯彻落实国家粮食收购政策，切实保护种粮农民利益，与省发改委、财政厅、农业厅和农业发展银行云南省分行拟定《云南省 2014 年中晚稻最低收购执行预案》，当中晚籼稻市场价格低于每公斤 2.76 元时，由省、州（市）、县国有粮食购销企业及国有参股的粮食企业按最低收购价格，挂牌收购农民交售的中晚稻。秋粮上市后，根据保山市反映收购价偏低的问题，报经省政府批准同意，从 2014 年 10 月 1 日至 2015 年 2 月 28 日，在保山市启动 2014 年中晚稻最低收购执行预案。预案的启动执行保证了粮农“种粮卖得出”，有效防止谷贱伤农，切实调动了粮农种粮积极性。

四 粮油保供稳价

贯彻落实国务院第 52 次常务会议精神，落实 2014 年国家新增地方储备规模相关工作，下达分配计划，明确收储政策。创新军粮供应管理模式，提升应急保障能力和综合发展实力。认真总结昭通市试点经验，在全省推行农村义务教育学生营养改善计划粮油集中供应。2014 年，全省各类粮食企业从省外调入粮食400.9万吨（原粮），全省542个平价销售点销售粮油24.1万吨，省级动态储备产销对接15万吨，粮食市场价格保持基本稳定，为全省控制物价涨幅、稳定通胀预期发挥了重要作用。

五 粮食流通改革

坚持以改革统揽粮食流通工作全局，协调推进粮食流通管理体制、国有粮食企业、粮食流通统计制度、粮食行政管理机制和粮食储备管理机制“五项改革”。重点推进云南省储备粮管理有限公司、云南军粮集团有限公司组建工作，完成清产核资、财务审计、资产评估、工商注册等工作。加强粮食企业扭亏增盈工作指导，昆明国家粮食储备中转库5230万元历史遗留问题得到妥善处理。积极推进省粮食交易有限责任公司（昆明国家粮食交易中心）挂牌运行。昆明、昭通、红河等积极推进资源整合，组建粮食龙头企业或企业集团。粮食产业园区建设取得一定突破，晋宁青山粮食物流园区、昆明金马粮食物流园等项目正积极推进，昆明宜良饲料园区聚集国内饲料企业23家，年产值达24亿多元。

六 粮安工程建设

编制《云南省修复“危仓老库”实施五年规划》，与省财政厅联合下达“危仓老库”整合重建和维修改造项目27个，仓容74.5万吨，中央和省级补助资金7781万元，带动地方及企业投入15亿元左右。争取云南纳入国家“危仓老库”维修改造一般补助省份。争取国家下达云南省2014~2015年第一批80万吨新建仓容计划。争取地震恢复重建项目9个，总投资13151万元。争取到7个国家军粮供应网点维修改造项目补助资金482万元。投资920万元建设玉溪、保山粮食质量安全检验监测能力项目。组织实施微生物检测平台建设、转基因实验室建设、快速检测车建设项目。做好临沧、大理、德宏、丽江和怒江5个州（市）质检机构申报国家粮食质量监测机构的认定和挂牌。省工信委投入涉粮工业项目省级资金补助3700多万元。

七 农户科学储粮

2014年，组织实施完成21万套农户科学储粮建设项目，总投资9450多万元，其中中央补助2430万元，省级补助1417.5万元，实施数量连续3年名列全国第一，这一节粮减损民心工程已惠及覆盖了全省8%的农户，大大超过了全国平均水平，将大幅减少农户储粮损失，增加农户收入，深受广大农民群众欢迎。

八 抗震应急供应

元谋“5·07”、盈江“5·24”、“5·30”、鲁甸“8·03”、景谷“10·07”等地震发生后，省、州（市）、县粮食部门反应迅速，主动加强向当地党委、政府请示报告，主动做好抗震救灾和应急保供工作，主动做好救灾部队和灾民救灾救济粮供应，迅速成立抗震救灾工作领导小组，及时启动粮食应急预案，及时下拨军粮保障应急资金135万元，捐赠10余万元资金、130余吨粮油支援灾区，加工集并大米、面粉、面条、食用植物油作为应急粮源，全力保障抗震救灾应急需要。在灾区设立临时军粮保障点，实行军粮流动服务，全天候为救灾部队提供粮油、肉食、蔬菜等后勤保障，得到各级党委政府、上级领导和部队的好评。与省民政厅联系，及时动用1500万公斤省级储备大米，保障灾区过渡性安置阶段受灾群众的口粮供应，确保了灾区粮油有效供给和市场基本稳定。

九 依法管粮工作

完善粮食行政首长负责制检查考核评价体系，开展2013年度全省粮食行政首长负责制考核工作，组织省级储备粮“以奖代补”考核。认真开展粮油库存检查，国有粮食企业库存粮食账实相符、质量良好、储存安全。对全省国有及国有控股粮食企业仓库使用情况进行全面清查，并抓好整改落实。加强粮食收购政策执行情况、促销腾库、“转圈粮”、地方储备粮规模落实、最低库存粮食制度等情况专项检查。开展粮食系统“监管能力提升年”活动。组织开展收获粮食质量安全监测和质量会检、收获粮食质量调查和品质测报。加强粮油统计工作，为粮食宏观决策提供科学依据。切实履行安全生产管理责任，切实落实企业安全生产主体责任，全年没有发生大的安全生产事故。组织参加第十届昆明泛亚国际农业博览会，积极推广云南粮油品牌，开展“世界粮食日和爱粮节粮宣传周”和“节约一粒粮，我们在行动”活动，增强公民勤俭节约、反对浪费的意识，树立爱粮节粮、全民行动的社会新风尚。

十 廉洁粮食建设

巩固和拓展党的群众路线教育实践活动成果，建立健全作风建设长效机制。认真落实党风廉政建设主体责任和监督责任，坚持“一岗双责”和“一案双查”制度，在全省粮食系统开展“廉洁粮食”建设活动，把“以学立廉、以行树廉、以德固廉、以品行廉、以俭促廉、以风带廉”作为规范行政行为和落实党风廉政建设责任制的重要内容，努力营造风清气正的氛围，认真践行“三严三实”，努力实现以德为先、以民为本、以干为主、以廉为要，树立全省粮食系统干部清正、行业清廉、政治清明的新形象，为推动粮食流通工作顺利开展提供有力保障。

◆云南省粮食局领导班子成员

马红跃	党组书记、局长
许建平	党组成员、副局长
杨韵玲（女，白族）	党组成员、纪检组长（2014年12月退休）
龚国富	党组成员、副局长（2014年2月任职）
官悠房	党组成员、副局长
李正华	副巡视员（2014年6月任职，2014年9月退休）

西藏自治区粮食工作

基本情况

西藏位于青藏高原的西部和南部，占青藏高原面积的一半以上，海拔 4000 米以上的地区占全区总面积的 85.1%，是世界上海拔最高的地方。边境线长 4000 多公里，是全国陆地边境线的 1/6，是我国西南边疆的重要门户和屏障，战略位置十分重要。全区平均海拔 4000 米以上，南北最宽 900 多公里，东西最长达 2000 公里，境内河流、湖泊广布，高寒缺氧，地广人稀。

西藏以种植青稞、小麦、玉米、油菜、豆类为主，青稞是藏民族最主要的生活必需品，具有不可替代性，既是西藏第一大粮食作物，也是消费的主要品种。2014 年，全区粮食作物播种面积 17.64 万公顷，其中青稞 12.52 万公顷，小麦 3.69 万公顷。粮食总产量 98.0 万吨，创历史新高，其中青稞 68.0 万吨，小麦 23.7 万吨。2014 年，全区国有及纳入统计范围的非国有粮食经营企业收购粮食 3.8 万吨，销售粮食 28.8 万吨，省外调入粮食 24.3 万吨。

2014 年粮食工作

2014 年，在自治区党委、政府的坚强领导和自治区发展改革委的直接领导下，在国家粮食局的有力指导下，在自治区有关部门的大力支持下，西藏自治区粮食系统广大干部职工全面贯彻落实党的十八届三中、四中全会精神，贯彻落实区党委八届五次全委会和中央关于粮食工作的重要战略部署，切实增强“首要意识”和“守责意识”，以“抓收购、保供给、稳粮价”为中心，以“深化改革、促进发展，提升能力、转变作风”为主要任务，做好“三篇文章”，为确保国家粮食安全和推进西藏经济社会跨越式发展作出了积极贡献。

一 完善粮食宏观调控措施，粮食市场供应和价格基本稳定

一是积极组织粮食收购，种粮农民利益得到有效保护。各级粮食部门认真落实粮食收购政策，做到应收尽收，掌握粮源。2014 年，收购粮食 3800 万公斤。青稞最低收购价从每公斤 3.0 元提高到 3.5 元，更好地保护了种粮农民利益。二是全面落实调控措施，保障了全区粮食供应。充实边远易灾县乡

粮食库存，搞好市场投放，与13个内地产粮省建立粮食产销合作关系，合作代理粮油品牌42个，全区粮源充裕，供应充足，守住了市场稳定底线。三是地方储备粮规模增加，粮食调控基础夯实。自治区储备粮和地市级、县级应急储备粮进一步增加，库点布局和品种结构进一步优化，为西藏自治区粮食安全奠定了良好物质基础。自治区储备粮管理进一步强化，轮换工作有序有效推进，确保了自治区储备粮安全。四是加强统计监管，粮食流通秩序正常。以粮食库存监管为主线，扎实开展各项专项检查和“监管能力提升年”活动，维护了正常的粮食流通秩序。加强粮油质量监管，严禁不符合食用卫生标准的粮食流入口粮市场。国家、自治区、地市三级粮油价格监测直报点达到38个，统计质量和报送效率得到提高，服务粮食宏观调控能力提升。

二 加强粮食基础设施建设，“粮安工程”建设取得新成效

国务院第52次常务会议后，自治区党委、政府高度重视，出台了《西藏自治区人民政府关于进一步加强粮食仓储设施建设工作的意见》，极大地促进了西藏自治区粮食仓储设施建设。国家粮食局大力支持，下达西藏自治区2014年“粮安工程”危仓老库维修、农户科学储粮、2014~2015年5万吨仓容建设、粮食质量安全检验监测能力建设资金，为进一步改善全区粮食基础设施条件奠定了基础。自治区发展改革、财政部门大力支持，落实粮食仓库维修专项资金和国有粮食企业转机建制资金，扶持基层国有粮食企业发展。

三 总结试点经验，放心粮油工程全面推广

在试点成功的基础上，将放心粮油工程向6地市推广，已建成自治区级、地市级放心粮油配送中心4个，放心粮油示范店13个，经营品种达200个。将放心粮油经营与粮食应急保供结合起来，放心粮店成为政府应对突发事件的粮油应急保供店。同时，积极开展放心粮油工程进学校工作，联合教育部门下发放心粮油进学校的意见，确保“三包”学生口粮消费质量安全，目前，国有粮食企业放心粮油供应量占“三包”学生口粮供应总量的61%。放心粮油工程建设，得到社会各界和广大群众认可和好评，受到政府肯定。

四 强化分类指导，国有粮食企业改革取得新进展

一是区直国有粮食企业改革卓有成效。全面完成了金谷集团所属4个子公司改制，并将其资产划入集团公司，内部管理规章制度逐步建立健全，开展了进口粮贸易业务，加大子公司内部改革，强化经营管理，积极推进子公司国有划拨土地变性等工作，2014年金谷集团实现利润较上年增长115%。二是地县国有粮食企业改革取得新进展。各地市认真贯彻落实《自治区粮食局关于进一步深化西藏自治区国有粮食企业改革的指导意见》精神，各地通过多渠道筹资开展加工厂升级改造、厂房扩建、地县直企业重组、国有划拨土地变性、企业强强联合等工作，积极稳妥推进改革。三是探索建立了国有粮食企业贷款机制。将西藏自治区国有粮食企业经营所需贷款纳入扶贫贴息贷款范围，落实了粮食收购贷款，缓解了国有粮食企业贷款难问题，减轻了企业负担。

五 召开援藏座谈会，粮食援藏工作成效显著

2014年8月，国家粮食局在拉萨召开了部分省（区、市）粮食局对口援藏工作座谈会，确定了1240万元的建设项目，进一步加大援藏支持力度。截至2014年年底，全区共落实援藏资金6000多万元，为确保西藏自治区粮食安全提供了有力保障。

六 实施人才兴粮战略，党建和维稳工作扎实有效

坚持把维护稳定作为首要任务，全力抓好维稳措施的落实，为全区社会局势稳定作出了积极贡献。认真落实党建工作责任制，坚持党建、党风廉政建设与粮食流通业务、稳定工作同部署、同落实、同检查、同考核。认真落实党风廉政建设主体责任和监督责任，健全完善制度，强化教育引导，促进了党员干部廉洁自律。严格落实中央八项规定和区党委“约法十章”、“九项要求”，巩固拓展教育实践活动成果，切实把作风转正、转实。加大干部队伍建设和人才教育培训力度，举办4期全区性业务技能培训，累计培训各类人才400多人次，不断提升行业整体业务能力。开展专业技能人员短期援藏工作，行业专业技术能力和水平进一步提升。

◆西藏自治区粮食局领导班子成员

次旺诺布（藏族）	党委书记、副局长
张　虹（女）	党委副书记、局长
达　拥（女，藏族）	党委委员、副局长
何长春	党委委员、副局长（2014年7月退休）
李　军	党委委员、办公室主任

陕西省粮食工作

基本情况

2014年，全省实现生产总值17689.94亿元，比上年增长9.7%。人均生产总值26929元，比上年增长9.4%。全省粮食播种面积307.65万公顷，比上年下降0.9%。主要生产小麦、玉米、稻谷，以及各类杂粮。全省粮食总产量1197.84万吨，其中小麦产量417.2万吨，玉米产量539.6万吨，稻谷产量90.9万吨，大豆产量18.1万吨，杂粮产量132.2万吨。全省粮、油消费量分别达到1445万吨和65万吨，产消缺口分别为245万吨和40万吨，自给率分别为83%和40%，粮油产消缺口呈逐步扩大态势；总消费量中城乡居民口粮790万吨，工业用粮235万吨，饲料用粮385万吨，种子用粮35万吨。

2014年粮食工作

2014年，陕西省各级粮食部门认真贯彻落实省委、省政府和国家粮食局关于粮食工作的决策部署，紧紧围绕全省工作大局和“抓收购、保供给、稳粮价”这个中心任务，认真执行粮食购销政策，完善调控措施，深化企业改革，维护流通秩序，夯实设施基础，推进产业发展，实现了守底线、保安全、惠民生、促发展的目标，为促进“三个陕西”（富裕陕西、和谐陕西、美丽陕西）建设，服务全省经济社会发展作出了积极贡献。

一 粮食生产

2014年，陕西省认真贯彻落实中央强农惠农富农政策，积极加大投入力度，提高粮食综合生产能力，粮食生产实现“十一连丰”。全省粮食总产量1197.8万吨，比上年减少18.2万吨，减幅1.5%。其中，夏粮总产量451.3万吨，同比增加27.7万吨，增幅6.5%；秋粮总产量746.5万吨，同比减少45.7万吨，减幅5.8%。

二 粮食流通

2014年，面对夏粮增产、秋粮减产、粮情复杂的形势，各级粮食部门始终把粮食购销作为促进粮食流通、保障粮食安全的重要工作来抓，加强组织领导，认真研判市场形势，及早安排部署，强化粮源组织调度，有力保证了全省粮食购销工作的顺利开展。一是结合近几年各地粮食生产及购销情况，将省委、省政府下达的年度粮食购销目标任务（全年收购粮食325万吨、销售粮食375万吨）分解落实到各市区粮食局。二是积极筹措收购资金。主动与农发行协商解决收购资金贷款问题，全年共落实粮油收购资金规模49亿元。同时，拓展融资渠道。积极协调省财政，将融资担保补助纳入粮食专项补助范围，根据融资金额、贷款利率、贷款期限（最低一年），给予担保公司一定的融资担保补助，缓解国有粮食企业收购资金贷款难问题。三是创新粮食购销经营模式。在全省推广宝鸡市规范“粮食银行”业务行为的做法，指导企业通过开展粮食银行、订单收购、代收代储、合作经营等多种方式搞活经营，提高效益。四是在充分发挥国有粮食企业主渠道引领示范作用的基础上，鼓励引导多元主体进入粮食购销市场，全省累计发放粮食收购许可证2353个，其中非国有粮食收购主体2003个，占85.1%。五是认真落实粮食收购政策，坚持敞开收购、随到随收、依质论价、优质优价，严格执行“五要五不准”收购守则，开展粮食收购市场专项监督检查，向粮农提供政策咨询和信息服务，增加收购网点，方便农民售粮。六是加大粮食购销政策措施宣传和工作动态报道，营造良好的舆论氛围和市场环境。2014年，陕西省各类粮食企业累计收购粮食572万吨，累计销售粮食886万吨，超额完成省委、省政府下达的年度目标任务。

三 粮食调控

（一）粮食储备

各级粮食部门进一步充实储备规模，完善品种结构和布局，着力加强储备粮管理体系建设，夯实了粮食调控的物质基础。积极贯彻落实粮食安全新战略，在充分调研的基础上，向省政府上报了《陕西粮食安全报告》，就提升全省粮食安全保障能力提出了“四个加强、四个确保”的政策建议，得到了省政府领导的重视，被有关部门采纳。抓住国家下达新增地方储备粮规模的有利时机，积极协调有关部门，落实新增地方储备粮规模15万吨，省级临时储备食用油规模3万吨，省级商业周转储备食用油规模0.2万吨。市县级储备规模也有所增加，全省地方储备粮油规模达到历史最高水平。持续强化指导和督察市县级储备粮油规模及应急成品储备建设，完善应急动用方案，市县政府调控保障能力有所提高。

（二）保供稳价和应急工作

巩固深化与粮食主产省份产销合作关系，积极做好“引粮入陕”工作，充实市场粮源。组团参加2014年黑龙江金秋粮食交易合作洽谈会，共达成大米、玉米等粮食购销合同2.5万吨。支持省内粮食企业参与国家政策性粮食竞买，调入国家政策性跨省移库粮食32万吨。落实国家稻谷运费补贴和政策性粮食销售政策，指导企业积极采购东北地区优质大米9.3万吨。全年共轮换地方储备粮40万吨，其中省级储备粮23万吨。充分发挥市场配置粮食资源的决定性作用，鼓励各类粮食企业积极开展粮食经营，促进粮食流通。及时掌握骨干企业粮食加工、库存情况，主动协调落实粮源。通过采取以上措施，确保了全省粮食供应和价格基本稳定。成功举办了爱粮节粮宣传教育活动和粮食科技周活动，形成了爱粮节粮、科学消费的良好社会氛围。向国家粮食局、省应急办和省发改委分别上报了《关于陕西省粮食应急工作情况的报告》、《关于“十二五”期间陕西省突发事件应急体系建设规划实施情况中期落实情况报告》及全省粮食经济运行情况等材料。2014年9月，在商洛市成功举办了第三轮粮食应急预案演练，进一步提升了省市粮食应急供应联动能力。以实施“粮安工程”为契机，加快推进全省军粮供应站、“放心粮油”店和应急供应点三位一体的军粮供应网络体系建设。完善军粮统筹采购供应办法，保证了全省军粮供应。加强军粮统筹，强化质量管理，持续推进军粮供应军民融合式发展。

（三）统计调查和价格监测工作

在做好统计基础工作的同时，各级粮食部门重点强化了统计服务职能，定期公布粮油购销数据，加强统计数据研究利用和市场供求信息监测，及时提供月度分析和粮食市场价格监测信息，分析预测粮食市场趋势。积极推进粮食流通统计制度改革，进一步改进调查方法，对全社会粮油生产、库存、省际间流通和口粮、饲料用粮、工业用粮等数据进行分析，并形成调查报告，调查结果为政府和有关部门决策提供了重要参考。进一步调整充实粮油价格监测网点，健全完善了市场动态监测、定期分析、及时预警、适时应对的工作机制和运行体系，保持了定期会商、准确研判和积极应对的常态机制和工作态势，提高了粮食流通工作服务宏观调控的前瞻性和有效性。2014 年，陕西省粮食局被国家粮食局评为全国粮食流通统计工作先进单位，这是连续 9 年获此荣誉。

四 国有粮食企业改革和扭亏增盈

（一）企业改革

按照现代企业制度要求，以深化改革为动力，全力推进国有粮食企业改革。会同有关部门起草、上报并以省政府办公厅名义批转了《关于加快推进陕西省国有粮食企业改革的意见》，召开了全省国有粮食企业改革座谈会，制定印发了《关于加快推进陕西省国有粮食企业改革的指导意见》，提出了改革的总体思路、基本目标、具体任务和分类指导意见。成立省粮食局国有粮食企业改革领导小组，建立全省企业改革信息联系工作机制，指导和督促市县国有粮食企业改革。到 2014 年年底，全省 107 个县（市、区）中有 87 个县（市、区）成立了领导机构，占 81.3%，有 75 个县（市、区）制定了改革方案，占 70.1%，有 66 个县（市、区）实现“一县一企、一企多点”的目标，占 61.7%，完成了“一县一企”达到 60% 以上的年度目标任务。

（二）扭亏增盈

以提效增盈为目标，指导基层企业做好财务管理及经营工作。协调落实有关税收优惠政策，指导各地继续做好经营性债务化解工作。全省国有粮食企业不断加强和改善财务管理，拓展经营领域，盘活存量资产，开辟新的利润增长点。到 2014 年年底，实现营业收入 118.3 亿元，同比增加 13.8 亿元；盈亏相抵后实现盈利 4149 万元，连续 7 年实现统算盈利，全省 11 个市区统算全部实现盈利。年底资产总额 230.3 亿元，负债总额 194.4 亿元，资产负债率 84.4%。

五 粮食流通基础设施建设

（一）粮食仓储设施建设

继续实施《陕西省粮油仓储设施建设规划》，积极推进粮食仓储设施建设。完成 2013 年实施项目的可研报告或初步设计的评审和批复，指导 7 个项目新开工建设。2014 年完成投资 1 亿元，新增粮食仓容 10.5 万吨、新增油罐罐容 1.13 万吨。

（二）“危仓老库”维修改造

与省财政厅联合出台了《陕西省粮食仓库维修改造方案》，明确了“危仓老库”维修改造的基本原则、改造内容、投资标准等。争取并落实中央补助地方粮食仓库维修资金 1226 万元，省级财政补助 3030 万元，为全省 30 个库站维修改造仓容 26.8 万吨。

（三）“放心粮油”全覆盖工程

按照全省“放心粮油”全覆盖工程的总体安排，制定下发了《2014 年“放心粮油”全覆盖工程实施意见》，制定了“放心粮油”全覆盖工程管理经费预算审批和资金使用拨付程序，召开了全省“放心粮油”配送工作座谈会，举办了全省“放心粮油”全覆盖工程第三期培训，组织开展了“放心粮油”省级抽检工作。完成了 2013 年度“放心粮油”配送中心车辆采购、发放工作，为 8 个省级配送中心配发 64 辆粮油配送车辆。2014 年，争取省财政安排 2000 万元的粮食专项资金，用于“放心粮油”全覆盖工程，对配送中心、示范店以及监督检查、产品抽检等方面给予扶持，其中安排 600 万元用于 2014 年度 6 个“放心粮油”配送中心配送车辆采购。全省共建成 415 个“放心粮油”示范店、415 个“放心粮油”经销点。

（四）粮食质量管理工作

继续做好全省粮食质量检验监测能力项目建设工作，加强在建项目管理，督促项目按计划实施。继续实施年度工作考评制度，督促各地进一步抓好粮食质量管理工作。充分发挥粮食检验机构作用，组织开展了收获粮食质量调查和品质测报工作。组织开展了省级储备粮油和军供粮油的质量安全监测工作。在全省粮食系统组织开展了“放心粮油宣传日”、参加省广播电视台《秦风热线》栏目和“实验室开放日”等宣传活动。加强标准体系建设，强化人员培训。2014 年被国家粮食局评为全国粮食质量安全监管工作先进单位。

（五）农户科学储粮和粮油科技工作

2014 年，全省农户科学储粮专项计划实施 3.51 万户，涉及全省 9 市 43 个县市区。会同省委高教工委、省妇联在全省开展了以“科学食粮，健康圆梦——粮食科普进社区进家庭”为主题的 2014 年粮食科技周活动，印制了宣传资料，组织粮油质量专家赴各地宣讲。

六 粮食流通监管

（一）监督检查

截至 2014 年年底，全省 10 个设区市全部设立了市级粮食监督检查机构，其中 9 个经编办批准单设，县级监督检查机构 100 个，市级执法队伍有 9 个，县级执法队伍由上年底的 81 个增至 87 个，其中有 4 个设区市的县级执法队伍全部建立。具有执法资格的粮食执法人员有 1011 人。继续开展粮食流通监督检查示范单位创建活动，三原县粮食局被国家粮食局确定为第四批全国粮食流通监督检查示范单位。全省粮食行政管理部门积极开展夏、秋季粮食收购专项检查、年度粮食库存检查、粮食仓库清查和“转圈粮”等专项监督检查活动。全年省、市、县三级粮食行政管理部门共开展各类检查 1515 次，出动人员 10926 人次，检查粮食经营者 9829 个（户）次，处理各类涉粮案件 421 例。

（二）法制建设

深化粮食行政审批制度改革，规范行政审批行为，实行行政审批事项目录公示制度。落实粮食收购资格行政许可“先照后证”，加强行政审批程序建设，推进网上管理机制。修订《省级储备粮管理办法》，提高依法管粮和粮食法制建设工作水平。制定印发《陕西省粮食局2014年依法行政工作要点》，对全省粮食行业普法依法治理工作作出总体部署。从着力提升行政机关工作人员依法行政意识和能力，提高行政决策水平入手，积极加强对粮食行政行为和行政执法活动的监督，进一步深化和完善粮食行政执法责任制，全行业依法行政能力和依法管粮水平得到明显提高。

七 粮食行业自身建设

通过深入学习贯彻习近平总书记系列重要讲话，严格遵守中央八项规定和省委实施意见，巩固和扩展群众路线教育实践活动的成果，持之以恒纠正“四风”，有力促进了各级粮食部门作风转变和建章立制工作。落实党委（党组）主体责任和纪委（纪检组）监督责任，强化了党风廉政建设和反腐败工作。深入开展“两创三争促双新”主题实践活动，积极创新活动载体，有力地促进了粮食工作。重点抓好干部培训学习，组织省局机关干部和局属单位领导班子成员参加在省委党校、中国人民大学的两次专题培训，赴照金、富平等红色教育基地参观学习，更加坚定了广大干部的理想信念，增强了党性原则，强化了宗旨意识，提高了工作责任感。按规定清理办公用房、公务用车，采取有力措施，提升行业政风行风建设水平。认真贯彻落实省委从严管理干部的“五项制度”和“吃空饷”问题专项整治工作，干部队伍建设得到进一步加强。2014 年，宝鸡市粮食局、安康市旬阳县粮食局被人社部、国家粮食局评为先进集体，西安市粮食局胡伟、陕西省粮油质检所党献民被评为先进工作者，咸阳市良友集团公司王文华被评为劳动模范。

◆陕西省粮食局领导班子成员

吴新成　省发改委党组成员、副主任（正厅级），省粮食局党组书记、局长
王　勇　巡视员（2014 年 8 月退休）
赵　策　党组成员、副局长（副厅级）
张　翔　党组成员、副局长
王晓森　党组成员、副局长
郭　明　副巡视员

2014 年 3 月 11 日，陕西省粮食局机关党委、机关工会组织开展以“传承革命精神、重温红色历程”为主题的红色之旅教育活动，组织机关干部参观陕甘边革命根据地照金纪念馆和薛家寨革命旧址，重温入党誓词。

2014 年 4 月 28 日，陕西省“放心粮油”配送工作座谈会在西安召开，随后举行了简短的“放心粮油”配送车辆发放仪式。省“放心粮油”领导小组副组长、办公室主任、省粮食局局长吴新成，相关市粮食局分管局长，省粮食局相关处室和军粮中心、陕西粮农集团及所属有关企业、8 个省级配送中心的负责同志，以及陕汽集团和华晨金杯公司的有关领导参加了会议及发放仪式。

2014 年 9 月 16 日，陕西省粮食局在商洛市举行第三轮粮食应急预案演练。省粮食局局长吴新成、商洛市市长陈俊、省应急管理办公室副主任董启元亲临现场观摩指导。各设区市粮食局局长以及主管粮食应急业务的科长、陕西粮农集团主要负责人等 120 余人观摩了演练活动。

2014 年 10 月 16 日，陕西省隆重举行 2014 年世界粮食日和爱粮节粮宣传周活动。世界粮食日当天，陕西省政府副省长祝列克深入粮食生产加工企业调研，要求高度重视粮食安全问题，不断扩大生产加工规模，严格产品质量标准，确保粮食有效供给和质量安全。

甘肃省粮食工作

基本情况

甘肃位于祖国的地理中心，地处黄土、蒙新、青藏三大高原交会地带，横跨长江、黄河、内陆河三大流域，东接陕西，南控巴蜀、青海，西倚新疆，北扼内蒙古、宁夏，并与蒙古国接壤。全省总面积45. 4万平方公里，地貌复杂多样，地势自西北向东南倾斜。全省辖12个市、2个民族自治州、1个矿区管委会和86个县市区，总人口2600多万。省内有55个民族，回族、藏族人口较多，东乡族、裕固族和保安族是甘肃特有的少数民族。

2014年，全省实现生产总值6835.3亿元，城镇居民人均可支配收入20804元，家庭恩格尔系数（居民家庭食品消费支出占家庭消费支出的比重）为36.8%；农村居民人均纯收入5736元，家庭恩格尔系数为37.6%。全省粮食作物种植面积284.2万公顷，粮食总产量1158.7万吨；油料种植面积32.9万公顷，油料产量72.4万吨。但全省小麦年均缺口一半、基本不产大米、食用油缺口1/3的基本粮情没有改变，对省外粮源的依赖程度还比较高。

2014年，全省收购粮食307万吨、同比减少23%，销售粮食372.5万吨、同比增加6.9%；收购食用油58500吨、同比增加28.7%，销售食用油114390吨、同比增加54.8%。到12月底，全省粮食综合库存同比减少1%，食用油综合库存同比增加17.9%。全年全省国有粮食企业实现盈利2339万元、同比增加42%，盈利面达到95%、同比提高2个百分点，其中省直企业实现盈利1136万元、13个市州实现盈利。

2014年粮食工作

一　常态化运行有新的收获

全省粮油收购、粮油销售、稳定粮价等常态化工作趋稳向好。实现了收购和销售的双增长，市场粮油供应充足，全年全省收购粮食348万吨、同比增加3.8%，销售粮食372.5万吨、同比增加6.9%；收购食用油58500吨、同比增加28.7%，销售食用油114390吨、同比增加54.8%。继续强化

260 个监测点对重点地区和重点品种的监测跟踪，有效利用粮油价格周报、月报和适时启动日报的监测监控，特别是加强春节、国庆等重大节日期间的监测预警，动态反映价格行情，排除价格干扰因素，保障粮食市场稳定，与 2013 年同比，全省小麦、玉米、面粉、大米等价格稳中略涨，食用油价格基本持平。

二 “粮安工程”建设有新的突破

认真贯彻落实《甘肃省人民政府办公厅转发省粮食局关于粮食收储供应安全保障工程建设实施意见的通知》（甘政办发〔2014〕25 号）精神，着力推进“粮安工程”。实施了粮食系统灾后恢复重建、省级预算内 5000 吨粮库建设、“危仓老库”维修改造、农户储粮专项建设、仓储管理信息化建设、粮政信息化管理平台、省级财政军供网点维修改造等项目，总投资近 1.7 亿元。启动全省国有粮食企业土地变性确权工作，省直酒泉库、白银区属库 2 个企业作为试点稳妥推进。

三 宏观调控能力有新的提升

按照省政府 2014 年新增省级储备要求，2014 年年底省粮食局、财政厅、农发行联合下达了落实计划。市县储备粮同比增加 1.5%，储备油同比增加 5.4%。到 12 月底，全省粮食综合库存同比减少 1%，食用油综合库存同比增加 17.9%，奠定了宏观调控的物质基础。同时，认真贯彻落实刘伟平省长关于储备粮要建立动态经营、滚动发展机制的重要指示，动态经营新增省级储备粮油，引导了市场消费预期，稳定了粮食市场价格，补充了省内短缺粮源，开辟了一条企业增强经营活力的渠道。

四 产业化发展有新的起色

开展了一批以小杂粮精深加工、清真食品、放心粮店、主食厨房、物流配送、产业园区为主的产业化项目，投资近 7 亿元启动和建设了 13 个项目，包括兰州焦家湾粮油批发市场提升改造项目、嘉峪关粮食物流中心项目、清水民天粮油储备公司异地扩建项目、秦安民泰粮油储备公司“退城进郊”项目、甘谷粮油购销公司“退城进郊”项目、张掖主食产业园区项目、定西通渭金晟源小杂粮精深加工扩建项目、定西西源粮库大型粮油食品综合批发市场项目、平凉嘉宸大厦项目、庄浪粮油批发市场项目、平凉粮油公司玉米物流项目、泾川放心粮油食品加工配送项目、临夏清真放心食品工程等。同时，全省建设了 365 个放心粮店、5 个主食厨房。

五 国企改革有新的进展

在全省粮食行业开展了深化粮食流通体制改革调研活动，组织召开了深化改革研讨会，并确定 2014 年为深化企业改革年。向省政府、省国资委多次报送专题材料，从有利于省级储备粮安全和粮食安全省长责任制落实、加强宏观调控、稳定粮食市场和粮油价格、省属粮食企业国有资产监管和保值增值等方面，提出了继续实行粮食部门“管人、管事、管资产”有机统一管理模式的意见。与省国资国企改革推进工作领导小组研究确定了改革的基本框架，即承担政策性业务为主的企业定性为公共服务类、维持目前管理模式，经营性业务为主的企业实行改制脱钩。全年全省国有粮食企业实现盈利2339万元，同比增加42%，盈利面达到95%。

六 依法管粮有新的成效

组织粮食流通市场监督检查，全省共出动检查人员7713人次，检查企业10846个次，查处违法违规案件302例，有效维护了正常的粮食流通秩序。开展了全省粮食库存、省级储备粮油库存、地方储备粮规模落实三类检查，彻底摸清、查明了家底，进一步筑牢规范管理、数量真实、质量良好、储存安全的坚实基础。省粮食局、省教育厅联合开展了中小学生爱粮节粮教育社会实践基地创建工作，4个市州初步完成了5个省级基地的创建，省皋兰粮油储备库获得全国爱粮节粮“节约之星”殊荣。组织开展了“世界粮食日”、“全国爱粮节粮宣传周”、“粮食科技宣传周”等活动，活动期间全省共设立宣传点437个，发放宣传资料60多万份，扩大了影响力。狠抓安全生产监管，维修改造直属企业储粮库区的用电线路和消防设施，给市州统一配置自给式压缩空气呼吸机，持续开展安全检查，安全生产形势稳定向好，截至目前，全省粮食系统没有发生安全生产事故。

七 “双联”工作有新的亮点

积极履行组长单位职责，不断完善工作机制，想方设法筹资90多万元，为三个联系村实施帮扶项目，硬化道路2300米，修建衬砌灌溉渠道1065米，配备农户科学储粮仓504套，通过扶持培育养殖示范户带动新扩建标准化羊棚109个，修建生活垃圾归集点7个，争取旭坪村梯田改造修建项目列入永靖县2015年农业综合开发小岭乡高标准农田建设规划，为0~3岁适龄婴幼儿发放了营养包，建设和维修了村委会，创建了文化活动室，增添、增订、购置了书籍、图书、棋牌等文体用品。

八 党的建设和党风廉政建设有新的气象

继续巩固党的群众路线教育实践活动成果，开展了后续整治，落实了“两方案一计划”和市州提出事项。研究制定了局党组落实党风廉政建设主体责任的实施意见，明确局党组主体责任8项、局纪检组监督责任5项、机关党委责任4项、党支部责任5项、主要负责人第一责任5项、班子成员领导责任5项，并认真落实主体责任，对直属单位落实情况开展了督察。强化廉政风险防控，组织局系统查找廉政风险，建立健全制度，规范权力运行，坚持用制度管权、管事、管人。从严抓好执纪监督，明令禁止公款宴请、送年货节礼等铺张浪费行为，全年没有接到群众反映机关工作人员不作为慢作为、惠农资金管理使用违纪违规、公职人员违规经商办企业等方面的问题。

◆甘肃省粮食局领导班子成员

韩卫江	党组书记、局长
王学东	党组成员、副局长
成文生	党组成员、副局长
陈玉皎	党组成员、副局长
罗凤存（女，藏族）	党组成员、纪检组长
王水兵	巡视员

2014年2月24日，甘肃省粮食流通工作暨全省粮食系统纪检监察工作会议在兰州召开。李荣灿副省长出席会议并作了重要讲话。

2014 年 3 月 25~27 日，国家发展改革委党组成员，国家粮食局党组书记、局长任正晓来甘肃省考察调研粮食流通工作。期间与省政府副省长李荣灿就进一步做好甘肃粮食工作进行了深入交谈。

2014 年 11 月 1~3 日，甘肃省粮食系统组团参加第十三届中国国际粮油产品及设备技术展示交易会，甘肃粮油展区荣获国家粮食局颁发的“优秀展出奖”、“优秀组织奖”和“优秀联络员奖”。

青海省粮食工作

基本情况

青海省位于祖国西部，雄踞世界屋脊青藏高原的东北部。因境内有国内最大的内陆咸水湖——青海湖而得名，简称青。青海是长江、黄河、澜沧江的发源地，故被称为“江河源头”，又称“三江源”，素有“中华水塔”之美誉。全省东西长1200多公里，南北宽800多公里，总面积72.23万平方公里，占全国总面积的1/13。青海北部和东部同甘肃省相接，西北部与新疆维吾尔自治区相邻，南部和西南部与西藏自治区毗连，东南部与四川省接壤。全省辖有8个市州，其中包括2个地级市、6个自治州、5个市辖区、3个县级市、35个县、7个自治县，2014年年末全省常住人口583.42万人。青海是一个多民族聚集的省份，少数民族人口274.09万人，占常住人口的46.98%。世居的少数民族主要有藏、回、土、撒拉和蒙古族，其中撒拉族、土族为青海所独有。

2014年，全省实现生产总值2301.12亿元，城镇常住居民人均可支配收入22306.57元，农村常住居民人均可支配收入7282.73元。青海畜牧业用地面积大、农业耕地少、林地比重低。2014年，全年农作物总播种面积55.37万公顷，粮食作物播种面积28.01万公顷。农作物主要品种有小麦、青稞、蚕豆、豌豆、马铃薯、油菜等。2014年，全省粮食产量104.81万吨，总需求225.48万吨，产需缺口120.67万吨，粮食自给率为46.48%，粮食供需平衡主要通过省际间市场流通解决。全年全省粮食消费量为212.37万吨，其中城镇居民口粮45万吨，农村口粮65万吨，饲料用粮75万吨，工业用粮15万吨，种子用粮10万吨。

2014年粮食工作

2014年在省委、省政府和省发改委的坚强领导下，全省粮食部门深入学习贯彻习近平总书记、李克强总理关于保障国家粮食安全系列重要讲话精神，认真贯彻落实国家粮食局的工作部署，攻难克艰、抢抓机遇，不断提高全省粮食宏观调控能力、健全粮食应急调控体系、推进“放心粮油”工程建设，促进主食产业化发展、夯实粮食流通基础、推进国有粮食企业效益职工薪酬同步增长、加强作风建设促进工作落实，较好地完成了各项工作任务，保障了全省粮食安全。

一 做好政府平价粮油供应，提高粮食宏观调控能力

（一）做好粮油保供稳价工作

为落实省政府平价粮油投放工作的要求，会同相关部门，完善了政府平价粮油投放方案，从10月1日起开始在全省211个网点共投放3大类5个品种的政府平价粮油，11月1日起增加小米、玉米面两个粗粮投放品种。同时，层层分解任务，明确责任，强化监管措施，确保政府平价粮油供应政策落实到位。截至2014年12月31日，销售政府平价粮油21055吨，其中面粉15433吨，大米2604吨，菜籽油2998吨，粗粮20吨。投放政府平价粮油后，全省粮油市场价格呈下降趋势，主要粮油品种零售均价平均下降了2.86%，其中特一粉下降1.31%，一级粳米下降2.09%，四级菜籽油下降4.19%。粗粮首次投放后，12月底与11月底相比零售价平均下降了12.45%。政府平价粮油调控市场成效显现，呈现国内粮油价格上涨而青海省粮油价格波动幅度明显缩窄态势，有效发挥了政府平价粮油价格对市场价格的传导和杠杆调节作用。

（二）积极研究粮食宏观调控新举措

制定了《关于建立全省粮食调控工作运行评价机制的意见》、《青海省粮食调控工作运行评价标准》和《建立政府平价粮油调控市场长效机制意见》。探索利用国际、国内两个市场、两种资源解决青海省所需粮源，做好市场宏观调控，保障粮食安全的路径，完成了《青海省粮食安全评估及保障体系研究》课题，并积极争取列入“十三五”全省经济社会发展重点研究课题中。

（三）推进粮食安全战略合作

以加强与粮食主产省的粮食安全战略合作为切入点，组成稻谷、小麦、小杂粮三个调研组分别赴河南、山东、安徽、宁夏、陕西、黑龙江、吉林、辽宁、新疆9个省区调研洽谈省际间粮食安全战略合作，探索开展小麦、稻谷、杂粮、主食产业化等方面的产销合作和采取代收、代储、代轮换、代加工、代运输全流程的异地委托代储模式，建立稳定可靠的粮源基地。

二 加强粮食应急调控体系建设，提升粮食应急能力

（一）完善粮食应急预案体系

制定了《青海省粮食质量安全事故（事件）应急处置预案》，修订了《青海省粮食应急预案》并报省政府批转执行。《预案》调整了粮食应急网络建设的主体，进一步明确了成员单位的职责，规范了操作程序，更加适应省情粮情，更具可操作性，各市州也相应修订了本级粮食应急预案。制定了《青海省国民经济粮食动员预案》和15项粮食动员工作制度，成立了工作机构，明确了责任义务。同时，组织开展全省粮食应急、军粮供应和粮食经济动员综合应急演练，参演单位达到98个，参演人员469人，运用车辆67辆，调运粮油698.38吨，提高了粮食应急工作的实战能力。

（二）强化粮油应急供应网络体系建设

根据国家粮食局“应急供应网络建设每个乡镇（社区）一个网点，至2020年全省应急网点达到396个”的要求，按照“统一规划、分级管理、逐年落实、保障有力”的原则，年内完成了140个网点的考察、审核和挂牌工作。会同省发展改革委、财政等部门，从省级价调基金中争取200万元资金对35个应急网点进行了维修改造和新建，提升了服务功能。新建县级粮油应急配送中心6个，“放

心粮油”店 22 家，省级粮食应急中心（军粮）项目主体工程已经完工。

三 加强粮食流通监管，提升粮油质检能力

（一）加强粮食流通监管工作

完善粮食流通监督检查制度体系，制定了《青海省政府平价粮油监督检查暂行办法》和《关于建立青海省政府平价粮油监督检查定期通报制度》，建立起“事有人管、责有人负、落实有标准、工作有检查”的工作制度。扎实做好专项监督检查工作，组织全省粮食仓库清查和粮食库存检查；开展政府平价粮油供应的监督检查，全年共安排 436 人次对全省 8 个市（州）的 112 个销售网点的政府平价粮油投放情况进行了多次检查；会同中储粮兰州分公司组成“转圈粮”检查组，追踪“转圈粮”问题线索，深入细致进行检查；认真做好油菜籽收购专项监督检查工作，维持了正常的收购秩序，保护了农民的利益。

（二）提升粮油质检能力

推进全省粮食质量安全检验监测能力建设项目实施工作，衔接省发改委、省财政厅等相关部门，落实 2014 年项目建设资金。制定省粮油检测防治所及 7 个市（州）级监测站检验仪器设备选型及实验室配套基础设施建设规划。推动市（州）级粮食质量监测站建设，对各市（州）级粮食质量监测站建设情况进行专题调研，推动各市州加快了监测站建设步伐。扎实做好全省粮食质量检验监测工作，完成国家级收获粮食质量安全监测和库存粮食质量安全专项检查工作。完成 2014 年度省级储备补库粮油的质量监督把关和库存省级储备粮油的定期监督检验工作，全年抽取、接受各类粮油检测样品共计 1766 份，代表数量共计 56.4 万吨。

四 加强粮食行业安全管理，确保储粮安全

（一）狠抓安全生产管理

制定了《青海省粮食局 2014 年直属单位安全管理目标考核办法》，加强了省级储备粮日常安全管理和检查；指导局属各单位和各市、州粮食行政管理部门落实了安全生产管理台账；组织开展粮油仓储企业消防安全专项整治行动，不断夯实安全管理基础，确保行业安全生产。

（二）提升储备粮管理水平

做好省级储备粮的轮换和管理工作，按照省级储备粮轮换计划，密切关注市场行情和企业轮换进度，指导企业有序轮换，及时帮助解决轮换中存在的困难和问题，截至 2014 年 12 月 20 日，50550 吨省级储备粮轮换任务全面完成。推进粮食仓储规范化管理，制定了《青海省粮油仓储单位备案管理办法》，规范粮油仓储管理活动。组织开展全省粮油库存检查、省级储备粮油春秋两季普查，通过检查和普查，全省粮油库存账实相符、数量真实、储存安全、质量良好。同时，实行省级储备粮管理资金绩效考核，加强了对省级储备粮承储企业的资金监管。

五 推进粮食规划建设，夯实粮食流通基础

至 2014 年年底，《青海省“十二五”粮食安全与流通发展规划》及《“粮安工程”建设规划》

共完成投资约5亿元。2014年争取中央和省级财政资金6643万元，重点推进粮食质量安全能力建设，青海省粮食应急配送中心，德令哈、西宁、玉树粮食物流中心，西宁市主食产业化一期，危仓老库维修改造等粮食应急、物流、仓储设施项目的建设。认真落实省政府主要领导和分管领导的指示，积极向国家粮食局、中储粮总公司、省发展改革委汇报对接，争取新建10万吨粮库项目，2014年已落实6万吨粮库项目。支持粮食企业改革与发展，积极与省财政厅协调，落实企业扶持发展项目补助资金1200万元。积极推进粮食信息智能化建设，促进粮食产业升级，研究制定《青海省粮食信息智能化建设规划》，开展了《青海省粮食安全与流通发展“十三五”规划》前期工作。

六　完善企业考核目标，推进企业效益和职工薪酬双增长

制定直属单位年度经济目标和国有粮食购销企业扭亏增盈指标，通过强化扭亏增盈措施，促进企业稳步发展；加强预算管理、财政专项补贴资金绩效考核和年度经济目标考核；完善落实财务管理制度，严格内部审计；召开企业经济运行分析会，指导企业研判市场形势，规避市场风险；开展复合型经营，培育企业经济利润增长点等系列措施，有力推进了国有粮食购销企业持续健康发展。2014年全省国有粮食企业盈亏统算后实现利润971万元，其中国有粮食购销企业实现利润1000万元，利润首次突破千万元，实现了连续7年盈利递增，企业发展实力和后劲进一步夯实。伴随企业实施《经济效益与职工薪酬双增长实施方案》，职工薪酬有较快增长，生活得到较大改善。

七　推进“放心粮油”工程建设，促进主食产业化发展

2014年建设“放心粮油”门店22个，县级“放心粮油”配送中心6个，截至2014年年底累计建成“放心粮油”门店109家，新授予西宁市“放心粮油”工程第六连锁店等8家粮店为“放心粮油”示范销售店称号。进一步促进全省主食产业化发展，选择区位优势明显，省内人口最多的西宁市，投资3319万元建设馒头、面条、速冻食品等主食生产线，2014年重点推进项目一期建设已完成土建及工艺设备安装，该项目的建设将为全省主食产业化发展起到积极的示范和推动作用。

八　坚持服务宗旨，确保军粮供应

全面做好全省军供粮的购、销、调、存的计划管理，强化全省军用购粮卡的管理，按时办理全省军供粮差价款的预拨与结算。开展军粮财务专项检查，规范军粮差价补贴款和“高边岛特”网点维修改造资金的使用管理。做好“高边岛特”军粮网点维修和“危仓老库”维修改造项目。设立野战军粮供应站，做好格尔木市驻训部队的军粮供应保障工作。确保粮源，做好军粮供应及政府平价大米配送工作。推动军民融合式发展保障机制建设，进一步拓展服务范围，探索适合青海省的集约化保障工作。

九　加强党建工作，确保全省粮食工作有序推进

（一）加强作风建设

强化机关管理，制定《省粮食局关于开展效能建设的实施意见》和《省粮食局机关效能建设九项

制度》，推进机关效能建设和“三基建设”。按照公开、透明、高效、规范的政务工作要求，对局机关工作制度进行了修订并加强了落实督导。大力提倡开短会、写短文，倡导办好事、办成事的风尚。围绕履行核心职能加强效能建设，建立健全绩效工作评价机制，强化效能问责，提升行政效能。

（二）推进粮食文化建设

成立了青海省粮食文学艺术联合会，完成机关文化墙建设，以青海粮食工作身边人、身边事为体裁，刊印了《青海粮食人》（内刊）。与河南省工业大学合作，选定培训课题，邀请老师到青海省进行“国际粮情与粮食安全”、“粮食信息化技术和建设粮安工程，做好‘广积粮、积好粮、好积粮’三篇文章”、“粮食应急管理”专题培训，培训局机关、直属单位、市（州）县粮食行政管理人员及民营粮食企业工作人员 500 人次。认真践行社会主义核心价值观，开展优秀传统文化学习，大力传承和弘扬粮食行业“创业、创新、节俭、奉献”精神和“宁流千滴汗、不坏一粒粮”的光荣传统。

（三）深化党建和党风廉政建设

持续开展基层组织建设年活动，落实党员教育培训工作，全年组织中心组学习 12 次，组织党员参加了省发展改革委、省直工委组织的各类培训班学习，重点突出党的十八届四中全会和环境保护等内容的学习。按照《细则》规定，严格考察、培训、预审、审核、票决、谈话等组织程序，审慎发展了 5 名预备党员、转正 2 名党员。积极开展在职党员到社区报到为群众服务活动，全局已有 117 名党员在社区报到，开展帮扶群众活动 13 次。加强党风廉政教育，增强党员干部守纪、执纪意识。召开党风廉政建设工作会议，层层签订了党风廉政建设和反腐败工作责任书。制定《省粮食局直属机关党委落实党风廉政建设主要责任的措施意见》，认真落实“一岗双责”，从严落实党风廉政建设主体和监督责任。对重大项目、设备采购招标、事业编制转录等工作进行了监督检查。

◆青海省粮食局领导班子成员

顾艳华　局直属机关党委书记、局长

乔正善　局直属机关党委委员、省发展和改革委员会副巡视员

闵建平　局直属机关党委委员、副局长

张柴斌　局直属机关党委委员、副局长

2014 年 1 月 15 日，青海省省委常委、常务副省长马顺清（左二）到省西宁粮食储备库调研粮食工作，省粮食局副巡视员乔正善（右二）陪同。

2014 年 1 月 22 日，青海省粮食流通工作会议在西宁召开。

2014 年 10 月 22 日，青海省粮食局局长顾艳华（前排左二）到省西宁粮食储备库调研物流中心项目建设情况。

2014 年 11 月 28 日，青海省粮食局组织全省各市、州粮食行政管理部门开展了粮油市场应急供应和军队粮油应急供应综合演习。

宁夏回族自治区粮食工作

基本情况

2014 年，全区粮食产量 378 万吨，各类企业累计收购原粮 170 万吨，各类粮食企业销售粮食 277 万吨，外购粮食 89 万吨，轮换自治区储备粮 9 万吨。通过认真履行抓收购、保供给、稳粮价的职责，在全国粮价普遍上涨背景下，宁夏回族自治区原粮、成品粮市场供需总体平稳，价格同比波动不超过 3%，环比不超过 2%。有力保障了自治区粮食安全、群众口粮安全及全年控价 3.5% 目标的圆满完成。

2014 年粮食工作

一　粮食生产发生结构性变化

2014 年，全区粮食总产量 377.9 万吨，其中小麦 40.5 万吨、稻谷 61.8 万吨、玉米 224.1 万吨、其他粮食品种 51.5 万吨。呈小麦逐年减少，玉米逐年增多的趋势，使宁夏小麦、稻谷逐步由原来的产区转变为销区。

二　粮食流通日趋活跃

收购粮食 221 万吨，其中小麦 27.5 万吨、稻谷 89.9 万吨、玉米 102.6 万吨；销售粮食 276.7 万吨，其中小麦 87.5 万吨、稻谷 126.4 万吨 、玉米 58.9 万吨。从外省购进粮食 85 万吨，销往外省粮食 80.5 万吨。商品量 260 万吨，其中小麦 15 万吨、稻谷 45 万吨、玉米 165 万吨、其他粮食品种 35 万吨。截至 2014 年年底，全区纳入统计范围的粮油加工企业 261 家，粮油加工总量 289 万吨，实现总产值 174.4 亿元，利税 7.5 亿元。粮油加工企业生产规模、技术水平和产品质量逐年提升。在第十三届中国国际粮油产品及设备技术展览会上，宁夏回族自治区再获 13 个粮油产品金奖，已累计获得全国精品粮油产品金奖 34 个，获奖率居全国第一、获奖数量列第二。

三 粮食宏观调控进一步改善

一是通过宁夏粮油批发交易市场组织召开政策性粮油公开交易会 6 场，总交易量 3.5 万吨。

二是开展市场调研，制订收购方案，测算产量、商品量，及时收集各种动态，形成有情况、有分析、有建议的调研报告，并专报自治区领导和政府办公厅，多篇信息得到自治区领导“好”、“很好”的批示。

三是安排部署收购工作，下发《2014 年夏粮收购工作方案》、《2014 年夏粮收购工作通知》、《自治区粮食局关于做好秋粮收购工作的通知》，提出“引导区内各类用粮企业做好自营收购，履行‘粮食订单’，提供优质服务，加强产销对接”等具体措施，为组织做好粮食采购和市场销售，稳定市场预期，保护种粮农民利益发挥了积极作用。

四是制定《自治区粮食局关于做好 2014 年度粮食订单工作的指导意见》，提出“双订”订单收购与订单销售计划，采取部门搭台、企业运作模式，制定促进土地流转、扩大优质粮规模、强化服务落实督察的各项措施，下达指导性粮食订单计划 110 万吨，全年共落实订单合同 7481 份，订单面积 13.2 万公顷，完成订单任务 111 万吨，履约率 100 %，其中优质粮 73 万吨，占订单总数的 65 %，并对订单落实情况进行了督察通报，有力地推进了粮食规模化生产、产业化经营。

四 粮食应急体系建设进一步夯实

建成粮油应急供应网点 158 家；全面启动市县应急粮油配送中心、应急保障中心建设；加强应急成品粮油和供应网点的管理，全区存有三级应急成品粮油储备充分、可靠，确保应急状态下能够及时调用；修订完善了《宁夏粮食应急预案》，可操作性和综合应对能力进一步提高；制订《宁夏特殊群体应急粮食供应工作方案》，为低保优抚对象等特殊群体在应急状态下“吃饱饭”提供了保障；分别在吴忠、中卫两市成功举办三级、四级粮食应急演练，为宁夏回族自治区提高应对突发事件能力积累了经验。

五 “监管能力提升年”活动成效显著

加强粮食经纪人规范化管理及粮食行业信用体系建设，组织全区行政执法培训班，邀请自治区工商局、法制办进行辅导和专题讲座，进行粮食行政执法及处罚能力专题培训。扎实开展示范单位创建活动，盐池县粮食局被国家粮食局评定为第四批全国粮食流通监督检查示范单位。继续推进粮食质量安全检验监测体系建设，建成固原市粮油产品质量监督检验站，宁夏粮油质检中心和中卫市粮油质检站被命名为国家粮油标准研究验证测试机构，中卫市粮油产品质量监督检验站通过了自治区编办正式批文设置。先后组织了原子吸收分光光度计、气相色谱仪等大型仪器应用培训班、收获粮食质量调查品质测报和质量安全监测样品采集工作培训、收获小麦和稻谷质量会检及人员比度考核等各类培训。先后起草印发《宁夏粮食局粮食质量安全事故应急预案（试行）》、《宁夏粮食质量检验监测机构监督管理办法（试行）》两项制度。从制度层面确保了宁夏回族自治区粮食质量安全应急工作和质检机构管理工作良好有序。

六　粮食流通秩序进一步规范

突出政策性粮食购销活动监管，加大对政策性粮食销售出库的检查力度，扎实开展“转圈粮”专项整治行动，全区未发现以“转圈粮”获利的违规违纪行为。扎实开展节日期间粮油及夏秋粮收购市场等专项检查，确保了粮油市场质量安全、价格稳定和社会和谐稳定。采取电话预约、上门服务等方式，继续开展粮食收购许可证年度审核，有效防止了工商改革对全区粮食市场带来的影响。经审核，合格企业 813 家，注销企业 40 家，未按规定参加年审企业 33 家，年审情况及时在《宁夏日报》进行公告。加大涉粮案件查办力度，提高案件办理水平，全年未收到因粮食执法不到位、不作为和乱作为的情况举报。

七　粮油质量监测工作逐步强化

2014 年，全区储备粮油质量安全监测，涵盖了地方各类政策性粮油的质量指标、储存品质指标及重金属、农药残留、真菌毒素及添加剂等主要食品安全指标的合格情况，共检验样品 337 份，从源头上消除质量安全隐患，严防不符合食品安全标准的粮食流入口粮市场。开展 2014 年库存粮食质量安全专项监测，确保库存粮食质量良好。开展新收获粮食质量安全监测及品质调查测报工作。撰写《 2014 年度宁夏小麦稻谷玉米质量品质及食品安全状况调查报告 》首部白皮书，为研究宁夏粮情、制定政策、指导工作提供支撑，引导各地科学调整种植品种结构、保障全区优质粮食产业化发展、促进农民增收。开展社会粮油质量安全宣传工作，营造社会爱粮节粮、关注粮油质量安全良好氛围。

八　粮食库存检查严格扎实

2014 年，宁夏回族自治区被国家发改委、国家粮食局等四部委定为重点检查省份，并受国家粮食局委托对中央储备粮开展全面检查。3 月初至 6 月底，在全区组织开展了库存检查、中央储备粮委托检查工作。做到了严密部署，认真准备，扎实普查，保证实效，严格复查，保证真实，认真整改，及时上报。经查，全区粮食库存数量真实，账实相符、账账相符，质量与卫生安全良好，库存粮食储存安全，储备粮轮换规范一致，政策性粮食补贴拨付及时到位，库贷挂钩合理，中央储备粮政策执行到位。

九　粮食行业信息化水平稳步提高

为适应新形势下粮食流通管理工作的需要，提升粮食行政管理效能，确保宁夏粮食安全，建设完成了宁夏宏观调控信息系统。该信息系统以宁夏粮食局办公楼为中心，以直属储备企业为主体，以粮食动态业务管理为核心，以电子政务网为支撑，涵盖全区 11 家储备企业（12 个库点）。对储备企业现有的粮情检测、出入库管理、库存实物台账系统进行整合，在此基础上开发信息管理平台（门户）、仓储管理等模块，组成储备粮信息管理系统软件。安装企业安防系统 12 套，安装摄像机 161 台，整合原有为区安防系统（4 套，48 台摄像机）；并在储备企业符合条件的仓内安装视频监控及远程灯控设备 196 套，建成储备粮视频监控系统。储备粮信息系统集成。在 11 家储备企业（12 个库点）配备 12 台服务器、12 台路由器、12 台交换机、36 台 PC 机，新建并改造各储备企业中心机房，租用电信数字电路组成了宁夏粮食系统广域网。安装价格监测处理系统软件，将全区现有的价格监测点的数据传入到该系统后，计算机自动进行分类汇总、分析，形成监测报告。信息管理系统具有应急指挥、储备粮远程监管、储备企业安防、视频会议、粮食价格监测预警、协同办公六项功能。

十 粮食流通体系建设力度加大

以国家“粮安工程”为杠杆，撬动地方政府和企业加大粮食仓储基础设施建设规模。2014 年度全区粮食流通基础设施建设投资项目 43 个，其中，本年度新开工项目 37 个，占总项目数的 86%。其中国有及国有控股 40 个，民营 3 个。新建项目 36 个，改建项目 7 个。总投资 39533 万元，其中：中央财政投资 1853 万元，地方财政投资 2834 万元，企业自筹资金 13746 万元，银行贷款 18300 万元，其他投资 2800 万元。年度新建仓容 6.7 万吨，维修改造仓容 7.7 万吨，新增罩棚 1.9 万平方米，新增地坪 3.5 万平方米，购置机械设备 295 台（套），新增散粮接收和发放能力各为 260 吨 / 小时。其中，宁夏储备粮管理有限公司新建罩棚、购置机械设备、烘干塔等项目 14 个，新建固原应急调控中心、中卫、青铜峡军供站项目 3 个，民营企业新建仓储设施 3 个。2014 年度完成红寺堡区主食厨房工程项目投资 150 万元，为地方财政部分补贴。本年度完成投资 16557 万元，占项目总投资的 42%。

十一 农户科学储粮项目超额完成

2014 年度实施农户科学储粮仓 6.4 万套，其中国家下达计划 6 万套。涉及 4 个地级市，14 个县（市、区），投资 2820 万元，其中中央财政投资 810 万元，地方财政 1164 万元，农户自筹 846 万元。2014 年 10 月全面完成制作和发放工作，并及时进行了验收。自 2010 年实施农户科学储粮专项建设工程以来，从 2011 年开始已连续 4 年将其列入自治区人民政府民生计划。项目实施点的农户储粮损失率从 5.4% 降低到 2% 左右，按已发放农户储粮仓储存小麦 15.8 万吨，损失率降低 3.4% 可减少损失 5375 吨，按宁夏小麦平均亩产计算，相当于再造粮田 1600 公顷。

十二 粮食科技创新水平不断提高

完善科技兴粮工作体制。撤销储备管理处，成立流通与科技发展处，相应调整工作职能。制定了《宁夏回族自治区粮食局科技项目管理实施细则（试行）》。建立了宁夏粮食流通行业科技项目库和“粮安工程”（科技）项目专业分类评审专家名册。稳步推进科技发展项目实施。目前，自治区粮食局实施的自治区政府民生计划 1 个；自治区科技厅科技攻关（科技支撑计划）项目 2 个，农业科技研究与科技兴农专项项目 1 个；自治区财政厅科技储粮新技术应用项目 2 个；小学生营养主食工程项目 1 个。建立“粮安工程”项目库，收录粮食行业建设项目近 200 个，申报自治区补助项目 1 个、科技创新后补助备案项目 8 个。红寺堡区试点的自治区主食产业化项目解决了当地近 3 万名学生就餐问题。在全区开展的低温储粮、太阳反射热涂料应用等新技术新材料试验和推广顺利完成。支持企业新建粮食烘干设备 5 套，全区粮食年烘干能力达 30 万吨。支持企业研发的枸杞挂面等新产品已正式投产并申请专利。圆满完成全国“库存粮食识别代码”试点工作，为实现库存粮食流通信息可定位、可追溯的动态监管，奠定了坚实基础。

十三 人才队伍建设不断加强

启动粮油检验专业人才库建设工作，建立自治区级粮油检验专业人才库，为自治区粮油质量检验工作提供人才支撑。按照现代粮食流通产业发展需求，不断加强粮油仓储检验和粮油加工领域专业技术人才的培养。

一是通过招聘、考录、选调等方式，有计划地引进、充实专业技术人才。在质检体系和储备体系建设过程中，通过以上方式，引进专业技术人才 20 名。

二是重视专业技术人员的培训。坚持学习培训与实践锻炼相结合，由课堂向实地延伸，区别不同的对象，采取不同的培训锻炼方式，有目的地对专业技术人员进行定向培训，加强同全国专业院校的广泛合作，开展粮油保管员、粮油质量检验员业务培训。鼓励专业技术人才参加学历教育和继续教育，参加职称评审。积极组织参加国家粮食局和自治区有关部门组织的中青年高层次专业技术人才培训班，逐步培养“领军人”。

三是通过项目的课题研究、新产品的研发，提升了专业技术人员检测能力；通过粮食质量卫生检测、质量会检、品质测报、比对考核，加强了专业技术人员业务能力。

四是依托宁夏粮食行业特有工种职业技能鉴定站，有针对性地在系统开展了粮油保管员、质量检验员、竞价交易员三个工种、三个等级的培训和技能鉴定。开展了职工技能竞赛、岗位练兵、业务知识竞赛等活动。加大对职工业务技能培训力度，举办以粮油保管员、质量检验员、竞价交易员为主的技能人才培训班，并将技能鉴定等级与员工上岗、收入分配挂钩，极大地调动了企业员工学技术、用技术、比技术的积极性，取得了良好效果。积极参加国家粮食局组织的历届粮食行业职业技能竞赛和粮油保管员、粮油质量检验员技师、高级技师鉴定，取得了较好的成绩。自治区现有高级考评员 8 名、技师 8 名、高级技师 7 名，这些师资力量和技能人才成为全区粮食行业发展的骨干力量。

十四 节粮宣传工作有声有色

建成中小学爱粮节粮教育社会实践基地 5 个，干部、师生参观达 3000 人次。宁夏兴唐米业集团有限公司等 3 家企业被评为全国粮食行业首批节粮减损示范企业。开展了“粮食科技周”、“全国爱粮节粮周”、“世界粮食日”等一系列宣传活动，突出爱粮节粮主题，营造了良好的社会氛围。建立全国首家“爱粮节粮”微信公众平台，被评为全国爱粮节粮优秀科普作品。举办爱粮节粮摄影大赛，收到参赛作品 900 余件，通过反映劳动人民种粮惜粮景象，讲述城乡居民爱粮节粮故事，获得了较好社会反响。目前，全区节粮工作步入常态化轨道，充分唤起了全民爱粮节粮意识，并带动了全社会长久坚持厉行节约、反对浪费的良好风尚。

十五 党的作风建设有效推进

加强党的建设，开展“五有一好”党组织创建活动，党务规范化水平进一步提高。严格执行《党政干部选拔任用工作条例》，加强人才队伍建设，开展各类专业培训 39 期，培训干部职工 1556 人次。巩固党的群众路线教育实践活动成果，梳理制度 85 项，新建制度 13 项，切实抓好自治区党委巡视自治区粮食局整改落实工作，“四风”得到有力整治，行政开支全面缩减。认真开展“转作风、抓发展”活动，干部职工作风进一步转变，确保了全年目标任务的全面完成。

制定《自治区粮食局党组关于分级落实党风廉政建设主体责任的意见》，层层传导压力，从严管理干部。

一是以严的态度抓党风廉政教育。采取集中学习、党员自学等方式，共 12 次组织局机关全体干部和直属单位负责人传达学习中央、中纪委和自治区有关会议精神。驻局纪检组组织局机关和直属单位参观了自治区廉政警示教育中心；邀请自治区讲师团专家就《新形势下我国反腐败的形势与廉政策略》课题，对局机关、直属企事业单位全体人员和 5 市粮食局领导班子共 100 余人进行了党风廉政教育培训。

二是以严的行动抓执纪监督。结合实际制定下发了《自治区粮食局 2014 年党风廉政建设和反腐败工作实施意见》，逐级签订了 2014 年党风廉政建设责任书，推动了“一岗双责”落实。印发了《自治区粮食局党组关于落实党风廉政建设主体责任和驻局纪检组监督责任的实施办法》，以此为依据，又印发了《宁夏回族自治区粮食局党组分级落实党风廉政建设主体责任的实施意见》。为强化监管，区局还建立和修订了《自治区粮食局行政事业单位财务监督管理办法（暂行）》、《专项资金监督管理办法（暂行）》、《自治区粮食局关于严肃财经纪律进一步规范津补贴发放的通知》等制度。为五市粮食局配备了纪检组长，并重点强化了对“三重一大”事项的监督检查。加强了对局机关和直属各单位落实《党政机关厉行节约反对浪费条例》、《党政机关公务接待管理规定》情况的监督。严肃查办了吴忠市粮食局违规发放津补贴案件，对局长、副局长、会计等 4 名责任人进行了相应的纪律处分和组织处理。

三是以严的要求抓领导干部带头。各级党组织严格落实党政“一把手”五个不直接分管；针对“三重一大”事项，坚持集体讨论、民主决策，从事项决策到方案制订，再到部署实施；驻局纪检组做到了全程参与、全方位监督。

◆宁夏回族自治区粮食局领导班子成员

刘金定　党组书记、局长
赵银祥　党组成员、副局长
荀　旭　党组成员、副局长
解　涛　党组成员、副局长
丁　军　党组成员、纪检组长
严彦召　巡视员、协会会长

2014 年 7 月 9 日，宁夏回族自治区副主席屈冬玉（右二）在自治区粮食局局长刘金定（右四）的陪同下视察自治区粮食流通工作。

2014 年 9 月，宁夏完成 6.4 万套农户科学储粮仓发放任务。图为农民领取农户科学储粮仓。

2014 年 10 月 16 日，在世界粮食日宣传活动现场，粮油质检中心工作人员向广大市民讲解如何鉴别粮油好坏。

2014 年 10 月 16 日，由宁夏回族自治区粮食局部署建设的 5 个宁夏中小学爱粮节粮教育社会实践基地正式建成并免费向全区中小学生开放。图为同学们在推石磨。

新疆维吾尔自治区粮食工作

基本情况

新疆维吾尔自治区位于祖国的西北边陲，总面积 166 万平方公里，周边与 8 个国家接壤，陆地边境线长达 5600 多公里，是中国面积最大、交界邻国最多、陆地边境线最长的省区。全区辖有 14 个地州市，其中包括 5 个自治州、7 个地区、2 个地级市；90 个县（市），865 个乡镇（其中包括民族乡 42 个）。全区现有 47 个民族，其中世居民族有 13 个。年末总人口 2264.3 万人，其中少数民族人口约占 60%。新疆生产建设兵团是自治区的重要组成部分，辖有 14 个师、176 个农牧团场，总人口约 270 万人。

2014 年，全区完成地区生产总值 9200 亿元，增长 10%；公共财政预算收入 1282.6 亿元，增长 13.7%，全社会固定资产投资首次突破万亿大关，达 10185 亿元，增长 25%；社会消费品零售总额 2279.65 亿元，增长 11.8%；居民消费品价格涨幅 2.1%；农民人均纯收入、城镇居民人均可支配收入为 8296 元、22160 元，分别增长 13.7%、11.5%，增速连续三年居全国前列。农作物播种面积 599.4 万公顷，增长 15%，其中粮食（含薯类）225.6 万公顷，增长 0.8%。粮食生产连续七年丰收，粮食产量（含薯类）1414.5 万吨，增长 2.7%。特色农业竞争力增强，设施农业质量和效益稳步提高。

2014 年粮食工作

2014 年，新疆各级粮食管理部门在自治区党委、人民政府的坚强领导下，全区粮食部门紧紧围绕社会稳定和长治久安总目标，牢牢把握稳中求进、改革创新总基调，深入贯彻落实中央和自治区关于全面深化改革、保障粮食安全的决策部署，坚持中央和自治区党委的要求就是我们的任务，主动作为，粮食流通事业平稳健康发展。

一 粮食宏观调控取得新成绩

（一）粮食收购任务圆满完成

认真贯彻自治区“落实粮食直补政策”重点民生工程，严格执行敞开收购、敞开直补政策。2014

年，小麦最低收购信息参考价统一执行每公斤 2.36 元（中等），相邻等级差为每公斤 0.04 元，继续执行按种粮农户（含兵团团场职工）交售给国有粮食购销企业的小麦给予财政直补每公斤 0.3 元。继续争取国家下达新疆维吾尔自治区 150 万吨临储小麦收购指导性计划，守住“种粮卖得出”的底线。2014 年，全区国有粮食购销企业共收购小麦 343 万吨，较上年同期增加 27 万吨，兑付农民粮食直补资金 10.3 亿元。针对 2013 年全区地方国有粮食购销企业按最低保护价收购稻谷出现购销价格倒挂情况，及时会同自治区有关部门争取自治区人民政府对稻谷收购政策进行调整，停止稻谷收购环节粮食直补，实行最低收购价政策，全区累计收购稻谷 15.6 万吨。油葵籽收购由于市场价高于最低保护价，国有粮食购销企业按最低保护价敞开收购油料的政策没有启动，主要由市场购销。

（二）保供稳价市场平稳有序

发挥国有粮食购销企业主渠道作用，坚持顺价销售，均衡出库，敞开供应，兜住“吃粮买得到”的底线。2014 年，全区国有粮食购销企业共销售小麦 363 万吨，供应价格与上年基本持平。

（三）粮食储备能力不断增强

2014 年，国家粮食局等四部委下达新疆维吾尔自治区地方储备粮规模指标，已先期增加 8 万吨自治区级地方储备粮。加强成品粮油储备，适时下达自治区地方储备粮轮换计划，及时组织实施，确保储备粮常储常新。

（四）应急保障能力不断提升

发挥 102 个粮油市场价格监测点作用，加强粮油市场监测预警，掌握市场动态。加强粮食应急网络建设，全区已建立粮食应急网点 933 个。军粮供应保障有力，面对复杂严峻的反恐维稳形势，全区军供部门及时主动跟进，根据部队需求，全方位做好军粮供应工作。

二 “粮安工程”建设取得新进展

（一）粮食仓储设施建设进展顺利

组织实施“新开工建设 20 万吨粮油中转储备库”重点民生工程。自治区继续安排 3000 万元仓储设施建设维修资金，用于支持新建 33 个粮库项目和 3 个维修项目，新建仓容 7.1 万吨。“危仓老库”维修工程进展顺利，维修仓房 128 栋，维修仓容 17.38 万吨。加快军供网点建设，自治区财政安排 400 万元对 19 个军供网点进行维修改造，配置了必要设施。

（二）抓好农户科学储粮专项建设

继续安排南疆四地州 2 万套农户科学储粮装具建设任务，各项目实施单位正按要求抓紧制作。截至 2014 年，全区已累计完成农户科学储粮装具 16 万套。

（三）粮食质检体系建设步伐加快

自治区 13 个地州市中 8 个站已建成并挂牌国家粮食质量监测站，还有 5 个站正在按照国家粮食局有关要求积极做好项目申报工作。2014 年，国家安排 2106 万元用于自治区 6 个质检机构采购检验检测仪器设备，粮食质量检测能力进一步提升。

（四）粮食信息化推广应用取得实效

加大在全区推广应用粮食专网和新疆粮食综合信息管理系统力度，商流统计月报、小麦收购 5 日报、产发月报等统计报表已实现粮食专网和信息化系统报送。12 个地州市粮食局通过粮食信息化系统上报统计报表并接收电子公文。新增在线访谈、在线调查、手机 APP 网站、新疆粮食微信平台等功能。

三 粮食产业化发展取得新成效

（一）帮助和支持粮油企业发展

2014 年，自治区安排专项资金 2750 万元，用于支持粮油加工、放心粮油和主食产业化项目 43 个，带动企业投资近 9 亿元。2014 年，全区粮油加工企业工业总产值 249 亿元，产品销售收入 242 亿元，资产总计 224 亿元，利润总额 2.3 亿元。召开全疆部分油脂加工企业座谈会，组织粮油企业参加第十三届中国国际粮油产品和设备技术展览会，拓宽了自治区粮油产品“走出去”的渠道。

（二）认真组织粮油企业申报名牌产品

通过广泛宣传和政策引导，不断增强粮食行业质量意识和品牌意识。2014 年，全区共有 17 个企业申报新疆名牌产品，6 个产品获得了新疆名牌产品称号。全区现有国家和自治区级名牌产品 23 个。

（三）推进“放心粮油”示范工程

召开全区粮油食品安全暨“放心粮油”现场经验交流会，完成 54 家“放心粮油”示范企业评审工作，全区现有 147 家自治区级“放心粮油”示范企业，其中 59 家国家级“放心粮油”示范企业。

（四）倡导节粮减损

会同有关部门联合印发《关于促进我区粮油加工业节粮减损的通知》，加强宣传指导，引导粮油科学加工和健康消费，新疆仓麦园、尉犁同丰和新疆天玉 3 家企业被中国粮食行业协会评为全国首批节粮减损示范企业。认真组织开展世界粮食日、粮食科技活动周和爱粮节粮宣传周等活动，通过邀请媒体报道、发放宣传册和宣传品，开展粮油科普和爱粮节粮讲座，进一步增强全区爱粮节粮意识。

四 粮食流通领域改革取得新突破

（一）推进国有粮食企业改革

发挥市场在资源配置中起决定性作用，以市场为导向，以企业为主体，完善现代企业制度，因地制宜推进国有粮食企业改革。自治区已基本实现了“一县一企，一企多点”的经营格局。2014 年，全区国有粮食企业实现统算盈利 9576 万元。

（二）推进粮食流通统计制度改革

按照国家粮食局推进粮食流通统计制度改革要求，及时下发《关于贯彻落实国家粮食〈关于深化粮食流通统计制度改革的实施意见〉和〈国家粮食流通统计制度〉的通知》，安排部署全区粮食流通统计制度改革工作，并举办了培训班。

（三）探索建立粮食产销利益协调机制

2014 年，吐鲁番地区与昌吉州开展产销合作，将吐鲁番地区承储的地方储备粮在昌吉州实施异地储存，既解决了销区储备粮轮换亏损严重的现实问题，又有效保障了吐鲁番地区的粮食安全。

（四）进一步推进简政放权

粮食收购资格行政许可事项由区级粮食行政部门下放至县（市）粮食行政部门后，及时对做好此项工作进行安排部署。同时，按照自治区人民政府清理非行政许可审批事项的要求，向自治区申请将地方储备粮承储资格认定由非行政许可审批事项调整为行政许可事项。

五 依法管粮取得新成就

（一）组织开展粮食库存检查

根据国家粮食局统一部署，会同有关部门按照企业自查、地市普查、区级复查三个阶段，完成了全区地方和中央企业 600 多万吨粮食库存检查任务，对检查中发现问题的企业，下发监督检查意见书，督促加强整改。

（二）加强粮食流通环节监督检查

组织开展夏粮收购监督检查、“转圈粮”专项检查以及粮食仓库清查等工作，对群众反映违反粮食收购政策的 4 起举报案件进行督办，对 3 起小麦“转圈粮”案件进行查处。组织开展库存粮食质量专项检查，抽检粮食样品 100 份，经检验粮食储存质量合格率及品质宜存率达到 100%。

（三）开展粮食流通监督检查示范单位创建工作

以提升粮食监管能力为抓手，做好粮食流通监督检查示范单位创建工作，评选 5 家自治区级粮食流通监督检查示范单位，阿克苏地区和塔城地区粮食局被评为国家级粮食监督检查先进单位。

六 加强自身建设取得新成果

（一）坚定不移维护社会稳定

认真贯彻落实中央和自治区维护社会稳定和实现长治久安的战略决策部署，组织开展民族团结进步创建工作，贯彻执行好党的民族宗教政策，深入推进“去极端化”，着力加强意识形态领域工作，全力维护粮食系统团结稳定。

（二）认真开展“访惠聚”活动

2014 年，粮食局机关抽调 21 名干部（含 3 名厅级领导）下基层驻村开展“访民情、惠民生、聚民心”活动，各地粮食部门也按照本地区安排部署抽调人员开展活动，密切与基层群众联系，帮助解决实际困难，工作成效明显。

（三）机关作风进一步转变

坚决贯彻落实中央和自治区党委改进作风规定，以机关效能建设为抓手，巩固和拓展党的群众路线教育实践活动成果，加强机关内部管理，强化各项制度的执行力，工作效率和服务水平进一步提高。加强粮食行业人才队伍建设，组织培训粮食行业职工 1297 人。认真落实安全生产责任制，在自治区安全生产考核中被评为安全生产目标管理先进单位。

◆新疆维吾尔自治区粮食局领导班子成员

雍其新	党委书记、副局长
米尔扎依·杜斯买买提（塔吉克族）	党委副书记、局长
王卫军	党委委员、副局长
闫　俭	党委委员、副局长
杨　力（回族）	党委委员、纪委书记（2015 年 2 月调动）
唐阿塔尔·克力马洪（哈萨克族）	党委委员、副局长
折为民	党委委员、总经济师（2015 年 4 月退休）
朱传碧	党委委员、副局长
丁　宣	党委委员、纪委书记（2015 年 4 月任职）
陈天甲	副巡视员
袁峻峰	副巡视员
解　涛	党组成员、副局长
丁　军	党组成员、纪检组长
严彦召	巡视员、协会会长

新疆召开自治区粮食流通工作会议。

乌鲁木齐国家粮食交易中心正式揭牌成立。

新疆维吾尔自治区粮食局举办粮食科技周活动。

新疆生产建设兵团粮食工作

基本情况

新疆生产建设兵团（简称兵团）成立于1954年10月7日，承担着中央赋予的屯垦戍边的职责，是在所辖垦区内依照国家和新疆维吾尔自治区的法律、法规，自行管理内部行政、司法事务，在国家实行计划单列的特殊组织，受中央和新疆维吾尔自治区人民政府双重领导。

截至2014年年底，兵团辖有14个师，阿拉尔、图木舒克、五家渠、石河子、北屯、铁门关、双河7个城市，6个建制镇，175个团场，5221家工交建商企业，其中上市公司14家，有健全的科研、教育、文化、卫生、体育、金融等社会事业和公安、人民检查、人民法院、人民武装、人民警察、司法等司法机构，分布在新疆14个地州市境内。与俄罗斯、哈萨克斯坦、吉尔吉斯斯坦、蒙古等国接壤，守卫着2019公里的边境线。土地总面积691.72万公顷，其中耕地面积124.48万公顷。兵团各级农业产业化龙头企业476个，其中，国家级15家，兵团级90家，销售收入过10亿元的有18家。

截至2014年年底，兵团总人口273.29万人，比上年增长1.2%。全兵团居民人均可支配收入22803元，比上年增长10.3%，扣除价格因素，实际增长8.0%。其中城镇居民人均可支配收入27558元，比上年增长10.2 %，扣除价格因素，实际增长7.7%；连队常住居民人均可支配收入13930元，比上年增长11.5%，扣除价格因素，实际增长9.6%。

2014年粮食工作

一 粮食种植及生产

2014年，全兵团粮食种植面积27.92万公顷，比上年增长2.9%。粮食总产量222.89万吨，比上年增长8.0%。主要品种为小麦、水稻和玉米，其中小麦102.40万吨、水稻21.99万吨、玉米87.33万吨。

二 "粮安工程"建设取得新进展

根据国家有关政策规定，自治区决定从2014年新粮上市起，在全疆统一提高2014年小麦最低收购信息参考价，白小麦、红麦、混合麦最低收购信息参考价格统一执行2.36元/公斤（中等），较2013年提高0.12元/公斤，相邻等级差为0.04元/公斤。继续实行对种粮农民（含兵团团场职工，下同）的直补政策，按种粮农民交售给国有粮食购销企业的小麦给予0.30元/公斤的财政直补。自治区下达各地小麦收购计划300万吨，其中收购兵团小麦计划60.35万吨。此外，2014年自治区对稻谷收购政策进行了调整，从2014年起稻谷不再纳入自治区粮食直补范围，停止执行稻谷收购环节0.21元/公斤的粮食直补政策。2014年稻谷执行最低收购价政策，由自治区合理确定最低收购价，当疆内稻谷市场价格高于最低收购价时，由具备资质的企业按照随行就市原则入市收购；当疆内稻谷市场价格低于最低收购价时，由地方国有粮食购销企业按照自治区确定的最低收购价收购。执行最低收购价收购的稻谷实行顺价销售。

三 组织开展夏粮交售工作

兵团发展改革委（粮食局）及时转发自治区人民政府办公厅《关于做好2014年夏粮收购工作的通知》（新政办发〔2014〕62号），并分解下达2014年兵团小麦交售指导性计划。加强监督检查，协调解决二师26团、十二师222团等种粮团场在夏粮交售期间出现的困难，确保收购政策落实到位。2014年兵团夏粮交售顺利，交售小麦55.90万吨。

四 联合开展粮食库存检查

兵团与自治区粮食局、发展改革委等五部门联合行文，在全疆开展粮食库存检查，检查粮食库存账实相符、账账相符、粮食质量安全、企业仓储管理等情况，并组织开展兵团范围内的检查，及时上报检查（复查）总结材料。通过开展粮食库存检查，加强粮食库存管理，打牢宏观调控的物质基础。

五 加强粮食质量安全监测

一是做好国家级收获粮食质量安全监测。国家粮食局下达兵团2014年收获粮食质量安全监测计划，补助经费5.00万元。兵团发展改革委（粮食局）组织兵团国家粮食质量监测中心、有关师粮食局开展工作，制订实施方案，指定收获粮食质量监测抽样区域，明确任务和责任，按时完成国家安排的50个样品（小麦30个，玉米20个）抽样检测，及时汇总数据后上报国家粮食局标准质量管理办公室。二是做好兵团自筹资金粮食质量安全监测。为进一步摸清兵团粮食质量安全状况，兵团发改委（粮食局）会同兵团卫生局组织开展原粮和成品粮质量安全监测，为此兵团自筹资金15.40万元，安排监测样品110份，监测地点为兵团粮食产区的四师、五师、六师等八个师，具体承办单位为兵团国家粮食质量监测中心。此外，兵团自筹资金11.20万元，组织开展对小麦粉、小米粉和玉米粉等共80份样品的检验监测，具体承办单位是塔里木大学测试中心、伊犁出入境检验检疫局。

六 推进粮油标准化工作

为推进兵团粮油标准化工作，经过组织申报，国家粮食局认定兵团国家粮食质量监测中心为第一批国家粮油标准研究验证测试中心。同时，兵团国家粮食质量监测中心积极参加粮油国家标准、行业标准、地方标准制修订及标准验证工作，提供技术服务，协助农民和企业提高产品质量和管理水平。

七 开展粮食质量科研工作

兵团国家粮食质量监测中心承担了新疆农垦科学院作物所 600 个冬、春小麦新品种（系）籽粒品质、面粉品质及其面制品加工品质的测试，210 个大豆品种（系）籽粒品质的测试，360 个玉米品种（系）籽粒品质的测试，150 个植株样品的营养素的测试，260 个土壤样品微量元素、大量元素的测试。承担了新疆农垦科学院水土所 65 个土壤肥力测试和石河子大学农学院 200 个小麦新品系的品质测定及生命科学院小麦植物光合生理生化特性研究。

八 完成粮食行业统计工作

兵师各级高度重视，积极克服人手少、工作量大等困难，认真开展粮食仓储设施专项调查和粮油加工、粮食流通基础设施投资、粮食行业人事等统计年报工作。截至 2014 年年底，入统粮食行业人员 5714 人，其中行政机关及事业单位 154 人，企业 5560 人。入统粮食仓储企业 60 多家。入统油罐 164 个，总罐容 12.9 万吨。入统粮油加工企业共 64 家，其中：大米加工企业 15 家，年加工生产能力 49 万吨；小麦粉加工企业 12 家，年加工生产能力 41 万吨；食用植物油加工企业 30 家，年油料处理能力 98 万吨，油脂精炼能力 13 万吨；饲料加工企业 1 家，年生产能力 6.5 万吨；玉米加工企业 3 家，年生产能力 122 万吨。全年共生产大米 12 万吨，小麦粉 12 万吨，玉米 39 万吨、食用植物油 12 万吨。

九 获得先进集体先进工作者荣誉称号

兵团人力资源和社会保障局、兵团发展改革委（粮食局），在兵团粮食系统开展全国粮食系统先进集体、先进工作者和劳动模范推荐评选工作。2014 年 12 月 25 日，八师石河子市粮食局、九师粮食局副调研员耿学文分别获得人力资源和社会保障部、国家粮食局表彰的全国粮食系统先进集体、先进工作者荣誉称号。

十 联合举办 2014 年粮食科技活动周

根据《国家粮食局、教育部、全国妇联关于举办 2014 年粮食科技活动周的通知》精神，兵团发展改革委（粮食局）、教育局、妇联联合举办 2014 年粮食科技活动周。活动时间为 2014 年 5 月 17~24 日，活动主题为科学食粮，健康圆梦——粮食科普进社区进家庭，活动地点重点在一、三、六、八师、兵团驻乌鲁木齐市的居民较集中社区等场所。利用《兵团日报》等媒体宣传粮油科普知识，组织人员进社区开展粮油科普宣讲、进家庭送粮油科普知识，引导城乡居民在线收看国家粮食局政府网站“2014 年粮食科技活动周”专栏，部分师还组织学生参观全国中小学爱粮节粮教育社会实践基地等。通过多渠道、多层次、多形式的粮食科普活动，在城乡居民中普及粮油及主食营养健康、科学消费知识，宣传爱粮节粮、膳食平衡、合理营养、保障国家粮食安全等科普知识，引导城乡居民树立节俭意识、营养意识，让城乡居民吃得更科学、身体更健康。

◆新疆生产建设兵团发展改革委（粮食局）领导班子成员

朱新祥　　党组书记、主任（局长）
刘新兰　　副主任（副局长）
闫海燕　　党组成员、副主任（副局长）
王　淼　　党组成员、纪检组组长
乔永新　　党组成员、副主任（副局长）
李建伟　　党组成员、副主任（副局长）
刘军国　　党组成员、副主任（副局长）
郭启民　　党组成员、副主任（副局长）
伍新南　　副巡视员
王　津　　副巡视员

新疆生产建设兵团发展改革委（粮食局）党组班子召开 2014 年度专题民主生活会。

新疆生产建设兵团粮食局局长朱新祥（右一）检查指导工作。

大连市粮食工作

基本情况

大连市地处中国东北辽东半岛最南端，东濒黄海，西临渤海，南与山东半岛隔海相望，北依辽阔的东北平原，是重要的港口、贸易、工业、旅游城市。2014 年末，全市人口总数 683.76 万人，其中户籍人口 594.3 万人，比上年末净增 2.9 万人。完成地区生产总值 7655.6 亿元，其中，第一产业增加值 441.8 亿元，第二产业增加值 3696.5 亿元，第三产业增加值 3517.2 亿元，三次产业构成比例为 5.8 ： 48.3 ： 45.9。全年公共财政收入 780.86 亿元。城镇常住居民人均可支配收入 33591 元，农村常住居民人均可支配收入 13547 元。2014 年粮食总产量 110.2 万吨，平均每公顷单产 4045.5 公斤，分别比上年下降 31.3% 和 30.2%。2014 年，大连港口实现粮食吞吐量 1400.31 万吨（其中北良港实现粮食吞吐量 694 万吨），调入 663.51 万吨，其中外贸进口 619.3 万吨，国内贸易 44.21 万吨；调出 736.8 万吨，其中外贸出口 20.2 万吨，国内贸易 716.6 万吨。

2014 年粮食工作

2014 年，全市各级粮食主管部门和粮油企业，认真贯彻党中央和国务院关于加强粮食安全的战略部署，全面落实全国、全省粮食流通工作会议精神，以确保地区粮食安全为目标，着力加强宏观调控，维护粮食市场稳定，全面完成了粮食收购、仓储、轮换和加工任务，为地区经济发展和社会稳定提供了坚强可靠保证。

一 认真贯彻粮食收购政策，圆满完成粮食收购任务

2014 年，大连市粮食生产实现十连丰。为防止出现卖粮难，确保农民种粮增产增收，从秋粮上市开始，全市各级粮食主管部门周密安排，把粮食收购作为一项重要的民生工作抓紧、抓实。一是提前做好估产工作，掌握全市粮食总产量、商品粮数量及秋粮上市等情况；二是提早做好仓房维护、机械设备维修、人员培训等粮食收购准备工作，合理安排市县两级储备粮轮换计划，为粮食收购腾出仓容；三是认真贯彻落实国家粮食质价政策，做到收购价格上墙公开，依质论价，让农民卖明白

粮、放心粮；四是积极与农发行进行沟通，落实粮食收购资金，为售粮农民搞好便利服务，做到卖粮农民随卖随收，不限收、不拒收。2014 年，全市共收购 2013 年产粮食 31.1 万吨（水稻 3.4 万吨、玉米 27.7 万吨），同比增加 9%。其中，国有粮食企业收购 15.6 万吨，同比增加 113%。共收购水稻 3.4 万吨，玉米 27.7 万吨，其中，国家临储玉米收购 5.6 万吨，整个收购工作圆满顺利。

二　加大储备粮轮换力度，确保储备粮常储常新

针对 2014 年粮食购销市场不够活跃、储备粮轮换压力较大等实际情况，在储备粮轮换工作中，着重突出“早、快、严”。一是早下手。秋粮收获伊始，全市各级粮食主管部门会同财政、农发行人员深入田间地头和粮食市场，及时掌握粮食生产情况，认真分析粮食市场行情，密切关注粮食价格和行情走势。二是快动作。在确保宏观调控所需粮源保障的基础上，根据粮食供求形势，加强预测研判，采取分批次、小步快走、快进快出的轮换方式，规避轮换风险，提高了轮换效率。三是严要求。在储备粮轮换验收中，通过查三账、测实物、审凭证的方式确保储备粮轮换数量真实，对质量不达标的实行“一票否决”制，圆满完成了 6 万吨玉米、5 万吨水稻、3 万吨小麦市级储备粮轮换。按照储备成品粮油管理和轮换要求，分批次对 1 万吨成品粮和 8000 吨食用油进行了轮换，较好地发挥了应急保障和日常调控、稳定市场的作用。

三　坚持依法科学管粮，确保储备粮安全

依据《大连市市级储备粮管理办法》和《大连市储备粮承储资格认定办法》，对 23 个市级储备粮（油）承（代）储企业、460 个货位和 40 个油罐，共计 67.54 万吨仓容和 11.26 万吨罐容进行了重新认定，从根本上保证市级储备粮（油）储存仓、罐安全。争取省市仓储设施维修改造专项资金 918 万元，完成了 12 个地方国有粮食仓储企业的水泥晒场修缮、库房墙体防水处理、仓盖防漏维修、仓房门窗更换，以及粮情监测系统、储粮作业设备购置等，改善了粮食仓储条件。持续深入开展粮油仓储企业规范化管理活动，指导督促各粮食仓储企业继续完善制度，规范行为，降低成本，提高效率，提升规范化管理水平。加大安全管理力度，确保粮食企业防火安全和作业安全。组织全市粮食主管部门和各类粮油企业传达学习了国家粮食局关于粮食企业春季防火、粉尘防爆的通知和粮堆埋人事故的通报，进一步加强了粮食消防安全和生产作业安全的组织领导，严格落实安全生产责任，不断完善各项应急预案，定期开展安全防患排查和整改，杜绝火灾和安全生产事故的发生。

四　强化军粮供应管理，确保军供粮质量安全

委托粮油检验监测机构对全市军供企业军粮质量进行了抽检，共抽检样品 66 个，其中：大米抽检样品 33 个、面粉抽检样品 33 个，抽检覆盖面 100%，经检测，军粮质量全部合格。召开全市军粮财务专项检查工作会议，印发了《大连市军粮财务专项检查工作方案》，指导军供企业认真做好自查工作，全市军供企业自查率和复查率均为 100%，并按要求在规定时间内将复查结果上报省农委，接受了省农委军粮财务专项检查组对大连市军粮财务管理情况的抽检。以省、国家军粮财务专项检查工作为契机，对全市各军供站军粮差价补贴款使用情况进行了检查，确保了军粮补贴资金专款专用、运行安全。

五 加强行业管理，推进粮食产业化发展

按照省粮食行业协会通知要求，完成了全市杂粮产业发展情况的调研，全面掌握了全市谷子、高粱、绿豆、红小豆等杂粮的产量和播种面积及杂粮加工企业的基本情况。开展了地方国有粮食企业专项调查。按照省农委《关于开展地方国有粮食企业专项调查的通知》要求，对全地区 40 家国有独资、国有控股、国有参股粮食企业的固定资产情况、财务状况、经营状况、企业人员情况等进行了详尽调查，为今后指导全地区国有粮食企业发展提供了依据。按照省农委、省财政厅《关于做好全省粮食流通产业化发展规划编制工作的通知》，组织区市县相关人员参加了省农委组织的培训班，在各区市县规划的基础上，完成了《大连市粮食流通产业化发展规划（2014–2020 年）》的编制和上报。按照国家和省要求，完成了对 413 个农户、454 户城镇居民、95 个油脂经营和油脂转化企业、42 个国有粮食企业和 360 个社会粮食经营和转化企业的调查，摸清了 2013 年度大连市粮食和食用植物油脂及油料的收支平衡情况，为粮食宏观调控和领导决策提供了翔实、准确材料。

六 依法开展粮食监督检查，维护粮食流通市场秩序

一是开展 2013 年度秋粮收购监督检查工作。2013 年 10 月至 2014 年 3 月，组织对全市具有粮食收购资格证的 291 家企业开展了秋粮收购监督检查，共检查水稻 31345 吨、玉米 130488 吨、国家临储玉米 48259 吨。二是开展 2014 年度粮食库存检查。根据省农委《关于开展 2014 年全省粮食库存检查工作的通知》，以 3 月 25 日为检查时点，对全市所有列入检查范围的库存粮食进行了全面检查，共检查小麦 130016 吨、稻谷 218055 吨、玉米 444087 吨、大豆 134758 吨，其他 4009 吨。均符合国家规定的要求，粮食库存数量与登统表数据相符。另外，受省农委委托，检查外地在连储存的粮食 207842 吨。三是开展“转圈粮”专项整治行动。根据《国家粮食局关于开展“转圈粮”专项整治行动的通知》和《省农委关于开展“转圈粮”专项整治行动的通知》的要求，制订专项行动方案，按要求开展了检查。

七 加强粮油应急管理，全力推进“粮安工程”

完成了大连市粮油市场应急体系建设的调研。依照国家确定的“合理布点、全面覆盖、平时自营、急时应急”原则，按“每 3 万人至少要有一个应急供应点”测算，拟定了大连市粮食应急网点建设规划，完善了以区域性成品粮应急配送中心为龙头，以县级以上城市粮食应急供应网点为骨干，以覆盖街道和乡镇的城乡粮食应急供应网点为基础，集粮食应急加工、储运、供应各环节协调配套的新型粮食应急供应网络体系。对《大连市粮油市场应急供应预案》中确定的 24 家应急粮油加工、运输、销售企业的基本情况进行现状梳理核实，全面掌握企业目前的经营现状及人员变动情况，及时调整各级应急管理负责人的联系方式，确保在紧急状态下沟通顺畅。同时向 24 家应急粮油加工、运输、销售企业颁发了“大连市粮油市场应急供应定点加工、运输、销售企业”牌匾，要求明处悬挂，对社会公示，在提升企业社会信任度的同时，增强了企业的社会责任感。

八 加强机关内部建设，持之以恒抓好党的建设

以开展党的群众路线教育实践活动和工作落实年为重要载体，将严党纪、转作风、重品行、谋发展贯穿到机关全体党员干部的日常工作和学习中，坚持党群联动、部门联动、上下联动，协调推进“两个活动”有机融合、互动开展、相互促进，不断加强党的组织建设、纪律建设和作风建设。严格遵守执行中央八项规定，力行反对“四风”，按组织要求如实报告党员领导干部个人有关事项，党委班子和成员带头讲诚信、懂规矩、守纪律，机关党员干部队伍的政治纪律、组织纪律和作风建设得到全面加强，干部职工的精神风貌和事业心责任感大幅提升，党的各项建设得到全面加强，为高标准履行职责提供了可靠保证。

◆大连市粮食局领导班子成员

陈祥立　党委书记、局长
尼松发　党委副书记、纪委书记
郑　斌　副局长
宁松岩　副局长
李延锋　副局长
朱保奎　副巡视员
唐学泳　副巡视员

青岛市粮食工作

基本情况

2014年，青岛市市生产总值8692.1亿元，按可比价格计算，增长8.0%。其中，第一产业增加值362.6亿元，增长3.9%；第二产业增加值3882.4亿元，增长8.4%；第三产业增加值4447.1亿元，增长7.9%。三次产业比例为4.2：44.6：51.2。人均GDP达到96524元。民营经济增加值3323.4亿元，增长8.3%。全年财政总收入实现2800.4亿元，增长8.5%；一般公共预算收入895.2亿元，增长13.5%；一般公共预算支出1074.7亿元，增长6.0%。全年国税系统组织税收收入(含海关代征)1340.1亿元，增长0.6%。其中，国内税收691.4亿元，增长8.3%。地税税收收入599.0亿元，增长12.7%。全市粮食播种面积49.55万公顷，下降0.99%；粮食总产量达到323万吨，增长0.2%，其中，小麦152.1万吨、玉米166.8万吨。

2014年，青岛市国有粮食企业经济运行平稳，全年实现盈利1288万元，实现销售收入24亿元。全市粮油加工企业实力逐步增强，纳入统计范围的72家企业实现销售收入230亿元，同比增长3%。粮食市场交易繁荣，全市粮油市场交易量24万吨，交易额10亿元。

2014年粮食工作

一　粮食宏观调控取得新成效

认真落实国家粮食购销政策，全市地方国有粮食企业实现本地粮食购销总量216万吨。夏粮收购达51.83万吨，连续3年突破50万吨，秋粮收购超30万吨。省政府督察组认为青岛市粮食收购服务到位、效果明显。落实粮食安全省长责任制，首次将“粮食安全工作”纳入全市科学发展综合考核。分两年增加区市储备规模12.86万吨，目前已落实11.86万吨，完成92%。全市完成粮食轮换任务11.4万吨。加强粮食供需平衡调查和粮价监测预警，全市纳入统计范围117家，建立粮食价格监测点30个，启动了花生油2级响应应急演练，提升粮食应急保障水平。

二 “粮安工程”建设取得新进展

认真编制青岛市“粮安工程”规划，积极争取政策推进“粮安工程”。确定了全市危仓老库维修改造计划，落实各级配套资金5162万元，计划装备新技术、维修改造仓容50余万吨，即墨市完成了县域粮仓重点维修改造项目建设。推进农户科学储粮，落实各级配套资金240万元，发放小粮仓6000个，全市累计发放18000个。推进爱粮节粮工作，会同教育局创建中小学生爱粮节粮教育社会实践基地。与市农委、团市委、市妇联联合发起爱粮节粮家庭在行动、企业在行动、青少年光盘行动等专题活动；邀请社会各界代表370余人走进粮食机关，宣传粮食工作130余次，切实增强社会各界的爱粮节粮意识。

三 粮食产业实现新发展

粮食市场交易繁荣，全市粮油市场交易量24万吨，交易额10亿元。“放心粮油”工程不断推进，黄岛区加快“放心粮油进万家”工程建设，投资1010万元建立26家“放心粮油”超市。粮油品牌培育成效明显，今年新创1个山东省“放心粮油”产品，2个山东省“粮油（食品）销售放心店”，5个企业8种产品通过了山东省“放心粮油”产品审核。1个品牌在十三届中国粮油精品展上获奖。

四 “智慧粮食”建设取得新突破

统筹规划全市粮食信息化建设，“智慧粮库”二期项目投入运行，每年可增收降耗近50万元。编制了全市库存粮食识别代码试点方案，入统的52个粮食企业全面开展试点工作，涵盖原粮储存、加工的全部环节，初步实现了粮食质量可追溯。全国粮食信息化建设工作会在青岛召开，青岛市被国家粮食局确定为全国粮食识别代码全面试点城市。

五 粮食监督检查取得新成效

按照“有库必到、有粮必查、有账必核、查必彻底”原则，对全市45个单位、621个仓房进行检查，全市粮食库存数量真实，质量完好。对全市1785个粮仓使用情况进行检查，确保完好空置粮仓没有占用或挪作他用现象。对35个进口配额企业进行最低库存检查，均按要求建立了最低库存制度。开展了粮食收购市场秩序、“转圈粮”等专项检查，行政处罚25起，移交其他部门52起。在胶州、即墨取得全国粮食流通监督检查示范单位基础上，2014年莱西市也荣获这一荣誉称号。

六 粮食质量监管得到新加强

加强粮油检测设施建设，投资2000多万元，建设市粮油质量检测中心项目，提升4个区市的质检能力；市粮油质量检测中心通过了省计量、质量技术“双认证”，具备117个产品、2466个参数检验资质。创新入市粮油质量零距离监管模式，实施黑红名单、退市管理，完成入市粮油产品、政策性粮食、玉米真菌毒素检测近10000批次，检测量位居全国行业前列。粮食质量监管做法得到国家粮食局、省粮食局领导的充分肯定，并分别作出批示。

七 军粮供应工作取得新成绩

认真落实军粮供应政策，积极推进军供基础设施建设，全市累计投入资金4000多万元，对市军供站、黄岛、崂山、即墨军供站进行了提升改造，新增营业面积4200平方米，新增仓储面积3600平方米，圆满完成了青岛驻军粮食保障任务。加强军供规范化管理，青岛市军供站、即墨军供站保持了省规范化管理四星站、城阳军供站保持了“三星”级军供站水平。青岛市军供站、即墨军供站、黄岛军供站被评为全省“十强”军粮供应站。

八 粮食系统自身建设进一步加强

市粮食局党委和各直属单位全面完成第一批党的群众路线教育实践活动各项任务，各区市粮食部门积极参加第二批党的群众路线教育实践活动。市粮食部门巩固和拓展教育实践活动成果，经验做法在全市进行推广交流。党风廉政建设取得新成效，深入贯彻中央和省、市委的部署要求，认真落实“两个责任”和“一岗双责”，坚持将廉政建设与粮食业务同部署、同检查、同考核，修订完善了《党风廉政建设责任制实施办法》等反腐倡廉制度和保障机制，加强对权力运行制约和监督，严格落实中央八项规定，持之以恒纠正“四风”，努力营造廉洁从政、干事创业的良好环境。全国粮食系统纪检监察工作研讨会和全省粮食系统党风廉政建设座谈会在青岛市召开，市粮食局在会上作了经验交流。组织全市粮食系统开展了粮食核心价值观观念大讨论活动，形成了以“粮实民安、细微精良”为核心理念的粮食行业核心价值观体系。积极创建山东省文明单位和青岛市文明单位标兵，市级以上覆盖率100%，省级以上达84%。全市粮食行业加强安全生产网格化管理，安全生产实现零事故，积极推进疑难信访积案化解，原崂山粮食局等5件历史遗留信访案件得到成功化解。

◆青岛市粮食局领导班子成员

张　斌　　党委书记、局长
岳　军　　党委委员、副局长
孙一宇　　党委委员、纪委书记
于莲华（女）　党委委员、副局长
柳永志　　党委委员、副局长

国家粮食局局长任正晓（前排左三）、山东省粮食局局长杨丽丽（前排左四）视察青岛粮食识别代码建设工作。

青岛市市长张新起（前排左二）在青岛第二粮库视察工作。

青岛市粮食局组织粮食企业主要负责人参加安全生产培训。

青岛市粮食局邀请市民参观粮食质量检测工作。

宁波市粮食工作

基本情况

宁波市是我国首批沿海对外开放城市、计划单列市和副省级城市。全市陆域总面积9816平方公里，其中市区面积为2462平方公里。全市海域总面积为8232.9平方公里，岸线总长为1594.4公里。辖海曙、江东、江北、镇海、北仑、鄞州6个区，宁海、象山2个县，慈溪、余姚、奉化3个县级市。共有76个镇、10个乡、66个街道办事处、680个居民委员会和2543个村民委员会。截至2014年年底，全市拥有户籍人口583.8万人，其中市区人口229.6万人。

2014年，全市实现地区生产总值7602.51亿元，按可比价格计算，比上年增长7.6%。按常住人口计算，全市人均地区生产总值为98972元（按年平均汇率折合16112美元）。全市居民人均可支配收入38074元，比上年增长9.9%。其中，城镇居民人均可支配收入44155元，增长9.2%；农村居民人均可支配收入24283元，增长11.0%。2014年宁波港口货物吞吐量5.26亿吨，比上年增长6.2%；集装箱吞吐量1870.0万标箱，增长11.5%，吞吐量超过釜山港，排名跃至世界第5位，全国第3位；完成海铁联运13.5万标箱，增长28.4%，增幅列全国6个示范通道首位。

2014年全年粮食作物播种面积12.79万公顷，增长2.0%，粮食总产量76.0万吨，增长7.1%。全市粮食总需求量280.97万吨，产需缺口205万吨。主要通过积极扶持市场主体、巩固产销合作、运用市场手段落实缺口粮食采购渠道，达到供求平衡。同时认真做好区域内的粮食采购、批发、加工、零售等环节的紧密衔接，保证粮食有效供给。省外粮食购销渠道已拓展到全国17个省区。

截至2014年年末，全市具有粮食收购资格企业140家，其中国有企业79家，民营企业53家，个体户6家，外商及港澳台投资企业2家。入统粮油企业累计106家，其中国有经营企业20家，非国有经营企业58家，饲料企业10家，养殖企业7家，工业用粮用油企业10家，粮批市场1家。

2014年粮食工作

2014年，宁波市各级粮食部门深入贯彻党的十八大、十八届三中、四中全会和习近平总书记系列讲话精神，按照“守住管好天下粮仓，做好‘广积粮、积好粮、好积粮’三篇文章”的总要求，在市委、市政府的正确领导和上级粮食部门的精心指导下，认真落实国家粮食安全新战略，以实施“粮安工程”建设为抓手，加强保障粮食安全“五大工程”建设，切实履行好粮食部门抓收购、保供应、稳粮价的行业职责，确保了宁波粮食安全。

一 保供稳价措施有力

一是搞活粮食流通，充分发挥粮食市场保供稳价作用。以市粮油批发市场为中心，余姚泗门粮食集散地、宁海农批市场为两翼的有形粮食市场持续有效地发挥着调节市场供求功能。宁波网上粮食市场2014年继续利用电子商务平台发挥平衡粮食供求功能。粮食批发市场、粮食加工企业和大型连锁超市“三驾马车”为宁波口粮供应主体的局面已初步形成。

二是落实补贴政策，助推优质粮源入甬交易。2014年，国家继续出台了关内粮食骨干企业从东北地区采购2013年新产粳稻（米）和玉米并运回关内给予费用补贴的政策，确定了市内20家粮食骨干企业具备费用补贴申报资格。

三是巩固产销合作，推进粮源采购基地建设。根据“远交东北大粮仓、近联毗邻产粮省、扶持民营企业参与”思路，市本级首次与黑龙江省金谷粮食集团开展玉米储销合作；鄞州区与黑龙江省五常市民乐乡农业合作社建立优质粮源采购基地；民营企业在主产区建立稳定的粮食购储加工基地也有新突破，其中宁波小清河粮油有限公司在黑龙江省农垦八五三农场已建成8万吨、续建16万吨的粮食收储仓库。

四是坚持质量至上，切实做好军粮供应保障工作。认真贯彻“以兵为本，服务部队”宗旨，狠抓供应粮油质量管理，确保供应质量安全。积极开展军民共建双拥活动，改进和完善服务措施，提高军粮供应保障水平。积极推进军民融合发展，加大应急保障机制建设，着力构建“平时服务，急时应急，战时应战”的全天候军粮供应保障体系。

五是摸清供求情况，组织开展全社会粮油供需平衡调查。2014年春，宁波各级粮食行政管理部门在全市范围内对2013年度宁波粮食和食用油供需平衡情况开展较全面的调查。调查结果显示，宁波市粮油供需状况已由20世纪90年代初“总量基本平衡、品种余缺调剂”逐步转化成现在的对外依存度较高、全面缺粮大市的格局没有变，但也出现了一些阶段性变化：2013年度全市用粮人口首次出现减少现象，粮油消费量随之同步下降；粮食、食用油持续保持较强的供给能力，粮食购进渠道已拓展到17个省区。

六是加强粮情监测，准确研判粮食市场行情。全市按照横向到边纵向到底监测要求，对收购、批发、零售、加工全行业的购销存和价格进行全面监测。目前全市共设立各类粮情监测235个，全面掌握了粮油购销加工活动动态，有效提高保供稳价工作的前瞻性和预见性。

二　强农惠农政策全面落实

一是及时出台订单收购政策，让农民预期收益早知道。坚持从有利于保护农民利益、调动农民种粮积极性和掌握粮源出发，研究制定粮食产销政策，加强与农业、财政、物价等部门的沟通协调，统一思想认识，及时出台了粮食收购政策。2014 年出台的订单粮食收购价格，高于市场收购价格，有利于进一步稳定发展宁波粮食生产和保护农民的种粮收益，得到了农民积极响应。

二是攻坚克难，努力做到农民余粮应订尽订。由于粮食市场购销价格倒挂，农民对订单需求骤增，各级粮食部门通过积极有为工作，克服财政、仓容、管理等困难，较好解决了订单不足矛盾。市本级、镇海、北仑、余姚、慈溪、宁海、象山等地基本上放开签订，满足农民投售需要；鄞州区新增加订单 8000 吨，奉化市从调整订单结构入手，取消外购计划，增加本地粮食订单数量，缓解了订单不足矛盾。

三是完善订单签订办法，切实提高订单的精准性。把原先一年签订一次订单的办法，调整为分季播种后签订。2014 年全市已有 5 个县（市）区实施分季签订办法。有的地方采用 GPS 卫星定位系统加强种植面积核实，采取“两结合两倾斜一兼顾”办法，做细做实粮食订单签订工作。

四是开展优质服务，大力推广“一站式”机械化收购。各地全面开展以方便农民售粮，减轻售粮劳动强度，降低农民售粮成本为中心内容的优质服务活动。2014 年全市共投入资金 775 万元，新配置收购机械化设施 204 台（辆），通过一系列方便农民售粮的优质服务措施落实，农民对粮食部门工作给予较高评价。

三　“粮安工程”扎实推进

一是确保储备粮油规模、仓储、费用三落实。全市地方储备粮全部足额到位，费用落实。切实加强储备粮管理工作，明确地方储备粮功能定位，充实适合居民口粮消费的晚稻谷（米）作为储备品种，做到储备粮中晚稻比例高于 30% 以上，储存的成品粮中晚稻米高于 85% 以上。市本级继续保持玉米和大豆储备规模，实行动态管理，确保米袋子应急之需，使地方储备粮品种结构更趋合理。

二是粮食物流仓储基础设施建设扎实推进。镇海、北仑、宁海、象山和余姚第二中心粮库全面建成并投入使用，市本级中心粮库也在紧锣密鼓中推进，宁波粮食物流中心项目方案论证工作持续跟进。同时加强国有资产资源整合，结合新型城镇化建设和粮食功能区高产示范区建设和“危仓老库”改造，重新规划仓库布局，推进与中心粮库形成一库多点有机整体的区域内粮食仓储物流系统建设。

三是粮食应急保障能力得到加强。全市已有 4 家国有粮食购销企业拥有日总产 600 吨加工能力的大米加工厂，已落实应急加工厂 31 家；粮食应急供应网点初步实现了城乡全覆盖，已建立供应网点 328 个；与 16 家运输企业签订了应急运输协议；确保应急时能“运得出、送得进、供得上”。

四是依法加强粮食质量安全监管。加强收购、储存环节和政策性用粮购销活动中粮食质量与原粮卫生的监管，防止不符合质量安全标准的粮食流入口粮市场，确保粮食消费安全。建立完整的库存粮食实物台账、质量档案、粮情记录分析制度，推广储粮“四项新技术”应用，成立了粮食信息化发展领导小组，部分粮库已推广应用无线粮情测控系统、安全监控报警系统、数据网上报送系统、远程即时现场监管系统和办公自动化系统。

四 深化改革稳步推进

一是认真疏理公布权力清单、责任清单。通过对权力责任边界的准确界定，解决好政府、市场、社会之间，政府层级之间、部门之间如何分权的问题，并以此进行组织体系的完善。宁波市粮食局已公布的权力责任清单主要有 1 项行政许可、1 项行政强制、5 项备案、6 项监督检查、6 项行政处罚。

二是从实际出发积极推进国有与民营有效融合发展。继续实行地方储备粮与市场主体相结合的管理模式，降低储备粮营运成本。完善与市内骨干粮食加工企业合作开展地方储备粮晚稻谷委托代理购销轮换业务，切实有效降低骨干粮食加工企业经营风险，帮助企业渡过难关，支持市内骨干粮食企业能够长期持续发展，积极发挥骨干企业保持宁波粮食市场持续稳定的长效作用。

三是以保安增效为主线，深化国有粮食购销企业改革。科学设置内设机构，减少中间层次，优化人员结构，提高执行力；打破岗位单一制，实行一人多岗，多劳多得；开展技术革新，减少费用支出，提高工作效率，促进员工增收；积极与财政沟通明确粮食轮换价差和费用补贴等事权，为进一步深化粮食流通体制改革打基础。

五 牵头落实粮食安全责任制考核目标

以粮食安全责任制考核为总抓手，推进粮食总量平衡各项工作措施的落实。根据国务院《关于建立健全粮食安全省长责任制的若干意见》要求，切实履行好宁波市粮食安全工作协调小组办公室职能，认真执行主要成员单位联络员会议制度，加强沟通协调，齐心协力确保粮食安全。制定严格考核办法，按照省、市粮安办修改确定的粮食安全责任制考核内容和方案，及时落实分解考核指标。加大安全生产问责力度，履行行业监管职责，在系统内开展形式多样安全生产教育、安全隐患排查整改、先进经验总结推广等活动；开展全行业安全、消防安全等专项行动，确保系统内安全稳定。

◆宁波市粮食局领导班子成员

杜钧宝	党委书记、局长
冯沛福	党委副书记、副局长
程宏友	党委委员、总工程师
颜　华	党委委员、副局长
林　洁（女）	党委委员、副局长
徐建国	党委委员、副局长
杨久义	巡视员
徐常升	副巡视员
蒋心宏	副巡视员

国家粮食局局长任正晓（左二）与宁波粮食经营户亲切交谈。

国家、省、市粮食部门领导在宁波调研智慧粮食工作。

苏浙沪 2014 年秋粮收购工作座谈会在宁波召开。

厦门市粮食工作

基本情况

厦门地处中国东南沿海，台湾海峡西岸，与台湾隔海相望，东南面对金门诸岛，北接泉州，南邻漳州，位于闽南金三角中心，是全国首批经济特区和副省级计划单列市、现代化国际性港口风景旅游城市。厦门市下辖思明、湖里、集美、海沧、翔安、同安6个行政区，由厦门岛、鼓浪屿、内陆九龙江北岸的沿海部分地区及厦门湾等组成，陆地面积1699.39平方公里，海域面积300多平方公里。厦门岛又称鹭岛，素有“海上花园”美誉，“城在海上、海在城中”，曾被美国前总统尼克松称赞为“东方夏威夷”。厦门地形以滨海平原、台地和丘陵为主，其中低丘、台地占土地总面积的62.5%，平原和滩涂分别占14%和7.7%；拥有优越的海峡性天然良港，全长234公里，港阔水深，终年不冻，是中国历史上对外贸易的重要口岸。厦门属于亚热带气候，夏无酷暑，冬无严寒，风景秀丽，环境整洁，森林覆盖率达42.8%，先后获得“联合国人居奖”、“国际花园城市”、“全国十佳人居城市”、“全国文明城市”等诸多殊荣。

2014年，厦门实现生产总值（GDP）3273.54亿元，比上年增长9.2%；常住人口381万，比上年增加8万人，其中户籍人口203.44万；全年粮食播种面积0.69万公顷，粮食产量仅3.86万吨，比上年减少0.5%。全年粮油供应充裕，品种丰富，价格平稳。

2014年粮食工作

2014年，厦门市粮食局围绕国家粮食安全战略，积极推进深化“五项改革”，实施“两项工程”建设，按照厦门市委、市政府的部署要求，努力在“引粮入厦保供应，加强调控稳市场，保证供应惠民生，壮大产业强实力”等方面下功夫，有序推进粮食工作的开展，为共同缔造“美丽厦门”构筑坚实有力的粮食安全保障体系。

一 粮食流通

2014年，厦门市粮油购销两旺，保持供需、中转、贸易数量持续增加的趋势。全社会粮食总供给455.33万吨（原粮口径），比上年增加51.3万吨，增长12.7%。其中国内购进量298.39万吨，同比增加12.15万吨，增长4.28%(从省外购进201.45万吨，增加15.37万吨；从省内购进88.23万吨，增加2.64万吨；从市内区外购进8.71万吨，减少5.77万吨)；进口量153.06万吨，增加39.21万吨，增长34.44%。粮食总需求457.93万吨，增加59.63万吨，增长14.97%。其中，对市外销售量281.95万吨，增加89.06万吨，增长46.17%；对市内区外销售量11.34万吨，减少37.94万吨；出口粮食制品2.46万吨，增加0.86万吨；本地粮食消费162.18万吨，增加7.65万吨，增长4.95%，其中口粮消费65.12万吨、增加2.57万吨，工业用粮消费100.06万吨。国有和国有控股粮食企业粮食购进量109.21万吨，增加13.23万吨，增长13.78%，占全市总购进量23.97%；销售量105.08万吨，增加12.47万吨，增长13.47%，占全市总需求量22.95%。全市食用植物油供给量95.32万吨，增加34.85万吨，增长57.63%，其中进口3.72万吨，减少4.35万吨，下降53.9%；需求量93.1万吨，增加37.19万吨，增长66.52%，其中：总消费8.5万吨，增加0.3万吨，增长3.66%（口油消费6.9万吨，增加0.26万吨，增长3.92%）。

二 粮食调控

一是顺利完成市级储备粮轮换与增储。通过3场公开拍卖和4场竞价招标采购，厦门市市级储备粮轮换6.05万吨，增储2万吨，其中与14个粮食主产区签订订单粮食2.5万吨。二是加强储备粮监管。制定实施厦门市《储备粮规范化管理考评标准细则》、《应急储备成品粮管理规定》，成立局应急成品粮风险防范工作领导小组，指派专管员加强日常监督检查，落实5000吨应急储备成品粮增储计划，使厦门市应急储备成品粮大幅增加。协调落实市级粮食风险基金1亿元和国有粮食企业改革资金240万元，并足额划拨到位。三是加强储备粮精细化管理。狠抓储备粮仓储规范化管理，大力推广“四合一”科技储粮技术，积极开展“小发明、小创造”的“科保”课题攻关，确保储粮“宜存”率。四是扎实做好军粮供应保障。认真做好军供粮油筹措和质量监管，修改完善《军粮采购实施方案》，严格执行“一批一检一报告”制度，不断完善服务保障网络，实行全天候保障服务，满足部队粮油需求和用粮质量安全。有序推进厦门市军粮仓储配送应急保障中心建设，征用4公顷建设用地，计划投资7000多万元分两期建设，一期工程拟于2015年开工兴建、年底竣工主体工程。

三 粮食产销协作

积极配合福建省政府、省粮食局做好在厦门召开的第十届九省粮洽会会务保障工作，做好参会的兄弟省市粮食局在厦门考察调研、观摩交流，增进相互了解和情谊。先后协调组织厦门市60多家粮油企业200多名代表参加“6·18”、“7·16”等省内外粮洽会，现场签订粮食购销合同70多万吨，可满足厦门常住人口一年的口粮。以政府部门和粮食行业协会的名义，分别与长春市粮食局签订粮食产销合作框架协议、东南非共同市场签订战略合作框架协议，鼓励厦门粮油企业加强两地合作、在东南非共同市场下属19个成员国种植粮食作物，寻找优势互补的合作商机，为厦门开拓海内外新粮源。

四 粮食流通体制改革

一是制定实施《厦门市粮食应急体系建设专项资金管理暂行办法》和《厦门市引粮入厦奖励实施

方案》配套文件，对骨干粮食企业引粮入厦、外建粮食生产基地、开展技术改造升级以及骨干粮店新建装修等项目分别给予相应奖励或补贴，单家粮企最高可获扶持资金180万元，符合引粮入闽奖励条件的可同时推荐申请省级奖励。上述专项扶持资金按照专款专用原则，引导粮油企业广开粮源渠道，产品开发走高端、创品牌，助推企业转型升级和科技创新。二是改革储备粮招拍运作方式。摒弃往年摇号随机抽取或直接选择代理机构的做法，委托厦门市公共资源配置中心从符合资质的众多招标、拍卖机构中公开竞价、择优遴选一家代理机构，使招拍代理费每年可节省近百万元，取得经济、政治、社会多重效益。

五 行政执法

一是做好依法行政工作。贯彻落实厦门市《推进依法行政建设法治政府工作要点》，积极做好“先照后证”改革的后续服务与监管工作，制发《厦门市粮食局商事登记制度改革后续监管实施办法（试行）》，压缩审批时限至5天办结，并设立行政审批业务工作咨询服务热线。充实完善行政执法体系，实时开展粮油价格监测，完成全市粮油仓储、加工转化、贸易经营的105家企业“一户一档”电子档案和对接省、市、区三级行政执法网上运行平台，认真年审核实粮食收购资格许可45家和骨干粮食加工企业13家、骨干粮店66家，并重新核定骨干企业和骨干粮店最低最高库存量标准。厦门市粮食局被厦门市政府评为2014年“依法行政示范单位”。二是加强粮油市场监管和质量检测。组织开展春秋两季粮食库存检查，先后检查粮食库存72万多吨、246个仓廒，顺利通过省级复查和国家级抽查并获得肯定和好评。开展“餐桌污染”专项检查和“转圈粮”专项整治，针对抽检发现的问题开具6份整改通知书，并责令限期改正处理；先后组织10次“承储库点空仓验收”，跟踪了解拍卖出库储备粮流向，防止倒流至其他政策性储备用粮。组织举办5次较大规模的“放心粮油”进社区进农村活动，发放宣传资料手册，讲授鉴别粮油质量常识，展示展销市级粮油产品及品牌。三是提高粮油质量检验检测能力。完善三级粮食质量监管体系，坚持季度粮油质量考评制度，并公布检查检测结果，接受社会监督。制订实施“十二五”期间仪器设备购置计划，4年来连续协调市财政每年补助近百万元用于购置添加检测仪器设备。积极参与验证测试、比对考核等工作，有效提升检验综合实力，被国家粮食局授予“国家粮油标准验证工作站”牌匾，并获得莅临厦门调研的国家粮食局副局长吴子丹的肯定和好评。全年完成超百家粮油企业1024批次的抽样检测任务。

六 行业发展

一是着手编制厦门市近、中、远期粮食储备和粮库建设规划。根据厦门市城市总体规划和常住人口增长预期，规划在2015-2016年新建库容5万吨，使总库容达到40万吨，2016~2020年新增库容10万吨，2020-2025年再新增库容10万吨。另外对5个共5.8万吨库容的库点进行技术改造，更新更换陈旧设施；对已不具备储粮条件的8个共2.2万吨库容老旧库点作报废处理。在继续加快推进厦门市军粮仓储配送应急保障中心建设的同时，启动并完成翔安中心储备粮库5.4万吨二期工程建设项目前期筹备工作，计划2015年开工兴建。二是扶持粮油企业“大手笔”增资扩产。厦门象屿集团走出厦门，以收购控股方式创立黑龙江象屿农业物产有限公司，并投资百亿元打造国内一流的粮食全产业链综合服务提供商，建成厦门乃至全国共享的东北现代化“大粮仓”。引进投资总额14.6亿多元的马来西亚IOI油脂公司棕榈油深加工项目落户厦门海沧，年底正式开工兴建，一期特种油脂生产2年后建成投产，3年后开工二期油脂化工建设，6年内全部建成投产。厦门港务发展股份有限公司、中储粮厦门直属库搬迁新建至海沧港区，除市政府补偿搬迁外，港务公司新增投资5亿多元，开工新建一期16万吨粮食筒仓和2万平方米粮食仓库、7万吨级和5万吨通用泊位，2015年底建成投产，并拟再建二期16座各1万吨仓容的粮食筒仓；中储粮直属库已进行一期软基施工，新增5万吨储粮仓容，并拟新建二期15万吨仓容浅圆仓。三是重点粮油加工业产值略为萎缩。厦门市纳入统计的45家粮油加工企业2014年实现工业总产值143.8亿元，比上年减少4%，其中大米行业产值19.2亿元，比上年同期减少10%（3家粮食加工企业倒闭停产）；小麦粉产值7.2亿元，同比增长4%；食用植物油产值77.9亿多元，同比增长6.8%；粮食食品产值26亿元，同比增长11%；饲料行业及大豆食品13.5亿元，同比下降46%。粮油销售收入139.6亿元，比上年度下降2%。

七 党群工作

一是加强党建和文明创建。组织学习党的十八届四中全会、习近平总书记重要讲话等精神，开展党的群众路线教育实践活动“回头看”，邀请专家学者辅导授课，组织参观陈嘉庚纪念馆、盖军衔先进事迹展览馆，深化教育效果。组织纪念建党93周年系列活动，表彰一批“党员先锋号”先进集体。开展“保障粮食安全当先锋，服务美丽厦门作贡献”主题实践活动、“美丽厦门 稻米飘香”摄影作品及党风廉政微作品征集活动。厦门市粮食局被评为市直机关十佳党建工作先进单位。深入开展创建文明单位活动，开展“党员到村居，服务进万家”、慈善一日捐等公益活动，积极做好厦门市粮食局申报省级文明单位和“马上就办”活动示范点，强化治庸问责，积极开展创建工作，落实志愿者服务活动和道德讲堂活动计划。粮食系统有1家获得省级文明单位、3家获得市级文明单位、4家获得市直文明单位。二是扎实推进党风廉政建设。履行党风廉政建设主体责任，严格落实中央八项规定，深入开展反腐倡廉教育、廉勤文化、政风行风评议和明察暗访等活动，推进惩防体系和反腐倡廉机制建设。积极参与监督检查市级储备粮轮换招拍过程，签订军供建设项目四方廉洁承诺书，强化执纪监督问责，扎实开展廉政风险防控标准化、案件检查和信访工作等工作。三是实现安全生产“十一连冠”。认真落实安全生产责任制，坚持季度安全生产工作例会制度，坚持“党政同责、一岗双责”，层层签订安全生产责任书。积极开展安全生产宣传教育，认真落实“安全生产月”活动、“防止粉尘爆炸事故专项整治”、“六打六治”打非治违专项行动、“安全生产标准化建设提升工程三年行动”、“安全发展示范城市创建工作”等专项工作，搞好新《中华人民共和国安全生产法》的宣贯和培训。投入75万余元完善安全设施设备，注重做好抗台防汛工作，狠抓储粮仓储、危化品、车辆等安全隐患排查治理，实现安全生产“十一连冠”，使全系统安全生产工作始终走在厦门各行业前列。四是积极开展第34个“世界粮食日”、“爱粮节粮宣传周”、“粮食科技周”宣传和“放心粮油”进社区、进农村等活动，制作播放《爱粮节粮从我做起》宣传片，利用移动、电信公司等平台发送宣传短信百万条，采取多种形式普及粮油科普常识和粮油知识，积极向新闻媒体、粮食杂志刊物、党委政府信息与网站撰投反映厦门粮食工作成效的文稿、信息，信息宣传工作取得新进步。

◆厦门市粮食局领导班子成员

卢晓东	党组书记、局长
郭勇鹏	党组成员、副局长
林勇鹏	党组成员、副局长
张伟生	党组成员、副局长
段小红（女）	党组成员、纪检组长
黄启忠	副巡视员

2014 年 7 月 6 日，厦门市与长春市两地粮食部门签订粮食产销协作协议。

2014 年 7 月 16 日，在厦门举办第十届九省粮食产销协作洽谈会。

2014 年 10 月 31 日，厦门市市长刘可清（中）带队考察调研中盛粮油集团。

5

第五篇

粮食政策与法规文件

中共中央国务院文件

中共中央办公厅　国务院办公厅印发《关于厉行节约反对食品浪费的意见》的通知

（中办发〔2014〕22 号 2014 年 3 月 11 日）

各省、自治区、直辖市党委和人民政府，中央和国家机关各部委，解放军各总部、各大单位，各人民团体：

《关于厉行节约反对食品浪费的意见》已经中央领导同志同意，现印发给你们，请结合实际认真贯彻执行。

《关于厉行节约反对食品浪费的意见》

人口众多、土地资源相对不足是我国基本国情，我国粮食供求长期处于紧平衡状态。但受讲排场、比阔气、爱面子等不良风气影响，加之相关监管制度不健全，目前我国食品浪费现象广泛存在，人民群众对此反映强烈。厉行节约反对食品浪费，既是保障国家粮食安全的迫切需要，也是弘扬中华民族勤俭节约传统美德、加快推进资源节约型环境友好型社会建设的重要举措。为贯彻落实《党政机关厉行节约反对浪费条例》，深入推进反对食品浪费工作，现提出如下意见。

一　杜绝公务活动用餐浪费

各级党政机关、国有企事业单位要严格按照《党政机关厉行节约反对浪费条例》和《党政机关国内公务接待管理规定》有关要求，切实加强国内公务接待、会议、培训等公务活动用餐管理，以公务用餐文明引领社会消费文明。公务活动用餐要按照快捷、健康、节约的要求，积极推行简餐和标准化饮食，主要提供家常菜和不同地域通用的食品，科学合理安排饭菜数量，原则上实行自助餐。严禁党政机关向企事业单位转嫁公务活动用餐费用，严禁以会议、培训等名义组织宴请或大吃大喝。公务活动用餐费支付应严格执行国库集中支付制度和公务卡管理有关规定。严禁设立“小金库”，党政机关、国有企事业单位公务活动用餐预算严格按照有关规定和标准执行，各地区各部门和国有企事业单位在公开“三公”经费支出时要列出公务活动用餐费支出。各地区要制定本地区公务活动用餐开支标准并定期进行调整，明确公务接待工作餐费报销规范。国有企业和国有金融企业要按照有关标准和要求，将业务招待项目作为企业负责人职务消费重要事项强化管理。

二 推进单位食堂节俭用餐

单位食堂应按照健康、从简原则提供饮食，合理搭配菜品，注重膳食平衡。条件具备的地方实行自助点餐计量收费，多供应小份食品，方便用餐人员适量选取。在明显位置张贴宣传标语或宣传画、摆放提示牌，提醒适量取餐。建立食堂用餐人员登记制度，实施动态管理，做到按用餐人数采购、做餐、配餐。安排专人负责食堂巡视检查，对浪费行为给予批评教育。机关事务管理部门要会同有关部门研究建立党政机关食堂反对食品浪费工作成效评估和通报制度。教育、卫生计生、国资、银监、证监、保监等部门要指导推动学校、医院、国有企业、国有金融企业等加快建立健全食堂节约用餐制度。各地区要对党政机关、国有企事业单位食堂反对食品浪费工作成效进行评估，对存在严重浪费行为的单位进行通报。

三 推行科学文明的餐饮消费模式

鼓励餐饮企业积极发展大众餐饮，提供标准化菜品，方便消费者自主调味，推行商务餐分餐制，发展可选择套餐，多提供小份菜。倡导一料多菜、一菜多味，物尽其用，避免浪费食材。餐饮企业要积极引导消费者节约用餐，在显著位置张贴或摆放节约食物、杜绝浪费的宣传画或提示牌，菜单上应准确标注菜量，按营养均衡的要求配置不同规格盛具，餐前引导适量点餐，餐后主动帮助打包，不得设置最低消费额，对节约用餐的消费者给予表扬和奖励。鼓励家庭按实际需要采购食品，倡导婚丧嫁娶等红白喜事从简用餐。商务部门要制定餐饮业服务规范，加快建立健全餐饮业标准体系，会同财政等部门研究建立餐饮企业反对食品浪费工作奖惩制度。卫生计生部门要指导餐饮企业提供符合膳食平衡要求的食品。工商部门要指导各级消费者协会加强消费教育，引导消费者形成文明节俭消费理念。食品药品监管部门要结合餐饮服务食品安全量化分级管理工作，推动餐饮企业加大反对食品浪费工作力度。旅游部门要强化旅游星级饭店质量等级评定标准中反对食品浪费的要求，并加强对标准实施的监督检查。各有关行业协会要制定行规行约，引导餐饮企业转变经营理念，厉行节约，反对浪费。

四 减少各环节粮食损失浪费

加强粮食生产、收购、储存、运输、加工、消费等环节管理，有效减少损失浪费。粮食部门要全面实施粮食收储供应安全保障工程，扩大农户科学储粮专项实施范围，抓紧组织修复危仓老库；切实解决粮油过度加工问题，提高成品粮出品率和副产物综合利用率；在粮食流通各环节推广节粮减损新设施、新技术，开展粮食收购、储存、运输、加工、消费等环节损失浪费情况调查，出台节粮减损具体措施。交通运输部门要加强粮食运输管理，运输企业不得承运包装不达标的粮食。发展改革、财政部门要继续支持粮食收储运设施的建设改造，会同工业和信息化部门不断改善加工条件，积极推广使用食品加工新技术、新工艺、新装备。质检部门要会同有关部门抓紧修改制定粮油加工、转化和食品包装等标准和技术规范，合理设定保质期限，鼓励企业对预包装食品按照消费者不同需求采用不同大小的包装规格。科技部门要组织开展食品包装新技术研发，提高食品保质技术水平。商务部门要规范餐饮企业和食品批发零售企业促销活动，鼓励食品经营企业在确保食品质量安全和市场经营秩序的前提下打折销售临近保质期的食品。

五 推进食品废弃物资源化利用

餐饮企业和党政机关、企事业单位食堂不得随意处置餐厨废弃物，要按规定交由具备条件的餐厨废弃物资源化利用企业处置或进行就地资源化处理，鼓励有条件的家庭对厨余废弃物进行堆肥等资源化利用。生产加工环节的食品废弃物和商场、超市过期食品等，要交由具备条件的企业进行资源化回收处理。国家发展改革委要会同有关部门加快研究制定餐厨废弃物管理和资源化利用条例，研究建立餐厨废弃物处理收费制度，加大对餐厨废弃物资源化利用企业的支持和相关技术研发推广力度。住房城乡建设、工商、质检、食品药品监管等部门要严厉打击违法收集、运输、加工餐厨废弃物的行为。公安机关要始终保持高压态势，积极会同有关部门严厉打击利用“地沟油”生产食用油犯罪活动。

六 加大宣传教育力度

采取多种形式开展国情教育，宣传我国粮食生产供应情况，积极倡导合理、健康的饮食文化，大力破除讲排场、比阔气等不良风气，促进反对食品浪费成为全社会的自觉行为。宣传部门要加大反对食品浪费宣传报道力度，弘扬先进典型，曝光浪费现象，加强公益广告宣传。发展改革部门要将反对食品浪费作为全国节能宣传周活动的重要宣传内容。粮食部门要会同有关部门组织好每年世界粮食日和全国爱粮节粮宣传周活动，编辑出版爱粮节粮科普读物，做好“节约一粒粮”公益宣传，组织开展爱粮节粮先进单位和示范家庭创建活动。教育部门要加大学校反对食品浪费教育工作力度，组织开展中小学生节约粮食体验活动。工会、共青团、妇联等群众组织要面向职工、青少年、妇女等开展有针对性的宣传教育活动，促进养成节约习惯。

七 健全法律法规

积极推进反对食品浪费工作法制化进程。国务院法制办及有关部门要积极研究推动节约粮食、反对食品浪费法规建设，加快推进粮食法立法进程，建立有利于促进粮食节约的法律机制。国家发展改革委、国家粮食局要会同有关部门抓紧修订粮食流通管理条例，对粮食节约减损作出规定，明确奖惩措施。各地区各有关部门要结合实际研究制定反对食品浪费的地方性法规和规章。

八 加强监督检查

国家发展改革委、财政部要会同有关部门定期整体部署反对食品浪费工作，加强监督检查，对发现的突出问题及时督促整改，对好经验好做法进行通报表扬并积极推广。监察部门对已在餐饮企业安装使用税控装置的地区，要采用信息化手段逐步与税控收款机系统衔接，组织对餐饮企业、宾馆饭店等进行暗访，对大额餐饮发票适时开展抽查，严肃查处公款浪费案件；对违反公务接待规定、用公款相互宴请等行为，要依纪依法追究相关人员责任，对负有领导责任的主要负责人或有关领导实行问责。建立食品浪费行为举报投诉制度，相关举报纳入监察部门案件受理范围。财政部门要建立健全公务消费电子监控平台，各单位对未在平台备案的公款消费不予报销；指导企业加强财务会计管理，对企业报销用餐费用行为进行规范。审计部门要对公务接待经费进行审计，发现的违纪违规问题，依法进行处理处罚或者移送有关部门处理。税务部门要及时查处餐饮企业开发票时将餐费开成非餐费的违法行为，防止餐饮企业将大额用餐费用分割成小额发票的行为，对定点饭店，财政等有关部门要取消其定点资格。粮食部门对粮食收购、储存、运输和加工等环节中的违规行为依法进行查处，导致粮食重大损失的，要严肃追究有关人员责任。公务接待管理部门要会同有关部门加强对本级党政机关各部门和下级党政机关国内接待工作用餐的监督检查。工会、共青团、妇联等要组织开展反对食品浪费志愿者行动，积极劝说制止浪费行为，对不听劝阻的可报告有关部门查处，对公款浪费行为及时向监察机关报告。

各地区各有关部门要充分认识厉行节约反对食品浪费的重要意义，切实增强责任感和紧迫感，加强组织领导，明确分管领导，建立健全工作机制，抓紧制订具体实施方案并抓好落实。国家发展改革委、财政部要加强统筹指导和协调推动，各有关部门要积极配合，共同推进反对食品浪费工作，努力使厉行节约反对浪费在全社会蔚然成风。

国务院关于建立健全粮食安全省长责任制的若干意见

（国发〔2014〕69号 2014年12月31日）

各省、自治区、直辖市人民政府，国务院各部委、各直属机构：

2004年我国全面放开粮食购销市场以来，各地区按照党中央、国务院的决策部署，积极履行粮食生产、流通和储备责任，粮食工作总体情况较好。但是，随着国内粮食生产实现“十一连增”，一些地方存在放松粮食生产、忽视粮食流通、过度依靠中央的现象，自觉承担维护国家粮食安全责任有待进一步加强。为加快构建国家粮食安全保障体系，进一步明确地方政府维护国家粮食安全的责任，现就建立健全粮食安全省长责任制提出以下意见。

一 强化粮食安全意识和责任

（一）切实增强新形势下的粮食安全意识

粮食安全是实现经济发展、社会稳定和国家安全的重要基础。在我国资源环境约束日益加大、粮食供求长期处于紧平衡和国内粮食生产成本快速攀升、粮食价格普遍高于国际市场的情况下，如何确保谷物基本自给、口粮绝对安全，把饭碗牢牢端在自己手上，是必须应对的一个重大挑战。各地区、各部门要充分认识确保粮食安全的极端重要性和复杂性，进一步增强大局意识、责任意识，把保障粮食安全放在经济社会发展的突出位置，作为保障民生工作的基本任务，常抓不懈，毫不动摇。

（二）明确省级人民政府的粮食安全责任

各省（区、市）人民政府必须切实承担起保障本地区粮食安全的主体责任，全面加强粮食生产、储备和流通能力建设。省长（主席、市长）在维护国家粮食安全方面承担的责任是：稳定发展粮食生产，巩固和提高粮食生产能力；落实和完善粮食扶持政策，抓好粮食收购，保护农民种粮积极性；管好地方粮食储备，确保储备粮数量充足、结构合理、质量良好、调用高效；实施粮食收储供应安全保障工程，加强粮食流通能力建设；深化国有粮食企业改革，促进粮食产业健康发展；完善区域粮食市场调控机制，维护粮食市场稳定；健全粮食质量安全保障体系，落实监管责任；大力推进节粮减损，引导城乡居民健康消费。

二 巩固和提高粮食生产能力

（三）坚决守住耕地红线

落实最严格的耕地保护制度，确保现有耕地面积基本稳定、土壤质量不下降。规范耕地占补平衡，严格实行耕地“占一补一”、“先补后占”和“占优补优”。加强耕地质量建设，采取综合措施提高耕地基础地力，提升产出能力。对占用耕地特别是基本农田的，要实行剥离耕作层土壤再利用制度，开展补充耕地土壤改良和培肥。粮食主销区要确立粮食种植面积底线。严格执行政府领导干部耕地和基本农田保护离任审计制度。

（四）加快建设高标准农田

按期完成全国高标准农田建设总体规划确定的建设任务。粮食主产区要切实用好中央财政补助资金，落实配套措施，大规模改造中低产田，把产粮大县建成粮食核心产区，增加粮食产量。粮食主销区和产销平衡区要建设一批旱涝保收、高产稳产的口粮田，稳定和提高粮食自给率。加强农田水利建设，实施农业节水重大工程，解决好农田灌溉“最后一公里”问题，不断提高农业综合生产能力。

（五）提高粮食生产科技水平

将提高粮食单产作为主攻方向，加大财政投入，鼓励引导社会资本参与粮食生产科技创新与推广运用，努力提高科技对粮食生产的贡献率。培育和推广“高产、优质、多抗”粮油品种。大规模开展粮食高产创建和增产模式攻关，集成推广高产、高效、可持续的技术和模式。加快发展农业机械化，强化农机农艺深度融合，实现粮食作物品种、栽培技术和机械装备的集成配套。建立基层农技推广机构和人员绩效考核激励机制。

（六）建立新型粮食生产经营体系

积极培育种粮大户、家庭农场、农民合作社、农业产业化龙头企业等新型粮食生产经营主体，对其用于晾晒、烘干、仓储、加工等配套设施的建设用地给予支持。加快建立健全承包土地经营权流转市场，鼓励有条件的农户在自愿的前提下，将承包土地经营权流转给新型粮食生产经营主体。在流转过程中，要避免“非粮化”、坚决禁止“非农化”。采取财政扶持、信贷支持等措施，推行合作式、订单式、托管式等粮食生产经营服务模式，积极发展粮食社会化服务。通过政府购买服务等方式，支持具备条件的经营性服务组织承担粮食领域公益性服务。

（七）增强粮食可持续生产能力

发展节水农业和旱作农业，推广节能技术和测土配方施肥，坚决制止过度开发农业资源、过量使用化肥、农药、农膜和超采地下水等行为。推广循环农业技术，提高粮食生产资源利用效率。大力推进机械化深松整地、保护性耕作、施用有机肥和秸秆还田，加快实施土壤有机质提升补贴项目。鼓励发展木本油料，拓宽粮油供给来源。加强农业气象灾害防御、有害生物和病虫害防控等防灾减灾体系建设。

三 切实保护种粮积极性

（八）落实和完善粮食扶持政策

认真完善和落实粮食补贴政策，提高补贴精准性、指向性。新增粮食补贴要向粮食主产区和主产县倾斜，向新型粮食生产经营主体倾斜。加强补贴资金监管，确保资金及时、足额补贴到粮食生产者手中。引导和支持金融机构为粮食生产者提供信贷等金融服务。完善农业保险制度，对粮食作物保险给予支持。

（九）抓好粮食收购

根据粮食种植布局和交通条件，统筹设立粮食收购网点，方便农民售粮。在继续发挥国有粮食企业主导作用的基础上，鼓励和引导符合条件的多元市场主体参与政策性粮食收购。积极支持农业发展银行等金融机构落实收购资金，加大对符合贷款条件企业自主收购粮食的支持力度。加强粮食收购市场监管，严厉打击“转圈粮”和“打白条”、压级压价等坑农害农行为。

（十）努力提高种粮比较收益

完善粮食市场价格形成机制，引导粮食价格保持合理水平。鼓励和引导农业产业化龙头企业与粮食生产者建立紧密的利益联结关系，采取保底收购、股份分红、利润返还等方式，让粮食生产者分享加工销售的收益。健全重要农资储备制度，稳定农资价格。

四 管好地方粮食储备

（十一）切实落实地方粮食储备

严格按照国家有关部门确定的储备规模和完成时限，抓紧充实地方粮食储备。进一步优化储备布局和品种结构，落实储备费用和利息补贴资金，完善轮换管理和库存监管机制。定期将地方粮食储备品种、数量和布局等信息报送国家有关部门。

（十二）创新地方粮食储备机制

探索建立政府储备和社会储备相结合的分梯级粮食储备新机制。通过运用财政、金融、投资等政策手段，建立地方政府掌控的社会粮食周转储备。鼓励符合条件的多元市场主体参与地方粮食储备相关工作。严格执行粮食经营、加工企业最低最高库存制度，鼓励企业保持合理商品库存。建立地方和中央粮食储备协调机制，充分发挥调控市场、稳定粮价的协同效应。

五 增强粮食流通能力

（十三）加强粮食仓储物流设施建设和管理

组织实施粮食收储供应安全保障工程，将粮食仓储物流设施作为重要农业基础设施抓紧建设。创新投融资方式，引导社会资本积极参与，尽快建成与本地区粮食收储规模和保障供应要求相匹配、布局合理、功能齐全的仓储物流体系。加快粮食“危仓老库”维修改造。支持种粮大户和农民合作社建设带有烘干设备的储粮设施。建立国有粮食仓储物流设施保护制度。

（十四）积极发展粮食物流网络

大力推广散粮、成品粮集装化物流方式，引导购销运企业联合运营，打造跨区域的粮食物流通道。将粮油供应网络建设纳入各地城镇建设规划和商业网点规划。进一步完善粮食交易中心功能，加快联网竞价交易平台建设，推进政策性粮食联网交易。培育一批公益性成品粮批发市场。

（十五）加强粮食产销合作

粮食主销区、产销平衡区要按照互惠互利的原则，与主产区建立更加紧密稳定的产销关系，支持企业到主产区投资建设粮源基地和仓储物流设施，建立异地储备。粮食主产区要鼓励企业在主销区建设仓储物流设施和营销网络，主销区要给予必要支持。

六 促进粮食产业健康发展

（十六）培育发展新型粮食流通主体

继续深化国有粮食企业改革，推进国有粮食企业兼并重组，妥善解决国有粮食企业欠缴职工社会保障金、历史性亏损挂账等遗留问题。积极发展混合所有制粮食经济，培育国有资本与集体资本、非公有资本交叉持股的新型市场主体。支持民营粮食企业和粮食经纪人发展。鼓励粮食企业利用期货市场规避经营风险。推动粮食企业对外合作，培育具有国际市场竞争力的大型粮食企业集团。

（十七）推动粮食产业升级

培育壮大粮食类农业产业化龙头企业，促进生产要素向优势企业集聚。支持粮食企业推广应用先进技术装备，进行技术改造升级。开展现代粮仓科技应用示范。将主食产业化作为保障食品安全的重要民生工程，鼓励企业延伸粮食加工产业链，开发新型优质健康粮食产品。鼓励大中型主食加工企业发展仓储物流冷链设施，向乡镇和农村延伸生产营销网络。

（十八）发挥加工转化对粮食供求的调节作用

按照企业自愿参与、政府适当补偿原则，选择一批骨干粮食加工转化企业纳入粮食市场调控体系，当粮食供大于求时，适当增加企业非食品用途的粮食加工转化；当粮食供应紧张时，相应减少或停止企业非食品用途的粮食加工转化。

七 保障区域粮食市场基本稳定

（十九）完善粮食调控机制

有效发挥粮食储备吞吐、加工转化的调节作用和财政补贴的导向作用，确保粮食市场基本稳定。认真执行国家粮食进出口政策，积极配合检验检疫等部门加强进口粮食质量安全把关，配合海关等部门严厉打击粮食走私，对边境小额贸易、边民互市贸易实施有效管控。

（二十）健全粮食应急供应保障体系

2017 年年底前，各地要建成布局合理、设施完备、运转高效、保障有力的粮食应急供应保障体系，确保严重自然灾害或紧急状态时的粮食供应。每个乡镇、街道应至少有 1 个应急供应网点；直辖市、省会城市和计划单列市人口集中的社区，每 3 万人应至少有 1 个应急供应网点，并配套相应的应急加工企业、储备设施和配送中心。大中城市和价格易波动地区的成品粮油储备要达到 10~15 天市场供应量。采取企业自愿、政府认定、签订合同的方式，选择符合条件的粮食加工和经营企业承担应急供应任务并给予必要支持。

（二十一）加强粮食监测预警

健全粮食生产、流通、加工和消费调查统计体系，完善产粮大县粮食产量抽样调查制度，确保调查数据及时准确。落实粮食经营信息统计报告制度，督促各类涉粮企业按照国家粮食流通统计制度的规定，建立经营台账，定期向粮食行政管理部门报送统计数据。发挥物联网、大数据信息技术在粮食监测预警中的作用，加强粮食市场监测、分析和信息发布。

（二十二）维护粮食市场秩序

加快建立粮食经营企业信用体系和粮食市场监管协调机制，坚决打击囤积居奇、哄抬粮价、以次充好、掺杂使假、计量作弊等扰乱粮食市场秩序的行为。接受国家有关部门委托，做好行政区域内中央储备粮等中央事权粮食库存检查工作。

八 强化粮食质量安全治理

（二十三）加强源头治理

土壤受污染严重地区要采取耕地土壤修复、调整种植结构、划定粮食生产禁止区等措施，从源头上防治粮食污染。健全化肥、农药等农业投入品监督管理制度，大力推广高效肥和低毒低残留农药。

建立耕地土壤环境监测网络，加快建成农村垃圾、农药包装废弃物、污水等收集处理系统，有效解决耕地面源污染问题。

（二十四）健全粮食质量安全保障体系

2018年年底前，在城乡普遍建立“放心粮油”供应网络。完善粮食质量安全标准体系，实行从田间到餐桌的全过程监管制度。加强监测预警，严防发生区域性、系统性粮食质量安全风险。加强对农药残留、重金属、真菌毒素超标粮食的管控，建立超标粮食处置长效机制，禁止不符合食品安全标准的粮食进入口粮市场。健全粮食产地准出制度和质量标识制度。

（二十五）落实粮食质量安全监管责任

严格实行粮食质量安全监管责任制和责任追究制度，落实地方政府属地管理和生产经营主体责任。加强基层粮食质量安全监管，强化县乡两级监管责任。深入开展粮食质量安全治理整顿，完善不合格粮食处理和有关责任者处罚机制。

九 大力推进节粮减损和健康消费

（二十六）加强爱粮节粮宣传教育

深入开展爱粮节粮宣传教育，大力普及营养健康知识，引导城乡居民养成讲健康、讲节约的粮食消费习惯，营造厉行节粮的浓厚社会氛围。推行科学文明餐饮消费方式，加强对餐饮业和单位食堂等的引导和监督，大力倡导“光盘行动”，制止粮食浪费行为。各级机关、国有企业和公共机构要率先垂范，杜绝粮食浪费。

（二十七）全面实施节粮减损

在粮食生产、流通、消费领域全面推广节粮减损新设施、新技术和新装备，大幅度降低粮食损耗。加快现有粮食仓储设施改造，鼓励新增设施使用绿色储粮技术。大力推广农户科学储粮。督促粮食加工企业合理控制加工精度，避免过度加工造成粮食浪费和营养流失，提高成品粮出品率和副产品综合利用率。

十 强化保障措施和监督考核

（二十八）强化粮食安全保障措施

加强粮食生产指导、重大技术推广、环境监测治理、统计信息服务、行政执法和监督检查、质量安全监管、农业投入品监管等方面的工作力量。各级财政要继续支持保障粮食安全的相关工作。粮食主销区和产销平衡区要及时足额安排粮食风险基金。地方各级人民政府要按照保障粮食安全的要求，落实农业、粮食等相关行政主管部门的职责任务。

（二十九）建立监督考核机制

发展改革委、粮食局要会同有关部门，根据本意见要求抓紧制定监督考核办法，定期组织对各省（区、市）人民政府落实粮食安全省长责任制情况进行考核，对成绩突出的给予表扬，对不合格的予以通报批评、责令整改并追究责任，重大情况及时向国务院报告。

国务院办公厅关于印发《2014年食品安全重点工作安排》的通知

（国办发〔2014〕20号 2014年4月29日）

各省、自治区、直辖市人民政府，国务院各部委、各直属机构：

《2014年食品安全重点工作安排》已经国务院同意，现印发给你们，请认真贯彻执行。

《2014年食品安全重点工作安排》

2013年，各地区、各有关部门按照国务院的统一部署，加快推进食品安全监管体制改革，进一步强化日常监管，深入开展食品安全专项整治，严惩重处食品安全违法犯罪，食品安全风险隐患得到控制，全国食品安全形势总体趋稳向好。但制约我国食品安全的深层次矛盾依然存在，群众反映强烈的突出问题仍时有发生。为贯彻落实党的十八届三中全会、中央经济工作会议、今年《政府工作报告》精神及国务院关于食品安全工作的有关部署要求，保障人民群众“舌尖上的安全”，现就2014年食品安全重点工作作出如下安排：

一 深入开展治理整顿，着力解决突出问题

（一）开展食用农产品质量安全源头治理

严格农业投入品管理，严格推行高毒农药定点经营和实名购买制度，规范兽用抗菌药、饲料及饲料添加剂的生产经营和使用，促进农药、化肥科学减量使用。严厉打击使用禁用农兽药、非法添加“瘦肉精”和孔雀石绿等违禁物质的违法违规行为。加大土地和水污染治理力度，重点治理农产品产地土壤重金属污染、农业种养殖用水污染、持久性有机物污染等环境污染问题，努力切断污染物进入农田的链条。加强食用农产品质量安全监管，重点把好产地准出和市场准入关口。

（二）深入开展婴幼儿配方乳粉专项整治

规范生鲜乳收购与奶站经营管理，严格生鲜乳检验检测和运输监管，督促企业加强自建自控奶源建设与管理，进一步加强婴幼儿配方乳粉国家监督抽检，及时公布抽检结果。严禁以委托、贴牌、分装方式生产婴幼儿配方乳粉，严禁用同一配方生产不同品牌乳粉和使用牛、羊乳（粉）以外的原料乳（粉）生产婴幼儿配方乳粉。加强对企业持续保持许可条件、生产过程记录、产品检验情况的检查。加强乳制品流通监管，严格执行进货查验和查验记录制度，进一步规范网络销售婴幼儿配方乳粉行为。加强进口婴幼儿配方乳粉监管和抽检，公布进口婴幼儿配方乳粉生产企业、进口商及产品名录。依法严厉打击非法添加非食用物质、超范围超限量使用食品添加剂、无证生产经营、假冒知名品牌以及走私乳粉和乳清粉等违法行为，及时公布违法违规单位“黑名单”。

（三）开展畜禽屠宰和肉制品专项整治

落实病死畜禽收集处理属地管理责任，进一步规范病死畜禽无害化处理工作。依法严惩收购加工

病死畜禽、出售未经肉品检验或经肉品检验不合格的肉制品等违法违规行为。加强对生猪屠宰定点企业、牛羊屠宰企业的规范管理，加强对肉制品生产加工企业的监督检查，严禁毛皮动物胴体及其他未经检验检疫动物肉品流入市场。加大对活禽交易市场的监督检查力度，督促活禽经营者严格按照有关规定对病死禽进行无害化处理。

（四）开展食用油安全综合治理

依法严厉打击非法收购、运输、加工餐厨废弃油脂，利用动物内脏、化工原料提炼、制售动物油脂，以次充好、以假充真、以不合格植物油冒充合格食用油等违法违规行为。深入推进餐厨废弃物资源化利用和无害化处理，从源头斩断“地沟油”非法利益链，形成疏堵结合的良性运行机制。加强对进口食用油品的检验，对进口食用植物油生产企业开展境外检查，防止不符合安全标准和质量标识标准油品流入国内市场。

（五）开展农村食品安全专项整治

加大对农村地区、城乡结合部、小作坊聚集村等重点区域的食品安全整治力度，重点治理小卖部、小超市、流动摊贩、批发市场销售假冒伪劣、“三无”食品等违法行为。着力提升农村食品安全消费意识。规范农村红白喜事集体用餐申报，加强对农村餐饮服务单位人员健康、场地环境、清洗消毒的管理，确保集体用餐安全。

（六）开展儿童食品、学校及周边食品安全专项整治

严格规范儿童食品经营许可准入条件、经营者责任义务，督促落实进货查验、索证索票制度，依法严厉查处校园周边销售低价劣质食品行为。制定中小学生营养餐管理规范，严格学生营养餐配送单位资质筛选和招投标，依法严厉查处加工销售不合格食品行为。严格对学校食堂人员卫生、原材料、加工流程的规范管理，防止食源性细菌污染，严防学生集体食物中毒事件发生。

（七）开展超过保质期食品、回收食品专项整治

严格落实食品生产经营者主体责任，督促食品生产经营者及时自查清理超过保质期食品并采取停止经营等措施，主动将该食品清退出市场；对退市的超过保质期食品和回收食品设立专门区域保存并加贴醒目标签，防止与正常食品混淆或再行销售。依法严厉打击违法违规经营和使用超过保质期食品和回收食品的行为，禁止使用超过保质期食品和回收食品作为原料生产加工食品，禁止采取更改生产日期、保质期或者改换包装等方式销售超过保质期食品和回收食品。规范对超过保质期食品和回收食品的处置，严格依照有关法律法规要求，监督食品生产经营者对超过保质期食品和回收食品进行无害化处理或销毁，防止超过保质期食品和回收食品回流餐桌。

（八）开展“非法添加”和“非法宣传”问题专项整治

严厉打击生产环节非法添加、使用非食品原料、超范围超限量使用食品添加剂等违法行为，坚决取缔“黑窝点”、“黑作坊”和“黑工厂”。完善《食品中可能违法添加的非食用物质名单》，加快名单范围内物质检测方法的研究和认定，加大对名单范围内物质的监测抽检力度。继续加大对食品广告虚假宣传的查处力度，严厉整治生产销售粗制滥造、冒用品牌、虚假标识等假冒伪劣问题。进一步巩固和扩大保健食品打“四非”（非法生产、非法经营、非法添加和非法宣传）阶段性成果，坚决防止问题反弹。

（九）开展网络食品交易和进出口食品专项整治

严厉查处通过互联网销售“三无”食品、不符合安全标准食品、未经检验检疫进口食品等违法违

规行为。严格规范网络食品经营者及网络食品交易平台服务提供者责任和义务，探索建立网络食品交易监管制度。加强进出口食品安全监管，加强各口岸单位资源共享、情报互通，形成口岸监管合力。以粮食、食糖、食用油、肉类等为重点，依法严厉打击走私和逃避监管等违法犯罪行为。

二 加强监管能力建设，夯实监管工作基础

（一）全面深化食品安全监管体制改革

完善从中央到地方直至基层的食品安全监管体制，健全乡镇食品安全监管派出机构和农产品质量安全监管服务机构，加强村级协管员队伍建设。进一步落实食品安全属地管理职责，强化市县两级监管职责，将农产品质量安全监管执法纳入农业综合执法范围，加快推进生猪定点屠宰监管职责调整到位。充分发挥各级食品安全综合协调机构作用，强化综合协调能力建设，完善协作配合机制。加快建立食用农产品产地准出与市场准入有效衔接机制。

（二）加强基层执法力量和规范化建设

强化基层监管技术支撑，推进食品生产经营者电子化管理和数据库建设，提高监管水平。提升基层执法队伍综合素质和业务能力，培养懂技术、通法律、善调查的基层执法干部队伍。加强基层执法规范化建设，健全基层监管责任制，明确基层监管机构岗位职责，规范工作流程。

（三）强化食品安全风险监测评估

继续加强食品安全风险监测体系及其能力建设，建立和完善全国食源性疾病监测与报告网络，强化监测结果统一汇总分析。组织实施国家食品和食用农产品安全风险监测年度计划，开展收购和库存粮食质量安全的监测与抽查，加强对食品相关产品生产过程和制成品的全面监测。修订食品安全风险监测和评估相关管理规定，规范监测、评估工作管理，强化监测、评估结果应用。科学规范开展食品安全风险交流、预警工作，健全工作体系和机制，加强专业化人员队伍建设。研究制定国家食品安全和农产品质量安全风险评估工作规划，实施风险评估项目，做好食品安全隐患的应急风险评估工作。加强总膳食研究、食物消费量调查等基础数据库建设。继续做好新食品原料、食品添加剂新品种、食品相关产品新品种的安全性审查工作。

（四）加快食品安全检验检测能力建设

加强食用农产品和食品快检、溯源技术和预警系统的研发和推广应用，进一步提高食品安全检测技术水平。实施食品安全检（监）测能力建设规划，加快县乡食品、农产品质量安全检测体系建设，加强基层食品安全检测能力建设，提高一线监管执法队伍技术水平。推进县级食品安全检验检测资源整合以及农产品质量安全检验检测资源整合。加强检验检测机构资质认定和监督管理工作，充分共享检验检测结果，减少重复检验检测。创造有利于第三方食品安全检验检测机构发展的环境，鼓励向第三方检验检测机构购买服务。

（五）推进食品安全监管工作信息化

落实《国家食品安全监管体系“十二五”规划》，推进食品安全监管信息化工程建设，充分利用现代信息技术，提高监管效能。鼓励各地加大资金支持，开展试点建设，推动数据共享。加快食品安全监管统计基础数据库建设，提高统计工作信息化水平。推进食品安全信息惠民行动计划，利用物联网、溯源、防伪、条码等技术，实施信息惠民工程。

（六）建立健全“餐桌污染治理体系”

开展联合调研，总结推广地方经验，探索建立健全符合国情、科学完善的“餐桌污染治理体系”，建设食品放心工程。

三 完善法规标准，加强制度建设

（一）制修订一批食品安全法律法规

推动抓紧修订《中华人民共和国食品安全法》，制定食品生产经营许可管理办法、食品标识监督管理办法、食品添加剂生产监督管理办法、食源性疾病管理办法、进出口食品安全条例、食品相关产品安全监督管理办法等配套法规规章制度。加快《农药管理条例》、《生猪屠宰管理条例》等法规的修订工作。推动地方抓紧研究制定出台食品生产加工小作坊、食品摊贩管理的地方性法规。根据新的监管体制要求，对原有部门规章进行清理整合。地方各级人民政府要重点针对芽菜、活禽、保健食品、餐厨废弃物等监管的空白和盲点，明确监管部门职责和工作要求，抓紧研究完善监管制度。

（二）建立食品原产地可追溯制度和质量标识制度

加快建立“从农田到餐桌”的全程追溯体系，研究起草重要食用农产品追溯管理办法，稳步推进农产品质量安全追溯、肉菜流通追溯、酒类流通追溯、乳制品安全追溯体系建设。完善食品质量标识制度，规范“无公害农产品”、“绿色食品”、“有机产品”、“清真食品”等食品、农产品认证活动和认证标识使用，规范转基因食品标识的使用，提高消费者对质量标识与认证的甄别能力。

（三）清理整合一批食品安全国家和地方标准

加快食品安全标准清理整合工作，制定公布新的食用植物油、蜂蜜、粮食、饮用水、调味品等重点食品国家标准，对食品污染物、食品添加剂使用等重点标准开展跟踪评价。完善食品安全标准管理制度，规范标准制定流程，做好标准宣传培训、信息公开和咨询答复。加强食品安全标准研究、起草单位和专业队伍建设，提高食品安全标准工作能力和工作效率。

四 落实企业主体责任，推动社会共治

（一）探索建立企业首负责任制和惩罚性赔偿机制

在婴幼儿配方乳粉、白酒生产企业试点“食品质量安全授权”制度，通过企业授权质量安全负责人，对原料入厂把关、生产过程控制和出厂产品检验质量安全负责。鼓励企业通过提升自有检验能力或委托检验等方式加强对产品质量的控制。鼓励企业实施良好农业规范（GAP）、良好生产规范（GMP），建立危害分析和关键控制点（HACCP）体系，以及建立和完善食品安全事故报告、员工健康管理、培训教育管理、食品生产经营操作规范等制度。探索建立“谁生产谁负责、谁销售谁负责”的企业首负责任制和食品质量安全惩罚性赔偿机制。

（二）推动重点产业转型升级发展和食品品牌建设

大力扶持农业规模化、标准化生产，推进园艺作物标准园、畜禽规模养殖、水产健康养殖等创建活动。推动肉、菜、蛋、奶、粮等大宗食品生产基地建设，引导小作坊、小企业、小餐饮等生产经营活动向食品加工产业园区集聚。加快婴幼儿配方乳粉企业良好生产规范实施，严格行业准入和许可制度，采取多种方式推进婴幼儿配方乳粉企业兼并重组，积极鼓励一批基础好、管理优、潜力大的婴幼

儿配方乳粉企业做优做强。加强食品品牌建设，保护和传承食品行业老字号，发挥其质量管理示范带动作用，用品牌保证人民群众对食品质量安全的信心。

（三）研究建立食品安全责任强制保险制度

制订出台关于开展食品安全责任强制保险试点工作的指导意见，确定部分重点行业、重点领域试点食品安全责任强制保险制度，充分发挥保险的风险控制和社会管理功能，建立政府、保险机构、企业和消费者多方互动共赢的激励约束机制。

（四）加强食品安全领域诚信体系建设

落实国务院食品安全办等八部门《关于进一步加强道德诚信建设推进食品安全工作的意见》，完善诚信管理法规制度，全面建立各类食品生产经营单位的信用档案，完善诚信信息共享机制和失信行为联合惩戒机制，探索通过实施食品生产经营者“红黑名单”制度促进企业诚信自律经营。建立统一的食品生产经营者征信系统，研究和推进将食品安全信用评价结果与行业准入、融资信贷、税收、用地审批等挂钩，充分发挥其他领域对食品安全失信行为的制约作用。

（五）落实食品安全违法行为有奖举报制度

地方各级人民政府要设立食品安全举报奖励专项资金，适度扩大奖励范围，对提供有效线索、经查证属实的，要及时兑现奖励。对举报违法制售、使用食品非法添加物等严重违法犯罪问题的举报人，以及违法生产经营单位内部举报人员，适当提高奖励额度。严格执行举报保密制度，依法严惩对举报人打击报复的行为。

五　严格监管执法，严惩违法犯罪行为

（一）持续保持打击违法犯罪高压态势

将危害最为严重、人民群众反映最为强烈、整治最为迫切的食品安全领域违法犯罪行为作为打击重点，依据《中华人民共和国刑法》、《最高人民法院、最高人民检察院关于办理危害食品安全刑事案件适用法律若干问题的解释》等法律及司法解释予以严惩重处。

（二）进一步促进行政执法与刑事司法的无缝衔接

加强行政监管部门与公安机关在案件查办、信息通报、技术支持、法律保障等方面的配合，形成打击食品违法犯罪的合力。开放食品安全信息平台接入口，实现公安机关与行政监管部门信息共享，探索公安机关提前介入涉嫌食品安全犯罪案件的评估与应对。建立联合挂牌督办制度，对挂牌督办的大要案件，要依法从重从严查处。

（三）强化公安机关专业打击力量

地方各级人民政府要根据食品药品监管体制改革要求，加强食品安全犯罪侦查队伍建设，明确机构和人员专职负责打击食品安全犯罪。地方各级食品安全综合协调机构要协调有关部门尽快明确技术鉴定机构、涉案问题食品处置办法，积极协调有关方面为公安机关提供技术支持等。

六　强化监测预警，科学防范应对突发事件

（一）加强信息收集和舆情监测

建立健全食品安全重大信息报告工作机制，地方各级食品药品监管部门获知相关重大敏感信息后，

应及时向上级主管部门报告和向相关部门通报；必要时，直接向国务院食品安全办报告。建立舆情监测预警制度，动态捕捉社会关注热点，及时核查分析反映问题，及时发出预警信息，实现敏感舆情早发现、早报告、早处理。

（二）加强应急能力建设

编制并实施食品安全应急体系规划，加快推进应急管理体系建设，健全各级应急管理机构。完善应急管理机制，加快应急处置装备、应急物资储备和应急队伍建设。加强应急预案建设，做好应急管理工作的指导、培训和演练，加快提升防范预警、应急响应、应急检验、应急评估等应急核心能力。

（三）妥善应对处置突发事件

加强和完善多部门共同参与的突发事件应对协调联动机制，明确和落实部门相关处置职责。加快研究制订食品安全事故调查处理办法，规范事故调查处理程序。加强和完善突发事件快速反应机制，迅速组织开展现场控制、安全评估、事件调查、信息发布等应急措施，妥善处置突发事件。

七　加强宣传教育，正确引导舆论

（一）做好食品安全科普宣传工作

落实《食品安全宣传教育工作纲要（2011–2015 年）》，深入开展“食品安全宣传周”活动，充分发挥科研院所、社会团体和专家作用，加强食品安全社会共治宣传，引导消费者理性认知食品安全风险，提高风险防范意识。加大对食品生产经营诚信自律典型、监管执法先进人物的宣传报道力度，发挥其示范引领作用。

（二）建立健全食品安全信息发布制度

加强与媒体的机制性沟通，完善食品安全工作新闻发言人制度，定期举办新闻发布会，主动介绍食品安全工作重大方针政策、重要领域专项整治情况，及时向社会通报阶段性成果，科学有序发布消费安全提示。

（三）加强食品安全热点问题舆论引导

积极回应群众高度关注的热点问题，自觉接受新闻媒体和舆论监督。开展“网上专家热线”、“网上问政”、“与网民互动”、“有奖知识竞答”等活动，满足公众食品安全信息需求。对舆论中存在的质疑、误解主动发声，做好澄清和解疑释惑工作，及时回应公众关切，合理引导公众预期。对造谣传谣的违法行为给予严厉打击。

八　狠抓责任落实，搞好协调联动

（一）开展食品安全城市、农产品质量安全示范县创建工作

在省会城市、计划单列市等城市及有条件的“菜篮子”产品主产县开展创建试点。以创建活动为抓手，通过示范带动，推动地方政府落实监管责任、创新监管举措，提升食品安全整体保障水平和群众满意度。

（二）完善部门间、区域间协调联动机制

继续完善部门间信息通报、联合执法、隐患排查、事件处置、宣传教育以及行政执法与刑事司法衔接等协调联动机制。积极鼓励区域间建立风险隐患信息交流、跨地区大案联合查处、行业产业带动

升级、重大问题协同研究等工作机制，推动形成维护食品安全的强大合力。

（三）强化督察考评，严格责任追究

各地要将食品安全工作纳入地方政府民生工程，加大投入支持力度。将食品安全纳入地方政府年度综合目标、社会管理综合治理考核内容，考核结果作为综合考核评价地方政府领导班子和相关领导干部的重要依据，进一步落实食品安全属地管理责任。加强对农产品质量和食品安全工作的考核评价，完善考核评价指标体系，逐级健全督察考评制度。建立严格的责任追究制度，依法依纪追究重大食品安全事件中责任人的失职渎职等责任。

联合发文

关于提高 2014 年稻谷最低收购价格的通知

（国家发展改革委 财政部 农业部 国家粮食局 中国农业发展银行
发改电〔2014〕34 号 2014 年 2 月 11 日）

各省、自治区、直辖市发展改革委、物价局、财政厅（局）、农业厅（局、委、办）、粮食局、农业发展银行分行：

为保护农民种粮积极性，促进粮食生产发展，经国务院批准，决定从今年新粮上市起适当提高主产区 2014 年生产的稻谷最低收购价水平。2014 年生产的早籼稻（三等，下同）、中晚籼稻和粳稻最低收购价格分别提高到每 50 公斤 135 元、138 元和 155 元，比 2013 年分别提高 3 元、3 元和 5 元。稻谷播种在即，各地要做好粮食最低收购价格政策宣传工作，调动农民种粮积极性，促进粮食生产稳定发展。

关于印发2014年小麦和早籼稻最低收购价执行预案的通知

（国家发展改革委 财政部 农业部
国家粮食局 中国农业发展银行 中国储备粮管理总公司
发改经贸〔2014〕1026号 2014年5月20日）

各省、自治区、直辖市发展改革委、财政厅、农业厅、粮食局、物价局、农业发展银行分行，中储粮有关分公司：

为贯彻落实《中共中央国务院关于全面深化农村改革加快推进农业现代化的若干意见》（中发〔2014〕1号）的有关精神，做好今年小麦、早籼稻收购工作，保护种粮农民利益，经国务院批准，现将《2014年小麦最低收购价执行预案》和《2014年早籼稻最低收购价执行预案》印发给你们。

各有关地方、部门和单位要高度重视新粮收购工作，加强市场监测和信息沟通，密切关注小麦、早籼稻市场价格变化，周密部署，紧密配合，认真做好今年小麦、早籼稻最低收购价执行预案的各项准备和组织实施工作。特别是中储粮各有关分公司、省级粮食行政管理部门和农业发展银行省级分行要按照预案有关规定，共同合理确定委托收储库点，共同组织好最低收购价粮食的验收入库，共同对当地最低收购价粮食的数量、质量、库存管理及销售出库等负责，共同落实好最低收购价政策。各地要加强政策宣传，组织和指导多元市场主体积极入市收购新粮，及时协调解决收购过程中出现的矛盾和问题，确保小麦、早籼稻收购工作顺利开展和市场平稳运行，确保不出现农民“卖粮难”。

特此通知。

附件：1. 2014年小麦最低收购价执行预案

2. 2014年早籼稻最低收购价执行预案

附件1

2014年小麦最低收购价执行预案

第一条 为认真贯彻落实小麦最低收购价政策，切实保护种粮农民利益，确保收储的最低收购价小麦数量真实、质量安全，根据《粮食流通管理条例》有关规定，制定本预案。

第二条 执行本预案的小麦主产区为河北、江苏、安徽、山东、河南、湖北6省。其他小麦产区是否实行最低收购价政策，由省级人民政府自主决定。

第三条 以2014年生产的国标三等小麦为标准品，白小麦、红小麦和混合小麦最低收购价格均为每市斤1.18元。白小麦分为硬质白小麦和软质白小麦。硬质白小麦的硬度指数不低于60，软质白小麦的硬度指数不高于45，其种皮白色或黄白色的麦粒均不低于90%。红小麦分为硬质红小麦和软质红小麦。硬质红小麦的硬度指数不低于60，软质红小麦的硬度指数不高于45，其种皮深红色或红褐色的麦粒均不低于90%。不符合上述标准的均为混合小麦。标准品小麦的具体质量标准为：容重750~770g/L（含750g/L），水分12.5%以内，杂质1%以内，不完善粒8%以内。执行最低收购价的小麦为 2014 年生产的等内品。相邻等级之间等级 1 差价按每市斤 0.02 元掌握。最低收购价是指承担最低收购价收购任务的收储库点向农民直接收购的到库价。非标准品小麦最低收购价的具体水平，按照《国家发展改革委、国家粮食局、财政部、国家质检总局关于印发〈关于执行粮油质量国家标准有关问题的规定〉的通知》（国粮发〔2010〕178 号）有关规定确定。

第四条　在河北、江苏、安徽、山东、河南、湖北 6 个小麦主产区执行最低收购价的企业为：（1）中储粮总公司及其有关分公司，受中储粮总公司委托的中粮集团有限公司所属企业；（2）上述 6 省地方储备粮管理公司（或单位）；（3）北京、天津、上海、浙江、福建、广东、海南 7 个主销区省级地方储备粮管理公司（或单位）。

第五条　中储粮有关分公司、省级粮食行政管理部门和农业发展银行省级分行要按照“有利于保护农民利益、有利于粮食安全储存、有利于监管、有利于销售”的原则，合理确定执行小麦最低收购价的委托收储库点。委托收储库点应当具备以下条件：具有粮食收购资格，在工商部门注册登记；在农发行开户；有一定规模的自有仓容，仓房条件符合《粮油仓储管理办法》（国家发展改革委令 2009 第 5 号）要求，具备必要的清理设备、检化验设备、计量称重器具和人员，对农民交售少量粮食要有可移动式磅秤；执行粮油仓储单位备案相关规定；具有较高管理水平和良好信誉；严格执行粮食流通统计制度，准确、及时报送统计报表；三年内在收储及销售出库等方面无违规违纪行为；安全生产制度健全，相关设备齐备完善。要优先安排符合条件的中储粮直属库、具有中央储备粮代储资格的企业、中央和地方国有及国有控股粮食企业作为委托收储库点，发挥国有企业的主渠道作用。在确定委托收储库点时，要充分利用现有仓储资源，以县为单位，每个县内委托收储库点仓容总量应与当地最低收购价小麦预计收购量相衔接。为保证收储小麦的储存安全，降低损耗，保持品质，一般情况下对最低收购价小麦不搭建露天设施储存。白小麦、红小麦和混合小麦必须分仓、分等级储存。中储粮有关分公司、省级粮食行政管理部门和农业发展银行省级分行确定的委托收储库点名单报中储粮总公司、国家粮食局和农业发展银行备案，并在收购启动前将当地所有委托收储库点名称、地址和联系电话，通过当地主要新闻媒体向社会公布，同时抄报省级人民政府。执行最低收购价收储库名单确定后，中储粮直属企业要与委托收储库点签订委托收购合同，明确双方权利、义务等。地方粮食行政管理部门、农发行分支机构要作为监管单位在合同上签章。委托收储库点要按照 20 元 / 吨标准向中储粮直属企业交纳履约保证金，不能足额交纳的也可从收购费用中抵交，中央企业、省级储备粮管理公司（或单位）及其直属企业可免交。中储粮直属企业要将收取的保证金专户存入农发行，待贷款本息结清后退还保证金本息。委托收储库点要严格按照本预案的有关规定和收购合同进行收购活动。政策执行过程中出现委托收储库点仓容不足或委托收储库点布局不能满足农民售粮需要的，中储粮总公司及有关分公司应及时通过安排县内集并、根据其自身监管能力适当增设委托收储库点或租赁社会仓容等方式解决。增设的委托收储库点和租赁的库点名单，要在其开始收购活动前公布，并抄报国家有关部门和单位及相关省级人民政府。采取上述措施后仓容仍不足，需搭建露天储粮设施的，由中储粮分公司会同省级粮食行政管理部门、农业发展银行省分行研究测算本省预计搭建总量，经中储粮总公司审核并报国家有关部门批准后实施。搭建的露天储粮设施应符合《粮油仓储管理办法》及国家有关防火的规定。地方储备粮管理公司（或单位）也要根据省级人民政府的统一要求，合理设置委托收储库点，并积极入市收购，充实地方储备。地方设定的委托收储库点要与中储粮分公司确定的委托收储库点相互衔接。

第六条　第三条规定的最低收购价执行时间为 2014 年 5 月 21 日至 9 月 30 日。在此期间，当小麦市场价格下跌到国家公布的最低收购价格时，由中储粮分公司商省级价格、粮食、农业、农发行等有关部门及时提出启动预案的建议，经中储粮总公司报请国家粮食局批准在相关区域内启动预案。有关批复文件同时抄送国家有关部门、农业发展银行和相关省人民政府。各委托收储库点要按照本预案第三条的规定，在上述小麦主产区挂牌收购农民交售的小麦。

第七条　执行最低收购价的委托收储库点，要在收购场所显著位置张榜公布实行最低收购价政策的粮食品种、收购价格、质量标准、水杂增扣量方式、结算方式和执行时间等政策信息，让农民交“放心粮”；按照小麦国家标准（GB1351 – 2008）做好最低收购价小麦收购入库工作，不得压级压价、抬级抬价收购，不得拒收农民交售的符合标准的粮食；及时结算农民交售小麦的价款，不得给农民“打白条”；也不得将农业发展银行贷款挪作他用；要依据农民交粮的实际情况，当场如实填写统一规范的收购凭证，凭证所列重量、等级、水分、杂质、单价等内容必须填写齐全，不得二次填写收购凭证。

第八条　预案执行期间，中央和地方储备粮的承储企业应积极入市收购新粮用于轮换，轮换收购的小麦价格应不低于国家规定的最低收购价格水平。对承担轮换任务的委托收储库点，应优先安排储备粮轮换。

第九条　新麦上市后，地方各级政府和粮食行政管理部门要加强对收购工作的指导，引导和鼓励各类粮食经营和加工企业积极入市收购新粮；要督促本地参与最低收购价收购的委托收储库点按照《粮食流通管理条例》和预案有关规定，认真执行国家收购政策。农业发展银行要积极为各类收购主体入市收购提供信贷支持，保证具备贷款条件的国有和国有控股粮食企业资金供应。

第十条　委托收储库点按最低收购价收购小麦所需贷款（收购资金和收购费用），由所在地中储粮直属企业统一向当地农业发展银行承贷，并根据小麦收购情况和入库进度及时预付给委托收储库点，保证收购资金供应。农业发展银行要按照国家规定及时足额贷款。对于没有中储粮直属企业的市（地）区域，为保证收购需要，可暂由中储粮分公司、省级粮食行政管理部门和农业发展银行省级分行指定该区域内具有农发行贷款资格、资质较好的委托收储企业承贷；收购结束并经验收合格后，贷款要及时划转到中储粮公司直属企业统一管理。对验收不合格的粮食由中储粮分公司、省级粮食行政管理部门和农业发展银行省级分行督促企业及时销售并归还农发行贷款，有关贷款事项由农发行研究确定。中储粮公司要与预案启动同步向委托收储库点提供统一规范的收购凭证。

第十一条　地方储备粮管理公司（或单位）按最低收购价收购的小麦主要用于充实地方储备，所需收购贷款由农业发展银行按照国家规定的最低收购价格及时足额发放。有关收购、保管费用和利息按地方储备粮管理的有关规定执行。

第十二条　预案执行期间，中储粮总公司和有关省粮食局每 5 日分别将中储粮分公司和地方储备粮管理公司（或单位）按最低收购价收购的小麦品种、数量汇总后报国家粮食局。中储粮总公司汇总的数据要同时抄送农业发展银行。具体报送时间为每月逢 5 日、10 日期后第 2 个工作日中午 12 时之前。省级农发行在每月初 5 个工作日内将上月最低收购价收购资金的发放情况抄送当地中储粮分公司和省级粮食行政管理部门。同时，中储粮有关分公司将最低收购价小麦每月收购进度情况抄送当地省级粮食行政管理部门、省级价格主管部门、农发行省分行，每 5 日的收购进度也要及时通报，便于省级有关部门了解情况。各委托收储库点要每 5 日将实际收购进度数据同时抄报所在地的市（地）或县级粮食行政管理部门。

第十三条　执行最低收购价政策收购的小麦，粮权属国务院，未经国家批准不得动用。对收购入库的最低收购价小麦品种、数量和质量等级，中储粮有关分公司、省级粮食行政管理部门和农业发展银行省级分行要按有关规定及时共同组织验收，并对验收结果负责。对验收中发现入库的小麦数量、质量指标与收购码单等原始凭证标注不符的，要及时核减最低收购价收购进度和库存统计，扣回全部费用利息补贴。对验收合格的，要建立委托收储库点的质量档案，做到分品种、分等级专仓储存。中储粮直属企业要与委托收储库点签订代储保管合同，明确品种、数量、等级、价格和保管、出库责任等，作为以后安排销售标的的质量依据。地方粮食行政管理部门、农业发展银行分支机构要作为监管单位在合同上签章。中储粮公司及其委托收储库点要严格规范储粮行为，确保储粮安全。中储粮有关分公司、省级粮食行政管理部门和农业发展银行省级分行要将委托收储库点最低收购价小麦质量验收结果，于本预案执行结束后 1 个月内汇总报中储粮总公司。中储粮总公司要对分公司上报的收购进度和库存数据进行审核，并及时汇总情况报告国家发展改革委、财政部、国家粮食局和农业发展银行。对于有购买陈粮冒充新粮、或就地划转本库存粮来套取费用补贴等行为的委托收储库点，一经发现要将其收购的小麦全部退出最低收购价小麦收购进度和库存统计，由中储粮有关分公司、省级粮食行政管理部门和农业发展银行省级分行共同负责追回粮款归还农发行贷款，扣回全部费用利息补贴，取消其最低收购价收购资格，并收回企业不当得利，上交中央财政。如发生损失，由委托收储库点承担，并追究其主要负责人和相关人员的责任，以及负责监管的人员责任，并将其以前年度收储的最低收购价小麦实行移库或按有关程序及时安排拍卖，所发生的费用由违规企业承担。承担审核验收的中储粮直属企业、地方粮食行政管理部门和农业发展银行分支机构在验收工作中弄虚作假的要追究其主要负责人和有关人员的责任。

第十四条　中储粮有关分公司及其直属企业和委托收储库点保管的最低收购价小麦，由国家有关部门按照顺价销售的原则，合理制定销售底价，通过在粮食批发市场或网上公开竞价销售。预案执行期间，为满足市场对陈麦的需求，按照顺价销售、保证市场供应、保持市场粮价基本稳定的原则，继续竞价销售 2013 年及以前年份最低收购价小麦，并把握好销售力度和节奏；为防止出现“转圈粮”等问题，中央和地方储备粮的承储企业以及承担小麦最低收购价收储任务的库点一律不得直接和间接购买国家拍卖的最低收购价小麦。中储粮总公司及有关分公司要按照均衡出库的原则，制订委托收储库点出库计划，均衡有序组织安排竞价销售。

第十五条　最低收购价小麦收购费用、保管费用、贷款利息补贴及销售盈亏负担等事项按《财政部关于印发最低收购价、临时收储粮食财政财务管理暂行办法的通知》（财建〔2013〕203 号）和《财政部关于批复最低收购价等中央政策性粮食库存保管费用补贴拨付方案的通知》（财建〔2011〕996 号）执行。中储粮公司要自小麦入库当月起，按季足额将补贴拨付到委托收储库点。对以各种名义变相降低委托收储库点费用补贴标准的，要追究其主要负责人和有关人员的责任。

第十六条　国家发展改革委负责协调落实小麦最低收购价政策的工作，监测小麦收购价格变化情况，监督检查价格政策执行情况，会同有关部门解决最低收购价政策执行中的矛盾和问题。财政部负责及时安排、拨付中储粮总公司按最低收购价格收购小麦所需的费用和利息补贴。农业部负责了解各地农民售粮意愿、小麦市场价格及最低收购价政策执行情况，反映农民的意见和要求。国家粮食局负责指导中储粮总公司执行小麦最低收购价政策，监测小麦市场价格，监督政策的执行，组织指导地方粮食行政管理部门检查最低收购价政策执行情况和储粮安全等情况，督促国有和国有控股粮食企业积极入市收购，发挥主渠道作用。农业发展银行负责及时足额安排、拨付执行小麦最低收购价收储任务所需的贷款，并对发放的贷款实施信贷监管。中储粮总公司作为国家委托的最低收购价政策执行主体，负责组织指导参与最低收购价收购的库点按照本预案规定进行收购、做好库存管理等工作。小麦最低收购价政策执行结束后 1 个月内，中储粮总公司要将执行情况报告国家发展改革委、财政部、农业部、国家粮食局、农业发展银行。省级人民政府要督促、协调地方各部门支持和配合中储粮公司开展最低收购价小麦收储工作；地方粮食、价格部门依照《中华人民共和国价格法》、《粮食流通管理条例》等法律法规有关规定，履行对最低收购价小麦收储行为的监督检查职责。中储粮有关分公司、省级粮食行政管理部门和农业发展银行省级分行对本地执行最低收购价政策收购的小麦的数量、质量、库存管理及销售出库等负责，并逐级落实管理责任，建立定期巡查制度，确保最低收购价库存粮食数量真实、质量良好、储存安全。

第十七条　本预案由国家发展改革委、财政部和国家粮食局负责解释。

附件 2

2014 年早籼稻最低收购价执行预案

第一条　为认真贯彻落实早籼稻最低收购价政策，切实保护种粮农民利益，确保收储的最低收购价早籼稻数量真实、质量安全，根据《粮食流通管理条例》有关规定，制定本预案。

第二条　执行本预案的早籼稻主产区为安徽、江西、湖北、湖南、广西 5 省区。其他早籼稻产区是否实行最低收购价政策，由省级人民政府自主决定。

第三条　早籼稻最低收购价每市斤 1.35 元，以 2014 年生产的国标三等早籼稻为标准品，具体质量标准按稻谷国家标准（GB1350–2009）执行，即：早籼稻杂质 1% 以内，水分 13.5% 以内，出糙率 75%–77%（含 75%，不含 77%），整精米率 44%–47%（含 44%，不含 47%）。执行最低收购价的早籼稻为 2014 年生产的等内品。相邻等级之间等级差价按每市斤 0.02 元掌握。最低收购价是指承担最低收购价收购任务的收储库点向农民直接收购的到库价。非标准品早籼稻最低收购价的具体水平，按照《国家发展改革委、国家粮食局、财政部、国家质检总局关于印发〈关于执行粮油质量国家标准有关问题的规定〉的通知》（国粮发〔2010〕178 号）有关规定确定。

第四条　在安徽、江西、湖北、湖南、广西 5 个早籼稻主产区执行最低收购价的企业为：（1）中储粮总公司及其有关分公司，受中储粮总公司委托的中粮集团有限公司所属企业；（2）上述 5 省区地方储备粮管理公司（或单位）；（3）北京、天津、上海、浙江、福建、广东、海南 7 个主销区省级地方储备粮管理公司（或单位）。

第五条　中储粮有关分公司、省级粮食行政管理部门和农业发展银行省级分行要按照“有利于保护农民利益、有利于粮食安全储存、有利于监管、有利于销售”的原则，合理确定执行早籼稻最低收购价的委托收储库点。委托收储库点应当具备以下条件：具有粮食收购资格，在工商部门注册登记；在农发行开户；有一定规模的自有仓容，仓房条件符合《粮油仓储管理办法》（国家发展改革委令 2009 第 5 号）要求，具备必要的清理设备、检化验设备、计量称重器具和人员，对农民交售少量粮食要有可移动式磅秤；执行粮油仓储单位备案相关规定；具有较高管理水平和良好信誉；严格执行粮食流通统计制度，准确、及时报送统计报表；三年内在收储及销售出库等方面无违规违纪行为；安全生产制度健全，相关设备齐备完善。要优先安排符合条件的中储粮直属库、具有中央储备粮代储资格的企业、中央和地方国有及国有控股粮食企业作为委托收储库点，发挥国有企业的主渠道作用。在确定委托收储库点时，要充分利用现有仓储资源，以县为单位，每个县内委托收储库点仓容总量应与当地最低收购价早籼稻预计收购量相衔接。中储粮有关分公司、省级粮食行政管理部门和农业发展银行省级分行确定的委托收储库点名单报中储粮总公司、国家粮食局和农业发展银行备案，并在收购启动前将当地所有委托收储库点名称、地址和联系电话，通过当地主要新闻媒体向社会公布，同时抄报省级人民政府。执行最低收购价收储库名单确定后，中储粮直属企业要与委托收储库点签订委托收购合同，明确双方权利、义务等。地方粮食行政管理部门、农发行分支机构要作为监管单位在合同上签章。委托收储库点要按照 20 元 / 吨标准向中储粮直属企业交纳履约保证金，不能足额交纳的也可从收购费用中抵交，中央企业、省级储备粮管理公司（或单位）及其直属企业可免交。中储粮直属企业要将收取的保证金专户存入农发行，待贷款本息结清后退还保证金本息。委托收储库点要严格按照本预案的有关规定和收购合同进行收购活动。政策执行过程中出现委托收储库点仓容不足或委托收储库点布局不能满足农民售粮需要的，中储粮总公司及有关分公司应及时通过安排县内集并、根据其自身监管能力适当增设委托收储库点或租赁社会仓容等方式解决。增设的委托收储库点和租赁的库点名单，要在其开始收购活动前公布，并抄报国家有关部门和单位及相关省级人民政府。采取上述措施后仓容仍不足，需搭建露天储粮设施的，由中储粮分公司会同省级粮食行政管理部门、农业发展银行省区分行研究测算本省区预计搭建总量，经中储粮总公司审核并报国家有关部门批准后实施。搭建的露天储粮设施应符合《粮油仓储管理办法》及国家有关防火的规定。地方储备粮管理公司（或单位）也要根据省级人民政府的统一要求，合理设置委托收储库点，并积极入市收购，充实地方储备。地方设定的委托收储库点要与中储粮分公司确定的委托收储库点相互衔接。

第六条　第三条规定的最低收购价执行时间为 2014 年 7 月 16 日至 9 月 30 日。在此期间，当早籼稻市场价格下跌到国家公布的最低收购价格时，由中储粮分公司商省级价格、粮食、农业、农发行等有关部门及时提出启动预案的建议，经中储粮总公司报请国家粮食局批准在相关区域内启动预案。有关批复文件同时抄送国家有关部门、农业发展银行和相关省区人民政府。各委托收储库点要按照本预案第三条的规定，在上述早籼稻主产区挂牌收购农民交售的早籼稻。

第七条　执行最低收购价的委托收储库点，要在收购场所显著位置张榜公布实行最低收购价政策的粮食品种、收购价格、质量标准、水杂增扣量方式、结算方式和执行时间等政策信息，让农民交“放心粮”；按照稻谷国家标准（GB1350–2009）做好最低收购价早籼稻收购入库工作，不得压级压价、抬级抬价收购，不得拒收农民交售的符合标准的粮食；及时结算农民交售早籼稻的价款，不得给农民“打白条”；也不得将农业发展银行贷款挪作他用；要依据农民交粮的实际情况，当场如实填写统一规范的收购凭证，凭证所列重量、等级、水分、杂质、单价等内容必须填写齐全，不得二次填写收购凭证。

第八条　预案执行期间，中央和地方储备粮的承储企业应积极入市收购新粮用于轮换，轮换收购的早籼稻价格应不低于国家规定的最低收购价格水平。对承担轮换任务的委托收储库点，应优先安排储备粮轮换。

第九条　早籼稻上市后，地方各级政府和粮食行政管理部门要加强对收购工作的指导，引导和鼓励各类粮食经营和加工企业积极入市收购新粮；要督促本地参与最低收购价收购的委托收储库点按照

《粮食流通管理条例》和预案有关规定，认真执行国家收购政策。农业发展银行要积极为各类收购主体入市收购提供信贷支持，保证具备贷款条件的国有和国有控股粮食企业资金供应。

第十条　委托收储库点按最低收购价收购早籼稻所需贷款（收购资金和收购费用），由所在地中储粮直属企业统一向当地农业发展银行承贷，并根据早籼稻收购情况和入库进度及时预付给委托收储库点，保证收购资金供应。农业发展银行要按照国家规定及时足额贷款。对于没有中储粮直属企业的市（地）区域，为保证收购需要，可暂由中储粮分公司、省级粮食行政管理部门和农业发展银行省级分行指定该区域内具有农发行贷款资格、资质较好的委托收储企业承贷；收购结束并经验收合格后，贷款要及时划转到中储粮公司直属企业统一管理。对验收不合格的粮食由中储粮分公司、省级粮食行政管理部门和农业发展银行省级分行督促企业及时销售并归还农发行贷款，有关贷款事项由农发行研究确定。中储粮公司要与预案启动同步向委托收储库点提供统一规范的收购凭证。

第十一条　地方储备粮管理公司（或单位）按最低收购价收购的早籼稻主要用于充实地方储备，所需收购贷款由农业发展银行按照国家规定的最低收购价格及时足额发放。有关收购、保管费用和利息按地方储备粮管理的有关规定执行。

第十二条　预案执行期间，中储粮总公司和有关省区粮食局每 5 日分别将中储粮分公司和地方储备粮管理公司（或单位）按最低收购价收购的早籼稻数量汇总后报国家粮食局。中储粮总公司汇总的数据要同时抄送农业发展银行。具体报送时间为每月逢 5 日、10 日期后第 2 个工作日中午 12 时之前。省级农发行在每月初 5 个工作日内将上月最低收购价收购资金的发放情况抄送当地中储粮分公司和省级粮食行政管理部门。同时，中储粮有关分公司将最低收购价早籼稻每月收购进度情况抄送当地省级粮食行政管理部门、省级价格主管部门、农发行省区分行，每 5 日的收购进度也要及时通报，便于省级有关部门了解情况。各委托收储库点要每 5 日将实际收购进度数据同时抄报所在地的市（地）或县级粮食行政管理部门。

第十三条　执行最低收购价政策收购的早籼稻，粮权属国务院，未经国家批准不得动用。对收购入库的最低收购价早籼稻数量和质量等级，中储粮有关分公司、省级粮食行政管理部门和农业发展银行省级分行要按有关规定及时共同组织验收，并对验收结果负责。对验收中发现入库的早籼稻数量、质量指标与收购码单等原始凭证标注不符的，要及时核减最低收购价收购进度和库存统计，扣回全部费用利息补贴。对验收合格的，要建立委托收储库点的质量档案，做到分等级专仓储存。中储粮直属企业要与委托收储库点签订代储保管合同，明确数量、等级、价格和保管、出库责任等，作为以后安排销售标的的质量依据。地方粮食行政管理部门、农业发展银行分支机构要作为监管单位在合同上签章。中储粮公司及其委托收储库点要严格规范储粮行为，确保储粮安全。中储粮有关分公司、省级粮食行政管理部门和农业发展银行省级分行要将委托收储库点最低收购价早籼稻质量验收结果，于本预案执行结束后 1 个月内汇总报中储粮总公司。中储粮总公司要对分公司上报的收购进度和库存数据进行审核，并及时汇总情况报告国家发展改革委、财政部、国家粮食局和农业发展银行。 对于有购买陈粮冒充新粮、或就地划转本库存粮来套取费用补贴等行为的委托收储库点，一经发现要将其收购的早籼稻全部退出最低收购价早籼稻收购进度和库存统计，由中储粮有关分公司、省级粮食行政管理部门和农业发展银行省级分行共同负责追回粮款归还农发行贷款，扣回全部费用利息补贴，取消其最低收购价收购资格，并收回企业不当得利，上交中央财政。如发生损失，由委托收储库点承担，并追究其主要负责人和相关人员的责任，以及负责监管的人员责任，并将其以前年度收储的最低收购价早籼稻实行移库或按有关程序及时安排拍卖，所发生的费用由违规企业承担。承担审核验收的中储粮直属企业、地方粮食行政管理部门和农业发展银行分支机构在验收工作中弄虚作假的要追究其主要负责人和有关人员的责任。

第十四条　在早籼稻收购工作结束后，省级粮油检测机构要对中储粮公司执行最低收购价政策收购的早籼稻和地方企业收购的早籼稻进行逐仓检测。对经检测不符合食品安全国家标准的稻谷，要按国家有关规定进行处理，严防这部分稻谷流入口粮市场。具体由国家粮食局会同有关部门另文通知。

第十五条　中储粮有关分公司及其直属企业和委托收储库点保管的最低收购价早籼稻，由国家有关部门按照顺价销售的原则，合理制定销售底价，通过在粮食批发市场或网上公开竞价销售。中储粮总公司及有关分公司要按照均衡出库的原则，制订委托收储库点出库计划，均衡有序组织安排竞价销售。

第十六条　最低收购价早籼稻收购费用、保管费用、贷款利息补贴及销售盈亏负担等事项按《财政部关于印发最低收购价、临时收储粮食财政财务管理暂行办法的通知》（财建〔2013〕203号）和《财政部关于批复最低收购价等中央政策性粮食库存保管费用补贴拨付方案的通知》（财建〔2011〕996号）执行。中储粮公司要自稻谷入库当月起，按季足额将补贴拨付到委托收储库点。对以各种名义变相降低委托收储库点费用补贴标准的，要追究其主要负责人和有关人员的责任。

第十七条　国家发展改革委负责协调落实早籼稻最低收购价政策的工作，监测早籼稻收购价格变化情况，监督检查价格政策执行情况，会同有关部门解决最低收购价政策执行中的矛盾和问题。财政部负责及时安排、拨付中储粮总公司按最低收购价格收购早籼稻所需的费用和利息补贴。农业部负责了解各地农民售粮意愿、早籼稻市场价格及最低收购价政策执行情况，反映农民的意见和要求。国家粮食局负责指导中储粮总公司执行早籼稻最低收购价政策，监测早籼稻市场价格，监督政策的执行，组织指导地方粮食行政管理部门检查最低收购价政策执行情况和储粮安全等情况，督促国有和国有控股粮食企业积极入市收购，发挥主渠道作用。农业发展银行负责及时足额安排、拨付执行早籼稻最低收购价收储任务所需的贷款，并对发放的贷款实施信贷监管。中储粮总公司作为国家委托的最低收购价政策执行主体，负责组织指导参与最低收购价收购的库点按照本预案规定进行收购、做好库存管理等工作。早籼稻最低收购价政策执行结束后1个月内，中储粮总公司要将执行情况报告国家发展改革委、财政部、农业部、国家粮食局、农业发展银行。省级人民政府要督促、协调地方各部门支持和配合中储粮公司开展最低收购价早籼稻收储工作；地方粮食、价格部门依照《中华人民共和国价格法》、《粮食流通管理条例》等法律法规有关规定，履行对最低收购价早籼稻收储行为的监督检查职责。中储粮有关分公司、省级粮食行政管理部门和农业发展银行省级分行对本地执行最低收购价政策收购的早籼稻的数量、质量、库存管理及销售出库等负责，并逐级落实管理责任，建立定期巡查制度，确保最低收购价库存粮食数量真实、质量良好、储存安全。

第十八条　本预案由国家发展改革委、财政部和国家粮食局负责解释。

关于印发《东北玉米深加工企业竞购加工国家临时收储玉米补贴管理办法》的通知

（财政部 国家发展改革委 国家粮食局 中国农业发展银行
财建〔2014〕375 号 2014 年 7 月 15 日）

内蒙古、吉林、黑龙江省（自治区）财政厅、粮食局：

为缓解你省区玉米深加工企业经营困难，满足企业用粮需求，经国务院批准，我们制定了《东北玉米深加工企业竞购加工国家临时收储玉米补贴管理办法》，现印发给你们，请遵照执行。

附件：东北玉米深加工企业竞购加工国家临时收储玉米补贴管理办法

东北玉米深加工企业竞购加工国家临时收储玉米补贴管理办法

为缓解你省区玉米深加工企业经营困难，满足企业用粮需求，经国务院批准，中央财政对你省区符合一定资质条件、具备一定加工能力的玉米深加工企业，在规定期限内竞购加工国家临时收储玉米，超过一定数量部分给予一次性补贴。为此，特制定本办法。

一 补贴范围

（一）纳入补贴范围的玉米深加工企业，由你省区政府按照“企业自愿、自主申报、自担风险”的原则核定。企业生产经营地须在你省区范围内，且单个企业具备 10 万吨以上玉米年加工能力（按日处理玉米能力乘 300 天计算），严格履行《粮食流通统计制度》义务，信誉较好。

（二）具体企业名单及企业玉米年加工能力等情况，由你省区财政厅、粮食局会同有关部门核实后，于 2014 年 7 月 16 日前按附表格式报财政部、国家粮食局备案。国家粮食局汇总后，于 7 月 20 日前将企业名单及加工能力等情况向社会公开，接受社会监督。

二 补贴条件及标准

纳入补贴范围的企业，在 2014 年 5 月至 10 月期间，参加国家有关部门组织的国家临时收储玉米竞价销售活动，在内蒙古、吉林、黑龙江三省区竞购，并于 2014 年 12 月底前运回企业自用加工的玉米，超过其 2 个月加工能力［根据本省区有关部门核实的年加工能力按月平均］部分，中央财政按 100 元 / 吨标准给予补贴。

纳入补贴范围的企业，具有下列行为之一的，一经发现，取消该企业全部补贴，并通过社会媒体公开通报：

（一）将竞购后尚未运回企业自用加工的玉米申领补贴。

（二）将竞购玉米倒卖并申领补贴。

（三）将通过其他方式获得的玉米申领补贴。

（四）其他弄虚作假套取国家补贴的行为。

三 补贴资金的申请

纳入补贴范围的企业须在 2015 年 1 月底前向本省区粮食局提交补贴申请及有关材料，具体包括：

（一）竞购环节的凭证。竞购玉米成交合同、《验收确认单》、银行汇款凭证、当地税务部门开具的发票以及相关交易市场出具的证明。上述单据、材料中的企业名称必须与补贴申请企业一致。

（二）运输环节的凭证。铁路、交通部门统一印制的发运单和提货凭证；补贴申请企业与承运方签署的运输合同及付款凭证。企业利用自有车辆运输的，须提供企业内部自制的车辆调度原始记录单。

（三）加工凭证。2014 年 5 月至 12 月，企业采购玉米数量、月末库存数量；加工产品数量、销售数量及月末库存数量；企业用电量、用煤量、溶剂使用量等情况。

申领补贴时，各凭证均提供复印件（需加盖单位公章），但补贴申请企业必须保存好原始凭证，以备核查。企业提供的申请材料应登记造表，并对全部材料的真实性负责。

四 补贴资金的审核

（一）省区粮食局对企业补贴申请材料及时汇总、整理后初步审核，于 2015 年 2 月底前报省区财政厅复审。省区财政厅于 2015 年 3 月 15 日前复审完毕，并向财政部报送补贴资金申请报告。申请报告同时抄报财政部驻本省区财政监察专员办事处进行审核确认。省区粮食局、财政厅要对企业申请材料的真实性、完整性负责。

（二）财政监察专员办事处要在省区粮食局、财政厅审核基础上，对申报材料进行全面审核，并进行实地抽查，2015 年 4 月底前向财政部报送审查结果。

五 补贴资金的拨付

财政部根据省区财政厅申请报告，按照财政监察专员办事处审核确定的可纳入补贴范围的玉米数量、补贴标准核定补贴资金，于 2015 年 5 月底前拨付省区财政厅。省区财政厅收到中央财政拨款后，于 10 个工作日内拨付企业。

六 附则

（一）纳入补贴范围的企业要建立国家临时收储玉米竞购加工台账，每周向省区财政厅、粮食局报送竞购加工玉米周报。同时通过国家粮食局政府网站进行网上直报。

（二）中央财政拨付的补贴资金，作为补贴收入，由企业按现行会计核算要求，统筹管理与使用。

（三）补贴期限内发生的商务纠纷、意外事故等，由企业按有关法律法规自行协调解决。

（四）纳入补贴范围的企业必须认真执行国家政策，准确及时填报相关统计报表，按规定如实提交补贴申请材料。有关地区和部门要切实履行监督检查职责，严禁弄虚作假、虚报冒领补贴资金。企业和企业法人代表须在指定的社会征信机构建立信用记录。

（五）本办法由财政部负责解释。

关于印发 2014 年中晚稻最低收购价执行预案的通知

（国家发展改革委 财政部 农业部
国家粮食局 中国农业发展银行 中国储备粮管理总公司
发改经贸〔2014〕2104 号 2014 年 9 月 15 日）

各省、自治区、直辖市发展改革委、财政厅、农业厅、粮食局、物价局、农业发展银行分行，中储粮有关分公司：

今年中晚稻有望继续丰收，集中上市后市场价格可能存在一定的下行压力，部分地区还面临收储仓容紧张问题。为贯彻落实《中共中央国务院关于全面深化农村改革加快推进农业现代化的若干意见》（中发〔2014〕1 号）和国务院第 52 次常务会议有关精神，做好今年中晚稻收购工作，切实保护种粮农民利益，现将《2014 年中晚稻最低收购价执行预案》印发给你们，请遵照执行。

各有关地方、部门和单位要高度重视新粮收购工作，加强市场监测和信息沟通，密切关注中晚稻市场价格变化，周密部署，紧密配合，认真做好今年中晚稻最低收购价执行预案的各项准备和组织实施工作。中储粮各有关分公司、省级粮食行政管理部门和农业发展银行省级分行要按照预案有关规定，共同合理确定委托收储库点，共同组织好最低收购价粮食的验收入库，共同对当地最低收购价粮食的数量、质量、库存管理及销售出库等负责，共同落实好最低收购价政策。各地要加强政策宣传，组织和指导多元市场主体积极入市收购新粮，及时协调解决收购过程中出现的矛盾和问题，充分利用现有收储能力，确保中晚稻收购工作顺利开展和市场平稳运行，确保不出现农民“卖粮难”。

特此通知。

附件：2014 年中晚稻最低收购价执行预案

2014 年中晚稻最低收购价执行预案

第一条 为认真贯彻落实中晚稻最低收购价政策，切实保护种粮农民利益，确保收储的最低收购价中晚稻数量真实、质量安全，根据《粮食流通管理条例》有关规定，制定本预案。

第二条 执行本预案的中晚稻（包括中晚籼稻和粳稻）主产区为辽宁、吉林、黑龙江、江苏、安徽、江西、河南、湖北、湖南、广西、四川 11 省区。其他中晚稻产区是否实行最低收购价政策，由省级人民政府自主决定。

第三条 中晚籼稻最低收购价每市斤 1.38 元，粳稻最低收购价每市斤 1.55 元，以 2014 年生产的国标三等中晚稻为标准品，具体质量标准按稻谷国家标准（GB1350–2009）执行，中晚籼稻主要指标为杂质 1% 以内，水分 13.5% 以内，出糙率 75%~77%（含 75%，不含 77%），整精米率 44%~47%（含 44%，不含 47%）；粳稻主要指标为杂质 1% 以内，水分 14.5% 以内，出糙率 77%~79%（含 77%，不含 79%），整精米率 55%~58%（含 55%，不含 58%）。执行最低收购价的中晚稻为 2014 年生产的等内品。相邻等级之间等级差价按每市斤 0.02 元掌握。最低收购价是指承担最低收购价收购任务的收储库点向农民直接收购的到库价。非标准品中晚稻最低收购价的具体水平，按照《国家发展改革委、国家粮食局、财政部、国家质检总局关于印发〈关于执行粮油质量国家标准有关问题的规定〉的通知》（国粮发〔2010〕178 号）有关规定确定。整精米率低于 38% 的中晚籼稻和整精米率低于 49% 的粳稻不列入最低收购价范围。

第四条　在辽宁、吉林、黑龙江、江苏、安徽、江西、河南、湖北、湖南、广西、四川 11 个中晚稻主产区执行最低收购价的企业为:（1）中储粮总公司及其有关分公司，受中储粮总公司委托的中粮集团有限公司所属企业;（2）上述 11 省区地方储备粮管理公司（或单位）;（3）北京、天津、上海、浙江、福建、广东、海南 7 个主销区省级地方储备粮管理公司（或单位）。

第五条　中储粮有关分公司、省级粮食行政管理部门和农业发展银行省级分行要按照“有利于保护农民利益、有利于粮食安全储存、有利于监管、有利于销售”的原则，合理确定执行中晚稻最低收购价的委托收储库点。委托收储库点应当具备以下条件：具有粮食收购资格，在工商部门注册登记；在农发行开户；有一定规模的自有仓容，仓房条件符合《粮油仓储管理办法》（国家发展改革委令 2009 第 5 号）要求，具备必要的清理设备、检化验设备、计量称重器具和人员，对农民交售少量粮食要有可移动式磅秤；执行粮油仓储单位备案相关规定；具有较高管理水平和良好信誉；严格执行粮食流通统计制度，准确、及时报送统计报表；三年内在收储及销售出库等方面无违规违纪行为；安全生产制度健全，相关设备齐备完善。在确定委托收储库点时，要充分利用现有仓储资源，以县为单位，每个县内委托收储库点仓容总量应与当地最低收购价中晚稻预计收购量相衔接。中储粮有关分公司、省级粮食行政管理部门和农业发展银行省级分行确定的委托收储库点名单报中储粮总公司、国家粮食局和农业发展银行备案，并在收购启动前将当地所有委托收储库点名称、地址和联系电话，通过当地主要新闻媒体向社会公布，同时抄报省级人民政府。执行最低收购价收储库名单确定后，中储粮直属企业要与委托收储库点签订委托收购合同，明确双方权利、义务等。地方粮食行政管理部门、农发行分支机构要作为监管单位在合同上签章。委托收储库点要按照 20 元 / 吨标准向中储粮直属企业交纳履约保证金，不能足额交纳的也可从收购费用中抵交，中央企业、省级储备粮管理公司（或单位）及其直属企业可免交。中储粮直属企业要将收取的保证金专户存入农发行，待贷款本息结清后退还保证金本息。委托收储库点要严格按照本预案的有关规定和收购合同进行收购活动。政策执行过程中出现委托收储库点仓容不足或委托收储库点布局不能满足农民售粮需要的，中储粮总公司及有关分公司应及时通过安排县内集并、根据其自身监管能力适当增设委托收储库点或租赁社会仓容等方式解决。增设的委托收储库点和租赁的库点名单，要在其开始收购活动前公布，并抄报国家有关部门和单位及相关省级人民政府。采取上述措施后仓容仍不足，需搭建露天储粮设施的，由中储粮分公司会同省级粮食行政管理部门、农业发展银行省区分行研究测算本省区预计搭建总量，经中储粮总公司审核并报国家有关部门批准后实施。搭建的露天储粮设施应符合《粮油仓储管理办法》及国家有关防火的规定。地方储备粮管理公司（或单位）也要根据省级人民政府的统一要求，合理设置委托收储库点，并积极入市收购，充实地方储备。地方设定的委托收储库点要与中储粮分公司确定的委托收储库点相互衔接。

第六条　第三条规定的最低收购价执行时间：江苏、安徽、江西、河南、湖北、湖南、广西、四川 8 省区为 2014 年 9 月 16 日至 2015 年 1 月 31 日，辽宁、吉林、黑龙江 3 省为 2014 年 11 月 1 日至 2015 年 3 月 31 日。在此期间，当中晚稻市场价格低于或下跌到国家公布的最低收购价格时，由中储粮分公司商省级价格、粮食、农业、农发行等有关部门及时提出启动预案的建议，经中储粮总公司报请国家粮食局批准在相关区域内启动预案。有关批复文件同时抄送国家有关部门、农业发展银行和相关省区人民政府。各委托收储库点要按照本预案第三条的规定，在上述中晚稻主产区挂牌收购农民交售的中晚稻。

第七条 执行最低收购价的委托收储库点，要在收购场所显著位置张榜公布实行最低收购价政策的粮食品种、收购价格、质量标准、水杂增扣量方式、结算方式和执行时间等政策信息，让农民交“放心粮”；按照稻谷国家标准（GB1350–2009）做好最低收购价中晚稻收购入库工作，不得压级压价、抬级抬价收购，不得拒收农民交售的符合标准的粮食；及时结算农民交售中晚稻的价款，不得给农民“打白条”；也不得将农业发展银行贷款挪作他用；要依据农民交粮的实际情况，当场如实填写统一规范的收购凭证，凭证所列重量、等级、水分、杂质、单价等内容必须填写齐全，不得二次填写收购凭证。

第八条 预案执行期间，中央和地方储备粮的承储企业应积极入市收购新粮用于轮换，轮换收购的中晚稻价格应不低于国家规定的最低收购价格水平。对承担轮换任务的委托收储库点，应优先安排储备粮轮换。

第九条 中晚稻上市后，地方各级政府和粮食行政管理部门要加强对收购工作的指导，引导和鼓励各类粮食经营和加工企业积极入市收购新粮；要督促本地参与最低收购价收购的委托收储库点按照《粮食流通管理条例》和预案有关规定，认真执行国家收购政策。农业发展银行要积极为各类收购主体入市收购提供信贷支持，保证具备贷款条件的国有和国有控股粮食企业资金供应。

第十条 委托收储库点按最低收购价收购中晚稻所需贷款（收购资金和收购费用），由所在地中储粮直属企业统一向当地农业发展银行承贷，并根据中晚稻收购情况和入库进度及时预付给委托收储库点，保证收购资金供应。农业发展银行要按照国家规定及时足额贷款。对于没有中储粮直属企业的市（地）区域，为保证收购需要，可暂由中储粮分公司、省级粮食行政管理部门和农业发展银行省级分行指定该区域内具有农发行贷款资格、资质较好的委托收储企业承贷；收购结束并经验收合格后，贷款要及时划转到中储粮公司直属企业统一管理。对验收不合格的粮食由中储粮分公司、省级粮食行政管理部门和农业发展银行省级分行督促企业及时销售并归还农发行贷款，有关贷款事项由农发行研究确定。中储粮公司要与预案启动同步向委托收储库点提供统一规范的收购凭证。

第十一条 地方储备粮管理公司（或单位）按最低收购价收购的中晚稻主要用于充实地方储备，所需收购贷款由农业发展银行按照国家规定的最低收购价格及时足额发放。有关收购、保管费用和利息按地方储备粮管理的有关规定执行。

第十二条 预案执行期间，中储粮总公司和有关省区粮食局每5日分别将中储粮分公司和地方储备粮管理公司（或单位）按最低收购价收购的中晚稻品种、数量汇总后报国家粮食局。中储粮总公司汇总的数据要同时抄送农业发展银行。具体报送时间为每月逢5日、10日后的第2个工作日中午12时之前。省级农发行在每月初5个工作日内将上月最低收购价收购资金的发放情况抄送当地中储粮分公司和省级粮食行政管理部门。同时，中储粮有关分公司将最低收购价中晚稻每月收购进度情况抄送当地省级粮食行政管理部门、省级价格主管部门、农发行省区分行，每5日的收购进度也要及时通报，便于省级有关部门了解情况。各委托收储库点要每5日将实际收购进度数据同时抄报所在地的市（地）或县级粮食行政管理部门。

第十三条 执行最低收购价政策收购的中晚稻，粮权属国务院，未经国家批准不得动用或抵质押。对收购入库的最低收购价中晚稻品种、数量和质量等级，中储粮有关分公司、省级粮食行政管理部门和农业发展银行省级分行要按有关规定及时共同组织验收，并对验收结果负责。对验收中发现入库的中晚稻数量、质量指标与收购码单等原始凭证标注不符的，要及时核减最低收购价收购进度和库存统计，扣回全部费用利息补贴。对验收合格的，要建立委托收储库点的质量档案，做到分品种、分等级专仓储存。中储粮直属企业要与委托收储库点签订代储保管合同，明确品种、数量、等级、价格和保管、出库责任等，作为以后安排销售标的的质量依据。地方粮食行政管理部门、农业发展银行分支机构要作为监管单位在合同上签章。中储粮公司及其委托收储库点要严格规范储粮行为，确保储粮安全。中储粮有关分公司、省级粮食行政管理部门和农业发展银行省级分行要将委托收储库点最低收购价中晚稻质量验收结果，于本预案执行结束后1个月内汇总报中储粮总公司。中储粮总公司要对分公司上报的收购进度和库存数据进行审核，并及时汇总情况报告国家发展改革委、财政部、国家粮食局和农业发展银行。对于有购买陈粮冒充新粮、或就地划转本库存粮来套取费用补贴等行为的委托收储库点，一经发现要将其收购的中晚稻全部退出最低收购价中晚稻收购进度和库存统计，由中储粮有关分公司、省级粮食行政管理部门和农业发展银行省级分行共同负责追回粮款归还农发行贷款，扣回全部费用利息补贴，取消其最低收购价收购资格，并收回企业不当得利，上交中央财政。如发生损失，由委托收储库点承担，追究其主要负责人和相关人员的责任，以及负责监管的人员责任，并将其以前年度收储的最低收购价中晚稻实行移库或按有关程序及时安排拍卖，所发生的费用由违规企业承担。承担审核验收的中储粮直属企业、地方粮食行政管理部门和农业发展银行分支机构在验收工作中弄虚作假的要追究其主要负责人和有关人员的责任。

第十四条　在中晚稻收购工作结束后，省级粮油检测机构要对中储粮公司执行最低收购价政策收购的中晚稻和地方企业收购的中晚稻进行逐仓检测。对经检测不符合食品安全国家标准的稻谷，要按国家有关规定进行处理，严防这部分稻谷流入口粮市场。具体由国家粮食局会同有关部门另文通知。

第十五条　中储粮有关分公司及其直属企业和委托收储库点保管的最低收购价中晚稻，由国家有关部门按照顺价销售的原则，合理制定销售底价，通过在粮食批发市场或网上公开竞价销售。中储粮总公司及有关分公司要按照均衡出库的原则，制订委托收储库点出库计划，均衡有序组织安排竞价销售。

第十六条　最低收购价中晚稻收购费用、保管费用、贷款利息补贴及销售盈亏负担等事项按《财政部关于印发最低收购价、临时收储粮食财政财务管理暂行办法的通知》(财建〔2013〕203号)和《财政部关于批复最低收购价等中央政策性粮食库存保管费用补贴拨付方案的通知》(财建〔2011〕996号)执行。中储粮公司要自稻谷入库当月起，按季足额将补贴拨付到委托收储库点。对以各种名义变相降低委托收储库点费用补贴标准的，要追究其主要负责人和有关人员的责任。

第十七条　国家发展改革委负责协调落实中晚稻最低收购价政策的工作，监测中晚稻收购价格变化情况，监督检查价格政策执行情况，会同有关部门解决最低收购价政策执行中的矛盾和问题。财政部负责及时安排、拨付中储粮总公司按最低收购价格收购中晚稻所需的费用和利息补贴。农业部负责了解各地农民售粮意愿、中晚稻市场价格及最低收购价政策执行情况，反映农民的意见和要求。国家粮食局负责指导中储粮总公司执行中晚稻最低收购价政策，监测中晚稻市场价格，监督政策的执行，组织指导地方粮食行政管理部门检查最低收购价政策执行情况和储粮安全等情况，督促国有和国有控股粮食企业积极入市收购，充分发挥主导示范作用。农业发展银行负责及时足额安排、拨付执行中晚稻最低收购价收储任务所需的贷款，并对发放的贷款实施信贷监管。中储粮总公司作为国家委托的中晚稻最低收购价政策执行主体，负责组织指导参与最低收购价收购的库点按照本预案规定进行收购、做好库存管理等工作。中晚稻最低收购价政策执行结束后 1 个月内，中储粮总公司要将执行情况报告国家发展改革委、财政部、农业部、国家粮食局、农业发展银行。省级人民政府要督促、协调地方各部门支持和配合中储粮公司开展最低收购价中晚稻收储工作；地方粮食、价格部门依照《中华人民共和国价格法》、《粮食流通管理条例》等法律法规有关规定，履行对最低收购价中晚稻收储行为的监督检查职责。中储粮有关分公司、省级粮食行政管理部门和农业发展银行省级分行对本地执行最低收购价政策收购的中晚稻的数量、质量、库存管理及销售出库等负责，并逐级落实管理责任，建立定期巡查制度，确保最低收购价库存粮食数量真实、质量良好、储存安全。

第十八条　本预案由国家发展改革委、财政部和国家粮食局负责解释。

国家粮食局文件
局发文部分

关于印发任正晓同志在全国粮食系统纪念“四无粮仓”创建 60 周年座谈会上的讲话的通知

（国家粮食局 国粮发〔2014〕186 号 2014 年 8 月 28 日）

各省、自治区、直辖市及新疆生产建设兵团粮食局，黑龙江省农垦总局，中国储备粮管理总公司、中粮集团有限公司、中国中纺集团公司，有关粮食科研院所、高校：

2014 年 7 月 27 日，国家粮食局在浙江余杭召开全国粮食系统纪念“四无粮仓”创建 60 周年座谈会，国家粮食局党组书记、局长任正晓同志作了题为《弘扬“四无粮仓”精神 守护国家粮食安全》的讲话，要求全国粮食系统大力传承和弘扬“四无粮仓”创建和发展过程中蕴含的创业、创新、节俭、奉献的行业精神，继续发扬“宁流千滴汗、不坏一粒粮”的优良传统，艰苦奋斗、敢于担当，昂扬向上、勇于创新，不断开创粮食流通工作新局面，为把中国人的饭碗任何时候都牢牢端在自己手上，为“守住管好天下粮仓”再立新功。现将任正晓同志在座谈会上的讲话印发你们，请结合实际认真贯彻落实。

弘扬“四无粮仓”精神 守护国家粮食安全

——任正晓同志在全国粮食系统纪念“四无粮仓”创建 60 周年座谈会上的讲话
（2014 年 7 月 27 日）

同志们：

浙江余杭是我国“四无粮仓”的发源地，今天我们在这里举行全国粮食系统纪念“四无粮仓”创建 60 周年座谈会，抚今追昔，温故知新，缅怀粮食工作前辈们艰苦创业的历程，传承和弘扬“四无粮仓”精神，具有积极而重大的意义。

“悠悠万事，吃饭为大”。党中央、国务院历来高度重视国家粮食安全，始终把解决好吃饭问题作为治国理政的头等大事。新中国成立 65 年来，在中国共产党的坚强领导下，勤劳智慧的中国人民自力更生，立足国内，以占全球9%的耕地、6%的淡水资源养活了占全球20%多的人口，创造了人类发展史上的伟大奇迹，为维护世界粮食安全作出了卓越贡献。在我国粮食供求由“极度短缺”逐步向“基本自给”转变的伟大进程中，全国粮食系统广大干部职工忠诚地履行了行业使命，一代代粮食人为保障军需民食、维护粮食安全不懈奋斗，作出了重要贡献。“四无粮仓”的创建和推广，是新中国粮食工作者艰苦创业最生动的写照，是新中国粮食工作发展史上最灿烂的篇章。

昨天，我和浙江省粮食局金汝斌同志一起登门看望了当年余杭“四无粮仓”创建者邢福河、汪柏铭两位80多岁高龄的粮食老前辈。今天，我们国家粮食局的负责同志、各司司长又和各省区市粮食局的局长们一起，满怀敬意地参观了余杭“四无粮仓”陈列馆，实地考察了浙江省粮食局直属粮库的现代化粮仓，并专题召开这个座谈会，刚才我们还郑重授予邢福河、汪柏铭两位老同志“新中国‘四无粮仓’创建者优秀代表”光荣称号，以此表达我们对新中国第一代粮食人的崇高敬意。我们之所以举行这一系列重要活动，其目的就是要缅怀新中国第一代粮食人创建“四无粮仓”的艰辛业绩，弘扬粮食行业“宁流千滴汗、不坏一粒粮”的光荣传统，进一步坚定全国粮食人“守住管好天下粮仓”的信心和决心；就是要传承“四无粮仓”精神，激励粮食行业在新形势下更好地履行保障国家粮食安全的神圣使命，认真贯彻国家粮食安全新战略，扎实做好“广积粮、积好粮、好积粮”三篇文章，真正把中国人的饭碗牢牢地端在我们自己手上。下面，我谈三点体会和认识。

一 “四无粮仓”是新中国第一代粮食人的伟大创举，“四无粮仓”精神是激励一代代粮食人接续奋斗的行业精神

新中国成立之初，缺衣少食，百废待兴。当时全国只有60亿斤粮食仓容，且大部分是由祠堂、庙宇、民房改建的，仓储设施简陋，储藏技术落后，虫、霉、鼠、雀危害大，造成巨大的粮食损失损耗，严重危及新中国的粮食安全。以浙江省余杭县粮食干部职工为代表的新中国第一代粮食人，1953年创造了“无虫粮仓”，1954年创建出无虫、无霉、无鼠、无雀的“四无粮仓”。广东蚬岗粮库、河北玉田粮库、山西宁武县等地也为“四无粮仓”的改进和推广创造了宝贵经验。1955年粮食部正式向全国粮食系统推广“四无粮仓”的做法和经验。创建“四无粮仓”是新中国第一代粮食人的伟大创举，开启了我国粮食流通事业发展的新时代。60年来，浙江余杭的“四无粮仓”精神与河北玉田的“宁流千滴汗、不坏一粒粮”精神一起，共同成为激励一代代粮食人接续奋斗的行业精神，成为我国粮食行业的宝贵精神财富和优良传统作风。

“四无粮仓”精神是艰苦奋斗、埋头苦干的创业精神。60年前，由于仓储设施条件落后，储藏粮食发热生霉，鼠咬虫蚀，损失严重，浙江余杭县的粮食保管员们看在眼里疼在心里，怀着对新中国社会主义建设事业的满腔热忱，自己动手，因陋就简，不怕困难，不畏艰苦，夜以继日地顽强工作，开展虫害防治，登房顶、端雀窝，爬地垄、堵鼠洞，灭鼠保粮，虫口夺粮，用他们的辛劳和智慧，守护了国家粮食的储存安全，彰显了老一辈粮食人艰苦奋斗、埋头苦干的创业精神。

“四无粮仓”精神是锐意改革、敢为人先的创新精神。浙江余杭老一辈粮食职工在毫无经验借鉴、全靠白手起家的条件下，敢于改革，敢于创新，敢于攻克前人未曾攻克的难关。他们从1952年上半年开始，就探索“无虫粮仓”，不断试验，不怕失败，坚定信念，以坚忍不拔的意志和敢为人先的气概，最终创建了“四无粮仓”。从“无虫”到“四无”，从“无虫、无霉、无鼠、无雀”到“无害虫、

无变质、无鼠雀、无事故”，“四无粮仓”在实践中不断创新、不断发展，传承了老一辈粮食人锐意改革、敢为人先的创新精神。

“四无粮仓”精神是崇尚节约、惜粮如金的节俭精神。浙江余杭粮食职工创建“四无粮仓”和河北玉田粮库提出“宁流千滴汗、不坏一粒粮”，最初始的念想是防止粮食损失、实现颗粒归仓，最朴素的情怀是勤俭节约、爱惜粮食。60 年来，这种念想和情怀，凝结成老一辈粮食人敬重粮食、热爱粮食、珍惜粮食的行业作风，体现和传承的是粮食行业崇尚节约、惜粮如金的节俭精神。河北玉田粮库的 18 名职工历尽艰辛，发扬勤俭节约“十个一”、坚持“三个自己干”的精神，把 72 间旧当铺改造成新中国第一批“四无粮仓”，铸就了弥足珍贵的“宁流千滴汗、不坏一粒粮”精神。在当今深入贯彻中央“八项规定”、大兴厉行节约反对浪费的新形势下，“四无粮仓”和“宁流千滴汗、不坏一粒粮”的精神更加闪耀着光辉的行业品质和鲜明的时代特征。

“四无粮仓”精神是心系国家、爱岗敬业的奉献精神。在“四无粮仓”创建过程中，浙江余杭粮食职工凭着满腔爱党爱国爱人民的赤诚之心，以高度的敬业精神和岗位责任感，不畏艰苦，流血流汗，舍个人为粮库，舍小家为国家，无私奉献，无怨无悔。由他们实践创造、行业沿用至今的“仓内六面光、仓外三不留”的粮食储藏保管经验，生动地再现了他们当年精益求精、忘我工作的劳动场景，真实地体现出老一辈粮食人心系国家、爱岗敬业的奉献精神。

全国粮食系统在培育和践行社会主义核心价值观的进程中，要大力弘扬和传承“四无粮仓”精神所蕴含的“创业、创新、节俭、奉献”行业精神，让“四无粮仓”精神在新的历史条件下更具新的时代内涵，让“宁流千滴汗、不坏一粒粮”的优良传统永续传承、发扬光大。

二 “四无粮仓”精神催生了粮油仓储事业的蓬勃发展，推动着粮食流通行业的欣欣向荣

60 年来，“四无粮仓”的创建给新中国粮食流通事业注入了源头活水，有力地推动着粮食仓储事业蓬勃发展，“四无粮仓”精神之花结出了粮食行业发展的丰硕成果。

粮食仓储企业遍布全国，仓容总量增长 100 多倍。60 年来，粮食仓储设施规模不断壮大。到 2013 年年底，我国拥有遍布城乡的各类粮食仓储企业 1.9 万个，仓容总量超过 3 亿吨，比新中国成立之初增长了 100 多倍。粮食仓储设施布局不断优化改善，基本形成了以大连北良港、广东新沙港、上海外高桥、浙江舟山等粮食物流基地为枢纽，以各级粮食中心库为节点，以遍布全国的粮食收纳库为基础的现代粮食仓储物流体系。

粮库仓型升级换代，仓储功能显著提升。60 年来，粮食仓储设施条件不断改善，为确保粮食储存安全提供了技术保障。20 世纪 60 年代以前的落后仓型已全部退出历史舞台，高大平房仓、浅圆仓、立筒仓等现代化仓型占全部仓房的 60% 以上，粮仓仓型实现了升级换代。所有仓房中，80% 能够满足“四散”作业的需要，78% 装备了机械通风系统，57% 装备了计算机粮情测控系统，41% 装备了环流熏蒸系统，粮仓功能更加完备，仓储物流作业机械化程度显著提高。

粮食储藏技术应用水平处于世界领先行列，仓储事业进入转型发展新阶段。60 年来，一代代粮食科研工作者大胆探索，潜心研究，在粮食储藏理论与实践方面取得重大突破，我国粮食储藏技术应用达到世界领先水平。2010 年“四合一”储粮新技术荣获国家科技进步一等奖，目前推广应用这一

新技术的粮食仓容达到1.6亿吨。绿色储藏、智能仓储、电子信息、快速检测、新能源利用和生物杀虫技术等新技术的研发和产业化取得突破性进展，我国粮食储藏事业正在由“无害虫、无变质、无鼠雀、无事故”的安全储粮阶段向“绿色、生态、智能、高效”的生态储粮阶段转型发展。

粮食仓储管理模式不断创新，仓储管理现代化水平不断提高。60年来，一代代粮食人与时俱进，开拓创新，积极探索粮食仓储管理的新模式新方法，努力推进粮食仓储管理现代化。浙江省全面开展“星级粮库”创建活动，省直属粮库秉承“四无粮仓”精神，树立起“用心保粮每一粒、创新发展每一天”的新理念，创建了全国第一座以光伏为驱动能源、综合运用横向通风及富氮气调等储粮新技术的现代化粮仓。江苏省全面推进粮食流通现代化，把信息化、智能化技术引入粮食储备库、放心粮油店的运营管理。广东省通过粮食安全立法、实行责任考核、建立三级联查机制等举措，有效地守护了粮食储存安全和质量安全。北京市、中粮集团开展规范化管理“千分制”评价活动，湖北、安徽、山东、河南、广西等省区开展仓储规范化管理活动，上海、山西、陕西、云南、黑龙江等地开展了示范粮库达标活动，中储粮总公司在全公司系统深入开展“精细化管理”活动，都取得了可喜的成效。全国粮食行业仓储管理规范化、标准化、精细化水平正在迅速提升。

三 大力传承和弘扬“四无粮仓”精神，为保障国家粮食安全再立新功

当前，我国粮食流通工作已进入全面贯彻“以我为主、立足国内、确保产能、适度进口、科技支撑”国家粮食安全战略的新阶段，全面深化粮食流通领域改革正处于攻坚时期。面对新形势新要求，我们要大力传承和弘扬“四无粮仓”精神，艰苦奋斗、敢于担当，昂扬向上、勇于创新，不断开创粮食流通工作新局面，为“守住管好天下粮仓”再立新功。

要大力弘扬“四无粮仓”的创业精神，全面实施“粮安工程”，加快推进粮食流通现代化。要把“粮安工程”放到农业现代化大局中统筹布局、协调推进，全面提升粮食收储和供应保障能力，加速推进粮食流通现代化。要加快对“危仓老库”的升级改造，扎实抓好今明两年1000亿斤仓容的现代化粮库建设。要切实加强粮食质检体系、粮食应急保障体系和粮食信息化建设，加快推进主食产业化，着力提升粮食行业“食”“粮”并进的创新能力。要继续推进“四无粮仓”提档升级工程，扩大“四合一”、绿色储粮技术应用，进一步完善健全粮食仓储管理制度，扎实推进粮食仓储管理工作的科学化、信息化、制度化、规范化。

要大力弘扬“四无粮仓”的创新精神，全面深化粮食流通领域改革，以改革创新破解粮食流通工作的“瓶颈”与难题。当前，粮食流通领域改革正向纵深推进，改革进程中还有很多难啃的硬骨头，体制机制上还有很多难题要破解。我们要秉承老一辈粮食人锐意改革、敢为人先的创新精神，敢于担当，敢于创新，敢于涉险滩，以改革求发展，以创新解难题，积极稳妥地推进粮食流通管理体制改革、粮食储备管理机制改革、国有粮食企业改革、粮食行政管理机制改革和粮食流通统计制度改革，始终保持各项粮食流通改革沿着中央确定的方向稳健推进。

要大力弘扬“四无粮仓”的节俭精神，全面实施节粮减损行动，加快推进粮食文化建设。要结合贯彻中央八项规定、转变行风作风，全面落实中央《关于厉行节约反对食品浪费的意见》，在粮食流通各环节大力推进节粮减损行动。各级粮食部门要带头开展节约粮食反对浪费活动，带头创建爱粮节粮先进食堂、模范家庭。明年是全国推广普及“四无粮仓”60周年，国家粮食局决定在全国粮食行

业广泛开展争创“四无粮仓”先进集体、先进个人评比表彰活动，各地要组织广大粮食仓储企业和保管人员积极参与，在学习宣传“四无粮仓”老典型的同时，培育树立起新时期“四无粮仓”的新标杆。要以弘扬“四无粮仓”精神为抓手，大力推动社会主义粮食文化建设，进一步挖掘“四无粮仓”精神的时代内涵和“宁流千滴汗、不坏一粒粮”的行业文化价值，引导广大干部职工把“粮食梦”融入“中国梦”，凝聚起管好天下粮仓、守护粮食安全的智慧和力量。

要大力弘扬“四无粮仓”的奉献精神，加快实施科技兴粮、人才兴粮工程，大力提升粮食行业的科技创新力和人才软实力。守护国家粮食安全、振兴粮食流通事业，必须大力传承和弘扬心系国家、爱岗敬业的奉献精神，致力打造一支勤于创业、敢于创新、精于节俭、乐于奉献的新一代粮食大军。要依靠科技创新和智力支撑来促进行业科学发展，充分发挥“国家工程实验室”、“粮食公益性行业科研专项”的引领作用，加大粮食科技研发力度，着力突破制约行业发展的“科技短板”，解决科研成果转化应用“最后一公里”问题。要着力培育造就粮食行业的领军人才和高端人才，加快壮大技能人才队伍，全面实施“百千万”创新人才工程，激发粮食企业、粮食院校、科研院所培养人才的积极性，全力推进粮食行业人才队伍建设。

同志们！粮食工作任重道远，粮食事业无上荣光。我们要深入贯彻落实党的十八大和十八届三中全会精神，认真学习贯彻习近平总书记一系列重要讲话精神，大力弘扬老一辈粮食人创建的“四无粮仓”精神，锐意进取，扎实工作，为确保中国人的饭碗任何时候都牢牢端在自己手上，做好“广积粮、积好粮、好积粮”三篇大文章作出新的更大贡献！

关于委托省级和市（地）级粮食行政管理部门检查辖区内中央储备粮库存的通知

（国家粮食局 国粮检〔2014〕27号 2014年3月5日）

天津、黑龙江、江西、福建、广东、海南、云南、陕西、宁夏、新疆等省（自治区、直辖市）粮食局：

按照国家发展改革委、国家粮食局、财政部、中国农业发展银行《关于开展2014年全国粮食库存检查工作的通知》（国粮检〔2014〕25号）的要求，我局决定在今年全国粮食库存检查工作中，委托你省（区、市）省级和市（地）级粮食行政管理部门对辖区内中央储备粮库存进行在地检查。现将有关事项通知如下：

一 委托检查事项和职责

（一）委托检查事项

2014年全国粮食库存检查期间，按照“一事一委托”的原则，由我局委托你省（区、市）省级和市（地）级粮食部门（以下简称“受托单位”），按在地原则对辖区内的中央储备粮库存数量、质量和储存安全情况进行全面检查，受托单位不得将委托事项向县（市）粮食局再委托。省级粮食部门负责本地区检查工作的组织实施，对市级普查工作进行巡查和督导，牵头开展省级复查并负责组织对检查发现问题整改落实情况进行“回头看”。市级粮食部门负责本区域内粮食库存的普查工作。省级和市（地）级粮食部门共同对检查结果的真实性负责。具体范围、内容、时点、进度、工作要求等按照国粮检〔2014〕25号通知执行。

（二）委托检查职责

受托单位的检查人员在检查中央储备粮库存过程中，行使以下职权：进入承储企业检查粮食，调阅企业经营管理的资料和账目、凭证；了解粮食收购、销售、轮换调运及动用情况。对检查中发现涉及中央储备粮库存管理的问题，应现场提出整改建议，并在《检查发现问题底稿》中如实记录，逐级审核上报，由国家粮食局统一责成中储粮总公司进行整改。

二 工作要求

（一）加强组织领导

委托地方粮食部门对中央储备粮进行在地检查，是进一步加强中央事权粮食库存监管、全面贯彻落实国家粮食安全战略的重要举措。各受托单位务必从维护国家粮食安全大局出发，积极向当地人民政府汇报，成立联合领导机构，切实加强组织领导，确保委托检查工作的质量和效果。委托检查中央储备粮库存的必要费用，由我局通过购买服务的方式予以适当支持，受托单位要切实加强管理，确保专款专用。

（二）扎实做好各项准备工作

1. 制订操作性强的工作实施方案。接受委托的省份应充分借鉴往年接受委托从事检查省份的成功经验，结合本辖区实际，提前调研、论证，因地制宜地安排检查工作，细化检查要求，科学设计现场检查工作步骤和人员分工，努力提高检查的效率和质量。不得以转发通知文件代替制订实施方案。省级实施方案正式印发前，须事先报国家粮食局审核。

2. 认真做好库存统计数据分解登统。省级粮食部门要加强与中储粮有关分支机构的沟通协调，提前部署企业准时结报统计账务，准确填写统计数据，各级管理机构对分解数据逐级审核把关，确保实际储存库点粮食库存数据准确无误。

3. 有针对性搞好检查人员培训。要把粮油库存检查专业人才库成员充实到检查一线，认真搞好事前培训，将培训重点放在强化责任，端正态度，熟练掌握政策和业务，提升检查工作组织水平，提高发现问题和处理问题能力，增强技能和经验等方面，切实加强培训的针对性。有条件的地方可以组织参训人员进行集中演练。

（三）严格依规检查

要严格依照规定的程序和方法、检查范围和内容开展检查，全面检查库存管理程序手续的完整性和合理性，核实粮食库存的真实性。对检查发现的所有问题要现场确认，并由充分的证据材料予以佐证。严格填写检查工作底稿，履行检查结果签字确认手续，谁检查，谁负责，层层复核检查结果，确保检查工作深入细致、结果客观公正。

（四）落实检查责任和纪律

建立以“组长负责制”为基础的检查工作责任制和责任追究制，对检查人员在市级普查、省级复查中，发现企业存在重大违规问题隐瞒不报的，或对问题应发现未发现的，要进行严肃追责。要严肃检查工作纪律和要求，严格执行中央八项规定。不得无故影响企业正常的经营活动，不得泄露国家秘密。被检查企业对检查的范围、内容、方式等事项有知情权，并可要求检查人员表明合法身份。如认为检查人员违规失职的，有控告和检举的权利；如对检查结果有异议的，可向国家粮食局提出复核申请。

（五）做好委托检查总结报告报送

委托检查结束后，省级粮食部门认真撰写委托检查总结工作报告，单独行文上报国家粮食局。报告要反映委托检查的典型做法，取得的好经验，存在的不足，以及进一步完善粮食库存委托检查工作的对策建议。对检查中发现中央事权粮食库存管理的重大问题要进行说明，对检查结果的描述要做到内容全、情况明、数字准、责任清。根据检查情况，国家粮食局对受托省（区、市）的检查效果进行评估。

关于公布第一批国家粮油标准研究验证测试机构名单的通知

（国家粮食局 国粮发〔2014〕34 号 2014 年 3 月 17 日）

各省、自治区、直辖市及新疆生产建设兵团粮食局，中国储备粮管理总公司、中粮集团有限公司，国家粮食局科学研究院，河南工业大学、南京财经大学、武汉轻工大学、江南大学：

根据《国家粮食局办公室关于建立国家粮油标准研究验证测试体系的通知》（国粮办发〔2013〕78 号）要求，各省级粮食行政管理部门及有关科研院所、大学等单位积极组织遴选，推荐了一批国家粮油标准研究验证测试机构的备选单位。在我局组织专家审核并在国家粮食局政府网站公示广泛征求意见的基础上，经研究，现公布国家粮油标准研究验证测试中心（站）（以下简称标准验证机构）名单（见附件）。各标准验证机构人、财、物及隶属关系不变，相关业务工作接受国家粮食局标准质量管理部门指导。

请你们严格遵照执行《国家粮油标准研究验证测试机构管理暂行办法》（国粮办发〔2014〕33 号），切实加强管理，各标准验证机构要认真履行职责，积极开展粮油标准的研究验证测试工作。

（附件略）

关于真菌毒素超标小麦销售处理有关问题的通知

（国家发展改革委 国家粮食局 财政部 农业部 国家卫生计生委
国家工商总局 国家食品药品监管总局 中国农业发展银行
国粮调〔2014〕39 号 2014 年 3 月 20 日）

安徽、河南、湖北省发展改革委、粮食局、财政厅、农业厅（农委）、卫生计生委、工商局、食品药品监管局，农发行分行，中国储备粮管理总公司，安徽粮食批发市场及其有关联网市场：

为切实做好真菌毒素超标小麦的处置工作，合理利用粮食资源，确保食品安全，国家有关部门将在安徽粮食批发交易市场及有关联网市场（郑州粮食批发交易市场、河南省粮食交易物流市场、武汉国家粮食交易中心）统一安排定向邀标竞价销售经检验后封存的中央事权真菌毒素超标小麦。现将有关问题通知如下：

一 数量和用途

据统计，目前封存的 2010 年产最低收购价真菌毒素超标小麦共 2849796 吨（包括安徽 2098765 吨、河南 644772 吨、湖北 106259 吨），其中：呕吐毒素检测值小于或等于 5000μg/kg 的小麦 2760644 吨，仅限用作加工生产牛、家禽饲料或工业酒精、燃料乙醇；呕吐毒素检测值大于 5000μg/kg 的小麦 89152 吨，仅限用作加工生产工业酒精和燃料乙醇。严禁用作食品原料。

二 企业购买资格

这部分小麦通过邀标竞价销售的方式进行销售，参加竞买真菌毒素超标小麦的企业由相关省粮食局、农业厅（农委）按照“谁推荐、谁负责”的原则从本地确定。所确定企业须符合以下要求：

1. 具备饲料、工业酒精和燃料乙醇生产相关资质。饲料加工企业须具有有效饲料生产许可证明文件，工业酒精和燃料乙醇加工企业也须具备相关资质。

2. 具备规模以上加工能力。饲料加工企业和工业酒精、燃料乙醇加工企业都必须是规模较大、信誉较好、生产运营正常、有加工实绩的企业。具体规模标准等要求由省粮食局、农业厅（农委）根据粮源分布情况和监管能力自行确定。

3. 认真履行报送报表的义务。严格执行《国家粮食流通统计制度》，统计工作规范，并向当地粮食行政管理部门报送了 2013 年度粮食流通统计年报。

4. 签署承诺书。饲料加工企业和工业酒精、燃料乙醇加工企业必须分别签署承诺书。承诺所购买真菌毒素超标小麦仅限于本企业加工生产，不转卖倒卖，不在其他企业（单位）代储、代加工，不改变用途，不加工成口粮销售。购买真菌毒素超标小麦后，要及时向购销双方所在地县级粮食、农业部门报告购买、运输、加工、使用情况，自觉接受有关部门的全程监督检查，如违反国家法律法规及有关政策规定，购买企业承担一切责任。饲料加工企业必须承诺购买的真菌毒素超标小麦仅用于生产牛、家禽饲料，并符合饲料卫生标准（GB13078.3-2007）和饲料安全相关规定。工业酒精、燃料乙醇企业必须承诺加工后酒糟等副产物呕吐毒素检测值大于5000μg/kg的，不得用作饲料或加工饲料，必须进行无害化处理；加工后酒糟等副产物呕吐毒素检测值小于或等于5000μg/kg的，如用作饲料或加工饲料，必须符合饲料卫生标准（GB13078.3-2007）和饲料安全相关规定。承诺书由各省粮食局、农业厅（农委）根据用途自行拟定，并监督企业签署。

5.符合有关省粮食局、农业厅（农委）作出的其他相关规定。

有关省粮食局、农业厅（农委）要认真审核企业相关情况，并于本文下发之日起1个月内将确定的加工企业名单按照附件1、2格式报国家粮食局、农业部。

三 有关要求

1.参加真菌毒素超标小麦竞买的饲料加工企业仅限在本省范围内购买呕吐毒素值小于或等于5000μg/kg的真菌毒素超标小麦。工业酒精、燃料乙醇加工企业可跨省购买真菌毒素超标小麦，跨省购买真菌毒素超标小麦的企业需先到粮食所在省粮食局备案。真菌毒素超标小麦实行限量购买，所有企业购买数量不得超过相关交易细则规定的购买数量。购买企业应单独运输、储存真菌毒素超标小麦，防止污染可用于食品原料的粮食。

2.购买企业需在竞价交易前预交100元/吨履约保证金，在粮食运回本企业后，签署《验收确认单》之日起6个月内，凭验收确认单、运回本企业的运输凭证和小麦已使用证明，以及买受人所在地省粮食局规定的其他材料，到买受人所在地省级或市级粮食局开具运回本企业的证明和运回本企业的小麦已按规定使用的证明，凭省级或市级粮食局开具的证明，经交易市场核实后，由交易市场5个工作日内退回预交的履约保证金。具体由哪一级粮食局开具证明由有关省粮食局确定。

3.销售真菌毒素超标小麦的粮食企业必须根据购买企业类型在销售发票上注明这部分小麦的用途。对于购买呕吐毒素值小于或等于5000μg/kg真菌毒素超标小麦：购买企业是饲料企业的，要在发票上注明“牛、家禽饲料生产专用小麦”；购买企业是工业酒精、燃料乙醇加工企业的，要在发票上注明“工业酒精、燃料乙醇生产专用小麦”。对于购买呕吐毒素值大于5000μg/kg的真菌毒素超标小麦，要在发票上注明“工业酒精、燃料乙醇生产专用小麦”字样。凡未注明的，要追究销售企业主要负责人的责任。

4.有关交易市场要将每期真菌毒素超标小麦成交的详细情况(包括合同号、成交时间、承储库点、购买企业和成交数量等)，在竞价成交后2个工作日内报送购买企业和销粮企业(即承储库点)所在地的省级真菌毒素超标小麦竞价销售工作领导小组。

5.对于转卖、倒卖真菌毒素超标小麦，不按规定用途使用，一经查实，取消该买受人参与国家政策性粮食竞价销售入市购买资格和交易市场会员资格，禁止其今后参与国家政策性粮食竞价销售购买活动，并由交易市场予以通报。

四 交易准备

国家有关部门将研究制定《国家临时存储粮食（饲料、工业酒精、燃料乙醇生产专用小麦）定向邀标竞价销售交易细则》，并根据市场情况分批安排真菌毒素超标小麦（饲料、工业酒精、燃料乙醇生产专用小麦）销售，由安徽粮食批发交易市场及其有关联网市场提前通知参加定向邀标竞价销售的加工企业。中储粮公司提供的销售标的要注明呕吐毒素检测值，以便买方企业按规定用途购买。

五 监管责任

按照食品安全地方监管责任制和食品安全地方首长负责制的要求，有关省要切实加强对真菌毒素超标小麦处置工作的领导。各有关省粮食局要联合省级有关部门成立真菌毒素超标小麦竞价销售工作领导小组，根据各自职能，制定真菌毒素超标小麦销售处理监管办法，加强对小麦出库、运输、进厂、加工、销售等各环节的全程监管，建立严格的真菌毒素超标小麦出库、中转、发运等报告制度。销粮企业所在地粮食行政管理部门要及时将真菌毒素超标小麦出库情况通知购粮企业所在地粮食行政管理部门。密切跟踪真菌毒素超标小麦及其制品（包括副产品）的流向，落实监管措施，责任到人，坚决杜绝不符合饲料卫生标准的小麦流入饲料市场，坚决杜绝不符合食品安全标准的小麦流入口粮市场，确保食品安全。

要督促买卖双方企业严格执行国家发展改革委、国家粮食局《关于印发〈国家政策性粮食出库管理暂行办法〉的通知》（发改经贸〔2012〕1520号）和交易细则的有关规定，对违反出库纪律、转手倒卖或将所购买的真菌毒素超标小麦加工成口粮销售等改变粮食用途等行为的企业，有关部门依据《中华人民共和国食品安全法》、《粮食流通管理条例》等相关法律法规严肃处理。对违反上述规定的部门，要追究相关负责人的责任。构成犯罪的，依法追究刑事责任。

中储粮总公司按规定在中央财政包干的保管费用补贴总额内计提质检、监管等费用，并及时拨付给中储粮分公司。考虑此次真菌毒素小麦处理的特殊性，有关中储粮分公司和地方粮食部门通过协商，将部分费用用于真菌毒素超标小麦销售处理的监管工作。

真菌毒素超标小麦销售处理工作事关库存粮食资源合理利用和食品安全，涉及面广，责任重大。各地要进一步提高认识，加强领导，严格按照本通知及国家有关部门《关于做好封存真菌毒素超标小麦处置工作的通知》（国粮发〔2011〕152号）要求，采取有效措施，切实加强对真菌毒素超标小麦销售和使用的监管，严防流入口粮市场，维护好粮食流通市场秩序，确保真菌毒素超标小麦销售处理工作的顺利进行。

（附件略）

关于开展"转圈粮"专项整治行动的通知

（国家粮食局 国粮检〔2014〕80号 2014年5月7日）

各省、自治区、直辖市及新疆生产建设兵团粮食局，中国储备粮管理总公司：

近年来，一些企业在执行粮食最低收购价和临时收储政策，以及在中央和地方储备粮轮换中，不同程度存在"转圈粮"问题，个别企业和地方还比较严重，影响了国家涉粮惠农富农政策的执行效果，危害国家粮食安全，引起全社会的高度关注。为认真落实国务院领导同志的批示精神，严厉查处各种政策执行中的违规违纪行为，坚决遏制"转圈粮"问题，我局决定今年在全国集中开展"转圈粮"专项整治行动。现将有关事项通知如下：

一 检查对象

"转圈粮"是指企业在执行国家政策性粮食收储和储备粮轮换过程中，通过虚购虚销、买陈抵新、低收高转、未轮报轮等手段，采取库存不动、账面转圈或库存与账面同时转圈等方式获取不当利益的违规违纪行为，具有隐蔽性强、查处难度大和危害大的特点。因此，本次专项整治行动的检查对象主要包括中央和地方储备粮承储企业、从事最低收购价粮、临时收储粮等政策性粮食收储业务的企业。

二 检查内容和时间

本次专项整治行动从2014年5月初开始，到10月底结束。重点检查2013年以来中央、地方储备粮油轮换和政策性粮油收储业务中是否存在"转圈粮"问题。

在政策性粮食收储方面，要加强对收储企业收购进度、入库验收等环节的检查，重点检查是否存在就地收购价低的陈粮转充为新粮入库的行为；是否存在从批发市场买陈抵新的行为；是否存在低收高转套取差价的行为等。

在储备粮轮换方面，要结合全国粮食库存检查，重点检查辖区内各类储备粮承储企业是否存在粮食实物不动、账面轮换的虚假轮换行为；是否存在购买陈粮充当新粮轮入的行为；是否存在未轮报轮的行为；是否存在由不法经营者通过内外勾结，购买轮出的储备粮转卖给其他政策性粮食收储企业，以陈充新、套取利益的行为；是否存在轮换粮既作商品粮统计又作储备粮统计的行为等。

三 工作要求

（一）加强组织领导

各地粮食部门和中储粮分支机构要高度重视此次"转圈粮"专项整治行动，统一思想认识，加强组织领导，密切沟通协调，认真制订专项整治工作方案，明确责任分工，形成整治合力，共同做好专项整治工作。各地粮食行政管理部门要把整治"转圈粮"问题作为全年粮食库存监管的重要任务，建立相关检查工作档案，翔实记载检查时间、对象、结果及处理情况等。中储粮总公司要在系统内专题部署整治行动，积极配合当地粮食部门在全系统对基层直属企业进行一次“合规性”体检，查找违规隐患。

（二）突出检查工作的问题导向

各地要在“转圈粮”专项整治行动中，加强对相关政策措施和管理制度落实情况的检查，追踪“转圈粮”问题线索。一是是否落实政策性粮食承储库点空仓验收和库存陈粮登记等制度。二是政策性粮食收购的程序是否规范，凭证填写是否符合要求，有无虚假或二次填写收购凭证等问题。三是储备粮轮换是否符合有关政策规定和轮换文件要求，轮换企业是否有从粮食批发市场竞买不符年限要求的陈粮的情况。四是政策性收购贷款与粮食收储业务是否对应。五是购销业务是否真实，有无虚购虚销，实行实物对冲等手法搞“转圈粮”的问题。六是在同一地区内既有储备粮轮出，又有其他政策性粮收购时，轮出粮食是否回流“转圈”。各地要通过检查，督促有关企业规范业务操作流程，提升内部管理，堵塞制度漏洞。同时要督促有关粮食批发市场加强竞买资格审核，密切跟踪拍卖出库陈粮的流向，防止陈粮“转圈”进入政策性粮食库存。各地要开展整改“回头看”，确保专项整治工作取得实效。

（三）严肃处理违规行为

各地要充分调动财会、质检、仓储管理业务骨干，发挥库存检查专家库的优势，加大检查工作力度，采取专项检查、结合粮食库存检查、随机抽查、举报核查等多种方式，进行专项治理，防止检查走过场。对检查中发现的问题，要依据《粮食流通管理条例》、《中央储备粮管理条例》等法规政策严肃处理，以陈抵新形成的库存要坚决退出，违规获得的不当收益及非法套取的补贴，按有关规定收回。对违规的国有粮食企业负责人和有关责任人员，按照人事管理权限，责成有关部门和单位给予严肃处理。

（四）建立防控机制

要建立健全库存检查巡查机制，落实驻库监管制度。指导有条件的承储企业充分利用信息技术、视频监控、物联网等现代科技手段，积极推进库存粮食识别代码相关工作，实行业务环节留痕化管理，逐步建立粮食库存可追溯动态监管机制，加大对“转圈粮”的监控力度。

（五）强化层级监督

各地粮食行政管理部门要建立专项整治工作责任制和责任追究制，并落实到人。省级粮食行政管理部门要加强督导和巡查，重大违规问题要直接组织检查，提高检查工作的威慑力。国家粮食局将组织专门力量对重点地区开展督导和随机抽查。

（六）及时报送信息

地方各级粮食行政管理部门要按要求及时上报“转圈粮”专项整治行动工作动态信息，认真汇总专项整治工作开展情况（附件 1）。对查处的“转圈粮”案例要如实登记（附件 2），逐级上报至国家粮食局监督检查司。省级粮食行政管理部门要会同中储粮分支机构于 2014 年 11 月末报送本地区（单位）专项整治行动工作总结，重大问题随时上报。中储粮总公司要对全系统开展整治“转圈粮”专项行动的情况进行专题报告。

（附件略）

关于促进粮油加工业节粮减损的通知

（国家粮食局 工业和信息化部 国家质量监督检验检疫总局
国粮展〔2014〕81 号 2014 年 5 月 7 日）

各省、自治区、直辖市粮食局、工业和信息化主管部门、质量技术监督局：

为落实中共中央办公厅、国务院办公厅《关于厉行节约反对食品浪费的意见》（中办发〔2014〕22 号）精神，国家粮食局、工业和信息化部、国家质量监督检验检疫总局决定，采取更加有效的措施推进粮油加工业节粮减损，大幅度减少粮油加工环节的损失浪费，大力改善粮油品质，有效提高副产物综合利用率。

一 完善粮油加工标准体系，引导和规范企业适度加工

国家质量监督检验检疫总局、国家标准化管理委员会会同工业和信息化部、国家粮食局在 2014 年抓紧启动制修订大米、留胚米等产品国家标准和产品能耗定额标准、粮油机械标准、生产操作规程等。通过制定和实施安全、优质、营养、健康的粮油加工标准，规范产品开发、工艺流程、生产组织等，最大限度地保留粮油中固有的营养成分，减少过度加工，促进国民健康。

各地粮食、质量技术监督部门要做好标准的贯彻实施，引导粮油加工企业按国家标准和标样适度加工，合理控制加工精度，提高产品质量，保障食品安全；鼓励和引导粮油加工企业制定实施符合营养全、口感好、品质高、损耗低的粮油产品生产技术规范和企业标准；对大米过度抛光、食用油过度精炼等突出问题，要从工程建设、设备制造、工艺流程等方面采取有效措施加以解决。如：采取低破碎、节能型的碾米新技术装备，降低碎米率，提高整米率，降低单位产品能耗，控制稻谷加工企业安装和使用两道以上抛光设备，限制对大米加工多次抛光，借鉴发达国家经验引导稻谷加工企业逐步减少乃至取消使用抛光机；调整食用油烟点、色泽等指标，促进节油节能降耗。

各地粮食部门要配合有关部门探索开展产品能耗、操作规范等达标备案管理，每年对本地规模以上粮油加工企业进行一次产品粮耗、能耗达标和加工精度抽查。对于不达标的企业，要督促其整改。要加强中小型粮油加工企业的标准宣贯工作，粮食部门通过提供培训、检验监测等技术服务，增强贯彻国家标准和行业标准的基础能力。

二 加大粮油加工节粮技改支持力度，鼓励开发生产新产品

各地工业和信息化主管部门会同粮食部门加大对粮油加工企业节粮技改支持力度，鼓励企业在生产、流通、加工、消费全程推广节粮减损新设施和新技术、新工艺、新材料、新设备，推进粮油加工节粮节能节水等重大关键技术的产业化和应用示范，明显提高成品粮油出品率和副产物综合利用率。

支持粮油加工营养健康新产品开发和成果转化。鼓励企业采用先进适用节粮技术装备改造生产线，促进产品升级换代，支持加工开发生产优质专用米、留胚米、免淘米、速煮糙米、专用粉、预拌

粉、专用油、木本食用油等既营养健康又节约粮食的新产品。推动全谷物及杂粮食品等营养健康新产品开发及产业化。鼓励企业加工生产小包装成品粮油和粮油食品，方便城乡居民适量消费。大力推进主食产业化，延长口粮加工产业链。强化加工企业质量安全检测能力建设。推进粮油产品品牌化，以消费者的营养健康为导向，培育一批质量安全可靠、市场竞争力强的名牌产品。

支持粮油加工副产物规模化综合利用。鼓励大型企业开展米糠、稻壳、麸皮、麦胚、玉米皮、玉米胚、玉米芯等副产物的综合利用，做到吃干榨尽。支持玉米、大豆深加工食品和薯类新产品开发，提升深加工产品层次和技术水平，提高产出率。推进大型高效低耗节粮节能智能化粮油加工成套装备产业化。

三 大力推进结构调整，加快发展节约型粮油加工产业

鼓励粮油加工企业兼并重组。各地工业和信息化主管部门、粮食部门应高度重视培育壮大粮油加工龙头企业，合理引导企业兼并重组，促进生产要素向优势企业集聚，培育一批装备工艺先进、管理规范、节粮节能效果显著的骨干企业，支持发展粮油知名品牌和核心竞争力，发挥对发展节约型粮油加工的引领带动作用。努力为中小粮油加工企业创造良好的生产经营环境，同时要加强引导和规范，改变粮油加工业小、散、弱的状况，支持中小粮油加工企业做优做强。

加快淘汰落后工艺、落后设备和落后产品，减少粮耗能耗。落实国务院关于化解产能严重过剩矛盾的指导意见，建立全社会粮油加工业产能、产量、用粮量等统计监测预警机制。同时，要与环保、工商、质量技术监督、食品药品监管等部门加强合作，强化节粮节能节水、环保、安全、技术等标准的约束作用，健全防范和化解初加工产能过剩长效机制、优胜劣汰市场化退出机制。

根据粮油生产、消费和加工等布局，重点培育一批技术先进、环保达标、管理规范、辐射能力强的粮油加工业循环经济示范企业或园区，构建粮油加工业循环经济产业链。引导加工企业向粮油加工园区集聚，促进上、下游关联企业专业化协作配套，使之成为粮油产业化发展的新型载体。

四 加强节粮减损宣传，引导粮油科学加工和健康消费

国家粮食局组织编印《粮油营养健康常识》等科普知识读本，继续会同有关部门广泛深入开展面向不同消费群体的爱粮节粮活动，加强爱粮节粮主题征文动漫征集成果应用，组织开展“节约一粒粮”公益宣传活动，培养全社会树立讲营养、重健康的粮油消费理念。各级粮食部门要借助媒体宣传倡导科学节约型粮油加工方式，认真贯彻新的粮油加工标准，推动企业采用节粮节能、绿色低碳的生产经营方式。通过电视、互联网、手机短信等渠道，以及全国粮食科技活动周、食品安全宣传周、科普活动日、展会等各种平台，推介适度加工保留营养成分等科学节粮知识，引导消费者选择适度加工的粮油产品，改变过度追求“亮、白、精”消费误区，形成科学健康的消费习惯。

开展粮油加工节粮减损示范企业创建活动。中国粮食行业协会研究制定节粮减损示范企业创建标准和评选办法，引导创建一批稻谷、小麦、食用植物油、玉米深加工、主食产业化等加工节粮减损示范企业，通过每年“世界粮食日”暨“全国爱粮节粮宣传周”、“放心粮油宣传日”等活动，宣传示范企业和典型经验，发挥对行业的引导作用。粮食部门要对粮油加工环节中损失浪费行为依法进行监管，情节严重的依法追究法律责任，并向社会曝光，努力使发展节约型粮油加工成为全行业的自觉行动。

关于切实加强“粮安工程”建设项目资金管理工作的通知

（国家粮食局 国粮财〔2014〕84号 2014年5月6日）

各省、自治区、直辖市及新疆生产建设兵团粮食局：

“实施粮食收储、供应安全保障工程”是中共中央、国务院《关于全面深化农村改革加快推进农业现代化的若干意见》（中发〔2014〕1号）中部署的重要任务，是保障国家粮食安全的“守底线”工程。抓好“粮安工程”建设，对于促进种粮农民增产增收、维护粮食市场和价格基本稳定、保障国家粮食安全等具有十分重要的意义。为加强“粮安工程”建设项目资金管理，确保资金使用安全，提高资金使用效益，保障“粮安工程”建设顺利推进，现就有关事项通知如下：

一 加强组织领导

“粮安工程”建设项目资金是指纳入“粮安工程”建设规划范围的各类工程项目建设资金，既包括中央财政补助资金，也包括地方财政配套资金和项目建设单位自筹的各项资金。

规范管理和高效使用“粮安工程”建设项目资金，是实施和推进“粮安工程”各类项目建设顺利进行的重要基础和有力保障。各地要充分认识加强“粮安工程”建设项目资金管理的重要性和严肃性，切实加强组织领导。要按照财政部、国家粮食局与各省级人民政府签署的《危仓老库维修改造目标责任书》等有关文件要求，全面落实项目建设责任制，并把加强项目资金管理和使用作为其中的一项重要内容，认真抓好落实。

地方各级粮食行政管理部门要主动加强与同级财政、发展改革等部门的沟通协调，各司其职，密切配合，共同做好对各项工程建设项目，尤其是财政补助项目的建设、竣工验收、监督检查等管理工作，确保工程建设顺利进行。

二 强化资金管理

各级粮食财会部门要发挥职能作用，与有关业务部门共同做好“粮安工程”建设项目的资金测算和申报、资金分配使用和管理，以及工程竣工验收和绩效评价等工作。各地粮食部门要按照有关文件要求，争取地方政府及有关部门支持，积极筹措“粮安工程”建设项目资金，地方承诺配套资金要及时、足额到位。要积极争取地方政府将商品粮大省奖励和超级产粮大县奖励等资金中的一部分，用于粮食仓库维修改造等“粮安工程”重点项目。要对“粮安工程”建设项目资金实行全过程监管，确保各项资金按规定使用。任何单位和个人不得以任何理由、任何形式截留、挤占和挪用，确保专款专用。要指导项目建设单位在本单位财务管理机构内指定专人负责项目建设财务工作，建立健全内部财务管理制度，对项目建设活动中的材料、设备采购、存货、各项财产物资及时做好原始记录，定期进行财产物资清查。

三 规范会计核算

各级粮食行政管理部门要指导项目建设单位认真贯彻执行《企业会计准则》或《小企业会计准则》，对粮食企业取得的各项财政拨款，应在分清款项的性质、种类和规定用途的基础上正确进行会计核算。

政府部门无偿拨付给企业，支付固定资产维修费用，或对开展特定的经济活动所给予的专项经费应纳入政府补助进行会计核算，如仓房维修补助、网点改造补助、建仓贷款贴息等。企业收到相关款项时，应借记“其他应收款－应收补贴款”科目，贷记“递延收益”科目，按照配比原则，同时借记“递延收益”科目，贷记“补贴收入”科目。对政府无偿划拨资产，借记“银行存款”“固定资产”等科目，贷记“递延收益”科目，并自相关资产达到预定可使用状态时起，在该资产使用寿命内平均分配，分次计入以后各期的损益。

对企业收到政府作为投资人直接投资、资本注入的货币资金或非货币性资产时，应增加所有者权益，借记“银行存款”“固定资产”“无形资产”等科目，按其在注册资本或股本中所占份额，贷记“实收资本”或“股本”科目，按其差额，贷记“资本公积”科目。对企业收到政府拨付的具有导向性的、专门用于提升企业生产能力、发挥长期效用、改善基础设施的投资补助，如粮食仓储物流设施新建、重建、改扩建投资、粮食产业化投资、粮食质量安全检验监测能力建设投资等，借记“银行存款”等科目，贷记“专项应付款”科目；将拨款用于工程建设项目，借记“在建工程”“固定资产”等科目，贷记“银行存款”等科目；专项拨款形成的长期资产，如明确由全体股东共同享有的，借记“专项应付款”科目，贷记“资本公积”科目；明确归属某个投资者的，贷记“实收资本”科目；对未形成长期资产的支出，直接借记“专项应付款”科目，贷记“银行存款”等科目；拨款结余需要按规定返还或上缴的，借记“专项应付款”科目，贷记“银行存款”科目。

四 及时编制财务决算

各级粮食行政管理部门要指导项目建设单位认真贯彻执行《基本建设财务管理规定》，在项目竣工时编制项目竣工财务决算。建设周期长、内容多的项目，单项工程竣工后，具备交付使用条件的，可编制单项工程竣工财务决算，建设项目全部竣工后应编制竣工财务总决算。建设项目在编制竣工财务决算前要认真清理结余资金，应变价处理的库存设备、材料以及应处理的自用固定资产要公开变价处理，应收、应付款项要及时清理。建设单位要做好各项清理工作，主要是项目档案资料的归集整理、账务处理、财产物资的盘点核算及债权债务的清偿，做到账账、账证、账实、账表相符。

各级粮食行政管理部门要按照财政部门规定，及时对已完工项目组织验收，并按照有关要求配合开展绩效评价。国家粮食局将按照有关文件规定，配合财政、审计等部门，适时对各地“粮安工程”建设项目资金管理使用和效益发挥等情况开展抽查，抽查结果将作为今后分配有关项目资金的重要依据。

五 推进粮食企业改革发展

各地粮食行政管理部门要以“粮安工程”建设为契机，因地制宜地加快推进国有粮食企业改革和发展，优化产业布局，加快粮食企业产权制度改革，转换企业经营机制和经营方式，积极发展混合所有制经济，加强内部管理，不断提高粮食经济增长的质量和效益。通过两手抓、两手硬，促进粮食流通产业均衡、科学和可持续发展。

关于做好2014年粮食质量安全重点工作的通知

（国家粮食局 国粮发〔2014〕87号 2014年5月21日）

各省、自治区、直辖市及新疆生产建设兵团粮食局：

为贯彻落实党的十八届三中全会、中央经济工作会议、中央农村工作会议关于粮食质量安全工作的决策精神，根据《国务院办公厅关于印发2014年食品安全重点工作安排的通知》（国办发〔2014〕20号）要求，现就2014年粮食质量安全重点工作作出如下安排：

一 落实属地监管，强化责任考核

（一）推进落实粮食质量安全属地监管责任

按照食品安全属地管理原则和粮食安全省长负责制的要求，全面落实粮食质量安全监管责任，进一步加强对粮食质量安全监管工作的领导，尤其要对监管主体缺位的薄弱地区予以高度关注，解决监管体系不健全、经费不落实、监管能力弱等问题。全面推进将包括中央事权粮食在内的各类原粮和政策性成品粮油的质量安全监管纳入地方粮食行政管理部门的监管范围，强化地方粮食质量安全工作体系建设，推进监管重心下移。

（二）推行粮食质量安全分级管理

根据属地管理情况，明确各级粮食行政管理部门的监管责任，建立和实施粮食质量安全属地检查、交叉检查和分级抽查等工作机制。分级管理建议：国家粮食行政管理部门的主要任务是组织实施国家级粮食质量安全监测计划，监测主要产粮省份收获粮食质量、品质和卫生安全的总体状况；定期抽查全国库存粮油质量安全状况；重点督促做好中央事权粮食的质量安全监管；督促指导粮食质量安全检验监测体系建设。省级粮食行政管理部门的主要任务是实施省级粮食安全监测计划，监测本省（区、市）收获粮食质量和卫生安全状况；及时排查和通报粮食区域性污染情况；定期抽查本省（区、市）粮食经营者库存粮食（含中央事权粮食）和政策性成品粮油的质量安全状况；监测调查各类市场销售的粮油食品质量安全情况；规划粮食质量安全检验监测机构建设，统筹粮食检验能力发展。市县级粮食部门主要任务是跟踪调查行政区域内粮食生产过程中病虫害、异常气候、农药使用等可能对粮食质量安全的影响，全面监测收获粮食质量、主要品种品质和农户储粮安全等情况，全面检查行政区域内粮食经营者库存粮食质量安全、储粮药剂使用管理、执行粮食收购政策、执行出入库检验制度等情况，健全粮食质量安全项目快速检验能力，执行例行巡查、现场快速抽检和扦样送检等任务。

按照《国家粮食局关于加强粮食质量安全监管队伍装备配备标准化建设的意见》（国粮发〔2013〕299号），大力推动基层粮食质量安全监管能力建设，根据各地工作实际和分级监管需求，按照填平补齐、适用适宜、快速反应、高效便捷的原则，积极争取资金为检验执法队伍配备现场快速检测、现场执法与调查取证及通信等设备，加强对各类性质粮食的日常监督巡查。

（三）强化督查考评

国家粮食局将进一步加强对省级粮食部门开展粮食质量安全工作情况的考核评价。省、地（市）、县（市）级粮食部门应将粮食质量安全监管工作履责情况纳入年度绩效评价指标体系和考核内容，进一步落实粮食质量安全属地管理责任。建立严格的责任追究制度，依法依纪追究重大粮食质量安全事件中失职渎职责任。

二 强化质量监管，保障口粮安全

（一）加强库存粮食质量安全监管

按照《国家粮食局关于2014年加强粮食质量安全抽查工作的通知》（国粮发〔2014〕42号）要求，加大对库存粮食质量安全情况的抽检力度。在做好原粮质量安全监管的基础上，加强对军供粮、退耕还林粮等政策性成品粮及“放心粮油”的质量安全抽检。在完成国家库存检查工作的同时，省级粮食行政管理部门要统筹组织开展所辖区域内库存粮食质量安全监管工作，可采取全面抽查、专项抽查、随机抽查和日常抽检等多种方式，履行粮食质量安全属地监管职责。

（二）切实做好不符合食品安全标准粮食的收购处置工作

加强粮食收购把关和出库检验，按照国家有关部门关于做好不符合食品安全标准粮食收购检测及处置工作的要求，认真做好重金属及真菌毒素等超标粮食的收购检测和处理工作。妥善处置库存不符合食品安全标准的粮食，严防流入口粮市场。

（三）加大粮食质量安全监测力度

坚持开展对收获粮食常规质量、内在品质及卫生项目的监测工作。按照《国家粮食局关于做好2014年度国家级收获粮食质量安全监测和质量会检工作的通知》（国粮发〔2014〕17号）要求，统一组织协调，科学、合理安排好采样及检验工作进度，注意改进监测方式，保证样品代表性，提高监测时效性。对监测中发现问题的粮食，要在省级人民政府和食品安全综合协调部门的统一领导下，审慎稳妥处置，科学指导粮食收购。

（四）做好舆情应对和宣传引导工作

各地粮食行政管理部门要密切关注粮食质量安全方面的舆情信息，妥善处置群众关心的热点问题，及时回应社会关切，自觉接受新闻媒体和舆论监督。落实《粮食质量安全宣传教育工作纲要》，认真开展“食品安全宣传周”活动，充分发挥科研院所、社会团体和专家作用，加强粮食质量安全社会共治宣传，特别是部分地区要正确引导舆论，在食品安全主管部门主导下统一发布信息，加强行业宣传，坚定广大人民群众对粮油食品的消费信心。

三 加强能力建设，夯实技术支撑

（一）全力做好粮食质量安全检验监测体系建设

省级粮食行政管理部门要继续按照“机构成网络、监测全覆盖、监管无盲区、系统无风险”的原则，统筹考虑地域分布、机构运行成本和实际监管工作需要，科学规划粮食检验监测机构体系建设。按照“粮安工程”和《粮食质量安全检验监测能力建设规划》项目要求，积极协调落实地方配套资金，严格招投标管理，按期完成年度粮油检验技术装备建设计划。加强对国家粮食质量监测机构和粮油标准研究验证测试机构的指导和管理，保证检验数据公正、准确、有效。依托现有资源研究建设粮食质量安全风险监测网点，重点抓好卫生安全项目检验能力和技术水平的提升。要加强对省级监测中心负责行政区域内检验机构及承储企业化验室检验能力提升工作的指导，采取切实可行的工作措施，定期开展主要粮油质量安全指标的检验技术培训工作，努力解决市县级机构检不了、检不出、检得慢、检不准等问题。

（二）积极开展粮食质量安全追溯技术研究

按照我局库存粮食识别代码试点工作部署要求，研究建立粮食质量追溯平台和公共服务平台，有机链接粮食收获、购销、储运、加工和消费全过程，实现粮食的来源可追溯，流向可追踪，原因可查明，信息可查询，责任可追究。同时进一步推进落实粮食经营者主体责任，规范粮食收购码单、严格执行粮食收购入库和销售出库检验制度、严格执行出证索证和进货检查验收制度、建立与完善粮食质量档案，为实施识别代码和质量安全追溯提供工作基础。各地要积极探索实践，试点地区要按要求扎实推进相关工作。

四　落实主体责任，强化首责意识

（一）督促企业加强内部管理

各级粮食行政管理部门对纳入本层级监管的粮食经营者，要加强质量安全督导，督促企业强化内部管理，健全质量安全管控体系，保障质量安全经费投入。鼓励企业通过提升自有检验能力或委托检验等方式加强粮食质量安全管控。加强培训教育管理，定期对各类粮食经营企业负责人和主要从业人员，进行法律法规、粮食质量安全政策、业务技能等方面的岗位培训，树立科学监管理念，提高从业人员责任意识和业务素质。

（二）严格执行粮食质量安全管理要求

要督导粮食经营者严格执行国家标准和收购质价政策，严格落实粮食入库和销售出库质量检验制度、储粮技术规范、索证索票制度，以及质量安全事故报告等制度。特别是做好对省级粮食行政管理部门设立的卫生必检项目及储存期间使用过化学药剂并在残效期内的药剂残留检验工作，从源头上防止不符合食品安全标准的粮食流入口粮市场。

（三）加强诚信管理

要继续梳理、掌握粮食质量安全监管对象的情况，加快推进粮食行业诚信体系建设，依托国家粮食局动态信息系统和“智慧粮食”的相关平台，逐步建立企业执行法律法规、粮食政策和出入库质量检验制度等方面的检查档案和企业管理档案，逐步实施分类监管，强化粮食企业的质量安全第一责任人意识。

五　完善标准体系，加强基础研究

（一）抓好重点标准制修订工作

继续做好国家和行业标准的制修订，特别是抓好涉及国计民生和全行业的重点、难点标准的制修订工作，确保标准能保护广大消费者的食用安全和切身利益，促进粮食产销衔接、农民增收。按照国务院要求做好木本油料国家标准和食品安全标准的制修订工作。继续加强标准前期研究和后评估工作，不断充实标准基础数据，提高标准的科学性。鼓励技术人员承担标准制修订和相关研究工作；鼓励各级粮食行政管理部门组织科研单位、粮食检验机构承担地方标准的制修订任务，为地方经济服务；鼓励粮食检验机构为企业标准化工作提供技术服务，帮助企业提高产品质量和管理水平。

（二）加强标准工作体系和队伍建设

国家粮食局将以成立 4 个分技术委员会为契机，改革现有标准制修订工作模式，工作重心将下移至分技术委员会，由分技术委员会完成标准制修订的组织管理、前期研究、专家审查和报批文本修订，会聚全行业力量，一起参与粮油标准化工作。国家标准研究验证测试机构要积极发挥基础研究和技术服务作用，努力提高粮油标准的综合研究和验证能力。

（三）积极参与国际标准化工作

鼓励粮食行业的科研院所、大专院校、检验机构和各类企业，积极参与国际标准化工作，通过进一步加强我国参与国际标准化工作的力度，为我国在国际标准化舞台上争取更多的话语权，更好地服务于我国粮食生产及国际贸易，为保障我国粮食安全服务。

六 加强组织领导，落实监管经费

（一）认真抓好重点工作的推进落实

要把落实 2014 年粮食质量安全重点工作列入重要议事日程，切实加强对本地区粮食质量安全监管工作的统一领导和组织协调，主要负责人要亲自抓，明确落实具体负责机构和人员。抓紧制订本地区的具体工作方案，分解细化任务，明确工作要求，落实责任分工。各地要适时开展督促检查，确保各项工作扎实推进。

（二）积极争取经费保障

要结合粮食安全省长负责制和“粮安工程”的落实，积极向当地政府及财政、发展改革等有关部门汇报粮食质量安全监管工作的重要性和紧迫性，按照国办发〔2013〕106 号中关于“要将农产品质量安全监管、检测、执法等工作经费纳入各级财政预算”的要求，将粮食质量安全监管的各项工作经费纳入当地财政预算，保障各项工作的有效开展。合理统筹经费使用，提高资金利用效率。

关于切实做好 2014 年国家临时存储菜籽（油）收购工作的通知

（国家发展和改革委员会 国家粮食局 财政部 中国农业发展银行
国粮调〔2014〕104 号 2014 年 5 月 30 日）

中国储备粮管理总公司，内蒙古、江苏、浙江、安徽、江西、河南、湖北、湖南、重庆、四川、贵州、云南、西藏、陕西、甘肃、青海和新疆等省、自治区、直辖市发展改革委、粮食局、财政厅（局）、物价局、农发行相关省级分行：

为保护农民利益，保证食用油市场供应和价格基本稳定，促进食用油产业持续健康发展，经国务院批准，决定由中储粮总公司在油菜籽主产区收购部分油菜籽委托加工后转入国家临时存储。现将有关事项通知如下：

一 收购区域

这次国家临时存储油菜籽收购总量暂按 500 万吨（折菜籽油 166.7 万吨左右）掌握，收购总量如不能满足实际收购需要，国家有关部门将另行研究。收购执行区域为内蒙古、江苏、浙江、安徽、江西、河南、湖北、湖南、重庆、四川、贵州、云南、西藏、陕西、甘肃、青海和新疆等省（区、市）。各省（区、市）具体启动时间及分省的企业数量和布局，由中储粮总公司根据油菜籽产量和市场价格情况提出建议，报国家粮食局审核确定。

二 执行主体

中储粮总公司受国家委托承担这次国家临时收储任务，安排其直属企业、具有中央储备粮代储资格（油脂类）的企业，或委托其他符合《粮油仓储管理办法》要求、有一定规模和罐容、有一定资质和良好信誉、管理规范（三年内在收储及销售出库等方面无违规违纪行为）、执行国家粮食流通统计制度的有关规定并已报送 2013 年粮食流通统计报表的国有或民营粮油企业执行国家临时收储菜籽油任务。符合上述条件的中粮集团、中纺集团所属企业和地方大型骨干企业，要优先安排。受委托企业收购、加工的数量和布局，要与当地油菜籽生产情况相适应，既要能够保护农民利益，又要避免企业争夺油源扰乱市场秩序。中储粮总公司安排执行国家临时收储菜籽油任务的企业，以及确定的受委托收购、加工企业名单要及时抄报国家有关部门和省级人民政府，并通过网站等媒体对外公布。

三 收购方式

这次国家临时存储菜籽油收购，采取由受委托收购企业按规定挂牌价格向农民收购油菜籽，再委托加工企业加工成菜籽油转为国家临时存储油的方式进行。油菜籽挂牌收购价格为 2.55 元 / 斤（国标三等质量标准，相邻等级之间差价按 0.02 元 / 斤掌握）。油菜籽委托加工后，应及时将菜籽油集并到委托收储企业作为国家临时存储油，今后由国家有关部门视市场情况再择机安排销售。国家临时存储菜籽油入库数量，由国家有关部门按照所收购油菜籽加工菜籽油的数量据实确定。入库的国家临时存储菜籽油质量标准为国标四级，不符合标准的菜籽油不得入库。严禁从现有库存陈油中划转或直接收购菜籽油入库；严禁将进口油菜籽加工后作为国家临时存储油入库；不得有混掺棉籽油、棕榈油等掺杂使假行为。国家临时存储油收购、加工、入库等费用由中央财政对中储粮总公司实行包干；收储结束后，财政部按照“从紧、合理”的原则，核定国家临时存储菜籽油的入库成本。

四 收购资金

这次国家临时存储油收购所需资金，由中国农业发展银行按照油菜籽收购数量、价格及相关费用等有关政策安排贷款解决，由中储粮直属企业承贷，并根据收购情况及时预付给委托收储企业，保证收购需要。农发行油菜籽收购贷款使用“国家临储油脂贷款”科目核算，贷款利息从贷款企业计收。

五 统计处理

这次油菜籽国家临时收储政策执行期限，冬播油菜籽产区为 2014 年 6 月 1 日 ~9 月 30 日，具体包括：江苏、浙江、安徽、江西、河南、湖北、湖南、重庆、四川、贵州、云南、陕西、甘肃等省市；春播油菜籽产区为 2014 年 9 月 1 日 ~2015 年 2 月 28 日，具体包括：内蒙古、西藏、陕西、甘肃、青海和新疆等省区。在统计处理上，菜籽油入库后，中储粮总公司应在“政策性粮食收支存月（年）报表”中作“收购”统计，并相应增加国家临时存储库存，冬播油菜籽和春播油菜籽兼有的省区，应按国家规定的政策执行期限分别统计。中储粮总公司应督促委托收储企业认真做好收购进度统计工作，每 5 日将分省油菜籽收购进度、价格，国家临时存储油加工、入库数量等情况汇总后报国家发展改革委、国家粮食局、财政部和中国农业发展银行。中储粮有关分公司每 5 日将分库点油菜籽收购进度、价格，国家临时存储油加工、入库数量等情况抄送当地省级粮食行政管理部门、省级价格主管部门和省级农发行。各委托收储库点（含中储粮直属企业）要每 5 日将本库点实际收购进度数据同时抄报所在地的市（地）或县级粮食行政管理部门。具体报送时间为每逢 5 日、10 日（或月底）后的第 2 个工作日下班前。各级粮食、价格主管部门要做好油菜籽市场和价格监测工作。省级粮食行政管理部门要将分库点收购进度、价格等信息通过部门网站及时发布，以便收购、加工所在地政府和有关部门掌握收购信息，加强社会监督。

六 有关要求

中储粮总公司作为国家临时收储的执行主体，对受委托企业收购油菜籽的真实性和加工入库菜籽油的数量和质量负总责，要健全和完善油菜籽临时收储的具体管理办法和内部监管制度，采用统一的收购凭证和加工流程记录，规范业务流程。严格执行国家质价政策，严禁压级压价收购和抬级抬价抢购，确保国家政策执行不走样。中储粮有关分公司及其直属企业要对油菜籽收购、加工和菜籽油入库等各环节进行全程跟踪监控，完善驻库监管制度，加强驻库监管员的监督，履行好各项监管职责。有关受委托企业要严格执行国家规定的临时收储价格，当油菜籽市场价格超过临时收储价格时，要及时停止收购。严格执行验收制度，按批次留样，实行全流程核验，确保收购油菜籽及入库菜籽油数量和质量的真实性。对验收合格的油菜籽，要适时委托加工企业加工成菜籽油，并签订委托加工合同，明确数量、质量及权利义务。经验收合格入库的菜籽油可转入国家临时存储，建立质量档案，并由中储粮直属企业与委托收储库点签订代储保管合同，明确数量、等级、价格和保管、出库责任等，作为以后安排销售标的的质量依据。

在销售时发现加工入库的菜籽油实际数量和质量与销售标的不符的，造成的损失由负有监管责任的中储粮直属企业先行赔付，并查明原因。属于审核验收环节问题的，要追究审核验收的中储粮分公司（或直属企业）和相关人员责任，并由其承担相应的经济损失。属于承储企业违反代储保管合同约定，因保管不善造成菜籽油损失的，由该承储企业承担经济损失，并追究其主要负责人和监管人员的责任。

对承担国家临时收储任务的企业通过压级压价、抬级抬价，从现有库存陈油中划转、直接收购菜籽油、或用进口油菜籽加工成为国家临时存储油，混掺棉籽油、棕榈油等掺杂使假行为，一经发现要由中储粮总公司将其已入库的食用油全部退出国家临时存储的收购进度和库存统计，取消其临时收储资格，扣回全部费用利息补贴，收回企业不当得利，并上交中央财政。由承贷企业追回油款归还农发行贷款。如发生损失，由受委托企业承担，并追究其主要负责人和相关人员的责任，以及负责监管的人员责任，还要将其以前年度收储的油脂实行移库或按有关程序及时安排拍卖，所发生的费用由违规企业承担。承担审核验收的中储粮分公司（或直属企业）在验收工作中弄虚作假、未认真履行职责的要追究其主要负责人和有关人员的责任。中储粮总公司及其分公司和直属企业要严格规范储油行为，不得变相租罐降低保管费用补贴标准，确保安全储油的需要。

各地和各有关部门要按照职责分工，对政策执行情况切实履行监督检查职责，确保国家惠农政策落到实处。国家粮食局将对中储粮总公司执行油菜籽收储政策以及储油安全情况等加强督导，必要时组织有关部门或委托地方粮食行政管理部门进行巡查。农业发展银行及其分支机构要对承担菜籽油临时收储任务的贷款企业加强信贷监管。地方价格和粮食部门要按在地原则，依照《中华人民共和国价格法》、《粮食流通管理条例》等法律法规，加强对油菜籽临时收储政策执行情况的监督检查，严肃查处违法违规行为，切实保护农民利益，维护国家政策的严肃性和市场秩序。

关于进一步加强 2014 年小麦和早籼稻最低收购价政策执行和监管工作的通知

（国家发展改革委 国家粮食局 财政部 中国农业发展银行 中国储备粮管理总公司 国粮检〔2014〕124 号 2014 年 6 月 30 日）

各省、自治区、直辖市发展改革委、财政厅、粮食局、物价局、农业发展银行分行，中储粮有关分公司：

为做好今年小麦、早籼稻收购工作，保护种粮农民利益，经国务院批准，2014 年 5 月国家有关部门印发了《2014 年小麦最低收购价执行预案》和《2014 年早籼稻最低收购价执行预案》，明确中储粮各有关分公司、省级粮食行政管理部门和农业发展银行省级分行要按照预案有关规定，共同合理确定委托收储库点（含中储粮直属库点，下同），共同组织好最低收购价粮食的验收入库，共同对当地最低收购价粮食的数量、质量、库存管理及销售出库等负责，共同落实好最低收购价政策。为落实好“四个共同”的要求，现就进一步加强最低收购价政策执行和监管工作的有关事项通知如下：

一 明确各环节职责分工

（一）定点环节

中储粮直属企业负责审核库点的仓储设施是否符合条件，清杂、检验设备等是否齐全。地方粮食行政管理部门负责审核库点收购资格、工商注册、仓储单位备案、统计制度执行、安全生产制度是否健全等。农发行分支机构负责审核库点是否在农发行开户、企业信誉、资产抵押、担保及负债等。中储粮直属企业、地方粮食行政管理部门、农发行分支机构共同审核库点在过去政策性收储和销售出库执行中有无违规行为，将上述初步审核结果汇总后上报中储粮有关分公司、省级粮食行政管理部门和农业发展银行省级分行进行委托收储库点的资格认定，并在预案启动前将所有收储库点名单向社会公布。

（二）启动环节

收购启动前，中储粮直属企业会同地方粮食行政管理部门、农发行分支机构做好委托收储库点的空仓验收，对库存商品粮进行登记，张贴规范统一的政策信息公告，公布受理举报方式，并将有关情况上报中储粮有关分公司、省级粮食行政管理部门和农业发展银行省级分行。在预案执行期间，当市场价格回升到最低收购价之上时，中储粮有关分公司要会同省级粮食行政管理部门和农业发展银行省级分行要求各委托收储库点停止最低收购价收购。

（三）收购环节

中储粮有关分公司负责组织指导委托收储库点按照预案规定进行收购。中储粮有关分公司、省级粮食行政管理部门和农业发展银行省级分行负责组织对委托收储库点收购活动进行全过程监管。农发行分支机构负责及时提供收购资金，并监督资金的合理使用。中储粮直属企业要根据收购情况和入库进度及时将收购资金预付给委托收储库点，保证收购资金兑付。地方粮食行政管理部门对委托收储库点收购活动、统计制度执行、兑付售粮款等政策落实情况进行监督。

（四）验收环节

委托收储库点收购的粮食，数量由中储粮直属企业、地方粮食行政管理部门、农发行分支机构共同验收；质量由中储粮有关分公司、省级粮食行政管理部门和农业发展银行省级分行共同指定的符合资质条件的质检机构（包括中储粮分公司质检中心、粮食部门所属质检机构等）进行验收，并对验收结果负责。

（五）储存和出库环节

严格落实委托收储库点的监管责任制，中储粮直属企业、地方粮食行政管理部门、农发行分支机构要明确每个委托收储库点的监管人员，责任落实到人。中储粮直属企业、地方粮食行政管理部门、农发行分支机构要严格按照《国家政策性粮食出库管理暂行办法》的有关规定，督促委托收储库点正常出库。如出现“出库难”问题，属于中储粮直属企业的库点，由中储粮有关分公司负责协调处理；不属于中储粮直属企业的库点，由当地粮食行政管理部门会同中储粮直属企业、农发行分支机构负责协调处理。

二 严肃查处各类违法违规行为

地方粮食、价格部门依照《中华人民共和国价格法》、《粮食流通管理条例》等法律法规和最低收购价执行预案的有关规定，对委托收储库点收购活动进行全过程监管，对收购行为进行严格检查，及时受理并查处群众投诉和举报，对检查中发现的各类违规行为要严肃处理，给予相应的行政处罚，并进行通报批评。省级粮食行政管理部门要督促市县粮食部门按照条例和预案规定要求进行监督检查。农业发展银行对违规企业要相应降低企业的信用等级，给予信贷制裁。

违规企业属于中储粮直属企业的，中储粮分公司要追究直属企业有关人员的责任；属于地方国有粮食企业的，由地方粮食行政管理部门追究有关人员的责任；属于其他中央企业、省级储备粮管理公司（或单位）的，由该企业总部或分支机构追究有关人员责任；属于社会企业的，当地粮食行政管理部门要将其列入黑名单，限制其从事政策性业务。

对委托收储库点在收购、验收、保管、出库过程中因数量短少、质量不符等造成损失的，由中储粮直属企业、地方粮食行政管理部门、农发行分支机构共同向企业追缴收购贷款资金和已拨付费用利息补贴；属中储粮直属企业及其租赁库点的，由中储粮有关分公司负责赔付；属其他中央企业、省级储备粮管理公司（或单位）的，由该企业总部或分支机构负责赔付；属其他委托收储库点的，可用当事企业的所有保证金进行赔付，并扣除其相关费用补贴。

三 做好组织协调和保障工作

（一）建立工作协调机制

中储粮有关分公司、省级粮食行政管理部门和农业发展银行省级分行要会同省级有关部门和单位，建立粮食最低收购价收购工作协调机制和联席会议制度，定期不定期会商解决收购过程中出现的矛盾和问题。

（二）制订并落实检查工作方案

省级粮食行政管理部门要制订本省（区、市）检查工作方案，对组织领导、工作进度、检查方式、人员抽调、工作纪律等提出明确要求，组织开展联合巡查、专项检查、突击检查。市、县两级粮食行政管理部门严格按照方案要求具体实施，在集中收购期间，组织执法人员对辖区内所有政策性粮食委托收储企业进行全方位的巡视检查，将监督检查工作延伸到每个收购点，并建立检查工作日志，翔实记载检查的时间、对象、结果以及整改情况等内容。同时，将企业执行国家粮食收购政策情况纳入企业守法诚信评价体系，实行分类监管。在检查过程中，要加强与相关部门和单位的沟通协调，形成监管合力；发现中储粮直属企业变相克扣费用补贴的行为，要及时向中储粮有关分公司和上级粮食行政管理部门报告。

（三）加强层级监管，规范执法行为

省级粮食行政管理部门要加强对基层检查工作的督促、指导和巡查，直接组织对政策性粮食收购中重大举报案件的受理和查处。市、县两级粮食行政管理部门要建立检查工作责任制，责任落实到人。对检查人员实行选择性执法，不能做到公正、廉洁执法的，要责令纠正，通报批评。对因失察或执法出现严重偏差而发生重大违规事件的，要依法追究相关执法人员责任。国家有关部门将适时对重点地区检查工作开展情况进行抽查。

（四）落实经费保障

执行最低收购价预案支出的质检、监管费用从中央财政对中储粮总公司包干的保管费用补贴中列支。具体经费列支使用规定由中储粮有关分公司商省级粮食行政管理部门和农业发展银行省级分行，根据本省实际情况研究制定。

关于积极稳妥推进“粮食银行”健康发展的意见

（国家粮食局 国粮财〔2014〕128 号 2014 年 7 月 2 日）

各省、自治区、直辖市及新疆生产建设兵团粮食局，中国储备粮管理总公司、中粮集团有限公司、中国中纺集团公司：

“粮食银行”是粮食企业借鉴银行业经营模式，利用自身仓储经营条件，代农户存储粮食，在通过契约方式保障农户粮食所有权的同时，将粮食经营权以“定期”或“活期”的形式让渡给企业，农民可按约定提取粮食(成品粮)或折现的新型粮食流通业态。近年来，各地不断探索发展“粮食银行”，为搞活企业经营、促进粮食增产农民增收发挥了积极的作用。但是，“粮食银行”在运营实践中还存在经营管理不规范、运作模式不成熟、监管不到位等问题。为全面贯彻落实“以我为主、立足国内、确保产能、适度进口、科技支撑”的国家粮食安全战略，深化粮食流通体制机制改革，创新粮食购销经营模式，积极稳妥地推进“粮食银行”健康发展，更好地发挥其服务“三农”、促进粮食流通的作用，现提出以下指导意见。

一　把发展“粮食银行”作为深化粮食流通体制改革的一项重要内容抓实抓好

（一）发挥“粮食银行”促进种粮农民增收的积极作用

“粮食银行”增强了农民的市场主体地位，给予农民更多的售粮自主权和选择权，有利于缓解农民“卖粮难”。发展“粮食银行”要以保障农民利益为出发点，在生产技术、运输、销售等环节为农民提供更加优质高效的服务，通过规模化集约储粮促进粮食节约减损，积极发挥方便农民、促农增收的重要作用。

（二）发挥“粮食银行”在创新粮食经营模式中的引导作用

“粮食银行”创新粮食所有权与经营权分离的购销模式，减少了企业融资依赖，减轻了国家财政负担。要进一步发挥“粮食银行”对经营模式创新的引导作用，积极探索“粮权质押贷款”等新型金融支农方式，引导银行等金融机构参与“粮食银行”经营，拓宽企业融资渠道。

（三）发展“粮食银行”要与推进国有粮食企业改革相结合

发展“粮食银行”有利于盘活粮食企业现有资源，搞活企业经营。在推进以“一县一企、一企多点”为主要模式的基层国有粮食企业改革中，要积极推行“粮食银行”经营模式，转换企业经营机制，延伸产业链条，增强企业市场竞争力。

（四）发展“粮食银行”要与新型农业经营体系建设相结合

要充分发挥“粮食银行”的专业化、规模化经营组织能力及仓储设施、技术等优势，加强“粮食银行”与粮食专业合作社、种粮大户、家庭农场、粮食经纪人的合作，鼓励“粮食银行”参与组织生产、加工和销售等环节的经营活动，向粮食生产者提供产前、产中、产后服务，提高粮食生产经营的组织化、产业化和社会化程度，更好地对接市场，探索出一条粮食企业依托“粮食银行”创新经营做大做强的新路径。

二 重视风险防控，规范“粮食银行”发展

发展“粮食银行”，应当坚持“粮权不变、存取自由、便利农民、保值增值、政府支持、市场运作、因地制宜”的基本原则。

（一）坚持粮权不变、存取自由，切实保护农民利益

“粮食银行”要尊重农民的自主权，不得以任何理由剥夺农民粮权或拒绝农民兑现、提粮的要求。要严格规范合同管理，在“自愿、平等、诚实、守信”的基础上，与存粮农户签订书面合同，明确存储粮食的品质、数量、价格、买卖条件、结算方式、费用承担、损失负担、违约责任和争议解决办法，以及双方的权利、义务和风险等重要条款。合同双方应当按照合同约定全面履行义务，企业不得违反约定损害存粮农民正当利益。

（二）确立企业经营主体地位，坚持市场化运作

企业是开展“粮食银行”经营的主体，要依照目标价格改革导向，坚持市场化运作，自主选择开展“粮食银行”业务，避免行政干预。要转变企业依赖政策性粮食业务、“收原粮、卖原粮”等传统经营模式，通过灵活运作使“粮食银行”逐渐成为农户粮食存储、销售、增值的重要市场化渠道。

（三）企业风险自担，加强风险防控

坚持以企业风险自担为基本原则，增强企业自身风险防范意识。要根据粮食经营者最低库存量的有关规定，结合企业自身经营数量和风险控制能力，制定并执行本企业开展“粮食银行”业务的最低库存量标准。探索与商业保险机构合作，建立“粮食银行”存粮保险制度。从“粮食银行”经营利润、留存收益中提取一定比例资金作为风险保证金，专户管理，滚动使用。

（四）规范市场准入，强化制度建设

各地粮食行政管理部门要加强与财税、工商等部门的协调配合，结合当地实际，加强对辖区内粮食企业开展“粮食银行”业务的条件审核，从粮食收购资格、注册资本、资金筹集、仓储能力、从业人员、经营业绩、担保能力等方面规定设立“粮食银行”的指导标准，并报省级粮食行政管理部门备案。“粮食银行”要按照国家有关法律法规和粮食流通管理相关要求，建立健全并严格执行粮食检验入库、库存监管、企业内控、会计核算、经营台账、统计报送等各项规章制度，提高制度约束力。

（五）加强经营管理，拓展经营空间

“粮食银行”要重点做好代农储粮和品种兑换，拓展生产生活资料销售等业务，加强“粮食银行卡”的管理和应用，方便农民生活。存粮农民在“粮食银行”自办的成品粮油、农资、日用消费品销售门店或关联流通企业，可进行“粮食银行卡”刷卡消费，但不能用于透支消费。对销售的所有商品特别是粮油制品和农药、化肥等农资商品，要确保质量，切实保护农民权益。“粮食银行”可依托粮食批发市场、电子交易平台及自身销售渠道，搞好粮食产销对接，积极向上游和下游产业链延伸，发展粮食产业化经营。要积极改进服务方式，购置必要的运输车辆和烘干设备搞好为农服务，特别是方便居住偏远的农户存储运输粮食，拓展服务范围，开展扶持农户创业、扶贫济困等服务。

（六）应用现代技术手段，加强信息化建设

要重视并加强“粮食银行”信息系统的硬件和软件建设，提升信息化水平。在条件具备的情况下促进各营业网点之间联网互通，实现通存通兑、动态监控、信息采集和发布等功能，为“粮食银行”平稳、高效、安全运行创造条件，逐步实现“粮食银行”信息资源共享，提高信息的真实性、准确性

和时效性。利用“粮食银行”监测网络，搞好粮情监测预警，服务粮食宏观调控。

三 加强对“粮食银行”的指导和监管

（一）加强组织领导

各级粮食行政管理部门要加强对“粮食银行”发展的组织领导，把积极稳妥推进本地区“粮食银行”发展列入深化粮食流通体制改革的重点工作。要加大沟通协调力度，积极争取财税、金融等相关部门支持，抓紧制定有关配套文件，保证各项任务和措施落实到位。

（二）坚持稳妥推进

各级粮食行政管理部门要认真总结近些年推广“粮食银行”的经验和做法，使之不断完善和规范。对于目前“粮食银行”尚待起步推进的地方，要因地制宜，在充分准备和论证的基础上，积极稳妥地开展试点，坚持边试点、边探索，边实践、边完善，确保“粮食银行”平稳健康发展。

（三）健全工作机制

各级粮食行政管理部门要健全“粮食银行”发展的各项工作机制，加强跟踪调查，及时研究解决“粮食银行”发展中的问题，有关重大事项及时报告上级粮食行政管理部门。省级粮食行政管理部门可根据本地实际情况，制定积极稳妥推进“粮食银行”健康发展的具体实施细则或方案，并报我局备案。

（四）抓好监督检查

各地粮食行政管理部门要切实做好日常监督检查工作，建立监督检查档案信息，认真查处违反国家粮食流通管理制度、损害存粮农户利益等行为，发现问题，立即整改。督促企业严控经营风险，避免因“粮食银行”经营不善引发纠纷。严厉打击以“粮食银行”名义骗取农民粮食、非法集资等坑农害农行为。

关于大力促进节粮减损反对粮食浪费的通知

（国家粮食局 国粮发〔2014〕160 号 2014 年 7 月 31 日）

各省、自治区、直辖市及新疆生产建设兵团粮食局，黑龙江省农垦总局，中国储备粮管理总公司、中粮集团有限公司、中国中纺集团公司，有关粮食科研院所、高校：

为认真贯彻落实中共中央办公厅、国务院办公厅《关于厉行节约反对食品浪费的意见》（中办发〔2014〕22 号）和中宣部、国家发展改革委《关于开展节俭养德全民节约行动的通知》（中宣发〔2014〕21 号）精神，大力促进节粮减损反对粮食浪费，现通知如下：

一 把促进节粮减损反对粮食浪费作为粮食部门一项重要的职能职责履行好、落实好

人多地少是我国的基本国情，我国粮食供求长期处于紧平衡状态。但是，当前粮食产后收购、储存、运输、加工、消费等环节损失浪费问题突出。大力促进节粮减损反对粮食浪费，是新形势下保障国家粮食安全和增加粮食有效供给的迫切需要，是弘扬中华民族勤俭节约传统美德，培育和践行社会主义核心价值观，加快建设资源节约型环境友好型社会的重要举措，是贯彻实施国家粮食安全战略、把饭碗牢牢端在自己手中、守住管好“天下粮仓”、全面实施“粮安工程”的重要内容，是各级粮食部门肩负的光荣使命和政治责任。

各级粮食部门要把促进节粮减损反对粮食浪费作为一项必须长期坚持不懈的重要职能职责，列入粮食行政管理工作的重要日程，把国家赋予粮食部门厉行节约反对食品浪费的职责任务落到实处。要大力弘扬创业、创新、节俭、奉献的“四无粮仓”精神和“宁流千滴汗、不坏一粒粮”的光荣传统，切实抓好粮食流通和消费各环节的节粮减损。要明确责任分工，建立健全节粮减损工作机制，加强协调和指导，突出抓好薄弱环节和重点单位的节粮减损工作，全面实施粮食收储供应安全保障工程，努力形成节约集约、绿色低碳、科学健康的粮食流通方式和消费模式，尽快建立起政府主导、需求牵引、全民参与、社会协同推进的节粮减损新机制，确保节粮减损反对粮食浪费工作取得实实在在的效果。

二 有效减少流通和消费各环节粮食损失浪费

（一）抓好粮食收购工作促进农民减损增收

粮食部门要认真执行国家粮食收购政策和“五要五不准”收购守则，及时收购农民余粮，确保不出现农民“卖粮难”。大力实施“粮食产后服务工程”，为售粮农民提供粮食烘干、清理除杂等服务，指导和帮助农民搞好因灾受损粮食的晾晒整理，积极扩大农户科学储粮专项实施规模和范围，大力研制推广储粮新装具，为农户提供科学储粮技术培训和服务，尽快启动实施种粮大户、家庭农场和专业

合作社等规模化农户科学储粮试点，东北地区要加快解决“地趴粮”霉变问题，努力减少粮食产后损失，促进种粮农民增产增收。

（二）加强粮食仓储设施建设和仓储管理工作

会同有关部门编制实施粮食仓储设施建设规划，加大粮食仓储设施建设力度，加快修复“危仓老库”，抓紧解决粮食收储能力不足问题。积极推广应用节粮减损提质增效新技术、现代粮仓建设技术和物流技术，储粮“四合一”升级新技术，扎实推进“智能粮库”建设，尽快提升科学储粮减损能力。坚持制度管粮和技术管粮相结合，严格执行《粮油仓储管理办法》和《粮油储藏技术规范》等制度标准，落实储粮质量安全责任制和各项管理措施，确保储存粮食数量、质量和卫生安全。督促指导粮食企业切实做好入库粮食的除杂整理和分类储存保管，提高入库粮食质量，杜绝霉粮坏粮事故。要持续深入开展“四无粮仓”（无害虫、无变质、无鼠雀、无事故）创建活动，进一步提升仓储管理科学化规范化水平。强化职业教育培训，开展岗位练兵，不断提高仓储管理人员的职业技能。

（三）抓好粮食运输环节减损

积极争取交通、铁路等部门支持，大力发展原粮“四散”（散装、散运、散卸、散存）运输，加快粮食大型装（卸）车点建设。加快推广散粮汽车、内河船舶等新型专用运输工具和散粮、成品粮集装箱（袋）、面粉散运专用车等集装运输装备及配套装卸设备。提高粮食物流调运科学管理水平，优化线路，简化运输环节，缩短运输周期，避免粮食运输装卸中的撒漏、受潮、霉变和污染，减少粮食运输环节损失损耗。

（四）切实解决成品粮过度加工问题

会同质检等部门加强粮食加工标准的宣传贯彻和实施工作，建立健全粮油适度加工标准体系，防止过度加工造成粮源损失和营养流失。推进粮油加工业节粮减损行动，实施千家重点加工企业出品率提升计划，推广高效低耗新技术，发展既有利于营养健康又节约粮油的新产品，提高粮油加工和转化利用率。加快淘汰高耗粮、高耗能、高污染的落后产能和工艺设备。推进粮油加工副产物综合利用，提高饲料营养价值和加工转化率。

（五）促进餐饮消费环节节粮减损

大力推进主食产业化，加快主食加工配送中心建设，根据不同群体、不同层次的消费需求，为消费者提供更多更好安全可靠、营养健康的“放心粮油主食”产品。积极配合商务等部门，引导消费者节约用粮、科学消费、文明消费，普及“中国居民平衡膳食宝塔”常识，鼓励餐饮企业发展大众餐饮，推行商务餐分餐制和可选择套餐。倡导文明餐桌和“光盘”行动，督促指导餐饮企业要在显著位置张贴爱惜粮食、禁止浪费提示牌，提醒消费者杜绝餐桌浪费。要积极配合有关部门加强公务活动用餐管理，积极推行简餐和标准化饮食，杜绝公务活动用餐浪费行为。推进单位食堂节俭用餐，鼓励家庭节约用餐。

（六）强化节粮减损科技支撑

在粮食流通各环节全面推广节粮减损新设施、新技术，开展粮食收购、储存、运输、加工、消费等环节损失浪费情况调查，制定节粮减损具体措施。国家粮食局将通过粮食公益科研专项设立重点项目，组织研究制定科学的调查方法标准，建立用粮节粮调查、成效评估信息平台和监测机制，组织各地积极开展调查和数据采样工作。国家粮食局还将会同科技部组织实施节粮减损科技行动计划，集中力量组织研发集成一批节粮减损关键技术；会同质检部门制订或修订节粮节能智能化新技术装备、粮食储存、运输损耗定额标准，成品粮储备保质期标准，加工转化和粮食包装物标准及技术规范等。各地要按照国家局和有关部门的部署要求认真组织实施，切实抓好落实。粮食科研院所、高校等要加紧研发节粮减损新科技，积极参与爱粮节粮推进活动，为促进节粮减损反对粮食浪费提供科技支撑。

三　深入开展爱粮节粮宣传教育活动

（一）开展“节约一粒粮”公益宣传

各级粮食部门要大力开展节俭养德和“节约一粒粮行动”。加强粮情和节粮宣传教育，创新宣传内容和载体，推出一批公众喜爱的爱粮节粮科普读物、口袋书、宣传册、招贴画、公益广告、微电影等，增强爱粮节粮宣传的群众性、广泛性和趣味性，普及粮食安全、科学节粮和用粮知识。要加强与有关部门和单位联系合作，在飞机、火车、公交车、出租车等公共交通工具醒目位置张贴爱粮节粮公益宣传画，开通“爱粮节粮”网络信息平台，提高公众的认知度和参与度。

（二）组织好“世界粮食日暨全国爱粮节粮宣传周”“粮食科技活动周”等专题宣传活动

会同宣传、发展改革、农业、商务、科技、财政、交通运输、质检等有关部门，组织好“世界粮食日暨全国爱粮节粮宣传周”“粮食科技活动周”“放心粮油宣传日”等宣传活动，积极参与“食品安全宣传周”等活动。充分借助媒体宣传渠道，运用主题展、经验交流、专题报告等多种形式，面向全社会广泛开展爱粮节粮宣传活动。深入开展爱粮节粮先进单位和示范家庭创建活动，推广节粮示范企业、示范家庭、示范学校等典型经验。会同中国科协开展“爱粮节粮优秀科普作品”推介、科普教育培训推广活动。

（三）深入开展“爱粮节粮”进社区、进家庭、进学校、进军营、进食堂等行动

会同妇联组织、民政部门等，以社区、家庭为单位，广泛开展家庭节粮科普活动、“节粮小窍门”征集活动及节粮知识竞赛，有效推广家庭科学购粮、科学存粮和科学用粮，推荐评选“爱粮之家”和“节粮主妇”。组织编印节粮减损《主妇手册》《学生手册》《饭店厨师手册》《食堂单位手册》等。会同教育部门强化爱粮节粮教育从“娃娃”抓起的意识，参与“校园营养师培训计划”，积极推进“爱粮节粮”进课堂、进课本。认真开展“节粮节能节水”行动以及各种节粮体验活动。继续创建全国中小学生爱粮节粮教育社会实践基地，组织中小学生开展爱粮节粮教育实践活动。加强军营储粮新技术成果运用，提高拥军服务科技含量，建立“粮油科技进军营”长效机制，逐步实现军营全覆盖，不断提高军粮供应服务水平。会同机关事务管理部门推进单位食堂节粮，倡导按需取用，杜绝浪费。在学校和企事业等单位食堂探索实行节粮巡查员制度，制止浪费粮食的行为。

（四）推动“青年志愿者”爱粮节粮宣传

会同共青团组织和教育部门，组织实施“爱粮节粮青年志愿者行动计划”，组织以青年粮食职工为主体的青年志愿者走进社区、家庭、学校和酒店餐厅等场所，采取宣讲节粮常识、发放节粮提示卡、宣传册等方式，广泛开展爱粮节粮宣传。各级粮食部门要加强与共青团组织的联系合作，积极推动成立当地“爱粮节粮青年志愿者协会”，建立青年志愿者队伍。

四 加强节粮减损工作的组织领导和监督检查

（一）加强组织领导

各级粮食部门要切实加强对节粮减损反对粮食浪费工作的组织领导，加强与有关部门的沟通协调，抓紧研究提出节粮减损行动实施方案，形成工作合力。要积极争取财政部门支持，将爱粮节粮工作经费列入年度预算。国家粮食局将会同有关部门加快推进《中华人民共和国粮食法》立法进程，抓紧修订《粮食流通管理条例》，对节粮减损作出规定，明确奖惩措施。

（二）加强监督检查

各级粮食部门要加强对节粮减损工作的监督检查，对发现的突出问题及时督促整改，对节粮减损工作成绩突出的单位和个人要通报表扬。对粮食流通各环节中的违规行为依法进行查处，导致粮食重大损失的，要严肃追究有关人员责任。要主动邀请人大代表、政协委员到窗口单位、公共场所、公共机构等巡视检查，评估节粮成效。

（三）积极推行节粮减损市场化机制

创新投融资方式，积极引导多元投资主体和各类社会资本投入节粮减损设施建设，提高节粮减损装备和技术水平。充分调动多元市场主体、协会、学会等社会组织的积极性，共同推进节粮减损工作。涉粮企业要严格遵守节粮法规、标准及规程，严格履行《爱粮节粮自律公约》，加强内部管理，及时公开节粮信息。中央粮食企业、地方国有粮食企业要率先垂范，积极履行社会责任，切实提高节粮减损技术和管理水平。

各级粮食部门要切实增强促进节粮减损反对粮食浪费的责任感和紧迫感，主动加强与相关部门的沟通合作，积极争取各方支持和配合，扎实开展好节粮减损反对粮食浪费工作，为继续做好“广积粮、积好粮、好积粮”三篇文章，确保国家粮食安全作出新的更大的贡献。

关于深化粮食行业人才体制改革的实施意见

（国家粮食局 国粮人〔2014〕225 号 2014 年 10 月 9 日）

各省、自治区、直辖市及新疆生产建设兵团粮食局，中国储备粮管理总公司、中粮集团有限公司、中国中纺集团公司，河南工业大学、南京财经大学、武汉轻工大学，国家粮食局各司室、直属单位、联系单位：

为深入贯彻党的十八大和十八届三中全会精神，认真落实国家粮食安全战略，全面实施“人才兴粮”工程，按照国家粮食局全面深化改革工作领导小组关于积极稳妥地推进粮食行业人才体制改革的具体部署，提出如下意见。

一 改革目标

全面落实人才兴粮战略，创新粮食行业人才体制机制，实现人才数量快速增加、人才素质大幅提升、人才结构较为合理、人才环境不断优化、人才使用效能显著提高、人才竞争优势明显增强，在粮食流通重点领域建成一批人才高地，为保障国家粮食安全提供坚实的人才基础。

二 改革原则

围绕行业发展，培养用好人才。把服务粮食行业发展作为人才工作的出发点和落脚点，把培养用好人才作为人才工作的首要任务，在使用中培养人才，为行业发展用好人才。

创新体制机制，激发人才活力。创新体制机制，突破重点、难点问题，坚持高端引领、整体开发，以高层次、创新型人才为先导，以应用型人才为主体，分类指导、统筹推进，把人才的积极性、创造性引导好、保护好、发挥好。

实施人才工程，提升行业水平。遵循人才成长规律和人才资源开发规律，以“人才兴粮”工程为抓手，通过项目实施，在实践中培养锻炼人才。

整合行业资源，调动各方力量。整合行政管理部门、企业、院校、科研机构、社会组织等方面资源，调动各方参与人才队伍建设的积极性，形成促进人才发展的合力。

三 重点抓好急需人才的培养

（一）加强粮食行业党政人才队伍建设

按照培养“信念坚定、为民服务、勤政务实、敢于担当、清正廉洁”好干部的标准，遵循科学发展要求和干部成长规律，以提高领导水平和执政能力为核心，构建理论教育、知识教育、党性教育和实践锻炼“四位一体”的干部培养教育体系。按照粮食行业党政人才能力结构要求，实施党政人才能力提升工程。各级粮食行政管理部门要鼓励干部参加学历学位教育，进一步提高学历层次和知识水平，加强党政人才粮食业务知识培训，积极选派优秀干部到地方和上级机关挂职锻炼。进一步深化干部人事制度改革，拓宽选人用人渠道，提高干部人事工作科学化水平。

（二）加强专业技术人才队伍建设

以高层次创新型人才和紧缺人才为重点，培养和造就一支适应现代粮食流通产业发展的专业技术人才队伍。实施粮食行业百千万创新人才工程，加大专业技术人才知识更新培训力度，积极参与国家创新人才推进计划、青年英才开发计划等高层次人才培养项目，推进高层次创新型人才培养。依托国家工程中心、国家工程实验室、博士后科研流动站、国家粮食工程技术研究中心和国家粮食局重点实验室，建设高层次创新型人才培养基地，培育高水平科技创新团队，在科研项目申报、成果转化、学术交流、国际合作等方面给予资金和政策支持。

（三）加强技能人才队伍建设

进一步扩大技能人才培养规模，提高技能人才素质。实施高技能人才培养工程，以提升职业素质和职业技能为核心，以技师和高级技师为重点，着力建设一支技艺精湛的高技能人才队伍。加强职业培训，统筹职业教育发展。建立以企业为主体、职业院校为基础，学校教育与企业培养紧密联系、政府推动与社会支持相结合的技能人才培养体系。整合利用现有各类职业教育培训资源，依托大型粮食企业、职业院校，建设一批技能人才培训基地。加强职业教育指导，推进粮食专业建设，深化产教融合和校企合作，促进示范性全国粮食行业职业教育集团发展。

（四）加强企业经营管理人才队伍建设

围绕完善现代企业制度，创新企业经营方式的国有粮食企业产权制度改革需要，按照提高现代经营管理水平和企业核心竞争力要求，以企业职业经理人为重点，培养造就一批具有发展战略眼光、市场开拓精神、管理创新能力、社会责任感的粮食行业优秀企业家和企业经营管理人才队伍。依托高等院校和培训机构，加强企业经营管理人才教育培训。采取自主培养和社会引进相结合，围绕提升战略决策和市场开拓能力，努力培养一批能够适应市场经济发展的企业领军人才，引进一批企业紧缺的战略规划、资本运作、现代营销、仓储物流、信息管理、法律咨询等方面人才。

四 积极实施人才工程

（一）粮食行业百千万创新人才工程

针对当前粮食行业领军型高层次专业技术人才缺乏、专业技术后备人才不足的问题，实施粮食行业百千万创新人才工程，到 2020 年，培养十名粮食流通创新领军人才、百名粮食流通创新杰出人才、千名粮食流通骨干人才和万名粮食流通后备人才。

（二）高技能人才培养工程

在行业内遴选一批技能拔尖人才，通过组织培训、技术交流、建立工作室承担技术技能攻关项目等方式予以重点培养，同时发挥其在技术攻关、技能创新和带徒传技等方面的作用。到 2020 年，在全行业建立 50 个左右技能拔尖人才工作室，重点培养 300 名左右高技能拔尖人才。通过举办技师、高级技师研修班，年均培养 500 名左右技师、高级技师。定期分职业举办全国粮食行业职业技能竞赛。

（三）党政人才能力提升工程

结合全面深化粮食流通领域改革，实施全国粮食局长培训计划，定期举办省（区、市）级粮食局长培训班，到2020年，支持各省（区、市）举办百期市、县粮食局长培训班，争取将各级粮食局长轮训一遍。大规模开展粮食宏观调控、应急管理、行政执法、监督检查、财会统计、仓储管理、质量安全等业务培训，到2020年，全国各级粮食行政管理部门80%以上的业务干部至少参加过1次专业培训。

（四）粮食经纪人队伍培育工程

制定粮食经纪人队伍培育发展的指导意见，加强粮食经纪人培养基础工作，制定职业标准，完善工作行为规范。依托粮食行业协会建立粮食经纪人组织，加强行业自律，引导和规范粮食经纪人经营行为。加大粮食经纪人培训力度，充分发挥基层粮食行政管理部门、企业和经纪人组织的作用，定期组织开展粮食经纪人培训，力争到2020年，从事粮食收购的粮食经纪人至少参加1次培训。

五 完善行业人才工作体系

（一）建立符合国家人才战略精神的行业人才规划体系

粮食行业人才既是国家人才的重要组成部分，又有自身的行业特殊性。粮食行业应在国家人才战略规划的指导下，针对行业现状和未来人才需求提出人才工作目标任务。各级粮食行政管理部门应以深化粮食行业人才体制改革的实施意见和本地区政府制定的人才发展规划为指导，在广泛调研的基础上，结合实际，制定相应的人才体制改革意见或落实措施，将工作任务层层分解、落实到位，建立行业上下融会贯通、行业内外有机衔接的人才规划体系。

（二）建立业务工作与人才工作相互交融的人才支持体系

人才工作要增强为业务工作服务的能力，业务部门要将人才工作纳入业务工作一并考虑，谋划发展时考虑人才需求，制定规划时考虑人才保证，研究政策时考虑人才导向，部署工作时考虑人才措施，在粮食行业形成组织人事部门归口管理、有关业务部门分工负责的人才工作协调机制。

（三）建立行业各方面积极参与的人才培养体系

粮食行政管理部门要积极协调粮食行业的企业、科研院所、高校、职业院校共同培养人才。进一步建立健全国家粮食局与地方政府、粮食行政管理部门与教育行政管理部门的共建机制，通过共建高校，培养一批粮食行业重点领域急需人才；通过共建职业院校或依托一批科研院所、培训机构，因地制宜设立技能人才培训基地，构建技能人才培训网络，实现培训对象广覆盖、培训载体多元化、培训管理规范化。由财政经费支持的人才培养项目，通过委托、购买服务等方式依托有条件的企事业单位、行业协会、学会实施，进一步激发行业各方面积极参与人才工作的活力，形成全行业齐抓共管的人才工作格局。

六 建立高效的行业人才工作机制

（一）创新人才培养开发机制

根据粮食行业发展新特点、新趋势，不断完善与之相适应的人才培养开发机制。

1. 探索非公有制粮食企业参与机制。将非公有制粮食企业人才开发工作纳入总体人才工作统一谋划，充分发挥其积极性。

2. 建立产学研相结合的专业技术人才培养机制。支持和鼓励企业、高校和科研院所设立粮食相关专业硕士点、博士点、博士后科学流动（工作）站，或联合建立研发中心和实验室。

3. 建立科技、人才兴粮联动机制。加强科教结合，完善科技创新人才梯队，依托“粮安工程”等重点工程和粮食公益性行业科研专项等重要科研项目培养人才。

4. 充分利用社会资源和市场机制。积极与国内著名高校和培训机构合作培养粮食经营管理人才，积极通过市场机制培养和发现优秀经营管理人才。

5. 坚持基层和实践导向。完善粮食行业特有职业标准，突出对技能人才实际操作能力的要求，注重通过生产一线发现人才。

6. 积极发展粮食职业教育，创新工学一体的人才培养模式。结合生产实践制定粮食专业教学标准、课程标准和顶岗实习标准，搞好专业师资培训，开发并推广使用教学案例库和仿真教学模具。指导粮食职业院校财经类专业开设粮食相关课程，为粮食行业培养财会、统计等财经类人才。开展职业院校示范点建设，打造一批面向现代粮食仓储物流业和加工业的专业品牌。

（二）创新人才引进机制

创新体制机制，吸引国内外各类人才到粮食行业工作。

1. 努力吸引高端人才。对引进的人才要在政治上爱护、事业上支持、生活上关心，确保人才引得进、留得住、用得好，形成集聚效应。鼓励有条件的企事业单位设立“首席专家”等特殊岗位，在科研、住房上予以特殊支持。

2. 积极拓宽引才渠道。本着“不求所有、但求所用”的原则，实施“柔性引才”政策。引导企业“招商引资”与“招才引智”并举，在引进项目、技术、资金的同时，采取各种方式灵活引进海内外智力为粮食行业所用。

3. 建立人才信息交流机制。加强粮食行业人才信息平台建设，及时发布粮食行业人才需求信息，建立企业、职业院校之间的人才信息交流与共享平台。定期组织粮食行业人才供需见面会，促进行业人才供需对接和人才培养交流合作。

（三）完善人才评价机制

完善人才评价标准，坚持“不唯学历、不唯资历、不唯职称、不唯身份”，注重以实践和贡献评价人才。

1. 完善粮食行业专业技术职务任职资格评审办法，逐步建立重在业内和社会认可的专业技术人才评价机制。

2. 探索技能人才多元评价机制，逐步完善社会化职业技能鉴定与企业技能人才评价、院校职业资格认证相结合的办法。面向管理规范、条件成熟的省（区、市）粮食局和有关中央企业，下放职业技能鉴定管理权限。根据《国家职业标准》和企业实际需求，制定《粮食行业技术工人上岗参考标准》，推动企业内部考核定级与国家职业资格证书的衔接。

3. 扩大职业院校粮食专业职业技能鉴定免理论考试的院校范围，简化免试程序，侧重对毕业生技能水平的考核。鼓励粮食企业优先聘用职业院校毕业生。

（四）健全人才激励保障机制

健全以政府奖励为导向、用人单位和社会奖励为主体的人才奖励体系。

1. 研究制订优秀人才奖励办法，重点对作出重大贡献的优秀人才进行奖励。继续开展粮食系统政府表彰工作，完善粮食行业高技能人才评选表彰制度。引导企业根据技能人才的技能水平、职业资格等级、实际岗位和工作业绩确定工资水平。鼓励企业建立高技能人才岗位津贴制度，对在技术改造、技术革新中作出突出贡献并取得重大经济效益的高技能人才予以重奖。

2. 创新职业技能竞赛和岗位练兵活动，探索企业集团组队参加全国职业技能竞赛的模式。

3. 贯通行业高技能人才与专业技术人才的职业发展通道，提升高技能人才的职业发展空间。

七 保障措施

（一）加强组织领导

积极探索党管人才的实现方式和有效途径，健全粮食行业人才工作领导机构，完善党组（委）领导人才工作制度，并将人才工作纳入领导班子综合考核内容。国家粮食局人才工作领导小组指导粮食行业人才工作，各有关单位按照分工，负责推进各项工作。各级粮食行政管理部门要把人才工作作为一项基础性、全局性的重要工作，与其他业务工作同步考虑，成立专门的人才工作领导机构，统筹协调本地区行业人才工作。

（二）加强经费保障

各级粮食行政管理部门要协调同级财政部门，把人才培养经费列入财政预算，予以重点保障。在行业重点科研项目和重大项目建设经费中要将一定比例的项目安排给行业创新领军人才承担。加大人才培养开发资金投入力度，探索设立人才发展专项资金，完善对高层次创新人才、高技能人才和优秀团队提供长期稳定的经费支持的保障机制。按照中央援疆援藏工作的要求，对新疆、西藏粮食行业人才给予更多政策倾斜和支持。拓宽人才工作投入渠道，健全政府、单位、社会和个人相结合的多元化投入机制。

（三）加强舆论宣传

充分利用各种媒体宣传人才兴粮战略的重大意义，及时总结推广人才工作中的先进经验、做法和成效，树立先进典型，适时表彰先进单位、先进个人，引导和调动各方面的积极性，不断推进粮食行业人才队伍建设。

关于公布第一批"科技兴粮示范单位"名单的通知

（国家粮食局 国粮展〔2014〕247 号 2014 年 11 月 13 日）

各省、自治区、直辖市粮食局，国家粮食局科学研究院，河南工业大学，中国储备粮管理总公司、中粮集团有限公司、中国中纺集团公司，有关单位：

为贯彻创新驱动发展战略，大力实施"科技兴粮工程"，发挥科技支撑引领作用，振奋精神、鼓舞干劲、推广经验，通过广泛征集，在各省局及有关单位推荐粮食科技创新典型单位的基础上，组织专家组遴选评审，并经局长办公会审议，现公布第一批"科技兴粮示范单位"名单（见附件）。

科技兴粮是保障国家粮食安全的重要手段。希望各示范单位认真贯彻落实全国粮食科技创新大会精神，再接再厉，发扬成绩，不断加大科技创新力度，为科技兴粮工作作出更大贡献。各地要结合深入贯彻落实党的十八大和十八届三中、四中全会精神，实施创新发展战略，做好科技兴粮工作，以示范单位为榜样，积极推动本地区粮食科技创新工作。

附件：第一批"科技兴粮示范单位"名单

第一批"科技兴粮示范单位"名单

序　号	单位名称	单位性质	备　注
1	国家粮食局科学研究院	中央级科研院	会聚了粮油科研领域优秀人才，创新硬件条件好，承担多项科研项目，获得国家科技进步一等奖 1 项、二等奖 3 项，近年来取得了一批重要科技成果。
2	中储粮成都粮食储藏科学研究所	中央转制院所	在粮食储藏领域有较好基础，大力开展科技创新，为积极推进中储粮智能化粮库建设提供服务，为"两个确保"提供技术支撑。
3	江苏牧羊集团	民营装备企业	拥有 8 项国家高新技术产品和 40 项发明专利，获"国家科技进步二等奖"3 项，在科技兴粮和科技创新方面有示范作用。
4	航天信息股份有限公司	科研型企业	具备高素质的创新团队，近年来开发的粮食物联网、数字粮库、农户结算卡等技术在行业得到推广应用，较好提升了行业信息化水平。
5	浙江省粮食局直属粮油储备库	粮油仓储企业	坚持创新驱动发展，把建筑太阳能光伏新材料和仓储新技术应用到粮食行业，对绿色、环保储粮和科技兴粮有重要示范意义。
6	江苏省粮食局	粮食行政主管部门	加大本省科技投入，努力打造江苏"五粮"（安全粮食、智慧粮食、品牌粮食、法制粮食、廉洁粮食），在科技兴粮方面做了大量组织和服务工作。

续 表

序 号	单位名称	单位性质	备 注
7	湖南省粮食科学研究设计院	地方粮食科研院所	“国家粮食－稻谷产后工程技术中心”和“国家粮食质量监测中心”，承担多项省部级科研课题，开发了重金属快速检测仪器，具有相应的自主知识产权，在省级科研院所中具有示范作用。
8	河南工业大学	共建大学	食品学科门类齐全，承担国家自然基金、863 支撑计划、粮食公益专项等项目 100 多项，授权发明专利 100 多项，获得国家科技进步奖 7 项，其中 1 等奖 1 项，二等奖 6 项，多项成果在全国得到推广应用。
9	中粮营养健康研究院	央企研究机构	将科技创新作为业务发展和战略转型的重要支撑和驱动，以市场为导向，积极推进粮油食品营养科技创新工作，在大型企业研发机构运行体制、机制和创新等方面作了积极探索。
10	山东三星集团有限公司	食用油加工企业	香港联交所上市公司，综合实力强，拥有山东省认定的企业技术中心等创新平台，获得国家专利 100 余项，多次参与制定国家标准和科技成果鉴定。

《关于深化粮食流通统计制度改革的实施意见》和《国家粮食流通统计制度》的通知

（国家粮食局 国粮调〔2014〕252 号 2014 年 11 月 17 日）

各省、自治区、直辖市粮食局，中国储备粮管理总公司、中粮集团有限公司、中国中纺集团公司：

为适应粮食流通形势发展的需要，积极构建统一、精简、准确、管用的粮食流通统计体系，切实提高粮食统计执行能力，加快推进粮食流通统计制度改革，我们研究制定了《关于深化粮食流通统计制度改革的实施意见》，业经国家粮食局全面深化改革工作领导小组审议通过。同时，根据《实施意见》的相关要求，对《国家粮食流通统计制度（2015–2016 年度）》进行了修订，已经国家统计局审核批准。现一并印发给你们，请认真遵照执行。

附件：1. 关于深化粮食流通统计制度改革的实施意见

2. 国家粮食流通统计制度（2015–2016 年度）（略）

3. 国家粮食流通统计制度实施细则（略）

关于深化粮食流通统计制度改革的实施意见

粮食流通统计是粮食行政管理部门的重要职能和基础性工作，2004 年以来，各级粮食行政管理部门切实履行全社会统计职能，为粮食宏观调控提供了较为准确的决策依据。但粮食统计工作中还存在着多头管理、重复统计、漏统错统、重统计弱分析等问题。特别是随着国际国内粮食供求形势的不断变化，现有的统计制度已难以满足新形势下国家粮食安全战略和转变粮食行政管理职能的要求。为适应形势发展的需要，切实提高粮食统计执行能力，根据全国粮食流通工作会议的总体部署，提出深化粮食流通统计制度改革的实施意见。

一 总体目标

以“统计数据及时准确、流通实绩真实可靠”作为粮食统计工作的底线目标，按照“归口统计管理、精简统计指标、优化统计报表、夯实统计基础、提高统计效率”的总体思路，坚持“制度设计在顶层、工作推行在基层”的工作方法，加大统计制度改革和创新力度，构建统一、精简、准确、管用的粮食流通统计体系。

二 基本原则

（一）需求导向，效能优先

以需求为导向，科学梳理现有粮食流通统计体系，厘清任务轻重缓急，确定粮食流通统计中心工作。按照精简效能的原则，确立服从国家调控需要、反映行业发展基本状况、满足阶段性需求的核心指标，更好地为粮食宏观调控服务。

（二）统筹兼顾，分步实施

根据粮食行业发展变化的需要，兼顾“够用”和“减负”不同取向，兼顾“管用”和“易用”不同要求，兼顾国家和地方不同需求，按照“整体规划、重点突破、试点先行、全面实现”的原则，分步实施、逐步完善，推进粮食流通统计的大变革。

（三）上下联动，共同推进

在深入调查研究、科学谋划、严密论证的基础上，国家层面做好改革方案的顶层设计，地方粮食行政管理部门要结合当地实际，细化方案、及时跟进。各级粮食行政管理部门上下联动、相互配合，共同促进粮食流通统计工作的新发展。

三 主要任务

（一）推行统计制度改革

一是调整统计口径。按照国际通行方法将“谷物”“油料”分开统计，准确反映我国粮食生产、消费和安全的实际情况。统计指标数量单位统一为吨，减少层层折算的工作量和折算尾差。企业按照实际粮进行统计，后台自动按照各省统计折率折合成原粮和贸易粮。统计报表的报送结账时间与会计报表保持一致，避免因轧账时间不同引发数据打架。二是精简并科学设置指标。以需求为导向，科学设计统计指标，仅保留常规性、可比性、能反映粮食流通状况变化的统计指标，切实减轻基层负担。综合各地的需求，设立粮食统计指标库，确保能够满足国家和地方工作需要。三是推行统计对象“一张表”。按照“统一设计、统一标准、统一调查单位、统一布置”原则，细致分类涉粮企业，结合各地不同需求，从粮食统计指标库抽取对应指标，定制出针对性强的“一企一表”。仓储、机构人员、生产能力、财务状况等部分指标作为企业基础信息，年度更新 1 次，不再单独统计。加工转化生产等指标纳入月报表，设施投资等部分指标实行季报。月报企业不单独报送年报，年底限期调整月报数据，由系统自动生成年报数据。四是科学界定统计范围。参考第三次全国经济普查的结果，各地粮食行政管理部门对辖区内涉粮企业进行摸底，按照“逐步扩大统计覆盖面”的原则，重新确定报送单位范围，并完善《粮食行业统计基本单位信息名录库》。在做好国有企业全面统计的基础上，加强对重点非国有粮企的月度统计工作。

（二）改进社会粮油供需平衡调查

一是重点调查全社会粮食消费情况，切实增强调查数据的独立性和真实性。二是饲料用粮、工业用粮不再单独进行调查，直接从月报数据库中提取后推算。三是每年年初发布上年主要品种的消费总量和分项，并对当年消费数据作出预测，切实增强调查数据的时效性和实用性。四是抓好“乡村居民存粮”和“跨省流通量”两个重点专项调查，乡村居民存粮调查时点拟定于 4 月末，以准确反映乡村居民存粮的真实状况和变动趋势。

（三）强化粮情监测预警

一是扩大国内粮情监测覆盖范围，优化监测网点布局，重点加强沿海、沿边地区粮情监测，适当增加部分直报点。二是积极开展国际粮油市场监测，充分利用相关国际组织的网络平台，定期收集重点国家农产品生产、消费、库存、贸易、价格等信息，及时把握国际粮食市场变化趋势。三是建立专家会商机制，组建专家库，定期研判国内外粮食市场走势，形成分析报告，提出粮食宏观调控的意见和建议。

（四）推进统计信息化

一是依托“粮安工程”、“智慧粮食”的全面建设，整合粮食行业现有网络资源，建立国家、省、市以及信息采集点互联互通的粮食行业业务专网，建成基于互联网的全国统一的统计信息采集报送处理平台。二是完善统计信息采集手段，运用大数据和云计算等技术，实现信息技术与统计工作的深度融合，深化物联网等新一代信息技术在信息采集中的应用，加大新型信息采集装备的应用和普及，提高信息采集的效率和反应能力。三是推动统计应用系统升级改造，按照信息直报的要求，开发功能强大的粮油统计信息系统，设置国家和省、市、县级粮食行政管理部门界面和企业填报界面。系统后台涵盖全国不同区域、不同性质、不同品种的全部指标。企业初次登录时，详细填报企业基本信息，系统根据填报信息自动生成该企业需填报的一张表。在不影响上一级提取需要数据的基础上，地方各级粮食行政管理部门可以根据当地需要增加本地指标。后台根据指标关联进行组合、运算、对比、分析，形成统计报表，满足多元化数据需求。四是提高统计工作信息化水平。积极推进电子报表应用，实现数据采集、在线填报、审核、传输、加工、汇总的电子化和网络化，提高统计工作效率。

（五）创新统计方式方法

一是建立扁平化管理模式，由目前逐级汇总上报逐步向企业网上直报方式转变，所有不涉密信息全部采用网上直报，库存信息暂按原有方式报送。县、市级粮食行政管理部门主要负责辖区内企业上报信息在线审核和业务督导；省级、国家级粮食行政管理部门负责数据审核和汇总。二是建立以全面统计报表与非全面调查相结合的统计调查方法体系，灵活运用重点调查、典型调查、全面调查等方法，拓宽信息来源渠道，节省时间和人力物力，提高统计数据准确性。三是加强与社会力量的合作，有效利用社会资源，开展联合调查和统计“购买服务”试点。

（六）加强统计信息质量控制

一是健全统计信息全过程质量监控机制，建立重点企业和重点指标信息质量跟踪检查制度，严格日常统计信息质量的评估，实行信息溯源责任追究制，严防“政绩数字”、“功利数字”等数据腐败现象。二是质量控制关口前移，按照在地管理的原则，由各地粮食行政管理部门对辖区内报出信息的质量负责。三是以专项调查促进统计信息质量的提高。结合重点工作，组织开展内容多样的专项调查，与日常报表相关统计信息相互印证。四是建立和实施统计巡查制度，加大经常性统计执法检查力度，每四年对下级粮食行政管理部门统计机构和辖区内所有统计报送单位完成一轮全面的统计执法综合检查。

（七）加快服务型统计建设

一是强化统计咨询职能。按照分级管理、能放尽放的原则，扩大信息发送范围，及时反馈和提供统计信息资料和统计分析报告，发挥信息咨询服务作用。二是强化统计分析。结合社会关注的热点难点，有效挖掘和利用统计信息，把握粮食市场运行趋势，准确研判供求形势，增强统计工作的预见性、有效性，及时为领导决策提供依据。三是建立统计信息定期发布制度。通过国家粮食局网站、相关刊物、电视等平台，定期发布粮食收购、销售、价格、消费、加工、仓容等相关统计信息，为统计对象、粮食生产者、经营者和消费者服务，正确引导粮食生产、流通和消费，提高粮食统计数据的权威性和社会影响力。

（八）强化统计保障

一是加强队伍建设。各级粮食行政管理部门要设置专门统计机构，指定统计负责人，配备专职统计人员，负责组织开展粮食流通统计工作。入统的涉粮企业按照要求配备专职（或兼职）统计人员和必要的计算机设备。二是提高专业素质。各级粮食行政管理部门要多措并举组织人员培训，不断提高统计人员业务能力和综合素质。要发挥各地现有粮食大、中专院校的资源优势，针对性开展在职统计人员的业务培训和轮训。三是保障工作经费。各级粮食行政管理部门要按照事权财权划分的原则，积极与同级财政部门协调沟通，争取将统计经费列入本级财政预算。四是调动基层积极性。国家粮食局每三年对市、县级粮食部门、企业和个人进行一次考核，对统计工作出色的单位和个人给予通报表扬。五是优化统计环境。建立将涉粮企业执行统计制度情况纳入市场准入、政策性粮油购销和财政补贴资格审核条件等机制，切实提高企业履行统计义务的自觉性，营造依法统计的社会氛围。

四 工作要求

（一）加强领导

地方各级粮食行政管理部门要按照粮食流通统计制度改革提出的各项要求，组织专门力量负责统计制度改革的组织协调工作，结合本地实际细化方案，作出具体部署，协同有序推进改革工作，把各项改革措施真正落实到基层。

（二）明确责任

国家粮食局具体负责粮食流通统计制度改革的总体设计、平台开发和系统升级等工作，全面协调组织统计制度改革的实施；省级粮食行政管理部门要认真做好改革方案推行的各项准备工作，指导和帮助市县粮食行政管理部门做好辖区内涉粮企业情况摸底；市县粮食行政管理部门要对辖区内涉粮企业进行全面摸底，重新确定入统企业范围，并加强对入统企业的业务指导，督促企业配备统计人员和计算机等要件。

（三）强化督查

建立考核督查制度，加强对统计改革实施过程的全程督促检查，定期对目标任务完成情况进行通报，确保各项改革任务落实到位。

局办公室发文部分

关于印发《全国中小学爱粮节粮教育社会实践基地管理办法（试行）》的通知

（国家粮食局办公室 教育部办公厅
国粮办发〔2014〕30 号 2014 年 2 月 11 日）

各省、自治区、直辖市、计划单列市及新疆生产建设兵团粮食局、教育厅（教委），中国储备粮管理总公司，中粮集团有限公司，中国中纺集团公司：

为进一步加强面向中小学生的爱粮节粮教育，规范中小学爱粮节粮教育社会实践基地（以下简称“实践基地”）的建设、管理和活动开展，实现实践基地相关工作的机制化、规范化、长效化，国家粮食局、教育部联合制定了《全国中小学爱粮节粮教育社会实践基地管理办法（试行）》（以下简称“管理办法”）。

现将管理办法印发给你们，请认真贯彻落实，并及时转发至第一批、第二批实践基地单位，督促其按照管理办法要求，开展相关教育实践活动。

全国中小学爱粮节粮教育社会实践基地管理办法（试行）

为落实《国家中长期教育改革和发展规划纲要（2010–2020 年）》及《粮食行业“十二五”发展规划纲要》的相关要求，利用粮食行业资源加强对广大中小学生的世情、国情、粮情教育，传承中华民族爱粮节粮传统美德，国家粮食局、教育部决定联合在粮食行业的相关单位建立“全国中小学爱粮节粮教育社会实践基地”（以下简称“实践基地”），为加强实践基地的建设和管理工作，特制定本办法（试行）。

第一章 实践基地申报条件

申报实践基地的主体单位为大型产粮基地，粮食加工、仓储、物流企业，科研及检化验机构等。实践基地建成后，主要服务对象为实践基地所在地区中小学校在校学生，并辐射邻近市、县中小学校。具体申报条件如下：

第一条 申报单位需指定有关领导分管此项工作，并制订相应的规章制度和管理办法。

第二条　申报单位需具备开展教育实践活动的基本场所和设施设备；需配备会说普通话、熟悉单位情况的讲解人员，并对讲解人员事先进行知识、能力、行为规范及安全预案等方面的培训；需事先划定明确的参观路线，设计具体可行的参观体验内容，制订简单易做的动手操作方案。

第三条　申报单位需根据自身生产和工作任务，结合爱粮节粮教育主题，明确教育目标，制定活动规范，形成适合不同年龄段学生特点的组织方案。

第四条　申报单位可采取播放幻灯片及视频宣传片、讲解员讲解、现场知识问答等形式，对中小学生进行世情、国情、粮情教育。

第五条　不同类型实践基地要依据自身特点，因地制宜地开展爱粮节粮教育。仓储企业重点向学生讲授各类储粮保粮知识；加工企业重点向学生介绍加工流程和工艺，有条件的企业可面向初、高中学生介绍副产品再利用、循环经济等粮食综合利用知识；科研及检化验机构重点介绍各类粮食质检知识。各单位要注重活动的参与性，突出学生参与、体验等实践环节，鼓励各单位根据自身情况，设计各种形式的动手实验及实际操作活动。

第六条　申报单位应明确并公示接受中小学生参观实践的时间，制定具体可行的接待工作方案。各实践基地全年受众不少于 500 人次。少数民族地区可适当减少参观人数。

第七条　参与创建活动的单位需制订切实可行的安全措施和预案，切实保证活动场地、设施、器材的安全性，配备安全保护人员，设置必要的安全警示标志，向学生讲清与实践内容相关的操作程序、安全制度，培养学生安全生产和操作的意识，保障学生安全。

具备以上各项条件，在国内合法注册的粮油企事业单位和科研机构，均可自愿申报实践基地。具备粮食种植、仓储、加工、物流、检化验等全产业链条的企事业单位优先予以评审。

第二章　实践基地申报与评审

第八条　基地申报。申报单位应当同时向省级粮食主管部门或集团（总公司）、省级教育主管部门提交申报材料。申报材料应当包括以下内容：

1.《全国中小学爱粮节粮教育社会实践基地申报表》；

2. 实践基地建设情况介绍；

3. 实践基地活动组织方案；

4. 适合不同或特定年级学生特点的活动实施细则；

5. 接待手册；

6. 申报单位全貌及开展爱粮节粮教育活动的有关照片。

各省级粮食主管部门或集团（总公司）将推荐的实践基地纸质申报材料，一式两份分别报送国家粮食局发展交流中心和教育部基础教育一司，同时报送材料电子版（刻录成光盘）。

第九条　专家评审。国家粮食局发展交流中心和教育部基础教育一司汇总各地申报材料后，组织相关专家按照申报条件就上报材料的真实性、可行性和完整性进行审核评议，择优确定候选单位。

第十条　实地考察。国家粮食局发展交流中心和教育部基础教育一司组织相关人员，对候选单位进行实地考察。

第十一条　公布评审结果。通过专家评审和实地考察的候选单位，报国家粮食局和教育部核准后，正式确定为“全国中小学爱粮节粮教育社会实践基地”，由国家粮食局和教育部联合发文予以公布，并统一授牌。

第三章　实践基地管理及考核

第十二条　国家粮食局发展交流中心和教育部基础教育一司负责对实践基地进行动态管理。各地教育主管部门要根据本地实践基地公示的活动时间，组织安排当地中小学校开展相关活动；各地粮食主管部门负责督促各实践基地做好接待、讲解等工作。

第十三条　实践基地应履行以下职能：

（一）各实践基地要及时通过照片、视频等形式记录每次接待学校参观实践情况，活动结束后填写《开展活动登记表》（附件 1），参观学校需在表内填写评语并盖章。

（二）每年年末，各实践基地要填写《开展活动情况年度总结表》（附件 2），撰写年度工作总结，连同本年度每次开展实践活动的登记表复印件，提交至市级粮食、教育主管部门，并由市级部门逐级上报至省级和国家粮食、教育主管部门。集团（总公司）负责收集所属实践基地上述总结材料，并分别上报至国家粮食局发展交流中心和教育部基础教育一司。

（三）各实践基地要不断完善开展实践活动的设施设备及其他硬件条件，创新参观体验活动形式，丰富教育内容和形式。

（四）各实践基地要不断加强相关人才队伍建设，有计划地开展专、兼职实践基地工作人员业务和安全培训工作，不断提高服务质量与水平，确保活动效果。

第十四条　考核管理。

（一）国家粮食局发展交流中心和教育部基础教育一司将不定期通过电话回访、实地考察等形式对各实践基地活动开展情况进行检查。结合各实践基地提交的工作总结、照片、视频及登记表中的相关记录，对各实践基地进行年度考核并评定成绩。

（二）实践基地评审工作每两年进行一次。借助全国爱粮节粮宣传周的平台，公布新一批实践基地名单，通报现有实践基地活动开展情况，并组织召开相关工作经验交流会。

第十五条　退出机制。

有下列情况之一者，将被撤销实践基地资格：

（一）连续两年未完成计划接待任务总量 80% 以上的；

（二）连续两年未通过两部门抽检，责令整改未取得明显成效的；

（三）给予实践基地负面评价的参观学校数量，超过参观学校总量半数的；

（四）连续两年未提交年度工作总结报告及《开展活动情况年度总结表》的；

（五）借实践基地之名，强行推销产品、变相牟利的；

（六）企业因产品质量等问题造成严重社会不良影响的；

（七）实践基地实体因特殊原因解散的。

附　则

第十六条　实践基地所需各项经费，暂时通过"实践基地所在企事业单位自筹一点、国家粮食局和教育部向中央财政争取一点、各地粮食和教育主管部门支持一点"的办法予以解决。

第十七条　国家粮食局和教育部鼓励有条件的省市安排专项资金，对实践基地开展活动予以扶持。国家粮食局和教育部将认真研究并探索对实践基地进行"以奖代补"的具体办法，对活动开展效果好、学校满意度高的实践基地进行政策扶持及资金奖励。具体奖励办法另行研究制定。

第十八条　国家粮食局和教育部将根据教育实践活动开展情况，逐步分类细化实践基地硬件建设标准，实行分类量化管理考核。

第十九条　实践基地的参观程序、主题宣传、讲解内容、实践方式等将逐步进行统一规范。

第二十条　逐步建立国家、省两级爱粮节粮教育社会实践基地。省级粮食、教育主管部门按照本办法的相关要求，结合当地实际，评定省级实践基地；再按照"好中选优，优中选强"的原则，从省级实践基地中，确定申报国家级实践基地的推荐名单。

第二十一条　本办法由国家粮食局和教育部负责解释。

第二十二条　本办法自公布之日起实施。

（附件略）

关于印发《国家粮油标准研究验证测试机构管理暂行办法》的通知

（国家粮食局办公室 国粮办发〔2014〕33号 2014年2月13日）

各省、自治区、直辖市及新疆生产建设兵团粮食局，中国储备粮管理总公司、中粮集团有限公司，国家粮食局科学研究院，河南工业大学、南京财经大学、武汉轻工大学、江南大学：

为加强国家粮油标准研究验证测试机构管理，根据《中华人民共和国食品安全法》、《粮食流通管理条例》、《中华人民共和国标准化法实施条例》及《国家粮食质量检验监测机构管理暂行办法》（国粮发〔2010〕161号）、《国家粮食局办公室关于建立国家粮油标准验证测试体系的通知》（国粮办发〔2013〕78号）等法律法规及文件，制订《国家粮油标准研究验证测试机构管理暂行办法》，现印发给你们，请遵照执行。

国家粮油标准研究验证测试机构管理暂行办法

第一条 为推进粮油标准化工作，加强国家粮油标准研究验证测试机构管理，规范国家粮油标准研究验证测试机构行为，根据《中华人民共和国食品安全法》、《粮食流通管理条例》、《中华人民共和国标准化法实施条例》等法律法规及《国家粮食质量检验监测机构管理暂行办法》的有关规定，制定本办法。

第二条 国家粮油标准研究验证测试机构（以下简称标准验证机构）是指承担国家粮食行政管理部门的标准质量管理部门委托的粮油标准研究、科学性验证和分析测试等任务的机构。

标准验证机构由国家粮食行政管理部门根据工作需要，从现有院校、科研院所、国家粮食质量监测机构和大中型企业质检单位中择优确定。

第三条 标准验证机构分为国家粮油标准研究验证测试中心和国家粮油标准验证工作站两类，实行统一命名挂牌。国家粮油标准研究验证测试中心按“国家粮油标准研究验证测试中心+（依托单位简称）”命名，国家粮油标准验证工作站按“国家粮油标准验证工作站+（依托单位简称）”命名。

标准验证机构按照机构名称标牌样式（详见附件），自行制作机构名称标牌。

第四条 国家粮食行政管理部门的标准质量管理部门（以下简称标准质量管理部门）具体负责国家粮油标准研究验证测试体系建设和业务指导工作。

标准验证机构的原隶属关系不变，人、财、物管理关系不变，业务上接受标准质量管理部门的指导，并优先承担国家粮油标准化方面的工作。

第五条 标准验证机构应当具备下列基本条件：

（一）独立法人。院校、科研院所和大中型企业的标准验证机构属于非独立法人的，须经所属法人单位同意。

（二）有相应工作经费来源，可保证标准研究验证测试工作的正常开展。

（三）通过资质认定且在有效期内。

（四）具有与承担的粮油标准研究验证测试任务相适应的硬件条件，仪器设备达到国家粮食质量检验监测机构的相关要求；技术人员具有较强的标准研究和检验检测能力；实验办公条件能满足工作需要，并具有一定的扩展余地。

（五）具有与承担的粮油标准研究验证测试任务相适应的质量管理体系。

第六条　标准验证机构应当具备下列能力：

（一）国家粮油标准研究验证测试中心：能够承担或参与国家、行业标准和国际标准的研究、制修订、验证工作；能够开展粮油物理指标、化学指标、品质指标、食品安全指标和相关产品性能的分析测试工作；能够独立开展粮油标准的后评估工作；能够组织开展粮油标准的培训和推广工作。

（二）国家粮油标准验证工作站：能够参与国家、行业标准的制修订和验证工作；开展粮油物理指标、化学指标、品质指标和部分食品安全指标的分析测试；能够参与粮油标准的后评估工作；能够组织开展本区域的粮油标准培训和推广工作。

第七条　标准验证机构应当履行下列职责：

（一）承担或参与粮油国家标准、行业标准和技术规范的研究、制修订、验证、测试分析工作，并提出修改标准的意见和建议。

（二）承担或参与CAC、ISO等国际标准的研究、起草和环形测试，提出修改标准的意见和建议；对质量安全突发性事件提出应急技术标准或技术措施。

（三）开展粮油标准的培训、推广和后评估工作。

（四）协助粮食行政管理部门制定粮油标准化工作制度，做好标准化方面法律法规和方针政策的宣传贯彻工作。

（五）协助国家粮食行政管理部门制订国家和行业粮油标准制修订计划，提供决策咨询和技术支持。

（六）协助当地标准化管理部门开展粮油地方标准体系建设，积极承担地方标准和地理标志标准的制修订工作。

（七）指导和协助企业开展标准化工作，为制定企业标准提供技术帮助。

第八条　标准验证机构应当履行下列义务：

（一）标准验证机构实行检验机构、检验人员负责制，对出具的研究、验证和测试报告负责。

（二）按照国家有关法律、法规、政策、标准和相关规定开展标准研究验证测试工作，并及时向国家粮食行政管理部门报告有关工作情况和重大事项。出具的研究验证测试报告应客观、公正、及时，相关研究素材和资料档案应妥善保管，并做到随时备查，可以溯源。

（三）履行数据资料保密义务，未经委托方同意，不得擅自公开或者向他人提供研究验证测试数据。

（四）不得从事可能影响研究验证测试公正性的经营活动或其他业务。

第九条　标准验证机构可优先获得标准质量管理部门下达的粮油标准研究、制修订、科学性验证、标准后评估和分析测试等任务。

第十条　实行定期能力评审制度。标准质量管理部门定期组织对标准验证机构的能力评审。具体参照《国家粮食质量检验监测机构管理暂行办法》中监督评审办法执行。标准质量管理部门定期组织标准验证机构的能力比对考核。

第十一条　标准验证机构应于每年 12 月末之前向标准质量管理部门报送年度工作总结。应及时通报领导班子成员和办公地址变更以及机构资质变化等重要情况。

第十二条　国家粮食行政管理部门为命名挂牌的标准验证机构颁发《国家粮油标准研究验证测试机构证书》(以下简称机构证书)，并予以公告。机构证书有效期为 3 年。

标准验证机构在机构证书有效期满前 3 个月，须报上级主管部门或省级粮食行政管理部门同意，向标准质量管理部门提出换证申请。标准质量管理部门根据申请机构完成任务、机构自身建设和能力评审结果等情况，确定是否延续命名。准予延续的，核发新的机构证书。

标准验证机构的性质、资质、办公场地、检验能力等发生重大变化的，必须重新审核。

第十三条　国家粮食行政管理部门为标准验证机构颁发“国家粮油标准研究验证测试机构”专用印章。专用印章应当在机构证书有效期内使用。

标准验证机构应制定专用印章使用规定。专门登记专用印章使用情况，严格审批程序，注明使用事项、时间、经办人和审批人等。专用印章的使用登记应长期保存。

第十四条　标准验证机构名称和专用印章仅用于国家粮食行政管理部门委托的标准研究验证测试工作，不得用于其他工作和业务。

第十五条　标准验证机构存在下列情形之一的，国家粮食行政管理部门将要求限期整改，直至撤销命名挂牌名称并收回机构证书和专用印章。

(一)能力评审不合格的；

(二)研究验证测试数据出现较大错误造成严重影响的；

(三)出具虚假报告的；

(四)能力比对考核连续两年出现不满意结果的；

(五)管理不规范，效率低下，未履行职责义务的；

(六)违规使用标准验证机构名称和专用印章的；

(七)违规开展影响研究验证测试结果公正性业务活动的；

(八)发生严重泄密事件的；

(九)其他违规行为造成严重后果的。

资质认定失效的不再认定为标准验证机构。

第十六条　本办法自印发之日起施行。

附件：国家粮油标准研究验证测试机构名称标牌样式(略)

关于印发《国家粮食局2014年全面深化改革工作方案》和《国家粮食局全面深化改革工作领导小组工作规则》的通知

（国家粮食局办公室 国粮办政〔2014〕36号 2014年2月25日）

各司室、直属单位、联系单位：

经局领导批准，现将《国家粮食局2014年全面深化改革工作方案》和《国家粮食局全面深化改革工作领导小组工作规则》印发给你们，请遵照执行。

国家粮食局2014年全面深化改革工作方案

为深入贯彻落实中央全面深化改革工作领导小组决策部署，积极稳妥地推进粮食流通领域各项改革，制订本工作方案。

一 改革内容

坚持以改革破难题、以改革求创新、以改革转职能、以改革促发展，加快建立起贯彻国家粮食安全战略、确保“谷物基本自给、口粮绝对安全”的粮食流通安全保障体系，为确保国家粮食安全提供坚实的制度和机制保障。按照中央全面深化改革领导小组决策部署，结合落实全国粮食流通工作会议确定的改革任务，2014年全面启动和重点推进以下六个方面的改革：

（一）深化粮食流通管理体制改革

（二）深化粮食市场调控和储备管理机制改革

（三）深化粮食行业发展机制和国有粮食企业改革

（四）深化粮食行政管理机制改革

（五）深化粮食流通统计制度改革

（六）深化局机关工作制度和运行机制改革

在2014年启动实施以上六个方面改革取得初步成效和经验的基础上，研究制订全面深化粮食流通领域改革的总体方案，并统筹推进实施。

二 工作机制

为确保完成深化粮食流通领域各项改革工作，切实加强组织领导，建立全面深化改革工作机制。

（一）成立国家粮食局全面深化改革工作领导小组（以下简称领导小组），任正晓同志任组长，徐鸣同志任副组长，局党组全体同志和局总工程师为成员。

领导小组负责粮食流通改革的总体设计、统筹协调、整体推进、督促落实。主要职责：一是贯彻落实中央全面深化改革工作领导小组的决策部署，贯彻落实党中央、国务院关于粮食流通领域改革的方针政策。二是负责粮食流通领域改革工作的总体设计，组织拟定深化粮食流通领域改革的政策意见并组织实施。三是督促检查各地粮食部门和局属各单位相关政策落实情况和任务完成情况，统筹协调解决政策落实中的重点难点问题。四是总结和推广各地粮食部门的改革经验，指导推进体制机制创新。

（二）领导小组下设办公室，徐鸣同志兼任办公室主任，办公室成员包括局办公室、人事司、调控司、政策法规司、监督检查司、财务司、流通与科技发展司、监察局主要负责同志。

领导小组办公室设在政策法规司，承担日常工作，研究提出需要领导小组决策的建议方案，督促落实领导小组议定事项，加强与有关部门和地方的沟通协调，承办领导小组交办的其他事项。

三 任务分工

按照局党组集体领导、党组同志分工负责的原则，明确具体工作任务和责任，统筹协调推进六项重点改革任务。

（一）关于深化粮食流通管理体制改革

负责领导：任正晓、徐鸣、卢景波

落实部门：政策法规司牵头，局相关司室、单位参加。

主要任务：推进粮食安全省长负责制的完善和落实。

（二）关于深化粮食市场调控和储备管理机制改革

负责领导：徐鸣、卢景波

落实部门：调控司牵头，局相关司室、单位参加。

主要任务：推进储备管理机制和政策性粮食收储体制改革。

（三）关于深化粮食行业发展机制和国有粮食企业改革

负责领导：曾丽瑛、吴子丹

参加领导：何毅

落实部门：流通与科技发展司、人事司、财务司牵头，局相关司室、单位参加。

主要任务：推进粮油科技、人才体制和国有粮食企业改革。

（四）关于深化粮食行政管理机制改革

负责领导：任正晓、徐鸣、赵中权

落实部门：人事司、办公室牵头，局相关司室、单位参加。

主要任务：推动粮食行政职能、管理方式和作风转变。

（五）关于深化粮食流通统计制度改革

负责领导：徐鸣、卢景波

参加领导：何毅

落实部门：调控司牵头，局相关司室、单位参加。

主要任务：推进统计职能整合，精简统计指标体系，提升统计信息质量，实现粮食统计信息化。

（六）关于深化局机关工作制度和运行机制改革

负责领导：徐鸣、曾丽瑛、赵中权

落实部门：办公室、人事司、监察局牵头，局相关司室、单位参加。

主要任务：推动局机关改进作风和提高效率。

四 工作要求

领导小组负责各项改革工作的总体协调，并进行督促检查。全局各司室、单位要按照要求，精心部署，周密安排，主要领导要亲自抓，组织力量抓紧制订落实改革任务的实施方案。所有分工任务都要提出阶段性时间进度安排，保证贯彻实施工作按进度进行。

牵头单位负责贯彻实施有关分工任务，参加单位要树立全局观念，积极配合行动。各单位要发挥主动性、积极性、创造性，及时沟通协商，形成工作合力。

对各项任务，要做到有布置、有督促、有检查，确保不折不扣完成。领导小组办公室要及时对改革工作方案落实情况进行跟踪督促，汇总报告领导小组。

全局各司室、单位要把贯彻实施分工任务同推进当前工作紧密结合起来，深入实际、深入基层、深入群众，及时了解和解决贯彻实施中遇到的问题，推动全面深化改革工作方案顺利实施。

国家粮食局全面深化改革工作领导小组工作规则

根据中央全面深化改革工作领导小组有关部署，为全面深化粮食流通领域改革，完善机制，明确任务，规范程序，提高效能，制定本规则。

一 机构设置

1. 国家粮食局全面深化改革工作领导小组（以下简称领导小组）是局常设议事机构，按照局党组集体领导、党组同志分工负责的原则积极推进各项改革工作。

2. 领导小组设组长 1 人，副组长 1 人，局党组全体同志和局总工程师为成员。

3. 领导小组下设办公室，领导小组副组长兼任办公室主任，成员包括局办公室、人事司、调控司、政策法规司、监督检查司、财务司、流通与科技发展司、监察局主要负责同志。领导小组办公室设在政策法规司，负责领导小组的日常工作。

二 职责任务

4. 领导小组负责粮食流通领域改革的总体设计、统筹协调、整体推进、督促落实。主要职责如下：

一是贯彻落实中央全面深化改革工作领导小组的决策部署，贯彻落实党中央、国务院关于粮食流通领域改革的方针政策。

二是负责粮食流通领域改革工作的总体设计，组织拟定深化粮食流通领域改革的政策意见并组织实施。

三是督促检查各地粮食部门和局属各单位相关政策落实情况和任务完成情况，统筹协调解决政策落实中的重点难点问题。

四是总结和推广各地粮食部门的改革经验，指导推进体制机制创新。

5. 根据工作需要，定期或不定期开展专题调研，包括重大课题研究、实地调研、召开座谈会等。专题调研安排由领导小组办公室根据领导要求提出并组织实施。

三 会议制度

6. 领导小组实行集体讨论重大问题会议制度。原则上每季度召开一次全体会议，并根据工作需要不定期召开专题会议。

7. 会议议题由领导小组办公室根据领导小组组长要求研究提出建议，报领导小组组长（或由其委托领导小组副组长）确定。

8. 会议由领导小组组长（或由其委托领导小组副组长）主持。出席人员包括领导小组组长、副组长和全体成员。根据会议议题需要，相关单位负责人列席。

9. 领导小组会议纪要经领导小组副组长审阅后由领导小组组长签发。印发领导小组组长、副组长、成员以及相关单位。

四 其他事项

10. 实行粮食流通改革工作审批和指导制度。局属各单位研究提出的改革方案需经领导小组审批。领导小组根据要求和需要适时指导各省（区、市）粮食行政管理部门深化粮食流通改革的工作方案。

11. 本规则由国家粮食局全面深化改革领导小组全体会议通过后施行。

关于调整国家粮油库存检查专业人才库成员的通知

（国家粮食局办公室 国粮办检〔2014〕70 号 2014 年 4 月 18 日）

各省、自治区、直辖市及新疆生产建设兵团粮食局，中国储备粮管理总公司、中粮集团有限公司、中国中纺集团公司：

2012 年，我局组织各地建立了粮油库存检查专业人才库（以下简称“专业人才库”），并在此基础上建立了国家专业人才库。专业人才库的建立，在粮油库存检查、涉粮案件查处等工作中发挥了重要作用。但近年来，部分国家专业人才库成员由于岗位变动等原因，不能继续参加我局组织的相关检查工作，专业人才库成员的知识结构和业务技能等也需要提升。为优化队伍结构，提高检查人员素质，经研究，我局决定组织各地结合当前人员实际和近两年使用考核情况，对国家专业人才库成员进行调整。现将有关事项通知如下。

一 调整规模和方式

（一）调整规模

调整后的国家专业人才库规模增至 600 人，分粮食库存实物检查、油脂库存实物检查、粮油库存统计账检查、粮油库存会计账检查、粮油库存质量检查、粮油仓储管理检查 6 个专业方向，分配名额见附件 1。

（二）调整方式

继续采取省级粮食行政管理部门及中央企业择优推荐、国家粮食局审核遴选的方式进行。各省级粮食行政管理部门、中储粮总公司、中粮集团、中纺集团按照分配名额对本辖区、本单位的人员进行调整后，报送国家粮食局审核。国家粮食局将以适当方式向有关部门和单位反馈原专业人才库人员近两年参加国家监督检查工作的情况。

二 调整要求

国家专业人才库人员调整，除根据《国家粮食局关于建立粮油库存检查专业人才库有关事项的通知》（国粮检〔2012〕38 号）规定的有关条件外，还须遵循以下原则：

（一）注重能力原则

各单位要按照专业知识扎实、工作能力突出、认可度高的要求，对本辖区、本单位的粮油库存检查人员情况进行全面摸底，切实把政治素质过硬、业务知识全面、长期在基层一线工作、检查经验丰富、发现和处理问题能力强的“拔尖”人员调整到国家专业人才库。负责人才调整的牵头处室要结合专业方向会同相关业务处室共同审核把关。推荐人才不搞地区和部门平均分配，不唯亲唯近。有违反检查工作规定的情况或在历次检查工作中考核不合格的人员不得纳入调整推荐范围。

（二）服从抽调原则

调整纳入国家专业人才库人员要求身体健康，能够服从需要被抽调参加国家有关部门组织的监督检查工作。省级粮食行政管理部门有关处室主要负责人或承担具体检查组织实施、数据汇总的人员，以及粮食企业中担任主要领导职务的人员原则上不列入国家专业人才库人员推荐范围。

请有关部门和单位按时完成本辖区、本单位专业人才库的调整推荐工作，认真填写《国家粮油库存检查专业人才库人员推荐表》和《国家粮油库存检查专业人才库人员推荐汇总表》（见附件 2、3），并于 2014 年 5 月 25 日前报送国家粮食局监督检查司（含电子版）。

联 系 人：曹金龙 张永刚

电　　话：010—63906839 63906825

传　　真：010—63906840

电子信箱：jiancha1@chinagrain.gov.cn

（附件略）

关于印发《落实国务院第 52 次常务会议精神督导检查工作方案》的通知

（国家粮食局办公室 国粮办检〔2014〕138 号 2014 年 7 月 4 日）

各省、自治区、直辖市及新疆生产建设兵团粮食局：

为认真贯彻落实 6 月 25 日国务院第 52 次常务会议精神，切实做好粮食收储和粮食仓储设施建设工作，国家粮食局将于近期派出 6 个督导工作组，赴部分地区进行督导检查。现将我局《落实国务院第 52 次常务会议精神督导检查工作方案》印发给你们，请在做好本地区有关工作的同时，配合做好督导检查工作。

落实国务院第 52 次常务会议精神督导检查工作方案

为贯彻落实 6 月 25 日国务院第 52 次常务会议精神，做好粮食收储和粮食仓储设施建设工作，国家粮食局将于近期派出督导工作组，由局领导带队，赴重点省份进行督导检查。具体安排如下：

一 督导检查省份

重点督导粮食收储压力较大、仓容严重不足、促销腾库和跨省移库粮食数量较大的主产区，以及地方储备粮规模未完全落实到位的省份。

二 督导检查时间

督导检查工作安排在 7 月至 8 月，每组督察不少于 2 省。具体省份和出发时间由各督导工作组择时安排。

三 督导检查内容

（一）粮食收购情况

包括小麦、早籼稻最低收购价政策和菜籽（油）国家临储执行情况，具体检查内容详见《国家粮食局办公室关于印发〈2014 年夏季粮油收购督导检查工作方案〉的通知》（国粮办检〔2014〕108 号）。

（二）国家粮仓使用情况清查

检查国家粮食仓库使用情况，粮食仓房空置情况，粮仓用于非储粮使用问题整改情况，以及辖区内社会粮仓使用管理情况等，具体内容详见《国家粮食局关于对国家粮食仓库进行清查的紧急通知》（国粮检〔2014〕130 号）。

（三）促销腾库情况

竞价销售的政策性粮油出库情况；国家定向销售的真菌毒素小麦，以及划转地方的重金属超标稻谷销售处理和监管情况；跨省移库粮食的调出情况。

（四）"转圈粮"专项整治行动开展情况

各地按照《国家粮食局关于开展"转圈粮"专项整治行动的通知》（国粮检〔2014〕80 号）要求开展检查情况。

（五）地方储备落实情况

检查 2008 年国家下达的地方储备规模到位情况，以及地方储备补库计划安排和落实情况。

（六）最低库存制度落实情况

各地制定最低库存核定标准，对辖区内粮食企业最低库存数量的核定和检查情况。检查国家给予支持的粮食加工企业商业库存落实情况。

四　督导检查方式

听取地方政府和有关部门贯彻国务院第 52 次常务会议精神，落实有关促销腾库、充实地方储备、清查粮食仓库设施、粮库建设、夏粮收购、整治"转圈粮"等重点工作的情况汇报；检查粮食收购现场；实地查验部分粮库、粮仓使用情况；形成督导报告上报。

关于进一步加强政府信息公开工作的通知

（国家粮食局办公室 国粮办发〔2014〕155号 2014年7月25日）

各司室、直属单位、联系单位：

为进一步做好我局的政府信息公开工作，深入推进行政权力行使依据、过程、结果公开，根据《中华人民共和国政府信息公开条例》以及国务院办公厅关于切实做好政府信息公开工作通知要求，按照局领导的批示精神，现就进一步加强我局政府信息公开工作的有关要求及分工通知如下：

一 工作要求

（一）基本原则

遵循“公开是原则，不公开是例外”的原则，公开的内容要真实、准确、全面，公开方式要方便快捷。对各类行政管理和公共服务事项，除涉及国家秘密和依法受到保护的商业秘密、个人隐私以及公开后可能危及国家安全、公共安全、经济安全和社会稳定的政务信息之外，要严格按照法律法规和有关政策规定，及时准确公开。

（二）工作目标

建立健全我局政府信息发布和政策解读机制，统筹推进政府信息公开。在做好信息发布的基础上，加强政策解读和回应社会关切工作，不断增强政府信息公开实效。通过规范政府信息公开，进一步提高我局依法行政水平，实现决策的民主化、科学化、法治化；进一步增强全局广大干部的法治意识、服务意识、便民意识，提高服务质量和水平；进一步增强单位内部管理的透明度；进一步从机制上促进廉政建设，推动形成行为规范、运转协调、公正透明、廉洁高效的行政管理体制。

（三）制度保障

各单位主要负责同志为本单位政府信息公开工作的第一责任人。分管领导负责督促、协调和抓好落实，设专人负责具体工作。要根据本单位的职责和工作实际，进一步明确具体的政府信息公开和内部公开内容、形式和程序，保证政府信息公开工作的质量和效率。

（四）公开范围

我局凡符合下列基本要求之一的政府信息均应通过政府网站等媒体，依法、及时、准确地向社会公开。一是涉及公民、法人或者其他组织切身利益的；二是需要社会公众广泛知晓或者参与的；三是反映本机关行政设置、职能、办事程序等情况的；四是反映本机关制定的有关规章和规范性文件的；五是其他依照法律、法规和国家有关规定应当主动公开的。

（五）公开形式

以局政府网站为主动公开政府信息的重要平台，不断扩大网上审批、信息查询、咨询、投诉等服务项目的范围；充分发挥报纸杂志、广播、电视、互联网等平台作用，通过新闻发布会、媒体通气会、发消息稿等形式，适时发布与群众密切相关和社会广泛关注的重大政策、决定、事项等政府信息和服务信息；在涉及群众利益和社会广泛关注的重大事项决策过程中，视情况通过社会公示、公开征求意见、听证和专家咨询、论证以及邀请群众旁听有关会议等公开形式，推进科学决策、民主决策、依法决策。

（六）公开属性

各单位在办文过程中，要严格落实信息公开属性源头认定机制，对新制作的政府信息在办文的发文纸上要明确标识文稿的“公开属性”，即“公开”“依申请公开”或“不予公开”的字样。其中，对于公开发布的正式文件要在正文日期下一行左下方标注“此件公开发布”；确定为依申请公开或不予公开的文件，主办单位应提前准备答复口径、解释说明，以应对可能引起的依申请公开。对于涉密文件，主办单位要做好定密工作，坚决防止因定密不当引起泄密问题。

（七）公开要求

若属于公开发布的信息，则由产生该政府信息的主办单位按照《国家粮食局政府信息公开暂行办法》要求，自该政府信息形成或者变更之日起20个工作日内，将信息索引、标题名称、文号、内容概述（100字以内）、生成日期等内容通过国家粮食局政府网站的政府信息公开栏目集中发布，重要文件还要做好政策宣讲解读工作，充分发挥专家学者作用，围绕舆论关切，多角度、全方位、有序有效阐释政策、释疑解惑，增进理解、扩大共识。

（八）查阅场所

按照《中华人民共和国政府信息公开条例》中有关行政机关根据需要设立公共查阅室、资料索取点、信息公告栏、电子信息屏等场所、设施公开政府信息的规定，在我局的相关场所设立政府信息公共查阅室。

（九）依申请公开

对于经审核认定或删减涉密内容后可以让社会广泛知晓的政府信息，在答复申请人的同时，应通过主动公开渠道及时予以公开，以减少其他申请人对同一政府信息的重复申请。

二 工作分工

（一）关于进一步加强信息发布

加强我局政府网站建设，进一步完善信息发布制度。按照《粮食工作国家秘密范围的规定》（国粮发〔2013〕99号），依法合理界定涉密信息范围，做好政府信息公开的保密审查工作。（责任单位：政策法规司、办公室）

（二）关于推进行政权力运行信息公开

加强行政审批项目调整信息公开，围绕国务院关于简政放权的决策部署，及时公开取消、下放、清理以及实施机关变更的行政审批项目信息。继续推进行政许可办理信息公开，加强依据、条件、程序、数量、期限、需要提交材料目录以及办理情况的信息公开工作。积极推动向社会公布权力清单和权力运行流程工作。（责任单位：政策法规司、人事司、调控司、发展司、监察局）

（三）关于继续推进部门预算决算公开

部门预算、决算要按国家统一部署，尽快公开到基本支出和项目支出。（责任单位：财务司）

（四）关于加大“三公”经费公开力度

细化说明因公出国（境）团组数及人数，公务用车购置数及保有量，国内公务接待的有关情况，

以及“三公”经费增减变化原因等信息。（责任单位：外事司、财务司、机关服务中心）

（五）关于加强公共资源配置信息公开

加强政府采购信息公开。公开政府采购项目预算、采购过程、采购结果，细化公开中标成交结果，逐步建立政府采购预算、执行、结果全过程信息公开制度。（责任单位：财务司）

（六）关于推进工程项目信息公开

深化项目审批、核准、监管、招标等信息公开工作。（责任单位：发展司）

（七）关于加强公共服务信息公开

推动科技管理和项目经费信息公开。建立健全科研项目和资金管理信息公开制度，推进科技计划、科技专项等项目立项、验收、资金安排信息公开。（责任单位：发展司）

（八）关于推进就业信息公开

做好招录信息和人力资源市场供求信息发布工作。（责任单位：人事司）

（九）关于推动公共监管信息公开

继续做好安全生产事故信息公开。加强事故信息通报，除依法应当保密的内容外，公开特别重大、重大事故调查报告全文，逐步提高较大事故调查报告的公开比例。加大对严重忽视安全生产的企业、性质严重的非法违法行为和可能酿成重特大事故的安全隐患曝光力度。（责任单位：发展司）

（十）关于深入推进粮食质量安全信息公开

重点做好粮食质量安全监管法制建设信息，提高监管透明度。（责任单位：质检中心）

（十一）关于建立政府信息公开指南和公开目录更新完善机制

结合局政府网站升级改版工作，进一步优化“信息公开”栏目设计，防止栏目重复设置，加强政府信息公开网站平台建设，解决政府信息公开年度工作报告没有设立专门栏目，公众查找不便的问题，进一步优化公开指南，细化公开范围和目录，方便公众查询和获取。（责任单位：政策法规司）

（十二）关于组织开展涉粮舆情常态化监测工作

组织实施 24 小时舆情监测，对涉及全局的舆情动态进行跟踪监测和分析研判。对监测掌握的热点舆情，及时整理分类后报送局领导；对重大舆情、突发事件等，第一时间报告局主要领导。（责任单位：政策法规司）

（十三）关于做好突发事件新闻应对工作

粮食突发事件发生后，由应急指挥机构中的新闻应对工作小组统筹协调突发事件新闻发布和记者采访管理服务工作。根据应急指挥机构的要求，迅速组织开展新闻应对工作，明确新闻应对工作要求及有关单位工作职责，负责联系新闻媒体、受理采访申请，统一对外提供事件信息，跟踪监测事件舆情。（责任单位：政策法规司）

（十四）关于逐步建立定期新闻发布机制

建立新闻发言人制度和新闻发布制度，逐步建立定期新闻发布机制，定期对外发布信息、解读相关政策、回应社会关切，推动新闻发布工作常态化、规范化。每年 1 月、7 月底前，局相关单位分别将上半年、下半年的新闻宣传工作要点送政策法规司备案。（责任单位：政策法规司、局相关单位）

（十五）关于门户网站更加全面地公开应主动公开的信息

涉及局内相关单位职能的政府网站各信息公开栏目，各相关单位要全面、准确、及时地公开应主动公开的信息。（责任单位：局相关单位）

（十六）关于我局政府信息公开查阅场所的设立和管理

根据我局实际需要逐步设立公共查阅室、资料索取点、信息公告栏、电子信息屏等场所、设施。（责任单位：机关服务中心）

（十七）关于加大考核力度

把信息公开与发布、政策解读、回应社会关切等工作纳入领导干部工作实绩考核内容，考核结果作为有关单位领导班子和领导干部综合考核评价的重要依据。（责任单位：人事司）

（十八）关于进一步推进阶段性政府信息公开工作

以目前仍然有效的规范性文件为重点，督促各责任司室分时段、有步骤地做好公开工作。（责任单位：办公室）

（十九）关于加强检查监督

对社会关切不回应、重要信息不发布的，要严肃批评并进行通报；对弄虚作假、隐瞒实情、欺骗公众、造成严重社会影响的，要依规依纪追究相关单位和人员责任。（责任单位：监察局、办公室）

关于印发《部分省市粮食局对口援藏工作座谈会会议纪要》的通知

（国家粮食局办公室 国粮办展〔2014〕176号 2014年8月28日）

各省、自治区、直辖市及新疆生产建设兵团粮食局：

为深入贯彻落实中央第五次西藏工作座谈会精神，进一步推动粮食系统支持西藏粮食流通跨越式发展，国家粮食局于2014年8月9日在西藏自治区拉萨市组织召开了部分省市粮食局对口援藏工作座谈会。现将《部分省市粮食局对口援藏工作座谈会会议纪要》印发给你们，请认真贯彻，积极落实。

部分省市粮食局对口援藏工作座谈会会议纪要

2014年8月9日，国家粮食局在西藏自治区拉萨市召开了部分省市粮食局对口援藏工作座谈会。国家发展改革委党组成员、国家粮食局党组书记、局长任正晓同志主持会议，西藏自治区人民政府副主席坚参同志出席会议并作讲话，河北、吉林、上海、江苏、安徽、广东、陕西省市粮食局主要负责同志出席会议，西藏自治区发展改革委、财政厅、农发行西藏分行的有关负责同志参加了会议。

会议认真听取了西藏自治区粮食局党委书记次旺诺布同志关于西藏粮食系统受援情况和下一步对口援助工作意见的汇报，回顾总结了近年来全国粮食系统对口支援西藏粮食工作的成效和经验，研究提出了进一步推动对口援藏工作的具体措施，衔接落实了有关对口援助合作项目。

会议强调，做好西藏粮食流通工作，保障西藏粮食安全，事关民族团结、边疆稳定，事关西藏经济社会发展和长治久安大局；搞好对口援藏，支持西藏粮食部门履行好保障区域粮食安全的职责，是全国粮食系统共同肩负的政治责任。各级粮食部门要坚决贯彻落实中央关于“治国必治边，治边先稳藏”的决策部署，进一步强化政治意识、大局意识、责任意识，以全面实施“粮安工程”为契机，切实在资金、项目、技术、人才、培训等方面给予西藏粮食部门全方位的支援。要全力支持西藏加快基层粮油仓储设施建设和维修改造步伐，加速改善粮油仓储条件和基层粮食部门工作环境；加强粮食质量检测监管体系建设，保障粮油质量安全，坚决防止质量不合格粮食流入口粮市场；大力推进西藏特色粮油产业发展，推动主食产业化，不断提高和丰富藏区人民粮油食品消费水平，全面提升西藏的粮食安全保障能力。

会议指出，今年是中央作出对口援藏重大决策20周年，援助双方各级粮食部门要认真总结对口援藏的成绩和经验，进一步提高认识，明确责任，强化措施，把对口援藏工作推上新的台阶。会议强调，进一步推进对口支援西藏粮食工作，必须注重做好“四个结合”的文章，即“建藏与援藏相结合”、“援助与合作相结合”、“项目与人才相结合”和“自强与援助相结合”。会议要求，当前要重点做好五个方面的工作：一是援助方粮食部门要积极争取当地政府的支持，尽快研究提出新一轮对口援助项目，受援方要主动对接，争取早落实、早见效；二是援助方粮食部门要尽快建立起稳定可靠的对口援藏投入机制，将粮食系统援藏资金纳入到本省区市援藏投入的“总盘子”。同时，积极在粮食行业内部组织动员援藏资金、技术和项目；三是各地要大力开展针对西藏粮食行业的专业技能人才培训工作，实行“一揽子包干”培训计划，国家局要针对西藏粮食部门的特殊人才需求，制定人才培训教育规划，组织编写和印送适合西藏粮食行业特点的实用教材；四是启动促进西藏青稞主食产业发展工程，要组织粮食科研力量集中攻关，动员内地优势企业来藏投资合作，充分挖掘藏区特有的青稞生产优势，研究和开发西藏特色粮食产业，促进藏区农民增产增收；五是抓紧建立援助双方工作衔接协调机制，定期沟通、密切对接，形成及时、高效的对口援藏工作长效机制。

会议期间，与会各对口援藏省市就以下援助项目及有关事项达成了一致意见：

一、江苏省粮食局援助内容

一是提供资金项目援助。西藏自治区提出的“拉萨市林周县油菜籽加工厂项目建设资金280万元”，江苏省粮食局积极协调列入江苏省援藏项目计划，并负责监督实施到位，其中60万元现金支票已交拉萨市粮食局；二是开展跨省产销合作，下半年将组织企业赴拉萨考察，为西藏小品种商品粮打入江苏市场创造条件；三是支持西藏粮食系统干部职工开展相关培训。欢迎拉萨粮食企业赴苏参观考察粮食物流园区、加工企业等，拉萨市粮食局机关工作人员赴苏学习培训享受江苏省粮食局机关人员待遇。

二、安徽省粮食局援助内容

一是巩固扩大产销对接合作，在优质粮源上给予保障；二是西藏自治区提出的“山南地区粮食局检化验室改扩建工程项目建设资金150万元”在今年年底前先解决50万元启动资金，剩余资金尽快协调落实；三是为西藏自治区人才技能培训提供支持帮助。

三、吉林省粮食局援助内容

一是西藏自治区提出的“日喀则地区圣康农产品加工厂附属设施项目建设资金180万元”，吉林省粮食局承诺今年年内落实；二是为西藏地区小品种粮打入吉林市场积极创造条件；三是支持选派西藏粮食干部职工赴吉学习培训，相关费用由吉林省粮食局全部承担。

四、上海市粮食局援助内容

一是西藏自治区提出的“拉孜县粮油加工厂项目建设资金300万元”，上海市粮食局将积极协调，尽快落实；二是上海市粮食局将自筹资金50万元，用于支援西藏粮食建设项目；三是积极协调动员企业与西藏开展产销合作，为藏区企业提供相关技术援助。

五、河北省粮食局援助内容

一是西藏自治区提出的“阿里国家粮食储备库应急粮油供应网点项目建设资金200万元”，河北省粮食局承担其中的100万元，积极会同阿里地区粮食局争取将其纳入到本省援藏规划“总盘子”，如河北省不能列入规划，河北省粮食局将自筹资金落实解决；二是河北省粮食局将全力支持阿里地区粮食局选派干部赴河北省进行学习培训，相关费用由河北省粮食局承担。

六、陕西省粮食局援助内容

一是承担“阿里国家粮食储备库应急粮油供应网点项目建设资金”中另外100万元，努力争取将援藏资金纳入到本省援藏规划“总盘子”，或自筹资金落实解决；二是在粮食质检培训方面积极支持阿里地区粮食干部职工开展分期、分批培训。

七、广东省粮食局援助内容

对口援助的“林芝地区粮食应急加工厂改造项目”已落实完成190万元，其余500万元已纳入明年广东省援藏规划“总盘子”，保证落实。林芝地区要抓紧完成“十三五”规划，双方建立对接沟通机制，将援藏项目衔接好、落实好，争取早见成效。

会议要求，与会7省市要尽快落实完成已确定的上述援助项目。其他省市也要尽快与对口受援的西藏地市粮食部门衔接落实援助项目，力争尽早启动实施。各省区市粮食局要进一步加大投入，支持西藏自治区粮食部门的信息化网络建设、办公设施条件改善和粮食干部职工专业技术培训。西藏自治区粮食局要抓紧提出“十三五”期间的援助需求，并积极主动与对口支援省区市搞好商洽对接。

出席：

国家粮食局：任正晓，翟江临

西藏自治区人民政府：坚参，刘萱

河北省粮食局张宇、张琳；吉林省粮食局韩福春、雷振宇；上海市粮食局王建忠、邓峰；江苏省粮食局陈杰、董淑广；安徽省粮食局牛向阳、尹成林、阚少林；广东省粮食局吴津伟、钟金清；陕西省粮食局王晓森、闫国强；西藏自治区粮食局次旺诺布、张虹

西藏自治区发展改革委罗杰、徐海；西藏自治区财政厅孙金玲；中国农业发展银行西藏分行张勇

关于成立国家粮食局粮食交易协调中心筹备工作领导小组的通知

（国家粮食局办公室 国粮办人〔2014〕213 号 2014 年 9 月 24 日）

各司室、直属单位、联系单位：

经局党组研究决定，成立国家粮食局粮食交易协调中心筹备工作领导小组，负责筹建工作。现就有关事项通知如下：

一 主要职责

在局党组领导下，负责筹建工作的综合协调；负责办理事业单位登记和印章启用；负责起草中心“三定”规定；负责职能交接和人员安排；负责财务、资产的转接和管理工作；负责制定中心运转有关制度；完成局党组交办的其他工作任务。

二 组成人员

组　长：徐 鸣

副组长：卢景波

成　员：陈军生、周冠华、贾骞、唐民强、郭洪伟、张云、罗文娟

三 其他事项

中心筹建过程中的重大事项由徐鸣同志主持召集会议研究，筹建具体工作由卢景波同志负责，日常工作由唐民强同志牵头，郭洪伟、张云、罗文娟等同志配合开展工作。

特此通知。

关于转发《中央编办关于国家粮食局发展交流中心更名为国家粮食局粮食交易协调中心的批复》和启用国家粮食局粮食交易协调中心印章的通知

（国家粮食局办公室 国粮办发〔2014〕234号 2014年10月11日）

各省、自治区、直辖市、计划单列市及新疆生产建设兵团粮食局、粮食批发交易市场：

经中央机构编制委员会办公室批准（中央编办复字〔2014〕11号），国家粮食局发展交流中心更名为国家粮食局粮食交易协调中心（简称粮食交易中心），主要业务范围是政策粮交易网络平台搭建、政策粮交易和出库协调、交易资金结算服务等。现将该文件转发给你们（见附件1）。同时，自即日起启用“国家粮食局粮食交易协调中心”印章（见附件2），原“国家粮食局发展交流中心”印章同时作废（已上缴国家事业单位登记管理局）。

特此通知。

（附件略）

关于印发《国家粮食局科技兴粮示范单位遴选暂行办法》的通知

（国家粮食局办公室 国粮办展〔2014〕254 号 2014 年 11 月 13 日）

各省、自治区、直辖市、新疆生产建设兵团粮食局，黑龙江省农垦总局粮食局，中国储备粮管理总公司、中粮集团有限公司、中国中纺集团公司，各有关粮食科研单位：

为贯彻实施创新驱动战略和强化科技支撑保障国家粮食安全新战略精神，大力实施“科技兴粮工程”，全面推进粮食科技体制改革，引领支撑粮食科技事业健康发展，加快建设产学研深度融合的粮食科技技术创新体系，树立科技兴粮典型示范，推动科技兴粮示范单位规范化建设，特制定《国家粮食局科技兴粮示范单位遴选暂行办法》，并经国家粮食局局长办公会议讨论通过，现印发执行。

国家粮食局科技兴粮示范单位遴选暂行办法

第一章 总则

第一条 为贯彻实施创新驱动战略和强化科技支撑保障国家粮食安全新战略精神，大力实施“科技兴粮工程”，全面推进粮食科技体制改革，引领支撑粮食科技事业健康发展，加快建设产学研深度融合的粮食科技创新体系，树立科技兴粮典型示范，推动科技兴粮示范单位规范化建设，特制定本办法。

第二条 科技兴粮示范单位（以下简称示范单位）是指在粮食储存、物流、加工、质检、标准、信息化等粮食科学技术研究开发、转化、推广和产业化工作中自主创新特点突出，成效显著，对推动粮食行业科技进步有重大影响的科研院所、高校、企业、质检机构、管理部门等单位。

第三条 示范单位遴选工作遵循公平、公正、公开原则，统筹规划，合理配置资源，规范、有序推进。

第四条 国家粮食局负责科技兴粮示范单位遴选的相关工作。各省级粮食行政管理部门等单位负责组织推荐工作。

第二章 遴选条件

第五条 申报示范单位的基本条件：

（一）具有独立法人资格，科技管理制度健全，诚信和信用良好；

（二）在国内建有高水平的粮食科研、生产基地；

（三）已认定为国家级、省级研发机构；

（四）粮食科技成果已推广应用并取得显著成效；

（五）具有一定的研发规模，中央级科研单位年研发投入1000万元以上，省级科研单位年研发投入500万元以上，企业科研投入1000万元。

第六条 遴选基本标准

（一）贯彻国家科技工作方针政策，围绕粮食行业中心工作，坚持科技创新的市场导向机制和产学研用协同创新机制，聚集国家重大战略任务和需求具有持续和较大投入力度，有实力，有特色，成果有显示度，获行业认可，具有核心科技创新能力和领先地位，科技创新业绩突出，遵守商业和学术道德，没有不良诚信记录；

（二）积极推进粮食文化，并取得明显成效。积极探索粮食学科体系建设，积极推动科技产业化和高新技术改造传统产业，促进高新技术在粮食行业应用和推广，推动产业技术升级效果明显；

（三）在粮食科技基础性、公益性、关键性、前瞻性研究任务中，积极开展粮食科技创新工作，承担国家科技计划重点项目或积极开展自主创新研究，取得重大粮食科技创新成果，创新成果突出，成果推广面较广；

（四）科技创新引领作用明显，管理作用突出，积极引导行业科技创新发展，促进科技与粮食经济社会发展紧密结合，促进成果服务行业发展，形成科技创新与市场应用的良性互动，引领粮食科技支撑行业或区域发展，并取得较大实效；

（五）粮食科技研究经费投入有保障，管理规章制度健全，资金使用规范，防止跑冒滴漏，科技投入产出效率较高，粮食科技转化成果明显，经济和社会效益好。

第三章 遴选工作程序

第七条 各推荐单位向国家粮食局提出申请并按要求上报《科技兴粮示范单位典型材料》、《单位推荐表》及本办法第六条和第七条有关的其他证明材料。其中，局科研院、三所共建大学、原中央级粮食科研院所及中央粮食企业直接申报。流通与科技发展司会同相关司室对申报材料进行审查，按照优中选优、宁缺毋滥的原则对申报单位进行初审。

第八条 组织有关专家和业务管理部门工作人员对初审后的申报材料进行评审及必要的核实后，提出名单建议，经局长办公会或局党组会议审议同意后，在国家粮食局政府网站上公示7天。

第四章 授牌与管理

第九条 国家粮食局对符合条件的拟定示范单位发文，并颁发“科技兴粮示范单位”牌匾和证书。

第十条 国家粮食局在科技创新、科研项目成果产业化等方面，对示范单位予以指导和支持。

第十一条 国家粮食局对科技兴粮示范单位实行动态管理，依据本办法每三年进行一次评价，对合格的示范单位予以确认，对不合格的撤销称号、发布有关公告并摘牌。

第五章 附则

第十二条 本办法由国家粮食局流通与科技发展司负责解释。

第十三条 本办法自发布之日起施行。

关于切实做好露天储粮安全管理工作的通知

（国家粮食局办公室 国粮办展〔2014〕295 号 2014 年 12 月 31 日）

内蒙古、辽宁、吉林、黑龙江省区粮食局，中国储备粮管理总公司、中粮集团有限公司：

目前，我国东北地区露天储粮总量大、存储点分布广，储粮货位数量多，储粮条件参差不齐，管理不够规范，存在较大安全隐患。为做好露天储粮安全管理工作，切实消除各类隐患，确保储粮安全和生产安全，现就有关事项通知如下：

一 抓紧完成露天储粮囤（垛）防火改造任务

据初步调查，截至 2014 年 11 月底，东北地区仍有 290 万吨 2013 年以前搭建的露天储粮囤（垛）未按要求完成防火改造任务，存在较大消防隐患。上述储粮涉及 9500 多个储粮货位，主要分布在黑龙江、吉林等省的地方粮食企业和中储粮总公司、中粮集团有限公司下属东北和内蒙古地区的直属企业中，请你们严格按照《国家粮食局关于切实做好当前粮食行业安全生产工作的紧急通知》（国粮电〔2013〕8 号）、《国家粮食局关于做好今冬明春安全生产工作的通知》（国粮电〔2013〕15 号）等文件要求，尽快完成这批露天储粮囤（垛）的防火改造任务。一是由省级粮食行政管理部门会同中储粮总公司、中粮集团有限公司的省级分支机构负责全面排查，彻底摸清尚未完成防火改造露天储粮的数量、性质、品种、堆放形式以及管理责任单位；二是由地方粮食行政管理部门监督企业制订分货位防火改造方案，明确改造责任人、技术措施、完成时间、资金筹措方式等，改造工作方案要报企业所在地的粮食、安监、消防部门备案；三是地方粮食行政管理部门要将尚未完成防火改造任务的露天储粮货位作为重大安全隐患，实行挂牌督办管理，确定督办责任人，主动协调当地安监、消防等部门加大检查督办力度，并及时向当地人民政府报告检查督办情况；四是对于无法完成或逾期不能完成消防改造任务的露天储粮货位必须予以拆除。属于国家政策性粮食的，由中储粮总公司负责制订拆除和处置方案，报国家有关部门批准和实施；粮权属于地方和企业的，由地方粮食行政管理部门制订拆除和处置方案，并报所在地人民政府批准后实施；五是由省级粮食行政管理部门负责于每月 10 日前向国家粮食局报告上个月份露天储粮防火改造进度情况。

二 新搭建的露天储粮设施必须符合规定标准

地方粮食行政管理部门和中储粮总公司、中粮集团有限公司应加强沟通协调，科学、合理、高效地利用现有仓储设施，尽量减少搭建露天囤（垛）等简易储粮设施。确因仓容紧张需搭建露天储粮设施的，必须制订科学的搭建方案，严格执行国家和地方露天储粮有关规定，确保储粮安全和生产安全。新搭建的露天储粮设施必须符合《粮油仓储管理办法》《建筑设计防火规范》《粮油储藏技术规范》和国家发展改革委 4 部门《关于下达东北地区 2013 年度国家政策性粮食露天设施存储计划的通知》（国粮调〔2014〕7 号）以及有关地方标准规范的要求。要严格控制露天囤（垛）的单体规模和堆码高度。

原则上，露天垛码垛高度不高于5米，单垛规模不超过5000吨；露天囤的高度和单体规模要经科学计算或实践证明切实可行并满足消防安全要求。要加强露天囤（垛）搭建现场管理，执行领导带班制度，做好人员防护工作。

三　切实加强露天储粮安全管理

露天储粮更易受外界温、湿度环境影响，安全储存难度较大，必须加强管理。要严格把好粮食质量关。露天储存的粮食水分必须降至安全水分且分布均匀，杂质必须控制在1%以内。当外界环境温度变化较大时，应及时采取机械通风、人工揭开露天储粮堆上的苫布等方式，通风换气，并加大露天储粮粮情检测频率，密切关注粮情变化趋势，发现异常及时采取有效措施，确保储粮安全。承储企业要建立健全露天储粮安全管理制度，对露天储粮区实行封闭管理，配备必要的安全生产设施设备，明确管理责任，切实做到“严防死守”，确保储粮安全和生产安全。

联 系 人：李鹏飞、汪海波

联系电话：010–63906977、6928

传真电话：010–63906909

电子邮箱：cangchu@chinagrain.gov.cn

公告部分

2014 年第 1 号公告

（国家粮食局 2014 年 1 月 15 日）

为进一步规范中央储备粮代储资格认定行为，强化粮食行业安全发展理念，国家粮食局决定对《中央储备粮代储资格认定办法实施细则》（2010 年第 8 号公告）部分条款予以修改。修改内容如下：

一、将第一条修改为：中央储备粮代储资格认定受理实行“在地管理”。各省、自治区、直辖市及新疆生产建设兵团粮食行政管理部门负责本行政区域内企业的中央储备粮代储资格申请受理（包括延续申请、变更申请）、现场核查、初审上报及资格管理等工作。

二、将第九条修改为：中央储备粮代储资格认定受理工作于每年 5 月第 3 个星期一开始的 5 个工作日内进行。如受理时间发生变化，国家粮食局将提前向社会公告。

三、在“中央储备粮代储资格认定审核标准”中增加“安全生产”审核指标。具体要求是：申请企业每 2.5 万吨仓容（不足 2.5 万吨的按 2.5 万吨计算）应配备 1 台测氧仪、不少于 2 套空气呼吸器；仓房应有出仓作业安全绳系留装置，挡粮板符合规定要求；仓房门洞有操作平台或护栏。

本决定自公告之日起施行。

（附件略）

2014年第2号公告

（国家粮食局 2014年4月15日）

经现场核查，安徽省“宿州市汇谷粮油储备有限公司”、黑龙江省“黑龙江象屿农业物产有限公司”和“佳木斯市大众粮油有限公司”的中央储备粮代储资格认定申请材料与实际情况不符。根据《中央储备粮代储资格认定办法》第二十一条的有关规定，现决定注销上述3户企业的中央储备粮代储资格。

本决定自公告发布之日起生效，请安徽省和黑龙江省粮食局协助收回上述企业的中央储备粮代储资格证书（证书编号分别为34013600、23033800、23035100）并负责销毁。

2014 年第 3 号公告

（国家粮食局 2014 年 8 月 12 日）

根据《中央储备粮代储资格认定办法》、《中央储备粮代储资格认定办法实施细则》以及《中央储备粮代储资格延续申请办法》的规定，经审核，决定授予北京市平谷官庄粮食收储库等 147 户企业中央储备粮代储资格，将北京怀柔国家粮食储备库等 155 户企业的中央储备粮代储资格有效期延续至 2019 年 7 月，准予北京怀柔国家粮食储备库等 73 户企业变更企业名称、仓号和法定代表人等中央储备粮代储资格事项。我局将向本次取得资格企业、延续资格企业以及企业名称、仓号、资格仓容发生变更的企业颁发“中央储备粮代储资格证书”。请相关省（区、市）粮食局协助收回并销毁已作废的中央储备粮代储资格证书。

本决定自公告发布之日起生效。

通告部分

植物油库设计规范

（国家粮食局 国粮通〔2014〕1号 2014年1月7日）

为指导和规范植物油库设计，现批准《植物油库设计规范》为粮食工程建设行业标准，自2014年3月1日起施行。

《植物油库设计规范》编号为LS8010–2014，其中第3.0.3、4.0.3、4.0.4、4.0.5、5.0.3、5.0.4、5.0.6（1）、5.0.6（2）、5.0.6（3）、5.0.6（4）、6.0.1、6.0.2（3）、6.0.3（10）、6.0.4（4）、6.0.4（5）、7.0.4、8.1.2、8.1.3、8.1.8、8.3.3、8.3.4、8.3.5、8.3.6、8.3.10、9.0.4（2）、9.0.4（3）、9.0.5、9.0.7、10.1.1、10.1.2、10.1.3、10.1.4（1）、10.1.5（1）、10.2.1（1）、10.2.1（3）、10.2.6、10.2.7、11.2.1、11.2.2、12.2.4、12.2.5等41项条（款）为强制性条文，必须严格执行。

《植物油库设计规范》由国家粮食局负责管理，中国标准出版社负责出版发行，国贸工程设计院负责解释具体内容。

大米小麦粉加工标准

（国家粮食局 国粮通〔2014〕2 号 2014 年 1 月 13 日）

现发布推荐性行业标准样品如下：

一 2014 年度大米、小麦粉加工精度标准样品行业标准

<table>
<caption>2014 年度大米、小麦粉加工精度标准样品行业标准目录</caption>
<tr><th colspan="2">标准样品名称</th><th>标准号</th><th>特征描述及参考值注）</th><th>制作单位</th><th>适用标准</th></tr>
<tr><td rowspan="4">早籼米加工精度标准样品</td><td>一级</td><td>LS/T 15121 ：1 — 2014</td><td rowspan="12">一级：背沟无皮，或有皮不成线，米胚和粒面皮层去净的占 90% 以上。
二级：背沟有皮，米胚和粒面皮层去净的占 85% 以上。
三级：背沟有皮，粒面皮层残留不超过五分之一的占 80% 以上。
四级：背沟有皮，粒面皮层残留不超过三分之一的占 75% 以上。</td><td rowspan="8">宜兴市粮油集团大米有限公司</td><td rowspan="12">GB 1354−2009</td></tr>
<tr><td>二级</td><td>LS/T 15121 ：2 — 2014</td></tr>
<tr><td>三级</td><td>LS/T 15121 ：3 — 2014</td></tr>
<tr><td>四级</td><td>LS/T 15121 ：4 — 2014</td></tr>
<tr><td rowspan="4">晚籼米加工精度标准样品</td><td>一级</td><td>LS/T 15122 ：1 — 2014</td></tr>
<tr><td>二级</td><td>LS/T 15122 ：2 — 2014</td></tr>
<tr><td>三级</td><td>LS/T 15122 ：3 — 2014</td></tr>
<tr><td>四级</td><td>LS/T 15122 ：4 — 2014</td></tr>
<tr><td rowspan="4">粳米加工精度标准样品</td><td>一级</td><td>LS/T 15123 ：1 — 2014</td><td rowspan="4">苏州市绿世纪粮油有限公司</td></tr>
<tr><td>二级</td><td>LS/T 15123 ：2 — 2014</td></tr>
<tr><td>三级</td><td>LS/T 15123 ：3 — 2014</td></tr>
<tr><td>四级</td><td>LS/T 15123 ：4 — 2014</td></tr>
</table>

续 表

标准样品名称		标准号	特征描述及参考值注）	制作单位	适用标准
南方小麦粉加工精度标准样品	特制一等	LS/T 15111:1 — 2014	麸星含量：1.0±0.4，L★：92.73±1.53，a★：−1.11±0.30,b★：8.27±1.49	张家港市面粉食品有限公司	GB 1355−1986
	特制二等	LS/T 15111:2 — 2014	麸星含量：1.6±0.3，L★：92.48±1.22，a★：−1.07±0.22,b★：8.26±0.64		
	标准粉	LS/T 15111:3 — 2014	麸星含量：3.2±1.0，L★：91.40±1.00，a★：−0.90±0.17,b★：7.96±1.01		
北方小麦粉加工精度标准样品	特制一等	LS/T 15112:1 — 2014	麸星含量：1.4±0.5，L★：92.06±0.96，a★：−1.03±0.16,b★：8.65±1.24	新乡市新良粮油加工有限责任公司	
	特制二等	LS/T 15112:2 — 2014	麸星含量：2.1±0.9，L★：91.28±1.33，a★：−0.91±0.25,b★：8.74±1.63		
	标准粉	LS/T 15112:3 — 2014	麸星含量：3.4±1.1，L★：90.82±1.03，a★：−0.86±0.18,b★：8.87±1.08		

注：小麦粉加工精度标准样品特征参考值按照 GB/T 27628—2011 的要求，采用小麦粉加工精度测定仪测定。

二 小麦硬度指数标准样品等行业标准

小麦硬度指数标准样品等行业标准目录

标准样品名称	标准号	标准值	制作单位	适用标准
小麦硬度指数标准样品	LS/T 1531 — 2014	小麦硬度指数：64.6 不确定度：1.5	河南工业大学	GB/T 21304-2007
稻谷整精米率（籼稻）标准样品	LS/T 15321 — 2014	稻谷整精米率（籼稻）：44.7 不确定度：1.5	湖北国家粮食质量监测中心	GB/T 21719-2008
稻谷整精米率（粳稻）标准样品	LS/T 15322 — 2014	稻谷整精米率（粳稻）：54.4 不确定度：1.5	辽宁国家粮食质量监测中心、辽宁盘锦国家粮食质量监测站	GB/T 21719-2008
大米颜色黄度指数标准样品	LS/T 1533 — 2014	籼米黄度指数： Ym=58.7245±1.6913 粳米黄度指数： Ym=58.6377±1.5685	湖北国家粮食质量监测中心、湖北公安国家粮食质量监测站	GB/T 24302-2009

以上行业标准样品有效期：2014 年 4 月 1 日 ~2015 年 3 月 31 日。

特此通告。

（附件略）

挂面、玉米粉、杂粮粉等 6 项行业标准

（国家粮食局 国粮通〔2014〕3 号 2014 年 4 月 28 日）

现发布 6 项推荐性行业标准，其编号和名称如下：

LS/T 3212—2014《挂面》

LS/T 3301—2014《方便玉米粉》

LS/T 3302—2014《方便杂粮粉》

LS/T 6108—2014《粮油检验　谷物中黄曲霉毒素 B1 的快速测定 免疫层析法》

LS/T 6109—2014《粮油检验　谷物中玉米赤霉烯酮测定 胶体金快速测试卡法》

LS/T 6110—2014《粮油检验　谷物中脱氧雪腐镰刀菌烯醇测定 胶体金快速测试卡法》

LS/T 6108 、LS/T 6109、LS/T 6110 自 2014 年 6 月 1 日起实施；

LS/T 3212 、LS/T 3301 、LS/T 3302 自 2014 年 10 月 1 日起实施。

特此通告。

东北玉米深加工企业补贴名单

（国家粮食局 国粮通〔2014〕4 号 2014 年 7 月 23 日）

根据财政部、国家发展改革委、国家粮食局、中国农业发展银行《关于印发＜东北玉米深加工企业竞购加工国家临时收储玉米补贴管理办法＞的通知》（财建〔2014〕375 号）精神，现将内蒙古、吉林、黑龙江三省区确定的纳入补贴范围的玉米深加工企业名单予以公布，接受社会监督。

企业名称	玉米年加工能力（万吨）
内蒙古自治区（20 家）	
呼伦贝尔东北阜丰生物科技有限公司	150
内蒙古百业成酒精制造有限责任公司	21.6
通辽梅花生物科技有限公司	130.1
通辽万顺达淀粉有限公司	60
牧谷养道科技股份有限公司	16.2
内蒙古玉王生物科技有限公司	68.4
内蒙古利牛生物化工有限责任公司	57.6
内蒙古顺通生物技术有限责任公司	57.6
赤峰市锦城生物科技有限公司	10.8
宁城京都淀粉有限公司	20
赤峰蒙广生物科技有限公司	10
内蒙古伊品生物科技有限公司	60
赤峰瑞阳化工有限公司	10.8
赤峰恒升淀粉有限公司	10.8
内蒙古阜丰生物科技有限公司	108
内蒙古常荣糖业有限公司	21.6
内蒙古开盛生物科技有限公司	12
内蒙古融成玉米开发有限公司	14.4
内蒙古健隆淀粉有限公司	13.7
内蒙古巴山淀粉有限公司	36
吉林省（19 家）	
长春帝豪食品发展有限公司	60
长春大合生物技术开发有限公司	60
长春大成生物技术开发有限公司	60
长春宝成生化发展有限公司	45
长春吉粮天裕生物工程有限公司	45

中粮生化能源（榆树）有限公司	60
吉林燃料乙醇有限责任公司	180
吉林凯赛生物技术有限公司	45
吉林省博大生化有限公司	45
吉林沱牌农产品开发有限公司	15
天成玉米开发有限公司	60
吉林省新天龙实业股份有限公司	90
黄龙食品工业有限公司	60
中粮生化能源公主岭有限公司	60
辽源市巨峰生化科技有限责任公司	45
东丰县华粮生化有限公司	30
梅河口市阜康酒精有限责任公司	75
嘉吉生化有限公司	60
长岭吉隆玉米开发有限公司	15
黑龙江省（22家）	
中粮生化能源（肇东）有限公司	120
黑龙江龙凤玉米开发有限公司	90.9
大庆博润生物科技有限公司	90
中粮生化能源（龙江）有限公司	60
大庆展华生化科技有限公司	60
黑龙江昊天玉米开发有限公司	48
佳木斯阳光生化有限公司	42
黑龙江省镜泊湖农业开发股份有限公司	42
环宇格林粮食开发有限公司	39
黑龙江省兴汇粮食加工有限公司	30
桦川县慧丰酒业有限公司	30
黑龙江富华集团总公司	25
黑龙江成福集团有限公司	24.7
哈尔滨大成生物科技有限公司	24
黑龙江合兴粮油米业有限责任公司	19.5
哈尔滨中国酿酒有限公司	18
宁安市太吉生化有限责任公司	18
集贤县盛园粮油有限公司	16.5
黑龙江省盛龙酒精有限公司	15
哈尔滨菊花生物科技有限公司	15
宁安欣荣农业开发有限公司	13.2
牡丹江白酒厂有限公司	12

小麦储存品质标准

（国家粮食局 国粮通〔2014〕5号 2014年11月6日）

现发布推荐性行业标准样品如下：

行业标准名称：小麦储存品质品尝评分参考样品

标准编号：LS/T 15211-2015

评定参数：馒头品尝评分分值 75±2 分

其中，比容：15 分，表面色泽：12 分，气味：13 分，

弹性：7 分，食味：14 分，韧性：7 分，黏性：7 分。

适用标准：GB/T 20571-2006

本标准自 2014 年 12 月 1 日起实施。

有效期至：2016 年 12 月 31 日。

（附件略）

牡丹籽油行业标准

（国家粮食局 国粮通〔2014〕6 号 2014 年 11 月 17 日）

现发布 1 项推荐性行业标准，其编号和名称如下：

LS/T 3242-2014《牡丹籽油》

LS/T 3242 自 2015 年 1 月 1 日起实施。

特此通告。

附　录

2014年大事记

一月

1月4日，中央党的群众路线教育实践活动第26督导组组长李铁林、副组长杨利民一行，到国家粮食局科学研究院调研教育实践活动整改落实情况，并就扎实抓好整改落实、做好教育实践活动总结工作和推进粮油科研事业科学发展提出希望和要求。任正晓、赵中权同志陪同调研。

1月15日，国家粮食局发布2014年第1号公告，决定对《中央储备粮代储资格认定办法实施细则》（2010年第8号公告）部分条款予以修改。

1月16日，全国粮食系统党风廉政建设工作会议在北京召开。会议认真传达学习了习近平总书记在十八届中央纪委第三次全会上的重要讲话和王岐山同志的工作报告，总结交流了2013年党风廉政建设和反腐败工作，对2014年全国粮食系统党风廉政建设和反腐败工作作出了具体部署。国家发展和改革委员会党组书记、主任徐绍史，党组成员、副主任张晓强，党组成员、国家粮食局局长任正晓出席会议并讲话，赵中权同志作党风廉政建设工作报告。徐鸣、曾丽瑛、吴子丹、卢景波同志出席会议。

1月16~17日，全国粮食流通工作会议在北京召开。会议主要内容是学习贯彻党的十八大和十八届三中全会精神，按照中央经济工作会议、中央农村工作会议以及全国发展和改革工作会议的部署，总结2013年的粮食流通工作，交流各地粮食流通工作的新情况、新经验，分析粮食流通形势，研究深化粮食流通体制改革与发展，部署2014年全国粮食流通工作。国家发展改革委党组书记、主任徐绍史传达了国务院领导同志最近对粮食流通工作作出的重要批示，并作重要讲话。国家发展改革委党组成员、副主任张晓强出席会议并讲话。任正晓同志作了工作报告。赵中权同志作党风廉政建设工作报告。徐鸣同志作会议总结讲话。曾丽瑛、吴子丹、卢景波同志出席会议。

1月17日，国家粮食局召开党组扩大会议，传达十八届中央纪委三次全会精神，学习习近平总书记的重要讲话和王岐山同志的工作报告，研究部署粮食系统贯彻落实全会精神、抓好党风廉政建设和反腐败各项工作。

1月22日，粮食行业信息化建设工作座谈会在江苏南京召开。会议听取了江苏省粮食局关于江苏省粮食信息化建设成果的汇报，观摩了“江苏粮食信息化综合管理平台”、“江苏粮食地理信息系统”、“地方储备粮远程监管系统”等功能展示。与会专家就粮食行业信息化建设总体思路、重点方向、技术路线、政策措施等进行了讨论，对《粮食识别代码试点技术方案》提出了修改建议。徐鸣、吴子丹同志出席会议。

1月23日，国家粮食局召开党的群众路线教育实践活动总结大会。会议指出，按照中央统一部署，在中央第26督导组的具体指导下，国家粮食局从2013年7月上旬以来，围绕保持党的先进性和纯洁性，以为民务实清廉为主题，在全局各级党组织和党员干部中扎实开展了党的群众路线教育实践活动。按照“照镜子、正衣冠、洗洗澡、治治病”的总要求，着力解决在形式主义、官僚主义、享乐主义和奢靡之风方面存在的突出问题，较好地完成了中央提出的教育实践活动各环节工作任务，达到了预期目标。会议强调，通过加强学习教育、广泛听取意见，聚焦“四风”深入查摆问题，认真开展批评与自我批评，抓好整改落实、建章立制，使党员干部普遍受到了一次深刻的马克思主义群众路线教育，增强了领导班子解决自身问题的能力，着力解决关系群众切身利益的突出问题，取得了一批改进作风的制度成果，为全面深化粮食流通领域改革、推进粮食流通事业科学发展、确保国家粮食安全提供了重要保障。中央第26督导组组长李铁林出席会议并作重要讲话，中央第26督导组副组长杨利民及督导组其他成员出席会议。任正晓同志作总结报告。

二月

2月11日，为保护农民种粮积极性，促进粮食生产发展,2014年国家继续在粮食主产区实行最低收购价格政策，并适当提高最低收购价格水平。经国务院批准，2014年生产的早籼稻（三等，下同）、中晚籼稻和粳稻最低收购价格分别提高到每50公斤135元、138元和155元，比2013年分别提高3元、3元和5元。

2月12日，中共中央组织部发出通知：经研究，同意任正晓同志任国家发展和改革委员会党组成员。

2月13日，任正晓同志主持召开教育实践活动领导小组会议，认真传达学习习近平总书记和刘云山、赵乐际同志在党的群众路线教育实践活动第一批总结暨第二批部署会议上的重要讲话，研究部署国家粮食局党的群众路线教育实践活动收尾工作。会后，赵中权同志主持召开教育实践活动领导小组办公室全体成员会议，传达领导小组会议精神并对做好局教育实践活动收尾工作作出安排部署。

2月17日，国家粮食局召开局长办公会议，认真传达学习国务院第二次廉政工作会议精神，研究部署贯彻落实的措施。会议结合粮食流通工作实际，研究提出从6个方面扎实做好工作，把中央关于反腐倡廉的部署和国务院第二次廉政工作会议精神落到实处。

2月21日，国家粮食局副局长曾丽瑛在浙江宁波分别会见了前来参加“2014年APEC粮食安全政策伙伴关系机制（PPFS）政府—企业粮食安全与贸易对话会议暨第一次管理委员会会议”的菲律宾农业部副部长世家兰铎·塞拉诺先生和印度尼西亚农业部粮食安全署署长艾哈迈德·苏亚纳先生一行。曾丽瑛副局长分别与他们就保障亚太地区粮食安全以及如何办好PPFS会议交换了看法。双方希望今后进一步加强在粮食领域的交流与合作。

2月21~23日，亚太经合组织（APEC）粮食安全政策伙伴关系机制（PPFS）政府与企业粮食安全与贸易对话会议、2014年PPFS第一次管理委员会会议在浙江省宁波市举行。会议对2014年PPFS的会议主题、议题、行动计划、商业计划等内容进行了审议。这是中国首次作为东道主举办PPFS系列会议。来自APEC17个经济体成员的150余位政府官员、粮油企业、协会等代表参加了会议。任正晓同志出席开幕式并致辞，曾丽瑛同志主持开幕式并作专题发言。

2月26日，中央纪委常委、监察部副部长姚增科同志一行深入到国家粮食局调研，并与国家粮食局有关负责同志进行工作座谈。任正晓、赵中权同志参加工作座谈。

2月26~27日，全国粮食调控与统计工作会议在四川省成都市召开。会议主要内容：会审汇编了

2013年度全国粮油统计年报，认真分析了2014年粮食供求形势和价格走势，研究讨论了粮食流通统计制度改革实施方案，并就如何做好2014年粮食调控工作进行了座谈。卢景波同志出席会议并讲话。

三月

3月13~14日，全国粮食流通监督检查工作会议在山东临沂召开。会议主要内容：贯彻落实全国粮食流通工作会议精神，总结交流2013年粮食流通监督检查工作，研究分析当前面临的新形势，安排部署2014年全国粮食库存检查等重点工作任务。吴子丹同志出席会议并讲话，

3月15日，粮食行业信息化建设座谈会在山东省青岛市召开，就“智慧粮食”建设、识别代码试点等工作进行了讨论和部署。来自山东、江苏等14个省（区、市）粮食局的有关负责同志参加了会议，多名信息化专家到会作了交流。徐鸣、吴子丹同志出席并讲话。

3月17日，国家粮食局公布第一批国家粮油标准研究验证测试机构名单，其中国家粮食局科学研究院质检中心等42家单位为国家粮油标准研究验证测试中心，河北邯郸国家粮食质量监测站等35家单位为国家粮油标准验证工作站，各标准验证机构人、财、物及隶属关系不变，相关业务工作接受国家粮食局标准质量管理部门指导。

3月18日，国家粮食局在河南省郑州市召开全国粮食财会工作会议，贯彻落实全国粮食流通工作会议精神，总结交流2013年粮食财会工作，会审汇编2013年度国有粮食企业会计决算报表，研究和布置2014年工作。曾丽瑛同志出席会议并讲话。

3月24日，国家粮食局局长任正晓、副局长吴子丹与内蒙古自治区政府副主席王玉明进行了工作会谈，研究进一步做好粮食收储和促销等工作。

3月25~26日，国家粮食局在陕西省西安市举办第一批全国粮食库存检查专业人员培训。天津等14个省（区、市）选派330名纳入国家粮油库存检查专业人才库的人员参加了培训。授课老师分别就粮油库存检查组织实施和工作要求、粮油库存检查技巧及库存管理中的常见问题、粮油库存管理的政策、业务和制度、粮油库存管理规范化与库存检查等内容进行了详细讲解和答疑。

3月28日，国家粮食局任正晓局长会见了国际大豆种植者联盟（ISGA）代表团一行。任正晓局长向来宾介绍了中国大豆生产、消费和贸易等方面的情况，回答了他们所关心的有关问题。ISGA代表们对任正晓局长的会见和情况介绍表示感谢，希望进一步加强与中国在大豆生产、贸易领域的交流与合作。

3月31日，国家粮食局局长任正晓、副局长徐鸣、吴子丹与安徽省副省长梁卫国进行了工作会谈，研究进一步做好粮食收储和推进“粮安工程”建设等工作。

四月

4月3日~5月3日，国家粮食局决定在2014年4月集中一个月的时间在全局党员中深入开展以知纪、守纪、执纪为主题的“党的纪律学习教育月”活动。4月3日，国家粮食局召开全局党员干部大会，任正晓同志作了动员讲话。这次“党的纪律学习教育月”活动，以正面教育、自我教育为主，

采取教育动员、集中学习、联系实际、查摆问题、整改提高、总结交流等方法步骤进行，着重解决知纪不深、守纪不够和执纪不严的问题，把党员干部职工的思想和行动统一到中央关于全面深化改革、保障国家粮食安全的重大决策部署上来，切实增强“首要意识”和“守责意识”，更好地肩负起保障国家粮食安全的部门职责和行业使命。

4 月 14 日，国家粮食局局长任正晓、副局长卢景波与吉林省副省长隋忠诚进行了工作会谈，研究进一步做好粮食收储、促销等工作。

4 月 21 日，任正晓同志参加全国人大农业与农村委员会第七次全体会议，汇报粮食法立法相关情况。

4 月 24~25 日，全国粮食质量安全监管工作会议在厦门召开。会议总结了国家粮食局 2013 年在粮食质量安全监管方面贯彻落实李克强总理关于做好“广积粮、积好粮、好积粮”三篇文章重要精神的工作情况，强调粮食标准质量工作要统一到党中央、国务院对粮食工作特别是粮食质量安全监管工作，以及食品安全工作的总要求上来，着力提升质量监管和检验检测能力，为保障广大人民群众“舌尖上的安全”作出新的更大贡献。会议传达了国务院食品安全工作要点。吴子丹同志出席会议并讲话。

4 月 29 日，中央国家机关“五一”劳动奖状奖章颁奖仪式在北京人民大会堂金色大厅举行。中央国家机关工会联合会向 80 个先进集体和 125 名先进个人分别颁发了中央国家机关“五一”劳动奖状、劳动奖章。国家粮食局调控司和财务司王耀鹏分获“五一”劳动奖状和奖章。

4 月 29~30 日，国家粮食局党组书记、局长任正晓主持局党组中心组集体学习习近平总书记系列重要讲话精神，深刻领会习近平总书记关于粮食安全和粮食工作的重要论述，研究部署保障国家粮食安全各项工作。

五月

5 月 4 日，国家粮食局党组中心组全体成员到中国气象局参观学习，实地参观了气象影视中心、国家卫星气象中心、国家气候中心、国家气象中心等机构，听取了气象影视服务、防灾减灾气象服务、气候预测预报服务、气象服务“三农”、粮食产量趋势预测等情况介绍，并与中国气象局领导班子成员进行了座谈，商讨深化合作保障国家粮食安全有关事项。

5 月 7 日，国家粮食局、工业和信息化部、国家质量监督检验检疫总局联合印发关于促进粮油加工业节粮减损的通知。通知要求，采取更加有效的措施推进粮油加工业节粮减损，大幅度减少粮油加工环节的损失浪费，大力改善粮油品质，有效提高副产物综合利用率。

5 月 8 日，全国夏粮收购工作会议在山东省济宁市召开。会议深入研究分析了 2014 年小麦、油菜籽、早籼稻生产、收购和市场形势，对夏季粮油收购工作作出安排和部署。卢景波同志出席会议并讲话。

5 月 12 日，国家发展改革委、财政部、国家粮食局、中国农业发展银行等有关部门在北京召开全国粮食库存检查部门联合抽查动员会。随后，国家有关部门派出 5 个联合抽查组赴黑龙江、江西、福建、广东、陕西等省，对各地粮食库存检查工作开展情况进行了抽查。

5 月 15~16 日，全国粮食系统军粮供应工作会议在河南省郑州市召开。会议总结交流了前一阶段军粮供应工作情况，深入分析新形势下军粮供应工作面临的挑战与机遇，研究部署了下一阶段的工作任务。会议还公布了军粮精神、军粮口号评选结果和粮油科技进军营活动优秀单位、服务标兵名单。卢景波同志出席会议并讲话。

5 月 17 日，国家粮食局、教育部、全国妇联共同主办的粮食科普走进北京市天通苑社区活动成功举行。活动现场展示了 30 块营养健康常识宣传板，由专家组成的“营养健康博士团”宣讲了粮油营养与国民健康关系等粮油科普知识，解答了社区居民的提问，并分发了宣传品。曾丽瑛同志出席活动并致辞。

5 月 20 日，中国粮食行业协会五届二次、中国粮食经济学会七届二次理事（扩大）会议在北京召开。会议听取并审议通过了中国粮食行业协会第五届理事会、中国粮食经济学会第七届理事会工作报告和财务报告；审议通过了《中国粮食行业协会专家委员会工作制度》。曾丽瑛同志出席会议并讲话。

5 月 22 日，国家发展改革委、国家粮食局等 6 部门印发 2014 年小麦和早籼稻最低收购价执行预案的通知。小麦预案规定了 2014 年白小麦、红小麦和混合小麦最低收购价格均为每市斤 1.18 元。执行区域：河北、江苏、安徽、山东、河南、湖北 6 省。执行期限：2014 年 5 月 21 日至 9 月 30 日。早籼稻预案规定了早籼稻最低收购价每市斤 1.35 元。执行区域：安徽、江西、湖北、湖南、广西 5 省区。执行期限：2014 年 7 月 16 日至 9 月 30 日。

5 月 30 日，经国务院批准，国家粮食局会同国家发展改革委、财政部和中国农业发展银行下达临储油菜籽收购计划 500 万吨，收购价格为 2.55 元 / 斤，执行时间为：冬播油菜籽产区 2014 年 6 月 1 日 ~9 月 30 日；春播油菜籽 2014 年 9 月 1 日 ~2015 年 2 月 28 日。执行区域为内蒙古、江苏、浙江、安徽、江西、河南、湖北、湖南、重庆、四川、贵州、云南、西藏、陕西、甘肃、青海和新疆 17 个省（区、市）。

六月

6 月 9 日，国家粮食局会同国家发展改革委、财政部、中国农业发展银行印发《关于下达新疆维吾尔自治区 2014 年国家临时存储小麦收购计划的通知》，决定由中储粮总公司在新疆收购 150 万吨新小麦作为国家临时存储粮食。

6 月 12 日，为加强粮食市场调控，缓解主产区新粮收储仓容紧张的压力，国家粮食局会同有关部门联合下达 2014 年第一批国家政策性粮食跨省移库计划，主要从内蒙古、吉林、黑龙江等仓容压力大的地区调往河北、山东等有空仓的玉米消费区。

6 月 16 日，国家粮食局局长任正晓会见了加拿大农业与食品部部长格里・里茨（Mr. Gerry Ritz）先生一行。宾主双方一致表示，今后将进一步加强交流交往，推动两国粮食流通合作向更深更广的领域发展。

6 月 10~22 日，全国食品安全宣传周活动在全国范围内展开。6 月 18 日，国家粮食局在全社会开展以“尚德守法 确保粮油质量安全”为主题的全国“放心粮油宣传日”活动。主会场设在黑龙江省哈尔滨市。活动期间，黑龙江省 76 家放心粮油示范企业联合发布保障食品安全承诺；有关专家和专业技术人员为到场市民进行了食品安全知识讲解；发放了《粮油消费科学常识》等科普宣传材料，活动受到了到场市民的欢迎和好评。

6 月 23 日，国家粮食局局长任正晓在北京会见了联合国粮农组织（FAO）驻中国、朝鲜及蒙古国代表伯希·米西卡先生（Mr. Percy Misika）一行。双方希望今后加强交流与合作，共同促进发展中国家在粮食仓储、物流和加工等方面取得进步。

6 月 25 日，国务院召开第 52 次常务会议，对做好粮食收储和加强仓储设施建设进行了专题研究，明确了工作重点和要求，并从促销压库、加强调运、增加地方储备、加大建仓力度、挖掘社会仓容潜力等方面作了具体安排部署。

6 月 28 日，部分市、县粮食部门党的群众路线教育实践活动座谈会在陕西西安市召开。会议主要内容：传达学习刘云山同志在中央各部门各单位党的群众路线教育实践活动专项推进会上的讲话，学习贯彻中央各部门各单位党的群众路线教育实践活动专项推进会精神，总结交流市、县粮食部门教育实践活动进展情况，研究推动粮食行业教育实践活动上下联动的意见和措施。赵中权同志出席会议并讲话。

6 月 30 日，部分省（区、市）粮食局长紧急会议在北京召开。会议传达贯彻了国务院第 52 次常务会议精神，研究贯彻落实粮食收储有关工作。任正晓、徐鸣、曾丽瑛、吴子丹、卢景波同志出席会议。

七月

7 月 2 日，泰国农业与合作社部监察长楠提雅·温帕塞女士率领的高级官员培训班一行 127 人来到国家粮食局科学研究院考察学习。培训班学员主要来自泰国农业与合作社部各司局及相关研究机构和大学。参观结束后，来宾们一致表示对中国粮油科技发展水平印象深刻，希望进一步加强与中国在粮食流通领域和粮油科技方面的交流与合作。

7 月 3 日，为认真落实好国务院 6 月 25 日常务会议精神，最大限度挖掘粮食收储潜力，以利于国家粮食收储和跨省移库粮食工作，防止出现农民“卖粮难”，国家粮食局发出《关于对国家粮食仓库进行清查的紧急通知》，要求各省（区、市）粮食局自通知下发之日起对国家粮食仓库立即进行一次全面清查。

7 月 3 日，国家粮食局公示 2014 年中央储备粮代储资格审核结果：授予北京宝益粮油储备库等 147 户企业中央储备粮代储资格，将北京怀柔国家粮食储备库等 155 户企业的中央储备粮代储资格有效期延续至 2019 年 7 月，对北京怀柔国家粮食储备库等 73 户企业部分中央储备粮代储资格事项进行变更。

7 月 4 日，李克强总理在中央储备粮株洲直属库考察时，抓起一把存粮搓了搓，又咬开一颗谷粒品尝后问道：“这粮食存了两三年了吧？”工作人员点头称是。总理说，我们过去要求“广积粮、积好粮、好积粮”，现在还要改革机制，做到买得进、存得好、卖得出，为国家粮食安全作贡献。

7 月 11 日，全国粮油标准化技术委员会第二届一次会议在黑龙江省哈尔滨市召开。会议听取并原则通过了第一届粮油标准化技术委员会的工作报告，宣布了全国粮油标准化技术委员会第二届委员名单和领导机构组成人员。任正晓同志和国家标准化管理委员会党组成员、总工程师殷明汉出席会议并讲话。

7 月 15 日，国家粮食局召开全局“党的纪律学习教育月”活动总结交流会，认真学习习近平总书记在中央政治局第 16 次集体学习时的重要讲话，学习贯彻国家发展改革委关于开展“反腐倡廉教育月”活动的实施方案，局办公室等 6 个单位交流了开展学习教育活动的做法和经验。任正晓同志作总结讲话。

7 月 16 日，第十届福建、山东、江西、吉林、安徽、河南、黑龙江、湖南、江苏九省粮食产销协作福建洽谈会在厦门举行。据初步汇总，本届洽谈会共签订项目 284 项，粮食购销合同（协议）数量达 587.9 万吨。国家粮食局副局长卢景波、福建省副省长陈荣凯、安徽省副省长梁卫国、河南省副省长王铁出席并现场参观了九省粮油精品展。

7 月 16 日，国家粮食局在北京大学组织研讨“智慧粮食”相关问题。专家代表就大数据与云技术在粮食行业的实际应用、开发实用的算法与模型、监测预测工作思路及阶段性目标等作了介绍，探析了下一步研究方向与重点、难点问题。国家粮食局和北京大学还就加强粮食信息化及宏观政策研究的合作进行了交流。徐鸣、吴子丹同志出席。

7 月 27 日，全国粮食系统纪念“四无粮仓”创建 60 周年座谈会在浙江省余杭市召开。会议强调全国粮食系统要大力弘扬“四无粮仓”精神，全面落实国家粮食安全战略，切实守护国家粮食安全。参与当年创建“四无粮仓”的老同志代表参加了会议。任正晓同志出席会议并作重要讲话，徐鸣、吴子丹同志出席会议。

7 月 27~28 日，全国粮食局长座谈会暨全国粮食系统政策法规工作会议在浙江省杭州市召开。会议总结交流 2014 年上半年各地粮食部门贯彻落实党的十八届三中全会精神和中央关于粮食工作决策部署以及全国粮食流通工作会议情况，进一步推进落实国务院第 52 次常务会议关于粮食收储和仓储设施建设工作的部署，深入分析当前粮食流通工作面临的形势和存在的问题，研究提出下一阶段推进粮食流通领域改革和流通工作的思路。任正晓、徐鸣、吴子丹、卢景波同志和浙江省副省长黄旭明出席座谈会并讲话。

八月

8 月 3 日，云南鲁甸 6.5 级地震发生后，国家粮食局高度重视，任正晓同志第一时间与云南、贵州、四川 3 省粮食局主要负责同志沟通了解情况，要求全力以赴做好抗震救灾工作，确保受灾群众和救灾部队的口粮供应。国家粮食局还督促云南省粮食局做好救灾粮供应预案，加强市场监测和粮源组织调度，确保粮食供应有序进行，切实维护粮油市场稳定和社会安定。同时，要求四川等周边省做好向灾区调运成品粮的准备，一旦需要可随时发运。

8 月 7 日，为认真贯彻落实中共中央办公厅、国务院办公厅《关于厉行节约反对食品浪费的意见》和中宣部、国家发展改革委《关于开展节俭养德全民节约行动的通知》精神，大力促进节粮减损反对粮食浪费，国家粮食局印发关于大力促进节粮减损反对粮食浪费的通知。

8 月 7 日，国家粮食局在北京组织召开“《玉米－规格》等两项国际标准项目启动会”。由我国牵头制修订的 ISO 19942《玉米－规格》和 ISO 15141《谷物和谷物制品—赭曲霉毒素 A 含量的测定—免疫亲和柱净化荧光检测高效液相色谱法》两项标准项目已在国际标准化组织（ISO）注册立项，本次启动会标志着《玉米－规格》等两项国际标准项目的国内专家工作组正式成立。

8 月 9 日，任正晓同志主持召开部分省市粮食局对口援藏工作座谈会。会议总结交流了近年来粮食系统对口支援西藏粮食工作的成效和经验，研究部署了进一步推动对口援藏工作的具体措施，衔接落实了有关援助合作项目。会议召开前，任正晓同志还赴西藏自治区部分地市调研粮食流通工作。

8 月 13~19 日，国家粮食局副局长卢景波和武警部队后勤部副部长傅凌带领联合工作组赴新疆检查调研军粮应急保障等工作。工作组先后深入乌鲁木齐、喀什、和田、伊犁等反恐维稳一线的武警部队机关、连队、执勤点和地方军粮配送中心、军粮供应站（点），认真听取驻疆武警部队和地方粮食部门对军粮保障的意见建议，实地查看军粮供应的粮油品种、数量和质量。

8 月 14 日，亚太经合组织（APEC）粮食安全政策伙伴关系机制（PPFS）2014 年高级别对话会议、全体成员会议暨 APEC 粮食技术、设施和资源展览会在北京开幕。在这次 PPFS2014 年高级别对话会议上，代表围绕公共部门、私营部门在粮食安全中的角色与实践，粮食安全关心议题等进行交流讨论。来自 APEC 经济体 PPFS 成员、相关企业、APEC 秘书处、亚太经合组织工商咨询理事会秘书处、有关粮农组织的代表近 200 人参加会议，交流对话，谋求合作，共同促进亚太地区粮食安全。任正晓、曾丽瑛出席会议并发言。

8 月 25 日，国家发展改革委副主任林念修到国家粮食局调研座谈。任正晓、徐鸣、曾丽瑛、吴子丹、卢景波同志参加。

九月

9 月 4 日，国家粮食局局长任正晓在北京会见了来访的塞内加尔共和国农业和农村装备部部长帕帕·阿布杜拉耶·塞克先生一行。宾主双方相互介绍了两国粮食生产、消费、储藏和进出口等方面的情况。双方一致表示，今后要在粮食储藏、物流、质检、科研等方面加强交流与合作。

9 月 10 日，教育部公布了 2014 年国家级教学成果奖获奖项目名单。国家粮食局遴选推荐的沈阳师范大学粮食学院《高职粮食专业产教融合、工学交替教学模式改革与实践》和江西工业贸易职业技术学院《高职粮食工程专业工学结合一体化人才培养模式的构建和实践》两个项目均荣获职业教育国家级教学成果二等奖，实现了粮食行业国家级教学成果奖零的突破。

9 月 17 日，国家发展改革委、国家粮食局等 6 部门联合下发《关于印发 2014 年中晚稻最低收购价执行预案的通知》。预案规定了 2014 年中晚稻最低收购价水平，中晚籼稻最低收购价每市斤 1.38 元，粳稻最低收购价每市斤 1.55 元。执行区域：辽宁、吉林、黑龙江、江苏、安徽、江西、河南、湖北、湖南、广西、四川 11 省区。执行期限：江苏、安徽、江西、河南、湖北、湖南、广西、四川 8 省区为 2014 年 9 月 16 日至 2015 年 1 月 31 日，辽宁、吉林、黑龙江 3 省为 2014 年 11 月 1 日至 2015 年 3 月 31 日。

9 月 18 日，国家粮食局局长任正晓会见了澳大利亚农业部长巴纳比·乔伊斯先生一行。双方希望在粮食科技、粮油加工、生态储粮、绿色储粮和节粮减损等领域加强交流与合作。随后，在任正晓局长和乔伊斯部长的共同见证下，国家粮食局科学研究院分别与澳大利亚粮食出口创新中心和澳大利亚默多克大学签署了合作备忘录。

9 月 18 日，国家粮食局局长任正晓会见了台湾农粮部门负责人陈保基先生一行。双方希望，今后两岸要加强在粮食储藏技术、产后减损、粮油科技创新、粮食贸易等方面的交流与合作，并建立长期合作机制，促进两岸同业管理人员和技术人员的经常性、务实性交往，共同努力保障粮食安全，造福于两岸人民。

9月19日，APEC第三届农业与粮食部长会议在北京召开，中国国务院副总理汪洋出席开幕式并致辞。来自亚太经合组织20个经济体的农业与粮食部长和有关国际组织约200名代表出席了会议。会议审议通过了《亚太经合组织粮食安全北京宣言》。任正晓同志出席这次会议并就加强粮食流通、减少产后损失的问题作了大会发言，向会议提出了APEC各经济体共同实行“增产与减损并重”粮食安全政策的倡议。

9月24~26日，国家粮食局直属机关工会第三次会员代表大会暨第三次妇女代表大会在北京召开。会议听取并审议了第二届工会委员会和妇女委员会的工作报告、第二届经费审查委员会工作报告、第二届工会委员会经费收支情况报告，并表决通过了相关决议，选举产生了新一届直属机关工会委员会、经费审查委员会、直属机关妇女委员会以及新一届工会委员会主席、副主席，新一届经审委主任、副主任，新一届妇委会主任、副主任等。任正晓、赵中权同志出席会议。

9月25日，全国秋粮收购工作会议在黑龙江省哈尔滨市召开。会议认真分析了2014年秋粮生产和国内外粮食市场形势，对做好秋粮收购工作作出安排部署。卢景波同志出席会议并讲话。

9月，为贯彻落实国务院常务会议精神，财政部和国家粮食局加大“危仓老库”维修改造力度。中央财政补助资金由2013年的10亿元增至2014年的20亿元，重点支持省份在2013年黑龙江、江苏、江西、湖南4省的基础上，2014年又增加了河南、山东、吉林、内蒙古、安徽、湖北、四川、河北8省区。重点支持省份由财政部和国家粮食局按照“公平、公开、公正”的原则，通过“竞争择优”机制联合评审选出，并与其签订《危仓老库维修改造目标责任书》。

十月

10月9日，接到“黑龙江海林一粮食储备仓库8日大火现仍在扑救”的信息报告后，国家粮食局局长任正晓立即作出批示，要求迅速派员赶赴海林，积极支持配合国资委和中储粮总公司组织指导灭火救粮，摸清实情和成因，核查失火责任，落实整改防范措施，严防发生人员伤亡事故，最大限度地降低过火粮食的损失。国家粮食局立即派出人员赶赴现场，10日早晨又派出何毅总工程师带领专家组赶赴海林火灾现场，指导后续灭火救粮工作。

10月10~11日，全国粮食安全生产培训班在辽宁省沈阳市举办。培训班通报了中央储备粮海林直属库“10·8”火灾事故情况，在全行业部署开展消防安全专项整治行动，宣传贯彻新修订的《中华人民共和国安全生产法》，研究进一步做好重点领域和关键环节安全生产工作，全面推进粮油仓储企业安全生产标准化进程。来自各省（区、市）粮食部门和中央粮食企业等100余人参加了培训。

10月13日，由国家粮食局、农业部、共青团中央、全国妇联、联合国粮食及农业组织联合主办的第24个全国爱粮节粮宣传周在全国范围启动。2014年全国爱粮节粮宣传周的主题是“节约一粒粮 我们在行动”。宣传周期间，国家粮食局等主办单位组织在家庭、青少年、企业三个层面开展“节约一粒粮”行动，以增强全民爱粮节粮、科学食粮意识。10月16日，国家粮食局、农业部、共青团中央、全国妇联和联合国粮食及农业组织在清华大学大礼堂联合主办2014年世界粮食日、全国爱粮节粮宣传周主会场活动。

10月14日，国家粮食局牵头承担的ISO 7901：2011小麦－规格国际标准，获得我国标准化领域的最高奖项“中国标准创新贡献奖”一等奖。ISO 7901：2011小麦－规格国际标准，实现了我国涉农领域主导修订国际标准的零的突破，为促进国际小麦公平贸易、保障粮食安全作出了贡献。

10月24日，国家粮食局召开党组扩大会议，迅速传达党的十八届四中全会精神，认真学习习近平总书记在全会上的重要讲话和《中共中央关于全面推进依法治国若干重大问题的决定》，研究部署贯彻落实的工作措施。

10月27日，为期5天的全国粮食局长培训班在国家行政学院正式开班。按照培训班安排，中农办、全国人大法工委、财政部、科技部、国家食品药品监督管理总局、国家粮食局有关领导和专家将分11个专题为学员授课。全国各省（区、市）粮食行政管理部门负责人参加了本次培训。任正晓同志作开班动员并作了题为“认真贯彻落实党的十八届四中全会精神，全面推进依法治粮，确保国家粮食安全”的讲话，徐鸣同志主持开班式。

10月30日，国家粮食局组织党的优良传统和作风专题党课教育活动，邀请曾经在毛主席身边工作12年的吴连登同志给党员干部上党课。任正晓、卢景波同志出席活动。

10月31日，亚太经合组织（APEC）粮食安全系列会议成果落实暨粮食外事工作座谈会在北京召开。会议认真总结了此次举办APEC粮食安全系列会议取得的成果、经验和体会，提出了进一步落实系列会议成果的措施和建议，并对如何做好粮食外事工作，提升外事工作水平进行了认真讨论。任正晓同志出席会议并作讲话，曾丽瑛同志主持会议。

十一月

11月4日，国家粮食局召开年轻干部培养锻炼工作座谈会。会议传达学习了全国优秀年轻干部培养选拔工作座谈会的重要精神，听取了赴基层实践锻炼年轻干部代表的心得体会报告，参会司局主要负责人与年轻干部进行了面对面的讨论交流。任正晓同志出席会议并讲话，赵中权同志主持会议。

11月16日，全国粮食科技创新大会在北京召开。会议发布了粮食储藏成套新技术新工艺集成创新——粮食储藏“四合一”升级新技术、呕吐毒素超标小麦安全合理利用技术研究与应用示范、粮食信息化管理技术创新——库存粮食识别代码及物联网技术应用、食用植物油适度加工关键技术等一批重大科技成果和前沿技术进展情况，宣布了国家粮食局科学研究院等首批10个“科技兴粮示范单位”并举行了授牌仪式。任正晓、徐鸣、吴子丹同志出席会议并讲话。

11月21~23日，国家粮食局党组理论学习中心组以“深入学习宣传贯彻党的十八届四中全会精神，全面推进依法治粮、加快法治粮食建设”为主题进行集中学习。21日上午举办学习贯彻党的十八届四中全会精神专题报告会，邀请公安部法制局副局长、四中全会《决定》文件起草组成员李文胜同志作了题为《认真学习贯彻四中全会精神全面推进法治中国建设》的辅导报告。

11月24日，国家粮食局局长任正晓会见了来访的阿根廷农牧渔业部部长卡洛斯·卡萨米格拉先生（Mr. Carlos Casamiquela）一行。宾主双方交流了中阿两国粮食生产、消费和贸易情况，并就进一步落实 2012 年 6 月中国国家粮食局与阿根廷农牧渔业部签署的《中华人民共和国国家粮食局与阿根廷共和国农牧渔业部合作谅解备忘录》交换了意见。双方一致认为要在粮食储藏、粮食产后减损、粮油科技、粮油质量标准互通和粮油信息交流等方面进一步商讨具体的合作方式和内容，力求 2015 年中阿两国在粮食领域的交流与合作能取得新的成效。

11 月 25 日，国家粮食局、国家发展和改革委员会等 4 部门印发《国家发展和改革委员会 国家粮食局 财政部 中国农业发展银行关于 2014 年东北地区国家临时存储玉米收购有关问题的通知》，国家决定 2014 年继续在东北三省和内蒙古自治区实施玉米临时收储政策。收购时间：自本通知印发之日至2015年4月30日。收购价格：内蒙古、辽宁1.13元/市斤,吉林1.12元/市斤，黑龙江1.11元/市斤。相邻等级之间差价按每市斤 0.02 元掌握。

11 月 27~28 日，全国粮食系统文化建设座谈会在河北省石家庄市召开。会议主要内容：深入贯彻落实党的十八大、十八届三中、四中全会精神和习近平总书记在文艺工作座谈会上的重要讲话精神，总结交流粮食系统近年来培育和践行社会主义核心价值观、加强粮食文化建设的经验做法，研究部署下一步工作。赵中权同志出席会议并讲话。

十二月

12 月 3~5 日，全国粮食财会培训班在北京举办。国家粮食局邀请财政部、中国农业发展银行总行有关负责同志以及部分《粮食企业会计实务操作手册》编撰人员分别进行了授课，指导粮食企业学习贯彻执行《企业会计准则》和《小企业会计准则》，规范企业会计核算，促进粮食企业改革发展，服务粮食宏观调控。各省（区、市）粮食部门及中央粮食企业和部分地方大型国有及民营粮食企业负责人和财会人员 150 人参加了培训。

12 月 5 日，国家发展改革委副主任连维良到国家粮食局调研座谈。任正晓、徐鸣、曾丽瑛、吴子丹、卢景波同志出席。

12 月 9 日，国家粮食局召开全国粮食仓储设施专项调查动员电视电话会议。这次专项调查的调查对象实行“全覆盖原则”，调查方式实行“在地原则”，采取系统化、标准化操作，采用信息化技术实施调查。本次专项调查分四个阶段实施：调查准备、企业填报、市县普查、汇总上报。吴子丹同志出席会议并讲话。

12 月 15 日，国家粮食局会同人力资源社会保障部印发关于评选全国粮食系统先进集体、先进工作者和劳动模范的通知，经各省（区、市）和新疆建设兵团人力资源社会保障部门、粮食行政管理部门逐级推荐和评选，经复审，拟表彰北京市大兴区粮食局等 90 个全国粮食系统先进集体、谭毅等 43 名全国粮食系统先进工作者、李金禄等 87 名全国粮食系统劳动模范。

12 月 15 日，国家粮食局召开党组扩大会议，传达贯彻中央经济工作会议精神，认真学习习近平总书记、李克强总理的重要讲话，传达全国发展改革工作会议精神，研究部署贯彻落实中央经济工作会议精神的具体措施。

12 月 22 日，粮油加工科研工作座谈会在江苏省无锡市召开。与会粮油加工领域专家等介绍了各自单位近年来粮油加工方面所取得的科研成果，围绕实施“科技兴粮”工程，提出了“十三五”粮油加工技术发展思路和重大项目建议。企业代表结合自身经营和粮油产业发展，提出了加工业技术瓶颈和装备开发问题等需求。吴子丹同志出席会议。

12 月 24 日，国家粮食局召开党组扩大会议，及时传达学习中央农村工作会议精神，研究贯彻落实的具体措施。会议要求，贯彻中央农村工作会议精神，要扎实做好岁末年初的粮食流通各项重点工作。

12 月 31 日，国务院印发《关于建立健全粮食安全省长责任制的若干意见》，从粮食生产、流通、消费等各环节，进一步明确了各省级人民政府在维护国家粮食安全方面的事权与责任，对建立健全粮食安全省长责任制作出全面部署。

粮食行业统计资料

表 1 全国主要粮食及油料播种面积（1978~2014 年）

单位：千公顷

年份	粮食					油料
		稻谷	小麦	玉米	大豆	
1978	120587	34421	29183	19961	7144	6222
1979	119263	33873	29357	20133	7247	7051
1980	117234	33878	28844	20087	7226	7928
1981	114958	33295	28307	19425	8024	9134
1982	113462	33071	27955	18543	8419	9343
1983	114047	33136	29050	18824	7567	8390
1984	112884	33178	29576	18537	7286	8678
1985	108845	32070	29218	17694	7718	11800
1986	110933	32266	29616	19124	8295	11415
1987	111268	32193	28798	20212	8445	11181
1988	110123	31987	28785	19692	8120	10619
1989	112205	32700	29841	20353	8057	10504
1990	113466	33064	30753	21401	7560	10900
1991	112314	32590	30948	21574	7041	11530
1992	110560	32090	30496	21044	7221	11489
1993	110509	30355	30235	20694	9454	11142
1994	109544	30171	28981	21152	9222	12081
1995	110060	30744	28860	22776	8127	13102
1996	112548	31406	29611	24498	7471	12555
1997	112912	31765	30057	23775	8346	12381
1998	113787	31214	29774	25239	8500	12919
1999	113161	31283	28855	25904	7962	13906
2000	108463	29962	26653	23056	9307	15400
2001	106080	28812	24664	24282	9482	14631
2002	103891	28202	23908	24634	8720	14766
2003	99410	26508	21997	24068	9313	14990
2004	101606	28379	21626	25446	9589	14431
2005	104278	28847	22793	26358	9591	14318
2006	104958	28938	23613	28463	9304	11738
2007	105638	28919	23721	29478	8754	11316
2008	106793	29241	23617	29864	9127	12825
2009	108986	29627	24291	31183	9190	13652
2010	109876	29873	24257	32500	8516	13890
2011	110573	30057	24270	33542	7889	13855
2012	111205	30137	24268	35029	7172	13930
2013	111956	30312	24117	36318	6791	14023
2014	112723	30310	24069	37123	6800	14043

数据来源：国家统计局统计资料。

表 2 全国主要粮食及油料产量 (1978~2014 年)

单位：万吨

年份	粮食	稻谷	小麦	玉米	大豆	油料
1978	30476.5	13693.0	5384.0	5594.5	756.5	521.8
1979	33211.5	14375.0	6273.0	6003.5	746.0	643.5
1980	32055.5	13990.5	5520.5	6260.0	794.0	769.1
1981	32502.0	14395.5	5964.0	5920.5	932.5	1020.5
1982	35450.0	16159.5	6847.0	6056.0	903.0	1181.7
1983	38727.5	16886.5	8139.0	6820.5	976.0	1055.0
1984	40730.5	17825.5	8781.5	7341.0	969.5	1191.0
1985	37910.8	16856.9	8580.5	6382.6	1050.0	1578.4
1986	39151.2	17222.4	9004.0	7085.6	1161.4	1473.8
1987	40297.7	17426.2	8590.2	7924.1	1246.5	1527.8
1988	39408.1	16910.7	8543.2	7735.1	1164.5	1320.3
1989	40754.9	18013.0	9080.7	7892.8	1022.7	1295.2
1990	44624.3	18933.1	9822.9	9681.9	1100.0	1613.2
1991	43529.3	18381.3	9595.3	9877.3	971.3	1638.3
1992	44265.8	18622.2	10158.7	9538.3	1030.4	1641.2
1993	45648.8	17751.4	10639.0	10270.4	1530.7	1803.9
1994	44510.1	17593.3	9929.7	9927.5	1599.9	1989.6
1995	46661.8	18522.6	10220.7	11198.6	1350.2	2250.3
1996	50453.5	19510.3	11056.9	12747.1	1322.4	2210.6
1997	49417.1	20073.5	12328.9	10430.9	1473.2	2157.4
1998	51229.5	19871.3	10972.6	13295.4	1515.2	2313.9
1999	50838.6	19848.7	11388.0	12808.6	1424.5	2601.2
2000	46217.5	18790.8	9963.6	10600.0	1540.9	2954.8
2001	45263.7	17758.0	9387.3	11408.8	1540.6	2864.9
2002	45705.8	17453.9	9029.0	12130.8	1650.5	2897.2
2003	43069.5	16065.6	8648.8	11583.0	1539.3	2811.0
2004	46946.9	17908.8	9195.2	13028.7	1740.1	3065.9
2005	48402.2	18058.8	9744.5	13936.5	1634.8	3077.1
2006	49804.2	18171.8	10846.6	15160.3	1508.2	2640.3
2007	50160.3	18603.4	10929.8	15230.0	1272.5	2568.7
2008	52870.9	19189.6	11246.4	16591.4	1554.2	2952.8
2009	53082.1	19510.3	11511.5	16397.4	1498.2	3154.3
2010	54647.7	19576.1	11518.1	17724.5	1508.3	3230.1
2011	57120.8	20100.1	11740.1	19278.1	1448.5	3306.8
2012	58958.0	20423.6	12102.3	20561.4	1305.0	3436.8
2013	60193.8	20361.2	12192.6	21848.9	1195.1	3517.0
2014	60702.6	20650.7	12620.8	21564.6	1215.4	3507.4

数据来源：国家统计局统计资料。

表 3 全国主要粮食及油料单位面积产量（1978~2014 年）

单位：公斤 / 公顷

年 份	粮食					油料
		稻谷	小麦	玉米	大豆	
1978	2527.3	3978.1	1844.9	2802.7	1059.0	838.6
1979	2784.7	4243.8	2136.8	2981.9	1029.4	912.7
1980	2734.3	4129.6	1913.9	3116.4	1098.8	970.0
1981	2827.3	4323.7	2106.9	3047.9	1162.2	1117.2
1982	3124.4	4886.3	2449.3	3265.9	1072.6	1264.8
1983	3395.7	5096.1	2801.7	3623.3	1289.8	1257.4
1984	3608.2	5372.6	2969.1	3960.3	1330.6	1372.5
1985	3483.0	5256.3	2936.7	3607.2	1360.5	1337.7
1986	3529.3	5337.6	3040.2	3705.1	1400.2	1291.1
1987	3621.7	5413.1	2982.9	3920.6	1476.0	1366.5
1988	3578.6	5286.7	2968.0	3928.1	1434.1	1243.3
1989	3632.2	5508.5	3043.0	3877.9	1269.3	1233.1
1990	3932.8	5726.1	3194.1	4523.9	1455.1	1479.9
1991	3875.7	5640.2	3100.5	4578.3	1379.5	1421.0
1992	4003.8	5803.1	3331.2	4532.7	1427.0	1428.4
1993	4130.8	5847.9	3518.8	4963.0	1619.1	1619.0
1994	4063.2	5831.1	3426.3	4693.4	1734.9	1646.9
1995	4239.7	6024.8	3541.5	4916.9	1661.4	1717.6
1996	4482.8	6212.4	3734.1	5203.3	1770.2	1760.7
1997	4376.6	6319.4	4101.9	4387.3	1765.1	1742.5
1998	4502.2	6366.2	3685.3	5267.8	1782.5	1791.0
1999	4492.6	6344.8	3946.6	4944.7	1789.2	1870.5
2000	4261.2	6271.6	3738.2	4597.5	1655.7	1918.7
2001	4266.9	6163.3	3806.1	4698.4	1624.8	1958.1
2002	4399.4	6189.0	3776.5	4924.5	1892.9	1962.0
2003	4332.5	6060.7	3931.8	4812.6	1652.9	1875.2
2004	4620.5	6310.6	4251.9	5120.2	1814.8	2124.6
2005	4641.6	6260.2	4275.3	5287.3	1704.5	2149.2
2006	4745.2	6279.6	4593.4	5326.3	1620.9	2249.3
2007	4748.3	6433.0	4607.7	5166.7	1453.7	2270.0
2008	4950.8	6562.5	4762.0	5555.7	1702.8	2302.3
2009	4870.6	6585.3	4739.0	5258.5	1630.2	2310.5
2010	4973.6	6553.0	4748.4	5453.7	1771.2	2325.6
2011	5165.9	6687.3	4837.2	5747.5	1836.3	2386.7
2012	5301.8	6776.9	4986.9	5869.7	1819.6	2467.2
2013	5376.6	6717.3	5055.6	6015.9	1759.9	2508.1
2014	5385.1	6813.2	5243.5	5808.9	1787.3	2497.7

数据来源：国家统计局统计资料。

表 4 全国粮食和油料作物播种面积（2013~2014 年）

单位：千公顷

	2013 年	2014 年	2014 年比 2013 年增加	
			绝对数	%
一、粮食	111955.6	112722.6	767.0	0.7
其中：夏收粮食	27588.1	27581.6	−6.5	0.0
（一）谷物	93768.6	94603.5	834.8	0.9
1. 稻谷	30311.7	30309.9	−1.9	0.0
(1) 早稻	5804.4	5795.0	−9.4	−0.2
(2) 中稻和一季晚稻	18186.3	18333.1	146.8	0.8
(3) 双季晚稻	6321.0	6181.8	−139.2	−2.2
2 . 小麦	24117.3	24069.4	−47.8	−0.2
(1) 冬小麦	22552.6	22563.6	11.0	0.0
(2) 春小麦	1564.7	1505.8	−58.9	−3.8
3 . 玉米	36318.4	37123.4	805.0	2.2
4 . 谷子	715.7	771.8	56.1	7.8
5 . 高粱	582.3	619.2	36.8	6.3
6 . 其他谷物	1723.2	1709.8	−13.4	−0.8
其中：大麦	465.5	468.8	3.2	0.7
（二）豆类	9223.6	9178.8	−44.8	−0.5
其中：大豆	6790.5	6799.9	9.4	0.1
绿豆	632.9	540.1	−92.7	−14.7
红小豆	164.1	151.7	−12.3	−7.5
（三）薯类	8963.3	8940.3	−23.0	−0.3
其中：马铃薯	5614.6	5573.3	−41.3	−0.7
二、油料作物	14022.6	14042.7	20.1	0.1
其中：花生	4633.0	4603.9	−29.1	−0.6
油菜籽	7531.0	7587.9	56.9	0.8
芝麻	418.5	429.1	10.7	2.5
胡麻籽	312.9	306.1	−6.8	−2.2
向日葵	929.9	948.5	18.6	2.0

数据来源 : 国家统计局统计资料。

表 5 全国粮食和油料作物产量（2013~2014 年）

单位：万吨

	2013 年	2014 年	2014 年比 2013 年增加	
			绝对数	%
一、粮食	60193.8	60702.6	508.8	0.8
其中：夏收粮食	13184.8	13659.6	474.7	3.6
（一）谷物	55269.2	55740.7	471.5	0.9
1. 稻谷	20361.2	20650.7	289.5	1.4
(1) 早稻	3413.5	3401.2	−12.4	−0.4
(2) 中稻和一季晚稻	13297.6	13528.1	230.5	1.7
(3) 双季晚稻	3650.1	3721.5	71.4	2.0
2. 小麦	12192.6	12620.8	428.2	3.5
(1) 冬小麦	11585.3	12008.0	422.7	3.6
(2) 春小麦	607.3	612.8	5.5	0.9
3. 玉米	21848.9	21564.6	−284.3	−1.3
4. 谷子	174.6	180.9	6.3	3.6
5. 高粱	289.2	288.5	−0.7	−0.2
6. 其他谷物	402.7	435.1	32.4	8.0
其中：大麦	169.9	181.2	11.3	6.6
（二）豆类	1595.3	1625.5	30.2	1.9
其中：大豆	1195.1	1215.4	20.3	1.7
绿豆	75.3	68.9	−6.4	−8.5
红小豆	27.4	24.2	−3.2	−11.8
（三）薯类	3329.3	3336.4	7.1	0.2
其中：马铃薯	1918.8	1910.3	−8.5	−0.4
二、油料作物	3517.0	3507.4	−9.6	−0.3
其中：花生	1697.2	1648.2	−49.0	−2.9
油菜籽	1445.8	1477.2	31.4	2.2
芝麻	62.3	63.0	0.6	1.0
胡麻籽	39.8	38.7	−1.2	−3.0
向日葵	242.4	249.2	6.8	2.8

数据来源：国家统计局统计资料。

表 6 全国粮食和油料作物单位面积产量（2013~2014 年）

单位：公斤 / 公顷

	2013 年	2014 年	2014 年比 2013 年增加	
			绝对数	%
一、粮食	5376.6	5385.1	8.5	0.2
其中：夏收粮食	4779.2	4952.4	173.3	3.6
（一）谷物	5894.2	5892.0	−2.2	0.0
1．稻谷	6717.3	6813.2	95.9	1.4
(1) 早稻	5880.9	5869.1	−11.8	−0.2
(2) 中稻和一季晚稻	7311.9	7379.1	67.2	0.9
(3) 双季晚稻	5774.5	6020.0	245.5	4.3
2．小麦	5055.6	5243.5	187.9	3.7
(1) 冬小麦	5137.0	5321.8	184.8	3.6
(2) 春小麦	3881.2	4069.8	188.6	4.9
3．玉米	6015.9	5808.9	−207.0	−3.4
4．谷子	2439.6	2344.2	−95.4	−3.9
5．高粱	4965.4	4659.2	−306.2	−6.2
6．其他谷物	2336.8	2544.7	207.8	8.9
其中：大麦	3650.3	3865.1	214.8	5.9
（二）豆类	1729.5	1770.9	41.4	2.4
其中：大豆	1759.9	1787.3	27.4	1.6
绿豆	1190.6	1276.3	85.7	7.2
红小豆	1672.0	1595.0	−76.9	−4.6
（三）薯类	3714.4	3731.9	17.4	0.5
其中：马铃薯	3417.6	3427.6	10.1	0.3
二、油料作物	2508.1	2497.7	−10.4	−0.4
其中：花生	3663.3	3580.0	−83.4	−2.3
油菜籽	1919.8	1946.8	27.0	1.4
芝麻	1490.0	1467.8	−22.2	−1.5
胡麻籽	1273.2	1262.7	−10.5	−0.8
向日葵	2606.8	2626.7	19.9	0.8

数据来源：国家统计局统计资料。

表 7 各地区粮食播种面积（2013~2014 年）

单位：千公顷

地 区	2013 年	2014 年	2014 年比 2013 年增加	
			绝对数	%
全国总计	111955.6	112722.6	767.0	0.7
东部地区	25016.6	25144.5	127.9	0.5
中部地区	32867.2	33168.0	300.7	0.9
西部地区	34491.0	34477.8	−13.2	0.0
东北地区	19580.7	19932.3	351.6	1.8
北 京	158.9	120.2	−38.7	−24.4
天 津	332.8	345.8	13.0	3.9
河 北	6315.9	6332.0	16.1	0.3
山 西	3274.3	3286.4	12.1	0.4
内蒙古	5617.3	5651.0	33.7	0.6
辽 宁	3226.4	3235.1	8.7	0.3
吉 林	4789.9	5000.7	210.8	4.4
黑龙江	11564.4	11696.4	132.1	1.1
上 海	168.5	164.9	−3.6	−2.2
江 苏	5360.8	5376.1	15.3	0.3
浙 江	1253.7	1266.8	13.1	1.0
安 徽	6625.3	6628.9	3.6	0.1
福 建	1202.1	1197.7	−4.3	−0.4
江 西	3690.9	3697.3	6.5	0.2
山 东	7294.6	7440.0	145.5	2.0
河 南	10081.8	10209.8	128.0	1.3
湖 北	4258.4	4370.4	112.0	2.6
湖 南	4936.6	4975.1	38.6	0.8
广 东	2507.6	2507.0	−0.6	0.0
广 西	3076.0	3067.7	−8.3	−0.3
海 南	421.8	394.0	−27.8	−6.6
重 庆	2253.9	2242.5	−11.4	−0.5
四 川	6469.9	6467.4	−2.5	0.0
贵 州	3118.4	3138.4	19.9	0.6
云 南	4499.4	4508.2	8.8	0.2
西 藏	175.9	176.4	0.5	0.3
陕 西	3105.1	3076.5	−28.6	−0.9
甘 肃	2858.7	2842.5	−16.2	−0.6
青 海	280.0	280.1	0.1	0.0
宁 夏	801.6	771.3	−30.3	−3.8
新 疆	2234.8	2255.9	21.0	0.9

数据来源：国家统计局统计资料。

表 8 各地区粮食总产量（2013~2014 年）

单位：万吨

地 区	2013 年	2014 年	2014 年比 2013 年增加	
			绝对数	%
全国总计	60193.8	60702.6	508.8	0.8
东部地区	14606.3	14768.2	161.9	1.1
中部地区	17849.2	18247.8	398.6	2.2
西部地区	15987.6	16157.6	170.0	1.1
东北地区	11750.7	11528.9	−221.8	−1.9
北 京	96.1	63.9	−32.2	−33.5
天 津	174.7	176.0	1.2	0.7
河 北	3365.0	3360.2	−4.8	−0.1
山 西	1312.8	1330.8	18.0	1.4
内蒙古	2773.0	2753.0	−20.0	−0.7
辽 宁	2195.6	1753.9	−441.7	−20.1
吉 林	3551.0	3532.8	−18.2	−0.5
黑龙江	6004.1	6242.2	238.1	4.0
上 海	114.2	112.5	−1.6	−1.4
江 苏	3423.0	3490.6	67.6	2.0
浙 江	734.0	757.4	23.5	3.2
安 徽	3279.6	3415.8	136.2	4.2
福 建	664.4	667.0	2.7	0.4
江 西	2116.1	2143.5	27.4	1.3
山 东	4528.2	4596.6	68.4	1.5
河 南	5713.7	5772.3	58.6	1.0
湖 北	2501.3	2584.2	82.9	3.3
湖 南	2925.7	3001.3	75.5	2.6
广 东	1315.9	1357.3	41.4	3.1
广 西	1521.8	1534.4	12.6	0.8
海 南	190.9	186.6	−4.3	−2.3
重 庆	1148.1	1144.5	−3.6	−0.3
四 川	3387.1	3374.9	−12.2	−0.4
贵 州	1030.0	1138.5	108.5	10.5
云 南	1824.0	1860.7	36.7	2.0
西 藏	96.2	98.0	1.8	1.9
陕 西	1215.8	1197.8	−18.0	−1.5
甘 肃	1138.9	1158.7	19.8	1.7
青 海	102.4	104.8	2.4	2.4
宁 夏	373.4	377.9	4.5	1.2
新 疆	1377.0	1414.5	37.5	2.7

数据来源：国家统计局统计资料。

表 9 各地区粮食单位面积产量（2013~2014 年）

单位：公斤 / 公顷

地 区	2013 年	2014 年	2014 年比 2013 年增加	
			绝对数	%
全国总计	5376.6	5385.1	8.5	0.2
东部地区	5838.6	5873.3	34.7	0.6
中部地区	5430.7	5501.6	70.9	1.3
西部地区	4635.3	4686.4	51.1	1.1
东北地区	6001.2	5784.1	−217.1	−3.6
北 京	6049.0	5320.4	−728.7	−12.0
天 津	5249.9	5087.9	−162.0	−3.1
河 北	5327.8	5306.6	−21.2	−0.4
山 西	4009.4	4049.4	40.0	1.0
内蒙古	4936.5	4871.7	−64.8	−1.3
辽 宁	6805.1	5421.4	−1383.7	−20.3
吉 林	7413.6	7064.7	−348.9	−4.7
黑龙江	5191.9	5336.8	145.0	2.8
上 海	6774.1	6826.4	52.3	0.8
江 苏	6385.3	6492.9	107.6	1.7
浙 江	5854.1	5978.8	124.8	2.1
安 徽	4950.1	5152.9	202.8	4.1
福 建	5526.9	5569.1	42.2	0.8
江 西	5733.4	5797.4	64.0	1.1
山 东	6207.6	6178.2	−29.4	−0.5
河 南	5667.3	5653.7	−13.7	−0.2
湖 北	5873.8	5913.0	39.2	0.7
湖 南	5926.7	6032.5	105.8	1.8
广 东	5247.6	5414.2	166.6	3.2
广 西	4947.3	5001.9	54.6	1.1
海 南	4525.8	4736.0	210.2	4.6
重 庆	5094.0	5103.8	9.8	0.2
四 川	5235.2	5218.3	−16.8	−0.3
贵 州	3302.9	3627.7	324.8	9.8
云 南	4053.9	4127.4	73.5	1.8
西 藏	5467.1	5553.9	86.7	1.6
陕 西	3915.5	3893.3	−22.2	−0.6
甘 肃	3984.0	4076.2	92.2	2.3
青 海	3656.5	3741.9	85.4	2.3
宁 夏	4658.2	4899.3	241.1	5.2
新 疆	6161.6	6270.2	108.6	1.8

数据来源：国家统计局统计资料。

表10 2014年各地区分季粮食播种面积和产量（一）

单位：千公顷；万吨；公斤／公顷

地区	全年粮食总计			1.夏收粮食		
	播种面积	总产量	每公顷产量	播种面积	总产量	每公顷产量
全国总计	112722.6	60702.6	5385.1	27581.6	13659.6	4952.4
东部地区	25144.5	14768.2	5873.3	9257.4	5291.6	5716.1
中部地区	33168.0	18247.8	5501.6	10241.3	5577.5	5446.1
西部地区	34477.8	16157.6	4686.4	8019.3	2757.8	3439.0
东北地区	19932.3	11528.9	5784.1	63.6	32.6	5125.8
北京	120.2	63.9	5320.4	23.6	12.2	5174.5
天津	345.8	176.0	5087.9	110.7	58.6	5297.2
河北	6332.0	3360.2	5306.6	2365.0	1444.0	6105.7
山西	3286.4	1330.8	4049.4	685.1	260.3	3799.1
内蒙古	5651.0	2753.0	4871.7	0.0	0.0	0.0
辽宁	3235.1	1753.9	5421.4	63.6	32.6	5125.8
吉林	5000.7	3532.8	7064.7	0.0	0.0	0.0
黑龙江	11696.4	6242.2	5336.8	0.0	0.0	0.0
上海	164.9	112.5	6826.4	57.3	24.0	4191.1
江苏	5376.1	3490.6	6492.9	2395.1	1254.7	5238.6
浙江	1266.8	757.4	5978.8	189.6	67.9	3581.0
安徽	6628.9	3415.8	5152.9	2474.6	1400.0	5657.3
福建	1197.7	667.0	5569.1	91.2	36.5	4005.2
江西	3697.3	2143.5	5797.4	63.1	9.8	1552.2
山东	7440.0	4596.6	6178.2	3741.4	2264.5	6052.5
河南	10209.8	5772.3	5653.7	5433.3	3338.8	6145.1
湖北	4370.4	2584.2	5913.0	1380.9	505.6	3661.5
湖南	4975.1	3001.3	6032.5	204.2	63.1	3089.5
广东	2507.0	1357.3	5414.2	230.7	108.7	4713.5
广西	3067.7	1534.4	5001.9	113.2	36.9	3260.7
海南	394.0	186.6	4736.0	52.8	20.4	3859.8
重庆	2242.5	1144.5	5103.8	488.4	146.4	2998.1
四川	6467.4	3374.9	5218.3	1795.3	590.6	3289.7
贵州	3138.4	1138.5	3627.7	1000.9	264.7	2644.6
云南	4508.2	1860.7	4127.4	1191.1	267.9	2249.2
西藏	176.4	98.0	5553.9	0.0	0.0	0.0
陕西	3076.5	1197.8	3893.3	1223.1	451.3	3689.8
甘肃	2842.5	1158.7	4076.2	909.4	310.1	3409.8
青海	280.1	104.8	3741.9	0.0	0.0	0.0
宁夏	771.3	377.9	4899.3	145.4	42.7	2936.1
新疆	2255.9	1414.5	6270.2	1152.5	647.2	5615.9

数据来源：国家统计局统计资料。

表 10 2014 年各地区分季粮食播种面积和产量(二)

单位:千公顷;万吨;公斤 / 公顷

地区	2. 早稻			3. 秋粮		
	播种面积	总产量	每公顷产量	播种面积	总产量	每公顷产量
全国总计	5795.0	3401.2	5869.1	79346.0	43641.9	5500.2
东部地区	1342.1	789.6	5883.2	14545.1	8687.0	5972.5
中部地区	3485.6	2041.8	5857.8	19441.1	10628.5	5467.0
西部地区	967.3	569.8	5890.6	25491.2	12830.0	5033.1
东北地区				19868.7	11496.3	5786.2
北 京				96.6	51.7	5356.0
天 津				235.2	117.3	4989.4
河 北				3967.0	1916.2	4830.3
山 西				2601.3	1070.5	4115.3
内蒙古				5651.0	2753.0	4871.7
辽 宁				3171.5	1721.3	5427.3
吉 林				5000.7	3532.8	7064.7
黑龙江				11696.4	6242.2	5336.8
上 海				107.6	88.5	8230.7
江 苏				2981.0	2235.9	7500.6
浙 江	116.4	71.5	6143.7	960.8	618.0	6432.1
安 徽	225.3	128.3	5692.5	3929.0	1887.6	4804.3
福 建	189.2	113.9	6020.5	917.3	516.6	5631.5
江 西	1394.6	820.1	5880.5	2239.6	1313.6	5865.3
山 东				3698.6	2332.1	6305.3
河 南				4776.5	2433.5	5094.7
湖 北	412.4	238.7	5787.3	2577.1	1839.9	7139.5
湖 南	1453.3	854.8	5881.5	3317.6	2083.4	6279.8
广 东	893.2	523.2	5857.5	1383.1	725.4	5244.8
广 西	917.6	543.3	5920.9	2036.9	954.2	4684.6
海 南	143.3	81.0	5650.5	197.9	85.3	4307.8
重 庆				1754.1	998.11	5690.1
四 川	0.8	0.4	5000.0	4671.3	2783.9	5959.6
贵 州				2137.5	873.8	4088.0
云 南	48.9	26.1	5337.4	3268.2	1566.7	4793.8
西 藏				176.4	98.0	5553.9
陕 西				1853.5	746.5	4027.5
甘 肃				1933.1	848.6	4389.7
青 海				280.1	104.8	3741.9
宁 夏				625.9	335.2	5355.5
新 疆				1103.4	767.3	6953.7

数据来源:国家统计局统计资料。

表 11 2014 年各地区分品种粮食播种面积和产量（一）

单位：千公顷；万吨；公斤 / 公顷

地 区	一、谷 物			（一）稻 谷		
	播种面积	总 产 量	每公顷产量	播种面积	总 产 量	每公顷产量
全国总计	94603.5	55740.7	5892.0	30309.9	20650.7	6813.2
东部地区	22810.1	13830.6	6063.4	6428.1	4497.8	6997.1
中部地区	29522.5	17461.0	5914.5	12472.0	8312.4	6664.8
西部地区	25810.0	13688.0	5303.4	6895.1	4550.4	6599.4
东北地区	16460.9	10761.1	6537.4	4514.6	3290.2	7287.8
北 京	114.0	62.6	5489.7	0.2	0.1	6943.1
天 津	336.8	174.3	5176.5	16.4	12.1	7414.5
河 北	5912.2	3224.9	5454.7	84.8	54.2	6382.6
山 西	2772.9	1260.3	4545.1	0.9	0.6	6888.9
内蒙古	4455.5	2493.1	5595.5	78.1	52.4	6704.3
辽 宁	3032.4	1674.8	5523.0	562.1	451.5	8032.4
吉 林	4595.0	3420.8	7444.6	747.1	587.6	7865.7
黑龙江	8833.4	5665.5	6413.7	3205.5	2251.0	7022.5
上 海	158.5	110.5	6972.5	98.4	84.1	8544.3
江 苏	5014.7	3386.3	6752.8	2271.7	1912.0	8416.6
浙 江	1008.1	664.2	6588.5	824.2	590.1	7159.7
安 徽	5543.3	3260.2	5881.4	2217.3	1394.6	6289.3
福 建	861.0	519.7	6036.8	804.5	497.1	6178.6
江 西	3389.6	2041.5	6022.9	3339.5	2025.2	6064.3
山 东	7014.4	4361.5	6217.9	122.4	101.0	8252.5
河 南	9408.5	5604.6	5957.0	649.7	528.6	8136.4
湖 北	3887.9	2454.5	6313.2	2144.0	1729.5	8066.7
湖 南	4520.3	2839.8	6282.3	4120.7	2634.0	6392.1
广 东	2078.1	1171.0	5635.0	1893.3	1091.6	5765.9
广 西	2631.2	1435.7	5456.5	2026.2	1166.1	5755.1
海 南	312.3	155.5	4978.7	312.2	155.4	4979.3
重 庆	1276.9	796.8	6240.5	689.7	503.19	7296.0
四 川	4720.4	2784.2	5898.2	1991.8	1526.5	7663.9
贵 州	1869.7	816.0	4364.3	682.0	403.2	5913.0
云 南	3274.4	1534.9	4687.6	1144.7	666.1	5819.0
西 藏	169.7	95.2	5611.7	1.0	0.5	4747.5
陕 西	2554.8	1079.8	4226.7	123.4	90.9	7362.7
甘 肃	1983.9	887.6	4474.0	5.1	3.5	6887.2
青 海	160.2	63.2	3944.6	0.0	0.0	0.0
宁 夏	565.6	332.4	5876.1	78.1	61.8	7923.1
新 疆	2147.8	1369.1	6374.5	75.1	76.2	10147.9

数据来源：国家统计局统计资料。

表 11 2014 年各地区分品种粮食播种面积和产量（二）

单位：千公顷；万吨；公斤 / 公顷

地 区	（二）小 麦			其中：冬小麦		
	播种面积	总 产 量	每公顷产量	播种面积	总 产 量	每公顷产量
全国总计	24069.4	12620.8	5243.5	22563.6	12008.0	5321.8
东部地区	8506.4	4975.5	5849.2	8488.8	4967.4	5851.7
中部地区	9632.0	5416.2	5623.1	9631.6	5416.0	5623.1
西部地区	5779.2	2179.6	3771.5	4443.2	1624.7	3656.5
东北地区	151.8	49.5	3262.8	0.0	0.0	0.0
北 京	23.6	12.2	5176.7	23.6	12.2	5177.7
天 津	110.7	58.6	5297.3	99.1	53.4	5386.6
河 北	2342.7	1429.9	6103.5	2336.7	1427.0	6106.9
山 西	673.9	259.1	3845.1	673.5	258.9	3844.5
内蒙古	563.5	153.9	2731.2	0.0	0.0	0.0
辽 宁	5.8	2.8	4827.6	0.0	0.0	0.0
吉 林	0.4	0.1	4005.0	0.0	0.0	0.0
黑龙江	145.7	46.6	3198.6	0.0	0.0	0.0
上 海	43.9	18.6	4244.3	43.9	18.6	4244.3
江 苏	2159.9	1160.4	5372.4	2159.9	1160.4	5372.4
浙 江	82.1	31.0	3768.9	82.1	31.0	3768.9
安 徽	2434.5	1393.6	5724.2	2434.5	1393.6	5724.2
福 建	2.3	0.7	2930.6	2.3	0.7	2930.6
江 西	12.0	2.6	2133.3	12.0	2.6	2133.3
山 东	3740.2	2263.8	6052.7	3740.2	2263.8	6052.7
河 南	5406.7	3329.0	6157.2	5406.7	3329.0	6157.2
湖 北	1074.3	421.6	3924.3	1074.3	421.6	3924.3
湖 南	30.6	10.3	3375.8	30.6	10.3	3375.8
广 东	0.9	0.3	3225.8	0.9	0.3	3225.8
广 西	1.4	0.2	1398.6	1.4	0.2	1398.6
海 南	0.0	0.0	0.0	0.0	0.0	0.0
重 庆	87.0	27.0	3099.1	87.0	27.0	3099.1
四 川	1170.7	423.2	3614.9	1170.7	423.2	3614.9
贵 州	251.5	61.5	2445.3	251.5	61.5	2445.3
云 南	434.4	83.6	1924.5	434.4	83.6	1924.5
西 藏	36.9	23.7	6427.4	27.5	18.6	6747.8
陕 西	1082.9	417.2	3853.1	1082.9	417.2	3853.1
甘 肃	792.5	271.6	3427.1	576.6	167.3	2901.5
青 海	88.6	34.9	3935.4	0.0	0.0	0.0
宁 夏	127.5	40.6	3181.1	67.7	11.6	1717.9
新 疆	1142.4	642.3	5622.4	743.5	414.5	5574.3

数据来源：国家统计局统计资料。

表 11　2014 年各地区分品种粮食播种面积和产量（三）

单位：千公顷；万吨；公斤 / 公顷

地 区	（三）玉 米			（四）谷 子		
	播种面积	总 产 量	每公顷产量	播种面积	总 产 量	每公顷产量
全国总计	37123.4	21564.6	5808.9	771.8	180.9	2344.2
东部地区	7322.1	4179.3	5707.9	168.5	54.3	3224.6
中部地区	6830.7	3630.2	5314.5	252.6	43.5	1721.5
西部地区	11503.8	6507.7	5657.0	247.8	48.4	1954.9
东北地区	11466.9	7247.4	6320.3	102.9	34.7	3368.8
北 京	88.6	50.0	5646.5	1.3	0.2	1335.4
天 津	202.8	101.4	5000.0	0.5	0.2	3838.4
河 北	3170.9	1670.7	5268.9	147.2	47.8	3249.7
山 西	1676.5	938.1	5595.5	216.3	38.9	1800.0
内蒙古	3372.2	2186.1	6482.7	167.0	33.9	2029.3
辽 宁	2330.1	1170.5	5023.5	61.9	17.4	2809.5
吉 林	3696.6	2733.5	7394.6	34.1	14.6	4296.3
黑龙江	5440.2	3343.4	6145.8	6.9	2.6	3807.2
上 海	4.0	2.6	6632.9	0.0	0.0	0.0
江 苏	436.1	239.0	5479.7	0.1	0.0	1428.6
浙 江	66.5	30.1	4523.5	0.0	0.0	0.0
安 徽	852.4	465.5	5461.1	0.0	0.0	4444.4
福 建	49.5	20.3	4103.2	0.1	0.0	3209.4
江 西	29.9	12.3	4101.1	0.6	0.2	2833.3
山 东	3126.5	1988.3	6359.7	18.8	6.0	3175.5
河 南	3283.9	1732.1	5274.4	35.7	4.4	1222.0
湖 北	642.4	293.7	4571.3	0.0	0.0	3333.3
湖 南	345.7	188.6	5456.4	0.0	0.0	0.0
广 东	177.2	76.9	4338.0	0.4	0.1	2500.0
广 西	584.0	266.4	4561.6	1.9	0.5	2419.4
海 南	0.0	0.0	0.0	0.0	0.0	0.0
重 庆	467.9	256.0	5471.0	0.0	0.0	0.0
四 川	1381.2	751.9	5443.8	0.0	0.0	0.0
贵 州	787.5	313.8	3985.0	1.6	0.3	1750.0
云 南	1525.7	743.3	4871.9	0.3	0.1	3333.3
西 藏	4.2	2.4	5745.2	0.0	0.0	0.0
陕 西	1153.7	539.6	4676.7	58.1	10.3	1773.7
甘 肃	1000.9	564.5	5639.7	11.6	2.4	2048.4
青 海	27.0	18.7	6907.4	0.0	0.0	0.0
宁 夏	288.8	224.1	7760.3	7.3	1.0	1422.7
新 疆	910.8	641.1	7038.8	0.0	0.0	0.0

数据来源：国家统计局统计资料。

表 11 2014 年各地区分品种粮食播种面积和产量(四)

单位：千公顷；万吨；公斤 / 公顷

地 区	(五)高 粱			(六)大 豆		
	播种面积	总 产 量	每公顷产量	播种面积	总 产 量	每公顷产量
全国总计	619.2	288.5	4659.2	6799.9	1215.4	1787.3
东部地区	25.7	8.6	3350.9	708.9	169.1	2385.5
中部地区	50.4	12.1	2389.9	1738.9	259.0	1489.4
西部地区	338.0	133.8	3958.2	1455.4	267.2	1836.1
东北地区	205.1	134.0	6536.6	2896.7	520.1	1795.3
北 京	0.2	0.0	1511.0	4.1	0.6	1457.6
天 津	6.4	2.0	3094.2	7.9	1.0	1306.0
河 北	12.8	4.3	3367.1	122.3	25.0	2045.0
山 西	30.4	7.5	2474.5	191.8	20.7	1079.8
内蒙古	104.3	42.8	4100.8	503.7	81.9	1626.1
辽 宁	55.6	28.0	5027.0	106.4	22.3	2095.9
吉 林	115.9	84.8	7320.0	213.6	37.4	1748.9
黑龙江	33.6	21.3	6332.0	2576.7	460.4	1786.8
上 海	0.0	0.0	0.0	0.0	0.0	0.0
江 苏	0.4	0.3	6944.4	203.4	47.3	2327.8
浙 江	0.0	0.0	0.0	89.4	24.2	2706.9
安 徽	0.5	0.1	2600.0	851.6	115.0	1350.4
福 建	1.2	0.5	3901.5	66.5	17.2	2585.6
江 西	5.2	0.7	1390.0	101.4	23.5	2314.3
山 东	4.7	1.6	3319.2	149.5	36.7	2456.7
河 南	5.9	0.6	994.9	399.7	54.6	1365.8
湖 北	1.7	0.7	4093.6	98.9	23.9	2419.6
湖 南	6.8	2.4	3529.4	95.6	21.3	2229.0
广 东	0.0	0.0	5000.0	62.6	16.3	2597.8
广 西	3.4	1.0	2961.9	99.6	13.7	1370.8
海 南	0.0	0.0	2684.8	3.2	0.7	2306.7
重 庆	25.2	9.3	3703.0	103.4	20.4	1970.0
四 川	76.7	40.9	5332.5	224.8	51.9	2308.7
贵 州	88.3	24.1	2732.8	130.6	11.8	901.9
云 南	3.0	0.9	3000.0	124.1	33.9	2731.7
西 藏	0.0	0.0	0.0	0.1	0.0	3636.4
陕 西	15.1	5.0	3317.9	112.5	18.1	1610.5
甘 肃	11.6	5.0	4333.9	88.2	16.9	1917.5
青 海	0.0	0.0	0.0	0.0	0.0	0.0
宁 夏	0.9	0.1	531.9	10.5	1.3	1244.0
新 疆	9.5	4.7	4920.8	57.9	17.3	2995.3

数据来源：国家统计局统计资料。

表 12 2014 年各地区油料作物播种面积和产量（一）

单位：千公顷；吨；公斤 / 公顷

地 区	2013 年			2014 年		
	播种面积	总 产 量	每公顷产量	播种面积	总 产 量	每公顷产量
全国总计	14022.6	35169950	2508.1	14042.7	35074262	2497.7
东部地区	2494.9	8326882	3337.6	2418.0	8126939	3361.0
中部地区	6174.8	15108757	2446.9	6225.0	15276758	2454.1
西部地区	4624.0	9567497	2069.1	4732.1	10005213	2114.3
东北地区	729.0	2166814	2972.3	667.6	1665352	2494.5
北 京	3.4	9762	2854.4	2.6	6730	2598.3
天 津	1.8	5752	3213.4	1.7	5215	3099.0
河 北	470.4	1511261	3212.6	466.3	1502033	3221.0
山 西	140.3	194660	1387.2	129.7	173246	1335.7
内蒙古	812.2	1581369	1947.0	862.3	1703134	1975.1
辽 宁	354.7	1136411	3203.6	314.0	636881	2028.0
吉 林	276.6	840162	3037.9	266.3	857014	3218.2
黑龙江	97.7	190241	1947.1	87.3	171457	1965.1
上 海	6.8	14967	2188.2	5.7	12752	2225.9
江 苏	518.3	1503712	2901.4	499.2	1465989	2936.7
浙 江	183.4	377794	2059.7	145.0	306622	2114.6
安 徽	802.0	2254320	2810.8	788.4	2288047	2902.0
福 建	115.2	288261	2502.3	117.1	298234	2546.7
江 西	743.1	1192859	1605.2	741.5	1217081	1641.4
山 东	794.9	3496095	4397.9	773.2	3358878	4344.2
河 南	1589.9	5890800	3705.1	1598.2	5843341	3656.2
湖 北	1516.9	3331726	2196.4	1542.5	3417344	2215.5
湖 南	1382.5	2244391	1623.4	1424.7	2337699	1640.8
广 东	360.2	1010094	2804.6	366.8	1054773	2875.7
广 西	222.0	572054	2576.9	237.1	613036	2585.6
海 南	40.4	109185	2702.1	40.4	115713	2861.3
重 庆	283.5	531375	1874.3	300.0	569359	1898.1
四 川	1265.5	2904439	2295.1	1285.3	3007862	2340.3
贵 州	560.8	915304	1632.3	582.1	980471	1684.3
云 南	357.6	606771	1696.7	359.5	646829	1799.2
西 藏	24.5	63771	2598.7	24.5	63770	2605.0
陕 西	298.8	595182	1991.8	300.8	622994	2070.9
甘 肃	336.9	697199	2069.8	329.0	724226	2201.4
青 海	158.4	325652	2056.4	150.9	315093	2088.4
宁 夏	82.1	168080	2046.9	80.2	165170	2060.7
新 疆	221.7	606301	2734.2	220.5	593269	2690.3

数据来源：国家统计局统计资料。

表 12 2014 年各地区油料作物播种面积和产量（二）

单位：千公顷；吨；公斤 / 公顷

地 区	其中：花 生			油菜籽		
	播种面积	总 产 量	每公顷产量	播种面积	总 产 量	每公顷产量
全国总计	4603.9	16481688	3580.0	7587.9	14772248	1946.8
东部地区	1717.5	6440869	3750.0	577.8	1452694	2514.1
中部地区	1731.6	7114607	4108.8	4011.1	7468788	1862.0
西部地区	681.0	1708069	2508.2	2997.9	5848280	1950.8
东北地区	473.7	1218143	2571.3	1.1	2486	2251.8
北 京	2.2	6085	2765.8	0.0	0	0.0
天 津	1.2	3860	3340.4	0.0	0	0.0
河 北	352.5	1292406	3666.8	19.9	32052	1610.7
山 西	7.2	16121	2234.9	3.7	5772	1551.0
内蒙古	21.3	49211	2315.3	313.4	396034	1263.8
辽 宁	305.6	620365	2030.2	1.1	1856	1712.2
吉 林	150.4	546131	3630.2	0.0	0	0.0
黑龙江	17.7	51647	2911.3	0.0	630	31500.0
上 海	0.8	2103	2725.9	4.8	10474	2182.1
江 苏	91.6	348232	3800.0	398.1	1100550	2764.6
浙 江	14.2	40103	2822.8	126.4	258959	2049.2
安 徽	190.4	943537	4954.7	551.0	1277548	2318.7
福 建	103.3	278042	2692.9	12.4	18238	1467.4
江 西	162.6	456514	2808.3	547.9	723497	1320.5
山 东	755.3	3312957	4386.3	9.6	24494	2540.6
河 南	1058.3	4712882	4453.2	361.6	863900	2389.0
湖 北	198.5	690551	3478.5	1248.7	2571600	2059.4
湖 南	114.5	295002	2575.8	1298.2	2026471	1561.0
广 东	357.4	1043096	2918.9	6.6	7927	1201.1
广 西	204.3	575721	2817.8	24.2	25005	1034.0
海 南	39.2	113985	2908.1	0.0	0	0.0
重 庆	56.6	116441	2057.2	232.6	439652	1890.3
四 川	261.1	666452	2552.6	1016.7	2331233	2293.0
贵 州	48.9	97105	1985.8	521.6	866922	1662.0
云 南	50.2	81486	1624.8	296.2	549324	1854.7
西 藏	0.1	338	2812.5	24.4	63433	2604.0
陕 西	33.9	101304	2986.6	203.6	415629	2041.0
甘 肃	1.2	4408	3613.1	167.8	345336	2058.4
青 海	0.0	0	0.0	148.2	310385	2095.1
宁 夏	0.0	0	0.0	0.8	2264	2695.2
新 疆	3.4	15603	4564.2	48.5	103063	2124.2

数据来源：国家统计局统计资料。

表12 2014年各地区油料作物播种面积和产量（三）

单位：千公顷；吨；公斤/公顷

地区	芝麻			向日葵籽		
	播种面积	总产量	每公顷产量	播种面积	总产量	每公顷产量
全国总计	429.1	629869	1467.8	948.5	2491546	2626.7
东部地区	26.0	41195	1582.3	54.0	146376	2708.9
中部地区	353.4	525146	1485.9	42.8	66841	1562.2
西部地区	43.3	54702	1263.7	732.8	1994624	2721.8
东北地区	6.4	8827	1387.5	118.9	283705	2386.3
北京	0.0	20	1015.0	0.4	625	1688.1
天津	0.1	84	1287.0	0.5	1270	2749.7
河北	6.1	8375	1368.5	51.6	138611	2686.8
山西	2.8	2717	983.0	30.9	48376	1563.6
内蒙古	1.4	1117	800.7	462.6	1215039	2626.7
辽宁	0.2	361	1823.2	5.7	10333	1822.1
吉林	5.1	7300	1424.7	96.6	237561	2458.2
黑龙江	1.0	1166	1121.2	16.6	35811	2160.4
上海	0.1	175	1470.6	0.0	0	0.0
江苏	9.4	16926	1802.6	0.1	281	3122.2
浙江	4.4	7560	1707.7	0.0	0	0.0
安徽	46.7	66610	1426.9	0.1	315	5833.3
福建	1.3	1638	1261.0	0.1	114	1825.0
江西	31.0	37032	1194.6	0.0	8	2000.0
山东	0.5	938	1769.8	1.5	5475	3747.4
河南	172.6	258806	1499.7	5.7	7753	1360.2
湖北	89.9	145269	1616.3	5.4	9924	1851.5
湖南	10.5	14712	1397.2	0.7	465	637.0
广东	2.8	3750	1329.5	0.0	0	0.0
广西	5.2	7185	1374.1	3.4	5125	1522.1
海南	1.2	1728	1389.1	0.0	0	0.0
重庆	7.0	7050	1010.4	3.8	6216	1634.6
四川	3.6	4695	1314.4	2.9	4231	1460.5
贵州	0.4	459	1055.2	9.8	14380	1467.8
云南	0.2	85	414.1	4.9	8637	1773.6
西藏	0.0	0	0.0	0.0	0	0.0
陕西	14.6	25182	1723.6	27.4	50181	1834.1
甘肃	0.0	0	0.0	45.7	169457	3707.2
青海	0.0	0	0.0	0.0	0	0.0
宁夏	0.0	0	0.0	29.2	86242	2955.7
新疆	10.9	8928	821.9	143.3	435116	3036.7

数据来源：国家统计局统计资料。

表13 2014年各地区粮油产量及人均占有量排序

单位：万吨、吨、公斤

地区	粮食产量		粮食人均占有量		油料产量		油料人均占有量	
	绝对数	位次	绝对数	位次	绝对数	位次	绝对数	位次
全国总计	60702.6		444.95		35074262		25.71	
北京	63.9	31	29.97	31	6730	30	0.32	31
天津	176.0	27	117.73	29	5215	31	0.35	30
河北	3360.2	8	456.66	10	1502033	8	20.41	15
山西	1330.8	18	365.71	19	173246	24	4.76	27
内蒙古	2753.0	10	1100.67	3	1703134	7	68.09	1
辽宁	1753.9	14	399.48	16	636881	16	14.51	20
吉林	3532.8	4	1283.82	2	857014	13	31.14	9
黑龙江	6242.2	1	1628.11	1	171457	25	4.47	28
上海	112.5	28	46.50	30	12752	29	0.53	29
江苏	3490.6	5	439.08	14	1465989	9	18.44	18
浙江	757.4	23	137.64	27	306622	22	5.57	26
安徽	3415.8	6	564.01	7	2288047	6	37.78	5
福建	667.0	24	176.00	26	298234	23	7.87	25
江西	2143.5	12	472.95	8	1217081	10	26.85	12
山东	4596.6	3	470.90	9	3358878	3	34.41	8
河南	5772.3	2	612.47	5	5843341	1	62.00	2
湖北	2584.2	11	444.97	13	3417344	2	58.84	3
湖南	3001.3	9	447.02	12	2337699	5	34.82	7
广东	1357.3	17	127.04	28	1054773	11	9.87	24
广西	1534.4	15	323.95	21	613036	18	12.94	22
海南	186.6	26	207.48	24	115713	27	12.87	23
重庆	1144.5	21	383.98	18	569359	20	19.10	17
四川	3374.9	7	415.44	15	3007862	4	37.03	6
贵州	1138.5	22	324.81	20	980471	12	27.97	11
云南	1860.7	13	395.87	17	646829	15	13.76	21
西藏	98.0	30	311.22	23	63770	28	20.26	16
陕西	1197.8	19	317.75	22	622994	17	16.53	19
甘肃	1158.7	20	447.96	11	724226	14	28.00	10
青海	104.8	29	180.52	25	315093	21	54.27	4
宁夏	377.9	25	574.43	6	165170	26	25.11	14
新疆	1414.5	16	620.00	4	593269	19	26.00	13

数据来源：国家统计局统计资料。

表 14 2014 年各地区人均农产品占有量

单位：公斤 / 人

地 区	粮食	棉花	油料	糖料	水果	水产品
北 京	29.97	0.01	0.32	0.00	45.2	3.2
天 津	117.7	2.55	0.3	0.00	42.0	27.3
河 北	456.7	5.86	20.4	10.28	274.4	17.2
山 西	365.7	0.65	4.8	2.21	211.8	1.4
内蒙古	1100.7	0.06	68.1	64.04	128.9	5.9
辽 宁	399.5	0.00	14.5	2.31	198.3	119.7
吉 林	1283.8	0.03	31.1	2.31	83.5	6.9
黑龙江	1628.1	0.00	4.5	10.71	67.5	13.4
上 海	46.5	0.05	0.5	0.25	35.6	13.7
江 苏	439.1	2.01	18.4	1.27	108.4	65.3
浙 江	137.6	0.45	5.6	11.39	129.9	104.3
安 徽	564.0	4.35	37.8	3.25	159.4	36.9
福 建	176.0	0.00	7.9	14.02	208.7	183.6
江 西	473.0	2.95	26.9	14.24	138.4	56.0
山 东	470.9	6.81	34.4	0.00	321.1	92.6
河 南	612.5	1.56	62.0	2.89	271.7	9.7
湖 北	445.0	6.19	58.8	5.24	167.4	74.6
湖 南	447.0	1.92	34.8	9.81	137.0	37.0
广 东	127.0	0.00	9.9	140.83	146.1	78.3
广 西	324.0	0.05	12.9	1679.00	329.5	70.2
海 南	207.5	0.00	12.9	472.41	459.2	219.5
重 庆	384.0	0.00	19.1	3.45	116.6	14.9
四 川	415.5	0.15	37.0	6.87	108.9	16.3
贵 州	324.8	0.03	28.0	48.01	56.0	6.0
云 南	395.9	0.01	13.8	449.00	142.3	12.4
西 藏	311.2	0.00	20.3	0.00	4.6	0.1
陕 西	317.8	1.12	16.5	0.04	490.8	3.7
甘 肃	448.0	2.49	28.0	10.21	246.1	0.6
青 海	180.5	0.00	54.3	0.17	4.4	1.6
宁 夏	574.4	0.00	25.1	0.00	441.2	24.7
新 疆	620.0	161.18	26.0	206.86	643.0	6.3

数据来源：国家统计局统计资料。

表 15 2014 年各地区人均粮食占有量

单位：公斤 / 人

地 区	粮 食	其中：谷物				大豆
			稻谷	小麦	玉米	
全国总计	444.95	408.58	151.37	92.51	158.07	8.91
北 京	29.97	29.34	0.06	5.72	23.46	0.28
天 津	117.73	116.66	8.12	39.22	67.85	0.69
河 北	456.66	438.28	7.36	194.33	227.05	3.40
山 西	365.71	346.34	0.17	71.21	257.80	5.69
内蒙古	1100.67	996.75	20.93	61.53	874.00	32.75
辽 宁	399.48	381.46	102.84	0.64	266.60	5.08
吉 林	1283.82	1243.12	213.54	0.05	993.34	13.57
黑龙江	1628.11	1477.69	587.13	12.15	872.04	120.08
上 海	46.50	45.65	34.75	7.70	1.08	0.00
江 苏	439.08	425.97	240.51	145.97	30.06	5.95
浙 江	137.64	120.70	107.23	5.62	5.47	4.40
安 徽	564.01	538.32	230.26	230.10	76.86	18.99
福 建	176.00	137.13	131.15	0.18	5.36	4.54
江 西	472.95	450.45	446.84	0.56	2.70	5.18
山 东	470.90	446.81	10.35	231.92	203.69	3.76
河 南	612.47	594.67	56.09	353.22	183.78	5.79
湖 北	444.97	422.65	297.80	72.60	50.56	4.12
湖 南	447.02	422.97	392.32	1.54	28.09	3.17
广 东	127.04	109.61	102.18	0.03	7.19	1.52
广 西	323.95	303.11	246.20	0.04	56.24	2.88
海 南	207.48	172.90	172.84	0.00	0.00	0.82
重 庆	383.98	267.33	168.81	9.04	85.88	6.84
四 川	415.44	342.73	187.91	52.10	92.56	6.39
贵 州	324.81	232.80	115.04	17.55	89.53	3.36
云 南	395.87	326.56	141.72	17.79	158.14	7.21
西 藏	311.22	302.48	1.49	75.38	7.59	0.13
陕 西	317.75	286.46	24.11	110.69	143.14	4.80
甘 肃	447.96	343.17	1.37	105.01	218.24	6.54
青 海	180.52	108.82	0.00	60.04	32.12	0.00
宁 夏	574.43	505.21	94.00	61.64	340.62	1.98
新 疆	620.00	600.14	33.39	281.53	281.01	7.60

数据来源：国家统计局统计资料。

表 16 全国居民人均主要食品消费量（2013~2014 年）

单位：公斤

指 标	2013 年	2014 年
粮食（原粮）	148.7	141.0
谷物	138.9	131.4
薯类	2.3	2.2
豆类	7.5	7.5
食用油	12.7	12.3
# 食用植物油	12.0	11.7
蔬菜及食用菌	97.5	96.9
# 鲜菜	94.9	94.1
肉类	25.6	25.6
# 猪肉	19.8	20.0
牛肉	1.5	1.5
羊肉	0.9	1.0
禽类	7.2	8.0
水产品	10.4	10.8
蛋类	8.2	8.6
奶类	11.7	12.6
干鲜瓜果类	40.7	42.2
# 鲜瓜果	37.8	38.6
坚果类	3.0	2.9
食糖	1.2	1.3

注：从 2013 年起，国家统计局开展了城乡一体化住户收支与生活状况调查，本表数据来源于此调查样本，与 2012 年及以前的分城镇和农村住户调查的调查范围、调查方法、指标口径有所不同。

数据来源：国家统计局统计资料。

表 17 农村居民消费主要食品数量（2013~2014 年）

单位：公斤 / 人

指 标	2013 年	2014 年
一、粮食	178.5	167.6
（一）谷物	169.8	159.1
（二）薯类	2.7	2.4
（三）豆类	6.0	6.2
二、食用油	14.3	13.6
# 食用植物油	13.4	12.7
三、蔬菜及食用菌	90.6	88.9
# 鲜菜	89.2	87.5
四、肉类	22.4	22.5
# 猪肉	19.1	19.2
牛肉	0.8	0.8
羊肉	0.7	0.7
五、禽类	6.2	6.7
六、水产品	6.6	6.8
七、蛋类	7.0	7.2
八、奶类	5.7	6.4
九、干鲜瓜果类	29.5	30.3
* 鲜瓜果	27.1	28.0
坚果类	2.5	1.9
十、食糖	1.2	1.3

注：从 2013 年起，国家统计局开展了住户收支与生活状况抽样调查，本表数据来源于此调查，与 2012 年及以前的农村住户抽样调查的调查范围、调查方法、指标口径有所不同。

数据来源：国家统计局统计资料。

表18 人均主要农业产品产量（1978~2014年）

单位：公斤

年份	粮食	棉花	油料	糖料	水果	水产品
1978	318.7	2.3	5.5	24.9	6.9	4.9
1980	326.7	2.8	7.8	29.7	6.9	4.6
1985	360.7	3.9	15.0	57.5	11.1	6.7
1990	393.1	4.0	14.2	63.6	16.5	10.9
1995	387.3	4.0	18.7	65.9	35.0	20.9
1996	414.4	3.5	18.2	68.7	38.2	27.0
1997	401.7	3.7	17.5	76.3	41.4	25.4
1998	412.5	3.6	18.6	78.8	43.9	27.2
1999	405.8	3.1	20.8	66.5	49.8	28.5
2000	366.0	3.5	23.4	60.5	49.3	29.4
2001	355.9	4.2	22.5	68.1	52.3	29.8
2002	357.0	3.8	22.6	80.4	54.3	30.9
2003	334.3	3.8	21.8	74.8	112.7	31.6
2004	362.2	4.9	23.7	73.8	118.4	32.8
2005	371.3	4.4	23.6	72.5	123.6	33.9
2006	379.9	5.7	20.1	76.4	130.4	35.0
2007	380.6	5.8	19.5	92.5	137.6	36.0
2008	399.1	5.7	22.3	101.3	145.1	37.0
2009	398.7	4.8	23.7	92.2	153.2	38.4
2010	408.7	4.5	24.2	89.8	160.0	40.2
2011	425.2	4.9	24.6	93.2	169.5	41.7
2012	436.0	5.1	25.4	99.8	178.1	43.7
2013	443.5	4.6	25.9	101.3	184.9	45.5
2014	444.9	4.5	25.7	97.9	191.6	47.4

数据来源：国家统计局统计资料。

表19 农产品生产者价格指数（2007~2014年）

（上年＝100）

指　标	2007年	2008年	2009年	2010年	2011年	2012年	2013年	2014年
农产品生产者价格指数	118.5	114.1	97.6	110.9	116.5	102.7	103.2	99.8
农业产品	109.8	108.4	102.9	116.6	107.8	104.8	104.3	101.8
谷物	109.0	107.1	104.9	112.8	109.7	104.8	103.1	102.7
小麦	105.5	108.7	107.9	107.9	105.2	102.9	106.7	105.1
稻谷	105.4	106.6	105.2	112.8	113.3	104.1	102.2	102.2
玉米	115.0	107.3	98.5	116.1	109.9	106.6	100.2	101.7
大豆	124.2	119.7	92.3	107.9	106.3	105.7	105.7	101.8
油料	133.4	128.0	94.2	112.1	112.1	105.2	102.4	99.9
棉花	109.6	90.6	111.8	157.7	79.5	98.1	103.9	87.1
糖料	100.0	98.4	101.5	106.0	125.5	105.0	98.9	99.7
蔬菜	106.9	104.7	111.8	116.8	103.4	109.9	106.9	98.5
水果	101.3	101.4	107.0	118.9	106.2	103.9	106.2	106.4
林业产品	104.4	108.5	94.9	122.8	114.9	101.2	99.1	99.4
畜牧产品	131.4	123.9	90.1	103.0	126.2	99.7	102.4	97.1
猪（毛重）	145.9	130.8	81.6	98.3	137.0	95.9	99.3	92.2
牛（毛重）	117.5	123.6	101.0	104.7	108.1	116.8	113.1	104.4
羊（毛重）	121.0	118.8	101.1	108.7	115.7	107.8	109.1	100.8
家禽（毛重）	117.0	111.9	102.2	107.0	112.0	103.8	103.2	104.4
蛋类	115.9	112.2	102.8	107.5	112.6	100.5	105.8	105.7
奶类	106.2	125.5	91.6	115.3	108.1	103.9	111.0	107.9
渔业产品	108.1	111.2	99.0	107.6	110.0	106.2	104.3	103.1
海水养殖产品					111.5	101.0	100.7	101.9
海水捕捞产品					111.2	110.9	107.7	103.1
淡水养殖产品					109.5	106.8	104.7	103.8
淡水捕捞产品					103.7	107.2	103.5	101.5

数据来源：国家统计局统计资料。

表 20 各地区农产品生产者价格指数（2007~2014 年）

（上年 =100）

地 区	2007 年	2008 年	2009 年	2010 年	2011 年	2012 年	2013 年	2014 年
全 国	118.5	114.1	97.6	110.9	116.5	102.7	103.2	99.8
北 京	114.4	112.3	98.3	106.5	110.7	104.7	104.7	99.7
天 津	107.8	107.1	103.0	110.2	105.0	105.3	105.4	102.9
河 北	116.2	109.0	99.7	115.1	110.9	100.7	105.1	100.2
山 西	113.0	109.2	100.4	110.2	111.0	101.3	106.1	101.5
内蒙古	114.9	111.0	99.8	111.4	112.8	104.7	103.3	102.7
辽 宁	116.6	109.8	102.9	110.6	114.2	106.6	101.1	101.7
吉 林	114.0	104.5	103.8	111.8	116.8	105.1	100.4	102.9
黑龙江	119.9	117.0	98.1	109.2	116.5	105.9	101.0	101.0
上 海	110.2	109.7	102.2	107.1	110.9	101.4	104.1	99.5
江 苏	112.6	114.3	99.9	108.8	112.1	103.7	103.4	101.3
浙 江	108.6	112.9	100.3	114.8	113.6	104.3	103.0	99.5
安 徽	114.1	114.7	99.1	110.8	112.8	102.9	103.7	100.2
福 建	112.6	110.7	98.0	111.5	113.3	102.7	103.0	100.3
江 西	115.0	114.2	96.8	107.5	114.3	103.5	102.3	100.3
山 东	114.0	112.5	101.2	118.8	109.7	102.5	105.9	100.5
河 南	117.7	115.0	99.1	112.5	111.5	102.9	102.6	97.5
湖 北	117.0	117.0	96.3	112.3	111.7	103.3	101.8	100.0
湖 南	130.6	126.7	90.6	109.9	121.9	100.2	102.1	98.6
广 东	109.7	113.9	95.0	107.6	112.4	103.4	103.5	102.2
广 西	121.5	113.0	89.3	107.6	124.5	99.4	102.5	98.1
海 南	104.7	112.5	101.9	107.9	115.3	103.3	100.0	105.6
重 庆	121.8	120.2	89.0	103.2	120.2	104.6	103.0	100.2
四 川	120.8	118.4	96.9	105.9	117.8	104.0	102.6	99.9
贵 州	113.0	115.5	96.1	106.7	120.3	104.3	102.4	99.5
云 南	117.5	115.5	96.5	112.5	117.9	110.7	104.9	100.6
西 藏	0.0	0.0	0.0	0.0	0.0	0.0	0.0	0.0
陕 西	115.4	111.2	95.8	121.7	113.8	102.6	107.4	102.1
甘 肃	111.4	114.0	100.2	113.8	111.3	105.9	105.9	102.1
青 海	119.0	114.9	94.6	124.3	117.3	108.2	110.4	100.0
宁 夏	115.0	118.7	99.4	117.0	111.3	103.6	106.7	98.3
新 疆	114.7	119.8	92.9	131.5	103.7	103.2	108.5	97.8

数据来源：国家统计局统计资料。

表 21 居民消费价格指数（2007~2014 年）

（上年＝100）

项 目	2007 年	2008 年	2009 年	2010 年	2011 年	2012 年	2013 年	2014 年
居民消费价格指数	104.8	105.9	99.3	103.3	105.4	102.6	102.6	102.0
食品	112.3	114.3	100.7	107.2	111.8	104.8	104.7	103.1
# 粮食	106.3	107.0	105.6	111.8	112.2	104.0	104.6	103.1
油脂	126.7	125.4	81.7	103.8	113.4	105.1	100.3	95.1
肉禽及其制品	131.7	121.7	91.3	102.9	122.6	102.1	104.3	100.4
蛋	121.8	104.3	101.6	108.3	114.2	97.1	104.9	110.4
水产品	105.1	114.2	102.5	108.1	112.1	108.0	104.2	104.4
菜	107.9	111.0	113.6	118.5	101.1	113.7	108.0	99.2
糖	101.6	104.0	102.5	108.3	111.2	104.2	100.5	100.1
茶及饮料	101.5	103.7	101.8	101.3	104.0	104.2	102.0	101.8
干鲜瓜果	102.2	110.8	107.1	114.6	115.9	100.1	105.9	114.1
液体乳及乳制品	102.7	117.0	101.5	102.8	105.1	103.2	105.7	108.5
烟酒及用品	101.7	102.9	101.5	101.6	102.8	102.9	100.3	99.4
# 烟草	100.8	100.4	100.4	100.5	100.3	100.5	100.4	100.2
酒	103.5	107.5	103.4	103.6	106.7	106.3	100.3	98.2
衣着	99.4	98.5	98.0	99.0	102.1	103.1	102.3	102.4
# 服装	99.4	98.3	97.8	99.1	102.4	103.3	102.4	102.6
鞋袜帽	99.0	98.2	97.8	98.2	100.7	102.3	101.6	101.9
家庭设备用品及维修服务	101.9	102.8	100.2	100.0	102.4	101.9	101.5	101.2
# 耐用消费品	101.6	101.2	98.1	98.5	100.4	100.4	100.3	100.3
室内装饰品	100.3	100.2	99.7	99.9	101.0	100.8	100.4	100.0
家庭服务及加工维修服务	107.2	109.0	105.2	106.7	111.4	109.7	108.7	107.3
医疗保健和个人用品	102.1	102.9	101.2	103.2	103.4	102.0	101.3	101.3
医疗保健	102.1	102.2	101.4	103.3	102.9	101.7	101.5	101.7
个人用品及服务	102.1	104.4	100.8	103.0	104.4	102.6	101.0	100.4
交通和通信	99.1	99.1	97.6	99.6	100.5	99.9	99.6	99.9
交通	100.8	102.2	98.6	101.7	102.6	101.2	100.2	100.2
通信	97.1	95.6	96.3	97.3	97.5	98.0	98.8	99.4
娱乐教育文化用品及服务	99.0	99.3	99.3	100.6	100.4	100.5	101.8	101.9
文娱用耐用消费品及服务	93.1	92.3	90.6	94.3	93.7	94.5	96.3	97.3
教育	99.6	100.5	101.6	101.4	101.3	101.7	102.7	102.4
文化娱乐	101.0	101.3	102.5	101.0	101.1	101.3	101.4	101.3
旅游	102.3	101.1	97.5	104.9	103.8	101.7	104.0	105.0
居住	104.5	105.5	96.4	104.5	105.3	102.1	102.8	102.0
建房及装修材料	105.1	107.1	100.2	103.3	104.7	101.0	101.2	101.0
住房租金	104.2	103.5	101.6	104.9	105.3	102.7	104.1	103.3
自有住房	107.0	102.8	85.3	103.6	106.5	102.3	103.8	103.0
水电燃料	103.0	106.4	97.9	105.5	103.5	102.4	101.6	100.7

数据来源：国家统计局统计资料。

表22 粮食成本收益变化情况表（1991~2014年）

单位：元

年份	每50公斤平均出售价格				每亩总成本				每亩净利润			
	粮食平均	稻谷	小麦	玉米	粮食平均	稻谷	小麦	玉米	粮食平均	稻谷	小麦	玉米
1991	26.1	28.5	30.0	21.1	153.9	188.4	138.4	135.3	34.3	62.4	6.3	34.0
1992	28.4	29.3	33.1	24.3	163.8	192.3	149.3	150.6	44.0	67.7	21.2	42.3
1993	35.8	40.4	36.5	30.2	178.6	211.2	169.8	155.2	92.3	145.1	35.6	95.8
1994	59.4	71.2	56.5	48.2	239.4	298.1	213.2	206.7	190.7	316.7	82.3	173.3
1995	75.1	82.1	75.4	67.0	321.8	391.4	281.7	292.2	223.9	311.1	130.5	230.1
1996	72.3	80.6	81.0	57.2	388.7	458.3	359.5	351.2	155.7	247.5	92.9	123.8
1997	65.1	69.4	70.1	55.8	386.1	450.2	349.5	358.4	105.4	171.8	74.8	69.8
1998	62.1	66.9	66.6	53.8	383.9	437.4	357.5	356.6	79.3	155.9	−6.2	88.2
1999	53.0	56.6	60.4	43.7	370.7	425.2	351.5	337.2	25.6	75.8	−12.1	11.2
2000	48.4	51.7	52.9	42.8	356.2	401.7	352.5	330.6	−3.2	50.1	−28.8	−6.9
2001	51.5	53.7	52.5	48.3	350.6	400.5	323.6	327.9	39.4	81.4	−27.5	64.3
2002	49.2	51.4	51.3	45.6	370.4	415.8	342.7	351.6	4.9	37.6	−52.7	30.8
2003	56.5	60.1	56.4	52.7	368.3	419.1	339.6	347.6	42.9	94.9	−30.3	62.8
2004	70.7	79.8	74.5	58.1	395.5	454.6	355.9	375.7	196.5	285.1	169.6	134.9
2005	67.4	77.7	69.0	55.5	425.0	493.3	389.6	392.3	122.6	192.7	79.4	95.5
2006	72.0	80.6	71.6	63.4	444.9	518.2	404.8	411.8	155.0	202.4	117.7	144.8
2007	78.8	85.2	75.6	74.8	481.1	555.2	438.6	449.7	185.2	229.1	125.3	200.8
2008	83.5	95.1	82.8	72.5	562.4	665.1	498.6	523.5	186.4	235.6	164.5	159.2
2009	91.3	99.1	92.4	82.0	630.3	716.7	592.0	582.3	162.4	217.6	125.5	144.2
2010	103.8	118.0	99.0	93.6	672.7	766.6	618.6	632.6	227.2	309.8	132.2	239.7
2011	115.4	134.5	104.0	106.1	791.2	897.0	712.3	764.2	250.8	371.3	117.9	263.1
2012	119.9	138.1	108.3	111.1	936.4	1055.1	830.4	924.2	168.4	285.7	21.3	197.7
2013	121.1	136.5	117.8	108.8	1026.2	1151.1	914.7	1012.0	72.9	154.8	−12.8	77.5
2014	124.4	140.6	120.6	111.9	1068.6	1176.6	965.1	1063.9	124.8	204.8	87.8	81.8

数据来源：国家发展改革委统计资料。

表 23 2014 年粮食收购价格分月情况表

单位：元 /50 公斤

月份	三种粮食平均	稻谷平均	早籼稻	晚籼稻	粳稻	小麦	玉米	大豆
1	121.98	135.45	127.24	132.28	146.82	126.71	103.78	224.31
2	122.07	135.93	127.96	132.78	147.05	126.72	103.56	224.81
3	122.30	136.55	128.73	133.63	147.30	126.94	103.40	222.89
4	122.47	136.89	129.26	134.28	147.13	126.54	103.97	222.43
5	123.25	137.55	129.65	135.82	147.17	125.29	106.90	224.58
6	123.54	137.95	129.74	136.03	148.08	122.77	109.88	228.40
7	124.39	138.17	130.06	136.21	148.23	121.99	113.01	229.34
8	126.09	138.61	131.31	136.23	148.28	123.45	116.21	230.36
9	127.57	138.79	131.45	136.50	148.41	125.43	118.48	231.71
10	125.98	138.92	131.46	136.77	148.53	125.59	113.42	224.34
11	124.53	140.58	131.61	136.13	154.00	125.42	107.60	216.38
12	125.49	140.63	131.84	136.05	154.00	125.44	110.40	212.83
全年平均	124.14	138.00	130.03	135.23	148.75	125.19	109.22	224.37

数据来源：国家发展改革委统计资料。

表 24 2014 年成品粮零售价格分月情况表

单位：元 /500 克

月份	标一晚籼米	标一粳米	标准粉	富强粉
1	2.48	2.72	2.19	2.51
2	2.48	2.73	2.19	2.52
3	2.49	2.73	2.19	2.53
4	2.49	2.73	2.19	2.54
5	2.49	2.73	2.19	2.54
6	2.49	2.74	2.20	2.54
7	2.49	2.74	2.21	2.54
8	2.50	2.75	2.21	2.55
9	2.50	2.75	2.21	2.55
10	2.50	2.75	2.22	2.55
11	2.51	2.75	2.25	2.56
12	2.51	2.74	2.26	2.57
全年平均	2.49	2.74	2.21	2.54

数据来源：国家发展改革委统计资料。

表 25 2014年粮食主要品种批发市场价格表

单位：元/吨

月份	三等白小麦	二等黄玉米	标一早籼米	标一晚籼米	标一粳米	三等大豆
1	2520	2243	3883	4036	4348	4622
2	2533	2242	3911	4097	4335	4567
3	2528	2220	3897	4141	4333	4582
4	2508	2215	3882	4157	4369	4620
5	2489	2260	3850	4131	4449	4706
6	2425	2319	3812	4141	4477	4725
7	2436	2432	3819	4206	4462	4726
8	2464	2527	3832	4210	4505	4727
9	2518	2556	3867	4176	4541	4737
10	2507	2399	3849	4175	4534	4652
11	2513	2283	3842	4158	4460	4423
12	2522	2306	3836	4129	4435	4442
全年平均	2497	2334	3857	4146	4437	4627

数据来源：国家发展改革委统计资料。

表26 2014年国内期货市场小麦、玉米、早籼稻、大豆分月价格表

单位：元/吨

月份	强筋小麦	普通小麦	玉米	早籼稻	大豆1	大豆2
1	2829	2574	2365	2295	4486	4095
2	2795	2528	2343	2347	4464	3993
3	2761	2508	2357	2308	4300	3890
4	2789	2430	2368	2343	4436	4053
5	2591	2433	2377	2325	4553	4186
6	2576	2499	2382	2340	4466	4070
7	2655	2516	2387	2328	4452	3819
8	2715	2534	2383	2267	4598	3400
9	2724	2635	2378	2315	4595	3175
10	2590	2626	2373	2307	4525	3364
11	2592	2653	2414	2242	4403	3285
12	2568	2595	2389	2262	4513	3261

注：1. 玉米为大连商品交易所玉米。
2. 早籼稻为郑州商品交易所早籼稻。
3. 大豆1为大连商品交易所国产大豆，大豆2为大连商品交易所进口大豆。
4. 均为最近主力合约月末收盘价格，按整数四舍五入计算。

数据来源：国家粮油信息中心统计资料。

表 27 2014 年美国芝加哥商品交易所谷物和大豆分月价格表

单位：美元 / 吨

月份	小麦	玉米	稻米	大豆
1	206	173	337	456
2	223	184	339	495
3	258	198	339	502
4	267	203	337	517
5	235	182	325	500
6	217	167	303	438
7	201	144	288	401
8	210	145	279	379
9	178	129	282	339
10	199	152	272	387
11	214	154	273	374
12	218	159	258	376

注：1. 各品种均为美国芝加哥商品交易所标准品。
2. 按美元整数四舍五入计算。
3. 均为最近主力合约每月中旬收盘价格。

数据来源：国家粮油信息中心统计资料。

表28 全国国有粮食企业主要粮食品种收购量（1978~2014年）

单位：贸易粮，万吨

年份	合计	小麦	大米	玉米	大豆	其他
1978	5110.2	1176.8	1995.7	1046.7	216.0	675.0
1979	5925.0	1562.6	2201.0	1281.0	205.0	675.6
1980	5882.1	1396.1	2214.5	1357.8	296.5	617.3
1981	6255.5	1418.3	2421.1	1408.0	412.6	595.6
1982	7367.5	1933.6	2900.3	1427.4	401.7	704.5
1983	9879.6	2763.3	3312.4	2337.8	409.8	1056.3
1984	11165.9	3427.0	3858.1	2588.1	382.4	910.4
1985	7925.5	2666.1	3012.9	1374.2	503.3	369.0
1986	9453.2	2842.0	3258.7	2183.1	653.7	515.7
1987	9920.1	2816.2	3143.7	2848.6	609.7	501.9
1988	9430.4	2673.9	3185.9	2414.7	693.5	462.4
1989	10040.2	2855.5	3622.9	2587.7	620.0	354.1
1990	12364.5	3646.6	4316.0	3372.8	661.2	367.9
1991	11423.0	3392.5	3810.0	3338.4	582.2	300.0
1992	10414.4	3841.4	3272.6	2621.7	406.1	272.6
1993	9234.0	3373.1	2505.0	2470.0	606.2	279.7
1994	9226.4	3230.4	2697.6	2185.0	732.2	381.2
1995	9443.8	3125.0	3061.4	2435.6	522.5	299.3
1996	11919.8	3614.8	3382.2	4224.7	437.8	260.4
1997	11535.4	4600.2	3510.6	2692.2	515.2	217.3
1998	9654.5	2795.6	2562.0	3867.4	351.0	78.5
1999	12807.7	3863.3	3186.1	5425.1	246.6	86.6
2000	11695.1	4018.2	3327.3	4019.2	237.9	92.5
2001	11784.2	4437.9	2798.8	4128.2	326.8	92.5
2002	10826.3	4201.3	2189.6	4182.0	140.4	113.0
2003	9717.1	3682.0	2109.8	3702.5	120.3	102.5
2004	8919.5	3448.1	2138.1	3158.1	91.0	84.2
2005	11493.8	3745.2	2572.3	4529.9	506.0	140.4
2006	12256.5	6040.0	2153.5	3424.7	492.2	146.2
2007	10167.4	4733.2	1985.1	3008.3	321.5	119.5
2008	15470.8	6712.7	3604.9	4754.2	313.4	85.6
2009	15223.0	6834.0	2637.5	4988.5	653.0	110.2
2010	12406.0	6177.7	2136.0	3333.7	648.8	109.9
2011	11442.7	4650.4	2799.3	3428.1	465.7	99.2
2012	12363.5	4871.4	2574.4	4260.9	563.9	92.9
2013	16887.4	4023.8	3979.4	8472.7	317.2	94.3
2014	18985.2	5779.1	3826.0	8995.5	317.1	67.6

注：1978~2002年粮食购销存数字按粮食年度统计，粮食年度是指当年4月1日至翌年3月31日。从2003年开始，粮食统计年度改为日历年度。年度数字均为国有粮食企业收购量。

数据来源：国家粮食局统计资料。

表 29 2014 年国有粮食企业粮食收购情况统计表

单位：万吨

项 目	原粮	贸易粮	小麦	大米	玉米	大豆	其他
全 国	20656.75	18985.20	5779.05	3826.00	8995.50	317.05	67.60
北 京	120.20	119.05	36.00	2.20	78.85	0.30	1.70
天 津	72.80	69.70	50.70	7.45	11.55		
河 北	648.25	647.45	274.10	1.80	369.80	0.10	1.65
山 西	173.95	173.90	69.90		100.80		3.20
内蒙古	1042.30	1041.45	44.65	1.45	933.10	62.15	0.10
辽 宁	1373.45	1315.10	5.35	132.70	1172.30	1.25	3.50
吉 林	2889.50	2851.90		82.90	2763.30	5.20	0.50
黑龙江	4571.60	4056.20	10.45	1186.15	2643.55	214.65	1.40
上 海	93.55	71.25	16.70	51.15	0.10		3.30
江 苏	1754.85	1566.20	1025.60	441.35	80.10	1.05	18.10
浙 江	114.00	79.80	6.80	72.60			0.40
安 徽	1327.95	1185.80	825.45	331.80	19.15	3.10	6.30
福 建	69.40	49.45	3.30	45.95	0.20		
江 西	526.05	367.05	1.10	364.50	1.45		
山 东	876.80	873.35	578.85	7.90	257.85	28.25	0.50
河 南	2215.25	2182.00	1932.90	77.60	171.20		0.30
湖 北	576.10	468.35	209.70	250.95	7.70		
湖 南	461.85	328.95	1.60	310.30	17.00		0.05
广 东	88.50	60.35		60.05	0.30		
广 西	131.10	92.55	0.90	89.45	2.20		
海 南	8.85	6.25		6.25			
重 庆	112.15	88.15	19.50	45.45	20.50		2.70
四 川	359.50	280.95	54.95	174.25	48.75		3.00
贵 州	35.30	28.05	1.85	16.55	0.75		8.90
云 南	99.40	84.30	7.30	34.40	41.10		1.50
西 藏	4.40	4.40	2.60				1.80
陕 西	287.15	284.40	205.00	5.35	73.85		0.20
甘 肃	133.20	132.70	59.05	0.90	66.65		6.10
青 海	5.00	5.00	3.90				1.10
宁 夏	80.60	73.35	10.75	13.35	48.65	0.60	
新 疆	403.75	397.80	320.10	11.25	64.75	0.40	1.30

数据来源：国家粮食局统计资料。

表 30 全国国有粮食企业主要粮食品种销售量（1978~2014 年）

单位：贸易粮，万吨

年份	合计	小麦	大米	玉米	大豆	其他
1978	5343.5	1869.5	1773.9	876.1	162.5	661.5
1979	5679.1	1940.3	1826.0	1067.9	179.8	665.1
1980	6416.8	2256.8	2014.3	1301.5	204.4	639.9
1981	7223.3	2563.5	2122.9	1622.3	239.0	675.6
1982	7710.4	2858.1	2289.5	1596.7	271.8	694.4
1983	8003.2	3005.9	2497.7	1458.5	288.8	752.4
1984	10417.9	3699.7	3438.5	1932.0	355.3	992.5
1985	8564.9	3078.5	3006.3	1328.1	322.9	829.1
1986	9347.7	3618.1	3243.9	1357.0	321.3	807.4
1987	9190.8	3643.3	3080.0	1423.8	355.5	688.2
1988	10091.0	3885.2	3038.0	1898.6	406.7	862.5
1989	8931.1	3521.8	2566.2	1846.1	346.5	650.5
1990	9033.3	3574.9	2770.5	1723.1	341.7	623.1
1991	10433.0	4085.0	3267.4	1046.3	1402.6	631.7
1992	9000.0	3247.0	3044.4	1637.3	256.8	814.5
1993	6700.3	2848.5	2128.5	1088.2	229.9	405.2
1994	7648.4	3328.2	2609.4	1121.3	234.0	355.5
1995	9264.2	3707.6	2896.8	1570.0	620.3	469.5
1996	7340.6	3090.3	2259.5	1346.7	356.8	287.3
1997	6830.7	2439.3	2042.9	1632.3	429.4	286.7
1998	6116.0	2137.1	1795.5	1648.5	348.6	186.3
1999	9353.3	3137.1	2420.9	3197.6	439.4	158.2
2000	12556.9	3961.9	3029.8	4718.5	645.5	201.2
2001	8528.7	3225.6	2155.6	2574.9	439.2	133.4
2002	12070.0	4733.0	3155.5	3551.5	510.5	119.5
2003	13453.7	5500.3	3559.1	3800.9	422.2	171.3
2004	11944.0	4640.6	3246.2	3574.5	309.3	173.4
2005	12138.3	4276.9	2556.8	4348.8	841.7	114.2
2006	12034.2	4246.1	2671.4	4133.2	847.6	135.9
2007	12958.3	5104.0	2896.0	3890.4	892.8	175.2
2008	15324.9	7352.9	3120.0	3985.4	755.9	110.7
2009	16693.2	7094.2	3054.1	5261.4	1145.8	137.8
2010	18911.2	7569.0	3047.6	6454.8	1662.9	176.9
2011	18922.5	7342.2	3609.5	5839.1	1992.2	139.6
2012	16829.4	6930.0	2970.8	4548.0	2188.1	192.6
2013	19442.4	7623.6	3064.0	6179.7	2418.0	157.2
2014	21133.2	6125.0	3859.4	8226.3	2618.1	304.5

注：1978~2002 年粮食购销存数字按粮食年度统计，粮食年度是指当年 4 月 1 日至翌年 3 月 31 日。从 2003 年开始，粮食统计年度改为日历年度。年度数字均为国有粮食企业销售量。

数据来源：国家粮食局统计资料。

表 31 2014 年国有粮食企业粮食销售情况统计表

单位：万吨

项 目	原粮	贸易粮	小麦	大米	玉米	大豆	其他
全 国	22860.05	21133.15	6124.95	3859.40	8226.25	2618.10	304.45
北 京	590.35	565.45	96.35	46.50	237.50	176.40	8.70
天 津	438.35	422.90	102.40	35.95	23.45	261.10	
河 北	1041.40	1033.05	306.80	19.80	630.65	74.40	1.40
山 西	206.85	204.10	85.30	6.60	108.80		3.40
内蒙古	665.80	663.30	47.15	4.60	529.15	81.10	1.30
辽 宁	1547.50	1486.45	26.50	139.25	961.55	340.15	19.00
吉 林	1395.30	1365.35	2.70	65.40	1207.60	88.05	1.60
黑龙江	2242.05	2016.25	25.30	499.65	1178.95	302.85	9.50
上 海	605.40	556.95	124.90	110.95	88.45	217.20	15.45
江 苏	2693.10	2479.30	1280.85	498.00	301.30	363.60	35.55
浙 江	528.30	452.25	41.20	159.60	233.55	7.10	10.80
安 徽	958.75	860.40	494.05	229.90	127.60	3.15	5.70
福 建	987.65	916.80	90.50	166.00	528.10	3.80	128.40
江 西	546.10	404.85	1.10	309.15	93.85	0.75	
山 东	1158.25	1109.35	564.25	114.55	362.55	67.50	0.50
河 南	1871.95	1852.25	1563.75	45.20	211.75	31.25	0.30
湖 北	569.70	467.95	132.75	236.80	81.95		16.45
湖 南	473.15	370.70	22.65	238.85	109.05		0.15
广 东	1067.15	947.55	153.65	255.05	336.90	200.05	1.90
广 西	582.95	535.15	25.60	111.80	91.50	306.25	
海 南	88.50	80.05	2.80	21.45	55.80		
重 庆	320.30	272.90	61.10	90.95	62.45	52.90	5.50
四 川	663.50	569.80	107.55	200.70	223.55	28.65	9.35
贵 州	117.75	90.30	17.30	63.70	5.20		4.10
云 南	216.00	176.25	15.85	93.10	59.20	6.40	1.70
西 藏	10.85	10.00	4.90	1.90			3.20
陕 西	490.70	470.95	300.50	34.90	126.00	4.25	5.30
甘 肃	210.15	205.45	87.55	10.95	96.75		10.20
青 海	19.65	19.00	14.95	1.45			2.60
宁 夏	86.60	75.25	10.80	22.10	41.05	0.80	0.50
新 疆	466.00	452.85	313.90	24.60	112.05	0.40	1.90

数据来源：国家粮食局统计资料。

表 32 全国粮油进口情况表（1992~2014 年）

单位：万吨

年份	粮食	谷物					大豆	食用植物油	豆油	菜籽油	棕榈油	花生油
			小麦	大米	玉米	大麦						
1992	1182.1	1152.0	1058.1	10.4	0.0	0.0	0.0	37.6	18.3	18.9	0.0	0.5
1993	16.3	0.7	0.6	0.0	0.0	0.0	0.0	23.6	7.6	15.0	0.0	0.8
1994	925.1	913.4	729.9	51.4	0.1	0.0	0.0	160.8	106.3	52.9	0.0	1.4
1995	2082.5	2035.7	1158.6	164.2	518.1	0.0	0.0	213.5	148.2	63.1	0.0	1.4
1996	1105.6	1078.1	824.6	76.1	44.1	0.0	0.0	162.7	129.5	31.6	0.0	0.5
1997	738.4	410.4	186.1	32.6	0.0	187.4	287.6	159.1	122.5	35.1	0.0	1.1
1998	742.0	382.4	148.9	24.4	25.1	151.9	319.2	112.7	83.2	28.5	0.0	0.9
1999	808.8	333.8	44.8	16.8	7.0	226.9	431.9	88.7	80.4	6.9	0.0	1.0
2000	1390.7	312.4	91.0	23.9	0.3	196.1	1041.9	41.4	30.6	7.5	1.5	1.0
2001	1950.4	344.3	73.9	26.9	3.9	236.8	1393.9	149.2	7.0	4.9	136.0	0.9
2002	1605.1	284.9	63.2	23.6	0.8	190.7	1131.4	266.3	87.0	7.8	169.5	0.4
2003	2525.8	208.0	44.7	25.7	0.1	136.3	2074.1	441.2	188.4	15.2	232.8	0.7
2004	3351.5	974.5	725.8	75.6	0.2	170.7	2023.0	529.1	251.6	35.3	239.0	0.0
2005	3647.0	627.1	353.9	51.4	0.4	217.9	2659.0	471.9	169.4	17.8	283.8	0.0
2006	3713.8	358.2	61.3	71.9	6.5	213.1	2823.7	581.3	154.3	4.4	418.7	0.0
2007	3731.0	155.5	10.1	48.8	3.5	91.3	3081.7	767.5	282.3	37.5	438.7	1.1
2008	4130.6	154.0	4.3	33.0	5.0	107.6	3743.6	752.8	258.6	27.0	464.7	0.6
2009	5223.1	315.0	90.4	35.7	8.4	173.8	4255.1	816.2	239.1	46.8	511.4	2.1
2010	6695.4	570.7	123.1	38.8	157.3	236.7	5479.8	687.2	134.1	98.5	431.4	6.8
2011	6390.0	544.6	125.8	59.8	175.4	177.6	5263.7	656.8	114.3	55.1	470.1	6.1
2012	8024.6	1398.2	370.1	236.9	520.8	252.8	5838.4	845.1	182.6	117.6	523.0	6.3
2013	8645.2	1458.1	553.5	227.1	326.6	233.5	6337.5	809.8	115.8	152.7	487.4	6.1
2014	10042.4	1951.0	300.4	257.9	259.9	541.3	7139.9	650.2	113.5	81.0	396.9	9.4

数据来源：国家发展改革委统计资料。

表33 全国粮油出口情况表（1992~2014年）

单位：万吨

年份	粮食	谷物				大豆	食用植物油		
		谷物	小麦	大米	玉米		食用植物油	豆油	菜籽油
1992	1390.8	1193.9	0.3	95.3	1034.0	0.0	6.4	0.4	5.3
1993	151.5	1.3	0.0	0.1	1.1	0.0	13.2	1.5	5.8
1994	1306.3	1087.7	10.7	151.9	874.0	0.0	26.7	7.3	16.1
1995	162.2	43.2	1.6	4.7	11.3	0.0	25.2	6.6	17.1
1996	134.9	67.6	0.0	26.5	15.9	0.0	30.8	12.7	17.4
1997	878.1	788.5	0.1	93.9	661.7	18.6	71.0	55.6	14.1
1998	939.0	860.7	0.6	373.7	468.6	17.0	27.0	18.6	7.3
1999	840.3	721.2	0.1	270.8	430.5	20.4	9.2	5.3	2.6
2000	1452.4	1359.4	18.8	294.8	1029.4	21.1	11.0	3.5	5.4
2001	991.2	875.6	71.3	185.9	600.0	24.8	13.5	6.0	5.4
2002	1619.6	1482.2	97.7	198.2	1167.5	27.6	9.7	4.7	1.8
2003	2354.6	2194.7	251.4	260.5	1640.1	26.7	6.0	1.1	0.5
2004	620.4	473.4	108.9	89.8	232.4	33.5	6.5	1.9	0.5
2005	1182.3	1013.7	60.5	67.4	864.2	39.6	22.5	6.3	3.1
2006	774.4	605.2	151.0	124.0	309.9	37.9	39.9	11.8	14.5
2007	1169.5	986.7	307.3	134.3	492.1	45.6	16.6	6.6	2.2
2008	378.9	181.2	31.0	97.2	27.3	46.5	24.8	13.4	0.7
2009	328.3	131.7	24.5	78.0	13.0	34.6	11.4	6.9	0.9
2010	275.1	119.9	27.7	62.2	12.7	16.4	9.2	5.9	0.4
2011	287.5	116.4	32.8	51.6	13.6	20.8	12.2	5.1	0.3
2012	276.6	96.0	28.5	27.9	25.7	32.0	10.0	6.5	0.7
2013	243.1	94.7	27.8	47.8	7.8	20.9	11.5	9.0	0.6
2014	211.4	70.9	19.0	41.9	2.0	20.7	13.4	10.0	0.7

数据来源：国家发展改革委统计资料。

表 34 2014 年全国国有粮食企业改革情况调查表

截至 2014 年 12 月 31 日 单位：个，元，人

省份	1. 企业数	2. 改制企业数		3. 企业利润总额	4. 盈利企业数	5. 职工人数			6. 在岗职工人均年工资额
		当年改制企业数	现有企业中已改制企业数			小计	在岗人数	不在岗人数	
总 计	12238	1012	9338	6571124157	6606	434157	356055	78102	34560
北 京	177	0	12	568071408	118	8031	7389	642	62552
天 津	66	0	39	83467766	18	2728	2403	325	61740
河 北	436	35	366	128409322	231	16600	11040	5560	19783
山 西	556	28	213	16730828	278	20403	16865	3538	9184
内蒙古	167	17	157	21562695	69	4816	4534	282	24719
辽 宁	336	7	249	39335224	146	6047	5396	651	27673
吉 林	32	0	32	−454349763	27	4838	4822	16	48706
黑龙江	587	29	587	241975942	426	22734	19725	3009	22815
上 海	147	0	132	164816729	48	6223	5190	1033	70727
江 苏	1070	143	1070	384249053	601	19755	17080	2675	27154
浙 江	243	1	243	122513911	141	9330	7835	1495	50277
安 徽	566	29	548	221722715	410	23522	19104	4418	17936
福 建	358	1	197	68498445	277	7756	6348	1408	42178
江 西	877	214	877	−7883295	371	21819	15366	6453	19726
山 东	440	9	438	390186968	282	33210	22641	10569	18925
河 南	1633	122	1287	−67413924	666	53494	38358	15136	13888
湖 北	261	25	261	67763610	162	9103	7114	1989	18577
湖 南	362	30	168	110366044	290	10047	8567	1480	19788
广 东	790	57	346	301560877	267	13926	11903	2023	47721
广 西	599	30	509	72109249	278	6937	6131	806	34604
海 南	50	1	45	1265099	20	1168	1006	162	29565
重 庆	7	0	5	125387167	3	4665	4295	370	51105
四 川	556	90	556	1234452	356	13564	12426	1138	29933
贵 州	171	9	122	28881428	56	6249	4780	1469	30292
云 南	207	57	207	68242622	157	5848	5240	608	33325
西 藏	92	4	4	23380420	61	1378	1302	76	39918
陕 西	300	42	300	42737205	143	9865	7705	2160	26169
甘 肃	208	23	208	23210920	119	5680	4829	851	26762
青 海	53	1	46	9714515	31	929	898	31	42494
宁 夏	27	1	27	15206380	4	1261	1170	91	36802
新 疆	187	7	85	101445680	66	7522	6561	961	46220
中 储	617	0	0	3326987160	477	37437	32356	5081	79449
中 粮	27	0	2	487390980	7	34424	32828	1596	53164
中 纺	33	0	0	−157653676	0	2848	2848	0	62160

数据来源：国家粮食局统计资料。

表 35 2014 年全国国有粮食购销企业改革情况调查表

截至 2014 年 12 月 31 日　　单位：个，元，人

省份	1. 企业数	2. 改制企业数		3. 企业利润总额	4. 盈利企业数	5. 职工人数			6. 在岗职工人均年工资额
		当年改制企业数	现有企业中已改制企业数			小计	在岗人数	不在岗人数	
总 计	9216	429	6599	6139480528	5677	354766	294549	60217	34181
北 京	37	1	4	51392690	32	2799	2510	289	54676
天 津	32	0	14	67024977	19	1932	1757	175	56536
河 北	317	30	317	115666980	231	13773	9851	3922	18865
山 西	231	32	231	18899263	197	13147	10965	2182	10694
内蒙古	156	3	138	20617925	69	4617	4335	282	24811
辽 宁	225	7	207	47946678	146	4977	4425	552	26999
吉 林	22	0	22	28424821	6	997	981	16	49190
黑龙江	384	39	131	280648162	232	18629	16150	2479	22319
上 海	126	0	90	49772802	72	2003	1897	106	86082
江 苏	1019	73	534	334761247	474	18617	16358	2259	26761
浙 江	128	0	131	38263425	128	6569	6047	522	56116
安 徽	492	29	471	190650072	349	21905	18013	3892	18198
福 建	185	4	93	62725856	218	5519	4756	763	44347
江 西	618	0	618	61062089	322	18555	12485	6070	18723
山 东	321	0	319	91493940	232	18544	11274	7270	19469
河 南	1455	62	1411	−42556858	623	47738	35447	12291	14002
湖 北	170	119	170	36631381	137	7908	6561	1347	17774
湖 南	179	7	164	108987955	120	8854	7599	1255	20954
广 东	567	0	187	297996520	239	11959	10229	1730	48217
广 西	447	0	30	77675652	252	5945	5547	398	35601
海 南	44	0	43	1743173	24	991	967	24	30387
重 庆	7	0	34	138359629	3	4231	3861	370	49837
四 川	476	4	428	20927344	398	12147	11170	977	29837
贵 州	97	8	85	18102108	65	4653	3846	807	28825
云 南	193	2	193	45970805	157	5342	4766	576	33587
西 藏	86	2	2	33118894	59	1201	1155	46	42930
陕 西	226	0	226	29091462	151	7242	5798	1444	25257
甘 肃	153	0	153	21212313	118	4738	4009	729	29004
青 海	50	0	50	10004002	31	777	754	23	46303
宁 夏	23	0	23	18467378	23	1097	1013	84	35526
新 疆	106	7	78	50019703	66	5499	4839	660	46603
中 储	617	0	0	3326987160	477	37437	32356	5081	79449
中 粮	27	0	2	487390980	7	34424	32828	1596	53164
中 纺	0	0	0	0	0	0	0	0	0

数据来源：国家粮食局统计资料。

表36 2014年新增中央储备粮代储资格企业名单

单位：万吨

序号	企业名称	类别	授予资格仓（罐）容	授予资格仓（罐）号	证书编号	备注
	北京					
1	北京市平谷官庄粮食收储库	粮	8.5288	1分库:1-7；2分库:1-5、7-10、12-20	11000200-4	
2	北京大兴国家粮食储备库	粮	17.4367	1分库:1-16；2分库:1-8；3分库:1-8	11001000-2	
3	北京宝益粮油储备库	粮	5.0036	二分库1-11、筒仓4-9、36-49	11000100-2	
4	北京市西南郊粮食收储库	粮	2.5154	3分库:1-5	11001600-3	
5	北京市顺义粮食收储库	粮	34.2104	1分库:12；2分库:1-47；3分库:1-16、18-38；4分库:1-13，筒仓1-18；5分库:1-13，筒仓1-22；6分库:筒仓库1-15、平房仓16-18、24-25、32-36	11004300	
6	北京市延庆粮食收储库	粮	3.7200	3分库：25-36	11000800-3	
7	北京市良乡昊天粮食收储库	粮	15.4649	1分库:1-24；2分库:1、2-1、2-2、3-10；3分库:1-8	11004400	
	天津					
8	天津运东粮食储备库	粮	7.7031	1-24	12002600-2	同延续申请证书合并
9	天津滨海新区大港太平镇粮食购销有限公司	粮	4.3370	1-9	12003900	
	河北					
10	定州市息仲粮食购销有限责任公司	粮	2.5345	主库区:1-9	13020000	
11	怀安县天丰省级粮食储备有限公司	粮	2.1000	9-14	13012400-2	
12	成安县安益省级粮食储备库有限公司	粮	7.0000	1-12	13020100	
13	河北省任县省级粮食储备有限公司	粮	3.3757	1-21	13015300-1	
14	衡水和鸣省储粮油库有限责任公司	粮	4.8700	1-10	13020200	
15	承德滦河粮食储备有限公司	粮	3.6152	P01-P08、P11-P14	13015200-1	
16	深州市西关国储粮库有限责任公司	粮	5.3069	主库区:7-19	13020300	
17	河北沧州国家粮食储备库	粮	1.2513	9-10	13004300-1 Ⅰ A	与变更申请证书合并
18	河北泊头富镇国家粮食储备库	粮	1.8996	14-17	13005400-2	
19	安平县省级粮食储备库有限责任公司	粮	11.9955	主库区:1-11；1分库:1-10	13020500	
	内蒙古					
20	莫力达瓦达斡尔族自治旗郭恩河粮库	粮	5.0000	1-2	15013900	
21	鄂伦春自治旗泽生粮油储备有限责任公司	粮	9.4440	主库区:3；1分库：1；2分库:1-2	15014000	
22	莫力达瓦达斡尔族自治旗西瓦尔图粮库	粮	6.0000	1、2	15014100	
23	莫力达瓦达斡尔族自治旗哈达阳中心粮库	粮	3.0134	1、7	15014200	
24	鄂伦春自治旗惠众粮油储备有限责任公司	粮	5.2060	主库区4号仓、5号仓	15014300	
25	呼伦贝尔市瀛海粮食物流有限公司	粮	2.0000	3	15012200-1	
26	呼伦贝尔市根河森粮实业有限责任公司阿荣旗分公司	粮	2.1000	5	15012300-1	
27	阿荣旗音河源粮食收储有限公司	粮	2.6000	1	15014400	
28	莫力达瓦达斡尔族自治旗巴彦粮库	粮	4.1471	2、3	15013000-1	
29	满洲里市扎赉诺尔区粮库	粮	3.8000	1-4、筒仓1-12	15014500	
30	呼伦贝尔市根河森粮实业有限责任公司	粮	1.5000	17、18	15009500-1	
31	扎赉特旗金禾粮油贸易有限公司	粮	7.6836	P1-P3	15014600	
32	扎赉特旗海仓粮油贸易有限公司	粮	6.7720	T13-T16、P3	15010400-2	
33	呼伦贝尔合适佳食品有限公司	油	2.4034	16-22	15010001-1	
	辽宁					
34	喀左县地方储备粮有限公司	粮	2.6549	p1-p6	21013300	

续表

序号	企业名称	类别	授予资格仓（罐）容	授予资格仓（罐）号	证书编号	备注
35	中粮米业（沈阳）有限公司	粮	7.5000	T1-T15、P09	21013400	
36	中粮米业（大连）有限公司	粮	3.7750	L01-L15、D01-D04	21013500	
37	北大荒物流股份有限公司	粮	10.0000	1-10	21013700	
38	调兵山市铁法粮食储备库	粮	4.5090	F1-F6	21013600	
	吉林					
39	德惠布海储备粮有限公司	粮	2.5760	P1-P4	22013500	
40	扶余新站储备粮有限公司	粮	2.5000	一号仓－四号仓	22013600	
41	扶余永平储备粮有限公司	粮	2.5760	1-4	22013700	
42	华粮集团九台粮食中转库	粮	2.4000	18-21	22002370-2	
43	辉南县金源平安粮食收储加工有限公司	粮	3.7263	2-7	22013800	
44	安图县逸泓粮油贸易有限公司	粮	2.5800	1-6	22013900	
45	吉林北大荒玉米产业有限公司	粮	8.0000	1-10	22014000	
46	四平辽河农垦管理区国龙牧业有限公司	粮	2.6600	1-4#	22014100	
47	吉林云天化农业发展有限公司	粮	10.0000	1-4	22014200	
48	磐石吉高陆港物流有限公司	粮	2.5000	1-4	22014300	
49	洮南市那金粮食储备库	粮	3.5000	1-6、8-12	22014400	
50	吉林省金发粮库	粮	8.8050	1-18	22000100-1	
51	吉林北大荒玉米产业有限公司	油	0.6500	1-10	22014501	
52	黑龙江金泉粮油贸易集团长春金隆豆业股份有限公司	油	2.7696	1-6#	22014601	
	黑龙江					
53	黑龙江锦稻农业发展股份有限公司	粮	3.0000	1-9	23035600	
54	黑龙江瓮福金泰农业发展有限公司	粮	24.0000	01-28	23035700	
55	哈尔滨市呼兰第二粮库有限公司	粮	11.6600	主库区 :1-26；1 分库 :YL1-YL4；2 分库 :SR1-SR5	23035800	
56	大庆市粮食局立志粮库	粮	2.5000	18、19	23025500-1	
57	五常市卫国粮库有限公司	粮	3.5000	6、8-16	23035900	
58	庆丰集团克山昆丰农业生产资料有限公司	粮	7.6000	12-20	23036000	
59	黑龙江农垦北大荒物流集团建三江有限公司	粮	10.0000	1-5	23036100	
60	集贤县永安粮食收储有限公司	粮	2.5000	1-6	23036200	
61	嫩江县双山粮库有限责任公司	粮	9.0000	1 分库 :21-23	23036300	
62	绿都集团虎林市新三粮库有限公司	粮	8.0000	主库区 :1、2、24、27-30；1 分库 :BD-1 至 BD-4	23036400	
63	黑龙江省牡丹江农垦卫星粮油仓储有限公司	粮	3.0000	13-22	23036500	
64	哈尔滨北大荒豆制品有限公司	油	2.2000	1-4	23036601	
	上海					
65	上海松江粮油购销有限公司	粮	7.7155	1 分库：1-18；2 分库：101-102、201-202、301-303、401-403	31001300-1	
	江苏					
66	沭阳县粮食购销总公司	粮	1.9584	主库区 :23-26；1 分库 :13-16	32013200-4	
67	常熟市粮油购销有限公司	粮	8.8148	P1-P48	32022100	
68	阜宁县陈舍粮库	粮	2.9663	19-27	32022200	
69	江苏宿迁国家粮食储备库	粮	6.1380	2 分库 :1-20	32003000-4	
70	如皋市粮食购销公司	粮	6.0030	2 分库 :201-218；3 分库 :301-316	32020800-1	
71	连云港天谷米业有限公司	粮	2.5029	24-31	32022300	
72	如东县苴镇粮食储备库	粮	2.5141	1-12	32022400	
73	张家港市粮食购销总公司	粮	5.2724	2 分库 :1-36	32008500-2	

续表

序号	企业名称	类别	授予资格仓（罐）容	授予资格仓（罐）号	证书编号	备注
74	中粮东海粮油工业（张家港）有限公司	粮	10.0000	69-78	32022500	
75	赣榆县沙河粮油管理所	粮	2.8705	1-6、10-19	32022600	
76	上海海丰米业有限公司	粮	2.7117	P51-P59	32020500-1	
77	江苏方强农场集团粮食收储有限公司	粮	2.5112	1-10	32022700	
78	盐城市亭湖区粮食购销总公司	粮	1.4242	19-20、钢板平房仓 17-18	32014700-1	
79	江苏北大荒油脂有限公司	油	3.7536	1-12	32022801	
80	中粮东海粮油工业（张家港）有限公司	油	5.0000	5005-5014	32022901	
	浙江					
81	绍兴市上虞区粮食收储有限公司	粮	6.3000	中心粮库 1-24	33004200	
82	宁波市镇海区粮食收储有限责任公司	粮	4.3200	0P11-0P26	33004300	
83	宁波市北仑区粮食收储有限公司	粮	6.5960	0P1-0P18	33004400	
	安徽					
84	泗县希望粮油有限公司	粮	5.4000	1-18	34013700	
85	安徽省淮南市罗山国家粮食储备库	粮	1.8010	15-16、22-24、28-30	34001100-1	
86	砀山县利祥粮油资产经营有限公司	粮	3.0468	1 分库 :2-7	34013900	
87	安徽利辛省级粮食储备库	粮	4.3200	1-8	34007500-1	
88	黟县粮食购销有限责任公司	粮	1.1786	9-14	34009000-2	
89	铜陵市北斗山粮库	粮	1.0000	17-19	34001400-2	
90	灵璧县新灵粮冯庙粮食购销有限公司	粮	3.0000	1-6	34014000	
91	绩溪县禾园粮食购销有限责任公司	粮	3.0000	1-10	34014100	
92	凤台县军粮供应站	粮	4.7000	1 号中、1 号西 -4 号西、1 号东 -4 号东	34014200	
93	安徽省机械化粮库	粮	12.0000	2 分库 :1-24	34005100-3	与延续申请证书合并
94	安徽黄山省级粮食储备库	粮	0.8437	13-15	34005400-2	
95	安徽阜阳三里湾国家粮食储备库	粮	7.0848	1-18	34004400-1	
96	灵璧县新灵粮杨疃粮食购销有限公司	粮	2.6244	7-11	34014300	
97	铜陵市杨家山粮油中心库	油	1.0000	1-6	34014401	
98	安徽现代粮食物流中心库	油	3.0000	7-12	34012101-1	
	福建					
99	福建省建宁县粮食购销有限公司	粮	1.0010	721-724	35001000-1	
100	上杭县粮食储备直属库	粮	6.0339	主库区 :0P01-0P24	35003700	
101	福建省石狮市粮食购销有限公司	粮	4.9424	1-10	35003800	
	江西					
102	南昌田环粮食产业有限责任公司	粮	3.5152	1-8	36018400	
103	中粮粮油工业（九江）有限公司	油	5.0000	1-8、11、12、18、23、29	36018501	
	山东					
104	成武县地方粮食储备库	粮	3.6762	1-6	37018800	
105	菏泽华瑞粮食储备库	粮	2.6000	1 分库 :1-4	37016400-1	
106	济宁市谷丰源经贸有限公司	粮	3.8044	1-6	37018900	
107	日照市岚山区粮食储备管理中心	粮	2.5194	1-8、17-20	37019000	
108	山东高青国家粮食储备库	粮	2.5537	15-21	37005000-1 Ⅱ	同延续申请证书合并
109	安丘市地方储备粮管理中心	粮	3.8320	1-11	37019100	
110	山东文登国家粮食储备库	粮	5.5356	1-42	37004200-3	
111	山东淄博国家粮食储备库	粮	2.8152	东 1- 东 9	37003800-1 Ⅱ	同延续申请证书合并
112	寿光市金谷粮食有限责任公司	粮	2.6097	1-6	37019200	
113	汶上县天仓粮食收储中心	粮	2.8928	1-6	37019300	

续表

序号	企业名称	类别	授予资格仓（罐）容	授予资格仓（罐）号	证书编号	备注
114	菏泽市粮油购销储运公司	粮	3.4926	主库区 1-8	37012300-4	
115	泰安市粮库	粮	4.9524	1-16	37012600-1	
116	枣庄市粮食储备库	粮	4.8402	1-18	37006000-2	
117	枣庄市薛城永丰粮食储备库	粮	3.0300	1-15	37015000-1	
118	枣庄市峄城区粮食储备库	粮	3.5000	1-14	37013100-1	
119	诸城市中丰粮油物流有限公司	粮	10.0480	1-28	37014900-1	
120	菏泽市粮油中转储备库	油	0.3069	1-3	37007001-1	
	河南					
121	罗山县粮食物流中心	粮	5.4240	1-8	41024300	
	湖北					
122	武汉鲁台八里粮油购销有限公司	粮	2.9000	①-⑧	42013200	
123	湖北孝感国家粮食储备库	粮	6.0000	3 分库 :7-14	42008200-2	
124	湖北公安国家粮食储备库	粮	0.9800	19-20	42000100-1 Ⅱ	同延续申请证书合并
125	红安县粮源米业有限责任公司	粮	5.2500	1-14	42013300	
126	湖北阳新鄂东南国家粮食储备库	粮	2.5000	1 分库 :1-4	42002400-2 Ⅱ	同延续申请证书合并
127	湖北健良粮油集团有限公司	粮	5.0000	主库区 :1-10；1 分库 :1-10	42013400	
	海南					
128	海口铁龙粮食储备库	粮	3.5000	1-11	46000500-1	
	广西					
129	中国华粮物流集团防城港港口库	粮	2.5000	储 12- 储 15	45000600-1 Ⅱ	同延续申请证书合并
	四川					
130	四川宣汉国家粮食储备库	粮	2.8338	主库区 :29-37	51008500-1	
131	成都市金稻粮食购销有限责任公司	粮	2.8260	主库区 :1-10	51011700-1	
132	遂宁市国丰粮油管理公司	粮	2.5110	1-8	51017000	
133	四川中江国家粮食储备库	粮	0.2942	30	51002200-2 Ⅱ	同延续申请证书合并
134	南充先知粮油实业有限公司	粮	5.2719	主库区 :1-18	51017100	
135	四川富顺国家粮食储备库有限公司	粮	4.8772	1-31	51011900-1	
136	四川广元昭化省粮食储备库	粮	2.6112	主库区 :1-6	51017200	
137	遂宁市国丰粮油管理公司	油	0.5643	9-11	51013901-1	
138	四川巴中国家粮食储备库	油	0.7166	1-6	51011601	
139	简阳粮友粮食购销有限公司	油	0.7393	1-6	51017301	
140	四川省中江县仓山粮油购销公司	油	0.3060	Y01-Y03	51012101-1	
141	四川金堂赵镇国家粮食储备库	油	0.4604	1-5	51017401	
	陕西					
142	西安西粮实业有限公司	粮	10.3000	1-2、39-58	61001600-2	
143	西安西粮实业有限公司	油	2.2000	1-14	61001801-2	
	甘肃					
144	甘肃定西西源国家粮食储备库	粮	4.6000	P5-P8、P11-P17	62004000-1	
	青海					
145	青海省大通粮食储备库	粮	6.1800	1、3-10、14-16	63000200-2	
146	青海省西宁粮食储备库	粮	13.1900	1-41	63000400-1	
	新疆					
147	新疆库尔勒天山国家粮食储备库	粮	4.5000	1 分库 :1P1-1P12	65004100	

数据来源：国家粮食局统计资料。

表37 2014年中央储备粮代储资格延续企业名单

单位：万吨

序号	企业名称	类别	延续申请情况		拟延续资格情况			作废的证书编号
			仓（罐）容	仓（罐）号	证书编号	仓（罐）容	仓（罐）号	
	北京							
1	北京怀柔国家粮食储备库	粮	11.7937	平房仓1-24、77、78，钢板仓41-56，立筒仓57-72	11000500-1 Ⅱ	11.7937	平房仓1-24、77、78，钢板仓41-56，立筒仓57-72	11000500-I 11000500-1-I
2	中国华粮物流集团北京粮食销区中心供应库	粮	27.0684	普通立筒仓1-72，普通浅圆仓73-86，普通平房仓87-90、98，钢板平房仓91-97、99-107	11001700-1 Ⅰ	25.2621	普通立筒仓1-72，普通浅圆仓73-86，普通平房仓87-90、98，钢板平房仓91-97	11001700-1
3	北京顺义中宏国家粮食储备库	粮	6.0000	高大平房仓1-8号仓	11002210- Ⅱ	6.0000	高大平房仓1-8	11002210- Ⅰ
4	北京八达岭华天国家粮食储备库	粮	14.1498	平房仓1-12仓，浅圆仓13-18仓，钢板仓19-21仓	11001110- Ⅱ	14.1498	平房仓1-12仓，浅圆仓13-18仓，钢板仓19-21	11001110-I
5	中国植物油公司	粮	7.0210	平房仓1-12号仓房	11001810- Ⅱ	7.0210	平房仓1-12	11001810-I
6	中国植物油公司	油	5.0283	立式1-25号油罐	11001811- Ⅱ	5.0283	立式1-25	11001811-I
	天津							
7	天津静海国家粮食储备库	粮	57.9005	1-7、9、11、13、15、17、35、36#、8、10、12、14、16、18-34、37-49、51-59、61-69、71-79、81-89、91-99、101-116#、201-210#仓	12000900-3A Ⅱ	55.9967	1-26、28-36、43-49、51-59、61-69、71-79、81-89、91-99、101-116#、201-210#仓	12000900-2 12000900-1 12000900-3 12000900-1-I-A
8	天津市静海古城粮食储备库	粮	20.0716	1-6号仓房、7-30号仓房	12003000-1 Ⅰ	20.0716	1-30	12003000 12003000-1
9	天津武清国家粮食储备库	粮	17.9094	1-75	12000100- Ⅱ	17.9094	1-75	12000100-I
10	天津运东粮食储备库	粮	9.2696	25-57	12002600-2	9.2696	25-57	原证书12002600-1作废，同新申请证书合并
11	天津市宝坻区粮食购销有限公司	粮	9.0370	1-27仓	12001300-1 Ⅰ	9.0370	1-27	12001300-1
12	天津西青国家粮食储备库	粮	5.3249	7-34、39-63、64-65	12001900- Ⅱ	5.3249	7-34、39-65	12001900-1 12001900-I
13	蓟县尤古庄粮食购销有限公司	粮	3.4614	钢板平房仓1-5、8，普通平房仓6-7号仓房	12002700-1 Ⅰ	3.4614	钢板平房仓1-5、8，普通平房仓6-7	12002700-1
14	天津市津南区小站粮食购销有限公司	粮	9.6118	1-17号仓房	12003200- Ⅰ	9.6118	1-17	12003200
	河北							
15	河北宣化国粮国家粮食储备库有限责任公司	粮	4.4681	1-8,12-18	13001600- Ⅱ	4.4681	1-8,12-18	13001600-I
16	河北秦皇岛青山国家粮食储备库	粮	11.0052	普通平房仓1-26、29-32；普通浅圆仓1-4	13000800- Ⅱ	11.0052	普通平房仓1-26、29-32；普通浅圆仓1-4	13000800-I
17	河北秦皇岛青山国家粮食储备库	油	1.0507	油罐1-7	13008001- Ⅱ	1.0507	油罐1-7	13008001-I
18	望都县国家粮食储备库	粮	2.7220	1-5	13007400- Ⅰ	2.7220	1-5	13007400
19	衡水前么头国储粮库有限责任公司	粮	7.8566	1-30	13004800- Ⅱ	7.8566	1-30	13004800-I

续表

序号	企业名称	类别	延续申请情况		拟延续资格情况			作废的证书编号
			仓（罐）容	仓（罐）号	证书编号	仓（罐）容	仓（罐）号	
20	河北沙河国家粮食储备有限责任公司	粮	2.5636	1-31	13002500- Ⅱ	2.5636	1-31	13002500-I
21	邢台市粮食储备库	粮	22.0188	邢台市粮食储备库 1-15；1 分库 1-12；东库区 13-24；2 分库 1-4	13005900-3 Ⅰ	22.0188	主库区 1-15；1 分库 1-24；2 分库 1-4	13005900- 1 13005900-2 13005900-3
	辽宁							
22	辽宁辽阳铁西国家粮食储备库	粮	11.6507	P1-P16、P22-P30	21014100- Ⅱ	11.6507	P1-P16、P22-P30	21014100- Ⅰ
23	葫芦岛中浩粮油食品有限公司	粮	9.9984	1-6、7-12 号仓房	21010700- Ⅰ	9.9984	1-12 号仓房	21010700
24	大连北良国家粮食储备库有限公司	粮	60.0000	C01-C20	21000140- Ⅱ	60.0000	C01-C20	21000140- Ⅰ
	吉林							
25	吉林梨树蔡家中谷国家粮食储备库	粮	8.5020	1-12	22000510- Ⅱ	8.5020	1-12	22000510- Ⅰ
26	吉林梅河口中谷国家粮食储备库	粮	5.2488	1-8	22001410- Ⅱ	5.2488	1-8	22001410- Ⅰ
27	吉林省兴良储备粮库	粮	16.5514	1-22 号仓房、23-28 号仓房	22004600-1 Ⅱ	16.5514	1-28	"22004600-I 22004600-1"
28	吉林德惠新良国家粮食储备库	粮	10.0000	1-16 号仓	22002310-1 Ⅰ	10.0000	1-16	22002310-1
29	中国华粮物流集团白城直属库	粮	11.4900	1-14 号仓房、16-33 号仓房、37 号仓房	22002600-1A Ⅰ	10.9900	1-14 号仓房、16-33 号仓房	22002600-1-A
	黑龙江							
30	中国华粮物流集团克东国家粮食储备库	粮	3.6256	钢板平房仓 1、3、10-12 号 钢板浅圆仓 1-4 号	23019800- Ⅱ	3.6256	钢板平房仓 1、3、10-12 号 钢板浅圆仓 1-4 号	23019800-1 23019800-I
31	中国华粮物流集团克山粮库	粮	7.6581	普通平房仓 1-6、21 号仓房；平房仓 7-14 号，钢板仓 1-8 号仓房；浅圆仓 1-3 号仓房	23001670-1 Ⅱ	7.6581	普通平房仓 1-6、21 号仓房；平房仓 7-14 号，钢板仓 1-8 号仓房；浅圆仓 1-3 号仓房	23001670-1 23001670-I
32	中国华粮物流集团讷河国家粮食储备库	粮	8.5382	钢板平房仓 7、8、18 号仓房；砖圆仓 1-20，浅圆仓 1-3 号仓房；普通平房仓 2-6、17，钢板平房仓 1、9 号仓房	23001200-2 Ⅱ	8.5382	钢板平房仓 7、8、18 号仓房；砖圆仓 1-20，浅圆仓 1-3 号仓房；普通平房仓 2-6、17，钢板平房仓 1、9 号仓房	23001200-2 23001200-I 23001200-1-I
33	中国华粮物流集团五常粮库	粮	2.5000	钢板浅圆仓 1-1、1-2、1-3、1-4，钢板平房仓 2 号仓房	23002070- Ⅰ	2.5000	钢板浅圆仓 1-1、1-2、1-3、1-4，钢板平房仓 2 号仓房	23002070
	上海							
34	上海粮油仓储有限公司	粮	74.4452	主库区：1-16，1 分库：201-204、301-310、411-414、421-424、431-434、441-444，2 分库：1-19，3 分库：107-109、116-118、122-125、201-206、210-219，4 分库：901-957，5 分库：101、107-112、114-119、201-219	31000100- Ⅱ	74.4452	主库区：1-16;1 分库：201-204、301-310、411-414、421-424、431-434、441-444；2 分库：1-19；3 分库：107-109、116-118、122-125、201-206、210-219；4 分库：901-957；5 分库：101、107-112、114-119、201-219	31000100- Ⅰ

续表

序号	企业名称	类别	延续申请情况		拟延续资格情况			作废的证书编号
			仓（罐）容	仓（罐）号	证书编号	仓（罐）容	仓（罐）号	
35	上海粮油仓储有限公司	油	5.0000	401-412	31000201-1 Ⅱ	5.0000	401-412	31000201-1- Ⅰ
36	上海良友新港储运有限公司	粮	9.6000	1-5 号	31001100- Ⅰ	9.6000	1-5	31001100
37	上海良友新港储运有限公司	油	13.4000	A01-A10、B01-B06、D01-04	31001201- Ⅰ	13.4000	A01-A10、B01-B06、D01-04	31001201
	江苏							
38	南京弘益油脂有限公司	粮	2.5668	1-11	32017100- Ⅰ	2.5668	1-11	32017100
39	宜兴市屺亭国家粮食储备库	粮	3.2780	1-14	32009200-1 Ⅰ	3.2780	1-14	32009200-1
40	新沂市新店粮油管理所	粮	4.0163	1-10、11-14	320135000-1 Ⅰ	4.0163	1-14	320135000、320135000-1
41	南通市地方粮食储备库	粮	2.6448	19#、20# 西、20# 东、23#-26#、31#-34#、37#1、37#2、38#1、38#2	32015800-A Ⅰ	2.6448	19#、20# 西、20# 东、23#-26#、31#-34#、37#1、37#2、38#1、38#2	32015800-A
42	江苏恒益粮油有限公司	粮	5.1288	3-30、33-59，1、1-1、2	32016000-1 Ⅰ	5.1288	1、1-1、2、3-30、33-59	32016000、32016000-1
43	江苏东海国家粮食储备库	粮	8.4753	1-49	32001300- Ⅱ	8.4753	1-49	32001300- Ⅰ
44	淮安市恒晟米业有限公司	粮	5.2413	主库区：9-11# 仓、20-30# 仓，1 分库：1-3# 仓、6-11# 仓	32016500- Ⅰ	5.2413	主库区：9-11# 仓、20-30# 仓；1 分库：1-3# 仓、6-11# 仓	32016500
45	江苏盱眙城南国家粮食储备库	粮	3.5889	主库区：1-43	32001800- Ⅱ	3.5889	主库区：1-43	32001800- Ⅰ
46	镇江市粮食中转库	粮	8.5028	1-20，1 分库：21-32	32002800-1 Ⅱ	8.5028	1-20；1 分库：21-32	32002800-1、32002800- Ⅰ
47	江苏省粮食局高港直属库	粮	5.3413	主库区：1-7、10 号，1 分库：1-4 号，主库区：11-1、11-2、11-3	32002600-1 Ⅱ	5.3413	主库区：1-7、10、11-1、11-2、11-3；1 分库：1-4	32002600-1、32002600- Ⅰ
48	江苏江阴中谷国家粮食储备库	粮	10.3278	1-27	32001610- Ⅱ	10.3278	1-27	32001610-I
49	常熟市粮油购销公司	油	0.5979	1-9	32016401- Ⅰ	0.5979	1-9	32016401
	浙江							
50	浙江中谷国家粮食储备库	粮	15.9821	1-27 号	33002110- Ⅱ	15.9821	1-27	33002110-I
51	中谷集团乍浦国家粮食储备库	粮	5.1884	1-14 号	33001310- Ⅱ	5.1884	1-14	33001310-I
52	中谷集团乍浦国家粮食储备库	油	1.7616	1-8 号	33001311- Ⅱ	1.7616	1-9	33001311-I
	安徽							
53	中粮粮油阜阳国家粮食储备库	粮	8.2712	1-16	34002410-1 Ⅰ	8.2712	1-16	34002410-1
54	安徽明光国家粮食储备库	粮	3.5552	1-14	34003600-1 Ⅰ	3.5552	1-14	34003600-1
55	安徽省机械化粮库	粮	18.4198	主库区：1-29、31-32、30（立筒仓），1 分库：39-40	34005100-3	18.4198	主库区：1-29、31-32、30（立筒仓）；1 分库：39-40	原证书 34005100-1 作废，与新申请证书合并
56	安徽六安双墩国家粮食储备库	油	2.6000	A1-A7	34006401-1 Ⅰ	2.6000	A1-A7	34006401-1

续表

序号	企业名称	类别	延续申请情况		拟延续资格情况			作废的证书编号
			仓（罐）容	仓（罐）号	证书编号	仓（罐）容	仓（罐）号	
	福建							
57	晋江中谷国家粮食储备库	粮	4.9200	1-5；6-9、10 号仓房	35002910-1 Ⅰ	4.9200	1-10	35002910-1
	山东							
58	山东淄博国家粮食储备库	粮	4.3698	1-15	37003800-1 Ⅱ	4.3698	1-15	原证书 37003800- Ⅰ作废，与新申请证书合并
59	山东鑫穗粮食储备有限公司	粮	3.0204	1-2、5-14	37005700- Ⅱ	3.0204	1-2、5-14	37005700- Ⅰ
60	山东东明中谷国家粮食储备库	粮	10.5000	1-24	37002010- Ⅱ	10.5000	1-24	37002010- Ⅰ
61	山东高青国家粮食储备库	粮	4.2764	1-14	37005000-1 Ⅱ	4.2764	1-14	原证书 37005000- Ⅰ作废，与新申请证书合并
62	济南第三粮库	粮	16.5750	17-24、39-57,1-16、25-38	37002900-2 Ⅱ A	16.5750	1-57	37002900- Ⅰ -A、37002900-2
63	山东淄博周村国家粮食储备库	粮	5.0021	1-15	37000300- Ⅱ	5.0021	1-15	37000300- Ⅰ
64	山东济南历城国家粮食储备库	粮	5.6245	1-21	37009900-1A Ⅰ	5.6245	1-21	37009900-1-A
65	山东烟台国家粮食储备库	粮	11.1905	主库区：23-31，1 分库：22、37、38，2 分库：1-16、36	37006400- Ⅱ	11.1905	主库区：23-31；1 分库：22、37、38；2 分库：1-16、36	37006400- Ⅰ
66	山东淄博东郊国家粮食储备库	粮	10.2946	1-34	37000100- Ⅱ	10.2946	1-34	37000100- Ⅰ
67	济南第一粮库	粮	6.5190	11-28	37003000- Ⅱ	6.5190	11-28	37003000- Ⅰ
68	山东东阿国家粮食储备库	粮	9.0720	1-12、15-17、21-29、31-37、43-49，301-310	37005300-4 Ⅱ	9.0720	1-12、15-17、21-29、31-37、43-49，301-310	37005300- Ⅰ、37005300-4
69	日照嘉禾利丰粮油有限责任公司	油	2.4586	1-13	37006801- Ⅱ	2.4586	1-13	37006801- Ⅰ
	河南							
70	河南世通谷物有限公司	粮	12.0293	主库区：1-17 号仓，1 分库：18-38 仓	41000100- Ⅱ A	12.0293	主库区：1-17 号仓；1 分库：18-38 仓	41000100-I-A
71	河南省粮工粮食储备库有限公司	粮	9.1408	主库区：1-5,1 分库：东区 1-8 号仓房	41010200- Ⅱ A	9.1408	主库区：1-5；1 分库：东区 1-8 号仓房	41010200-I-A
72	河南驻马店风光国家粮食储备库	粮	3.4174	1-16；26-28；31-34	41006100- Ⅱ	3.4174	1-16；26-28；31-34	41006100-I
73	驻马店市民生粮油有限公司	粮	6.8791	3-30 号仓房	41010600-1 Ⅰ	6.8791	3-30	41010600-1
74	驻马店市民生粮油有限公司	油	1.1638	1-10 号油罐	41014901-1 Ⅰ	1.1638	1-10	41014901-1
75	驻马店市丰盈粮油有限公司	粮	3.3759	1-17 号仓房	41010500-1 Ⅰ	3.3759	1-17	41010500-1
76	驻马店市前进粮油有限公司	粮	6.1982	主库区 1-11 号仓 ,1 分库 12-26 号仓	41009800- Ⅱ	4.1884	主库区：1-11 号仓；1 分库：12-26 号仓	41009800-I
77	开封城南国家粮食储备有限责任公司	粮	12.3384	主库区：1-7、10-20，1 分库 21-29、31-33；3 分库普通平房仓 38-40、钢板平房仓 41-42	41000600- Ⅱ	12.3384	主库区：1-7、10-20；1 分库：21-29、31-33；3 分库：普通平房仓 38-40、钢板平房仓 41-42	41000600-I

续表

序号	企业名称	类别	延续申请情况		拟延续资格情况			作废的证书编号
			仓（罐）容	仓（罐）号	证书编号	仓（罐）容	仓（罐）号	
78	开封城北国家粮油储备有限责任公司	粮	5.8788	1-51、54号仓	41020300-Ⅱ	5.8788	1-51、54号仓	41020300-I
79	河南开封城东国家粮食储备有限公司	粮	13.8086	普通平房仓1-24，钢板平房仓25-31	41000500-Ⅱ	13.8086	普通平房仓1-24，钢板平房仓25-31	41000500-I
80	开封〇二一八粮油储备有限公司	粮	2.9520	1-9号仓	41001100-Ⅱ	2.9520	1-9	41001100-I
81	河南新乡新华国家粮食储备库	粮	13.1762	主库区：1-19号仓，解放路分库：31、35、36、37、39、40、41号仓	41010400-Ⅰ	13.1762	主库区：1-19；解放路分库：31、35-37、39-41	41010400
82	河南新乡翟坡国家粮食储备库有限公司	粮	5.8179	1-27、29-32号仓	41002900-Ⅱ	5.8179	1-27、29-32	41002900-I
83	河南固始国家粮食储备库	粮	5.0635	1-6、8、10-15	41012200-Ⅱ	5.0635	1-6、8、10-15	41012200-I
84	周口市泛区恒丰国家粮食储备库粮食购销有限公司	粮	2.7504	1-24号仓房	41011600-1Ⅰ	2.7504	1-24	41011600-1
85	河南周口东郊国家粮食储备库	粮	12.0501	0-24号仓	41012000-1Ⅰ	12.0501	0-24	41012000-1
86	河南许昌新兴国家粮食储备管理有限公司	粮	5.2728	1-12号	41004700-Ⅱ	5.2728	1-12	41004700-I
87	焦作国家粮食储备有限公司	粮	3.4760	1-11号仓	41003700-1Ⅰ	3.4760	1-11	41003700-1
88	修武县粮食局直属库	粮	3.1829	1-33号仓房	41003900-Ⅱ	3.1829	1-33	41003900-I
89	沁阳市粮食局王占粮库	粮	5.4090	1-10号仓	41013000-Ⅱ	5.4090	1-10	41013000-I
90	河南郑州兴隆国家粮食储备库	粮	19.2168	5-20,1分库：1-16号仓房	41000400-Ⅱ	19.2168	5-20；1分库：1-16	41000400-I
91	河南邓州国家粮食储备库	粮	6.9125	1-21号仓	41007300-Ⅱ	6.9125	1-21	41007300-I
92	河南三门峡大岭国家粮食储备库	粮	5.5914	1-15	41013800-1Ⅰ	5.5914	1-15	41013800-1
93	河南汤阴国家粮食储备库	粮	5.4418	主库区：1-8,1分库：9-23、28-30号仓房	41002300-Ⅱ	5.4418	主库区：1-8；1分库：9-23、28-30	41002300-I
94	河南济源国家粮食储备库	粮	6.6081	1-29、31-33	41007700-Ⅱ	6.6081	1-29、31-33	41007700-I
95	河南商城国家粮食储备库	粮	2.7188	1-11	41010000-1Ⅰ	2.7188	1-11	41010000-1
96	河南永丰粮油储备有限公司	粮	15.0794	1-24号仓	41011300-Ⅱ	15.0794	1-24号仓	41011300-I
97	孟州市国家粮食储备有限责任公司	粮	4.3875	主库区1-47、58-59,1分库48-50号仓房	41004300-Ⅱ	4.3875	主库区：1-47、58-59；1分库：48-50	41004300-I
98	河南商丘国家粮食储备库	粮	7.8343	主库区1-12号	41005600-ⅡA	7.8343	主库区：1-12	41005600-I-A
99	河南商丘国家油脂储备库	油	1.0440	1-20号罐	41015201-Ⅱ	1.0440	1-20	41015201-I
100	河南商丘陇南国家粮食储备库	粮	7.1934	主库区1-15,1分库1-6	41005500-1Ⅰ	7.1934	主库区：1-15；1分库：1-6	41005500-1
101	河南民权国家粮食储备库	粮	6.8400	主库区1-13,1分库14-19	41009300-1Ⅰ	6.8400	主库区：1-13；1分库：14-19	41009300-1
	湖北							
102	中国华粮物流集团青山港口库	粮	2.5458	12-14、19-20	42003000-Ⅱ	2.5458	12-14、19-20	42003000-I
103	湖北钟祥国家粮食储备库	粮	8.5944	1-21	42002100-1Ⅰ	8.5944	1-21	42002100-1
104	湖北阳新鄂东南国家粮食储备库	粮	5.5000	1-16	42002400-2Ⅱ	5.5000	1-16	原证书42002400-I作废，与新申请证书合并

续表

序号	企业名称	类别	延续申请情况		拟延续资格情况			作废的证书编号
			仓（罐）容	仓（罐）号	证书编号	仓（罐）容	仓（罐）号	
105	十堰市粮油储备公司	粮	12.6780	9、11-14、16-19，1-8、10、15，1分库1-12	42000800-1 Ⅱ	12.6780	1-19、1分库：1-12	42000800-I、42000800-1-I
106	湖北沙市泥港湖国家粮食储备库	粮	2.3480	1-8	42005000- Ⅱ	2.3480	1-8	42005000-I
107	湖北公安国家粮食储备库	粮	7.4770	1-18	42000100-1 Ⅱ	7.4770	1-18	原证书42000100-I作废，与新申请证书合并
108	宜昌市宝塔河粮食储备库	粮	3.5156	沿江大道新库1-4	42010400- Ⅰ	3.5156	沿江大道新库1-4	42010400
109	湖北省储备粮咸宁储备库有限公司	粮	6.1692	1、10、11、18-26，2-9、12-15	42003300-1 Ⅱ	6.1692	1-15、18-26	42003300-1、42003300-1-I
	湖南							
110	中国华粮物流集团城陵矶港口库	粮	4.7557	4-5、11-16、19	43001000- Ⅱ	4.7557	4-5、11-16、19	43001000- Ⅰ
111	常德广积米业有限公司	粮	5.3218	1-9	43010000- Ⅰ	5.3218	1-9	43010000
112	湖南长沙霞凝国家粮食储备库	粮	16.0233	1P0101-0127、1Q0101-0103、1Q0112-0114	43000100- Ⅱ A	16.0233	1P0101-0127、1Q0101-0103、1Q0112-0114	43000100- Ⅰ -A
113	湖南金霞粮食产业有限公司	粮	13.4189	主库区 0P0101-0P0112，2分库 2P0101-1、2P0101-2、2P0102-1、2P0102-2、2P0103-2P0122	43002800- Ⅱ A	13.4189	主库区：0P0101-0P0112；2分库：2P0101-1、2P0101-2、2P0102-1、2P0102-2、2P0103-2P0122	43002800- Ⅰ -A
114	攸县城关国家粮食储备库	粮	5.2716	1-19	43000300- Ⅱ	5.2716	1-19	43000300- Ⅰ
115	湖南石门国家粮食储备库	粮	4.4380	06-020	43001500- Ⅱ A	4.4380	06-020	43001500- Ⅰ -A
116	湖南赤山国家粮食储备库	粮	10.7460	1-39	43001700- Ⅱ	10.7460	1-39	43001700- Ⅰ
117	邵东国家粮食储备库	粮	5.0270	101-109	43000900- Ⅱ	5.0270	101-109	43000900- Ⅰ
118	长沙凯雪粮油食品有限公司	粮	4.3244	101-107	43002700- Ⅱ	4.3244	101-107	43002700- Ⅰ
119	湖南永州下河国家粮食储备库	粮	5.3196	3-5、24-26，1、2、7-12	43003100-1 Ⅱ A	5.3196	1-5、7-12、24-26	43003100- Ⅰ -A、4303100-1
120	湖南衡南茶山坳国家粮食储备库	粮	7.6264	14-32	43000500- Ⅱ	7.6264	14-32	43000500- Ⅰ
121	湖南安仁国家粮食储备库	粮	2.5311	1-3	43001900- Ⅱ	2.5311	1-3	43001900- Ⅰ
122	衡阳油脂储备库	油	0.6315	1-19	43004001- Ⅱ	0.6315	1-19	43004001- Ⅰ
	四川							
123	绵阳市游仙粮油购销公司	粮	3.3130	1-10	51003500-2 Ⅰ	3.3130	1-10	51003500-2
124	四川平昌国家粮食储备库	油	0.3030	1-6	5102801- Ⅰ	0.3030	1-6	5102801
125	资阳市粮食储备库	油	0.4613	1-6	51012901- Ⅰ	0.4613	1-6	51012901
126	四川大竹云东省粮食储备库	油	0.3002	1-5	51013001- Ⅰ	0.3002	1-5	51013001
127	乐山八仙洞国家粮食储备库有限责任公司	粮	3.0095	1-32	51004000- Ⅱ	3.0095	1-32	51004000-I
128	四川岳池国家粮食储备库	粮	6.0054	1-28	51001400- Ⅱ	6.0054	1-28	51001400-I
129	四川广安国家粮食储备库	粮	5.4442	1-31	51003000- Ⅱ	5.4442	1-31	51003000-I
130	四川巴中国家粮食储备库	粮	12.4268	1-62	51002300- Ⅱ	12.4268	1-62	51002300-I
131	四川德阳南站国家粮食储备库	粮	7.0371	1-43、48-52	51002900- Ⅱ	7.0371	1-43、48-52	51002900-I

续表

序号	企业名称	类别	延续申请情况		拟延续资格情况			作废的证书编号
			仓（罐）容	仓（罐）号	证书编号	仓（罐）容	仓（罐）号	
132	四川中江国家粮食储备库	粮	4.4992	9-29	51002200-2 Ⅱ	4.4992	9-29	原证书51002200-I作废，与新申请证书合并
133	四川罗江国家粮食储备库	粮	4.1803	6、9-11、13-18，7-8	51003400-2 Ⅱ	4.1803	6-11、13-18	51003400-I、51003400-2
134	四川泸县国家粮食储备库	粮	5.4972	主库 1-6，1 分库 7-23	51003200- Ⅱ	5.4972	主库：1-6；1 分库：7-23	51003200-I
135	四川阆中国家粮食储备库	粮	7.5120	1-37	51001700- Ⅱ	7.5120	1-37	51001700-I
136	四川广汉国家粮食储备库	粮	6.0168	0P6-0P34、0P35-0P36	51002000-1 Ⅱ A	6.0168	0P6-0P36	51002000-I-A、51002000-1
137	四川峨眉山国家粮食储备库	粮	3.9071	1-9	51001100- Ⅱ	3.9071	1-9	51001100-I
138	眉山市粮食储备库	粮	2.7036	主库 1-6，1 分库 7-14	51001000- Ⅱ	2.7036	主库：1-6；1 分库：7-14	51001000-I
139	成都航都粮油有限责任公司	粮	4.7572	白家分公司 1-4、11-23	51000200- Ⅱ	4.7572	白家分公司 1-4、11-23	51000200-I
140	四川江油国家粮食储备库	粮	7.5600	1-8、11-20，9-10、21-28	51002100-2 Ⅱ	7.5600	1-28	51002100-I、51002100-1、51002100-2
141	四川省粮油（集团）有限责任公司	粮	18.4582	主库 1-26、30-41，1 分库 1-6、8-11	51002700- Ⅱ	18.4582	主库 1-26、30-41；1 分库 1-6、8-11	51002700-I
142	四川渠县国家粮食储备库	粮	10.0965	1-28，29-43	51001900-1 Ⅱ	10.0965	1-43	51001900-I、51001900-1
143	四川粮油批发中心直属储备库	粮	5.0622	1-12	51000300- Ⅱ	5.0622	1-12	51000300-I
144	达州市中贸粮油总公司	粮	9.1000	4-5、9-31	51001800- Ⅱ	9.1000	4-5、9-31	51001800-I
145	宜宾黄桷庄粮油集团有限公司	粮	4.5330	40-52（黄桷庄）	51004100- Ⅱ	4.5330	40-52（黄桷庄）	51001200-I、51004100-I
146	四川宜宾江北国家粮食储备有限公司	粮	4.3279	1-14	51004100-1A Ⅰ	4.3279	1-14	51004100-A 51004100-1-A
147	南充市粮油购销储运公司	油	0.3500	1-5	51005001- Ⅱ	0.3500	1-15	51005001-I
148	江油市城东粮油收储站	油	0.4752	1-10	51005401- Ⅱ	0.4752	1-10	51005401-I
149	达州市中贸粮油总公司	油	1.5416	1-11，15-17	51001800- Ⅱ	1.5416	1-11、15-17	51001800-I
150	四川眉山国家粮食储备库	油	0.5400	1-11	51004901- Ⅱ	0.5400	1-11	51004901-I
151	成都航都粮油有限责任公司	油	0.4596	1-3、11-13	51000200- Ⅱ	0.4596	1-3、11-13	51000200-I
152	四川渠县国家粮食储备库	油	0.3011	1-6	51001900-1 Ⅱ	0.3011	1-6	51001900-I、51001900-1
	重庆							
153	重庆市上桥粮食中转库有限责任公司	粮	10.5462	主库区：1-28 号仓	50000200-1A Ⅱ	10.5462	2 分库：1-28	50000200 — 1 — A
	陕西							
154	西安中谷中实国家粮食储备库	粮	5.4999	1-9#	61002610-1 Ⅱ	5.4999	1-9#	61002610-1
	广西							
155	中国华粮物流集团防城港港口库	粮	8.4400	1-11、17、18、25、37、38 号仓房	45000600-1 Ⅱ	8.4400	1-11、17、18、25、37、38	原证书 45000600- Ⅰ作废，与新申请证书合并

数据来源：国家粮食局统计资料。

表38 2014年中央储备粮代储资格变更事项企业名单

单位：万吨

序号	企业名称	类别	变更内容	变更后资格情况				作废的证书编号
				证书编号	企业名称	取得资格仓（罐）容	取得资格仓（罐）号	
	北京							
1	北京怀柔国家粮食储备库	粮	法定代表人					
2	北京宝益粮油储备库	粮	法定代表人					
3	中国华粮物流集团北京粮食销区中心供应库	粮	仓号、仓容	11001700-1 Ⅰ	中国华粮物流集团北京粮食销区中心供应库	25.2621	普通立筒仓1-72，普通浅圆仓73-86，普通平房仓87-90、98，钢板平房仓91-97	原证书11001700-1作废，同延续申请证书合并
4	北京八达岭华天国家粮食储备库	粮	法定代表人、仓号	11001110- Ⅱ	北京八达岭华天国家粮食储备库	14.1498	平房仓1-12，浅圆仓13-18，钢板仓19-21	原证书11001110-I作废，同延续证书合并
	天津							
5	天津静海国家粮食储备库	粮	仓容	12000900-3A Ⅱ	天津静海国家粮食储备库	55.9967	1-26、28-36、43-49、51-59、61-69、71-79、81-89、91-99、101-116#、201-210#仓	原证书12000900-1-I-A作废，同延续申请证书合并
	河北							
6	河北宣化国粮国家粮食储备库有限责任公司	粮	法定代表人					
7	遵化国家粮食储备有限公司	粮	法定代表人					
8	滦县国家粮食储备有限公司	粮	法定代表人					
9	望都县国家粮食储备库	粮	法定代表人					
10	河北沙河国家粮食储备有限责任公司	粮	法定代表人					
11	邢台市粮食储备库	粮	库区名称	13005900-3 Ⅰ	邢台市粮食储备库	22.0188	主库区：1-15；1分库：1-24；2分库：1-4	原证书13004300-I作废，同延续申请证书合并
12	沧州新华国家粮食储备库	粮	企业名称	13004300-1IA	河北沧州国家粮食储备库	5.0052	1-8	13004300-I
	山西							
13	忻州市部落粮库	粮	企业名称、组织机构代码、法定代表人	14002700- Ⅰ A	忻州市粮食局直属二库	5.0896	1-14	14002700- Ⅰ
14	山西长治国家粮食储备库	油	法定代表人					
	内蒙古							
15	内蒙古通辽市保康国家粮食储备库	粮	企业名称、法定代表人	15001700-IA	内蒙古通粮粮食购销集团有限公司保康分库	3.6000	1-6、10-12	15001700-I
	辽宁							
16	辽宁省建昌药庙粮食储备库	粮	企业名称、组织机构代码	21011000-A	建昌县药庙粮食购销有限公司	2.5000	P3-P4、P6-P10	21011000
17	抚顺市中心粮库	粮	法定代表人					

续表

序号	企业名称	类别	变更内容	变更后资格情况				作废的证书编号
				证书编号	企业名称	取得资格仓（罐）容	取得资格仓（罐）号	
18	大连北良国家粮食储备库	粮	企业名称、法定代表人	21000140- ⅠA	大连北良国家粮食储备库有限公司	60.0000	C01-C20	21000140- Ⅰ
	吉林							
19	辉南县辉发城粮食储备库	粮	法定代表人					
20	中国华粮物流集团通榆粮食储备库	粮	法定代表人					
21	吉林德惠新良国家粮食储备库	粮	法定代表人					
22	中国华粮物流集团白城直属库	粮	仓容、仓号	22002600-1AⅠ	中国华粮物流集团白城直属库	10.9900	1-14、16-33	原证书22002600-1-A作废，同延续申请证书合并
	黑龙江							
23	克山县西城粮库	粮	企业名称	23024800-A	克山县西城粮库有限责任公司	2.9500	1-8、5-14	23024800
24	克山县发展粮库	粮	企业名称	23023200-A	克山县发展粮库有限责任公司	3.1853	1-13	23023200
25	克山县北联粮库	粮	企业名称	23023100-A	克山县北联粮库有限责任公司	2.8400	1-14、19-24	23023100
26	克山县古城粮库	粮	企业名称、法定代表人	23016000-IA	克山县古城粮库有限责任公司	3.6911	1-7	23016000-I
27	中国华粮物流集团克东国家粮食储备库	粮	法定代表人					
28	黑龙江北安通北国家粮食储备库	粮	法定代表人					
	上海							
29	上海粮油仓储有限公司	粮	法定代表人					
		油	法定代表人					
30	上海良友新港储运有限公司	粮	法定代表人、粮油保管员					
		油	法定代表人、粮油保管员					
	江苏							
31	泗洪县城东国家粮食储备库	粮	法定代表人					
32	张家港苏粮储备油库有限公司	油	法定代表人					
33	江苏中苏储油脂仓储有限公司	油	法定代表人					
	浙江							
34	上虞市粮食收储有限公司	粮	企业名称	33001800- ⅠA	绍兴市上虞区粮食收储有限公司	5.0130	三角站直属库：1-50	33001800- Ⅰ
35	金华第二粮库	粮	仓号、法定代表人	33001700- ⅠA	金华第二粮库	4.8500	01-42	33001700- Ⅰ

续表

序号	企业名称	类别	变更内容	变更后资格情况				作废的证书编号
				证书编号	企业名称	取得资格仓（罐）容	取得资格仓（罐）号	
36	中谷集团乍浦国家粮食储备库	油	罐号	33001311- Ⅱ	中谷集团乍浦国家粮食储备库	1.7616	1-9	原证书 33001311-I 作废，同延续申请证书合并
	安徽							
37	安徽阜阳中谷国家粮食储备库	粮	企业名称	34002410-1A	中粮粮油阜阳国家粮食储备库	8.2712	1-16	34002410-1
38	安徽当涂国家粮食储备库	粮	法定代表人					
39	安徽明光国家粮食储备库	粮	法定代表人					
40	安徽六安双墩国家粮食储备库	油	法定代表人					
	山东							
41	山东鑫穗粮食储备有限公司	粮	法定代表人					
42	山东茌平国家粮食储备库	粮	仓号、仓容、法定代表人	37007800-1A	山东茌平国家粮食储备库	6.0382	主库区：1-17；2 分库：1-12	37007800-1
43	山东临清国家粮食储备库	粮	法定代表人					
44	山东泰安汇丰粮油发展有限责任公司	粮	法定代表人					
	河南							
45	开封城南国家粮食储备有限责任公司	粮	法定代表人					
46	河南邓州国家粮食储备库	粮	法定代表人					
47	修武县粮食局直属库	粮	法定代表人					
48	河南济源国家粮食储备库	粮	法定代表人					
49	河南商城国家粮食储备库	粮	法定代表人					
50	河南新乡翟坡国家粮食储备库有限公司	粮	法定代表人					
51	襄城国家粮食储备库有限公司	粮	法定代表人					
52	河南商丘陇南国家粮食储备库	粮	法定代表人					
53	河南民权国家粮食储备库	粮	法定代表人					
	湖北							
54	湖北黄冈国家粮食储备库	粮	企业名称、组织机构代码、法定代表人等	42006700-1A	湖北省储备粮黄冈储备库有限公司	2.9189	1-3、6-9	42006700-1
55	湖北省嘉鱼县潘湾粮食储备库	粮	仓号	42006000-IA	湖北省嘉鱼县潘湾粮食储备库	3.2295	1-2、4-12、14-19	42006000-I
56	中国华粮物流集团青山港口库	粮	法定代表人					
57	湖北沙市泥港湖国家粮食储备库	粮	法定代表人					
58	湖北咸宁国家粮食储备库	粮	企业名称、组织机构代码、法定代表人等	42003300-1IA	湖北省储备粮咸宁储备库有限公司	6.1692	1-15、18-26	42003300-1、42003300-1-I

续表

序号	企业名称	类别	变更内容	变更后资格情况				作废的证书编号
				证书编号	企业名称	取得资格仓（罐）容	取得资格仓（罐）号	
	广西							
59	兴安县粮食储备库	粮	仓号	45002600-BI	兴安县粮食储备库	3.9651	1-27	45002600-A-I
	重庆							
60	重庆市上桥粮食中转库	粮	企业名称、法定代表人	50000400-IA	重庆市上桥粮食中转库有限责任公司	12.5974	1-4、8、17、18、24-27、31-36、39-45	50000400-I
61	重庆市上桥粮食中转库	粮	企业名称、法定代表人	50000400-IA	重庆市上桥粮食中转库有限责任公司	2.4756	48-49；1 分库：5-7、9-16	50000400-I
62	重庆市粮食储运公司	粮	企业名称、法定代表人	50000400-1B	重庆市上桥粮食中转库有限责任公司	10.5462	主库区：1-28	50000400-1-A
63	重庆市粮食储运公司	粮	企业名称、法定代表人	50000400-1B	重庆市上桥粮食中转库有限责任公司	0.7748	3 分库：1-17	50000400-1-A
	四川							
64	四川眉山国家粮食储备库	油	法定代表人					
65	乐山八仙洞国家粮食储备库有限责任公司	粮	法定代表人					
66	达州市中贸粮油总公司	粮	法定代表人					
67	达州市中贸粮油总公司	油	法定代表人					
68	四川苍溪歧坪省粮食储备库	粮	企业名称、组织机构代码等	51000800-1IA	四川苍溪歧坪省粮食储备库有限公司	2.6468	1-20	51000800-1-I
	陕西							
69	陕西西瑞粮食储备库有限公司	粮	法定代表人					
	宁夏							
70	宁夏新城国家粮食储备库	粮	法定代表人					
71	宁夏中卫国家粮食储备库	粮	法定代表人					
72	宁夏固原国家粮食储备库	粮	法定代表人					
73	宁夏新城国家粮食储备库	油	法定代表人					

数据来源：国家粮食局统计资料。

表 39 2014 年粮油加工业企业数汇总表

单位：个

项目 类别	企业 数量	按生产能力规模（吨/天）						
		30 以下	30~50 （含 30）	50~100 （含 50）	100~200 （含 100）	200~400 （含 200）	400~1000 （含 400）	1000 以上 （含 1000）
2008 年	13681	2034	2162	4258	2761	1449	578	235
2009 年	14471	1706	2099	4391	3296	1837	749	310
2010 年	16457	1713	2062	4101	4236	2635	1198	429
2011 年	18111	1967	2101	4325	4606	3016	1501	508
2012 年	19330	2284	2063	4507	4771	3341	1714	558
2013 年	19880	2234	2015	4424	5034	3556	1898	618
2014 年	19366	2082	1816	4028	4990	3686	2025	644
其中：民营企业	17547	1854	1671	3780	4563	3362	1770	462
国有企业	1240	159	121	219	375	223	91	50
外资企业	579	69	24	29	52	101	164	132
一、稻谷加工业	9830	438	1198	2919	3325	1474	400	76
其中：民营企业	9045	381	1111	2761	3033	1344	358	57
国有企业	749	55	86	157	283	123	34	11
外资企业	36	2	1	1	9	7	8	8
二、小麦加工业	3066	205	207	416	642	875	592	129
其中：民营企业	2806	186	190	390	586	807	542	105
国有企业	212	18	16	25	56	60	30	7
外资企业	48	1	1	1		8	20	17
三、食用植物油加工业	1660	353	96	164	314	364	189	180
其中：民营企业	1443	310	87	148	293	341	161	103
国有企业	118	36	8	12	15	16	10	21
外资企业	99	7	1	4	6	7	18	56
四、玉米加工业	335	53	13	13	35	53	80	88
其中：民营企业	290	51	12	11	32	50	71	63
国有企业	17	2	1	2	2	3	1	6
外资企业	28				1		8	19
五、粮食食品加工业	1333	770	151	168	112	89	28	15
其中：民营企业	1158	683	126	148	97	73	22	9
国有企业	53	38	7	4		3		1
外资企业	122	49	18	16	15	13	6	5
其中：大豆食品加工业	83	56	7	11	6	2		1
其中：民营企业	79	53	7	11	6	2		
国有企业	1	1						
外资企业	3	2						1
六、杂粮及薯类加工业	287	97	29	48	36	47	20	10
其中：民营企业	258	88	29	47	30	44	14	6
国有企业	18	6		1	3	1	4	3
外资企业	11	3			3	2	2	1
七、饲料加工业	2760	166	122	300	526	784	716	146
其中：民营企业	2462	155	116	275	492	703	602	119
国有企业	71	4	3	18	16	17	12	1
外资企业	227	–	–	–	–	–	–	–
八、粮机设备制造业	95	–	–	–	–	–	–	–
其中：民营企业	85	–	–	–	–	–	–	–
国有企业	2							
外资企业	8							

数据来源：国家粮食局统计资料。

表 40 2014 年分地区粮油加工企业数量表

单位：个

地区	合计	稻谷加工业	小麦加工业	食用植物油加工业	玉米加工业	粮食食品加工业	其中：大豆食品加工业	杂粮加工业	饲料加工业	粮机设备制造业
2008 年	13681	7311	2819	1222	323	546		127	1256	77
2009 年	14471	7687	2786	1321	331	591		215	1457	83
2010 年	16457	8521	3027	1484	369	685		253	2035	83
2011 年	18111	9390	3224	1633	400	795		276	2306	87
2012 年	19330	9788	3292	1734	409	1262	54	308	2445	92
2013 年	19880	10072	3248	1748	397	1329	73	300	2685	101
2014 年	19366	9830	3241	1660	335	1333	83	287	2760	95
一、主产区	14629	7838	3241	1107	290	894	62	211	1966	89
河　北	579	38	3241	42	40	29		29	139	4
内蒙古	198	26	3241	23	25	6	2	17	59	
辽　宁	830	450	3241	21	24	33	1	15	276	
吉　林	564	466	3241	19	26	8	3	2	40	
黑龙江	1887	1486	3241	139	49	43	11	19	84	
江　苏	1174	575	3241	121	5	68	2	20	138	27
安　徽	1389	749	3241	112	10	162	18	13	102	14
江　西	1571	1352		50	1	44		1	122	1
山　东	1310	53	554	115	53	86	1	18	429	2
河　南	1179	154	691	77	22	107	3	8	116	4
湖　北	1650	1036	103	187	17	126	10	28	124	29
湖　南	1510	1083	5	106	5	102	6	34	172	3
四　川	788	370	53	95	13	80	5	7	165	5
二、主销区	1834	899	105	157	3	195	11	5	466	4
北　京	90	18	11	5		20			36	
天　津	96	12	18	15		20		1	30	
上　海	119	24	4	8	1	53	5	1	27	1
浙　江	358	185	11	33		25	2	1	101	2
福　建	455	262	37	48	2	33	2	1	71	1
广　东	659	354	24	47		44	2	1	189	
海　南	57	44		1					12	
三、产销平衡区	2903	1093	727	396	42	244	10	71	328	2
山　西	201	4	151	7	4	11	2	10	14	
广　西	489	322	3	19	1	48		3	93	
重　庆	239	156	8	16	2	18	1	2	37	
贵　州	293	174	6	48	1	34		11	19	
云　南	349	204	25	28		29	5	1	62	
西　藏	21	1	6	7				7		
陕　西	278	64	104	39	10	27		1	32	1
甘　肃	189	3	106	20	5	15		17	23	
青　海	30		7	21					2	
宁　夏	261	111	56	26	8	34	2	15	10	1
新　疆	553	54	255	165	11	28		4	36	

数据来源：国家粮食局统计资料。

表 41 2014 年粮油加工业年生产能力汇总表

单位：万吨

项目类别	合计	按生产能力规模（吨 / 天）						
		30 以下	30~50（含 30）	50~100（含 50）	100~200（含 100）	200~400（含 200）	400~1000（含 400）	1000 以上（含1000）
一、稻谷加工业	33716	119	1055	4689	10292	9185	5287	3087
其中：民营企业	30301	105	978	4437	9368	8353	4700	2360
国有企业	2967	13	76	247	892	781	453	505
外资企业	448	1	1	5	32	52	134	223
二、小麦加工业	21655	61	178	683	2196	5727	7887	4923
其中：民营企业	19346	56	162	639	2014	5309	7174	3994
国有企业	1325	4	15	42	183	371	393	318
外资企业	984		1	2		48	320	612
三、食用植物油加工业								
（一）油料处理	17217	65	82	277	1007	2358	2543	10885
其中：民营企业	11233	60	72	245	931	2236	2321	5369
国有企业	1957	5	8	26	62	103	114	1640
外资企业	4027		2	6	14	20	109	3876
（二）油脂精炼	5037	49	69	300	589	792	1223	2015
其中：民营企业	2836	46	64	277	566	636	580	667
国有企业	563	2	4	22	13	67	103	353
外资企业	1638	1	1	2	11	89	540	995
（三）小包装油脂灌装	2001	44	39	102	161	381	568	705
其中：民营企业	977	39	36	84	150	282	215	170
国有企业	226	3	3	12	6	24	110	69
外资企业	798	2	1	6	5	76	243	466
四、玉米加工业	7645	11	14	29	153	492	1522	5424
其中：民营企业	5362	10	13	25	142	452	1320	3399
国有企业	697	1	1	4	7	31	21	632
外资企业	1586				3	9	181	1392
五、粮食食品加工业	3335	217	178	365	479	737	501	858
其中：民营企业	2604	191	152	321	411	618	398	514
国有企业	112	13	8	15	8	31		38
外资企业	619	13	18	29	61	89	102	307
其中：大豆食品加工业	235	13	8	16	21	14		163
其中：民营企业	72	13	8	16	21	14		
国有企业								
外资企业	163							163
六、杂粮及薯类加工业	1307	25	28	75	122	328	317	413
其中：民营企业	1057	23	28	72	103	290	228	313
国有企业	161	1		1	8	15	60	75
外资企业	89	1		2	11	23	29	25
七、饲料加工业	23339	50	110	535	1745	5341	10390	5168
其中：民营企业	19891	47	103	487	1634	4744	8603	4274
国有企业	551	2	3	36	50	140	250	70
外资企业	2897	1	4	13	60	458	1538	824

注：稻谷加工业、小麦加工业、食用植物油加工业、玉米加工业、大豆食品加工业的生产能力指年设计处理原料量；粮食食品加工业、饲料加工业生产能力指年设计生产产品量；生产能力规模：稻谷加工业、小麦加工业、食用植物油加工业、玉米加工业均按日处理原料的能力划分（除玉米加工业按 300 天计算，其他行业均按 250 天计算）；粮食食品加工业和饲料加工业按日生产产品能力划分（按 250 天计算）。

数据来源：国家粮食局统计资料。

表 42 2014 年分地区粮油加工业年生产能力汇总表

地区	处理稻谷（万吨）	处理小麦（万吨）	处理油料（万吨）	油脂精炼（万吨）	处理玉米（万吨）	加工饲料（万吨）
2008 年	16047	11600	7866	2729	4530	7811
2009 年	19424	12145	10979	3386	4594	8264
2010 年	24339	15954	13064	3973	5598	14605
2011 年	28391	17786	15037	4495	7089	17833
2012 年	30716	20303	16076	5101	7592	19125
2013 年	33234	21701	17257	5144	7789	21388
2014 年	33716	21655	17217	5037	7645	23339
一、主产区	29002	17967	11684	3203	6917	15941
河　北	125	1792	613	185	592	818
内蒙古	119	183	222	53	819	297
辽　宁	1227	121	781	107	308	1471
吉　林	1513	18	355	69	1481	322
黑龙江	5782	303	1340	100	1004	533
江　苏	2592	2082	2146	812	86	1342
安　徽	3952	2156	491	183	292	973
江　西	3781		153	83	15	1596
山　东	166	4272	2189	376	1680	3211
河　南	857	5889	774	247	413	999
湖　北	4758	800	1578	608	52	1545
湖　南	3002	47	557	206	27	1633
四　川	1128	304	485	174	148	1201
二、主销区	2541	1178	2564	1072	36	4802
北　京	143	151	13	11		222
天　津	63	100	538	323		252
上　海	140	45	70	100	18	166
浙　江	583	159	358	83		736
福　建	789	296	538	133	18	815
广　东	739	427	1047	422		2414
海　南	84					197
三、产销平衡区	2171	2513	2967	762	692	2595
山　西	7	311	65	17	41	116
广　西	604	30	934	203		1081
重　庆	324	32	98	101	6	369
贵　州	345	23	152	51		118
云　南	309	55	70	34		267
西　藏	1	12	3			
陕　西	136	684	263	77	271	217
甘　肃	7	465	91	43	33	127
青　海		37	123	39		8
宁　夏	277	186	25	7	149	71
新　疆	161	678	1143	190	192	221

数据来源：国家粮食局统计资料。

表 43　2014 年分地区粮油加工产品产量情况表

地区	大米（万吨）	小麦粉（万吨）	食用植物油（万吨）	玉米加工产品（万吨）	粮食食品（万吨）	其中：大豆食品	杂粮及薯类（万吨）	饲料（万吨）	粮机设备（台/套）
2008 年	4783	5506	1928	3499	1006		119	4980	435196
2009 年	5724	5527	2288	3524	1025		162	6356	412400
2010 年	7295	7529	2243	3374	1047		300	10847	361194
2011 年	8217	8509	2267	3520	1481		286	13500	400144
2012 年	8882	9613	2685	3439	1967	43	311	14554	271719
2013 年	9459	9702	2879	3571	2310	211	336	16127	331612
2014 年	9870	9676	3004	3940	2143	128	426	16477	253708
一、主产区	8445	8313	2682	3654	1702	38	342	10832	240362
河　北	26	953	163	305	120		17	511	4876
内蒙古	22	52	25	348	1		6	240	
辽　宁	280	49	229	143	23	1	11	811	
吉　林	267	1	26	925	2			241	
黑龙江	1002	58	55	341	41	6	18	244	
江　苏	870	1097	672	44	106	1	135	835	128474
安　徽	1348	1010	141	157	324	13	61	697	27778
江　西	1004		69	4	37			1171	1800
山　东	64	1866	427	1182	105	2	26	2328	798
河　南	199	2640	160	152	345	1	3	607	8143
湖　北	2125	445	450	10	351	8	21	1096	58618
湖　南	902	23	160	5	140	5	40	1155	6233
四　川	336	119	105	38	107	1	4	896	3642
二、主销区	869	601	1182	22	343	88	31	3731	12886
北　京	47	76	8		9			151	
天　津	22	29	302		40			139	
上　海	44	24	114	14	123	81	1	130	690
浙　江	162	73	56		23	6		409	11351
福　建	245	142	189	8	51			642	845
广　东	337	257	513		97	1	30	2080	
海　南	12							180	
三、产销平衡区	558	761	642	264	97	2	50	1916	460
山　西	1	48	15	3	4		2	110	
广　西	149	19	249		13		1	915	
重　庆	89	11	101	2	15			204	
贵　州	105	2	26		19		11	106	
云　南	53	14	44		6		3	201	
西　藏		2					1		
陕　西	36	285	90	125	22			96	331
甘　肃	2	112	13	10	4		18	82	
青　海		8	9					3	
宁　夏	94	75	9	57	6	2	10	37	129
新　疆	29	185	86	67	8		4	162	

注：食用植物油产量合计为核减重复计算量后全国实际产量数据。

数据来源：国家粮食局统计资料。

表44 2014年分地区粮油加工企业主要经济指标情况表

单位：亿元

地区	工业总产值	产品销售收入	主营业务成本	利税总额	利润总额
2008年	9733.1	9565.7		384.3	213.2
2009年	11183.1	11098.2		450.3	311.9
2010年	15408.9	15283.8		624.8	432.8
2011年	19171.9	19189.3		743.4	489.1
2012年	22797.2	22638.8	19900.8	884.9	585.8
2013年	24496.3	24216.1	22136.8	986.7	639.6
2014年	25734.6	25488.5	22690.1	971.6	635.1
一、主产区	19228.9	19090.5	16822.5	755.6	499.7
河　北	1019.9	1061.1	944.0	36.6	9.7
内蒙古	391.3	358.1	316.4	20.8	15.3
辽　宁	777.1	782.3	794.2	19.1	9.0
吉　林	574.9	566.8	530.5	33.6	16.5
黑龙江	957.9	941.4	816.2	22.5	12.7
江　苏	2344.2	2350.8	2132.7	61.1	38.7
安　徽	2054.7	1987.4	1781.1	76.1	54.1
江　西	955.8	943.0	879.8	28.8	23.5
山　东	3103.4	3062.4	2745.6	127.4	85.5
河　南	1787.3	1740.5	1575.9	61.3	42.3
湖　北	2678.7	2584.9	2268.1	117.2	84.8
湖　南	1196.6	1172.5	1066.6	51.6	36.0
四　川	1387.1	1539.3	971.4	99.5	71.6
二、主销区	4073.1	4087.1	3718.6	142.5	81.0
北　京	143.0	170.0	156.5	1.8	0.4
天　津	671.7	591.6	531.6	14.8	3.6
上　海	274.0	354.7	308.4	18.5	14.7
浙　江	403.6	413.3	356.5	17.0	7.5
福　建	709.1	701.4	655.3	8.5	2.9
广　东	1813.1	1794.4	1652.2	80.9	51.0
海　南	58.6	61.7	58.1	1.0	0.9
三、产销平衡区	2432.7	2310.8	2149.1	73.6	54.3
山　西	99.0	97.4	84.4	5.6	5.1
广　西	785.5	756.7	767.0	18.4	13.5
重　庆	243.2	241.3	221.5	11.1	7.0
贵　州	151.6	145.6	126.5	6.1	4.5
云　南	156.4	153.9	141.7	5.5	4.0
西　藏	2.6	2.5	2.1	0.2	0.2
陕　西	390.3	329.4	297.9	8.1	5.6
甘　肃	92.9	92.1	82.8	2.3	1.9
青　海	17.2	12.9	12.0	0.5	0.4
宁　夏	174.4	167.2	142.7	7.5	5.8
新　疆	319.6	311.8	270.5	8.3	6.3

数据来源：国家粮食局统计资料。

表 45 2014 年全国粮食收获质量情况表（早籼稻）

单位：个，%

地区	样品数	覆盖市、县数	出糙率	等级比例							整精米率								不完善粒率	谷外糙米	黄粒米
				三等以上	一等	二等	三等	四等	五等	等外	平均值	其中									
												≥ 44	≥ 50	50~47	47~44	44~41	41~38	< 38			
六省区合计	608	62 市 191 县	77.9	92.3	41.1	37.2	14.0	4.9	1.5	1.3	51.3	79.8	59.9	11.2	8.7	6.1	4.8	9.3	4.3	0.4	0.0
安　徽	30	4 市 7 县	78.1	100.0	30.0	46.7	23.3	0.0	0.0	0.0	50.9	83.3	53.3	13.3	16.7	6.7	3.3	6.7	4.2	0.4	0.1
江　西	160	11 市 29 县	78.5	95.0	46.9	35.6	12.5	3.8	1.2	0.0	50.9	74.4	55.0	12.5	6.9	5.6	7.5	12.5	4.5	0.5	0.0
湖　北	43	10 市 16 县	77.7	90.7	16.3	55.8	18.6	7.0	2.3	0.0	53.1	86.1	72.1	7.0	7.0	4.7	2.3	6.9	3.3	0.2	0.0
湖　南	160	12 市 46 县	78.3	91.3	50.7	30.6	10.0	5.0	0.6	3.1	51.8	80.6	61.9	11.9	6.9	3.8	5.0	10.5	4.5	0.5	0.1
广　东	105	11 市 40 县	78.0	92.4	32.4	40.0	20.0	4.8	0.9	1.9	53.1	84.8	66.7	8.6	9.5	4.8	3.8	6.6	3.9	0.6	0.0
广　西	110	14 市 53 县	78.0	88.2	40.0	36.4	11.8	7.3	3.6	0.9	50.7	78.2	54.6	11.8	11.8	11.8	2.7	7.3	4.4	0.4	0.0

数据来源：国家粮食局标准质量中心统计资料。

表45 2014年全国粮食收获质量情况表（中晚稻）

单位：个，%

种类	省份	样品数	覆盖市、县数	出糙率	等级比例							整精米率								黄粒米	谷外糙米	
					中等以上	一等	二等	三等	四等	五等	等外	平均值	其中								平均值	达标比例
													中等以上	一等	二等	三等	四等	五等	等外			
中晚籼稻	8省区合计	1844	97市381县	78.2	95.0	37.2	42.0	15.8	3.6	0.7	0.7	60.0	96.1	90.2	4.2	1.7	1.4	1.0	1.5	0.0	0.3	98.8
	安徽	379	8市29县	78.3	94.7	38.5	41.4	14.8	4.0	0.5	0.8	59.4	97.1	92.6	3.7	0.8	0.5	1.1	1.3	0.0	0.5	97.6
	江西	220	11市33县	78.3	94.1	38.2	40.0	15.9	5.9	0.0	0.0	62.2	97.3	90.9	5.9	0.5	1.4	0.0	1.3	0.0	0.0	100.0
	河南	90	1市8县	76.9	88.9	12.2	40.0	36.7	6.7	2.2	2.2	57.8	97.8	91.1	4.5	2.2	0.0	1.1	1.1	0.3	0.1	100.0
	湖北	281	16市50县	78.1	94.3	29.5	52.0	12.8	3.9	1.1	0.7	58.2	94.7	88.3	3.9	2.5	2.1	1.1	2.1	0.0	0.4	97.9
	湖南	350	14市74县	78.5	96.0	42.0	40.9	13.1	3.1	0.9	0.0	63.2	97.5	94.0	2.9	0.6	1.7	0.3	0.5	0.0	0.0	100.0
	广东	105	15市52县	78.4	99.1	42.9	38.1	18.1	0.0	0.0	0.9	61.6	95.3	91.4	2.9	1.0	1.0	1.0	2.7	0.0	0.2	99.0
	广西	119	14市48县	78.7	97.5	49.6	35.3	12.6	2.5	0.0	0.0	60.8	96.7	91.6	1.7	3.4	2.5	0.0	0.8	0.0	0.3	100.0
	四川	300	18市87县	78.0	95.3	37.3	40.7	17.3	2.7	0.7	1.3	56.8	93.4	82.1	7.0	4.3	1.3	3.0	2.3	0.0	0.2	98.7
粳稻	5省合计	975	48市134县6分局	82.2	98.5	78.7	15.9	3.9	1.3	0.2	0.0	70.8	99.6	96.6	2.2	0.8	0.1	0.1	0.2	0.0	1.4	78.7
	辽宁	100	11市17县	81.2	100.0	58.0	33.0	9.0	0.0	0.0	0.0	69.5	99.0	94.0	4.0	1.0	0.0	1.0	0.0	0.0	0.4	97.0
	吉林	100	8市25县	82.3	97.0	80.0	13.0	4.0	2.0	1.0	0.0	72.1	99.0	98.0	1.0	0.0	0.0	0.0	1.0	0.0	1.0	92.0
	黑龙江	315	12市42县6分局	82.1	99.3	86.3	10.8	2.2	0.7	0.0	0.0	71.8	99.4	98.1	1.3	0.0	0.3	0.0	0.3	0.0	1.8	67.0
	江苏	400	13市43县	82.5	97.6	79.3	14.5	3.8	2.3	0.1	0.0	70.5	100.0	96.3	2.3	1.4	0.0	0.0	0.0	0.0	1.4	79.3
	安徽	60	4市7县	81.7	100.0	66.7	28.3	5.0	0.0	0.0	0.0	66.8	100.0	93.3	5.0	1.7	0.0	0.0	0.0	0.0	1.0	83.3

数据来源：国家粮食局标准质量中心统计资料。

表 45 2014 年全国粮食收获质量情况表（夏收小麦）

地区	项目	检验结果分析												数量统计																	
		千粒重/g	赤霉病率/%	生芽粒率/%	黑胚粒率/%	生霉粒率/%	不完善粒率/%	容重/g/L	硬度指数	降落数值/s	湿面筋/%	粗蛋白/%	水分/%	等级							不完善粒率/%				粒色			小麦硬度			样品总数
														一等	二等	三等	四等	五等	等外	三等以上	≤6.0	6.0~8.0	8.0~10.0	>10.0	红	白	混	混合麦	软麦	硬麦	
九省总计	最大值	60.6	12.2	41.3	4.6	15.6	43.7	847	79.2	425.0	39.6	17.7	17.4	/	/	/	/	/	/	/	/	/	/	/	/	/	/	/	/	/	/
	最小值	28.3	0.0	0.0	0.0	0.0	0.2	664	34.6	107.0	17.2	9.3	7.2	/	/	/	/	/	/	/	/	/	/	/	/	/	/	/	/	/	/
	平均值	44.6	0.2	1.5	0.2	0.3	4.2	785	63	349	27.3	13.3	11.6	/	/	/	/	/	/	/	/	/	/	/	/	/	/	/	/	/	/
	样品个数	2019	2019	2019	1325	2019	2019	2015	2019	214	2019	2019	2019	953	690	268	68	21	15	1911	1681	153	68	117	92	1058	175	435	53	1531	2019
	所占比例	/	/	/	/	/	/	/	/	/	/	/	/	47.3%	34.2%	13.3%	3.4%	1.1%	0.7%	94.8%	83.3%	7.6%	3.4%	5.7%	4.6%	52.4%	8.7%	21.5%	2.6%	75.9%	/
河北省	最大值	51.8	0.9	15.4	/	0.9	19.4	829	71	/	31.4	15.6	10.0	/	/	/	/	/	/	/	/	/	/	/	/	/	/	/	/	/	/
	最小值	31.1	0.0	0.0	/	0.0	0.6	715	57	/	18.0	11.1	14.4	/	/	/	/	/	/	/	/	/	/	/	/	/	/	/	/	/	/
	平均值	42.3	0.0	0.6	/	0.1	3.3	792	67	/	25.3	13.1	11.5	/	/	/	/	/	/	/	/	/	/	/	/	/	/	/	/	/	/
	样品个数	245	245	245	/	245	245	245	245	/	245	245	245	147	69	15	11	3	0	231	230	11	2	2				3	0	242	245
	所占比例	/	/	/	/	/	/	/	/	/	/	/	/	60.0%	28.2%	6.1%	4.5%	1.2%	0.0%	94.3%	93.9%	4.5%	0.8%	0.8%	0.0%	0.0%	0.0%	1.2%	0.0%	98.8%	/
山西省	最大值	49.5	0.1	18.3	/	2.1	20.1	817	70	425	34.1	16.6	14.1	/	/	/	/	/	/	/	/	/	/	/	/	/	/	/	/	/	/
	最小值	29.0	0.0	0.0	/	0.0	0.8	713	61	272	18.0	11.0	9.6	/	/	/	/	/	/	/	/	/	/	/	/	/	/	/	/	/	/
	平均值	42.7	0.0	1.6	/	0.3	4.3	781	65	348	26.1	13.7	11.7	/	/	/	/	/	/	/	/	/	/	/	/	/	/	/	/	/	/
	样品个数	42	42	42	/	42	42	42	42	13	42	42	42	18	16	3	3	2	0	37	35	4	1	2				0	0	42	42
	所占比例	/	/	/	/	/	/	/	/	/	/	/	/	42.9%	38.1%	7.1%	7.1%	4.8%	0.0%	88.1%	83.3%	9.5%	2.4%	4.8%	0.0%	0.0%	0.0%	0.0%	0.0%	100.0%	/
江苏省	最大值	57.9	3.8	41.3	4.3	4.8	43.7	822	74.8	412.0	34.8	15.8	16.1	/	/	/	/	/	/	/	/	/	/	/	/	/	/	/	/	/	/
	最小值	33.2	0.0	0.0	0.0	0.0	0.2	706	37.4	121.0	19.3	10.5	8.4	/	/	/	/	/	/	/	/	/	/	/	/	/	/	/	/	/	/
	平均值	42.1	0.6	3.2	0.3	0.3	5.7	787	63.6	301.6	27.2	13.2	11.9	/	/	/	/	/	/	/	/	/	/	/	/	/	/	/	/	/	/
	样品个数	257	257	257	257	257	257	257	257	17	257	257	257	122	111	21	2	0	1	254	187	18	13	39	58	192	7	48	5	204	257
	所占比例	/	/	/	/	/	/	/	/	/	/	/	/	47.5%	43.2%	8.2%	0.8%	0.0%	0.5%	98.8%	72.8%	7.0%	5.1%	15.2%	22.6%	74.7%	2.7%	18.7%	1.9%	79.4%	/
安徽省	最大值	53.0	1.9	26.9	1.2	5.1	29.1	819	72.2	412.0	36.5	16.9	16.5	/	/	/	/	/	/	/	/	/	/	/	/	/	/	/	/	/	/
	最小值	37.0	0.0	0.0	0.0	0.0	0.2	736	41.4	212.0	18.3	9.3	8.9	/	/	/	/	/	/	/	/	/	/	/	/	/	/	/	/	/	/
	平均值	44.2	0.4	2.6	0.2	0.4	5.3	784	62.4	322.9	26.5	12.8	12.1	/	/	/	/	/	/	/	/	/	/	/	/	/	/	/	/	/	/
	样品个数	235	235	235	235	235	235	235	235	15	235	235	235	95	105	29	6	0	0	229	159	29	18	29	7	228	0	51	7	177	235
	所占比例	/	/	/	/	/	/	/	/	/	/	/	/	40.4%	44.7%	12.3%	2.6%	0.0%	0.0%	97.4%	67.7%	12.3%	7.7%	12.3%	3.0%	97.0%	0.0%	21.7%	3.0%	75.3%	/
山东省	最大值	56.8	4.5	8.6	/	8.5	10.0	824	70	467	37.4	17.2	16.6	/	/	/	/	/	/	/	/	/	/	/	/	/	/	/	/	/	/
	最小值	30.6	0.0	0.0	/	0.0	0.3	703	36	257	17.6	9.8	8.8	/	/	/	/	/	/	/	/	/	/	/	/	/	/	/	/	/	/
	平均值	42.9	0.0	0.9	/	0.4	3.4	779	63	369	25.5	13.2	11.7	/	/	/	/	/	/	/	/	/	/	/	/	/	/	/	/	/	/
	样品个数	407	407	407	/	407	407	403	407	122	407	407	407	144	143	101	9	5	1	388	374	21	12	0				64	16	327	407
	所占比例	/	/	/	/	/	/	/	/	/	/	/	/	35.7%	35.6%	25.1%	2.2%	1.2%	0.2%	96.3%	92.8%	5.2%	3.0%	0.0%				15.7%	3.9%	80.3%	/
河南省	最大值	60.6	1.9	11.1	4.6	7.8	14.9	847	72.8	408.0	37.8	17.3	16.5	/	/	/	/	/	/	/	/	/	/	/	/	/	/	/	/	/	/
	最小值	35.8	0.0	0.0	0.0	0.0	0.3	730	34.6	268.0	20.9	10.1	7.2	/	/	/	/	/	/	/	/	/	/	/	/	/	/	/	/	/	/
	平均值	47.8	0.1	0.7	0.1	0.1	3.4	791.3	60.8	345.4	29.3	13.5	11.4	/	/	/	/	/	/	/	/	/	/	/	/	/	/	/	/	/	/
	样品个数	610	610	610	610	610	610	610	610	32	610	610	610	350	179	67	14	0	0	596	553	40	11	6	0	464	146	180	16	414	610
	所占比例	/	/	/	/	/	/	/	/	/	/	/	/	57.4%	29.3%	11.0%	2.3%	0.0%	0.0%	97.7%	90.7%	6.6%	1.8%	1.0%	0.0%	76.1%	23.9%	29.5%	2.6%	67.9%	/

续表

地区	项目	检验结果分析												数量统计																	
		千粒重/g	赤霉病率/%	生芽粒率/%	黑胚粒率/%	生霉粒率/%	不完善粒率/%	容重/g/L	硬度指数	降落数值/s	湿面筋/%	粗蛋白/%	水分/%	等级							不完善粒率/%				粒色			小麦硬度			样品总数
														一等	二等	三等	四等	五等	等外	三等以上	≤6.0	6.0~8.0	8.0~10.0	>10.0	红	白	混	混合麦	软麦	硬麦	
湖北省	最大值	50.0	4.9	10.8	0.8	3.3	17.1	821	79.2	361.0	39.6	17.7	17.4	/	/	/	/	/	/	/	/	/	/	/	/	/	/	/	/	/	/
	最小值	34.8	0.0	0.0	0.0	0.0	0.5	729	48.2	302.0	19.5	10.3	8.3	/	/	/	/	/	/	/	/	/	/	/	/	/	/	/		/	/
	平均值	41.7	0.5	1.8	0.1	0.4	3.7	790	67.5	324.7	28.2	13.4	12.3	/	/	/	/	/	/	/	/	/	/	/	/	/	/	/	/	/	/
	样品个数	69	69	69	69	69	69	69	69	3	69	69	69	39	24	2	3	1	0	65	52	12	2	3	25	40	4	8	0	61	69
	所占比例	/	/	/		/	/	/	/	/	/	/	/	56.5%	34.8%	2.9%	4.3%	1.5%	0.0%	94.2%	75.4%	17.4%	2.9%	4.3%	36.2%	58.0%	5.8%	11.6%	0.0%	88.4%	/
四川省	最大值	53.0	12.2	31.0	3.0	15.6	35.4	808	69.6	321.0	33.7	16.3	15.9	/	/	/	/	/	/	/	/	/	/	/	/	/	/	/	/	/	/
	最小值	31.7	0.0	0.0	0.0	0.0	0.2	664	36.3	107.0	17.2	9.6	8.6	/	/	/	/	/	/	/	/	/	/	/	/	/	/	/	/	/	/
	平均值	43.6	2.2	4.3	0.3	1.4	10.1	741	52.4	228.0	26.2	12.9	12.0	/	/	/	/	/	/	/	/	/	/	/	/	/	/	/	/	/	/
	样品个数	77	77	77	77	77	77	77	77	5	77	77	77	3	11	23	17	10	13	37	26	10	9	32	2	75	0	63	9	5	77
	所占比例	/	/	/	/	/	/	/	/	/	/	/	/	3.9%	14.3%	29.9%	22.1%	13.0%	16.8%	48.1%	33.8%	13.0%	11.7%	41.6%	2.6%	97.4%	0.0%	81.8%	11.7%	6.5%	/
陕西省	最大值	58.2	0.6	8.5	2.2	1.8	16.8	836	73.2	341.0	35.1	16.2	13.0	/	/	/	/	/	/	/	/	/	/	/	/	/	/	/	/	/	/
	最小值	28.3	0.0	0.0	0.0	0.0	0.5	736	49.3	241.0	21.7	12.1	7.8	/	/	/	/	/	/	/	/	/	/	/	/	/	/	/	/	/	/
	平均值	49.0	0.03	0.8	0.08	0.20	4.0	787	64.3	284.0	30.4	13.9	10.3	/	/	/	/	/	/	/	/	/	/	/	/	/	/	/	/	/	/
	样品个数	77	77	77	77	77	77	77	77	7	77	77	77	35	32	7	3	0	0	74	65	8	0	4	0	59	18	18	0	59	77
	所占比例	/	/	/	/	/	/	/	/	/	/	/	/	45.5%	41.6%	9.1%	3.9%	0.0%	0.0%	96.1%	84.4%	10.4%	0.0%	5.2%	0.0%	76.6%	23.4%	23.4%	0.0%	76.6%	/

注：测定降落数值样品数量占总样品量的 17.3%。

数据来源：国家粮食局标准质量中心统计资料。

表 45 2014 年全国粮食收获质量情况表（玉米）

单位：个，g/L，%

地区	样品数	覆盖市、县数	容重	等级比例							不完善粒率				平均淀粉含量	平均粗蛋白含量	平均粗脂肪含量
				中等以上	一等	二等	三等	四等	五等	等外	总量	≤8 的比例	生霉粒				
													平均值	达标比例			
九省区合计	2336	104 市 490 县 4 分局	729	99.3	67.4	25.8	6.1	0.6	0.1	0.0	4.2	86.7	1.8	66.4	72.7	9.0	4.3
河　北	290	11 市 88 县	737	100.0	89.0	10.7	0.3	0.0	0.0	0.0	2.6	96.2	0.9	90.7	72.1	8.8	4.1
山　西	130	11 市 43 县	745	100.0	87.0	11.5	1.5	0.0	0.0	0.0	1.5	99.2	0.4	94.6	72.0	9.2	4.0
内蒙古	221	8 市 36 县	728	100.0	68.3	27.6	4.1	0.0	0.0	0.0	5.0	85.1	3.8	28.5	73.9	8.7	4.4
辽　宁	190	13 市 38 县	760	100.0	97.4	2.6	0.0	0.0	0.0	0.0	1.9	97.9	0.9	92.6	74.7	9.1	4.7
吉　林	355	8 市 33 县	746	100.0	96.1	3.9	0.0	0.0	0.0	0.0	3.9	88.7	3.1	55.2	73.2	9.1	4.2
黑龙江	376	12 市 58 县 4 分局	708	97.9	36.2	41.5	20.2	2.1	0.0	0.0	4.9	80.9	2.2	63.6	73.1	8.7	4.6
山　东	348	16 市 78 县	721	98.9	53.2	39.7	6.0	0.6	0.5	0.0	4.7	89.1	1.1	72.1	71.7	9.1	4.2
河　南	321	17 市 79 县	720	99.7	54.8	40.2	4.7	0.3	0.0	0.0	6.5	66.7	1.6	45.8	71.8	9.4	4.0
陕　西	105	8 市 37 县	713	98.1	37.1	43.8	17.2	1.9	0.0	0.0	3.3	94.3	0.9	89.5	71.7	9.7	4.1

数据来源：国家粮食局标准质量中心统计资料。

表45 2014年全国粮食收获质量情况表（大豆）

单位：个，%

地区	样品数	涉及市、县数	完整粒率								损伤粒率								热损伤粒		粗蛋白		粗脂肪	
			平均值	中等以上	一等	二等	三等	四等	五等	等外	平均值	等内合计	一等	二等	三等	四等	五等	等外	平均值	等内合计	平均值	高蛋白比例	平均值	高油比例
3省区合计	236	17市52县8分局	90.2	84.7	18.6	37.0	29.2	11.4	3.4	0.4	6.2	71.6	3.4	4.2	12.3	22.0	29.7	28.4	0.0	100.0	40.0	58.4	20.4	69.9
内蒙古	10	1市1县	85.8	60.0	0.0	0.0	60.0	40.0	0.0	0.0	9.2	30.0	0.0	0.0	0.0	10.0	20.0	70.0	0.1	100.0	38.9	20.0	20.5	80.0
吉　林	30	4市10县	93.4	93.3	43.3	43.3	6.7	6.7	0.0	0.0	3.6	86.7	0.0	3.3	20.0	26.7	36.7	13.3	0.0	100.0	39.1	40.0	20.8	73.3
黑龙江	196	12市41县8分局	89.9	84.7	15.8	37.8	31.1	10.7	4.1	0.5	6.4	71.4	4.1	4.6	11.7	21.9	29.1	28.6	0.0	100.0	40.2	63.2	20.3	68.9

数据来源：国家粮食局标准质量中心统计资料。

表 46 2014年中央储备粮质量抽查与储存品质情况统计表

地区	样品数	质量达标率	宜存率
全国总计	712	98.3%	99.7%
北 京	23	100.0%	93.7%
天 津	26	100.0%	100.0%
河 北	34	100.0%	100.0%
山 西	24	100.0%	100.0%
内蒙古	21	100.0%	100.0%
辽 宁	32	96.8%	100.0%
吉 林	36	100.0%	100.0%
黑龙江	45	100.0%	100.0%
上 海	20	100.0%	100.0%
江 苏	31	94.6%	100.0%
浙 江	13	100.0%	100.0%
安 徽	22	100.0%	100.0%
福 建	20	100.0%	100.0%
江 西	18	95.8%	100.0%
山 东	47	100.0%	100.0%
河 南	29	100.0%	100.0%
湖 北	27	100.0%	100.0%
湖 南	28	90.4%	98.8%
广 东	13	92.4%	92.4%
广 西	13	100.0%	100.0%
海 南	10	100.0%	100.0%
重 庆	24	100.0%	100.0%
四 川	18	100.0%	100.0%
贵 州	12	100.0%	100.0%
云 南	16	83.2%	100.0%
西 藏	26	100.0%	100.0%
陕 西	22	100.0%	100.0%
甘 肃	15	100.0%	100.0%
青 海	15	100.0%	100.0%
宁 夏	12	100.0%	100.0%
新 疆	20	95.2%	100.0%

数据来源：国家粮食局标准质量中心统计资料。

表 47 2014 年发布粮油国家标准和行业标准统计表

序 号	项目名称	执行标准代号	实施日期
1	粮油名词术语 原粮油料形态学和结构学	GB/T 30765-2014	2014-10-27
2	挂面	LS/T 3212-2014	2014-10-1
3	方便玉米粉	LS/T 3301-2014	2014-10-1
4	方便杂粮粉	LS/T 3302-2014	2014-10-1
5	牡丹籽油	LS/T 3242-2014	2015-1-1
6	小麦硬度指数标准样品	LS/T 1531-2014	2014-4-1
7	粳稻整精米率标准样品	LS/T 15322-2014	2014-4-1
8	籼稻整精米率标准样品	LS/T 15321-2014	2014-4-1
9	大米颜色黄度指数标准样品	LS/T 1533-2014	2014-4-1
10	北方小麦粉加工精度标准样品 标准粉	LS/T 15112：3-2014	2014-4-1
11	北方小麦粉加工精度标准样品 特制二等	LS/T 15112：2-2014	2014-4-1
12	北方小麦粉加工精度标准样品 特制一等	LS/T 15112：1-2014	2014-4-1
13	粳米加工精度标准样品 二级	LS/T 15123：2-2014	2014-4-1
14	粳米加工精度标准样品 三级	LS/T 15123：3-2014	2014-4-1
15	粳米加工精度标准样品 四级	LS/T 15123：4-2014	2014-4-1
16	粳米加工精度标准样品 一级	LS/T 15123：1-2014	2014-4-1
17	南方小麦粉加工精度标准样品 标准粉	LS/T 15111：3-2014	2014-4-1
18	南方小麦粉加工精度标准样品 特制二等	LS/T 15111：2-2014	2014-4-1
19	南方小麦粉加工精度标准样品 特制一等	LS/T 15111：1-2014	2014-4-1
20	晚籼米加工精度标准样品 二级	LS/T 15122：2-2014	2014-4-1
21	晚籼米加工精度标准样品 三级	LS/T 15122：3-2014	2014-4-1
22	晚籼米加工精度标准样品 四级	LS/T 15122：4-2014	2014-4-1
23	晚籼米加工精度标准样品 一级	LS/T 15122：1-2014	2014-4-1
24	早籼米加工精度标准样品 二级	LS/T 15121：2-2014	2014-4-1
25	早籼米加工精度标准样品 三级	LS/T 15121：3-2014	2014-4-1
26	早籼米加工精度标准样品 四级	LS/T 15121：4-2014	2014-4-1
27	早籼米加工精度标准样品 一级	LS/T 15121：1-2014	2014-4-1
28	粮油检验 谷物中黄曲霉毒素 B1 的快速测定 免疫层析法	LS/T 6108—2014	2014-6-1
29	粮油检验 谷物中玉米赤霉烯酮测定 胶体金快速测试卡法	LS/T 6109—2014	2014-6-1
30	粮油检验 谷物中脱氧雪腐镰刀菌烯醇测定 胶体金快速测试卡法	LS/T 6110—2014	2014-6-1

数据来源：国家粮食局标准质量中心统计资料。

表 48 2014年粮食行业单位与从业人员情况年报表

填报单位：全国　　2014年度　　单位：个，人

项目	单位：单位总数	单位：按层次划分：中央	单位：按层次划分：省（自治区、直辖市）	单位：按层次划分：市（区、地、州、盟）	单位：按层次划分：县（市、区、旗）及以下	从业人员：人员总数	其中：女	其中：少数民族	其中：中共党员	1、在岗职工	其中：企业经营管理人员	其中：专业技术人员	其中：技术工人	按用工期限划分：长期职工	按用工期限划分：临时职工	2、其他从业人员	按层次划分：中央	按层次划分：省（自治区、直辖市）	按层次划分：市（区、地、州、盟）	按层次划分：县（市、区、旗）及以下	按学历划分：研究生	按学历划分：大学本科	按学历划分：大学专科	按学历划分：中专	按学历划分：高中	按学历划分：初中及以下	按年龄划分：35岁及以下	按年龄划分：36岁至45岁	按年龄划分：46岁至54岁	按年龄划分：55岁及以上
甲	1	2	3	4	5	6	7	8	9	10	11	12	13	14	15	16	17	18	19	20	21	22	23	24	25	26	27	28	29	30
总计	43809	1235	773	4594	37207	1113307	315958	48108	244050	1081251	172619	134126	187624	998384	82867	32056	129915	51283	188968	743141	12457	113993	207402	190796	316825	271834	337024	409123	286098	81062
一、行政机关	2452	1	36	391	2024	36394	8657	3269	30337	36267		641	3255	36061	206	127	119	1839	7592	26844	1534	12783	14549	3475	3237	816	4254	8529	17386	6225
二、事业单位	3392	10	173	768	2441	42067	14547	2921	26519	41770		12758	8125	41080	690	297	464	6916	8128	26559	1700	12237	13175	6010	6711	2234	8927	12380	15897	4863
其中：参公管理事业单位	587	1	21	112	453	7919	2175	573	5850	7889		260	971	7842	47	30	20	150	1041	6708	176	2343	3227	915	990	268	1164	2012	3459	1284
三、企业	37965	1224	564	3435	32742	1034846	292754	41918	187194	1003214	172619	120727	176244	921243	81971	31632	129332	42528	173248	689738	9223	88973	179678	181311	306877	268784	323843	388214	252815	69974
其中：国有及国有控股企业	14480	1224	484	1446	11326	518773	155743	22852	138384	498650	106393	71034	85129	482814	15836	20123	129332	33406	84042	271993	6213	53913	112835	97220	151563	97029	141707	197966	141235	37865

“注：

1. “单位总数”：指具有法人资格的独立核算单位。
2. “从业人员”：指报告期的最后一天，在各级国家机关、政党机关、社会团体及企业、事业单位中工作，取得工资或其他形式的劳动报酬的全部人员。包括在岗职工、再就业的离退休人员、民办教师以及在各单位中工作的外方人员和港、澳、台方人员、兼职人员、借用的外单位人员和第二职业者。不包括离开单位仍保留劳动关系的职工。
3. “在岗职工”：指在本单位工作并由单位支付工资的人员，以及有工作岗位，但由于学习、病伤产假（六个月以内）等原因暂未工作，仍由单位支付工资的人员。其中，长期职工是指用工期限在一年以上（含一年）的在岗职工，当年新分配的大中专技校毕业生虽在当年用工期限不满一年，但应视为长期职工；临时职工是指用工期限在一年以内的在岗职工，包括签订一年以内的劳动合同或使用期不超过一年的临时性、季节性用工，如临时招用的清洁工、司炉工等。
4. “其他从业人员”：是指劳动统计制度规定不作在岗职工统计，但实际参加各单位工作并取得劳动报酬的人员。包括：聘用和留用的离退休人员；聘用的外籍人员和港、澳、台方人员；领取补贴的人员（指主要由街道、里弄临时安排到单位劳动锻炼的待业青年和犯了错误开除公职留用察看的人员）、兼职人员和从事第二职业者，不包括领取报酬的在校学生；使用外单位离岗职工。
5. “学历”：指在国家认可的各类学校接受正规教育的学习经历，有国家认可的毕业证书，含全日制教育和在职教育。其中，研究生含博士研究生、硕士研究生。参加各种课程进修班学习获得结业证书的，不作为学历依据。

数据来源：国家粮食局统计资料。

表 49 2014 年粮食行业取得国家职业资格证书人员统计表

职业／等级／人数／省份	合计	粮油保管员					粮油质量检验员					粮油竞价交易员			制米工					制粉工				制油工				粮食经纪人			
		初级	中级	高级	技师	高级技师	初级	中级	高级	粮油质量检验师	高级粮油质量检验师	粮油竞价交易员	助理粮油竞价交易师	粮油竞价交易师	初级	中级	高级	技师	高级技师	初级	中级	高级	技师	初级	中级	高级	技师	初级	中级	高级	技师
共计	7100	1503	1487	511	113	45	1139	1315	406	52	28	26			3	36	3				81	13		22	9						
		3659					2940					26			42					94				31							
北京	75	42			2		26	3	2																						
天津	90	47	9	14			16		4																						
河北	182		117	12	2			41	10																						
山西																															
内蒙古	73	44					29																								
辽宁	163	75	9	4	1		52	10	8	4																					
吉林	631		226					405																							
黑龙江	745	174	35				401	96	13			26																			
上海	53	53																													
江苏	655	162	140	36			222	95																							
浙江	323	86	66	65	1		56	17	29	3																					
安徽	460	106	112	61	17		26	81	14	22						21															
福建	24		24																												
江西	142	15	17	13			14	15	68																						
山东	801	97	244	116	25		45	178	14	13											69										
河南	239	48	24	24			55	9	54												12	13									
湖北	328	74		4	2		69	171	5	3																					
湖南	114	23	9	9			19	14	19						3	15	3														
广东	239	114	77	1	4				43																						
海南	47	47																													
广西	310	186	105	19																											
四川	259	124	68				50	17																							
重庆																															
贵州	70	26	26	18																											
云南	19		1	7	2				5	4																					
西藏																															
陕西	108		64					44																							
甘肃	69		34	9				13	13																						
青海																															
宁夏	64	43					21																								
新疆	8			4					4																						
中储粮总公司	562		187	85	57	44		74	87		28																				
中粮集团	233	79	33	11			38	32	9															22	9						
国家粮食局	14			2	3	1			5	3																					

数据来源：国家粮食局统计资料。

表 50 2014 年国民经济与社会发展速度指标（一）

地区	2014 年为下列各年 %				平均每年增长 %		
	1978 年	1990 年	2000 年	2013 年	1979~2014 年	1991~2014 年	2001~2014 年
人口							
年末总人口	142.1	119.6	107.9	100.5	1.0	0.7	0.5
城镇人口	434.4	248.1	163.2	102.5	4.2	3.9	3.6
乡村人口	78.3	73.5	76.5	98.3	−0.7	−1.3	−1.9
就业和失业							
就业人员	192.4	119.3	107.2	100.4	1.8	0.7	0.5
# 城镇就业人员	413.2	230.7	169.8	102.8	4.0	3.5	3.9
城镇登记失业人员	179.6	248.6	160.0	102.8	1.6	3.9	3.4
国民经济核算							
国内生产总值	999.4	370.4	136.4	107.4	9.7	10.1	9.8
第一产业	252.6	174.9	117.6	104.1	4.5	3.9	4.1
第二产业	1459.8	410.9	138.4	107.3	11.1	11.8	10.6
第三产业	1063.2	400.7	138.3	108.1	10.7	10.4	10.4
财政收支							
公共财政收入	12395.5	4778.5	1047.8	108.6	14.3	17.5	18.3
公共财政支出	13516.0	4918.3	954.7	108.2	14.6	17.6	17.5
能源							
能源生产总量	573.5	346.4	259.8	100.3	5.0	5.3	7.1
能源消费总量	745.5	431.6	289.9	102.2	5.7	6.3	7.9
固定资产投资							
全社会固定资产投资总额		11351.8	1557.7	114.9		22.3	22.4
# 房地产开发		37519.0	1906.8	110.5		29.6	24.7
对外贸易和实际利用外资							
货物进出口总额	20848.0	3727.5	907.3	103.5	16.0	16.3	17.1
出口额	24028.2	3773.1	940.1	106.1	16.4	16.3	17.4
进口额	18000.8	3674.4	870.9	100.5	15.5	16.2	16.7
外商直接投资		3428.8	293.6	101.7		15.9	8.0
主要农业、工业产品产量							
粮食	199.2	136.0	131.3	100.8	1.9	1.3	2.0
棉花	285.1	137.1	139.9	98.1	3.0	1.3	2.4
油料	672.2	217.4	118.7	99.7	5.4	3.3	1.2
肉类			144.8	102.0			2.7
原煤	626.8	358.7	279.9	97.5	5.2	5.5	7.6
原油	203.2	152.9	129.7	100.7	2.0	1.8	1.9
水泥	3795.4	1180.7	414.8	102.4	10.6	10.8	10.7
粗钢	2588.7	1239.9	640.2	101.2	9.5	11.1	14.2
发电量	2201.7	909.5	416.8	104.0	9.0	9.6	10.7

数据来源：国家统计局统计资料。

表 50 2014 年国民经济与社会发展速度指标（二）

地区	2014 年为下列各年 %				平均每年增长 %		
	1978 年	1990 年	2000 年	2013 年	1979~2014 年	1991~2014 年	2001~2014 年
建筑业							
建筑业总产值		13139	1414.0	110.2		22.5	20.8
消费品零售和旅游							
社会消费品零售总额	17444.9	3275.8	695.3	112.0	15.4	15.6	14.9
入境过夜游客	7768.4	530.5	178.1	99.9	12.9	7.2	4.2
国际旅游外汇收入	21638.8	2565.8	350.9	110.2	16.1	14.5	9.4
运输和邮电							
沿海主要港口货物吞吐量	3880.0	1592.6	612.7	105.7	10.7	12.2	13.8
邮电业务总量	239832	52562	1705.8	118.5	24.1	29.8	22.5
移动电话用户		7144961	1521.4	104.6		59.3	21.5
固定电话用户	12954.4	3641.2	172.2	93.4	14.5	16.2	4.0
科技、教育、卫生、文化							
研究与试验发展经费支出			1486.3	112.4			21.3
技术市场成交额			1318.0	114.8			20.2
在校学生数							
# 普通本、专科	2975.2	1235.1	458.1	103.2	9.9	11.0	11.5
普通高中	154.6	334.7	199.8	98.5	1.2	5.2	5.1
初中	87.8	112.0	70.1	98.8	−0.4	0.5	−2.5
普通小学	64.6	77.2	72.6	101.0	−1.2	−1.1	−2.3
医院数	278.3	179.9	158.5	104.7	2.9	2.5	3.3
医院床位数	451.0	265.5	229.0	108.4	4.3	4.2	6.1
执业（助理）医师	295.8	164.1	139.4	103.5	3.1	2.1	2.4
图书总印数	222.8	148.9	134.0	101.1	2.3	1.7	2.1
期刊总印数	421.1	178.8	108.8	97.9	4.1	2.5	0.6
报纸总印数	363.8	220.1	141.2	96.4	3.7	3.3	2.5

注：本表价值量指标中，国内生产总值、居民收入和邮电业务总量按可比价格计算，其他按当年价格计算；固定资产投资总额平均每年增长速度按累计法计算。

数据来源：国家统计局统计资料。

表 51 国民经济与社会发展总量指标(1978~2014 年)(一)

指　标	单 位	1978 年	1990 年	2000 年	2013 年	2014 年
人口						
年末总人口	万人	96259	114333	126743	136072	136782
城镇人口	万人	17245	30195	45906	73111	74916
乡村人口	万人	79014	84138	80837	62961	61866
就业和失业						
就业人员	万人	40152	64749	72085	76977	77253
# 城镇就业人员	万人	9514	17041	23151	38240	39310
城镇新增就业人员	万人				1310	
城镇登记失业人员	万人	530	383	595	926	952
国民经济核算						
国内生产总值	亿元	3645.2	18667.8	99214.6	568845.2	636462.7
第一产业	亿元	1027.5	5062.0	14944.7	56957.0	58331.6
第二产业	亿元	1745.2	7717.4	45555.9	249684.4	271392.4
第三产业	亿元	872.5	5888.4	38714.0	262203.8	306738.7
人均国内生产总值	元	381	1644	7858	41908	46652
支出法国内生产总值	亿元	3605.6	19347.8	98749.0	586673.0	640796.4
最终消费支出	亿元	2239.1	12090.5	61516.0	292165.6	328311.2
资本形成总额	亿元	1377.9	6747.0	34842.8	280356.1	295022.3
货物和服务净出口	亿元	−11.4	510.3	2390.2	14151.3	17462.9
居民收入						
居民人均可支配收入	元				18311	20167
城镇居民人均可支配收入	元	343	1510	6280	26955	28844
农村居民人均纯收入	元	134	686	2253	8896	10489
财政						
国家财政收入	亿元	1132.3	2937.1	13395.2	129142.9	140349.7
国家财政支出	亿元	1122.1	3083.6	15886.5	139744.3	151661.5
能源						
能源生产总量	万吨标准煤	62770	103922	135048	340000	360000
能源消费总量	万吨标准煤	57144	98703	145531	375000	426000
固定资产投资						
全社会固定资产投资总额	亿元		4517.0	32917.7	447074.4	512760.7
# 房地产开发	亿元		253.3	4984.1	86013.4	95035.6
对外贸易和实际利用外资						
货物进出口总额	亿美元	206.4	1154.4	4742.9	41596.9	43030.4
出口额	亿美元	97.5	620.9	2492.0	22093.7	23427.5
进口额	亿美元	108.9	533.5	2250.9	19503.2	19602.9
外商直接投资	亿美元		34.9	407.2	1175.9	1195.6
主要农业、工业产品产量						
粮食	万吨	30476.5	44624.3	46217.5	60193.8	60702.6
棉花	万吨	216.7	450.8	441.7	629.9	617.8
油料	万吨	521.8	1613.2	2954.8	3517.0	3507.4
肉类	万吨			6013.9	8535.0	8706.7
原煤	亿吨	6.18	10.80	13.84	36.80	38.74
原油	万吨	10405	13831	16300	20947	21143
水泥	万吨	6524	20971	59700	241613.6	247613.52
粗钢	万吨	3178	6635	12850	77904	82270
发电量	亿千瓦小时	2566	6212	13556	53976	56496

数据来源：国家统计局统计资料。

表 51 国民经济与社会发展总量指标（1978~2014 年）（二）

指 标	单 位	1978 年	1990 年	2000 年	2013 年	2014 年
建筑业						
建筑业总产值	亿元		1345	12498	159313	176713
消费品零售和旅游						
社会消费品零售总额	亿元	1559	8300	39106	237810	271896
入境过夜游客	万人次	71.6	1048.4	3122.9	5568.6	5562.2
国际旅游外汇收入	亿美元	2.6	22.2	162.2	516.6	569.1
运输和邮电						
客运量	万人	253993	772682	1478573	2122992	769557
货运量	万吨	248946	970602	1358682	4102495	21846
沿海主要港口货物吞吐量	万吨	19834	48321	125603	728098	128609.3
邮电业务总量	亿元	34.1	155.5	4792.7	16679.1	24943.0
移动电话用户	万户		1.8	8453.3	122911.3	
固定电话用户	万户	192.5	685.0	14482.9	26698.5	1138644.6
金融						
金融机构人民币各项存款余额	亿元	1155	13943	123804	1043847	816770
金融机构人民币各项贷款余额	亿元	1890	17511	99371	718961	
科技、教育、卫生、文化						
研究与试验发展经费支出	亿元			895.7	11906.0	13312.0
技术市场成交额	亿元		75	651	7469	8577
在校学生数						
# 普通本、专科	万人	85.6	206.3	556.1	2468.1	2547.7
普通高中	万人	1553.1	717.3	1201.3	2435.9	2400.5
初中	万人	4995.2	3916.6	6256.3	4440.1	4384.6
普通小学	万人	14624.0	12241.4	13013.3	9360.5	9451.1
医院数	个	9293	14377	16318	24709	25861
医院床位数	万张	110.0	186.9	216.7	457.9	496.1
执业（助理）医师	万人	97.8	176.3	207.6	279.5	289.3
图书总印数	亿册（张）	37.7	56.4	62.7	83.0	84.0
期刊总印数	亿册	7.6	17.9	29.4	34.0	32.0
报纸总印数	亿份	127.8	211.3	329.3	478.0	465.0
社会保障						
参加城镇基本养老保险人数	万人		6166	13617	32218	84232
参加城镇基本医疗保险人数	万人			3787	57073	59747
参加失业保险人数	万人			10408	16417	17043
参加工伤保险人数	万人			4350	19917	20639
参加生育保险人数	万人			3002	16392	17039
社会保险基金收入	亿元		187	2645	33201	39828

注：1. 由于计算误差的影响，按支出法计算的国内生产总值不等于按生产法计算的国内生产总值。

2. 2013 年起，国家统计局开展了城乡一体化住户收支与生活状况调查，与此前分城镇和农村住户调查的范围、方法、统计口径有所不同。

3. 本表价值量指标中，邮电业务总量 2000 年及以前按 1990 年不变价格计算，2001~2010 年按 2000 年不变价格计算，2011 年起按 2010 年不变价格计算。其余指标按当年价格计算。

统计来源：国家统计局统计资料。